코딩 뇌를 깨우는
파이썬

코딩 뇌를 깨우는 파이썬

문제 해결 능력을 키우는 컴퓨팅 사고부터 알고리즘, 데이터 분석, 머신러닝까지

초판 1쇄 발행 2023년 8월 30일

지은이 존 V. 구태그 / **옮긴이** 박해선 / **펴낸이** 김태헌
펴낸곳 한빛미디어(주) / **주소** 서울시 서대문구 연희로2길 62 한빛미디어(주) IT출판2부
전화 02-325-5544 / **팩스** 02-336-7124
등록 1999년 6월 24일 제25100-2017-000058호 / **ISBN** 979-11-6921-137-6 93000

총괄 송경석 / **책임편집** 서현 / **기획·편집** 이민혁 / **교정** 김가영
디자인 표지·내지 최연희 / **전산편집** 이경숙
영업 김형진, 장경환, 조유미 / **마케팅** 박상용, 한종진, 이행은, 김선아, 고광일, 성화정, 김한솔 / **제작** 박성우, 김정우

이 책에 대한 의견이나 오탈자 및 잘못된 내용에 대한 수정 정보는 한빛미디어(주)의 홈페이지나 아래 이메일로
알려주십시오. 잘못된 책은 구입하신 서점에서 교환해드립니다. 책값은 뒤표지에 표시되어 있습니다.

한빛미디어 홈페이지 www.hanbit.co.kr / 이메일 ask@hanbit.co.kr

지금 하지 않으면 할 수 없는 일이 있습니다.
책으로 펴내고 싶은 아이디어나 원고를 메일(writer@hanbit.co.kr)로 보내주세요.
한빛미디어(주)는 여러분의 소중한 경험과 지식을 기다리고 있습니다.

문제 해결 능력을 키우는 컴퓨팅 사고부터
알고리즘, 데이터 분석, 머신러닝까지

코딩 뇌를 깨우는
파이썬

존 V. 구태그 지음
박해선 옮김

MIT 컴퓨터
과학 개론
강의 교재

옮긴이가
직접 설명하는
동영상 강의
제공

IB 한빛미디어
Hanbit Media, Inc.

지은이 소개

지은이_ **존 V. 구태그** John V. Guttag

MIT 전기공학 및 컴퓨터과학부(EECS)에서 듀갈드 C. 잭슨 교수로 재직하고 있으며 ACM 의 펠로이자 미국 예술 과학 아카데미의 회원입니다. 1999년부터 2004년까지 전기공학 및 컴퓨터과학부에서 학부장을 맡았으며, 현재는 MIT의 컴퓨터과학 및 인공지능 연구소(CSAIL) 에서 의료 문제에 적용할 수 있는 고급 머신러닝 및 컴퓨터 비전 기술 연구를 이끌고 있습니다. 또한, 환자 치료 관리에 사용하는 인공지능 플랫폼을 개발하는 헬스앳스케일 테크놀로지스 Health[at]Scale Technologies를 설립해 CTO로 재직하고 있습니다.

MIT에서 2006년부터 직접 문제를 구성하고 데이터에서 유용한 정보를 찾아내는 데 필요한 계산적 사고를 익히는 수업을 개설했으며, 해당 강의는 온라인으로도 공개되어 2백만 명 이상의 학생이 수강했습니다.

옮긴이 소개

옮긴이_ 박해선 haesun.park@tensorflow.blog

기계공학을 전공했지만 졸업 후엔 줄곧 코드를 읽고 쓰는 일을 했습니다. 텐서 플로우 블로그 (https://tensorflow.blog)를 운영하며, 머신러닝과 딥러닝에 관한 책을 집필하고 번역하면서 소프트웨어와 과학의 경계를 흥미롭게 탐험하고 있습니다.

『인공지능 전문가가 알려 주는 챗GPT로 대화하는 기술』(한빛미디어, 2023), 『혼자 공부하는 데이터 분석 with 파이썬』(한빛미디어, 2023), 『혼자 공부하는 머신러닝+딥러닝』(한빛미디어, 2020), 『Do it! 딥러닝 입문』(이지스퍼블리싱, 2019)을 집필했습니다.

『트랜스포머를 활용한 자연어 처리』(한빛미디어, 2022), 『케라스 창시자에게 배우는 딥러닝 2판』(길벗, 2022), 『개발자를 위한 머신러닝&딥러닝』(한빛미디어, 2022), 『XGBoost와 사이킷런을 활용한 그레이디언트 부스팅』(한빛미디어, 2022), 『구글 브레인 팀에게 배우는 딥러닝 with TensorFlow.js』(길벗, 2022), 『(개정2판)파이썬 라이브러리를 활용한 머신러닝』(한빛미디어, 2022), 『머신러닝 파워드 애플리케이션』(한빛미디어, 2021), 『파이토치로 배우는 자연어 처리』(한빛미디어, 2021), 『머신 러닝 교과서 3판』(길벗, 2021), 『딥러닝 일러스트레이티드』(시그마프레스, 2021), 『GAN 인 액션』(한빛미디어, 2020), 『핸즈온 머신러닝 2판』(한빛미디어, 2020), 『미술관에 GAN 딥러닝 실전 프로젝트』(한빛미디어, 2019), 『파이썬을 활용한 머신러닝 쿡북』(한빛미디어, 2019)을 포함해 여러 권의 책을 우리말로 옮겼습니다.

옮긴이의 말

저자의 말처럼 프로그래밍은 어렵습니다. 아마도 사람은 시각에 많이 의존하기 때문에 눈에 보이지 않는 것을 설명하고 이해하는 데 어려움을 느끼는 것 같습니다. 어쩌면 컴퓨터의 역사가 인류의 역사보다 훨씬 짧아서 그럴지도 모릅니다.

우리는 좋은 일과 나쁜 일을 겪으면서 성숙해집니다. 프로그래밍도 비슷합니다. 프로그램이 잘 실행되기도 하지만, 어떤 때는 엉망으로 돌아갑니다. 왜 그런지 이유를 알 수 없을 때는 정말 한심스럽게 느껴지기도 하죠. 하지만 그러면서 숙련된 프로그래머가 되는 것 같습니다.

어려워서 중도에 멈추거나 배운 내용을 금방 잊어버릴 수도 있습니다. 또는 책을 읽어도 무슨 말을 하는지 도통 이해할 수 없을지도 모릅니다. 모두 괜찮습니다. 누구나 처음에는 똑같습니다. 어떤 이유로 책을 읽다가 그만두었다면 언제든 내킬 때 다시 도전해 보세요. 다음번에는 꼭 성공하리라 믿습니다. 그때 이 책이 도움되면 좋겠습니다.

이 책을 내는 데 많은 도움을 받았습니다. 특별히 좋은 글을 쓸 수 있도록 집필 공간을 제공해 주신 마포중앙도서관 교육센터팀에 감사드립니다. 깨끗하고 아늑한 공간이라 글을 쓰는 데만 집중할 수 있어서 정말 큰 도움이 되었습니다.

좋은 책을 믿고 맡겨 주시는 한빛미디어 출판사와 꼼꼼하게 편집을 맡아 준 이민혁 선임님, 둔탁한 글을 매끄럽게 고쳐주신 김가영 실장님에게 감사드립니다. 항상 격려해 주시는 니트머스 김용재 대표님에게 감사드립니다. 언제나 명랑한 우리 가족 주연이와 진우에게도 고맙고 사랑한다는 말을 전합니다.

이 책의 정오표는 블로그(https://bit.ly/python4daml-home)에 등록해 놓겠습니다. 책을 보기 전에 꼭 확인해 주세요. 번역서의 코드는 깃허브(https://bit.ly/python4daml-git)에서 주피터 노트북으로 제공됩니다. 이 책에 관한 이야기라면 무엇이든 환영합니다. 언제든지 블로그나 이메일로 알려주세요.

박해선

지은이의 말

이 책의 초판은 MIT에서 학부 과정을 가르치면서 준비한 강의 노트에서 나왔습니다. 이 강의와 책은 교수진 동료(특히 Ana Bell, Eric Grimson, Srinivas Devadas, Fredo Durand, Ron Rivest, Chris Terman), 조교, 강의를 들은 학생들의 도움을 받아 만들어진 결과물입니다. David Guttag는 컴퓨터 과학에 대한 혐오감을 극복하고 초판의 여러 장을 교정했습니다.

모든 성공한 교수들과 마찬가지로, 저도 대학원생들에게 많은 빚을 졌습니다. 훌륭한 연구를 수행하는 것 (그래서 제게도 그 공로를 나눠주는 것) 외에도, Guha Balakrishnan, Davis Blalock, Joel Brooks, Ganeshapillai Gartheeban, JenGong, Katie Lewis, Yun Liu, Jose Javier Gonzalez Ortiz, Anima Singh, Divya Shanmugam, Jenna Wiens, Amy Zhao는 모두 이 책의 원고에 유용한 의견을 제시해 주었습니다.

나는 이 책의 처음 두 판을 편집한 P.P.A.의 Julie Sussman과 현재 판을 편집한 Lisa Ruffolo에게 특별히 감사드립니다. Julie와 Lisa는 학생의 눈으로 책을 읽고 시간과 에너지가 있다면 무엇을 할 수 있는지, 무엇을 해야 하는지 알려주는 공동 작업자였습니다. 그들은 무시할 수 없는 아주 좋은 '제안'을 한가득 주었습니다.

마지막으로, 책을 끝낼 수 있도록 격려해 주고 여러 가지 집안일에서 벗어나게 해 준 아내 Olga에게 감사합니다.

존 V. 구태그

이 책에 대하여

이 책은 2006년부터 MIT에서 제공한 강의를 기반으로 썼습니다. 이 강의는 2012년부터 edX와 MITx에서 MOOC로도 제공되었습니다. 이 책의 초판에는 한 학기 과정을 담았지만, 시간이 지나면서 그 이상의 내용을 넣을 수밖에 없었습니다. 3판은 한 학기 반에서 두 학기 정도의 컴퓨터 과학 입문 과정에 해당합니다.

이 책의 대상은 다음과 같습니다. 1) 프로그래밍 경험이 거의 없거나 전혀 없으며 문제 해결에 계산적으로 접근하는 방법을 배우고 싶은 독자와 2) 데이터를 탐색하고 모델을 만드는 방법을 배우고 싶은 프로그래밍 경험이 있는 독자입니다.

이 책은 깊이보다는 너비에 중점을 두었습니다. 많은 주제를 간단히 소개함으로써 계산을 활용해 어떤 목표를 달성하려고 할 때 무엇이 가능한지 알게 하는 것이 목적입니다. 즉 이 책은 '계산을 감상'하는 책이 아닙니다. 실제로 무언가 배우고 싶은 독자는 자신의 의도에 맞게 컴퓨터를 다루는 방법을 익히는 데 많은 시간과 노력을 투자해야 할 것입니다.

이 책의 핵심 목표는 독자가 컴퓨팅 기술을 생산적으로 사용할 수 있도록 돕는 것입니다. 계산적 사고방식을 사용해 문제를 구성하고, 계산 모델을 구축하고, 데이터에서 정보를 추출하는 방법을 배워야 합니다. 이 책에서 얻을 핵심 지식은 계산적으로 문제를 해결하는 기술입니다.

이 책은 각 장의 끝에 연습 문제가 없습니다. 그 대신, 각 장의 적절한 위치에 '뇌풀기 문제'를 추가했습니다. 일부는 꽤 짧으며 독자들이 방금 읽은 내용을 이해했는지 확인하도록 돕습니다. 일부는 조금 더 어렵고 시험 문제로 적절합니다. 어떤 것은 숙제로 낼 만큼 상당히 어렵습니다.

1장에서 13장까지는 컴퓨터 과학 입문 과정에 들어갈 만한 내용을 담았지만, 내용 전개는 통상적이지 않습니다. 이 책은 네 가지 관점으로 내용을 엮었습니다.

- 프로그래밍 기초
- 파이썬 3 프로그래밍 언어
- 계산적으로 문제를 해결하는 기술
- 계산 복잡도

대부분의 파이썬 기능을 다루지만, 언어 자체보다 프로그래밍 언어로 무엇을 할 수 있는지에 중점을 둡니다. 예를 들어 3장까지는 파이썬 기능 중 일부분만 다루지만, 완전 열거, 추측-확인 알고리즘, 이분 검색, 효과적인 근사 알고리즘을 소개합니다. 이 책 전체에 걸쳐 파이썬 기능을 소개하고 프로그래밍하는 다양한 방법을 알아봅니다. 컴퓨팅을 사용해 흥미로운 문제를 해결하는 관점에서 파이썬을 배우고 좋은 프로그래머가 되도록 독자들을 돕기 위해서입니다. 이해하기 쉽도록 이 장들의 내용을 수정했으며 2판보다 더 많은 예제를 넣었습니다.

13장은 파이썬에서 그래프를 출력하는 방법을 소개합니다. 보통 입문 과정에서는 이 주제를 다루지 않지만, 정보를 시각화하는 기술은 중요하므로 컴퓨터 과학 입문 과정에 꼭 포함해야 한다고 생각합니다. 이 장은 2판에는 없던 내용입니다.

14장에서 26장까지는 컴퓨팅을 사용해 현실 세계를 이해하는 데 도움이 되는 방법을 다룹니다. 이는 컴퓨터 과학 커리큘럼에서 일반적으로 2학년 과정에 해당합니다. 독자들이 고등학교 수준 이상의 수학 지식이 없지만 엄격한 사고에 익숙하고 수학 개념에 겁을 먹지 않는다고 가정하고 썼습니다.

이 장들은 대부분의 입문 서적에서 볼 수 없는 주제를 다룹니다. 데이터 시각화, 데이터 분석, 확률적 프로그래밍, 시뮬레이션 모델, 확률적 사고와 통계적 사고, 머신러닝입니다. 이 주제는 컴퓨터 과학 2학년 과정에서 다루는 내용보다 학생 대부분에게 훨씬 더 실용적이라고 생각합니다. 23장 외의 장들은 프로그래밍보다 개념적인 문제에 초점을 맞춥니다. 23장은 이전 판에서 다루지 않았던 판다스를 소개합니다.

이 책에는 거시적인 주제가 3개 있습니다. 체계적인 문제 해결, 추상화의 힘, 계산을 사용해 세상을 이해하기입니다. 책을 다 읽으면 다음과 같은 내용을 배울 수 있습니다.

- 계산을 표현하는 데 필요한 파이썬 언어를 배웁니다.
- 중간 규모의 프로그램을 구성하고, 작성하고, 디버깅하는 체계적인 방법을 배웁니다.
- 계산 복잡도에 관한 실질적인 이해를 기릅니다.

이 책에 대하여

- 계산적으로 구성해서 모호한 문제를 해결하는 방법에 관한 통찰을 기릅니다.
- 유용한 알고리즘과 문제 축소 기법을 배웁니다.
- 무작위성과 시뮬레이션을 사용해 해석적으로 해를 구할 수 없는 문제를 해결하는 방법을 배웁니다.

컴퓨팅 도구(통계, 시각화, 머신러닝 도구)를 사용해서 데이터를 이해하고 모델링하는 방법을 배웁니다.

프로그래밍은 본질적으로 어렵습니다. "기하학을 배우는 데 왕도가 없다"[1]는 말처럼 프로그래밍에도 왕도가 없습니다. 정말로 뭔가 배우고 싶다면, 책을 읽기만 해서는 충분하지 않습니다. 적어도 예제를 직접 코딩해 봐야 합니다. 조금 더 어려운 문제에 도전해 보고 싶다면 다음 주소에 있는 문제들을 시도해 보세요.

- https://ocw.mit.edu/courses/electrical-engineering-and-computer-science/6-0001-introduction-to-computer-science-and-programming-in-python-fall-2016
- https://ocw.mit.edu/courses/electrical-engineering-and-computer-science/6-0002-introduction-to-computational-thinking-and-data-science-fall-2016

---

1 기원전 300년경 프톨레마이오스(Ptolemy) 왕이 수학을 쉽게 배우는 방법을 물었을 때 유클리드(Euclid)가 한 대답이라고 합니다.

예제 코드

이 도서에서 나오는 코드는 깃허브에서 주피터 노트북으로 제공됩니다.

https://bit.ly/python4daml-git

동영상 강의

도서 내용을 기반으로 제공하는 동영상 강의는 다음 링크나 QR코드를 사용해 확인할 수 있습니다.

http://m.site.naver.com/1aEKf

오픈 채팅

옮긴이에게 직접 문의할 수 있는 카카오톡 오픈 채팅도 운영합니다. 궁금한 내용이 있다면 링크나 QR코드를 사용해 접속 후 질문하세요.

http://bit.ly/tensor-chat (참여코드: flow)

목차

1부 프로그래밍 시작하기

1장 시작하기   25

2장 파이썬 소개

3부 탄탄한 프로그램 만들기

9장 예외와 assert

10장 클래스와 객체 지향 프로그래밍

5부 프로그래밍으로 현실 세계 이해하기

14장 배낭 문제와 그래프 최적화 문제

15장 동적 계획법

16장 랜덤 워크와 데이터 시각화

7부 머신러닝

23장 판다스로 데이터 탐험하기

24장 머신러닝 간략히 살펴보기

25장 군집

26장 분류

1부

프로그래밍 시작하기

1부에서는 프로그래밍의 기초를 배웁니다. 프로그래밍의 개념과 발전사, 프로그래밍에 필요한 언어의 구성
요소를 알아봅니다. 그다음으로 이 책에서 프로그래밍에 사용할 파이썬의 설치 방법과 기본 문법을 설명한
뒤, 원하는 기능을 구현하는 방법을 소개합니다.

1장. 시작하기

계산적 사고와 컴퓨터의 종류를 설명하며, 프로그래밍의 발전 역사와 프로그래밍 언어의 구조, 문법, 시맨틱에 관해 알아봅니다.

2장. 파이썬 소개

파이썬의 역사와 장점, 간단한 프로그래밍 방법을 살펴봅니다. 또한 파이썬에서 사용하는 기본적인 타입과 조건문, 반복문 등 파이썬의 기초 구성 요소를 알아봅니다.

3장. 간단한 수치 프로그램

앞서 배운 구성 요소를 사용해 간단한 수치 프로그램을 작성합니다. 이 과정에서 추가적인 파이썬의 구성 요소와 몇 가지 알고리즘을 알아봅니다.

1 장

시작하기

이 장의 키워드

선언적 지식 | 명령적 지식 | 알고리즘 | 계산 | 인터프리터 | 프로그램 카운터 | 제어 흐름

순서도 | 프로그래밍 언어 | 범용 튜링 머신 | 튜링 완전 | 리터럴 | 문법 | 시맨틱

컴퓨터는 정확히 두 가지 일만 합니다. 계산을 수행하는 일과 계산 결과를 기억하는 일입니다. 하지만 이 두 가지 일을 극도로 잘합니다. 책상 위나 가방 안에 있는 평범한 컴퓨터가 1초에 1,000억 번 정도의 계산을 수행합니다. 정말 얼마나 빠른지 상상조차 하기 힘듭니다. 바닥에서 1미터 정도 높이에서 공을 떨어뜨렸다고 생각해 보세요. 공이 바닥에 떨어질 때까지 컴퓨터는 10억 번 이상의 명령을 실행합니다. 메모리 측면에서는 작은 컴퓨터에 수백 기가바이트(GB)의 저장소가 있기도 합니다. 이게 얼마나 큰지 알아볼까요? 문자 하나를 표현하는 1바이트(byte)는 비트 여러 개(보통 8개)로 구성됩니다. (실제로 그렇지 않지만) 1바이트를 1g이라고 가정하면 100GB는 100,000t에 해당합니다. 이는 아프리카코끼리 약 16,000마리의 무게를 합친 값입니다.[1]

인류 역사에서 계산의 한계는 일반적으로 사람의 뇌가 얼마나 빨리 계산하는지, 사람이 계산 결과를 얼마나 잘 기록하는지에 따라 결정되었습니다. 이는 작은 규모의 문제만 계산으로 해결할 수 있다는 의미입니다. 심지어 최신 컴퓨터의 속도로도 기후 변화에 대한 완전한 이해와 같은 문제는 여전히 현대 계산 모델의 규모를 넘어섭니다. 하지만 점점 더 많은 문제를 계산으로 해결할 수 있다는 사실이 입증되고 있습니다. 여러분이 이 책을 다 읽고 난 후 학습, 실무, 일상

---

1 과거보다 가격이 내려가는 제품도 있습니다. 1960년대 컴퓨터 메모리 1bit의 가격은 약 0.64달러 였습니다. 오늘날에는 약 0.000 000004 달러 입니다.

생활에서 마주치는 많은 문제를 계산적 사고computational thinking로 해결하는 데 익숙해졌으면 좋겠습니다. 계산적 사고란 무엇을 의미할까요?

모든 지식은 선언적이거나 명령적이라고 생각할 수 있습니다. **선언적 지식**declarative knowledge은 사실에 대한 진술로 구성됩니다. 예를 들어 'x의 제곱근은 $y \cdot y = x$인 숫자 y입니다', '파리에서 로마까지 기차로 여행할 수 있습니다' 같은 표현이 사실에 대한 진술입니다. 안타깝게도 제곱근을 구하는 방법이나 파리에서 로마까지 가는 기차를 타는 방법은 알려주지 않습니다.

명령적 지식imperative knowledge[2]은 방법에 대한 지식 또는 정보를 추론하기 위한 레시피recipe입니다. 알렉산드리아의 헤론Heron of Alexandria은 숫자의 제곱근을 계산하는 방법을 최초로 기록한 사람입니다.[3] 헤론이 숫자 x의 제곱근을 구하는 방법은 다음과 같이 요약됩니다.

1. 먼저 g를 추측합니다.
2. $g \cdot g$가 x에 충분히 가까우면 멈추고 g를 답으로 결정합니다.
3. 그렇지 않으면 g와 $\dfrac{x}{g}$ 의 평균(즉, $\dfrac{(g + \frac{x}{g})}{2}$)을 구해 새로운 추측을 만듭니다.
4. 새로운 추측 g를 사용해 $g \cdot g$가 x에 충분히 가까워질 때까지 이 과정을 반복합니다.

이 방법으로 25의 제곱근을 구하겠습니다.

1. g를 임의의 값(예: 3)으로 설정합니다.
2. $3 \cdot 3 = 9$는 25에 충분히 가깝지 않습니다.
3. g를 $\dfrac{(3 + \frac{25}{3})}{2} = 5.67$로 설정합니다.[4]
4. $5.67 \cdot 5.67 = 32.15$는 여전히 25에 충분히 가깝지 않습니다.
5. g를 $\dfrac{(5.67 + \frac{25}{5.67})}{2} = 5.04$로 설정합니다.
6. $5.04 \cdot 5.04 = 25.4$는 25에 충분히 가까우므로 여기서 멈추고 5.04를 25의 제곱근에 대한 적절한 근삿값으로 결정합니다.

---

2 옮긴이_ 절차적 지식(procedural knowledge)이라고도 합니다.

3 헤론이 이 방법을 발명했다고 믿지 않는 사람이 많습니다. 실제로 고대 바빌로니아(Babylonia) 사람들이 이 방법을 잘 알고 있었다는 증거가 있습니다.

4 간단하게 나타내려고 반올림했습니다.

이 방법의 설명은 단순한 단계의 나열과 각 단계의 실행 시점을 지정하는 제어 흐름flow of control 으로 이루어집니다. 이런 설명을 **알고리즘**algorithm[5]이라고 부릅니다. 제곱근을 근사하는 데 사용한 알고리즘은 추측–확인guess-and-check 알고리즘의 예입니다. 이 알고리즘은 추측이 충분히 괜찮은지를 쉽게 확인할 수 있다는 사실을 바탕으로 합니다.

조금 더 형식적으로 말하면 알고리즘은 일련의 **계산**computation을 설명하는 유한한 개수의 명령 목록입니다. 일련의 입력으로 계산을 실행하면 잘 정의된 연속적인 상태를 거쳐 결국 출력이 생성됩니다.

알고리즘은 요리책에 있는 레시피와 비슷합니다.

1. 커스터드 믹스를 불 위에 올리세요.

2. 커스터드를 저으세요.

3. 숟가락을 커스터드에 담그세요.

4. 숟가락을 꺼내서 손가락으로 숟가락의 뒷면을 훑어보세요.

5. 지나간 자국이 유지되면 커스터드를 불에서 꺼내 식히세요.

6. 그렇지 않으면 2번부터 반복하세요.

이 레시피는 과정이 완료되었는지를 결정하는 테스트와 명령의 실행 순서를 포함합니다. 이따금 테스트를 기반으로 특정 명령을 뛰어넘기도 합니다.

레시피의 개념을 어떻게 기계적인 처리 과정으로 바꿀 수 있을까요? 한 가지 방법은 제곱근 계산용으로 특별히 고안한 기계를 설계하는 것입니다. 이상하게 들릴지 모르지만, 초기의 컴퓨팅 기계는 사실 **프로그램 고정식 컴퓨터**fixed-program computer였습니다. 포탄의 궤적 계산 같은 특정 수학 문제를 푸는 용도로 설계한 컴퓨터라는 의미입니다. 아타나소프John Vincent Atanasoff와 베리Clifford Berry가 1941년에 만든 초창기 컴퓨터인 아타나소프–베리 컴퓨터Atanasoff-Berry Computer (ABC)는 선형 방정식 문제를 풀었지만 다른 일은 할 수 없었습니다. 앨런 튜링Alan Turing이 제2차 세계 대전 중에 개발한 봄브bombe는 독일 에니그마Enigma의 암호 코드를 해독하기 위해 고안되었습니다. 일부 간단한 컴퓨터는 여전히 같은 방식을 사용합니다. 예를 들어 사칙 연산 계산기[6]는 프로그

---

5 '알고리즘'이란 단어는 페르시아 수학자 무함마드 이븐 무사 알콰리즈미(Muhammad ibn Musa al-Khwarizmi)의 이름에서 따왔습니다.

6 몇몇 분은 믿기 힘들겠지만, 예전 휴대폰에는 계산 기능이 없었습니다. 사람들은 실제로 산술 계산만 할 수 있는 작은 장치를 가지고 다녔습니다.

램 고정식 컴퓨터입니다. 기본적인 산술 계산만 수행하며 문서 편집이나 비디오 게임을 실행할 수는 없습니다. 이런 컴퓨터는 프로그램을 바꾸려면 회로를 교체해야 합니다.

진정한 최초의 현대식 컴퓨터는 맨체스터 마크 1Manchester Mark 1으로,[7] 이전 컴퓨터와 달리 **프로그램 내장식 컴퓨터**stored-program computer였습니다. 이 컴퓨터는 명령의 시퀀스sequence를 저장(그리고 조작)하고 이 시퀀스에 있는 명령을 실행할 수 있습니다. 프로그램 내장식 컴퓨터의 핵심은 규칙에 맞는 명령 집합을 실행하는 **인터프리터**interpreter입니다. 따라서 명령을 사용해 기술하면 무엇이든 계산할 수 있습니다. 심지어 계산의 결과는 새로운 명령의 시퀀스가 되기도 하며, 이 명령을 생성한 컴퓨터로 실행할 수 있습니다. 다른 말로 하면 컴퓨터가 스스로 프로그래밍할 수 있습니다.[8]

프로그램과 프로그램이 조작하는 데이터는 모두 메모리에 있습니다. 일반적으로 **프로그램 카운터**program counter는 메모리 내의 특정 위치를 가리키고 이 지점에 있는 명령을 실행해 계산이 시작됩니다. 대부분 인터프리터는 시퀀스의 다음 명령으로 이동하지만 항상 그렇지는 않습니다. 때로는 테스트 결과에 따라 명령 시퀀스의 다른 지점으로 건너뛰어 실행합니다. 이를 **제어 흐름**flow of control이라 부르며 복잡한 작업을 수행하는 프로그램을 작성하는 데 필수인 기능입니다.

사람들은 **순서도**flowchart를 사용해 제어 흐름을 묘사하기도 합니다. 관례에 따라 사각형은 처리 단계, 마름모는 테스트, 화살표는 작업 처리 순서를 나타냅니다. [그림 1-1]은 저녁 식사 준비용 순서도입니다.

---

[7] 이 컴퓨터는 맨체스터 대학에서 만들었고 1949년에 첫 프로그램을 실행했습니다. 존 폰 노이만(John von Neumann)의 아이디어를 구현했고 앨런 튜링이 1936년에 소개한 범용 튜링 머신(Universal Turing Machine)의 이론적 개념을 따른 컴퓨터입니다.

[8] 이 가능성은 수많은 SF 소설과 영화에 영감을 주었습니다.

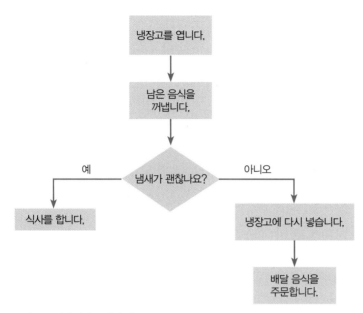

그림 1-1 저녁 식사 준비 순서도

레시피 비유로 돌아가죠. 훌륭한 요리사는 정해진 재료를 여러 가지 방식으로 조합해 많은 종류의 맛있는 음식을 만듭니다. 이와 비슷하게, 훌륭한 프로그래머는 적은 개수의 기본 기능을 사용해 무한히 많은 수의 유용한 프로그램을 만들 수 있습니다. 이것이 프로그래밍의 놀라운 능력입니다.

레시피나 명령 시퀀스를 만들려면 컴퓨터에 실행 명령을 전달하는 **프로그래밍 언어**programming language가 필요합니다.

1936년, 영국의 수학자 앨런 튜링은 현재 **범용 튜링 머신**이라 부르는 가상의 계산 장치를 묘사했습니다. 이 기계에는 0과 1을 쓸 수 있는 테이프tape 형태의 무한한 메모리와 테이프 상에서 이동, 읽기, 쓰기 같은 몇 가지 단순한 기본 명령이 있었습니다. **처치–튜링 논제**Church–Turing thesis는 만약 어떤 함수가 계산 가능하다면 튜링 머신을 프로그래밍해서 이를 계산할 수 있다고 말합니다.

처치–튜링 논제에서 중요한 부분은 바로 '만약'입니다. 계산으로 모든 문제를 해결할 수는 없습니다. 예를 들어 튜링은 임의의 프로그램을 입력으로 받아 이 프로그램이 영원히 실행되는 경우에만 참을 출력하는 프로그램은 작성이 불가능함을 보였습니다. 이를 **정지 문제**halting problem라고 부릅니다.

처치–튜링 논제는 **튜링 완전**Turing completeness의 개념으로 직접 이어집니다. 어떤 프로그래밍 언어를 범용 튜링 머신을 모사하는 데 사용할 수 있다면 이 언어를 튜링 완전이라고 말합니다. 모든 현대 프로그래밍 언어는 튜링 완전입니다. 따라서 한 프로그래밍 언어(예: 파이썬Python)로 프로그래밍할 수 있는 일은 모두 다른 프로그래밍 언어(예: 자바Java)로 프로그래밍할 수 있습니다. 물론 프로그램에 따라 특정 언어로 프로그래밍하는 편이 더 쉽기도 합니다. 하지만 모든 언어는 계산 능력이란 관점에서 근본적으로 동일합니다.

다행히 튜링의 기본 명령으로 프로그램을 만들지 않아도 됩니다. 현대 프로그래밍 언어는 훨씬 편리하고 많은 명령을 제공합니다. 하지만 연산 시퀀스를 조합하는 과정이라는 프로그래밍 기본 아이디어는 그대로입니다.

어떤 기본 명령을 가지고 있든지 또 이를 어떻게 조합하든지, 컴퓨터는 정확히 지시한 대로 수행할 뿐, 그 이상도 그 이하도 하지 않습니다. 따라서 프로그래밍으로 컴퓨터가 갖가지 재미있고 유용한 작업을 정확히 수행하도록 만들 수 있다는 장점이 있습니다. 하지만 원하는 대로 수행되지 않을 때는 보통 그렇게 하도록 프로그래밍한 자기 자신이 온전히 책임을 져야 한다는 단점이 있습니다.

프로그래밍 언어는 수백 개가 있습니다. 여기에 최상의 언어는 없습니다. 언어마다 서로 다른 애플리케이션에서 장단점이 있습니다. 예를 들어 MATLAB은 벡터와 행렬을 조작하는 데 좋습니다. C는 데이터 통신을 제어하는 프로그램을 작성하기에 좋고, PHP는 웹사이트를 구축할 때 유용합니다. 그리고 파이썬은 훌륭한 범용 목적 언어입니다.

각 프로그래밍 언어에는 기본 구조construct, 문법syntax, 정적 시맨틱static semantics, 시맨틱semantics이 있습니다. 영어 같은 자연어natural language에 비유하면 기본 구조는 단어이고, 문법은 나열된 단어가 문장을 잘 구성하는지 나타내고, 정적 시맨틱은 문장에 의미가 있는지 결정하고, 시맨틱은 문장의 의미를 결정합니다. 파이썬의 기본 구조는 **리터럴**literal(예: 숫자 **3.2**와 문자열 **'abc'**)[9]과 **중위 연산자**infix operator(예: +와 /)를 포함합니다.

언어의 **문법**syntax은 문자열과 기호가 잘 구성되었는지를 결정합니다. 예를 들어 영어에서 'Cat

9　옮긴이_ 프로그래밍에서 리터럴은 정수, 문자열 같은 특정 종류의 값 자체를 의미합니다.

dog boy'라는 문자열은 문법적으로 올바른 문장이 아닙니다. 영어 문법은 〈명사〉〈명사〉〈명사〉 형태로 구성된 문장을 허락하지 않기 때문입니다. 파이썬에서 3.2 + 3.2는 문법적으로 잘 맞지만 3.2 3.2는 올바르지 않습니다.

정적 시맨틱static semantics은 문법적으로 올바른 문장에 의미가 있는지 결정합니다. 예를 들어 문자열 'He run quickly'와 'I runs quickly'를 보죠. 두 문장은 〈대명사〉〈규칙 동사〉〈부사〉의 형태를 띠며 문법적인 구성이 올바릅니다. 하지만 둘 다 유효한 영어 문장은 아닙니다. 문장의 주어가 일인칭이거나 이인칭이면 동사는 's'로 끝나지 않고, 주어가 삼인칭일 때 동사는 's'로 끝나야 하기 때문입니다. 이는 정적 시맨틱 오류의 예입니다.

언어의 **시맨틱**semantics은 문법적으로 올바르고 정적 시맨틱 오류가 없는 문자열과 의미를 연관시킵니다. 자연어에서는 문장의 의미가 모호할 때가 있습니다. 예를 들어 'I cannot praise this student too highly'란 문장은 칭찬일 수도 있고 비난일 수도 있습니다.[10] 하지만 프로그래밍 언어는 규칙에 맞는 프로그램에 오직 하나의 의미만 갖도록 설계되었습니다.

문법 오류는 (특히 새로운 프로그래밍 언어를 배울 때) 가장 일반적이지만 가장 위험하지 않은 오류입니다. 현업에서 사용하는 모든 프로그래밍 언어는 문법 오류를 감지하고 문법 오류가 하나만 있어도 프로그램을 실행하지 못하도록 막습니다. 또한 언어 시스템은 대부분 프로그래머가 쉽게 고칠 수 있도록 오류의 위치를 명확하게 표시합니다.

정적 시맨틱 오류를 식별하고 해결하는 과정은 더 복잡합니다. 자바 같은 프로그래밍 언어는 프로그램을 실행하기 전에 많은 정적 시맨틱 검사를 수행합니다. C와 파이썬 같은 언어는 프로그램을 실행하기 전에 비교적 적은 정적 시맨틱 검사를 수행합니다. 대신 파이썬은 프로그램을 실행하는 동안 상당한 양의 시맨틱 검사를 수행합니다.

프로그램에 문법 오류와 정적 시맨틱 오류가 없다면 의미, 즉 시맨틱을 가집니다. 물론 프로그램 작성자가 의도한 의미가 아닐 수 있습니다. 프로그램이 개발자가 생각한 의도와 다르다면 나쁜 일이 일어날 수 있습니다.

---

10 옮긴이_ 이 문장은 '이 학생을 아무리 칭찬해도 지나치지 않다' 또는 '이 학생을 너무 높게 평가할 수 없다'로 해석할 수 있습니다.

프로그램에 오류가 있고 의도하지 않은 방식으로 동작한다면 어떻게 될까요?

- 프로그램 충돌crash이 일어납니다. 즉, 실행이 중단되고 충돌로 종료되었다는 명확한 정보가 제공됩니다. 제대로 설계한 컴퓨터 시스템에서는 프로그램 충돌이 일어났을 때 전체 시스템에 손상이 발생하지 않습니다. 안타깝지만 인기가 좋은 일부 컴퓨터 시스템에는 이런 멋진 속성이 없습니다. 개인용 컴퓨터를 사용하는 사람이라면 대부분 프로그램을 실행하다가 전체 시스템을 리부팅한 경험이 있을 것입니다.
- 프로그램이 계속 실행되어 멈추지 않습니다. 프로그램이 작업을 완료하는 데 대략 얼마나 걸리는지 알지 못하면 상황을 제대로 인식하기 어렵습니다.
- 실행을 완료했지만 정확할 수도 있고 그렇지 않을 수도 있는 답을 생성합니다.

앞서 언급한 결과는 모두 나쁘지만 마지막 항목이 최악입니다. 프로그램이 제대로 수행되는 것처럼 보이지만 실제로는 그렇지 않을 때가 있다면 나쁜 일이 발생할 수 있습니다. 재산을 잃거나, 환자가 치명적인 방사선 치료를 받거나, 비행기가 추락할 수 있습니다.

가능하면 프로그램이 제대로 동작하지 않을 때 그 이유를 분명히 알 수 있도록 프로그램을 작성해야 합니다. 이 책이 그 방법을 알려드리겠습니다.

 뇌풀기 문제

컴퓨터는 답답할 정도로 시키는 대로만 움직입니다. 컴퓨터에 원하는 작업을 정확히 알려주지 않으면 잘못 수행할 가능성이 높습니다. 두 목적지 사이를 운전하는 알고리즘을 작성하세요. 사람에게 설명하듯 알고리즘을 작성하고, 그 사람이 컴퓨터처럼 고지식해서 알고리즘을 쓰인 그대로 실행한다면 어떤 일이 일어날지 상상해 보세요(이에 대한 재미있는 예시는 다음 동영상을 참고하세요).

http://m.site.naver.com/1bAbT

2 ^장

파이썬 소개

이 장의 키워드

고수준 언어 · 인터프리터 언어 · 소스 코드 · 파이썬 · 통합 개발 환경 (IDE) · 객체 ·
변수와 할당 · 파이썬의 들여쓰기 · 조건문 · 반복문 (루프) · 데이터 구조 · 함수 · 연산자 ·
PEP 8 스타일 가이드 · 입력과 출력

각 프로그래밍 언어는 다르지만(하지만 설계자들의 주장만큼 다르지는 않습니다), 여러 가지 측면에서 관련성이 있습니다.

- **저수준**low-level 대 **고수준**high-level: 기계 수준의 명령과 데이터 객체를 사용해 프로그래밍하는지(예: 64비트 데이터를 다른 위치로 이동하기) 아니면 언어 설계자가 제공한 더 추상적인 연산을 사용해 프로그래밍하는지 (예: 화면에 팝업 메뉴 띄우기) 나타냅니다.

- **애플리케이션 도메인에 대한 일반성 대 특화성**: 프로그래밍 언어의 기본 연산을 널리 적용할 수 있는지 아니면 한 도메인domain에 미세하게 튜닝되었는지를 나타냅니다. 예를 들어 SQL은 관계형 데이터베이스에서 정보를 추출하기 위해 고안되었으며 이를 사용해 운영 체제를 만들 수는 없습니다.

- **인터프리트**interpret 대 **컴파일**compile: **소스 코드**source code, 즉 프로그래머가 작성한 명령 시퀀스를 (인터프리터가) 바로 실행하는지 아니면 먼저 (컴파일러가) 기계 수준의 원시 연산으로 변환하는지를 나타냅니다. (컴퓨터 초창기에는 컴퓨터 하드웨어에서 바로 해석할 수 있도록 **기계어**machine code에 가까운 언어로 소스 코드를 작성해야 했습니다) 두 방식은 각기 다른 장점이 있습니다. 인터프리트 방식의 언어로 작성한 프로그램은 디버깅하기 쉽습니다. 인터프리터가 에러에 관련된 소스 코드를 쉽게 찾을 수 있도록 메시지를 출력하기 때문입니다. 컴파일 언어는 일반적으로 더 빠르고 적은 공간을 차지하는 프로그램을 만듭니다.

이 책에서는 **파이썬**을 사용하므로 당연히 파이썬 학습에 도움이 됩니다. 하지만 이 책의 주된 목적은 프로그램을 작성해 문제를 해결하는 방법을 배우는 것입니다. 이 책에서 소개하는 문제 해결법은 어떤 프로그래밍 언어에도 접목할 수 있습니다.

파이썬은 범용 목적의 프로그래밍 언어로 컴퓨터 하드웨어에 직접 접근하지 않는 거의 모든 종류의 프로그램을 효율적으로 만들 수 있습니다. 파이썬은 (정적 시맨틱 검사가 약하기 때문에) 높은 신뢰성이 필요하거나, 많은 사람이 장기간에 걸쳐 만들고 유지보수하는 프로그램에는 적합하지 않습니다.

파이썬은 다른 언어에 비해 몇 가지 장점이 있습니다. 우선 비교적 간단해 배우기 쉽습니다. 파이썬은 인터프리트 방식으로 설계되었으므로 런타임runtime 피드백을 제공합니다. 이 피드백은 특히 초보 프로그래머에게 유용합니다. 무료로 사용할 수 있는 파이썬 라이브러리가 많고 그 수가 계속 늘어나고 있어 유용한 확장 기능을 제공합니다. 이 책에서 이런 라이브러리 몇 가지를 사용합니다.

이제 파이썬의 기본 요소를 소개할 준비가 되었습니다. 기본 요소는 개념적으로 거의 모든 프로그래밍 언어에서 비슷하지만, 자세히 보면 다른 점이 있습니다.

이 책은 파이썬을 소개하는 입문서로 그치지 않습니다. 파이썬으로 계산 문제를 해결하고 사고하는 개념을 제시합니다. 여기서 소개하는 파이썬의 모든 기능은 이를 위해 필요합니다. 이 목적에 맞지 않는 파이썬 기능은 전혀 등장하지 않습니다. 온라인에는 파이썬의 모든 기능을 설명하는 다양한 자료가 있으므로 이 책에서 모든 내용을 상세하게 다루지는 않습니다. 필요한 기능이 있다면 인터넷을 참고하세요.

파이썬은 살아있는 언어입니다. 1990년에 귀도 반 로섬Guido von Rossum이 처음 소개한 이후로 많은 변화가 있었습니다. 처음 10년간 파이썬은 잘 알려지지 않았고 거의 사용되지 않는 언어였습니다. 2000년에 파이썬 2.0이 등장하면서 상황이 바뀌었습니다. 언어 자체에 중요한 개선이 반영되었고 언어의 진화 경로에 변화가 있었습니다. 많은 단체가 파이썬에 매끄럽게 연결되는 라이브러리를 개발하기 시작했고 커뮤니티 기반으로 파이썬 생태계의 지속적인 지원과 개발이 수행되었습니다.

파이썬 3.0은 2008년 말에 출시되었습니다. 이 버전은 파이썬 2의 설계에서 상충되는 많은 부분을 고쳤습니다. 하지만 파이썬 3은 하위 호환성을 잃었습니다. 이전 버전의 파이썬으로 작성된 대부분의 프로그램과 라이브러리를 파이썬 3으로 실행할 수 없다는 의미입니다. 지금까지 중요한 공개 라이브러리는 모두 파이썬 3으로 포팅되었습니다. 따라서 오늘날 굳이 파이썬 2를 사용할 이유는 없습니다.

2.1 파이썬과 파이썬 IDE 설치하기

예전에는 프로그래머들이 범용 텍스트 편집기를 사용해 프로그램을 작성했습니다. 오늘날 프로그래머는 대부분 **통합 개발 환경**integrated development environment(IDE)에 있는 텍스트 편집기를 사용합니다.

최초의 파이썬 IDE인 IDLE[1]는 표준 파이썬 설치 패키지의 일부였습니다. 파이썬의 인기가 높아지자 다른 IDE가 생겨났습니다. 새로운 IDE는 인기가 많은 파이썬 라이브러리를 통합하고 IDLE에 없는 기능을 제공했습니다. 인기가 많은 IDE로 **아나콘다**Anaconda와 캐노피Canopy가 있습니다. 이 책의 코드는 아나콘다를 사용해 작성하고 테스트했습니다.

IDE는 컴퓨터에 있는 다른 애플리케이션과 다르지 않습니다. 다른 애플리케이션처럼 아이콘을 더블 클릭해 실행합니다. 모든 파이썬 IDE는 다음과 같은 기능을 제공합니다.

- 구문 강조, 자동 완성, 자동 들여쓰기 기능이 있는 텍스트 편집기
- 구문 강조가 적용된 셸shell
- 통합 디버거debugger(8장에서 다룰 예정입니다)

예제를 실행하고 '뇌풀기 문제'를 푸는 데 필요한 컴퓨터에 아나콘다(또는 다른 IDE)를 설치하겠습니다. 아나콘다를 설치하려면 https://www.anaconda.com/products/distribution으로 이동해서 설치 안내를 따르세요.[2]

설치가 완료되면 Anaconda Navigator 애플리케이션을 시작합니다. 파이썬 도구 모음을 담은 윈도가 [그림 2-1]과 같이 나타날 것입니다.[3] 지금 사용할 도구는 **스파이더**Spyder 뿐입니다. [Launch] 버튼을 클릭해 스파이더를 시작하면 [그림 2-2]와 비슷한 윈도가 열립니다.

---

1   파이썬이란 이름은 영국 코미디 극단 몬티 파이튼(Monty Python)에 대한 헌사로 선택되었다고 합니다. IDLE는 이 극단의 멤버인 에릭 아이들(Eric Idle)에 관한 말장난으로 생각할 수 있습니다.

2   옮긴이_ 구글 코랩(Colab)(https://colab.research.google.com)을 사용하면 아나콘다를 설치하지 않고 브라우저에서 바로 파이썬 코드를 실행할 수 있습니다. 코랩에 관한 간단한 설명은 『혼자 공부하는 머신러닝+딥러닝』의 1장 2절을 참고하세요(https://bit.ly/hg-colab). 번역서는 깃허브 저장소(https://github.com/rickiepark/python4daml)에서 주피터 노트북으로 모든 코드를 제공하며 코랩에서 실행할 수 있는 링크도 있습니다.

3   아나콘다는 자주 업데이트되므로 출간 시점에 윈도 모습이 다를 수 있습니다.

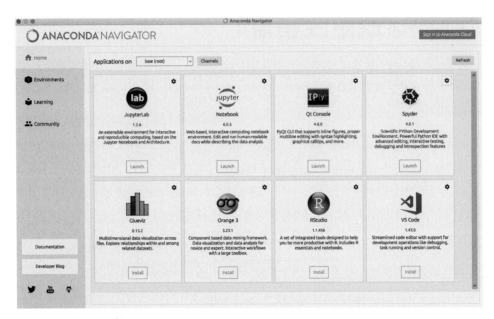

그림 2-1 아나콘다 시작 윈도

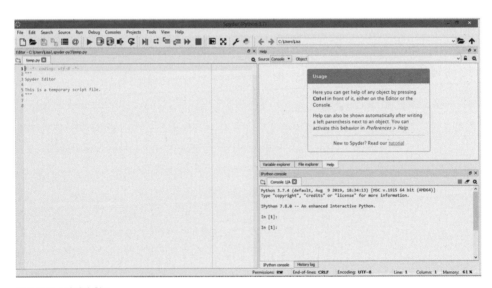

그림 2-2 스파이더 윈도

[그림 2-2]의 오른쪽 아래 창은 인터렉티브 파이썬 셸을 실행하는 **IPython 콘솔**IPython console입니다. 이 창에서 파이썬 명령을 입력하고 실행할 수 있습니다. 오른쪽 위는 도움말 창입니다.

(x 버튼을 클릭해) 이 창을 닫으면 IPython 셸을 넓게 쓸 수 있어 편리합니다. 왼쪽은 프로그램을 입력하는 편집 창이며 프로그램을 저장하거나 실행할 수 있습니다. 윈도 상단의 툴바^{toolbar}를 사용하면 파일을 열거나 프로그램을 프린트하는 등 여러 작업을 편리하게 수행할 수 있습니다.[4] 스파이더 관련 문서는 https://www.spyder-ide.org에서 볼 수 있습니다.

2.2 파이썬의 기본 요소

파이썬 **프로그램**program (**스크립트**script라고도 함)은 정의와 명령의 시퀀스로 이뤄집니다. 셸에 있는 파이썬 인터프리터가 정의를 평가하고 명령을 실행합니다.

지금 파이썬 셸을 (예를 들어 스파이더로) 시작해 이 장에 나오는 예제를 실행해 보세요. 이 책의 나머지 예제도 마찬가지입니다.

문장statement이라 부르는 **명령**command은 인터프리터에게 무언가 하도록 지시합니다. 예를 들어 print('시작이 반이다!')란 문장은 인터프리터에서 print 함수[5]를 호출하고 **시작이 반이다!**란 문자열을 셸에 연관된 창에 출력하도록 지시합니다. 다음과 같이 세 명령을 연속해서 입력합시다.

```
print('시작이 반이다!')
print('-아리스토텔레스')
print('시작이 반이다!', '-아리스토텔레스')
```

그러면 인터프리터는 다음과 같은 내용을 출력합니다.

```
시작이 반이다!
-아리스토텔레스
시작이 반이다! -아리스토텔레스
```

---

4 스파이더 윈도의 모습이 마음에 들지 않으면 툴바에서 렌치 아이콘을 클릭해 [Preferences] 창을 열고 마음에 드는 대로 설정을 바꾸어 보세요.

5 함수의 개념은 4장에서 설명합니다.

세 번째 명령에서는 두 개의 값을 print 함수에 전달했습니다. print 함수는 콤마로 분리된 여러 인수argument[6]를 받으면 등장 순서대로 공백 문자를 사이에 두고 출력합니다.

2.2.1 객체, 표현, 수치 타입

객체object는 파이썬 프로그램이 조작하는 핵심 대상입니다. 객체마다 프로그램이 해당 객체로 할 수 있는 일을 정의한 **타입**type[7]이 있습니다.

타입은 스칼라scalar이거나 비스칼라non-scalar입니다. **스칼라** 객체는 쪼갤 수 없는 객체입니다. 이를 언어의 기본 원자라 생각할 수 있습니다.[8] 문자열 같은 **비스칼라** 객체에는 내부 구조가 있습니다.

많은 객체 타입은 프로그램 텍스트에서 **리터럴**로 나타날 수 있습니다. 예를 들어 2는 숫자를 나타내는 리터럴이고 'abc'는 문자열을 나타내는 리터럴입니다.

파이썬에는 네 가지 스칼라 객체 타입이 있습니다.

- **int**는 정수를 표현합니다. int 타입 리터럴은 일반적으로 우리가 정수를 표현할 때와 같은 방식으로 씁니다 (예: -3, 5, 10002).
- **float**는 실수를 표현합니다. float 타입 리터럴은 항상 소수점을 포함합니다(예: 3.0, 3.17, -28.72). (float 타입의 리터럴을 과학적 표기법을 사용해 쓸 수도 있습니다. 예를 들어 리터럴 1.6E3은 1.6*10[3] 을 나타냅니다. 즉 1600.0과 같습니다) 이 타입을 왜 real이라 하지 않는지 의아할지도 모릅니다. 컴퓨터는 float 타입의 값을 **부동소수점 숫자**floating point number로 저장합니다. 현대의 모든 프로그래밍 언어에서 사용하는 이 표현에는 많은 장점이 있습니다. 하지만 일부 상황에서는 부동소수점 연산이 실수 연산과 조금 다르게 동작합니다. 3.3절에서 이를 설명하겠습니다.
- **bool**은 불리언Boolean 값 True와 False를 표현합니다.
- **None**은 값이 하나만 있는 타입입니다. None은 4장에서 자세히 설명하겠습니다.

객체와 **연산자**operator를 연결해 **표현식**expression을 구성할 수 있습니다. 표현식을 평가하면 특정 타입의 객체가 됩니다. 이 객체를 이 표현식의 **값**value이라 부릅니다. 예를 들어 표현식 3 + 2는

---

6 옮긴이_ 인수는 4장에서 자세히 소개합니다. 여기서는 함수에 전달하는 값이라고 생각하세요.

7 옮긴이_ 또는 자료형(data type)이라 부릅니다.

8 사실 원자는 분리할 수 있습니다. 하지만 원자를 나누는 일은 쉽지 않으며 원치 않는 결과가 발생할 수 있습니다.

int 타입 객체 5가 됩니다. 표현식 3.0 + 2.0은 float 타입 객체 5.0이 됩니다.

== 연산자는 두 표현식이 같은 값으로 평가되는지 테스트합니다. != 연산자는 두 표현식이 다른 값으로 평가되는지 테스트합니다. 2.2.2절에서 보겠지만 = 하나는 의미가 다르니 주의하세요. '=='를 입력하려다가 '='를 입력하는 실수를 저지를 수 있습니다. 이런 오류를 내지 않도록 코드를 잘 확인하세요.

스파이더 콘솔에 출력되는 In [1]:는 **셀 프롬프트**shell prompt로, 사용자가 파이썬 코드를 셀에 입력하길 인터프리터가 기다리고 있다는 뜻입니다. 인터프리터가 프롬프트에 입력한 파이썬 코드를 평가하면 프롬프트 아래 라인에 결과를 출력합니다. 다음은 인터프리터에 입력해서 출력된 결과입니다.[9]

```
In [1]: 3
```

```
Out[1]: 3
```

```
In [2]: 3+2
```

```
Out[2]: 5
```

```
In [3]: 3.0+2.0
```

```
Out[3]: 5.0
```

```
In [4]: 3!=2
```

```
Out[4]: True
```

---

9 편집자_ In [n]:을 제외한 굵게 표시된 부분만 입력하면 됩니다.

파이썬 내장 함수 type을 사용하면 객체의 타입을 확인할 수 있습니다.

```
In [5]: type(3)
```

```
Out[5]: int
```

```
In [6]: type(3.0)
```

```
Out[6]: float
```

int와 float 타입에서 연산자를 사용할 때의 처리 방식을 [표 2-1]에 정리했습니다. 산술 연산자는 일반적인 우선순위를 따릅니다. 예를 들어 *는 +보다 우선순위가 높습니다. 따라서 표현식 x+y*2는 먼저 y에 2를 곱한 결과에 x를 더합니다. 표현식의 일부분을 괄호로 묶어서 평가 순서를 바꿀 수 있습니다. 예를 들어 (x+y)*2는 먼저 x와 y를 더한 결과에 2를 곱합니다.

표 2-1 int, float 타입과 연산자

i+j	i와 j를 더합니다. i와 j가 모두 int 타입이면 결과는 int입니다. 둘 중의 하나가 float이면 결과는 float입니다.
i-j	i에서 j를 뺍니다. i와 j가 모두 int 타입이면 결과는 int입니다. 둘 중의 하나가 float이면 결과는 float입니다.
i*j	i와 j를 곱합니다. i와 j가 모두 int 타입이면 결과는 int입니다. 둘 중의 하나가 float이면 결과는 float입니다.
i//j	몫을 계산합니다. 예를 들어 6//2의 값은 int 3이고 6//4의 값은 int 1입니다. 두 번째 계산의 값이 1이 되는 이유는 이 연산이 몫을 반환하고 나머지는 버리기 때문입니다. j == 0이면 에러가 발생합니다.
i/j	i를 j로 나눕니다. / 연산자는 부동소수점 나눗셈을 수행합니다. 예를 들어 6/4의 값은 1.5입니다. j == 0이면 에러가 발생합니다.
i%j	정수 i를 정수 j로 나눈 나머지를 반환합니다.
i**j	i를 j번 제곱합니다. i와 j가 모두 int 타입이면 결과는 int입니다. 둘 중의 하나가 float이면 결과는 float입니다.

[표 2-2]는 bool 타입과 함께 사용하는 기본 연산자 and, or, not에 관한 설명입니다.

표 2-2 bool 타입과 연산자

a and b	a와 b가 모두 True이면 True이고 그렇지 않으면 False입니다.
a or b	a나 b 중 하나 이상이 True이면 True이고 그렇지 않으면 False입니다.
not a	a가 False이면 True이고 a가 True이면 False입니다.

2.2.2 변수와 할당

변수^{variable}는 객체와 이름을 연관 짓는 방법을 제공합니다. 다음 코드를 참고하세요.

```
pi = 3
radius = 11
area = pi * (radius**2)
radius = 14
```

이 코드는 먼저 이름 pi와 radius를 각기 다른 int 타입 객체에 **바인딩**^{binding}합니다.[10] 그다음 이름 area를 세 번째 int 타입 객체에 바인딩합니다. [그림 2-3]의 왼쪽 부분이 여기까지의 과정입니다.

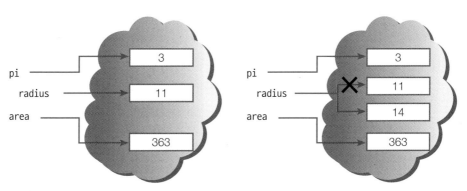

그림 2-3 변수와 객체의 바인딩

그다음 프로그램이 radius = 14를 실행하면 이름 radius는 다른 int 타입 객체에 바인딩됨

---

10 π의 실젯값은 3이 아닙니다. 18.4절에서 이를 알아보겠습니다.

니다. [그림 2-3]의 오른쪽 부분이 이를 나타냅니다. 이 할당은 area가 바인딩된 값에 영향을 미치지 않습니다. area는 여전히 표현식 3*(11**2)로 계산한 객체에 바인딩됩니다.

파이썬에서 변수는 그냥 이름일 뿐 다른 의미는 없습니다. 중요한 사실이니 반드시 기억하세요. 할당assignment 문장은 = 기호를 기준으로 왼쪽의 이름을 오른쪽의 표현식이 의미하는 객체에 연결합니다. 객체 하나는 한 개 이상의 이름에 연결되거나 어떤 이름과도 연결되지 않을 수 있다는 점도 기억하세요.

'변수는 그냥 이름일 뿐'이라고 하면 안 됐을지 모릅니다. 줄리엣의 말[11]에도 불구하고 이름은 중요합니다. 우리는 프로그래밍 언어를 사용해 컴퓨터가 실행할 수 있는 계산을 기술합니다. 하지만 이는 컴퓨터만 프로그램을 읽는다는 의미가 아닙니다.

곧 알게 되겠지만 올바르게 작동하는 프로그램을 작성하는 일이 언제나 쉽지는 않습니다. 숙련된 프로그래머는 프로그램이 왜 그렇게 동작하는지를 이해하기 위해 프로그램을 읽는 데 많은 시간을 할애합니다. 따라서 읽기 쉽게 프로그램을 작성하는 일이 매우 중요합니다. 변수 이름을 적절하게 선택하면 가독성을 높이는 데 큰 역할을 합니다. 다음 두 코드를 살펴보죠.

```
a = 3.14159
b = 11.2
c = a*(b**2)
```

```
pi = 3.14159
diameter = 11.2
area = pi*(diameter**2)
```

파이썬 입장에서 두 코드는 다르지 않습니다. 두 코드를 실행하면 동일한 일을 수행합니다. 하지만 사람에게 두 코드의 차이는 큽니다. 왼쪽 코드를 읽을 때는 무언가 잘못되었다고 의심할 이유가 없습니다. 하지만 오른쪽 코드를 잠깐 훑어보면 무언가 잘못되었다는 의심이 생깁니다. 면적을 계산하려면 변수 이름을 diameter(지름)가 아니라 radius(반지름)로 바꾸거나, diameter를 2.0으로 나누어야 했습니다.

파이썬에서 변수 이름은 대소문자, 숫자, 특수 문자 _(밑줄 문자)를 포함할 수 있습니다(하지만 숫자로 시작할 수 없습니다). 파이썬 변수 이름은 대소문자를 구분합니다. 예를 들어 Romeo와 romeo는 다른 이름입니다. 파이썬에서 몇몇 예약어reserved word(키워드keyword라고도 부릅니다)에는 별도의 내장된 의미가 있으며 변수 이름으로 사용할 수 없습니다. 파이썬 버전에 따라

---

11 "이름이 뭐가 중요하죠? 장미를 뭐라고 부르든 달콤한 향기는 바뀌지 않는 걸요." (셰익스피어의 『로미오와 줄리엣』 중)

예약어 목록이 조금 다릅니다. 파이썬 3.11의 예약어는 다음과 같습니다.

and	break	elif	for	in	not	True
as	class	else	from	is	or	try
assert	continue	except	global	lambda	pass	while
async	def	False	if	nonlocal	raise	with
await	del	finally	import	None	return	yield

주석comment을 추가해서 코드의 가독성을 높일 수도 있습니다. # 기호 뒤에 적은 텍스트는 파이썬이 해석하지 않습니다. 예를 들어 다음과 같이 쓸 수 있습니다.

```
side = 1    #단위 정사각형에서 한 변 길이
radius = 1 #단위 원의 반지름
#단위 정사각형의 면적에서 단위 원의 면적을 뺍니다.
area_circle = pi*radius**2
area_square = side*side
difference = area_square - area_circle
```

파이썬에서는 다음과 같은 방식으로 복수 할당을 할 수 있습니다.

```
x, y = 2, 3
```

이 문장은 x를 2에 바인딩하고, y를 3에 바인딩합니다. 할당의 오른쪽에 있는 모든 표현식은 바인딩이 바뀌기 전에 평가됩니다. 덕분에 편리하게도 두 변수의 바인딩을 바꾸는 복수 할당을 사용할 수 있습니다. 다음과 같은 코드를 작성해 결과를 확인해 봅시다.

```
x, y = 2, 3
x, y = y, x
print('x =', x)
print('y =', y)
```

```
x = 3
y = 2
```

2.3 분기 프로그램

지금까지 본 계산을 **순차 프로그램**straight-line program이라 부릅니다. 순차 프로그램은 문장을 등장 순서대로 하나씩 실행하고 실행할 문장이 없으면 멈춥니다. 이때 기술할 수 있는 계산은 크게 흥미롭지 않습니다. 사실 정말 지루합니다.

분기 프로그램branching program은 훨씬 흥미롭습니다. 분기 프로그램은 분기에 따라 실행하는 문장이 다른 프로그램을 말합니다. 가장 간단한 분기 문장은 **조건문**conditional입니다. [그림 2-4]의 상자 안에서처럼, 조건문은 세 부분으로 구성됩니다.

- 테스트, 즉 True 또는 False로 평가되는 표현식
- 테스트가 True로 평가되면 실행할 코드 블록code block
- 테스트가 False로 평가되면 실행할 코드 블록(선택 사항)

조건문이 실행된 후 그다음 코드가 이어서 실행됩니다.

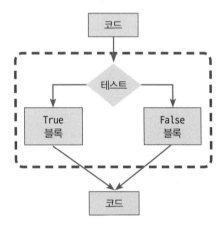

그림 2-4 조건문 순서도

파이썬에서 조건문의 형태는 다음과 같습니다.

```
if 불리언 표현식:
    코드 블록
else:
    코드 블록
```

또는

```
if 불리언 표현식:
    코드 블록
```

파이썬 문장의 형태를 설명할 때 흰색 텍스트로 프로그램에서 해당 지점에 등장할 수 있는 코드를 표현하겠습니다. 예를 들어 **불리언 표현식**은 예약어 if 다음에 True 또는 False로 평가되는 모든 표현식이 올 수 있음을 나타냅니다. **코드 블록**은 else: 다음에 파이썬 문장의 시퀀스가 올 수 있음을 나타냅니다.

다음 프로그램은 변수 x가 짝수이면 '짝수'를 출력하고 그렇지 않으면 '홀수'를 출력합니다.

```python
if x%2 == 0:
    print('짝수')
else:
    print('홀수')
print('조건문 종료')
```

x를 2로 나눈 나머지가 0일 때 표현식 x%2 == 0은 True로 평가됩니다. 그렇지 않으면 False가 됩니다. ==는 비교하는 데 사용함을 기억하세요. =는 할당에 사용합니다.

파이썬에서 **들여쓰기**^{indent}는 의미가 있습니다. 예를 들어 위 코드의 마지막 문장을 들여쓰기하면 조건문 다음에 등장하는 코드가 아니라 else 블록의 일부가 됩니다.

파이썬은 들여쓰기를 사용하는 보기 드문 언어입니다. 다른 프로그래밍 언어는 대부분 괄호를 사용해 코드 블록을 나타냅니다. 예를 들어 C 언어는 중괄호 {}를 사용해 블록을 감쌉니다. 파이썬 방식의 장점은 프로그램의 시각적 구조가 의미 구조를 정확하게 반영한다는 것입니다. 들여쓰기가 의미상 중요하므로 라인의 개념도 중요합니다. 코드 라인이 너무 길어 쉽게 읽을 수 없다면 여러 라인으로 나눕니다. 이때 마지막 라인을 제외하고 각 라인의 끝을 역슬래시^{backslash}(\)로 끝냅니다. 예를 들면 다음과 같습니다.

```python
x = 11111111111111111111111111111111 + 2222222222223333222222222 +\
    33333333333333333333333333333333
```

파이썬의 암묵적인 라인 연속 기능을 사용해 긴 라인을 줄바꿈 할 수도 있습니다. 이를 위해 괄호(소괄호, 중괄호, 대괄호)를 사용합니다. 예를 들어 다음 코드를 보죠.

```python
x = 11111111111111111111111111111111 + 2222222222223333222222222 +
    33333333333333333333333333333333
```

이 코드는 두 라인으로 해석됩니다(그래서 invalid syntax 문법 오류가 발생합니다). 하지만 다음 코드는 괄호 때문에 한 라인으로 해석됩니다.

```
x = (1111111111111111111111111111111 + 2222222222223332222222222 +
3333333333333333333333333333333)
```

많은 파이썬 프로그래머는 역슬래시보다 암묵적인 라인 연속을 선호합니다. 프로그래머들은 가장 일반적으로 쉼표comma나 연산자로 긴 라인을 나눕니다.

조건문으로 다시 돌아가 보죠. 조건문의 True 블록이나 False 블록이 또 다른 조건문을 포함할 때 조건문이 **중첩**nest되었다고 말합니다. 다음 코드는 최상위 if 문의 두 분기에 중첩 조건문을 포함합니다.

```
if x%2 == 0:
    if x%3 == 0:
        print('2와 3으로 나누어 떨어집니다')
    else:
        print('2로 나누어 떨어지지만 3으로 나누어 떨어지지 않습니다')
elif x%3 == 0:
    print('3으로 나누어 떨어지지만 2로 나누어 떨어지지 않습니다')
```

위 코드에서 elif는 'else if'를 의미합니다.

조건문 테스트에 여러 개의 불리언 **복합문**compound expression을 사용하면 편리할 때가 많습니다. 예를 들면 다음과 같습니다.

```
x = 1
y = 2
z = 3

if x < y and x < z:
    print('x가 가장 작습니다')
elif y < z:
    print('y가 가장 작습니다')
else:
    print('z가 가장 작습니다')
```

세 개의 변수 x, y, z를 조사해 가장 큰 홀수를 출력하는 프로그램을 작성하세요. 이 중에 홀수가 없다면 셋 중에 가장 작은 값을 출력해야 합니다.[12]

여러 가지 방법으로 이 문제를 해결할 수 있습니다. 여기서 고려해야 하는 경우의 수는 모두 여덟 가지입니다. 모두 홀수인 경우(1개), 두 개가 홀수인 경우(3개), 하나만 홀수인 경우(3개), 모두 홀수가 아닌 경우(1개)입니다. 따라서 하나의 print 문이 있는 여덟 개의 if 문장을 차례대로 기술하는 방법이 가장 간단합니다.[13]

```
if x%2 != 0 and y%2 != 0 and z%2 != 0:
    print(max(x, y, z))
if x%2 != 0 and y%2 != 0 and z%2 == 0:
    print(max(x, y))
if x%2 != 0 and y%2 == 0 and z%2 != 0:
    print(max(x, z))
if x%2 == 0 and y%2 != 0 and z%2 != 0:
    print(max(y, z))
if x%2 != 0 and y%2 == 0 and z%2 == 0:
    print(x)
if x%2 == 0 and y%2 != 0 and z%2 == 0:
    print(y)
if x%2 == 0 and y%2 == 0 and z%2 != 0:
    print(z)
if x%2 == 0 and y%2 == 0 and z%2 == 0:
    print(min(x, y, z))
```

문제를 해결했지만 조금 장황합니다. 코드가 16줄이나 되고 변수가 홀수인지 반복해서 테스트합니다. 다음 코드가 조금 더 우아하고 효율적입니다.

```
answer = min(x, y, z)
if x%2 != 0:
```

---

12 옮긴이_ 뇌풀기 문제의 해답은 번역서 깃허브에 있는 각 장의 주피터 노트북을 참고하세요.
13 옮긴이_ max 함수와 min 함수는 입력된 인수 중에 가장 큰 값과 가장 작은 값을 반환하는 파이썬 내장 함수입니다.

```
        answer = x
    if y%2 != 0 and y > answer:
        answer = y
    if z%2 != 0 and z > answer:
        answer = z
    print(answer)
```

이 코드는 일반적인 프로그래밍 패러다임을 따릅니다. 먼저 변수(answer)에 임싯값을 할당하고 적절할 때 이를 업데이트합니다. 그다음 변수의 최종값을 출력합니다. 변수마다 홀수인지 정확히 한 번씩 테스트하고 하나의 print 문을 사용합니다. 정확한 프로그램을 작성하려면 변수마다 홀수 여부를 체크하고 홀수 변수의 값을 비교해서 가장 큰 값을 찾아야 하므로 이 프로그램은 꽤 훌륭한 편입니다.

파이썬은 조건문 외에도 **조건 표현식**conditional expression을 제공합니다. 조건 표현식의 형태는 다음과 같습니다.

표현식1 if 조건 else 표현식2

조건이 True로 평가되면 전체 표현식의 값은 **표현식1**이 됩니다. 그 외의 경우에는 **표현식2**가 됩니다. 예를 들어 다음과 같은 문장을 생각해 보죠.

```
x = y if y > z else z
```

이 코드는 x를 y와 z 중 큰 값으로 설정합니다. 조건 표현식은 일반 표현식이 등장할 수 있는 곳이면 어디든지 (심지어 조건 표현식 안에도) 쓸 수 있습니다. 다음 코드를 살펴보죠.

```
print((x if x > z else z) if x > y else (y if y > z else z))
```

이 코드는 x, y, z 중 가장 큰 값을 출력합니다.

조건문을 사용하면 순차 프로그램보다 더 흥미로운 프로그램을 작성할 수 있습니다. 하지만 분기 프로그램에도 여전히 제한이 있습니다. 프로그램의 성능을 평가하는 한 가지 요소는 실행 시간입니다. 코드 각 라인이 실행되는 데 1단위 시간이 걸린다고 가정합시다. 어떤 순차 프로그램에 코드 라인이 n개 있다면 실행하는 데 n단위 시간이 걸립니다. 코드 라인이 n개인 분기 프로그램은 어떨까요? 실행하는 데 n단위 시간보다 적게 걸리지만 각 라인이 최대 한 번만 실행되기 때문에 n단위 시간보다 오래 걸릴 수는 없습니다.

최대 실행 시간이 프로그램 길이에 제한되는 프로그램을 **상수 시간**constant time 안에 실행되는 프로그램이라고 말합니다. 이는 프로그램이 실행될 때마다 동일한 개수의 단계를 실행한다는 의미는 아닙니다. 프로그램이 k단계보다 더 많이 실행되지 않도록 보장하는 상수 k가 존재한다는 뜻입니다. 즉 실행 시간이 프로그램의 입력 크기에 따라 늘어나지 않는다는 의미입니다.

상수 시간 프로그램은 할 수 있는 일이 제한됩니다. 선거에서 표를 집계하는 프로그램을 작성한다고 가정합시다. 투표수에 상관없이 일정한 시간 안에 집계하는 프로그램을 작성한다면 정말 놀라운 사건이 될 겁니다. 불가능한 일이기 때문입니다. 문제의 고유한 난이도에 관한 연구는 **계산 복잡도**computational complexity에 관련된 주제입니다. 앞으로 이 주제를 여러 차례 다룰 예정입니다.

다행히 프로그래밍 언어 구성 요소를 하나만 추가로 사용하면 임의의 복잡성을 가진 프로그램을 작성할 수 있습니다. 이는 2.5절에서 알아보겠습니다.

2.4 문자열과 입력

문자를 표현하려면 str 타입의 객체를 사용합니다.[14] 홑따옴표(') 또는 겹따옴표(")를 사용해 str 타입의 리터럴을 쓸 수 있습니다. 예를 들면 'abc'와 "abc" 모두 가능합니다. 리터럴 '123'은 숫자 123이 아니라 문자 세 개로 이루어진 문자열을 나타냅니다. 다음 표현식을 파이썬 인터프리터에 입력하세요.

```
'a'
3*4
3*'a'
3+4
'a'+'a'
```

---

14 많은 프로그래밍 언어와 달리 파이썬은 문자에 상응하는 타입이 없습니다. 대신 길이가 1인 문자열을 사용합니다.

연산자 +는 적용되는 객체의 타입에 따라 의미가 달라지므로 **오버로딩**overloading되었다고 말합니다. 예를 들면 + 연산자를 두 수에 적용하면 덧셈을 의미하고, 두 문자열에 적용하면 연결concatenation을 의미합니다. * 연산자도 오버로딩되었습니다. 두 수 사이에 적용하면 (예상대로) 곱셈을 의미합니다. 정수와 문자열 사이에 적용하면 **반복 연산자**repetition operator가 됩니다. n이 int이고 s가 str인 표현식 n*s는 s가 n번 반복되는 str로 평가됩니다. 예를 들어 2*'John'은 'JohnJohn'이 됩니다. 이는 논리적입니다. 수학식 3*2가 2+2+2와 같듯이, 3*'a'는 'a'+'a'+'a'와 같습니다. 다음 두 라인을 입력해 보겠습니다.

```
new_id
'a'*'a'
```

이는 에러 메시지를 발생시킵니다. 첫 번째 라인의 에러 메시지는 다음과 같습니다.

```
NameError: name 'new_id' is not defined
```

new_id는 어떤 타입의 리터럴도 아니므로 인터프리터는 이름으로 처리합니다. 하지만 이 이름은 어떤 객체와 바인딩되지 않았으므로 사용할 때 런타임 에러가 발생합니다. 'a'*'a' 코드의 에러 메시지는 다음과 같습니다.

```
TypeError: can't multiply sequence by non-int of type 'str'
```

타입 검사type checking가 있어서 다행입니다. 타입 검사 덕분에 부주의해서 알아차리기 어려운 실수를 해도 프로그램이 이상하게 동작하는 대신 실행 중지 에러가 발생합니다. 파이썬의 타입 검사는 다른 프로그래밍 언어(예: 자바)에서처럼 엄격하지 않습니다. 하지만 파이썬 3는 파이썬 2보다는 엄격하게 타입 검사를 합니다. 예를 들어 두 문자열이나 두 숫자를 비교할 때 <의 의미는 명확합니다. 하지만 '4' < 3의 값은 무엇일까요? 파이썬 2의 설계자는 모든 수의 값이 모든 str 타입의 값보다 작아야 하므로 이 값이 False여야 한다고 자의적으로 판단했습니다. 파이썬 3과 다른 현대 언어 설계자 대부분은 이런 표현식은 의미가 분명하지 않으니 에러 메시지를 발생시켜야 한다고 판단했습니다.

문자열은 파이썬의 여러 시퀀스 타입 중 하나입니다. 모든 시퀀스 타입에는 다음과 같은 연산을 할 수 있습니다.

- len 함수를 사용해 문자열의 길이[length]를 구할 수 있습니다. 예를 들어 len('abc')의 값은 3입니다.

- 인덱싱[indexing]을 사용해 문자열에서 개별 문자를 추출할 수 있습니다. 파이썬에서 모든 인덱스는 0부터 시작합니다. 예를 들어 인터프리터에 'abc'[0]를 입력하면 문자열 'a'가 출력됩니다. 'abc'[3]를 입력하면 IndexError: string index out of range와 같은 에러 메시지가 발생합니다. 파이썬은 문자열의 첫 번째 원소를 나타내는 데 0을 사용하므로 길이가 3인 문자열의 마지막 원소는 인덱스 2를 사용해 참조해야 합니다. 음수 인덱스를 사용하면 문자열의 끝에서부터 인덱싱을 할 수 있습니다. 예를 들어 'abc'[-1]는 'c'입니다.

- 슬라이싱[slicing]을 사용해 임의의 길이의 부분 문자열을 추출할 수 있습니다. s가 문자열이면 s[start:end]는 인덱스 start에서 시작해 인덱스 end-1로 끝나는 부분 문자열을 의미합니다. 예를 들어 'abc'[1:3]은 'bc'가 됩니다. 왜 인덱스 끝이 end가 아니고 end-1일까요? 'abc'[0:len('abc')]와 같은 표현식으로 문자열 전체를 나타낼 수 있기 때문입니다. 콜론(:) 이전의 값을 쓰지 않으면 기본적으로 0이 됩니다. 콜론 다음의 값을 쓰지 않으면 기본값으로 문자열의 길이가 됩니다. 따라서 'abc'[:]는 더 장황하게 쓴 버전인 'abc'[0:len('abc')]와 동일합니다. 세 번째 인수를 사용해 문자열을 비연속으로 슬라이싱할 수도 있습니다. 예를 들어 표현식 '123456789'[0:8:2]의 값은 문자열 '1357'입니다.[15]

다른 타입의 객체를 문자열로 바꿀 때 보통 str 함수를 사용하면 편리합니다. 예를 들면 다음 코드와 같습니다.

```
num = 30000000
fraction = 1/2
print(num*fraction, '은', num, '의', fraction*100, '%', '입니다')
print(str(num*fraction) + '은', str(num) + '의', str(fraction*100) + '%', '입니다')
```

```
15000000.0 은 30000000 의 50.0 % 입니다
15000000.0은 30000000의 50.0% 입니다
```

파이썬은 print 함수의 인수 사이에 자동으로 공백을 삽입하므로 첫 번째 출력에서 숫자와 문자 사이에 공백이 들어갑니다. 두 번째는 숫자와 문자를 하나의 str 타입 인수로 묶어서 더 자연스러운 출력을 만듭니다.

---

15 옮긴이_ 슬라이싱의 세 번째 인수는 스텝 크기입니다. 즉, s[0:8:2]와 같이 지정하면 문자열 s에서 인덱스 0~7 사이의 원소를 2개씩 건너뛰면서 슬라이싱합니다.

타입 변환type conversion(타입 캐스트type cast라고도 부릅니다)은 파이썬 코드에서 자주 사용됩니다. 변환하려는 타입의 이름을 사용해 타입 변환을 수행할 수 있습니다. 예를 들어 int('3')*4의 값은 12가 됩니다. float를 int로 변환하면 숫자가 (반올림되지 않고) 잘립니다. 예를 들어 int(3.9)의 값은 int 3입니다.

출력 결과로 다시 돌아가 보겠습니다. 첫 번째 숫자의 끝에 .0이 추가된 이유가 궁금할 수 있습니다. 1/2는 부동소수점 숫자이므로 int와 float의 곱은 float가 됩니다. 다음처럼 num*fraction을 int로 바꾸면 이를 피할 수 있습니다.

```
print(str(int(num*fraction)) + '은', str(num) + '의',
      str(fraction*100) + '%', '입니다')
```

```
15000000은 30000000의 50.0% 입니다
```

파이썬 3.6부터는 더 간단하게 문자열 표현식을 만드는 방법을 제공합니다. f-문자열f-string은 문자 f(또는 F)와 포맷 문자열 리터럴formatted string literal이라는 특별한 종류의 문자열 리터럴로 구성됩니다. 포맷 문자열 리터럴은 (다른 문자열 리터럴과 같은) 문자 시퀀스와 중괄호로 감싸진 표현식을 포함합니다. 이 표현식은 런타임에 평가되어 자동으로 문자열로 변환됩니다. 다음 코드는 이전 print 문과 동일한 출력을 만듭니다.

```
print(f'{int(num*fraction)}은 {num}의 {fraction*100}% 입니다')
```

만약 f-문자열로 중괄호를 출력하려면 두 개의 중괄호를 사용합니다. 예를 들어 print(f'{{{3*5}}}')는 {15}를 출력합니다.

f-문자열 안의 표현식에는 출력 문자열의 형태를 제어하는 수정자modifier를 포함할 수 있습니다.[16] 수정자와 표현식은 콜론(:)으로 구분합니다. 예를 들어 f-문자열 f'{3.14159:.2f}'은 문자열 '3.14'가 됩니다. 수정자 .2f가 부동소수점 숫자의 문자열 표현을 소수점 이후 두 자리까지만 남기도록 지시하기 때문입니다. 다음 코드를 살펴보죠.

---

16 이 수정자는 문자열의 .format 메서드에서 사용되는 수정자와 동일합니다.

```
print(f'{num*fraction:,.0f}은 {num:,}의 {fraction*100}% 입니다')
```

15,000,000은 30,000,000의 50.0% 입니다

수정자 ,는 천 단위 콤마를 추가하므로 이렇게 출력됩니다. 나중에 필요할 때 다른 수정자도 소개하겠습니다.

2.4.1 입력

파이썬 3은 사용자에게서 직접 입력을 받는 input 함수를 제공합니다. input 함수는 인수로 문자열을 받고 셸 프롬프트에 이 문자열을 출력합니다. 이 함수는 사용자가 무언가를 입력하고 enter 키를 입력할 때까지 기다립니다. 사용자가 입력한 내용은 문자열로 처리되어 input 함수의 반환값이 됩니다.

name = input('이름을 입력하세요: ')를 실행하면 다음과 같은 내용이 콘솔 윈도에 출력됩니다.

이름을 입력하세요:

만약 **홍길동**이라 입력하고 enter를 누르면 변수 name에 문자열 **'홍길동'**이 할당됩니다. 그 다음 print('정말 이름이', name, '인가요?')를 실행하면 다음과 같이 출력됩니다.

정말 이름이 홍길동 인가요?

print 함수는 '인가요?' 전에 공백을 넣습니다. print에 여러 개의 인수를 전달하면 전달된 값 사이에 공백을 추가하기 때문입니다. print('정말 이름이 ' + name + '인가요?')나 print(f'정말 이름이 {name}인가요?')와 같이 쓰면 공백을 피할 수 있습니다. 두 명령 모두 하나의 문자열을 만들어 print 함수에 유일한 인수로 전달합니다.

이제 다음 코드를 실행해 보죠.

```
n = input('정수를 입력하세요: ')
print(type(n))
```

```
<class 'str'>
```

사용자가 정수처럼 보이는 값을 입력하더라도 input은 항상 str 타입의 객체를 반환합니다. 예를 들어 사용자가 3을 입력하면 n은 int 3이 아니라 str '3'에 바인딩됩니다. 따라서 n*4의 값은 12가 아니라 '3333'이 됩니다. 다행히 문자열이 다른 타입에 맞는 리터럴이면 언제든지 타입 변환을 적용할 수 있습니다.

 뇌풀기 문제

사용자에게 mm/dd/yyyy 형식으로 생일을 입력받는 코드를 작성하고 '당신은 yyyy년에 태어났습니다'라는 문자열을 출력하세요.

2.4.2 문자 인코딩에 관한 여담

오랫동안 대부분의 프로그래밍 언어는 내부 문자를 표현할 때 ASCII[17]라 부르는 표준을 사용했습니다. 이 표준은 영어 텍스트에 등장하는 일반적인 문자를 표현하는 데 충분한 128개 문자를 포함합니다. 하지만 전 세계 언어에 등장하는 문자와 억양을 다루는 데는 충분하지 않습니다.

유니코드Unicode 표준은 모든 언어의 텍스트에 대한 디지털 처리와 출력을 지원할 목적으로 설계된 문자 인코딩 체계입니다. 이 표준은 120,000개 문자 이상을 포함합니다. 129개 현대 문자와 고대 문자가 있고 여러 개의 심볼 집합을 포함합니다. 내부적으로 여러 가지 문자 인코딩을

---

17 옮긴이_ American Standard Code for Information Interchange의 약어이며 '아스키'라고 읽습니다.

사용해 유니코드 표준을 구현할 수 있습니다. 프로그램 첫째 라인이나 둘째 라인에 다음과 같은 형식의 주석을 추가해 파이썬에 사용할 인코딩을 지정할 수 있습니다.

```
# -*- coding: 인코딩 이름 -*-
```

예를 들면 다음과 같습니다.

```
# -*- coding: utf-8 -*-
```

이 주석은 파이썬에 웹페이지용으로 가장 많이 사용하는 문자 인코딩인 UTF-8을 사용하도록 지시합니다.[18] 프로그램에 인코딩을 지정하는 주석이 없다면 대부분의 파이썬 구현은 기본적으로 UTF-8을 사용합니다.

UTF-8을 사용하면 텍스트 편집기에 다음과 같은 코드를 바로 입력할 수 있습니다.[19]

```
print('Mluvíš anglicky?')
print('क्या आप अंग्रेज़ी बोलते हैं?')
```

```
Mluvíš anglicky?
क्या आप अंग्रेज़ी बोलते हैं?
```

문자열 'क्या आप अंग्रेज़ी बोलते हैं?'를 타이핑하는 방법이 궁금할지도 모르겠습니다. 사실 타이핑하지 않았습니다. 웹은 대부분 UTF-8을 사용하므로 웹페이지에서 이 문자열을 복사해 프로그램에 붙여 넣었습니다. 키보드에서 유니코드 문자를 바로 입력하는 방법이 있지만 특수 키보드가 없다면 매우 번거롭습니다.

---

18 2016년에는 웹페이지의 85% 이상이 UTF-8로 인코딩되었습니다.

19 옮긴이_ 첫 번째 문장은 체코어이고 두 번째 문장은 힌디어로, 모두 '영어를 할 줄 아시나요?'란 의미입니다.

2.5 while 루프

2.3절 끝부분에서 계산 작업은 대부분 분기 프로그램으로 해결할 수 없다고 언급했습니다. 예를 들어 입력받은 횟수만큼 문자 'X'를 출력하는 프로그램을 작성한다고 가정합시다. 다음과 같은 코드를 작성할 수 있습니다.

```
num_x = int(input('문자 X를 몇 번이나 출력할까요? '))
to_print = ''
if num_x == 1:
    to_print = 'X'
elif num_x == 2:
    to_print = 'XX'
elif num_x == 3:
    to_print = 'XXX'
#...
print(to_print)
```

하지만 이렇게 하면 무한한 양의 정수 크기만큼 많은 조건문을 작성해야 합니다. 지금 필요한 프로그램의 모습은 다음과 같습니다(다음은 실제 파이썬 코드가 아닌 **의사 코드**^{pseudocode}입니다).

```
num_x = int(input('문자 X를 몇 번이나 출력할까요? '))
to_print = ''
#num_x 횟수만큼 X를 to_print에 추가합니다.
print(to_print)
```

같은 작업을 여러 번 수행하는 프로그램이 필요할 때 **반복문**^{iteration}을 사용할 수 있습니다. [그림 2-5]의 상자 안은 일반적인 반복문(**루프**^{loop}라고도 부릅니다) 메커니즘을 나타냅니다. 반복문도 조건문과 비슷하게 테스트로 시작합니다. 테스트가 **True**로 평가되면 프로그램이 **루프 바디**^{loop body}를 한 번 실행합니다. 그다음 테스트를 재평가합니다. 이 과정은 테스트가 **False**로 평가될 때까지 반복됩니다. 테스트가 **False**로 평가되면 반복문 다음에 이어지는 코드로 제어권이 넘어갑니다.

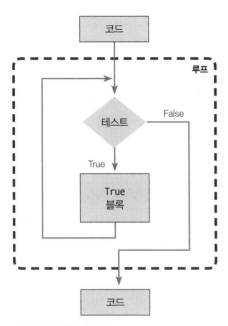

그림 2-5 반복문 순서도

[그림 2-5]와 같은 루프를 while 문으로 작성할 수 있습니다. [예제 2-1]을 살펴보죠.

예제 2-1 (힘든 방법으로) 정수 제곱하기

```python
x = 3
ans = 0
num_iterations = 0
while (x != num_iterations):
    ans = ans + x
    num_iterations = num_iterations + 1
print(f'{x}*{x} = {ans}')
```

이 코드는 먼저 변수 x를 정수 3에 바인딩합니다. 그다음 덧셈을 반복해 x를 제곱합니다. [표 2-3]은 루프 시작 부분의 테스트에 도달할 때마다 각 변수의 값을 보여줍니다. 코드를 **핸드 시 뮬레이션**^hand simulation해 이 표를 만들었습니다. 즉, 연필과 종이를 사용해 파이썬 인터프리터 입 장이 되어 프로그램을 실행했습니다. 연필과 종이를 사용하는 방법이 구식으로 보일 수 있지만

프로그램의 동작 방식을 이해하는 데 아주 유용합니다.[20]

표 2-3 간단한 반복 프로그램의 수동 시뮬레이션

테스트 횟수	x	ans	num_iterations
1	3	0	0
2	3	3	1
3	3	6	2
4	3	9	3

테스트가 네 번째 도달했을 때 x != num_iterations가 False로 평가되어 제어 흐름이 루프 다음에 있는 print 문으로 넘어갑니다. 이 프로그램이 끝날 때 x 값은 얼마일까요? x == 0, x > 0, x < 0인 세 경우를 생각해 볼 수 있습니다.

x == 0인 경우, num_interations의 초깃값도 0이므로 루프 바디는 전혀 실행되지 않습니다.

x > 0인 경우, num_interations의 초깃값이 x보다 작으므로 루프 바디는 적어도 한 번 실행됩니다. 루프 바디가 실행될 때마다 num_iterations 값이 1씩 증가합니다. 이는 시작할 때 num_iterations가 x보다 작고 유한한 횟수만큼 루프를 반복한 후 num_iterations가 x와 동일해진다는 의미입니다. 이 시점에서 루프 테스트는 False가 되고 제어권은 while 문 다음의 코드로 넘어갑니다.

x < 0인 경우, 매우 나쁜 일이 일어납니다. 루프 안으로 진입한 후 반복마다 num_iterations가 x에 가까워지지 않고 오히려 멀어집니다. 따라서 이 프로그램은 영원히 (또는 오버플로overflow 에러 같은 일이 생길 때까지) 루프를 실행합니다. 이런 문제는 어떻게 제거할까요? 테스트를 abs(x) != num_iterations로 바꾸면 됩니다. 이제 루프는 중지됐지만 결과가 음수로 출력됩니다. 루프 안의 할당 문도 ans = ans + abs(x)로 바꾸면 코드가 올바르게 동작합니다.

---

20 펜과 종이 또는 텍스트 편집기를 사용해 프로그램을 핸드 시뮬레이션할 수도 있습니다.

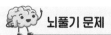뇌풀기 문제

다음 코드의 주석을 while 루프로 바꾸세요.

```
num_x = int(input('문자 X를 몇 번이나 출력할까요? '))
to_print = ''
#to_print에 X를 num_x 횟수만큼 연결합니다.
print(to_print)
```

이따금 루프 조건을 테스트하지 않고 루프를 빠져나오는 게 편리할 때가 있습니다. **break** 문장을 실행하면 루프를 종료하고 루프 다음에 나오는 코드로 제어권이 넘어갑니다.[21] 예를 들면 다음 코드와 같습니다.

```
#11과 12로 나눌 수 있는 양의 정수 찾기
x = 1
while True:
    if x%11 == 0 and x%12 == 0:
        break
    x = x + 1
print(x, '는 11과 12로 나눌 수 있습니다')
```

132 는 11과 12로 나눌 수 있습니다

break 문장이 중첩된 루프(루프 안에 있는 루프) 안에서 실행되면 **break** 문장은 안쪽 루프를 종료합니다.

뇌풀기 문제

사용자에게 숫자 10개를 입력받아 가장 큰 홀수를 출력하는 프로그램을 작성하세요. 입력된 숫자에 홀수가 없다면 이에 관한 메시지를 출력해야 합니다.

---

21 옮긴이_ 루프를 종료하지 않고 루프 바디의 처음으로 돌아가려면 continue 문장을 사용합니다. 즉 continue 문장을 만나면 즉시 다음번 반복이 실행됩니다.

2.6 for 루프와 range

지금까지 사용한 while 루프는 주로 정수 시퀀스를 순회하는 형식을 취했습니다. 파이썬은 이런 종류의 반복이 포함된 프로그램을 단순하게 만들어주는 언어 메커니즘인 **for 루프**for loop를 제공합니다.

for 문장의 일반적인 형식은 다음과 같습니다(흰색으로 쓴 단어는 실제 코드가 아니라 등장할 수 있는 내용에 관한 설명입니다).

```
for 변수 in 시퀀스:
    코드 블록
```

for 다음의 변수는 시퀀스의 첫 번째 값에 바인딩되고 코드 블록이 실행됩니다. 그다음 시퀀스의 두 번째 값이 변수에 바인딩되고 코드 블록이 다시 실행됩니다. 시퀀스에 있는 값이 모두 사용되거나 코드 블록 안에 있는 **break** 문장이 실행될 때까지 이 과정이 반복됩니다. 예를 들면 다음 코드는 91을 출력합니다.

```
total = 0
for num in (77, 11, 3):
    total = total + num
print(total)
```

표현식 (77, 11, 3)은 **튜플**tuple입니다. 튜플은 5장에서 자세히 설명하겠습니다. 지금은 튜플을 일련의 값으로 구성된 시퀀스라고 생각하세요.

변수에 바인딩되는 값 시퀀스는 대부분 연속된 정수를 반환하는 내장 함수 range를 사용해 생성합니다. **range 함수**는 세 개의 정수 인수 start, stop, step을 받습니다. 이 함수는 start, start + step, start + 2*step 등과 같은 수열을 만듭니다. step이 양수이면 마지막 원소가 가장 큰 정수이므로 (start + i*step)은 stop보다 작습니다. step이 음수이면 마지막 원소가 가장 작은 정수이므로 (start + i*step)은 stop보다 큽니다. 예를 들어 range(5, 40, 10)은 시퀀스 5, 15, 25, 35를 만듭니다. range(40, 5, -10)은 40, 30, 20, 10을 생성합니다.

range 함수의 첫 번째 인수가 누락되면 기본값으로 0이 사용됩니다. 마지막 인수(스텝 크기)가 누락되면 기본값 1이 사용됩니다. 예를 들어 range(0, 3)과 range(3)은 모두 시퀀스 0,

1, 2를 만듭니다. 수열의 숫자는 필요에 따라 생성되기 때문에 range(1000000) 같은 표현도 메모리를 거의 사용하지 않습니다. range 함수는 5.2절에서 더 자세히 다루겠습니다.

다음 코드를 살펴보죠.

```
x = 4
for i in range(x):
    print(i)
```

출력은 다음과 같습니다.

```
0
1
2
3
```

[예제 2-2]는 정수를 제곱하는 [예제 2-1]의 알고리즘(음수에서도 올바르게 동작하도록 수정한 버전)을 재구현한 코드입니다. while 루프 구현과 달리 명시적인 테스트로 반복 횟수를 제어하지 않으며 인덱스 변수 num_interations를 직접 증가시키지 않습니다.

예제 2-2 for 문장 사용하기

```
x = 3
ans = 0
for num_iterations in range(abs(x)):
    ans = ans + abs(x)
print(f'{x}*{x} = {ans}')
```

[예제 2-2]의 for 루프 바디 안에서는 num_iterations 값을 바꾸지 않습니다. 일반적으로는 해당 값을 바꾸지 않지만, 바꿀 수도 있습니다. for 루프 안에서 인덱스 변수를 수정하면 어떻게 될까요?

```
for i in range(2):
    print(i)
    i = 0
    print(i)
```

0, 0, 1, 0을 출력하고 중지될까요? 아니면 계속 반복해서 0을 출력할까요?

정답은 0, 0, 1, 0입니다. for 루프의 첫 번째 반복이 시작되기 전에 range 함수가 평가되고 시퀀스의 첫 번째 값이 인덱스 변수 i에 할당됩니다. 루프의 다음 반복이 시작될 때마다 i에는 시퀀스의 다음 값이 할당됩니다. 시퀀스에 있는 값이 모두 끝나면 루프가 종료됩니다. 앞의 for 루프는 다음 코드와 같습니다.

```
index = 0
last_index = 1
while index <= last_index:
    i = index
    print(i)
    i = 0
    print(i)
    index = index + 1
```

while 루프 코드는 확실히 for 루프보다 더 장황합니다. for 루프는 편리한 메커니즘입니다.

이제 다음 코드를 봅시다.

```
x = 1
for i in range(x):
    print(i)
    x = 4
```

무엇이 출력될까요? 0입니다. for 라인에 있는 range 함수의 인수는 루프의 첫 번째 반복이 시작되기 직전에 평가되며 후속 반복에서 다시 평가되지 않습니다.

다음과 같이 루프를 중첩했을 때 얼마나 반복이 일어나는지 알아보죠.

```
x = 4
for j in range(x):
    for i in range(x):
        x = 2
```

두 루프는 각각 몇 번씩 실행될까요? 바깥쪽 루프를 제어하는 range(x)는 첫 번째 반복에서 평가되고 다음 반복에서 다시 평가되지 않습니다. 따라서 바깥쪽 루프는 네 번 반복됩니다. 이는 안쪽 for 루프가 네 번 실행된다는 의미입니다. 처음 안쪽 for 루프가 실행될 때 변수 x = 4이므로 네 번 반복됩니다. 하지만 다음 세 번은 안쪽 for 루프의 range(x)가 평가될 때 x = 2이므로 각각 두 번씩 반복됩니다. 다음 코드를 실행하겠습니다.

```
x = 3
for j in range(x):
    print('바깥쪽 루프 반복')
    for i in range(x):
        print('    안쪽 루프 반복')
        x = 2
```

```
바깥쪽 루프 반복
    안쪽 루프 반복
    안쪽 루프 반복
    안쪽 루프 반복
바깥쪽 루프 반복
    안쪽 루프 반복
    안쪽 루프 반복
바깥쪽 루프 반복
    안쪽 루프 반복
    안쪽 루프 반복
```

for 문장은 문자열의 문자를 간편하게 반복하도록 **in 연산자**in operator와 함께 사용할 수 있습니다. 예를 들면 다음과 같습니다.

```
total = 0
for c in '12345678':
    total = total + int(c)
print(total)
```

앞의 코드는 문자열 '12345678'에 있는 숫자를 모두 더한 합을 출력합니다.

2.7 스타일의 중요성

이 책은 여러분이 프로그래밍 언어를 배우는 데 도움이 되도록 많은 부분을 할애하고 있습니다. 하지만 언어를 아는 것과 언어를 사용하는 방법을 아는 것은 다릅니다. 다음 두 문장을 살펴보죠.

> "Everybody knows that if a man is unmarried and has a lot of money, he needs to get married."
> "남자가 독신이고 돈이 많다면 결혼해야 한다는 것은 누구나 알고 있습니다."

> "It is a truth universally acknowledged, that a single man in possession of a good fortune, must be in want of a wife."
> "재산깨나 있는 독신 남자에게 아내가 꼭 필요하다는 것은 누구나 인정하는 진리다."
>
> _제인 오스틴Jane Austen의 『오만과 편견』 중

둘 다 적절한 영어 문장이고 뜻이 비슷합니다. 하지만 설득력이 같지 않고 쉽게 이해하는 데 걸리는 시간도 다릅니다.

글을 쓸 때 스타일이 중요하듯 파이썬을 쓸 때도 스타일이 중요합니다. 독특한 스타일은 소설가의 자산이 될 수 있지만 프로그래머에게는 그렇지 않습니다. 프로그램을 읽는 사람이 코드의 의미와 관련이 없는 일에 생각을 쏟는 시간이 적을수록 좋습니다. 이것이 훌륭한 프로그래머가 코드를 읽는 사람들이 재미있기보다 이해하기 쉽도록 코딩 규칙convention을 따라 프로그램을 만드는 이유입니다.

파이썬 프로그래머는 대부분 **PEP 8 스타일 가이드**에 정의된 규칙을 따릅니다.[22] 모든 종류의 관례가 그렇듯이 일부 항목은 임의적입니다. 예를 들어 들여쓰기에 공백을 네 개 사용하도록 권장하는 규칙이 있습니다. 왜 세 개나 다섯 개가 아니고 네 개일까요? 특별한 이유는 없습니다. 하지만 모든 사람이 같은 개수의 공백을 사용하면 다른 사람이 작성한 코드를 읽기 (그리

---

[22] PEP는 Python Enhancement Proposal의 약어입니다. PEP 8은 2001년에 귀도 반 로섬, 베리 워서(Barry Warsaw), 닉 코글란(Nick Coghlan)이 작성했습니다.

고 아마도 재사용하기) 쉽습니다. 더 일반적으로 모든 사람이 파이썬을 사용할 때 같은 규칙을 따르면 프로그래머가 코드 스타일을 이해하느라 두뇌를 낭비하지 않고 의미를 이해하는 데 집중할 수 있습니다.

이름과 관련된 규칙이 가장 중요합니다. 이미 변수의 의미를 나타내는 이름을 사용하는 일이 중요하다고 언급했습니다. 명사절이 여기에 잘 맞습니다. 예를 들어 반복 횟수를 나타내는 변수에 num_iterations란 이름을 사용했습니다. 파이썬에서는 이름에 단어가 여러 개 포함될 때 밑줄 문자(_)를 사용해 단어를 구분하는 관례가 있습니다. 이 규칙도 임의적입니다. 프로그래머에 따라 카멜 표기법camelCase을 선호하기도 합니다. 예를 들면 numIterations와 같이 쓰면 입력하기 더 빠르고 공간도 더 적게 차지한다고 주장합니다.

단일 문자 변수 이름 관련 규칙도 있습니다. 가장 중요한 규칙은 소문자 L, 대문자 I(둘 다 숫자 1과 혼동됩니다), 대문자 O(숫자 0과 혼동됩니다)를 사용하지 않는 것입니다.

지금 시점에서 코딩 규칙은 이 정도만 알면 충분합니다. 앞으로 파이썬의 여러 기능을 소개하면서 코딩 규칙을 함께 알아볼 예정입니다.

지금까지 파이썬에서 수와 문자열을 다루는 흥미로운 프로그램을 작성할 때 필요한 내용을 다루었습니다. 다음 장에서는 파이썬 학습 진도를 나가지 않고 이미 배운 내용을 사용해 간단한 문제를 풀어 보겠습니다.

3_장 간단한 수치 프로그램

> **이 장의 키워드**
>
> 감소 함수 | 추측-확인 | 완전 열거 | 근삿값 | 완전 순서 | 이분 검색 | 비트
> 부동소수점 | 정밀도 | 반올림 | 뉴턴-랍슨 방법 | 다항식

지금까지 기본적인 파이썬 구성 요소를 다뤄봤습니다. 이제 각 구성 요소를 연결해 간단한 프로그램을 작성하는 방법을 알아볼 차례입니다. 이 과정에서 추가적인 파이썬의 구성 요소와 몇 가지 알고리즘을 알아보겠습니다.

3.1 완전 열거

[예제 3-1]은 입력한 값의 정수인 세제곱근을 찾아 출력합니다. 정수인 세제곱근이 존재하지 않는다면 세제곱수가 아니라고 출력합니다. != 연산자는 동일하지 않음을 의미합니다.

예제 3-1 완전 열거 방식으로 세제곱근 구하기

```
#정수 세제곱근을 찾습니다.
x = int(input('정수를 입력하세요: '))
ans = 0
while ans**3 < abs(x):
    ans = ans + 1
if ans**3 != abs(x):
    print(x, '은(는) 완전한 세제곱수가 아닙니다')
else:
    if x < 0:
```

```
        ans = -ans
    print(x,'의 세제곱근은', ans, '입니다')
```

이 코드는 먼저 변수 ans에 x의 절댓값의 세제곱근을 찾아 저장합니다. 만약 세제곱근이 있고 x가 음수이면 ans를 -x로 설정합니다. 이 코드에서 오랜 시간이 소요되는 부분은 while 루프 입니다. 프로그램에 루프가 있다면 이 루프가 종료되는 원인이 중요합니다. x가 어떤 값일 때 while 루프가 종료될까요? 정답은 '모든 정수'입니다. 이는 다음과 같이 간단하게 설명할 수 있습니다.

- 표현식 ans**3의 값은 0에서 시작해 루프를 반복할 때마다 증가합니다.
- 이 값이 abs(x)에 도달하거나 초과하면 루프가 종료됩니다.
- abs(x)는 항상 양수이므로 루프 종료 전에 반복하는 횟수는 유한합니다.

이 주장의 기반은 **감소 함수**^{decrementing function} 개념입니다. 이 함수에는 다음과 같은 성질이 있습니다.

- 일련의 프로그램 변수를 정수 하나에 매핑합니다.
- 루프를 시작할 때 변숫값은 음수가 아닙니다.
- 변숫값이 0보다 작거나 같을 때 루프를 종료합니다.
- 루프가 반복될 때마다 변숫값이 감소합니다.

[예제 3-1]에 있는 while 루프에서 감소 함수는 무엇일까요? abs(x) - ans**3이 감소 함수에 해당합니다.

그럼 오류를 추가해서 어떤 일이 일어나는지 살펴보죠. 먼저 ans = 0 문장을 주석 처리하세요. 파이썬 인터프리터가 다음과 같은 에러 메시지를 출력합니다.

```
NameError: name 'ans' is not defined
```

ans를 어떤 값에 바인딩하기 전에 인터프리터가 ans에 바인딩된 값을 찾으려 하기 때문입니다. ans의 초기화 문장을 복원하고 ans = ans + 1 문장을 ans = ans로 바꾼 다음 8의 세제곱근을 찾아보세요. 기다리다 지치면 Ctrl+C(Ctrl 키와 C 키를 동시에 누릅니다)를 누르세요.[1] 그럼 셸의 사용자 프롬프트로 돌아갈 수 있습니다.

이제 다음 문장을 루프 시작 부분에 추가하고 다시 실행해 보죠.

```
print('감소 함수 abs(x) - ans**3의 값:', abs(x) - ans**3)
```

다음과 같은 문장이 계속 반복 출력됩니다.

```
감소 함수 abs(x) - ans**3의 값: 8
```

이 프로그램은 영원히 실행됩니다. 왜냐하면 루프 바디가 ans**3과 abs(x) 사이의 거리를 더 이상 좁히지 못하기 때문입니다. 보통 숙련된 프로그래머는 프로그램이 종료되지 않을 것 같으면 이처럼 print 문장을 추가해 감소 함수가 제역할을 하고 있는지 테스트합니다.

이 프로그램에서 사용한 알고리즘은 추측-확인guess-and-check 알고리즘의 변종으로 완전 열거exhaustive enumeration라고 부릅니다. 정답을 얻거나 가능한 값이 전부 소진될 때까지 모든 가능한 값을 열거합니다. 언뜻 보면 문제를 해결하기에 매우 비효율적으로 보입니다. 하지만 놀랍게도 완전 열거 알고리즘이 문제를 해결하는 데 가장 실용적인 경우가 많습니다. 이 알고리즘은 구현하기 쉽고 이해하기 쉽습니다. 일반적으로 어떤 실용적인 목적에도 맞게 충분히 빠르게 실행됩니다. 디버깅용으로 추가한 print 문장을 삭제하거나 주석 처리하고 ans = ans + 1 문장을 다시 추가하세요. 그다음 1,957,816,251의 세제곱근을 찾아보세요. 프로그램이 시작하자마자 종료될 것입니다. 이번에는 7,406,961,012,236,344,616의 세제곱근을 구해 보세요.

여기서 볼 수 있듯이 수백만 개의 추측이 필요할 때도 일반적으로 실행 시간이 문제가 되지 않습니다. 최신 컴퓨터는 놀라울 정도로 빠릅니다. 명령 하나를 실행하는 데 1나노초nanosecond (ns) (10억분의 1초)도 걸리지 않습니다. 얼마나 빠른지 실감하기 어렵습니다. 비교를 위해 설명하면, 빛은 1ns 동안 약 0.3m 정도 이동합니다. 또 음성이 10m를 이동하는 동안 최신 컴퓨터는 명령을 수백만 개 실행할 수 있습니다.

재미 삼아 다음 코드를 실행해 보세요.

---

1 옮긴이_ 코랩 사용 시 코드 실행을 중지하려면 메뉴에서 '런타임' → '실행 중단'을 선택하세요.

```
max_val = int(input('양의 정수를 입력하세요: '))
i = 0
while i < max_val:
    i = i + 1
print(i)
```

얼마나 큰 정수를 입력해야 결과가 출력되기 전에 대기 시간을 느낄 수 있는지 확인해 보세요.

완전 열거의 또 다른 예를 살펴보죠. 어떤 정수가 소수인지 테스트하고 소수가 아니라면 가장 작은 제수divisor를 반환하는 프로그램을 작성하겠습니다. 소수는 자기 자신과 1로만 나뉘는 1보다 큰 정수입니다. 예를 들면 2, 3, 5, 111119는 소수이지만 4, 6, 9, 62710561은 소수가 아닙니다.

3보다 큰 정수 x가 소수인지 확인하는 가장 간단한 방법은 x를 2와 x−1 사이의 정수로 나누어 보는 것입니다. 나눗셈 중 하나라도 나머지가 0이 아니면 x는 소수가 아닙니다. 그렇지 않으면 x는 소수입니다. [예제 3−2]는 이 방식을 구현한 코드입니다. 이 코드는 먼저 사용자에게 정수를 입력하도록 요청합니다. 그다음 반환된 문자열을 int로 변환하고 변수 x에 이 정수를 할당합니다. 이어서 변수 smallest_divisor를 None으로 초기화하고 guess를 2에서부터 시작해 완전 열거의 초기 조건을 설정합니다. 이 코드는 smallest_divisor가 None이 아닌 값으로 입증될 때까지 x를 소수로 가정합니다.

완전 열거는 for 루프에서 수행됩니다. 이 루프는 x에 가능한 모든 정수 제수를 시도하거나 x를 나누어떨어지는 정수 제수를 발견하면 종료됩니다.

루프가 종료된 후에 코드는 smallest_divisor의 값을 확인해 적절한 텍스트를 출력합니다. 이렇게 루프에 들어가기 전에 변수를 초기화하고 루프 종료 후에 값이 바뀌었는지 확인하는 방법은 일반적인 기교입니다.

예제 3-2 완전 열거 방식을 사용한 소수 테스트

```
#2보다 큰 정수가 소수인지 테스트합니다. 소수가 아니면 가장 작은 제수를 출력합니다.
x = int(input('2보다 큰 정수를 입력하세요: '))
smallest_divisor = None
for guess in range(2, x):
    if x%guess == 0:
        smallest_divisor = guess
```

```
            break
if smallest_divisor != None:
    print(x, '의 가장 작은 제수는', smallest_divisor, '입니다')
else:
    print(x, '은(는) 소수입니다')
```

 뇌풀기 문제

가장 작은 제수가 아니라 가장 큰 제수를 반환하도록 [예제 3-2]를 바꿔보세요. (**힌트** y*z = x이고 y가 x의
가장 작은 제수이면 z는 x의 가장 큰 제수입니다.)

[예제 3-2]는 올바르게 작동하지만 비효율적입니다. 예를 들어 한 정수를 어떤 짝수로 나눌 수
있다면 2로도 나눌 수 있기 때문에 2 이상의 짝수는 확인하지 않아도 됩니다. [예제 3-3]은 이
사실을 이용해 먼저 x가 짝수인지 테스트합니다. 짝수가 아니면 루프를 사용해 x가 홀수로 나
눠지는지 테스트합니다.

[예제 3-3]은 [예제 3-2]보다 조금 더 복잡합니다. 하지만 루프에서 테스트하는 숫자가 절반
으로 줄어 훨씬 빠릅니다. 코드 복잡도를 실행 효율성과 맞바꾸는 일은 일반적입니다. 하지만
빠르다고 해서 항상 더 좋지는 않습니다. 확실히 정확하고 유용할 만큼 충분히 빠른 간단한 코
드에 대해서는 나중에 더 이야기하겠습니다.

예제 3-3 더 효율적인 소수 테스트

```
#2보다 큰 정수가 소수인지 테스트합니다. 소수가 아니면 가장 작은 제수를 출력합니다.
x = int(input('2보다 큰 정수를 입력하세요: '))
smallest_divisor = None
if x%2 == 0:
    smallest_divisor = 2
else:
    for guess in range(3, x, 2):
        if x%guess == 0:
            smallest_divisor = guess
            break
if smallest_divisor != None:
    print(x, '의 가장 작은 제수는', smallest_divisor, '입니다')
```

```
else:
    print(x, '은(는) 소수입니다')
```

 뇌풀기 문제

사용자에게 하나의 정수 x를 입력받고 1 < pwr < 6 사이에서 x == root**pwr을 만족하는 정수 pwr과 root를 출력하는 프로그램을 작성하세요. 만족하는 정수 쌍이 없다면 이를 알리는 메시지를 출력해야 합니다.

 뇌풀기 문제

2에서 1000 사이 소수의 합을 출력하는 프로그램을 작성하세요. (**힌트** 3에서 999 사이의 홀수를 반복하면서 소수 여부를 테스트하는 중첩 루프를 사용합니다.)

3.2 근사 해법과 이분 검색

어떤 양수의 제곱근을 출력하는 프로그램을 만들어달라는 요청을 받았다고 가정합시다. 어떻게 할까요?

아마도 먼저 더 상세한 문제 정의가 필요하다고 말해야 할 것입니다. 예를 들어 2의 제곱근을 찾아야 한다면 프로그램이 어떻게 할까요? 2의 제곱근은 유리수가 아닙니다. 이는 유한한 개수의 숫자(또는 float)로 정확하게 표현하는 방법이 없다는 의미입니다. 따라서 앞서 기술한 문제를 해결할 수 없습니다.

프로그램이 할 수 있는 일은 제곱근의 **근삿값**approximation, 즉 실제 제곱근에 충분히 가까운 답을 찾는 것입니다. 나중에 이 문제를 자세히 알아보겠습니다. 지금은 '충분히 가깝다'라는 말을 실제 정답을 중심으로 epsilon이라는 일정 상수 범위 안에 놓인 값이라고 생각하겠습니다.

[예제 3-4]는 x의 제곱근의 근삿값을 구하는 알고리즘을 구현합니다.[2]

예제 3-4 완전 열거를 사용한 제곱근의 근삿값 구하기

```
x = 25
epsilon = 0.01
step = epsilon**2
num_guesses = 0
ans = 0.0
while abs(ans**2 - x) >= epsilon and ans <= x:
    ans += step
    num_guesses += 1
print('추측 횟수 =', num_guesses)
if abs(ans**2 - x) >= epsilon:
    print(x, '의 제곱근을 찾지 못했습니다')
else:
    print(ans, '은(는)', x, '의 제곱근에 가깝습니다')
```

여기에서도 완전 열거를 사용합니다. 이 방법은 중학교에서 배웠던 제곱근 계산 방법과 다릅니다. 이렇게 컴퓨터로 문제를 해결하는 최선의 방법이 손으로 해를 구하는 방법과 많이 다른 경우가 흔합니다.

x가 25이면 이 코드의 출력은 다음과 같습니다.

```
추측 횟수 = 49990
4.999000000001688 은(는) 25 의 제곱근에 가깝습니다
```

프로그램이 25가 완전제곱수perfect square number인지 알지 못하고 5를 출력하지 않았다고 실망해야 할까요? 아닙니다. 이 프로그램은 의도한 대로 실행되었습니다. 5를 출력하면 좋았겠지만 5에 가까운 값을 출력해도 나쁘지 않습니다.

x = 0.25이면 어떤 일이 일어날까요? 0.5에 가까운 근삿값을 찾을까요? 제곱근을 찾지 못하고 다음을 출력합니다.

---

2   옮긴이_ +=는 더하기 할당 연산자(addition assignment)이며 x += 1은 x = x + 1과 같습니다.

```
추측 횟수 = 2501
0.25 의 제곱근을 찾지 못했습니다
```

완전 열거는 검색하려는 일련의 값에 정답이 있을 때만 동작하는 검색 방법입니다. 이 코드에서는 0에서 x 사이의 값을 열거합니다. x가 0과 1 사이의 값일 때 x의 제곱근은 0에서 x 사이에 있지 않습니다. 이 문제를 해결하는 방법 하나는 while 루프의 첫 번째 라인에 있는 and의 두 번째 피연산자를 다음과 같이 바꾸는 것입니다.

```
while abs(ans**2 - x) >= epsilon and ans*ans <= x:
```

이렇게 바꾼 후 코드를 실행하면 다음을 출력합니다.

```
추측 횟수 = 4899
0.48989999999996237 은(는) 0.25 의 제곱근에 가깝습니다
```

이제 이 프로그램을 실행하는 데 얼마나 오래 걸리는지 생각해 보죠. 반복 횟수는 정답이 시작점 0에 얼마나 가까이 있는지와 스텝의 크기에 따라 달라집니다. 대략 이 프로그램은 while 루프를 최대 x/step번 실행합니다.

이 코드의 x를 조금 더 큰 수인 123456으로 설정하고 프로그램을 실행하면 꽤 오래 실행한 후 다음을 출력합니다.

```
추측 횟수 = 3513631
123456 의 제곱근을 찾지 못했습니다
```

무슨 일이 일어났을까요? 123456의 제곱근을 0.01 이내로 근사하는 부동소수점 숫자가 분명히 존재합니다. 프로그램이 이 값을 왜 찾지 못했을까요? 스텝 크기가 너무 큰 것이 문제입니다. 프로그램이 적절한 정답을 모두 건너뛰었습니다. 여기에서도 정답을 담지 않은 공간을 모두 검색했습니다. 스텝 크기를 epsilon**3으로 하고 프로그램을 실행해 보세요. 결국 적절한 답을 찾겠지만 인내심을 가지고 기다리기 어려울 수 있습니다.

대략 얼마나 많이 추측해야 할까요? 스텝 크기가 0.000001이고 123456의 제곱근은 약 351.36입니다. 이는 프로그램이 만족할 만한 답을 찾으려면 추측을 대략 351,000,000번 해

야 한다는 의미입니다. 정답에 가까운 지점에서 시작하면 속도가 빨라지겠지만 이는 정답을 안다는 가정하에서 가능합니다.

이 문제를 해결하는 다른 방법을 찾아야 할 때입니다. 현재 알고리즘을 미세 튜닝하는 것보다 더 나은 알고리즘이 필요합니다. 그전에 언뜻 보기에 제곱근을 찾는 일과 완전히 달라 보이는 한 문제를 살펴보죠.

종이로 된 영어 사전[3]에서 문자의 시퀀스로 구성된 단어를 찾는 문제를 생각해 보죠. 원칙적으로 완전 열거를 사용할 수 있습니다. 첫 번째 단어에서 시작해서 원하는 단어를 찾거나 모든 단어를 검사할 때까지 각 단어를 조사합니다. 사전에 포함된 단어가 n개라면 단어를 찾는 검사 횟수는 평균적으로 n/2번입니다. 찾으려는 단어가 사전에 없다면 n번을 검사합니다. 물론 (온라인이 아니라) 물리적인 사전에서 단어를 찾는 즐거움을 아는 사람은 절대 이렇게 단어를 찾지 않습니다.

다행히 종이 사전에는 단어가 알파벳 순서로 나열됩니다. 따라서 단어가 있으리라 예상하는 페이지를 펼치면 됩니다(예를 들어 문자 m으로 시작하는 단어는 사전 중간쯤에 있습니다). 찾으려는 단어의 알파벳 순서가 페이지에 있는 첫 번째 단어보다 앞선다면 앞 페이지를 찾아야 합니다. 단어가 페이지에 있는 마지막 단어보다 뒤에 있다면 뒤 페이지를 찾아야 합니다. 두 경우 모두 아니라면 단어가 현재 페이지에 있는지 확인합니다.

동일한 아이디어를 x의 제곱근을 찾는 문제에 적용해 보죠. x의 제곱근의 적절한 근삿값이 0과 max 사이에 있다고 가정합니다. 모든 숫자는 **완전하게 순서**total ordering대로 되어 있다는 사실을 활용할 수 있습니다. 즉 서로 다른 두 숫자 n1과 n2는 n1 < n2 또는 n1 > n2입니다. 따라서 x의 제곱근이 다음 직선 어딘가에 있다고 생각하고 이 사이를 검색할 수 있습니다.

0————————————————————————————————max

검색을 시작할 위치를 알지 못하기 때문에 중간부터 시작하겠습니다.

0————————————————guess————————————————max

(대부분 그렇겠지만) 추측한 값이 답이 아니라면 너무 크거나 작은지 확인합니다. 추측이 너무 크다면 정답은 왼쪽에, 추측이 너무 작다면 정답은 오른쪽에 있을 것입니다. 그다음 같은

---

3 종이 사전을 본 적이 없다면 가까운 도서관에 가보세요.

과정을 더 작은 범위에서 반복합니다. [예제 3-5]는 이 알고리즘을 구현하고 테스트합니다.

예제 3-5 이분 검색을 사용한 제곱근의 근삿값 찾기

```
x = 25
epsilon = 0.01
num_guesses, low = 0, 0
high = max(1, x)
ans = (high + low)/2
while abs(ans**2 - x) >= epsilon:
    print('low =', low, 'high =', high, 'ans =', ans)
    num_guesses += 1
    if ans**2 < x:
        low = ans
    else:
        high = ans
    ans = (high + low)/2
print('추측 횟수 =', num_guesses)
print(ans, '은(는)', x, '의 제곱근에 가깝습니다')
```

앞의 코드처럼 x = 25로 지정하고 실행하면 다음을 출력합니다.

```
low = 0 high = 25 ans = 12.5
low = 0 high = 12.5 ans = 6.25
low = 0 high = 6.25 ans = 3.125
low = 3.125 high = 6.25 ans = 4.6875
low = 4.6875 high = 6.25 ans = 5.46875
low = 4.6875 high = 5.46875 ans = 5.078125
low = 4.6875 high = 5.078125 ans = 4.8828125
low = 4.8828125 high = 5.078125 ans = 4.98046875
low = 4.98046875 high = 5.078125 ans = 5.029296875
low = 4.98046875 high = 5.029296875 ans = 5.0048828125
low = 4.98046875 high = 5.0048828125 ans = 4.99267578125
low = 4.99267578125 high = 5.0048828125 ans = 4.998779296875
low = 4.998779296875 high = 5.0048828125 ans = 5.0018310546875
추측 횟수 = 13
5.00030517578125 은(는) 25 의 제곱근에 가깝습니다
```

이 알고리즘이 찾은 답은 이전 알고리즘이 찾은 답과 다릅니다. 하지만 epsilon 범위 이내에

있어야 하는 조건을 만족하니 전적으로 괜찮습니다.

여기서는 루프 반복마다 검색 공간의 크기가 절반으로 줄어든다는 점이 중요합니다. 그래서 이 알고리즘을 **이분 검색**^{bisection search}이라고 부릅니다. 반복 몇 번만으로 검색 공간을 줄이므로 이분 검색은 이전 알고리즘에 비해 큰 발전입니다.

x = 123456의 제곱근을 다시 구하겠습니다. 이번에는 프로그램이 30번의 추측 만에 적절한 답을 찾습니다. x = 123456789는 어떨까요? 45번의 추측 만에 답을 찾습니다.

이 알고리즘을 사용할 때 제곱근을 찾는 데 특별한 부분은 없습니다. 예를 들어 2를 몇 군데 3으로 바꾸어 어떤 양수의 세제곱근을 구할 수 있습니다. 4장에서 이 코드를 일반화해 어떤 근^{root}도 찾는 언어 메커니즘을 소개하겠습니다.

이분 검색은 근을 찾는 일 외에도 활용성이 높은 기법입니다. 예를 들어 [예제 3-6]에서는 이분 검색을 사용해 x의 밑이 2인 로그의 근삿값을 찾습니다(즉, 2**ans를 x에 가깝게 만드는 숫자 ans). 이 코드는 제곱근의 근삿값을 찾는 코드와 구조적으로 정확히 같습니다. 먼저 적절한 답이 포함된 간격을 찾은 다음 이분 검색을 사용해 이 사이를 효율적으로 탐색합니다.

예제 3-6 이분 검색을 사용해 밑이 2인 로그 추정하기

```
x = 8
epsilon = 0.01
#ans의 하한값을 찾습니다.
lower_bound = 0
while 2**lower_bound < x:
    lower_bound += 1
low = lower_bound -1
high = lower_bound + 1
#이분 검색을 수행합니다.
ans = (high + low)/2
while abs(2**ans -x) >= epsilon:
    if 2**ans < x:
        low = ans
    else:
        high = ans
    ans = (high + low)/2
print(ans, '(은)는', x, '의 밑이 2인 로그에 가깝습니다')
```

 **뇌풀기 문제**

이분 검색은 **연속 근사법**^{successive approximation}의 한 예입니다. 이 방법은 각 추측이 이전 추측보다 정답에 더 가깝다는 성질을 바탕으로 추측을 연속으로 수행합니다. 나중에 이 장에서 중요한 연속 근사 알고리즘인 뉴턴 방법^{Newton's method}을 알아보겠습니다.

 뇌풀기 문제

x가 −25이면 [예제 3−5]는 어떻게 수행될까요?

 뇌풀기 문제

음수와 양수의 세제곱근의 근삿값을 찾으려면 [예제 3−5]를 어떻게 바꾸어야 할까요? (**힌트** 정답이 검색 범위 안에 놓이도록 low의 값을 바꾸어보세요.)

 뇌풀기 문제

엠파이어 스테이트 빌딩^{Empire State Building}은 102층입니다. 달걀을 떨어뜨려도 깨지지 않는 가장 높은 층수를 알려고 합니다. 먼저 꼭대기 층에서 달걀을 떨어뜨립니다. 달걀이 깨지면 한 층을 내려와서 다시 시도합니다. 달걀이 깨지지 않을 때까지 이 과정을 반복합니다. 이 방법을 사용하면 달걀이 최대 102개 필요합니다. 최대 일곱 개의 달걀을 사용하는 방법을 구현해 보세요.

3.3 부동소수점 사용에 대하여

대부분 float 타입의 수는 실수에 대한 상당히 좋은 근삿값을 제공합니다. 하지만 늘 그렇지는 않습니다. 이 때문에 이따금 놀라운 결과가 생기기도 합니다. 다음 코드를 실행해 보세요.

```
x = 0.0
for i in range(10):
    x = x + 0.1
if x == 1.0:
    print(x, '= 1.0')
else:
    print(x, '은(는) 1.0이 아닙니다')
```

대부분은 다음 결과에 놀랄 것입니다.

0.9999999999999999 은(는) 1.0이 아닙니다

왜 else 절이 실행되었을까요?

이런 일이 일어난 이유를 이해하려면 계산 과정 동안 컴퓨터에서 부동소수점 숫자가 어떻게 표현되는지 이해해야 합니다. 그러려면 **이진수**binary number도 이해해야 합니다.

십진수(즉, 10을 기수base로 한 수)를 처음 배울 때 십진수는 숫자 0123456789의 시퀀스로 표현할 수 있음을 배웠습니다. 가장 오른쪽 숫자는 10^0자리이고 그다음 왼쪽에 있는 숫자는 10^1자리가 되는 식입니다. 예를 들어 십진수 302는 $3*100 + 0*10 + 2*1$을 나타냅니다. 길이가 n인 시퀀스로 얼마나 많은 숫자를 표현할 수 있을까요? 길이가 1인 시퀀스는 숫자 10개 (0~9) 중 하나만 표현할 수 있습니다. 길이가 2인 시퀀스는 숫자 100개(0~99)를 표현할 수 있습니다. 일반적으로 길이가 n인 시퀀스는 10^n개의 숫자를 표현할 수 있습니다.

기수가 2인 이진수도 비슷합니다. 이진수는 0 또는 1의 숫자로 구성된 시퀀스로 표현됩니다. 이렇게 구성된 숫자를 종종 **비트**bit라고 부릅니다. 가장 오른쪽 숫자는 2^0자리이고 그다음 왼쪽에 있는 숫자는 2^1자리가 되는 식입니다. 예를 들어 이진수 101은 $1*4 + 0*2 + 1*1 = 5$를 나타냅니다. 길이가 n인 시퀀스로 얼마나 많은 숫자를 표현할 수 있을까요? 2^n개를 표현할 수 있습니다.

 **뇌풀기 문제**

이진수 10011과 동등한 십진수는 얼마인가요?

사람은 대부분 손가락이 10개이니 수를 나타내는 데 십진수를 사용하기 좋아합니다. 하지만 모든 현대식 컴퓨터 시스템은 숫자를 이진수로 표현합니다. 그렇다고 컴퓨터의 손가락이 2개란 말은 아닙니다. 두 가지 상태, 즉 온on 또는 오프off 중 하나만 가능한 장치인 하드웨어 **스위치**switch를 만들기 쉽기 때문입니다. 컴퓨터는 이진 표현을 사용하고 사람은 십진 표현을 사용해 이따금 혼란이 야기됩니다.

현대 프로그래밍 언어에서 정수가 아닌 수는 **부동소수점**floating point 표현을 사용해 구현합니다. 잠시만 컴퓨터 내부 표현이 십진수라고 가정해 보죠. 부동소수점을 사용하면 숫자를 **유효숫자**significant digit와 **지수**exponent로 구성된 정수 쌍으로 표현할 수 있습니다. 예를 들어 숫자 1.949는 $1949*10^{-3}$이므로 (1949, −3) 쌍으로 표현합니다.

유효숫자의 개수는 숫자가 표현할 수 있는 **정밀도**precision를 결정합니다. 예를 들어 유효숫자가 두 개만 있다면 숫자 1.949는 정확하게 표현할 수 없습니다. 1.9와 같이 1.949의 근삿값으로 변환되어야 합니다. 근삿값으로는 주로 **반올림 값**rounded value을 사용합니다.

현대식 컴퓨터는 십진 표현이 아니라 이진 표현을 사용합니다. 유효숫자와 지수를 표현하는 데 십진수가 아니라 이진수를 사용하고 지수에 10이 아니라 2를 올립니다. 예를 들어 십진수 0.625(5/8)은 (101, −11) 쌍으로 표현할 수 있습니다. 101은 숫자 5의 이진 표현이고 −11은 −3의 이진 표현입니다. 따라서 (101, −11) 쌍은 $5*2^{-3} = 5/8 = 0.625$를 나타냅니다.

파이썬에서 **0.1**로 쓰는 소수 1/10은 어떨까요? 이진 유효숫자 네 개로 표현하면 (0011, −101)입니다. 이는 3/32, 즉 0.09375에 해당합니다. 유효숫자 다섯 개를 사용하면 0.1을 (11001, −1000)로 표현할 수 있습니다. 이는 25/256, 즉 0.09765625에 해당합니다. 0.1을 부동소수점 표현으로 정확하게 나타내려면 얼마나 많은 유효숫자가 필요할까요? 무한히 많이 필요합니다! $sig * 2^{-exp}$가 0.1이 되는 정수 sig와 exp가 존재하지 않습니다. 따라서 부동소수점 숫자를 표현할 때 파이썬이 (또는 다른 언어가) 얼마나 많은 비트를 사용하는지에 상관없이 0.1의 근삿값만 표현할 수 있습니다. 대부분 파이썬 구현은 부동소수점 숫자에 53비트 정밀도를 사용하므로 소수 0.1에 대한 유효숫자는 다음과 같을 것입니다.

```
1100110011001100110011001100110011001100110011001100110011001
```

이는 다음 십진수와 같습니다.

```
0.1000000000000000055511151231257827021181583404541015625
```

1/10에 매우 가깝지만 정확히 1/10은 아닙니다.

이제 미스테리한 원래 코드로 돌아가 보죠.

```
x = 0.0
for i in range(10):
    x = x + 0.1
if x == 1.0:
    print(x, '= 1.0')
else:
    print(x, '은(는) 1.0이 아닙니다')
```

이 코드는 다음을 출력합니다.

```
0.9999999999999999 은(는) 1.0이 아닙니다
```

이제 x에 바인딩된 값이 정확히 1.0이 아니기 때문에 x == 1.0 테스트 결과가 False임을 알수 있습니다. 이로써 else 절이 실행된 이유가 설명됩니다. 하지만 0.1의 부동소수점 표현이 0.1보다 조금 더 큰데 왜 x가 1.0보다 작게 출력되었을까요? 루프를 반복할 때 파이썬이 유효 숫자가 부족해 반올림하는 과정에서 줄어들었기 때문입니다. 만약에 else 절 끝에 print(x == 10.0*0.1)를 추가하면 무엇이 출력될까요? False가 출력됩니다. 초등학교에서 배운 것과 달리 0.1을 열 번 더한 값과 0.1에 10을 곱한 값이 같지 않습니다.

부동소수점 숫자를 명시적으로 반올림하려면 round 함수를 사용합니다. round(x, num_digits) 표현식은 x값을 소수점 아래 num_digits 자리에서 반올림한 부동소수점 숫자를 반환합니다. 예를 들어 round(2**0.5, 3)을 출력하면 2의 제곱근의 근삿값인 1.414가 출력됩니다.

실수와 부동소수점 숫자 사이의 차이가 정말 중요할까요? 다행히 대부분의 경우 그렇지 않습니다. 0.9999999999999999, 1.0, 1.00000000000000001 사이의 차이가 중요한 경우는 매우 드뭅니다. 하지만 두 값이 같은지 테스트할 때는 항상 주의해야 합니다. 앞에서 보았듯이 ==을 사용해 두 개의 부동소수점 값을 비교하면 놀라운 결과를 얻을 수 있습니다. 두 부동소수점

값이 같은지 확인하는 대신 두 값이 서로 충분히 가까운지 비교하는 편이 더 적절합니다. 예를 들면 x == y보다 abs(x-y) < 0.0001로 쓰는 편이 낫습니다.

또 하나 주의할 점은 반올림 오차의 누적입니다. 컴퓨터에 저장된 숫자가 의도보다 조금 더 크기도 하고 작기도 하므로 대부분 문제가 되지 않습니다. 하지만 일부 프로그램에서는 한 방향으로만 오차가 발생해 시간이 갈수록 누적될 수 있습니다.

3.4 뉴턴-랍슨 방법[4]

가장 널리 사용하는 근사 알고리즘은 아이작 뉴턴Isaac Newton이 만든 것입니다. 보통 뉴턴 방법이라고 부르지만 **뉴턴-랍슨**Newton-Raphson 방법[5]이라고도 합니다. 이 방법을 사용해 많은 함수의 실근real root을 찾을 수 있지만 여기에서는 변수가 하나 있는 다항식의 실근을 찾는 데 적용하겠습니다. 변수가 여럿인 다항식으로 일반화하는 일은 수학적으로 또 알고리즘적으로 간단합니다.

한 개의 변수(관례상 변수를 x로 씁니다)가 있는 **다항식**polynomial은 0 또는 0이 아닌 유한한 개수의 항을 합한 것입니다. 예를 들면 $3x^2 + 2x + 3$입니다. $3x^2$ 같은 각 항은 상수(항의 **계수**coefficient라고도 하며 여기서는 3)와 양의 지수(여기서는 2)가 있는 변수(여기서는 x)의 곱으로 이루어집니다. 어떤 항에 있는 지수는 그 항의 **차수**degree라고 부릅니다. 다항식의 차수는 항의 차수 중 가장 큰 값입니다. 예를 들어 3은 차수가 0이고, $2.5x + 12$는 차수가 1이고, $3x^2$는 차수가 2입니다.

p가 다항식이고 r이 실수이면 $x = r$일 때 다항식의 값을 $p(r)$로 쓸 수 있습니다. 다항식 p의 근은 식 $p=0$의 해입니다. 즉, $p(r)=0$이 되는 r입니다. 예를 들어 24의 제곱근의 근삿값을 찾는 문제는 $x^2 - 24$를 0에 가깝게 만드는 x를 찾는 문제로 나타낼 수 있습니다.

뉴턴은 어떤 값 $guess$가 한 다항식 근의 근삿값이라면 $guess - \{p(guess)/p'(guess)\}$가 $guess$

---

4 다항식이나 도함수에 관해 알지 못한다면 이 절이 어렵게 느껴질 수 있습니다. 이 절은 독립적이므로 취향에 따라 선택할 수 있습니다. 이 절을 건너뛰기로 했더라도 책의 다음 내용을 읽는 데 문제가 되지 않을 것입니다. 하지만 한 번 시도해 보세요. 뉴턴-랍슨은 멋진 알고리즘입니다.

5 뉴턴은 1669년경에 이 알고리즘의 한 변종을 고안했습니다. 조셉 랍슨(Joseph Raphson)이 뉴턴과 비슷한 시기에 다른 버전을 발표했습니다. 놀랍게도 랍슨의 버전이 오늘날 여전히 널리 사용됩니다(아마도 더 놀라운 일은 같은 해에 스트라디바리(Stradivari)가 바이올린을 만들기 시작했는데 그중 일부는 오늘날에도 사용된다는 사실입니다).

보다 좋은 근삿값이라는 이론을 증명했습니다. 여기에서 p'는 p의 1차 도함수입니다.

함수 $f(x)$의 1차 도함수를 x의 변화에 따라 $f(x)$의 값이 얼마나 바뀌는지 표현하는 것으로 생각할 수 있습니다. 예를 들어 상숫값은 변하지 않으므로 상수의 1차 도함수는 0입니다. $c * x^p$ 항의 1차 도함수는 $c*p*x^{p-1}$입니다. 다음과 같은 다항식이 있다고 가정해 보죠.

$$c1 * x^p + c2 * x^{p-1} + ... + cx + k$$

이 다항식의 1차 도함수는 다음과 같습니다.

$$c1 * p * x^{p-1} + c2 * (p-1)x^{p-2} + ... + c$$

k의 제곱근을 구하려면 $x^2-k=0$를 만족하는 x값을 찾아야 합니다. 이 다항식의 1차 도함수는 $2x$입니다. 따라서 현재 *guess*를 향상시키려면 *guess*-{(*guess*^{2}-*k*)/(2*guess*)}를 다음 추측으로 선택할 수 있습니다. [예제 3-7]은 이 방법을 사용해 제곱근의 근삿값을 빠르게 찾습니다.

예제 3-7 뉴턴-랍슨 방법 구현

```
k = 24
#제곱근을 위한 뉴턴-랍슨 방법
#x**2 - 24가 epsilon 이내에서 0이 되는 x를 찾습니다.
epsilon = 0.01
guess = k/2
while abs(guess**2 - k) >= epsilon:
    guess = guess - (((guess**2) - k)/(2*guess))
print(k, '의 제곱근은 약', guess, '입니다')
```

 **뇌풀기 문제**

뉴턴-랍슨 방법의 구현에 근을 찾을 때까지의 반복 횟수를 출력하는 코드를 추가하세요. 뉴턴-랍슨 방법과 이분 검색의 효율성을 비교해 보세요. (뉴턴-랍슨 방법이 훨씬 효율적임을 알게 될 것입니다)

2부
효율적으로
프로그래밍하기

1부에서 다룬 내용만으로도 프로그램을 만들 수 있습니다. 하지만 이보다 더 효율적인 프로그래밍이 가능합니다. 2부에서는 효율적으로 프로그래밍을 하도록 도와주는 개념들과 데이터 구조에 대해서 알아봅니다.

4장. 함수, 유효범위, 추상화

코드를 일반화하고 재사용하기 쉽게 만드는 함수에 관해 배웁니다. 함수의 작동 방식과 구성 요소를 살펴보며 효율적으로 사용하는 법을 알아봅니다.

5장. 구조적인 타입과 가변성

튜플, 리스트, 레인지, 딕셔너리를 소개하며, 각각의 특징과 활용법을 다룹니다. 또한 이 타입들을 효율적으로 활용하는 방법도 알아봅니다.

6장. 재귀와 전역 변수

다양한 예시를 직접 구현하며 한 함수에서 자기 자신을 호출하는 재귀에 관해 알아봅니다.

4 장

함수, 유효범위, 추상화

이 장의 키워드

함수 | 매개변수 | 인수 | return 문장 | 추상화 | 테스트 함수 | 디버깅 | 이름공간
유효범위 | 스택 (LIFO) | 스택 프레임(심볼 테이블) | help 함수 | 고차 프로그래밍
람다 표현식 | 메서드

지금까지 숫자, 할당, 입력/출력, 비교, 루프를 소개했습니다. 파이썬의 일부에 해당하지만 이론적으로 보면 모든 요구 사항을 만족시킬 만큼 강력합니다. 즉, 튜링 완전입니다. 이는 어떤 문제를 계산으로 해결할 수 있다면 지금까지 본 언어 메커니즘만으로 해결할 수 있다는 의미입니다.

하지만 할 수 있다고 해서 그렇게만 할 필요는 없습니다! 원칙적으로 어떤 계산이든 이런 메커니즘만 사용해 구현할 수 있지만, 그렇게 하면 효율성이 떨어집니다. 이전 장에서는 [예제 4-1]에서처럼 양수의 제곱근의 근삿값을 찾는 알고리즘을 보았습니다.

예제 4-1 이분 검색을 사용한 x의 제곱근의 근삿값 찾기

```
x = 25
epsilon = 0.01

#x 제곱근의 근삿값 찾기
if x < 0:
    print('제곱근이 존재하지 않습니다')
else:
    low = 0
    high = max(1, x)
    ans = (high + low)/2
    while abs(ans**2 - x) >= epsilon:
```

```
        if ans**2 < x:
            low = ans
        else:
            high = ans
        ans = (high + low)/2
    print(ans, '은(는)', x, '의 제곱근에 가깝습니다')
```

이 코드는 합리적이지만 일반적인 유용성이 부족합니다. 변수 x와 epsilon에 할당한 값에 대해서만 작동합니다. 이 코드를 재사용하려면 코드를 복사하고 변수 이름을 수정해서 원하는 곳에 붙여 넣어야 합니다. 따라서 더 복잡한 다른 계산 안으로 이 코드를 가져다 쉽게 사용할 수 없습니다. 또한 제곱근이 아니라 세제곱근을 계산해야 한다면 코드를 수정해야 합니다. 제곱근과 세제곱근을 모두 계산하는 (또는 다른 두 곳에서 제곱근을 계산하는) 프로그램이 필요하다면 이 프로그램은 거의 동일한 코드 덩어리를 여러 벌 포함해야 합니다.

[예제 4-2]의 코드는 [예제 4-1]의 코드를 적용해 x1의 제곱근과 x2의 세제곱근의 합을 출력합니다. 이 코드는 작동하지만 깔끔하지는 않습니다.

예제 4-2 제곱근과 세제곱근 더하기

```
x1 = 25
epsilon = 0.01

#x1의 제곱근을 찾습니다.
if x1 < 0:
    print('Does not exist')
else:
    low = 0
    high = max(1, x1)
    ans = (high + low)/2
    while abs(ans**2 - x1) >= epsilon:
        if ans**2 < x1:
            low = ans
        else:
            high = ans
        ans = (high + low)/2
x1_root = ans
x2 = -8
```

```
#x2의 세제곱근을 찾습니다.
if x2 < 0:
    is_pos = False
    x2 = -x2
else:
    is_pos = True
low = 0
high = max(1, x2)
ans = (high + low)/2
while abs(ans**3 - x2) >= epsilon:
    if ans**3 < x2:
        low = ans
    else:
        high = ans
    ans = (high + low)/2
if is_pos:
    x2_root = ans
else:
    x2_root = -ans
    x2 = -x2
print(x1, '의 제곱근과', x2, '의 세제곱근의 합은',
      x1_root + x2_root, '입니다')
```

프로그램에 포함된 코드가 많아질수록 무언가 잘못될 가능성이 커지고 유지보수는 더 어려워집니다. 예를 들어 처음 이분 검색을 구현했을 때 오류가 있었고 프로그램을 테스트할 때 드러났다고 가정해 보죠. 한 곳에 있는 구현은 고치면서 수정이 필요한 다른 곳의 비슷한 코드는 놓치기 쉽습니다.

다행히 파이썬은 코드를 일반화하고 재사용하기 쉽게 만드는 여러 가지 언어 기능을 제공합니다. 가장 중요한 것은 함수입니다.

4.1 함수와 유효범위

[예제 4-1]에서 max와 abs 같은 여러 가지 내장 함수를 이미 사용해 보았습니다. 프로그래머가 내장 함수와 같은 자신만의 함수를 정의하고 사용할 수 있으면 매우 편해집니다.

4.1.1 함수 정의

파이썬의 **함수 정의**function definition는 다음과 같습니다.[1]

> def 함수 이름 (형식 매개변수 목록):
>   함수 바디

예를 들어 max_val 함수[2]를 다음과 같이 정의할 수 있습니다.

```
def max_val(x, y):
    if x > y:
        return x
    else:
        return y
```

def는 파이썬에 함수를 정의한다고 알리는 예약어입니다. 함수 이름(여기서는 max_val)은 함수를 참조하는 데 사용하는 이름입니다. PEP 8의 관례를 따르면 함수 이름은 모두 소문자이고 밑줄 문자(_)로 단어를 구분해서 가독성을 높여야 합니다.

함수 이름 뒤에 나오는 괄호 안의 이름 리스트(여기서는 x, y)는 함수의 **형식 매개변수**formal parameter입니다. 함수가 사용될 때 형식 매개변수가 **함수 호출**function invocation, function call의 **실 매개변수**actual parameter(**인수**argument라고도 부릅니다[3])에 바인딩됩니다. 예를 들어 다음과 같이 호출합니다.

```
max_val(3, 4)
```

이때 x를 3에, y를 4에 바인딩합니다.

함수 바디는 일반 파이썬 코드입니다.[4] 하지만 함수 바디 안에서만 사용하는 특별한 return 문

---

1 흰색 텍스트는 실제 코드가 아니라 개념을 나타냅니다.

2 실제로는 자신만의 함수를 정의하기보다는 내장 함수 max를 사용할 것입니다.

3 옮긴이_ 또는 인자라고도 부릅니다. 이따금 형식 매개변수를 인자로도 부르기 때문에 혼동될 수 있습니다.

4 잠시 후에 보겠지만 여기서 말하는 함수의 개념은 수학자들이 함수라 부르는 것보다 훨씬 일반적입니다. 프로그래밍에서 함수는 1950년대 후반, 프로그래밍 언어 포트란 2(Fortran 2) 덕분에 처음 대중화되었습니다.

장이 있습니다.

함수 호출은 표현식이며 다른 모든 표현식처럼 하나의 값을 가집니다. 이 값은 호출된 함수에 의해 반환됩니다. 예를 들어 표현식 max_val(3,4)*max_val(3,2)의 값은 12입니다. max_val 의 첫 번째 호출이 int 4를 반환하고 두 번째 호출이 int 3을 반환하기 때문입니다. return 문장을 실행하면 함수 호출이 종료됩니다.

요약하면 함수를 호출할 때 다음과 같은 일이 일어납니다.

1. 실 매개변수를 구성하는 표현식이 평가되고 함수의 형식 매개변수가 이 결괏값에 바인딩됩니다. 예를 들어 max_val(3+4, z)를 호출하면 형식 매개변수 x는 7에 바인딩되고, 형식 매개변수 y는 함수가 호출되는 시점에 변수 z가 가진 값에 바인딩됩니다.

2. **실행 지점**point of execution(다음에 실행할 명령)은 호출 지점에서 함수 바디의 첫 번째 문장으로 이동합니다.

3. 함수 바디에 있는 코드가 return 문장을 만나거나 더는 실행할 문장이 없을 때까지 실행됩니다. 전자는 return 다음에 오는 표현식의 값이 함수 호출의 값이 됩니다. 후자는 함수는 None을 반환합니다(return 다음에 아무런 표현식이 없다면 호출의 값은 None이 됩니다).[5]

4. 반환된 값이 함수 호출의 값이 됩니다.

5. 실행 지점은 호출 바로 다음에 오는 코드로 다시 돌아갑니다.

매개변수를 사용하면 함수 호출자가 실 매개변수로 어떤 객체를 사용하는지에 상관없이 특정 객체에 접근하지 않고 코드를 작성할 수 있습니다. 이를 **람다 추상화**lambda abstraction[6]라고 부릅니다.

[예제 4-3]의 함수는 형식 매개변수 세 개를 바인딩해 값을 하나 반환합니다. 반환하는 값은 abs(ans**power - x) < epsilon를 만족하는 ans에 해당합니다.

---

5 함수를 종료하는 다른 메커니즘인 raise와 yield는 9장에서 소개합니다.

6 '람다 추상화'란 이름은 1930년대와 1940년대에 알론조 처치(Alonzo Church)가 개발한 수학에서 유래되었습니다. 처치가 함수 추상화를 나타낼 때 그리스 문자 람다(λ)를 사용한 데서 따왔습니다. 처치는 평생 사람들이 람다 기호를 선택한 이유를 물을 때마다 다른 설명을 했습니다. 저자가 제일 좋아하는 설명은 '이니, 미니, 마이니, 모(eeny, meeny, miny, moe)'입니다. 옮긴이_ 이니, 미니, 마이니, 모는 영어권 나라에서 어린이가 놀이에서 편을 가르거나 술래를 정할 때 쓰는 노래 또는 구호입니다(출처: 위키백과). 처치의 람다 대수에서 $\hat{x}$ 기호가 Λx로 변형된 후 출판을 용이하게 하려고 Λ가 λ로 바뀌었다고 알려졌습니다. 하지만 처치는 말년에 람다 기호를 그냥 우연히 선택했다고 말했습니다(출처: https://mathoverflow.net/questions/152333/why-did-alonzo-church-choose-the-letter-lambda-as-the-binding-operator).

예제 4-3 근 찾기 함수

```python
def find_root(x, power, epsilon):
    #답이 포함된 범위를 찾습니다.
    if x < 0 and power%2 == 0:
        return None #음수는 짝수 제곱근이 없습니다.
    low = min(-1, x)
    high = max(1, x)
    #이분 검색을 사용합니다.
    ans = (high + low)/2
    while abs(ans**power - x) >= epsilon:
        if ans**power < x:
            low = ans
        else:
            high = ans
        ans = (high + low)/2
    return ans
```

[예제 4-4]의 코드를 사용해 find_root 함수가 의도한 대로 작동하는지 테스트할 수 있습니다. 테스트 함수 test_find_root는 find_root 함수의 길이와 거의 비슷합니다. 경험이 부족한 프로그래머에게는 **테스트 함수**test function를 작성하는 일이 시간 낭비처럼 보일 수 있습니다. 하지만 숙련된 프로그래머는 테스트 코드를 작성하는 데 드는 노력이 큰 이익으로 돌아옴을 압니다. 이는 **디버깅**debugging(프로그램이 작동하지 않는 이유를 찾아 고치는 과정)하는 동안 키보드 앞에 앉아 셸에 테스트 코드를 반복해서 타이핑하는 것보다 확실히 낫습니다. test_find_root 함수를 길이가 3인 세 개의 튜플(즉, 값의 시퀀스)로 호출했기 때문에 호출 한 번으로 매개변수 조합 27개를 확인합니다. test_find_root 함수는 find_root가 적절한 답을 반환하는지 확인해 결과를 출력합니다. 따라서 프로그래머가 눈으로 출력을 검토해 올바른지 확인하는 (지루하고 오류가 발생하기 쉬운) 일을 하지 않아도 됩니다. 테스트는 8장에서 다시 알아보겠습니다.

예제 4-4 find_root 테스트 코드

```python
def test_find_root(x_vals, powers, epsilons):
    for x in x_vals:
        for p in powers:
            for e in epsilons:
                result = find_root(x, p, e)
```

```
            if result == None:
                val = '근이 존재하지 않습니다'
            else:
                val = '통과'
                if abs(result**p - x) > e:
                    val = '실패'
            print(f'x = {x}, power = {p}, epsilon = {e}: {val}')

x_vals = (0.25, 8, -8)
powers = (1, 2, 3)
epsilons = (0.1, 0.001, 1)
test_find_root(x_vals, powers, epsilons)
```

 뇌풀기 문제

1. [예제 4-3]의 **find_root** 함수를 사용해 25의 제곱근, −8의 세제곱근, 16의 네제곱근에 대한 근삿값의 합을 출력하세요. **epsilon**으로 0.001을 사용하세요.

2. 문자열 두 개를 인수로 받아 두 문자열 중 하나가 다른 하나에 등장하면 **True**, 그렇지 않으면 **False**를 반환하는 **is_in** 함수를 작성하세요. (**힌트 str** 타입의 내장 연산자인 **in**을 사용하세요.)

3. **is_in** 함수를 테스트하는 함수를 작성하세요.

4.1.2 키워드 인수와 기본값

파이썬에서 형식 매개변수를 실 매개변수에 바인딩하는 방법은 두 가지입니다. 가장 널리 사용하는 방법은 지금까지 사용했던 방식으로 **위치 인수**positional argument라 부릅니다. 첫 번째 형식 매개변수가 첫 번째 실 매개변수에 바인딩되고, 두 번째 형식 매개변수가 두 번째 실 매개변수에 바인딩되는 식입니다. 파이썬은 형식 매개변수의 이름을 사용해 실 매개변수에 바인딩하는 **키워드 인수**keyword argument도 지원합니다. 다음과 같은 함수 정의를 생각해 봅시다.

```
def print_name(first_name, last_name, reverse):
    if reverse:
        print(last_name + ', ' + first_name)
```

```
    else:
        print(first_name, last_name)
```

print_name 함수는 first_name과 last_name이 문자열이고 reverse가 불리언이라고 가정합니다. reverse == True이면 last_name, first_name을 출력하고 그렇지 않으면 first_name last_name을 출력합니다.

다음 print_name 함수의 호출은 모두 동일하며 **길동 홍**을 출력합니다.

```
print_name('길동', '홍', False)
print_name('길동', '홍', reverse = False)
print_name('길동', last_name = '홍', reverse = False)
print_name(last_name = '홍', first_name = '길동', reverse = False)
```

실 매개변수를 나열할 때 키워드 인수는 순서에 상관없이 써도 괜찮지만 키워드 인수 다음에 위치 인수를 사용하면 안 됩니다. 따라서 다음 코드는 에러가 발생합니다.

```
print_name('길동', last_name = '홍', False)
```

키워드 인수는 **매개변수 기본값**default parameter value과 함께 사용하는 경우가 많습니다. 예를 들면 다음과 같이 쓸 수 있습니다.

```
def print_name(first_name, last_name, reverse = False):
    if reverse:
        print(last_name + ', ' + first_name)
    else:
        print(first_name, last_name)
```

기본값을 사용하면 지정된 인수 개수보다 적은 인수로 함수를 호출할 수 있습니다. 예를 들면 다음과 같습니다.

```
print_name('길동', '홍')
print_name('길동', '홍', True)
print_name('길동', '홍', reverse = True)
```

```
길동 홍
홍, 길동
홍, 길동
```

마지막 두 print_name 호출은 동일한 의미입니다. 마지막 호출은 두 번째 호출에서 왜 쓰였는 지 모를 인수 True에 관한 단서를 제공하는 이점이 있습니다. 일반적으로 키워드 인수를 사용 하면 의도치 않게 잘못된 형식 매개변수에 실 매개변수를 바인딩하는 위험을 줄일 수 있습니 다. 다음 코드를 살펴보죠.

```
print_name(last_name = '홍', first_name = '길동')
```

이 코드는 작성한 프로그래머의 의도를 분명하게 드러냅니다. 일반적으로 함수에 잘못된 순서 로 인수를 넣어 호출하는 실수가 잦으므로 키워드 인수를 사용하는 편이 도움됩니다.

매개변수에 연결된 기본값은 함수 정의 시점에 계산됩니다. 5.3절에 논의하겠지만, 이에 따라 놀라운 결과가 발생할 수 있습니다.

 뇌풀기 문제

하나 또는 두 개의 int를 인수로 받는 mult 함수를 작성하세요. 인수 두 개로 함수를 호출하면 두 매개변수 의 곱을 출력합니다. 인수 하나로 호출하면 해당 인수를 출력합니다.

4.1.3 가변 길이 인수

파이썬의 여러 내장 함수는 가변 길이 인수와 함께 사용할 수 있습니다. 예를 들면 다음과 같습 니다.

```
min(6,4)
min(3,4,1,6)
```

둘 다 올바른 문장입니다(그리고 예상한 대로 평가됩니다). 파이썬에서는 프로그래머가 가변 길이 인수를 받는 함수를 쉽게 정의할 수 있습니다. **언패킹 연산자**unpacking operator ∗를 사용해 가변 길이 위치 인수를 받을 수 있습니다. 예를 들면 다음과 같습니다.

```
def mean(*args):
    #인수가 하나 이상이고 모든 인수가 숫자라고 가정합니다.
    #인수의 평균을 반환합니다.
    tot = 0
    for a in args:
        tot += a
    return tot/len(args)

print(mean(1, 2))
print(mean(-4, 0, 1))
```

```
1.5
-1.0
```

인수 목록에서 ∗ 다음에 오는 이름이 args일 필요는 없습니다. 어떤 이름도 가능합니다. mean 같은 함수라면 def mean(∗numbers)가 더 이해하기 쉽습니다.

4.1.4 유효범위

간단한 다른 예를 살펴보죠.

```
def f(x): #이름 x를 형식 매개변수로 사용합니다.
    y = 1
    x = x + y
    print('x =', x)
    return x

x = 3
y = 2
z = f(x) #x의 값을 실 매개변수로 사용합니다.
print('z =', z)
print('x =', x)
print('y =', y)
```

```
x = 4
z = 4
x = 3
y = 2
```

무슨 일이 일어난 걸까요? f를 호출하면 f의 함수 바디 입장에서 형식 매개변수 x가 실 매개변수 x의 값에 지역적으로[locally] 바인딩됩니다. 실 매개변수와 형식 매개변수의 이름이 같지만 같은 변수가 아닙니다. 함수는 **유효범위**[scope]라는 새로운 **이름공간**[name space]을 정의합니다. 형식 매개변수 x와 f에서 사용되는 **지역 변수**[local variable] y는 f의 정의 범위 안에서만 존재합니다. 함수 바디에 있는 할당문 x = x + y는 객체 4에 로컬 변수 x를 바인딩합니다. f에 있는 할당문은 f 범위 밖에 있는 이름 x와 y의 바인딩에 영향을 미치지 못합니다.

이는 다음과 같이 생각할 수 있습니다.

1. 최상위 수준, 즉 셸 수준에서 하나의 **심볼 테이블**[symbol table]이 이 수준에서 정의된 모든 이름과 현재 바인딩을 기록하고 관리합니다.
2. 함수가 호출될 때 새로운 심볼 테이블(**스택 프레임**[stack frame]이라고도 부릅니다)이 만들어집니다. 이 테이블은 (형식 매개변수를 포함해서) 함수 안에서 정의된 모든 이름을 기록하고 관리합니다. 함수 바디 안에서 다른 함수가 호출되면 또 다른 스택 프레임이 생성됩니다.
3. 함수 실행이 완료되면 스택 프레임이 삭제됩니다.

파이썬에서는 언제나 프로그램 텍스트를 보고 이름의 유효범위를 결정할 수 있습니다. 이를 **정적 범위**[static scoping] 또는 **어휘적 범위**[lexical scoping]라고 부릅니다. [예제 4-5]는 파이썬의 유효범위 규칙을 보여주는 예입니다. [그림 4-1]은 이 코드에 연관된 스택 프레임의 이력입니다.

예제 4-5 중첩된 유효범위

```python
def f(x):
    def g():
        x = 'abc'
        print('x =', x)
    def h():
        z = x
        print('z =', z)
    x = x + 1
    print('x =', x)
    h()
```

```
    g()
    print('x =', x)
    return g

x = 3
z = f(x)
print('x =', x)
print('z =', z)
z()
```

[그림 4-1]의 첫 번째 열에는 함수 f의 바디 밖에 있는 이름인 변수 x와 z, 함수 이름 f가 있습니다. 첫 번째 할당문이 x를 3에 바인딩합니다.

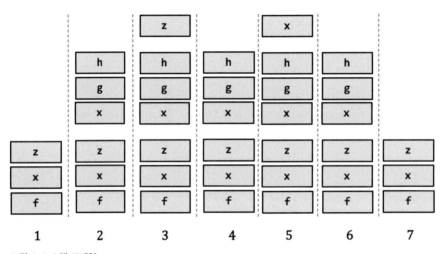

그림 4-1 스택 프레임

할당문 z = f(x)는 먼저 x에 바인딩된 값으로 함수 f를 호출해 표현식 f(x)를 평가합니다. 함수 f로 진입할 때 2번 열처럼 스택 프레임 하나가 만들어집니다. 이 스택 프레임에 있는 이름은 x(호출 시 전달한 x가 아니라 형식 매개변수 x), g, h입니다. 변수 g와 h는 function 타입의 객체에 바인딩됩니다. 함수의 속성은 f 안에 있는 함수 정의에 따라 결정됩니다.

f 안에서 h가 호출될 때 3번 열처럼 또 다른 스택 프레임이 만들어집니다. 이 스택 프레임은 지역 변수 z만 포함합니다. 왜 x를 포함하지 않을까요? 한 함수에 연관된 유효범위에 추가되는 이름은 이 함수의 형식 매개변수이거나 함수 바디 안에서 객체에 바인딩된 변수입니다. h의 바

디에서 x는 할당문의 오른쪽에만 등장합니다. 함수 바디(여기서는 h의 바디)에 있는 객체에 바인딩되지 않은 이름(여기서는 x)이 등장하면 인터프리터는 함수가 정의된 유효범위의 스택 프레임(f에 연관된 스택 프레임)에서 검색합니다. (여기에서처럼) 이름을 찾는다면 바인딩된 값(4)이 사용됩니다. 이름을 찾지 못하면 에러 메시지가 발생합니다.

h가 반환될 때 4번 열처럼 h 호출에 연관된 스택 프레임이 삭제됩니다(스택의 맨 위에서 팝^{pop} 됩니다). 스택의 중간에서 프레임을 제거하지 않고 가장 최근에 추가된 프레임만 삭제합니다. 이런 '후입 선출$^{last\ in\ first\ out}$'(LIFO) 동작 방식 때문에 이를 **스택**^{stack}이라 부릅니다. 한 더미^{stack}의 팬케이크를 요리한다고 상상해 보세요. 첫 번째 팬케이크가 팬에서 나오면 셰프가 이를 서빙 접시 위에 놓습니다. 계속 팬케이크를 만들면서 이미 서빙 접시 위에 놓인 이전 팬케이크 위에 쌓습니다. 팬케이크 주문이 들어오면 마지막에 추가해서 가장 위에 있는 팬케이크를 먼저 내놓습니다. 그러면 마지막에서 두 번째로 추가한 팬케이크가 가장 위에 있는 팬케이크가 되고, 다음번에 서빙하게 되겠죠.

파이썬 예제로 돌아가 보죠. 이제 g가 호출되고 g의 지역 변수 x를 포함한 스택 프레임이 추가됩니다(5번째 열). g가 반환될 때 이 프레임이 삭제됩니다(6번째 열). f가 반환될 때 f에 연관된 이름을 담는 스택 프레임이 삭제되어 원본 스택 프레임으로 돌아갑니다(7번째 열).

f가 반환될 때 변수 g가 더는 존재하지 않더라도 이 이름에 바인딩된 function 타입의 객체는 여전히 존재합니다. 함수도 객체이기 때문에 다른 객체와 마찬가지로 반환될 수 있습니다. 따라서 z는 f가 반환하는 값에 바인딩될 수 있습니다. 함수 호출 z()를 사용해 f 안에서 이름

g에 바인딩된 함수를 호출할 수 있습니다. f 함수 밖에서는 이름 g를 모르더라도 가능합니다.

그럼 [예제 4-5]는 무엇을 출력할까요? 출력 내용은 다음과 같습니다.

```
x = 4
z = 4
x = abc
x = 4
x = 3
z = <function f.<locals>.g at 0x1092a7510>
x = abc
```

이름을 참조하는 순서는 중요하지 않습니다. 한 객체가 함수 바디 안 어디라도 바인딩되어 있다면 (할당문의 왼쪽에 나타나기 전에 다른 표현식에서 사용되더라도) 그 함수의 지역 변수로 다루어집니다.[7] 다음 코드를 살펴보죠.

```
def f():
    print(x)

def g():
    print(x)
    x = 1

x = 3
f()
x = 3
g()
```

f를 호출하면 3이 출력되지만, g 함수 안의 print 문장을 만나면 다음과 같은 에러 메시지가 발생합니다.

```
UnboundLocalError: local variable 'x' referenced before assignment
```

이는 print 문장 다음의 할당문이 x를 g의 지역 변수로 만들기 때문입니다. x가 g의 지역 변수

---

7   이런 언어의 설계 결정은 논란의 여지가 있습니다.

이기 때문에 print 문장이 실행될 때 아무런 값도 가지지 않습니다.

아직 헷갈리나요? 일반적으로 유효범위 규칙을 이해하는 데 시간이 약간 필요합니다. 너무 신경 쓰지 마세요. 지금은 이대로 넘어가고 일단 함수를 사용하기 시작하겠습니다. 대부분 함수는 지역 변수만 사용하기 때문에 유효범위 규칙의 미묘함을 신경 쓰지 않아도 됩니다. 사실 프로그램이 미묘한 유효범위 규칙에 의존한다면 코드를 다시 작성해서 이를 피하는 편이 좋습니다.

4.2 사양

함수의 **사양**specification은 함수 작성자와 이 함수를 사용해 프로그램을 작성할 사람 사이의 계약을 정의합니다. 함수를 사용하는 사람을 클라이언트client라고 부르겠습니다. 이 계약을 다음 두 부분으로 나누어 생각할 수 있습니다.

- 가정assumption : 함수의 클라이언트가 따라야 할 조건을 설명합니다. 일반적으로 실 매개변수에 대한 제약 사항을 설명합니다. 거의 항상 각 매개변수에 허용할 타입 종류를 지정하고, 때때로 하나 이상의 매개변숫값에 어떤 제약 사항을 지정합니다. 예를 들어 find_root의 사양은 power가 양의 정수여야 한다는 것입니다.
- 보장guarantee : 가정에 맞추어 호출되었을 때 함수가 충족시켜야 할 조건을 설명합니다. 예를 들어 find_root의 사양은 존재하지 않는 근(예: 음수의 제곱근)을 찾을 때 None을 반환함을 보장합니다.

함수는 기본 요소로 생각할 수 있는 계산 단위를 만드는 방법입니다. 함수는 분해와 추상화를 제공합니다.

분해decomposition는 구조를 만듭니다. 이를 사용해 프로그램을 독립적이고 여러 환경에서 재사용할 수 있는 부분으로 나눕니다.

추상화abstraction는 상세 사항을 감춥니다. 이를 사용해 코드 조각을 블랙박스처럼 다룰 수 있습니다. 내부란 곧 볼 수 없고, 볼 필요도 없으며, 보고 싶어서도 안 되는 존재입니다.[8] 추상화의 본질은 현재 맥락에 관련된 정보는 보존하고 관련이 없는 정보는 잊어버리는 것입니다. 프로그래밍에서 추상화를 효과적으로 사용하려면 추상화를 구축하는 사람과 이 추상화의 잠재 클라이언트 모두에게 적절한 개념을 찾아야 합니다. 이것이 진정한 프로그래밍의 기술입니다.

---

8 "모르는 게 행복인 곳에서는 현명해지는 것이 바보짓이다(Where ignorance is bliss, 'tis folly to be wise)." – 토머스 그레이 (Thomas Gray)

추상화는 곧 망각입니다. 이를 모델링하는 방법은 많습니다. 다음 상황을 살펴보죠.

> 자녀: 오늘 밤에 차를 써도 될까요?
> 부모: 그래, 하지만 자정 전에 돌아오고 기름을 꽉 채워놔.
> 자녀가 들은 내용: 그래.

자녀는 관련이 없다고 생각하는 모든 귀찮은 내용을 무시했습니다. 추상화는 다대일[many-to-one] 과정입니다. 부모가 '그래, 하지만 새벽 2시 전에 돌아오고 세차해놔'라고 말했더라도 '그래'로 추상화되었을 것입니다.

비유적으로 25개의 강의로 구성된 컴퓨터 과학 입문 강좌를 만들어야 한다고 상상해 봅시다. 교수를 25명 고용해서 각자 좋아하는 주제로 한 시간 분량의 강의를 준비하도록 요청할 수 있습니다. 아마도 훌륭한 25시간 길이의 강의를 얻을 수 있겠지만 전체적으로 피란델로[Pirandello]의 『작가를 찾는 6인의 등장인물[Six Characters in Search of an Author]』[9]을 무대에 올린 것처럼 (또는 초빙 강사 15명과 함께 진행한 정치 과학 강좌처럼) 보일 수 있습니다. 교수들이 따로 작업했다면 강의 내용을 다른 사람의 강의와 어떻게 연관시켜야 할지 모르기 때문입니다.

누구도 참여하고 싶지 않을 정도로 많은 일을 만들지 않으면서 다른 사람이 하는 일을 모두에게 알릴 필요가 있습니다. 여기에 추상화가 등장합니다. 학생들이 각 강의에서 배워야 할 내용을 담은 사양을 25개 작성할 수 있습니다. 하지만 해당 내용을 가르치는 방법에 관한 상세 내용은 없습니다. 교육적으로 훌륭하지는 않을지 모르지만 적어도 강좌를 열 수는 있습니다.

이것이 조직에서 프로그래머 팀을 사용해 작업을 수행하는 방식입니다. 한 모듈[module]의 사양이 주어지면 프로그래머는 팀의 다른 프로그래머가 무엇을 하는지 신경 쓰지 않고 해당 모듈을 구현할 수 있습니다. 또한 다른 프로그래머는 이 사양을 사용해 모듈의 구현 방식에 대해 신경 쓰지 않고 해당 모듈을 사용하는 코드를 작성할 수 있습니다.

[예제 4-6]은 [예제 4-3]의 `find_root` 구현에 사양을 추가한 것입니다.

9　옮긴이_ 리허설을 준비하는 극단에 작가를 찾는 어떤 희곡 속의 등장인물 6인이 등장해 복잡하게 얽힌 극중극을 묘사하는 희곡 작품입니다.

```
def find_root(x, power, epsilon):
    """x와 epsilon은 int 또는 float이고, power는 정수이며,
        epsilon > 0 & power >= 1라고 가정합니다.
       x에서 epsilon 이내에 y**power가 있다면 y를 반환합니다.
        만족하는 float가 없다면 None을 반환합니다."""
    #답이 포함된 범위를 찾습니다.
    if x < 0 and power%2 == 0:
        return None
    low = min(-1, x)
    high = max(1, x)
    #이분 검색을 사용합니다.
    ans = (high + low)/2
    while abs(ans**power - x) >= epsilon:
        if ans**power < x:
            low = ans
        else:
            high = ans
        ans = (high + low)/2
    return ans
```

삼중 따옴표triple quotation mark 사이의 텍스트를 파이썬에서 **독스트링**docstring이라 부릅니다. 관례상 파이썬 프로그래머들은 독스트링을 사용해 함수의 사양을 기재합니다. 내장 함수 **help**를 사용하면 독스트링을 출력할 수 있습니다.

파이썬 IDE의 장점 중 하나는 내장 객체에 관해 질의할 수 있는 인터랙티브 도구를 제공한다는 것입니다. 특정 함수를 알고 싶다면 콘솔 윈도에 **help(함수명)**을 치면 됩니다. 예를 들어 **help(abs)**라고 입력하면 다음 내용이 출력됩니다.

```
Help on built-in function abs in module builtins:

abs(x, /)
    Return the absolute value of the argument.
```

이 도움말은 **abs**가 하나의 인수를 받아 절댓값을 반환하는 함수임을 알려줍니다(매개변수 목록에 있는 /는 왼쪽에 나열된 매개변수가 모두 위치 인수여야 함을 의미합니다). 만약 그냥 **help()**를 입력하면 인터랙티브 도움말 세션이 시작되고 파이썬이 콘솔 윈도에 help> 프롬프

트를 출력합니다. 인터랙티브 모드의 장점은 객체가 아닌 파이썬 구성 요소에 관한 도움말을 얻을 수 있다는 것입니다. 예를 들면 다음과 같습니다.

```
help> if
The "if" statement
******************

The "if" statement is used for conditional execution:

    if_stmt ::= "if" expression ":" suite
                ("elif" expression ":" suite)*
                ["else" ":" suite]

It selects exactly one of the suites by evaluating the expressions one
by one until one is found to be true (see section Boolean operations
for the definition of true and false); then that suite is executed
(and no other part of the "if" statement is executed or evaluated).
If all expressions are false, the suite of the "else" clause, if
present, is executed.

Related help topics: TRUTHVALUE
```

인터랙티브 도움말을 마치려면 quit를 입력합니다.

[예제 4-4]를 IDE에 로드한 후 셸에 help(find_root)를 입력하면 다음 내용이 출력됩니다.

```
find_root(x, power, epsilon)
    x와 epsilon은 int 또는 float이고, power는 정수이며,
        epsilon > 0 & power >= 1 라고 가정합니다.
    x에서 epsilon 이내에 y**power가 있다면 y를 반환합니다.
        만족하는 float가 없다면 None을 반환합니다.
```

find_root의 사양은 이 사양을 만족시키는 모든 가능한 구현의 추상입니다. find_root의 클라이언트는 구현이 사양을 만족한다고 가정할 수 있지만 그 이상을 가정해서는 안 됩니다. 예를 들어 클라이언트가 find_root(4, 2, 0.01)을 호출하면 제곱해서 3.99와 4.01 사이가 되는 어떤 값을 반환하리라 가정할 수 있습니다. 반환된 값은 양수이거나 음수일 수 있습니다. 심지어 4는 완전제곱수이지만 반환된 값이 2나 −2가 아닐 수 있습니다. 결정적으로 사양에 관

한 가정이 만족되지 않으면 함수 호출의 결과에 대해 어떤 것도 가정할 수 없습니다. 예를 들어 find_root(8, 3, 0)을 호출하면 2를 반환할 수 있습니다. 하지만 충돌이 일어나거나, 영원히 실행되거나 또는 8의 세제곱근에 가깝지 않은 어떤 값이 반환될 수도 있습니다.

 뇌풀기 문제

[예제 3-6]의 알고리즘을 사용해 다음 사양을 만족하는 함수를 작성하세요.

```
def log(x, base, epsilon):
    """x와 epsilon은 int 또는 float, base는 int,
       x > 1, epsilon > 0 & power >= 1라고 가정합니다."""
       x에서 epsilon 이내에 base**y를 만족시키는 y를 반환합니다."""
```

4.3 함수를 사용해 코드를 모듈화하기

지금까지 구현한 함수는 모두 짧았습니다. 모두 한 페이지에 담을 만한 길이입니다. 더 복잡한 기능을 구현할 때는 함수를 간단한 작업을 하는 여러 함수로 나누면 편리합니다. 조금 과하지만, [예제 4-7]처럼 find_root 함수를 세 개의 별개 함수로 나누어 이 아이디어를 설명하겠습니다. 각 함수에는 독자적인 사양과 독립적인 기능이 있습니다. find_root_bounds는 근이 놓여야 할 범위를 찾습니다. bisection_solve는 이분 검색을 사용해 이 범위에서 근의 근삿값을 찾습니다. find_root는 이 두 함수를 호출해 근을 반환합니다.

find_root의 이 버전이 원래 단일 함수 구현보다 이해하기 쉬운가요? 아마도 그렇지 않을 것입니다. 경험상 함수가 한 페이지에 들어갈 정도의 길이라면 이해하기 쉽도록 나눌 필요가 없습니다.

```python
def find_root_bounds(x, power):
    """x는 float, power는 양의 정수입니다.
       low**power <=x이고 high**power >= x인 low, high를 반환합니다.
    """
    low = min(-1, x)
    high = max(1, x)
    return low, high

def bisection_solve(x, power, epsilon, low, high):
    """x, epsilon, low, high는 float, epsilon > 0, low <= high이고
            x에서 epsilon 이내에 ans**power를 만족시키는
            low와 high 사이의 값 ans가 있습니다.
       x에서 epsilon 이내에 ans**power를 만족시키는 ans를 반환합니다."""
    ans = (high + low)/2
    while abs(ans**power - x) >= epsilon:
        if ans**power < x:
            low = ans
        else:
            high = ans
        ans = (high + low)/2
    return ans

def find_root(x, power, epsilon):
    """x와 epsilon은 int 또는 float, power는 int,
            epsilon > 0 & power >= 1라고 가정합니다.
       x에서 epsilon 이내에 y**power가 있다면 y를 반환합니다.
            만족하는 float 값이 존재하지 않으면 None을 반환합니다."""
    if x < 0 and power%2 == 0:
        return None #음수는 짝수 제곱근이 없습니다.
    low, high = find_root_bounds(x, power)
    return bisection_solve(x, power, epsilon, low, high)
```

4.4 객체로서의 함수

파이썬에서 함수는 **일급 객체**first-class object입니다. 이는 함수가 int나 list[10] 같은 타입의 객체처럼 취급된다는 의미입니다. 따라서 함수도 타입이 있습니다. 예를 들어 표현식 type(abs)의 값은 <type 'built-in_function_or_method'>입니다. 함수는 표현식 안에 등장할 수 있습니다. 예를 들어 할당문의 오른쪽에 쓰거나 다른 함수의 인수로 사용할 수 있습니다. 또는 어떤 함수의 반환값이 될 수 있습니다.

함수를 인수로 사용하면 **고차 프로그래밍**higher-order programming[11]이라 부르는 스타일로 코딩할 수 있습니다. 예를 들어 [예제 4-7]의 bisection_solve 함수를 근 찾기 이외의 작업에 적용하려면 [예제 4-8]과 같이 작성할 수 있습니다.

정수 매개변수 power를 한 부동소수점 숫자를 다른 부동소수점 숫자로 매핑하는 eval_ans 함수로 바꾸었습니다. 그다음 ans**power 표현식을 모두 eval_ans(ans) 함수 호출로 바꾸었습니다.

예제 4-8 bisection_solve 일반화하기

```
def bisection_solve(x, eval_ans, epsilon, low, high):
    """x, epsilon, low, high는 float, epsilon > 0,
       eval_ans는 float를 float로 매핑하는 함수, low <= high이고,
       x에서 epsilon 이내에 eval(ans)를 만족시키는
           low와 high 사이의 값 ans가 있습니다.
       x에서 epsilon 이내에 eval(ans)를 만족시키는 ans를 반환합니다."""
    ans = (high + low)/2
    while abs(eval_ans(ans) - x) >= epsilon:
        if eval_ans(ans) < x:
            low = ans
        else:
            high = ans
        ans = (high + low)/2
    return ans
```

---

10 옮긴이_ list 타입은 5장에서 설명합니다.

11 옮긴이_ 고차 프로그래밍은 함수, 모듈 같은 요소를 값으로 사용하는 프로그래밍 스타일을 말합니다. 주로 함수형 프로그래밍 (functional programming) 언어에서 사용합니다.

새로운 bisection_solve 함수를 사용해 99의 제곱근의 근삿값을 출력하려면 다음과 같이 실행합니다.

```
def square(ans):
    return ans**2

low, high = find_root_bounds(99, 2)
print(bisection_solve(99, square, 0.01, low, high))
```

수를 제곱하는 것 같이 간단한 작업에 사용할 함수를 정의하는 일은 조금 어리석게 보입니다. 다행히 파이썬은 예약어 lambda를 사용해 익명 함수(즉, 이름에 바인딩되지 않는 함수)를 지원합니다. **람다 표현식**lambda expression의 일반적인 형태는 다음과 같습니다.

> lambda 변수 이름의 시퀀스 : 표현식

예를 들어 람다 표현식 lambda x, y: x*y은 두 인수의 곱을 반환하는 함수를 반환합니다. 람다 표현식은 고차 함수higher-order function[12]의 인수로 자주 사용됩니다. 예를 들어 앞선 bisection_solve 호출을 다음과 같이 바꿀 수 있습니다.

```
print(bisection_solve(99, lambda ans: ans**2, 0.01, low, high))
```

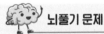 **뇌풀기 문제**

수치 매개변수가 두 개인 람다 표현식을 작성하세요. 두 번째 인수가 0이면 None을 반환합니다. 그렇지 않으면 첫 번째 인수를 두 번째 인수로 나눈 값을 반환합니다. (**힌트** 조건 표현식을 사용하세요.)

함수가 일급 객체이므로 함수 내에서 생성해 반환될 수 있습니다. 예를 들어 다음과 같은 함수를 정의합니다.

---

12 옮긴이_ 고차 함수는 함수를 인수로 사용하거나 함수를 반환하는 함수입니다.

```
def create_eval_ans():
    power = input('양의 정수를 입력하세요: ')
    return lambda ans: ans**int(power)
```

이 함수를 다음처럼 사용할 수 있습니다.

```
eval_ans = create_eval_ans()
print(bisection_solve(99, eval_ans, 0.01, low, high))
```

이 코드는 99의 n 제곱근의 근삿값을 출력합니다. 여기서 n은 사용자가 입력한 숫자입니다.

bisection_solve를 일반화시킨 방식으로 근의 근삿값을 찾는 것뿐만 아니라 한 부동소수점 숫자에서 다른 부동소수점 숫자로 매핑하는 어떤 단조monotonic[13] 함수도 적용할 수 있습니다. 예를 들어 [예제 4-9]는 bisection_solve를 사용해 로그의 근삿값을 찾습니다.

예제 4-9 bisection_solve를 사용해 로그의 근삿값 구하기

```
def log(x, base, epsilon):
    """x와 epsilon은 int 또는 float, base는 int,
        x > 1, epsilon > 0 & power >= 1이라 가정합니다.
    x에서 epsilon 이내에 base**y를 만족시키는 float y를 반환합니다."""
    def find_log_bounds(x, base):
        upper_bound = 0
        while base**upper_bound < x:
            upper_bound += 1
        return upper_bound -1, upper_bound
    low, high = find_log_bounds(x, base)
    return bisection_solve(x, lambda ans: base**ans, epsilon, low, high)
```

이 log 함수 구현은 로컬 함수 find_log_bounds 정의를 포함합니다. 이 함수는 log 함수 밖에서 정의할 수 있지만 다른 곳에서 사용할 것 같지 않으므로 내부에 정의하는 편이 더 나아 보입니다.

---

13 인수의 값이 증가(감소)함에 따라 반환값이 증가(감소)하는 함수를 단조 증가(감소) 함수라고 합니다. 옮긴이_ 이분 검색을 가능하게 하려면 함수의 값이 일정하게 증가하거나 감소해야 하기 때문입니다.

4.5 메서드

메서드method는 함수와 유사한 객체입니다. 매개변수로 호출할 수 있고, 값을 반환할 수 있고, 부수 효과side effect[14]를 만들 수 있습니다. 몇 가지 중요한 점에서 함수와 다르며 10장에서 이를 설명하겠습니다.

지금은 메서드를 함수 호출을 하는 특수한 문법을 제공하는 것으로 생각하세요. 함수 이름 다음에 괄호를 쓰고 첫 번째 인수를 전달하는 대신 **점 표기법**dot notation을 사용해 함수 이름 전에 첫 번째 인수를 위치시킵니다. 여기에서 메서드를 소개하는 이유는 내장 타입이 제공하는 많은 유용한 연산이 메서드이고 점 표기법을 사용해 호출하기 때문입니다. 예를 들어 s가 문자열이면 find 메서드를 사용해 s에서 어떤 부분 문자열이 처음 등장하는 인덱스를 찾을 수 있습니다. s가 'abcbc'라면 s.find('bc')는 1을 반환합니다. find를 함수처럼 생각해 find(s, 'bc') 처럼 호출하면 NameError: name 'find' is not defined와 같은 에러 메시지가 발생합니다.

 뇌풀기 문제

s에 sub가 등장하지 않으면 s.find(sub)이 무엇을 반환하나요?

 뇌풀기 문제

find를 사용해 다음 사양을 만족하는 함수를 구현하세요.[15]

```
def find_last(s, sub):
    """s와 sub는 빈 문자열이 아닙니다.
       s에서 sub가 마지막으로 등장하는 인덱스를 반환하세요.
       s에 sub가 등장하지 않으면 None을 반환합니다."""
```

---

14 옮긴이_ 객체 자체를 변경할 수 있다는 의미입니다.

15 옮긴이_ 힌트: 슬라이싱의 세 번째 인수를 −1로 지정하면 문자열을 거꾸로 슬라이싱합니다.

5 장

구조적인 타입과 가변성

지금까지 살펴본 프로그램은 int, float, str 타입의 객체를 다루었습니다. 수치 타입인 int
와 float는 스칼라 타입입니다. 즉 이런 타입의 객체는 내부 구조가 없습니다. 이와 달리 str
은 구조적 또는 비스칼라 타입으로 생각할 수 있습니다. 인덱싱을 사용해 문자열에서 개별 문
자를 추출하거나 슬라이싱을 사용해 부분 문자열을 추출할 수 있습니다.

이 장에서 구조적인 타입 네 개를 추가로 소개하겠습니다. 그중 tuple은 단순히 str을 일반화
한 타입입니다. 나머지 세 가지인 list, range, dict는 조금 더 흥미롭습니다. 함수를 다른 타
입의 객체처럼 다루는 예제를 보며 고차 프로그래밍의 주제를 다시 살펴보겠습니다.

5.1 튜플

문자열과 비슷하게 튜플tuple은 순서가 있는 원소의 시퀀스이며 변경이 불가능합니다. 하지만 튜
플의 원소는 문자가 아니어도 된다는 점이 문자열과 다릅니다. 어떤 타입도 개별 원소가 될 수
있고 서로 같은 타입이지 않아도 됩니다.

tuple 타입의 리터럴은 콤마로 구분된 원소 리스트를 소괄호로 감싸서 나타냅니다. 예를 들면
다음과 같습니다.

```
t1 = ()
t2 = (1, 'two', 3)
print(t1)
print(t2)
```

print 문장은 다음을 출력합니다.

```
()
(1, 'two', 3)
```

이 예제를 보면 값이 하나인 tuple은 (1) 형태로 쓴다고 생각할 수 있습니다. 하지만 표현식에서 소괄호는 식의 일부분을 묶는 데 사용하므로 (1)은 단순히 정수 1을 나타내는 다른 방법일 뿐입니다. 원소가 하나인 튜플을 나타내려면 (1,)로 써야 합니다. 파이썬을 사용하는 사람은 대부분 한두 번씩 이 콤마를 빠트린 적이 있을 것입니다.

튜플에서 반복을 사용할 수 있습니다. 예를 들어 3*('a', 2)는 ('a', 2, 'a', 2, 'a', 2)로 평가됩니다.

문자열처럼 튜플은 연결, 인덱싱, 슬라이싱할 수 있습니다. 다음 코드를 참고하세요.

```
t1 = (1, 'two', 3)
t2 = (t1, 3.25)
print(t2)
print((t1 + t2))
print((t1 + t2)[3])
print((t1 + t2)[2:5])
```

두 번째 할당문은 t1에 바인딩된 튜플과 부동소수점 숫자 3.25를 담은 튜플에 이름 t2를 바인딩합니다. 파이썬의 다른 모든 것처럼 튜플도 하나의 객체이므로 튜플에 튜플을 포함할 수 있습니다. 따라서 첫 번째 print 문장의 출력은 다음과 같습니다.

```
((1, 'two', 3), 3.25)
```

두 번째 print 문장은 t1과 t2가 바인딩된 값을 연결해 원소가 다섯 개인 튜플을 출력합니다.

출력은 다음과 같습니다.

```
(1, 'two', 3, (1, 'two', 3), 3.25)
```

다음 문장은 연결된 튜플의 네 번째 원소를 선택해 출력합니다(파이썬에서는 인덱스가 항상 0부터 시작합니다). 그다음은 튜플을 슬라이싱해 출력합니다. 두 문장의 출력은 다음과 같습니다.

```
(1, 'two', 3)
(3, (1, 'two', 3), 3.25)
```

for 문장을 사용해 튜플의 원소를 순회할 수 있습니다. 그리고 in 연산자를 사용해 튜플에 특정 값이 있는지 테스트할 수 있습니다. 예를 들어 다음 코드를 실행하면 ('a', 2)를 출력합니다.

```python
def intersect(t1, t2):
    """t1과 t2를 튜플이라 가정합니다.
       t1과 t2에 모두 있는 원소를 담은 튜플을 반환합니다."""
    result = ()
    for e in t1:
        if e in t2:
            result += (e,)
    return result
print(intersect((1, 'a', 2), ('b', 2, 'a')))
```

5.1.1 복수 할당

시퀀스(예: 튜플, 문자열)의 길이를 안다면 파이썬의 복수 할당multiple assignment 문장을 사용해 개별 원소를 편리하게 추출할 수 있습니다. 예를 들어 x, y = (3, 4)는 x를 3에, y를 4에 바인딩합니다. 비슷하게 a, b, c = 'xyz'는 a를 'x'에, b를 'y'에, c를 'z'에 바인딩합니다.

이 메커니즘은 특히 여러 값을 반환하는 함수에 사용할 때 편리합니다. 다음 함수를 살펴보죠.

```
def find_extreme_divisors(n1, n2):
    """n1과 n2가 양의 정수라 가정합니다.
       n1과 n2의 1보다 큰 가장 작은 공약수와 가장 큰 공약수를 담은 튜플을 반환합니다.
       1보다 큰 공약수가 없으면 (None, None)을 반환합니다."""
    min_val, max_val = None, None
    for i in range(2, min(n1, n2) + 1):
        if n1%i == 0 and n2%i == 0:
            if min_val == None:
                min_val = i
            max_val = i
    return min_val, max_val
```

다음 복수 할당 문장을 실행하면 `min_divisor`를 2에, `max_divisor`를 200에 바인딩합니다.

```
min_divisor, max_divisor = find_extreme_divisors(100, 200)
```

5.2 range와 iterator 타입

2.6절에서 소개한 range 함수는 range 타입의 객체를 만듭니다. 문자열과 튜플처럼 range 타입 객체는 변경할 수 없습니다. 연결과 반복을 제외하고 튜플에 적용되는 모든 연산은 range 타입 객체에도 적용할 수 있습니다. 예를 들어 range(10)[2:6][2]는 4로 평가됩니다. range 타입 객체를 비교하는 데 == 연산자를 사용할 때 두 range 객체가 동일한 정수 시퀀스를 표현하면 True가 반환됩니다. 예를 들어 range(0, 7, 2) == range(0, 8, 2)는 True로 평가됩니다. 하지만 range(0, 7, 2) == range(6, -1, -2)는 같은 정수를 포함하지만 순서가 달라서 False로 평가됩니다.

튜플 타입 객체와 달리 range 타입 객체가 점유하는 공간은 정수 시퀀스의 길이에 비례하지 않습니다. 시작, 종료, 스텝값으로 범위를 완전하게 정의해서 작은 공간 안에 저장할 수 있습니다.

range는 for 루프에서 가장 보편적으로 사용하지만, 정수 시퀀스가 필요한 어디에나 range 타입 객체를 사용할 수 있습니다.

파이썬 3에서 range는 **반복 가능 객체**^{iterable object}의 특별한 경우입니다. 반복 가능한 모든 타입은 iterator 타입 객체를 반환하는 __iter__ 메서드[1]를 가집니다. iterator를 for 루프에 사용해 한 번에 하나씩 객체의 시퀀스를 반환할 수 있습니다. 예를 들어 튜플은 반복 가능하므로 다음과 같은 for 문은 iterator를 하나 만들어 한 번에 하나씩 튜플의 원소를 반환합니다.

```
for elem in (1, 'a', 2, (3, 4)):
```

파이썬에는 문자열, 리스트, 딕셔너리처럼 반복 가능한 내장 타입이 많습니다.

반복 가능한 객체에서 동작하는 유용한 내장 함수가 많습니다. sum, min, max는 매우 유용한 내장 함수입니다. sum 함수는 숫자로 된 반복 가능 객체에 적용하며 원소의 합을 반환합니다. max와 min은 원소 순서가 정의된 반복 가능 객체에 적용할 수 있습니다.

 **뇌풀기 문제**

sum 함수를 사용해 숫자로 이뤄진 튜플의 평균을 계산하는 표현식을 작성하세요.

5.3 리스트와 가변성

튜플처럼 **리스트**^{list}는 순서가 있는 값의 시퀀스입니다. 각 값은 인덱스로 식별됩니다. list 타입의 리터럴을 표현하는 문법은 튜플과 비슷합니다. 소괄호 대신 대괄호를 사용하는 점이 다릅니다. 빈 리스트는 []로 씁니다. 원소가 하나인 리스트를 나타낼 때 대괄호를 닫기 전에 (잊어버리기 쉬운) 콤마를 쓰지 않습니다.

리스트는 반복 가능하므로 for 문장을 사용해 리스트에 있는 원소를 순회할 수 있습니다. 예를 들면 다음 코드와 같습니다.

---

1 지금은 메서드를 단순히 점 표기법을 사용해 호출하는 함수로 생각하세요.

```
L = ['I did it all', 4, 'love']
for e in L:
    print(e)
```

출력은 다음과 같습니다.

```
I did it all
4
Love
```

또한 튜플처럼 리스트를 인덱싱하거나 슬라이싱할 수 있습니다. 예를 들면 다음 코드와 같습니다.

```
L1 = [1, 2, 3]
L2 = L1[-1::-1]
for i in range(len(L1)):
    print(L1[i]*L2[i])
```

출력은 다음과 같습니다.

```
3
4
3
```

대괄호는 세 가지 목적(list 타입의 리터럴, 반복 가능 객체의 인덱싱과 슬라이싱)으로 사용하기 때문에 시각적으로 혼동될 수 있습니다. 예를 들어 [1,2,3,4][1:3][1]은 3으로 평가되며, 대괄호를 세 가지 목적으로 사용했습니다. 실전에서는 리터럴로 리스트를 만들지 않고 점진적으로 생성하기에 거의 문제가 되지 않습니다.

리스트는 **변경 가능 객체**mutable object라는 점에서 튜플과 아주 크게 다릅니다. 이와 대조적으로 튜플과 문자열은 **변경 불가능 객체**immutable object입니다. 변경 불가능한 타입의 객체를 만들 수 있는 연산자가 많습니다. 변수를 이런 타입의 객체에 바인딩할 수도 있습니다. 하지만 변경 불가능 타입의 객체는 만든 후 수정이 불가능합니다. 반면 변경 가능한 타입의 객체는 만든 후 수정이 가능합니다.

객체를 변경하는 일과 객체를 변수에 할당하는 일의 차이를 처음에는 구분하기 어려울 수 있습니다. 하지만 '파이썬에서 변수는 단순한 이름, 즉 객체에 붙이는 레이블이다'라는 만트라mantra를 되뇌다 보면 복잡한 머리가 맑아질 것입니다. 도움이 될 만한 예를 하나 살펴보겠습니다.

다음 문장을 실행해 보죠.

```
Techs = ['MIT', 'Caltech']
Ivys = ['Harvard', 'Yale', 'Brown']
```

이 문장을 실행하면 인터프리터는 새로운 리스트 두 개를 만들고 [그림 5-1]과 같이 변수를 두 리스트에 바인딩합니다.

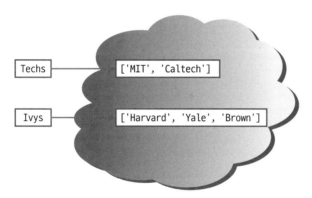

그림 5-1 리스트 두 개

다음 할당문도 새로운 리스트 두 개를 만들고 변수를 리스트에 바인딩합니다.

```
Univs = [Techs, Ivys]
Univs1 = [['MIT', 'Caltech'], ['Harvard', 'Yale', 'Brown']]
```

이 리스트의 원소는 리스트입니다. 다음 print 문장을 실행해 보죠.

```
print('Univs =', Univs)
print('Univs1 =', Univs1)
print(Univs == Univs1)
```

출력은 다음과 같습니다.

```
Univs = [['MIT', 'Caltech'], ['Harvard', 'Yale', 'Brown']]
Univs1 = [['MIT', 'Caltech'], ['Harvard', 'Yale', 'Brown']]
True
```

Univs와 Univs1이 같은 값에 바인딩된 것처럼 보입니다. 하지만 겉모습에 속지 말아야 합니다. [그림 5-2]와 같이 Univs와 Univs1은 매우 다른 값에 바인딩됩니다.

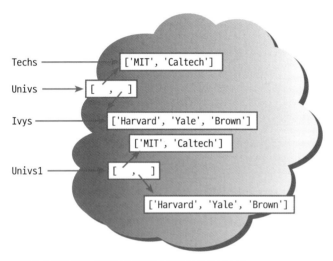

그림 5-2 값이 같은 것처럼 보이지만 그렇지 않은 두 리스트

Univs와 Univs1이 다른 객체에 바인딩되었는지는 파이썬 내장 함수 **id**를 사용해 확인할 수 있습니다. 이 함수는 객체의 고유한 정수 식별자를 반환합니다. 이 함수로 객체의 식별자를 비교함으로써 **객체 동일성**object equality을 테스트할 수 있습니다. **is 연산자**는 더 간단하게 객체 동일성을 테스트하게 해줍니다. 다음 코드를 실행해 보죠.

```
print(Univs == Univs1) #값 동일성 테스트
print(id(Univs) == id(Univs1)) #객체 동일성 테스트
print(Univs is Univs1) #객체 동일성 테스트
print('Univs의 id =', id(Univs))
print('Univs1의 id =', id(Univs1))
```

출력은 다음과 같습니다.

```
True
False
False
Univs의 id = 4946827936
Univs1의 id = 4946612464
```

이 코드를 실행할 때 책과 다른 식별자가 나와도 당황하지 마세요. 이 숫자는 각 객체에 어떤 식별자가 연결되었는지를 의미할 뿐입니다. 즉, 두 객체의 식별자가 다른지만 확인하면 됩니다.

[그림 5-2]에서 Univs의 원소는 Techs와 Ivys가 바인딩된 리스트의 복사본이 아니고 해당 리스트 자체입니다. Univs1의 원소는 Univs에 있는 리스트와 같은 원소를 담은 리스트입니다. 하지만 같은 리스트가 아닙니다. 다음 코드를 실행해 확인해 보죠.

```
print('Univs[0]와 Univs[1]의 id', id(Univs[0]), id(Univs[1]))
print('Univs1[0]와 Univs1[1]의 id', id(Univs1[0]), id(Univs1[1]))
```

출력은 다음과 같습니다.

```
Univs[0]와 Univs[1]의 id 4447807688 4456134664
Univs1[0]와 Univs1[1]의 id 4447805768 4447806728
```

값과 객체 동일성 사이의 차이에 대해 이렇게 장황하게 늘어놓은 이유는 무엇일까요? 리스트가 변경 가능 객체이기 때문입니다. 다음 코드를 생각해 보죠.

```
Techs.append('RPI')
```

리스트의 append 메서드는 **부수 효과**를 일으킵니다. 즉, 새로운 리스트를 만들지 않고 기존 리스트 Techs를 변경합니다. 이 코드에서는 문자열 'RPI'를 새로운 원소로 리스트 끝에 추가합니다. [그림 5-3]은 append 메서드를 실행한 후의 상태를 보여줍니다.

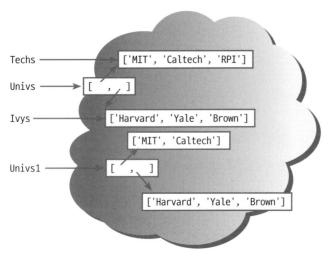

그림 5-3 객체 변경의 예

Univs가 바인딩된 객체는 여전히 동일한 두 리스트를 담지만 두 리스트 중 하나의 내용이 바뀌었습니다. 다음 print 문장을 실행해 보죠.

```
print('Univs =', Univs)
print('Univs1 =', Univs1)
```

```
Univs = [['MIT', 'Caltech', 'RPI'], ['Harvard', 'Yale', 'Brown']]
Univs1 = [['MIT', 'Caltech'], ['Harvard', 'Yale', 'Brown']]
```

이를 에일리어싱^{aliasing}이라 부릅니다. 같은 리스트 객체에 접근하는 경로가 두 개 있습니다. 하나는 변수 Techs를 통하고, 다른 하나는 Univs가 바인딩된 리스트 객체의 첫 번째 원소를 통합니다. 두 경로를 사용해 이 객체를 변경할 수 있으며 변경의 효과는 두 경로에서 모두 확인할 수 있습니다. 이는 편리하지만 위험할 수도 있습니다. 의도하지 않은 에일리어싱은 매우 찾기 힘든 프로그래밍 에러를 만듭니다. 다음 코드의 출력을 생각해 보죠.

```
L1 = [[]]*2
L2 = [[], []]
for i in range(len(L1)):
    L1[i].append(i)
```

```
        L2[i].append(i)
print('L1 =', L1, '하지만', 'L2 =', L2)
```

```
L1 = [[0, 1], [0, 1]] 하지만 L2 = [[0], [1]]
```

왜일까요? 첫 번째 할당문은 원소가 둘인 리스트를 만듭니다. 각 원소는 같은 객체입니다. 반면 두 번째 할당문은 다른 객체가 두 개인 리스트를 만듭니다. 각 원소는 초기에는 동일하게 모두 빈 리스트입니다.

 **뇌풀기 문제**

다음 코드의 출력은 무엇일까요?

```
L = [1, 2, 3]
L.append(L)
print(L is L[-1])
```

매개변수 기본값과 에일리어싱 및 가변성 사이의 상호작용에는 주의를 기울여야 합니다. 다음 코드를 살펴보죠.

```
def append_val(val, list_1 = []):
    list_1.append(val)
    print(list_1)

append_val(3)
append_val(4)
```

두 번째 append_val 호출은 빈 리스트에 4를 추가하므로 리스트 [4]를 출력한다고 생각할 수 있습니다. 실제로는 [3, 4]를 출력합니다. 함수 정의 시점에 비어 있는 list 타입의 객체가 생성되기 때문입니다. 형식 매개변수 list_1에 값을 지정하지 않고 append_val을 호출할 때마다 함수 정의에서 생성된 객체가 list_1에 바인딩되고, 변경되고, 출력됩니다. 따라서 두 번째 append_val은 첫 번째 호출 때문에 이미 변경된 리스트를 다시 변경해 출력합니다.

Techs.append(Ivys)처럼 리스트를 다른 리스트에 추가할 때 원래 구조가 유지됩니다. 즉, 리스트를 담은 리스트가 만들어집니다. 구조를 유지하지 않고 리스트의 원소를 다른 리스트에 추가하고 싶다고 가정해 보죠. 이때 다음처럼 (+ 연산자를 사용한) 리스트 연결concatenation이나 extend 메서드를 사용할 수 있습니다.

```
L1 = [1,2,3]
L2 = [4,5,6]
L3 = L1 + L2
print('L3 =', L3)
L1.extend(L2)
print('L1 =', L1)
L1.append(L2)
print('L1 =', L1)
```

출력은 다음과 같습니다.

```
L3 = [1, 2, 3, 4, 5, 6]
L1 = [1, 2, 3, 4, 5, 6]
L1 = [1, 2, 3, 4, 5, 6, [4, 5, 6]]
```

+ 연산자는 부수 효과가 없습니다. 즉 새로운 리스트를 만들어 반환합니다. 이에 반해 extend 와 append 메서드는 L1 리스트를 변경합니다.

[표 5-1]에 리스트 관련 주요 메서드를 요약했습니다. count와 index를 제외한 나머지 메서드는 모두 리스트를 변경합니다.

표 5-1 리스트 관련 주요 메서드

L.append(e)	L의 끝에 객체 e를 추가합니다.
L.count(e)	e가 L에 등장하는 횟수를 반환합니다.
L.insert(i, e)	L의 인덱스 i 위치에 객체 e를 추가합니다.
L.extend(L1)	L의 끝에 리스트 L1의 원소를 추가합니다.
L.remove(e)	L에 등장하는 첫 번째 e를 삭제합니다.
L.index(e)	L에서 첫 번째 e의 인덱스를 반환합니다. L에 e가 없다면 예외exception(9장 참조)가 발생합니다.

L.pop(i)	L의 인덱스 i 위치에 있는 원소를 삭제하고 이를 반환합니다. L이 비었다면 예외가 발생합니다. i를 지정하지 않으면 기본값은 -1로, L의 마지막 원소를 삭제한 후 반환합니다.
L.sort()	L의 원소를 오름차순으로 정렬합니다.
L.reverse()	L에 있는 원소의 순서를 거꾸로 뒤집습니다.

5.3.1 복제

일반적으로 리스트를 반복하는 중에는 변경을 피하는 편이 좋습니다. 예를 들어 다음 코드를 살펴보죠.

```python
def remove_dups(L1, L2):
    """L1과 L2를 리스트로 가정합니다.
       L2에도 등장하는 L1의 원소를 삭제합니다."""
    for e1 in L1:
        if e1 in L2:
            L1.remove(e1)
L1 = [1,2,3,4]
L2 = [1,2,5,6]
remove_dups(L1, L2)
print('L1 =', L1)
```

다음과 같은 출력에 놀랄지 모릅니다.

```
L1 = [2, 3, 4]
```

for 루프가 실행되는 동안 파이썬은 반복마다 증가하는 내부 카운터를 사용해 리스트의 위치를 기록합니다. 카운터값이 리스트의 현재 길이에 도달할 때 루프가 종료됩니다. 루프 안에서 리스트가 변경되지 않는다면 예상대로 동작합니다. 하지만 리스트가 변경되면 놀라운 결과가 발생할 수 있습니다. 이 코드에서는 카운터가 0에서 시작할 때 L1[0]이 L2에 있으므로 삭제됩니다. 따라서 L1의 길이가 3으로 줄어듭니다. 그다음 카운터는 1로 증가합니다. 다음 반복에 L1[1]이 L2에 있는지 체크합니다. 이 값은 원래 L1[1]의 값(2)이 아니라 현재 L1[1]의 값(3)입니다. 여기서 보듯이 루프 안에서 리스트가 변경될 때 어떤 일이 일어나는지 파악하기가 쉽지 않으며 의도치 않은 일이 발생할 수 있습니다.

이때 문제를 피하는 한 가지 방법은 슬라이싱을 사용해 리스트를 **복제**[clone][2]하고 for e1 in L1[:]와 같이 쓰는 것입니다. 하지만 다음과 같이 쓰면 문제를 해결하지 못합니다.

```
new_L1 = L1
for e1 in new_L1:
```

이는 기존 리스트에 새로운 이름을 부여할 뿐, L1의 복사본을 만들지 않습니다.

슬라이싱이 파이썬에서 리스트를 복제하는 유일한 방법은 아닙니다. 표현식 L.copy()는 L[:] 과 동일한 값으로 평가됩니다. 슬라이싱과 복사는 모두 **얕은 복사**[shallow copy]라고 부릅니다. 얕은 복사는 새로운 리스트를 만들고 원래 리스트의 객체를 새 리스트에 (복사가 아니라) 추가합니다. 다음 코드를 살펴보죠.

```
L = [2]
L1 = [L]
L2 = L1[:]
L.append(3)
print(f'L1 = {L1}, L2 = {L2}')
```

```
L1 = [[2, 3]], L2 = [[2, 3]]
```

이런 결과가 출력되는 이유는 L1과 L2가 모두 첫 번째 할당문에서 L에 바인딩된 객체를 담고 있기 때문입니다.

복사할 리스트가 변경 가능한 객체를 포함할 때 이 객체도 복사하려면 표준 라이브러리 모듈 copy를 임포트[import][3]해 copy.deepcopy 함수로 **깊은 복사**[deep copy]를 수행할 수 있습니다. deepcopy 함수는 새로운 리스트를 만들고 리스트에 있는 객체의 복사본을 새로운 리스트에 추가합니다. 위 코드에서 세 번째 라인을 L2 = copy.deepcopy(L1)로 바꾸면 L1 = [[2,

---

2   인간 복제는 많은 기술적, 윤리적, 정신적 문제를 일으킵니다. 다행히 파이썬 복제는 이런 문제가 없습니다.

3   옮긴이_ import 문장을 사용하면 다른 파일에 정의된 함수 등을 가져와 사용할 수 있습니다. import 문장은 7장에서 자세히 소개합니다.

3]], L2 = [[2]]를 출력합니다. L2에는 L에 바인딩된 객체가 없기 때문입니다.

리스트의 원소가 '리스트(또는 다른 변경 가능한 타입)를 담은 리스트'라면 copy.deepcopy를 이해하기가 조금 어렵습니다. 다음 코드를 살펴보죠.

```
import copy

L1 = [2]
L2 = [[L1]]
L3 = copy.deepcopy(L2)
L1.append(3)
```

copy.deepcopy는 리스트 [L1]뿐만 아니라 리스트 L1도 복사하므로 L3의 값은 [[[2]]]가 됩니다. 즉 대부분은 가장 하위 단계까지 모두 복사합니다. 왜 '대부분'일까요? 다음 코드를 살펴보죠.

```
L1 = [2]
L1.append(L1)
```

이 코드는 자기 자신을 포함한 리스트를 만듭니다. 가장 아래 단계까지 복사하는 과정이 끝나지 않을 것입니다. copy.deepcopy는 객체마다 복사본을 하나만 만들고 이 복사본을 재사용해서 문제를 피합니다. 이는 자기 자신을 포함하지 않은 리스트에서도 중요합니다. 예를 들어 다음 코드를 살펴보죠.

```
L1 = [2]
L2 = [L1, L1]
L3 = copy.deepcopy(L2)
L3[0].append(3)
print(L3)
```

copy.deepcopy가 L1을 한 번 복사해 L2에 등장하는 L1에 모두 사용하므로, 이 코드는 [[2, 3], [2, 3]]를 출력합니다.

5.3.2 리스트 내포

리스트 내포list comprehension는 반복 가능 객체를 순회하면서 시퀀스의 각 값에 어떤 연산을 적용하는 간편한 방법을 제공합니다. 반복 가능 객체의 값(예: 어떤 리스트의 원소)에 어떤 연산을 적용하고 그 결과를 원소로 포함하는 새로운 리스트를 만듭니다. 표현식의 형태는 다음과 같습니다.

[**표현식 for 원소 in 반복 가능 객체 if 테스트**]

이 표현식은 다음 함수 호출과 동일합니다.

```
def f(expr, old_list, test = lambda x: True):
    new_list = []
    for e in iterable:
        if test(e):
            new_list.append(expr(e))
    return new_list
```

예를 들어, [e**2 for e in range(6)]는 [0, 1, 4, 9, 16, 25]로 평가되고, [e**2 for e in range(8) if e%2 == 0]는 [0, 4, 16, 36]으로 평가되고, [x**2 for x in [2, 'a', 3, 4.0] if type(x) == int]는 [4, 9]로 평가됩니다.

리스트 내포를 사용하면 리스트를 편하게 초기화할 수 있습니다. 예를 들어 [[] for _ in range(10)]는 고유한 (즉, 에일리어싱되지 않은) 빈 리스트를 10개 담은 리스트를 만듭니다. 변수 이름 _는 이 변수의 값을 리스트 원소를 생성하는 데 사용하지 않는다는 의미입니다. 즉, 단순한 자리 표시자placeholder일 뿐입니다. 이는 파이썬 프로그램에서 자주 등장하는 관례입니다.

파이썬에서는 리스트 내포 안에 여러 for 문장을 사용할 수 있습니다. 다음 코드를 살펴보죠.

```
L = [(x, y)
     for x in range(6) if x%2 == 0
     for y in range(6) if y%3 == 0]
```

파이썬 인터프리터는 첫 번째 for부터 평가해 x에 0, 2, 4 시퀀스를 할당합니다. 그다음 x의 이 세 값에 대해 두 번째 for가 평가됩니다(매번 0, 3 시퀀스를 생성합니다). 튜플 (x, y)를 리스트에 추가해 다음과 같은 리스트를 만듭니다.

```
[(0, 0), (0, 3), (2, 0), (2, 3), (4, 0), (4, 3)]
```

물론 리스트 내포를 사용하지 않고 동일한 리스트를 만들 수도 있습니다. 하지만 코드가 조금 더 장황해집니다.

```
L = []
for x in range(6):
    if x%2 == 0:
        for y in range(6):
            if y%3 == 0:
                L.append((x, y))
```

다음 코드는 리스트 내포에 리스트 내포를 중첩한 예입니다.

```
print([[(x,y) for x in range(6) if x%2 == 0]
    for y in range(6) if y%3 == 0])
```

출력은 다음과 같습니다.

```
[[(0, 0), (2, 0), (4, 0)], [(0, 3), (2, 3), (4, 3)]]
```

중첩된 리스트 내포를 사용하는 데 익숙해지려면 연습이 필요하지만 상당히 유용합니다. 중첩된 리스트 내포를 사용해 100보다 작은 소수로 이루어진 리스트를 만들어보죠. 첫 번째 리스트 내포를 사용해 후보 숫자(즉, 2에서 99까지)로 이루어진 리스트를 만듭니다. 그다음 두 번째 리스트 내포를 사용해 가능한 제수로 후보 숫자를 나눈 나머지의 리스트를 만들고 내장 함수 all을 사용해 나머지가 하나라도 0인지 테스트합니다.

```
[x for x in range(2, 100) if all(x % y != 0 for y in range(2, x))]
```

이 표현식은 다음 함수 호출과 동일합니다.

```python
def gen_primes():
    primes = []
    for x in range(2, 100):
        is_prime = True
        for y in range(3, x):
            if x%y == 0:
                is_prime = False
        if is_prime:
            primes.append(x)
    return primes
```

 **뇌풀기 문제**

2와 100 사이의 소수가 아닌 정수를 생성하는 리스트 내포를 작성하세요.

리스트 내포를 놀랍고 미묘한 방식으로 사용하는 파이썬 프로그래머도 있습니다. 하지만 이 방식이 항상 바람직하지는 않습니다. 누군가가 여러분의 코드를 읽어야 한다면, '미묘함'은 프로그램에 바람직하지 않은 성질임에 유념하세요.

5.4 리스트의 고차 연산

4.4절에서 고차 프로그래밍의 개념을 소개했습니다. [예제 5-1]에서 볼 수 있듯이 이는 특히 리스트와 함께 사용하면 편리합니다.

예제 5-1 리스트의 원소에 함수 적용하기

```python
def apply_to_each(L, f):
    """L은 리스트이고 f는 함수로 가정합니다.
       L의 각 원소 e를 f(e)로 변경합니다."""
    for i in range(len(L)):
        L[i] = f(L[i])

L = [1, -2, 3.33]
```

```
print('L =', L)
print('L의 각 원소에 abs를 적용합니다')
apply_to_each(L, abs)
print('L =', L)
print(L, '의 각 원소에 int를 적용합니다')
apply_to_each(L, int)
print('L =', L)
print(L, '의 각 원소를 제곱합니다')
apply_to_each(L, lambda x: x**2)
print('L =', L)
```

apply_to_each 함수는 함수를 인수로 가지므로 **고차 함수**^{high-order function}라고 부릅니다. 이 함수를 첫 번째 호출할 때 내장 함수 abs를 리스트 원소에 적용해 리스트 L을 변경합니다. 두 번째 호출할 때는 각 원소에 타입 변환을 적용합니다. 세 번째 호출할 때는 lambda로 정의된 함수를 적용한 결과로 각 원소를 바꿉니다. 출력은 다음과 같습니다.

```
L = [1, -2, 3.33]
L의 각 원소에 abs를 적용합니다
L = [1, 2, 3.33]
[1, 2, 3.33] 의 각 원소에 int를 적용합니다
L = [1, 2, 3]
[1, 2, 3] 의 각 원소를 제곱합니다
L = [1, 4, 9]
```

파이썬에는 내장 고차 함수인 map이 있습니다. [예제 5-1]의 apply_to_each 함수와 비슷하지만 훨씬 일반적입니다. map의 첫 번째 인수는 단항 함수^{unary function}(즉, 매개변수가 하나만 있는 함수)이고 두 번째 인수는 이 단항 함수의 인수로 적절한 순서를 갖춘 컬렉션^{collection}[4]입니다. 이 함수는 리스트 내포 대신에 자주 사용합니다. 예를 들어 list(map(str, range(10)))는 [str(e) for e in range(10)]와 동일합니다.

map 함수는 종종 for 루프와 함께 사용합니다. for 루프와 사용할 때 루프 반복마다 값을 하나 반환한다는 점에서 map은 range 함수처럼 작동합니다. 이 값들은 첫 번째 인수를 두 번째 인수의 각 원소에 적용해 만든 것입니다. 예를 들어 다음 코드를 살펴보죠.

---

4 옮긴이_ 컬렉션은 여러 원소를 가진 데이터 타입을 의미합니다. 파이썬에서는 str, tuple, range, list, dict, set 등이 컬렉션 타입입니다. 이 중 set 타입은 순서가 없습니다.

```
for i in map(lambda x: x**2, [2, 6, 4]):
    print(i)
```

출력은 다음과 같습니다.

```
4
36
16
```

더 일반적으로 map의 첫 번째 인수는 인수가 n개인 함수일 수 있습니다. 그 뒤를 이어 n개의 (길이가 동일하며) 순서가 있는 집합인 컬렉션이 인수로 전달되어야 합니다. 예를 들면 다음과 같습니다.

```
L1 = [1, 28, 36]
L2 = [2, 57, 9]
for i in map(min, L1, L2):
    print(i)
```

출력은 다음과 같습니다.

```
1
28
9
```

 뇌풀기 문제

다음 사양을 만족하는 함수를 구현하세요. (**힌트** 함수 바디에서 lambda를 사용하면 편리합니다.)

```
def f(L1, L2):
    """L1, L2는 길이가 같은 리스트입니다.
    L1의 각 원소를 같은 인덱스 위치에 있는 L2 원소만큼 제곱한 합을 반환합니다.
    예를 들어, f([1,2], [2,3])는 9를 반환합니다."""
```

5.5 문자열, 튜플, 레인지, 리스트

반복 가능한 시퀀스 타입 str, tuple, range, list를 살펴보았습니다. 이런 타입의 객체는 [표 5-2]에 있는 연산을 수행할 수 있다는 점에서 비슷합니다. 그 외 유사점과 차이점은 [표 5-3]에 요약해두었습니다.

표 5-2 시퀀스 타입에서 사용할 수 있는 공통 연산

seq[i]	시퀀스의 i번째 원소를 반환합니다.
len(seq)	시퀀스의 길이를 반환합니다.
seq1 + seq2	두 시퀀스를 연결한 시퀀스를 반환합니다(range에는 적용할 수 없습니다).
n*seq	seq를 n번 반복한 시퀀스를 반환합니다(range에는 적용할 수 없습니다).
seq[start:end]	시퀀스를 슬라이싱합니다.
e in seq	e가 시퀀스에 포함되면 True, 그렇지 않으면 False입니다.
e not in seq	e가 시퀀스에 포함되지 않으면 True, 그렇지 않으면 False입니다.
for e in seq	시퀀스의 원소를 순회합니다.

표 5-3 시퀀스 타입 비교

타입	원소 타입	리터럴 예시	변경 가능성
str	문자	'', 'a','abc'	불가능
tuple	모든 타입	(), (3,), ('abc', 4)	불가능
range	정수	range(10), range(1, 10, 2)	불가능
list	모든 타입	[], [3], ['abc', 4]	가능

파이썬 프로그래머들은 튜플보다 리스트를 더 자주 사용하는 편입니다. 리스트는 변경 가능하므로 계산 과정에서 점진적으로 만들 수 있습니다. 예를 들어 다음 코드는 다른 리스트에 있는 짝수를 한 리스트에 점진적으로 포함하게 합니다.

```
L = [1, 2, 3, 4]
even_elems = []
for e in L:
```

```
    if e%2 == 0:
        even_elems.append(e)
```

문자열은 문자만 포함할 수 있어서 튜플이나 리스트만큼 다양하게 사용하기 어렵습니다. 하지만 문자열에는 유용한 내장 메서드가 많습니다. [표 5-4]에 일부를 요약했습니다. 문자열은 변경 불가능하므로 이 메서드는 모두 새로운 문자열을 반환하며 부수 효과가 없습니다.

표 5-4 문자열 메서드

s.count(s1)	s에 문자열 s1이 몇 번 등장하는지 셉니다.
s.find(s1)	s에서 부분 문자열 s1이 처음 등장하는 인덱스를 반환합니다. s에 s1이 없다면 -1을 반환합니다.
s.rfind(s1)	find와 동일하지만 s의 끝에서부터 시작합니다(rfind의 'r'은 reverse를 의미합니다).
s.index(s1)	find와 동일하지만 s에 s1이 없으면 예외(9장 참조)가 발생합니다.
s.rindex(s1)	index와 동일하지만 s의 끝에서부터 시작합니다.
s.lower()	s에 있는 대문자를 모두 소문자로 바꿉니다.
s.replace(old, new)	s에 등장하는 문자열 old를 모두 문자열 new로 바꿉니다.
s.rstrip()	s의 끝에 있는 공백을 삭제합니다.
s.split(d)	d를 구분자로 사용해 s를 분할한 후 s의 부분 문자열로 구성된 리스트를 반환합니다. 예를 들어 'David Guttag plays basketball'.split(' ')는 ['David', 'Guttag', 'plays', 'basketball']를 반환합니다. d가 누락되면 공백 문자로 나뉩니다.

유용한 내장 메서드인 **split**은 두 문자열을 인수로 받습니다. 두 번째 인수에 첫 번째 인수를 부분 문자열로 나누는 구분자를 지정합니다. 예를 들면 다음과 같습니다.

```
print('My favorite professor--John G.--rocks'.split(' '))
print('My favorite professor--John G.--rocks'.split('-'))
print('My favorite professor--John G.--rocks'.split('--'))
```

```
['My', 'favorite', 'professor--John', 'G.--rocks']
['My favorite professor', '', 'John G.', '', 'rocks']
['My favorite professor', 'John G.', 'rocks']
```

두 번째 인수는 선택 사항입니다. 이 인수가 누락되면 첫 번째 문자열은 **공백 문자**^{whitespace} character(공백, 탭^{tab}, 줄바꿈^{newline}, 캐리지 리턴^{carriage return}, 페이지 나누기^{form feed})[5]를 사용해 분할됩니다.

5.6 집합

집합^{set}도 컬렉션 타입입니다. 고유한 원소로 구성된 순서가 없는 모음이라는 점에서 수학의 집합과 개념이 비슷합니다. set 타입의 객체는 다음처럼 중괄호를 사용해 나타냅니다.

```
baseball_teams = {'Dodgers', 'Giants', 'Padres', 'Rockies'}
football_teams = {'Giants', 'Eagles', 'Cardinals', 'Cowboys'}
```

집합의 원소에는 순서가 없기 때문에 baseball_teams[0]와 같이 집합에 인덱스를 사용하면 런타임 에러가 발생합니다. for 문장을 사용해 집합의 원소를 순회할 수 있지만 지금까지 본 다른 컬렉션 타입과 다르게 원소가 추출되는 순서가 정의되어 있지 않습니다.

리스트와 마찬가지로 집합은 변경 가능합니다. add 메서드를 사용해 집합에 하나의 원소를 추가할 수 있습니다. update 메서드에 (리스트와 같은) 컬렉션 객체를 전달하면 여러 원소를 집합에 추가할 수 있습니다. 예를 들면 다음과 같습니다.

```
baseball_teams.add('Yankees')
football_teams.update(['Patriots', 'Jets'])
print(baseball_teams)
print(football_teams)
```

출력은 다음과 같습니다.

```
{'Dodgers', 'Yankees', 'Padres', 'Rockies', 'Giants'}
{'Jets', 'Eagles', 'Patriots', 'Cowboys', 'Cardinals', 'Giants'}
```

---

5 파이썬 문자열은 유니코드를 지원하므로 전체 공백 문자는 훨씬 많습니다(https://en.wikipedia.org/wiki/Whitespace_character 참조).

(원소가 등장하는 순서가 정의되어 있지 않기 때문에 이 코드를 실행할 때 다른 결과가 나올 수 있습니다)

remove 메서드를 사용하면 집합에서 원소를 삭제할 수 있습니다. 해당 원소가 집합에 없을 때는 에러가 발생됩니다. discard 메서드는 동일하지만 원소가 집합에 없을 때 에러가 발생하지 않습니다.

in 연산자를 사용해 집합에 속해 있는지 테스트할 수 있습니다. 예를 들어, 'Rockies' in baseball_teams은 True를 반환합니다. 이항 메서드인 union, intersection, difference, issubset은 메서드 이름이 말하는 수학적 의미와 같습니다. 예를 들면 다음과 같습니다.

```python
print(baseball_teams.union({1, 2}))
print(baseball_teams.intersection(football_teams))
print(baseball_teams.difference(football_teams))
print({'Padres', 'Yankees'}.issubset(baseball_teams))
```

출력은 다음과 같습니다.

```
{'Padres', 'Rockies', 1, 2, 'Giants', 'Dodgers', 'Yankees'}
{'Giants'}
{'Padres', 'Rockies', 'Dodgers', 'Yankees'}
True
```

집합에는 이 메서드에 상응하는 편리한 중위 연산자가 있습니다. union은 |, intersection은 &, difference는 -, issubset은 <=, issuperset은 >=로 쓸 수 있습니다. 지금 소개한 연산자를 사용하면 코드를 읽기 더 쉽습니다. 예를 들어 점 표기법을 사용한 이전 코드와 다음 코드를 비교해 보세요.

```python
print(baseball_teams | {1, 2})
print(baseball_teams & football_teams)
print(baseball_teams - football_teams)
print({'Padres', 'Yankees'} <= baseball_teams)
```

모든 타입의 객체가 집합의 원소가 될 수는 없습니다. 집합에 있는 모든 객체는 **해싱 가능**hashable 해야 합니다. 다음과 같은 메서드가 있는 객체가 해싱 가능한 객체입니다.

- 해당 타입의 객체를 int에 매핑하는 __hash__ 메서드. __hash__ 메서드가 반환하는 값은 객체의 생명주기 동안 변하지 않습니다.
- 다른 객체와 동일성을 비교하는 __eq__ 메서드

변경 불가능한 모든 파이썬 스칼라 타입의 객체는 해싱 가능합니다. 변경 가능한 파이썬 내장 타입은 모두 해싱 가능하지 않습니다. 변경 불가능한 비스칼라 타입(예: 튜플)의 객체가 해싱 가능하려면 객체 안의 원소가 모두 해싱 가능해야 합니다.

5.7 딕셔너리

dict 타입(딕셔너리dictionary의 줄임말)의 객체는 리스트와 비슷하지만 정수 대신 키key를 사용해 인덱싱합니다. 해싱 가능한 객체는 모두 키로 사용할 수 있습니다. 딕셔너리를 키/값 쌍의 집합으로 생각할 수 있습니다.[6] dict 타입의 리터럴은 중괄호를 사용하며 원소는 키, 콜론(:), 값value 순서로 씁니다. 예를 들면 다음과 같습니다.

```
month_numbers = {'Jan':1, 'Feb':2, 'Mar':3, 'Apr':4, 'May':5,
                 1:'Jan', 2:'Feb', 3:'Mar', 4:'Apr', 5:'May'}
print(month_numbers)
print('세 번째 달: ' + month_numbers[3])
dist = month_numbers['Apr'] - month_numbers['Jan']
print('Apr와(과) Jan은(는)', dist, '달만큼 떨어져 있습니다')
```

출력은 다음과 같습니다.

```
{'Jan': 1, 'Feb': 2, 'Mar': 3, 'Apr': 4, 'May': 5, 1: 'Jan', 2: 'Feb', 3: 'Mar',
4: 'Apr', 5: 'May'}
세 번째 달: Mar
Apr와(과) Jan은(는) 3 달만큼 떨어져 있습니다
```

dict의 항목은 인덱스를 사용해 참조할 수 없습니다. 따라서 month_numbers[1]는 두 번째 항

---

[6] 옮긴이_ set 타입과 달리 dict는 순서가 있는 컬렉션 타입입니다.

목이 아니라 키가 1인 항목을 참조합니다. in 연산자를 사용하면 딕셔너리에 키가 정의되었는지 테스트할 수 있습니다.

리스트처럼 딕셔너리는 변경 가능합니다. 예를 들어 month_numbers['June'] = 6과 같이 써서 항목을 추가하거나 month_numbers['May'] = 'V'처럼 항목을 변경할 수 있습니다.

딕셔너리는 파이썬의 큰 장점 중 하나입니다. 프로그램을 작성할 때 생기는 여러 가지 어려움을 크게 줄여줍니다. 예를 들어 [예제 5-2]는 딕셔너리를 사용해 두 언어 사이를 번역하는 (아주 단순한) 프로그램입니다.

예제 5-2 (단순하게) 텍스트 번역하기

```python
EtoF = {'bread':'pain', 'wine':'vin', 'with':'avec', 'I':'Je',
        'eat':'mange', 'drink':'bois', 'John':'Jean',
        'friends':'amis', 'and': 'et', 'of':'du','red':'rouge'}
FtoE = {'pain':'bread', 'vin':'wine', 'avec':'with', 'Je':'I',
        'mange':'eat', 'bois':'drink', 'Jean':'John',
        'amis':'friends', 'et':'and', 'du':'of', 'rouge':'red'}
dicts = {'English to French':EtoF, 'French to English':FtoE}

def translate_word(word, dictionary):
    if word in dictionary:
        return dictionary[word]
    elif word != '':
        return '"' + word + '"'
    return word

def translate(phrase, dicts, direction):
    UC_letters = 'ABCDEFGHIJKLMNOPQRSTUVWXYZ'
    LC_letters = 'abcdefghijklmnopqrstuvwxyz'
    punctuation = '.,;:?'
    letters = UC_letters + LC_letters
    dictionary = dicts[direction]
    translation = ''
    word = ''
    for c in phrase:
        if c in letters:
            word = word + c
        elif word != '':
            if c in punctuation:
```

```
            c = c +' '
        translation = (translation +
                        translate_word(word, dictionary) + c)
        word = ''
    return f'{translation} {translate_word(word, dictionary)}'

print(translate('I drink good red wine, and eat bread.',
            dicts,'English to French'))
print(translate('Je bois du vin rouge.',
            dicts, 'French to English'))
```

```
Je bois "good" rouge vin, et mange pain.
I drink of wine red.
```

딕셔너리는 변경 가능하다는 사실을 기억하세요. 따라서 부수 효과를 주의해야 합니다. 다음 코드를 살펴보죠.

```
FtoE['bois'] = 'wood'
print(translate('Je bois du vin rouge.', dicts, 'French to English'))
```

출력은 다음과 같습니다.

```
I wood of wine red.
```

많은 프로그래밍 언어에는 키와 값을 매핑해 주는 내장 타입이 없습니다. 대신 비슷한 기능을 제공하는 다른 타입을 사용합니다. 예를 들어 키/값 쌍의 튜플이 원소인 리스트를 사용해 딕셔너리를 비교적 쉽게 구현할 수 있습니다. 그리고 다음처럼 키를 사용해 값을 찾아주는 간단한 함수를 작성할 수 있습니다.

```
def key_search(L, k):
    for elem in L:
        if elem[0] == k:
            return elem[1]
    return None
```

이 구현은 계산적으로 효율적이지 않다는 문제가 있습니다. 최악의 경우 값 하나를 찾으려고 리스트에 있는 모든 원소를 조사해야 합니다. 이와 달리 내장된 딕셔너리 구현은 빠릅니다. 12장에서 소개할 해싱hashing이라는 기법을 사용해 딕셔너리 크기에 거의 무관하게 일정 시간 안에 검색을 수행합니다.

for 문장을 사용해 딕셔너리의 항목을 순회하는 방법은 여러 가지가 있습니다. d가 딕셔너리이면 for k in d 형태의 루프는 d의 키를 순회합니다. 딕셔너리에 추가한 순서대로 키가 추출됩니다.[7] 예를 들면 다음과 같습니다.

```python
capitals = {'France': 'Paris', 'Italy': 'Rome', 'Japan': 'Kyoto'}
for key in capitals:
    print(key, '의 수도는', capitals[key], '입니다')
```

```
France 의 수도는 Paris 입니다
Italy 의 수도는 Rome 입니다
Japan 의 수도는 Kyoto 입니다
```

딕셔너리에 있는 값을 순회하려면 다음처럼 values 메서드를 사용합니다.

```python
cities = []
for val in capitals.values():
    cities.append(val)
print(cities, '은(는) 수도 리스트입니다')
```

```
['Paris', 'Rome', 'Kyoto'] 은(는) 수도 리스트입니다
```

values 메서드는 dict_values 타입의 객체를 반환합니다. 이 객체는 **뷰 객체**view object의 한 예입니다. 뷰 객체에 연관된 객체가 변경되면 뷰 객체에 변경 사항이 반영되기 때문에 동적입니다. 예를 들면 다음과 같습니다.

---

[7] 파이썬 3.7 이전 버전에는 키의 순서가 정의되어 있지 않습니다.

```
cap_vals = capitals.values()
print(cap_vals)
capitals['Japan'] = 'Tokyo'
print(cap_vals)
```

```
dict_values(['Paris', 'Rome', 'Kyoto'])
dict_values(['Paris', 'Rome', 'Toyko'])
```

비슷하게 keys 메서드는 dict_keys 타입의 뷰 객체를 반환합니다. 뷰 객체를 리스트로 변환할 수 있습니다. 예를 들어 list(capitals.values())는 capitals의 값을 담은 리스트를 반환합니다.

키/값 쌍을 순회하려면 items 메서드를 사용합니다. 이 메서드는 dict_items 타입의 뷰 객체를 반환합니다. dict_items 타입 객체의 각 원소는 키와 값으로 구성된 tuple입니다. 예를 들면 다음과 같습니다.

```
for key, val in capitals.items():
    print(val, '은(는)', key, '의 수도입니다')
```

출력은 다음과 같습니다.

```
Paris 은(는) France 의 수도입니다
Rome 은(는) Italy 의 수도입니다
Tokyo 은(는) Japan 의 수도입니다
```

 뇌풀기 문제

다음 사양을 만족하는 함수를 구현하세요.

```
def get_min(d):
    """d는 문자와 정수를 매핑하는 dict입니다.
       알파벳에 먼저 등장하는 키에 연관된 값을 반환합니다.
       예를 들어 d = {'x': 11, 'b': 12}이면 get_min은 12를 반환합니다."""
```

튜플을 키로 사용하면 편리할 때가 많습니다. 예를 들어 항공편을 나타내는 데 (flight_number, day) 형태의 튜플을 사용한다고 가정해 보죠. 튜플을 딕셔너리의 키로 사용하면 항공편과 도착시간을 쉽게 매핑할 수 있습니다. 리스트 타입의 객체는 해싱 가능하지 않으므로 키로 사용할 수 없습니다.

딕셔너리에는 원소를 삭제하는 메서드처럼 유용한 메서드가 많습니다. 여기서 모든 메서드를 소개하지 않지만 나중에 예제에서 사용해 보겠습니다. [표 5-5]는 몇 가지 유용한 딕셔너리 연산입니다.

표 5-5 dict에서 자주 사용되는 연산

len(d)	d에 있는 항목 개수를 반환합니다.
d.keys()	d에 있는 키의 뷰를 반환합니다.
d.values()	d에 있는 값의 뷰를 반환합니다.
d.items()	d에 있는 (키, 값) 쌍의 뷰를 반환합니다.
d.update(d1)	d1에 있는 (키, 값) 쌍으로 d를 업데이트합니다. 기존 키는 덮어씁니다.
k in d	키 k가 d에 있다면 True를 반환합니다.
d[k]	d에서 키 k에 해당하는 값을 반환합니다.
d.get(k, v)	k가 d에 있으면 d[k]를, 그렇지 않으면 v를 반환합니다.
d[k] = v	d에 있는 키 k와 값 v를 연관시킵니다. k에 연관된 값이 이미 있다면 값을 바꿉니다.
del d[k]	d에서 키 k를 삭제합니다.

5.8 딕셔너리 내포

딕셔너리 내포^{dictionary comprehension}는 리스트 내포와 비슷합니다. 일반적인 형태는 다음과 같습니다.

```
{키: 값 for 아이디1, 아이디2 in 반복 가능 객체 if 테스트}
```

(대괄호 대신에 중괄호를 사용하는 점 외에) 주요한 차이점은 딕셔너리의 원소를 만들 때 값을 두 개 사용하는 것입니다. 반복 가능 객체를 사용해 한 번에 두 값을 반환하도록 할 수 있습니

다. 숫자를 영어 단어에 매핑하는 사전이 있다고 가정해 보죠.

```
number_to_word = {1: 'one', 2: 'two', 3: 'three', 4: 'four', 10: 'ten'}
```

다음처럼 딕셔너리 내포를 사용해 단어를 숫자에 매핑하는 딕셔너리를 쉽게 만들 수 있습니다.

```
word_to_number = {w: d for d, w in number_to_word.items()}
```

word_to_number에 한 자리 숫자만 포함하려면 다음과 같이 딕셔너리 내포를 사용하면 됩니다.

```
word_to_number = {w: d for d, w in number_to_word.items() if d < 10}
```

이제 조금 더 복잡한 작업에 도전해 보죠. 암호는 (사람이 쉽게 읽을 수 있는) 평범한 텍스트를 내용을 알 수 없는 텍스트로 매핑하는 알고리즘입니다. 가장 간단한 암호는 평범한 텍스트의 각 문자를 고유한 문자열로 바꾸는 치환 암호substitution cipher입니다. 원본 문자에서 이를 대체하는 문자열로 매핑하는 것을 키라고 부릅니다(파이썬 딕셔너리에서 사용하는 키가 아니라 자물쇠를 여는 데 사용하는 열쇠 같은 의미로 생각하세요). 파이썬 딕셔너리를 사용하면 텍스트를 암호화하고 복호화하는 매핑을 편리하게 구현할 수 있습니다.

책 암호book cipher는 책을 사용해 키를 만드는 암호입니다. 예를 들어 평범한 텍스트에 있는 각 문자를 책에서 (또는 책의 한 페이지에서) 해당 문자가 처음 등장하는 숫자 인덱스로 매핑할 수 있습니다. 암호화된 텍스트를 발송하고 수신하는 사람은 서로 같은 책을 사용하지만, 암호 메시지를 가로챈 사람은 암호화에 어떤 책을 사용했는지 알지 못한다고 가정합니다.

다음 함수 정의는 딕셔너리 내포를 사용해 책 암호로 평범한 텍스트를 암호화하는 딕셔너리를 만듭니다.

```
gen_code_keys = (lambda book, plain_text:(
    {c: str(book.find(c)) for c in plain_text}))
```

plain_text가 'no is no'이고 "Once upon a time, in a house in a land far away"로

시작하는 책이라면 gen_code_keys(book, plain_text)를 호출했을 때 출력은 다음과 같습니다.

```
{'n': '1', 'o': '7', ' ': '4', 'i': '13', 's': '26'}
```

o는 O와 다른 문자이므로 0이 아니라 7에 매핑됩니다. book이 『돈키호테』[8]의 텍스트라면 gen_code_keys(book, plain_text)를 호출하면 다음과 같은 결과가 출력됩니다.

```
{'n': '1', 'o': '13', ' ': '2', 'i': '6', 's': '57'}
```

암호화 딕셔너리를 만들었으므로 리스트 내포를 사용해 평범한 텍스트를 암호화하는 함수를 정의할 수 있습니다.

```
encoder = (lambda code_keys, plain_text:
            ''.join(['*' + code_keys[c] for c in plain_text])[1:])
```

평범한 텍스트에 있는 문자가 암호화된 텍스트에서는 여러 문자로 바뀔 수 있으므로 *를 사용해 암호화된 텍스트에 있는 문자를 구분합니다. 그다음 join 메서드를 사용해 문자열의 리스트를 한 문자열로 바꿉니다.

encrypt 함수는 gen_code_keys와 encoder를 사용해 평범한 텍스트를 암호화합니다.

다음 람다 함수를 호출하면 다음과 같은 값을 반환합니다.

```
encrypt = (lambda book, plain_text:
            encoder(gen_code_keys(book, plain_text), plain_text))

encrypt(Don_Quixote, 'no is no')
```

```
1*13*2*6*57*2*1*13
```

---

8 이 책은 "In a village of La Mancha, the name of which I have no desire to call to mind, there lived not long since one of those gentlemen that keep a lance in the lance-rack, an old buckler, a lean hack, and a greyhound for coursing." 이란 문장으로 시작합니다.

암호화된 텍스트를 복호화하려면 먼저 복호화 딕셔너리를 만들어야 합니다. 간단히 암호화 딕셔너리를 뒤집으면 되지만 이는 속임수입니다. 책 암호의 요점은 발신자가 암호화된 메시지를 보내지만 키에 관한 정보는 보내지 않는 것입니다. 수신자가 메시지를 복호화할 때는 암호화에 사용한 책만 있으면 됩니다. 다음 함수는 딕셔너리 내포를 사용해 책과 암호화된 메시지에서 복호화 키를 만듭니다.

```
gen_decode_keys = (lambda book, cipher_text:(
    {s: book[int(s)] for s in cipher_text.split('*')}))
```

gen_decode_keys(Don_Quixote, '1*13*2*6*57*2*1*13')를 호출하면 복호화된 키를 출력합니다.

```
{'1': 'n', '13': 'o', '2': ' ', '6': 'i', '57': 's'}
```

텍스트에 있는 문자가 책에 등장하지 않는다면 문제가 발생합니다. code_keys 딕셔너리는 해당 문자를 –1에 매핑하고 decode_keys가 –1을 책의 마지막 문자에 매핑할 것입니다.

 뇌풀기 문제

이전 문단에서 설명한 문제를 해결하세요. (**힌트** 간단한 방법은 원본 책 끝에 무언가 추가해 새로운 책을 만드는 것입니다.)

 뇌풀기 문제

encoder와 encrypt를 참고해 decoder와 decrypt 함수를 구현하세요. 이 함수로 돈키호테 문장을 사용해 암호화한 다음 메시지를 해독하세요.

```
22*13*33*137*59*11*23*11*1*57*6*13*1*2*6*57*2*6*1*22*13*33*137*59*11*23*11*1*5
7*6*173*7*11
```

6 장

재귀와 전역 변수

재귀recursion에 관해 들어보았다면 이를 까다로운 프로그래밍 기술이라고 생각할 것입니다. 사실 이 이야기는 컴퓨터 과학자들이 스스로가 실제보다 똑똑하게 보이도록 만들기 위해 지어낸 것입니다. 재귀는 중요한 개념이지만 그렇게 까다롭지는 않으며 단순한 프로그래밍 기술이 아닙니다.

프로그래밍과 전혀 관련이 없는 사람들조차도 재귀를 설명의 한 방법으로 널리 사용합니다. 미국의 출생 시민권 개념을 정의한 미국 법률 조항을 살펴보죠. 다음 두 조건 중 하나만 만족하면 미국 시민권 획득이 가능합니다.

- 출생 시민권자 ┌ 미국 내에서 태어난 아이
　　　　　　　 └ 미국 이외의 지역에서 태어났으며 부모 중 한 명 이상이 미국 시민권자인 아이

첫 번째 항목은 간단합니다. 미국 내에서 태어나면 (버락 오바마Barack Obama처럼) 출생 시민권을 부여받습니다. 미국에서 태어나지 않았다면, 태어날 당시 부모가 미국 시민권자인지에 따라 달라집니다. 부모가 미국 시민권자인지는 조부모가 미국 시민권자인지에 따라 달라질 수 있습니다. 이렇게 계속됩니다.

일반적으로 재귀 정의는 두 부분으로 구성됩니다. 특별한 경우에 대한 결과를 직접 명시하는 최소한 하나의 **베이스 케이스**base case (앞 예시의 첫 번째 항목)가 있습니다. 그리고 적어도 하나의 **재귀 케이스**recursive case (**귀납 케이스**inductive case) (앞 예시의 두 번째 항목)가 있으며 다른 입력에

서 일반적으로 동일한 문제의 더 간단한 버전에 대한 답으로 해를 정의합니다. 베이스 케이스는 재귀가 순환 정의circular definition가 되지 않도록 만듭니다.[1]

가장 간단한 재귀 정의는 아마도 자연수[2]의 팩토리얼 함수factorial function일 것입니다 (일반적으로 수학에서 ! 기호를 사용해 나타냅니다). 전통적인 **귀납적 정의**inductive definition는 다음과 같습니다.

$$1! = 1$$
$$(n+1)! = (n+1) * n!$$

첫 번째 식이 베이스 케이스를 정의합니다. 두 번째 식이 베이스 케이스를 제외한 모든 자연수에 대한 팩토리얼을 이전 수의 팩토리얼로 정의합니다.

[예제 6-1]은 팩토리얼의 반복 구현(`fact_iter`)과 재귀 구현(`fact_rec`)입니다.

예제 6-1 팩토리얼의 반복 구현과 재귀 구현

```python
def fact_iter(n):
    """n은 0보다 큰 정수로 가정합니다.
       n!을 반환합니다."""
    result = 1
    for i in range(1, n+1):
        result *= i
    return result

def fact_rec(n):
    """n은 0보다 큰 정수로 가정합니다.
       n!을 반환합니다."""
    if n == 1:
        return n
    else:
        return n*fact_rec(n - 1)
```

이 함수는 간단해서 두 구현 모두 이해하기 어렵지 않습니다. 하지만 두 번째가 원래 재귀 정의를 조금 더 잘 나타냅니다.

---

1   순환 정의는 자신이 정의하는 개념이나 용어를 사용한 정의를 말합니다.
2   자연수의 정확한 정의는 논란의 여지가 있습니다. 어떤 사람들은 (음수와 마찬가지로 0은 편리한 수학적인 추상이라 주장하며) 자연수를 양의 정수로 정의하고, 어떤 사람들은 (사과 −5개는 불가능하지만 사과 0개는 확실히 가능하다고 주장하며) 음수가 아닌 정수로 정의합니다. 이 때문에 [예제 6-1]의 독스트링에는 가능한 n값을 명확히 나타냈습니다.

fact_rec 바디 안에서 fact_rec를 호출하는 방식의 구현은 마치 속임수처럼 보입니다. 이 함수는 반복 구현의 작동 방식과 같은 원리로 동작합니다. fact_iter 안에 있는 반복이 양수 n에서 시작해 반복마다 1씩 감소하기 때문에 종료될 것을 알고 있습니다. 따라서 영원히 1보다 큰 값으로 유지될 수 없습니다. 비슷하게 fact_rec를 1로 호출하면 재귀 호출 없이 값이 반환됩니다. 또한 재귀는 호출할 때 전달된 값보다 1이 작은 값으로 수행됩니다. 결국 fact_rec(1)가 호출되면 재귀가 종료됩니다.

 뇌풀기 문제

0보다 큰 정수의 조화급수harmonic series의 합은 $1+\frac{1}{2}+\cdots+\frac{1}{n}$ 식으로 계산할 수 있습니다. 이 식을 계산하는 재귀 함수를 작성하세요.

6.1 피보나치수열

피보나치수열도 보통 재귀적으로 정의되는 수학 함수입니다. '토끼처럼 번식한다'는 말은 너무 빠르게 성장하는 모집단을 설명하는 데 자주 사용합니다. 1202년 이탈리아 수학자 레오나르도 피보나치Leonardo Fibonacci는 매우 비현실적인 가정이지만 이 개념을 정량화하는 공식을 개발했습니다.[3]

갓 태어난 수컷과 암컷 토끼 한 쌍이 우리 안에 있다고 (또는 더 심각하게 야생에 있다고) 가정해 보죠. 더 나아가 이 토끼들은 한 달 안에 짝짓기를 할 수 있고 임신 기간은 한 달이라고(놀랍게도 일부 품종에서는 사실입니다) 가정해 보죠. 마지막으로 (실제 토끼가 아닌) 신화적인 이 토끼들은 절대 죽지 않고 암컷은 두 번째 달부터 매달 새로운 토끼 한 쌍(수컷과 암컷)을 낳는다고 가정해 보죠. 여섯 달 후에는 암컷 토끼가 몇 마리나 있을까요?

첫 번째 달(0번째 달)의 마지막 날에는 (다음 달 첫째 날에 임신할 수 있는) 암컷이 한 마리입

---

3 피보나치수열이라는 이름은 유럽 중심의 역사 해석의 한 예입니다. 피보나치의 저서인 『Liber Abaci』는 유럽 수학에 크게 기여했습니다. 이 책은 인도와 아랍 학자들에게 이미 잘 알려진 많은 개념을 유럽에 소개했습니다. 이때 소개한 개념에는 힌두-아랍 숫자와 십진법이 포함됩니다. 오늘날 피보나치수열이라 부르는 것은 산스크리트(Sanskrit)의 수학자 아차리아 핑갈라(Acharya Pingala)의 작업에서 유래했습니다.

니다. 두 번째 달 마지막 날에도 여전히 암컷은 한 마리입니다(다음 달 첫째 날까지 새끼를 낳지 않기 때문입니다). 그다음 달 마지막 날에 암컷이 두 마리가 됩니다(한 마리는 임신 중이고 한 마리는 그렇지 않습니다). 그다음 달에는 암컷이 세 마리가 됩니다(두 마리는 임신 중이고 한 마리는 그렇지 않습니다). [표 6-1]에 이 과정을 나타냈습니다.

개월 수가 1보다 클 때 females(n) = females(n-1) + females(n-2)이 됨을 알 수 있습니다. 이는 우연이 아닙니다. n-1개월째에 살아 있는 모든 암컷은 n개월째에도 살아 있을 것입니다. 또한 n-2개월째에 살아 있는 모든 암컷이 n개월째에 새로운 암컷을 낳을 것입니다. 이 새로운 암컷이 n-1개월째의 암컷 개체수에 더해져 n개월째의 암컷 개체수가 됩니다.

표 6-1 암컷 토끼의 개체수 증가

개월 수	암컷 토끼 개체수
0	1
1	1
2	2
3	3
4	5
5	8
6	13

개체수의 증가는 순환recurrence을 사용해 나타낼 수 있습니다.[4]

```
females(0) = 1
females(1) = 1
females(n + 2) = females(n+1) + females(n)
```

이 정의에는 팩토리얼의 재귀 정의와 다른 점이 있습니다.

- 베이스 케이스가 하나가 아니라 두 개입니다. 일반적으로 원하는 만큼 많은 베이스 케이스를 가질 수 있습니다.

---

4   이 버전의 피보나치수열이 피보나치의 『Liber Abaci』에서 사용한 정의입니다. 이 수열을 1이 아니라 0부터 시작하는 정의도 있습니다.

- 재귀 케이스에서 재귀 호출이 하나가 아니라 두 개입니다. 여기에서도 원하는 만큼 많은 재귀 호출을 가질 수 있습니다.

[예제 6-2]는 피보나치 순환[5]을 구현한 함수와 이 함수를 테스트하는 함수입니다.

예제 6-2 피보나치수열의 재귀 구현

```python
def fib(n):
    """n은 정수이고 n >= 0이라고 가정합니다.
       n의 피보나치수열 값을 반환합니다."""
    if n == 0 or n == 1:
        return 1
    else:
        return fib(n-1) + fib(n-2)

def test_fib(n):
    for i in range(n+1):
        print(f'fib({i}) =', fib(i))
```

문제를 해결하는 과정에서 코드 작성은 쉬운 부분입니다. 모호한 토끼 문제 설명에서 재귀식을 유도하고 나면 코드는 거의 자동으로 써집니다. 문제의 해결책을 추상적인 방식으로 표현하는 것이 유용한 프로그램을 만드는 과정에서 보통 가장 어려운 단계입니다. 나중에 이를 더 알아보겠습니다.

예상할 수 있겠지만, 이는 야생 토끼의 개체수 증가에 잘 들어맞는 모델은 아닙니다. 1859년, 호주 농부 토머스 오스틴[Thomas Austin]은 사냥 표적으로 사용할 토끼 24마리를 영국에서 수입했습니다. 그중 일부가 탈출했고 10년 후부터는 매년 약 2백만 마리의 토끼가 사냥당하거나 잡혔습니다. 하지만 개체수에는 크게 영향을 미치지 못했습니다. 이는 많은 수이지만 120번째 피보나치 수에는 근접하지 못합니다.[6]

토끼 개체수 증가에 대한 완벽한 모델을 제공하지는 않지만, 피보나치수열에는 흥미로운 수학적 성질이 많습니다. 피보나치 수는 자연에서 흔히 발견할 수 있습니다. 예를 들면 대부분의

---

5   이 피보나치 함수는 올바르지만 매우 비효율적인 구현입니다. 반복을 사용해 훨씬 효율적으로 구현할 수 있습니다. 옮긴이_ 반복을 사용한 구현은 번역서 깃허브에서 볼 수 있습니다.

6   토끼 24마리의 후손은 매년 약 6억 달러의 손해를 끼치고 있으며, 많은 토종 식물을 먹어 치워서 멸종시키고 있습니다. 옮긴이_ 120번째 피보나치 수는 약 8.6*1023입니다.

꽃에서 꽃잎의 개수는 피보나치 수입니다.

 **뇌풀기 문제**

[예제 6-2]의 fib 구현을 사용해 fib(5)를 계산할 때 fib(2)의 값을 몇 번 계산하게 되나요?

6.2 팰린드롬

재귀는 숫자와 관련이 없는 많은 문제에도 유용합니다. 한 예로 한 문자열을 거꾸로 읽었을 때 동일한 문자열이 되는 팰린드롬^{palindrome}인지 확인하는 is_palindrome을 보겠습니다.

[예제 6-3]의 is_palindrome 함수는 두 개의 **헬퍼 함수**^{helper function}를 포함합니다. 클라이언트는 헬퍼 함수에 관심이 없으며 오직 is_palindrome의 구현이 사양에 맞는지가 중요합니다. 하지만 이 구현을 조사해 배울 점이 있기 때문에 자세히 알아보겠습니다.

헬퍼 함수 to_chars는 모든 문자를 소문자로 변환하고 알파벳이 아닌 문자를 삭제합니다. 먼저 문자열의 내장 메서드를 사용해 s와 동일하지만 대문자를 모두 소문자로 바꾼 문자열을 만듭니다.

헬퍼 함수 is_pal이 재귀를 사용해 실제 작업을 수행합니다. 두 베이스 케이스는 길이가 0이거나 1인 문자열입니다. 이는 재귀 구현 부분이 길이가 2 이상인 문자열에만 적용된다는 뜻입니다. else 절에 있는 **논리곱**^{conjunction7}은 왼쪽에서 오른쪽으로 평가됩니다. 이 코드는 먼저 첫 번째와 마지막 문자가 같은지 체크합니다. 두 문자가 같다면 이 문자를 제거한 문자열이 팰린드롬인지 체크합니다. 논리곱의 첫 번째 표현식이 True로 평가될 때만 두 번째 표현식이 평가되는 것은 이 예제에서 의미상 중요하지 않습니다. 하지만 불리언 표현식의 **단락 평가**^{short-circuit} ^{evaluation}가 의미상으로 중요한 예는 나중에 다루겠습니다.

---

7 두 개의 불리언 표현식이 and로 연결될 때 논리곱(conjunction)이라고 하며, or로 연결될 때 논리합(disjunction)이라고 부릅니다.

```
def is_palindrome(s):
    """s는 문자열이라 가정합니다.
       s에 있는 문자가 팰린드롬이면 True, 그렇지 않으면 False를 반환합니다.
       알파벳 이외의 문자와 대소문자는 무시합니다."""

    def to_chars(s):
        s = s.lower()
        letters = ''
        for c in s:
            if c in 'abcdefghijklmnopqrstuvwxyz':
                letters = letters + c
        return letters

    def is_pal(s):
        if len(s) <= 1:
            return True
        else:
            return s[0] == s[-1] and is_pal(s[1:-1])

    return is_pal(to_chars(s))
```

is_palindrome 함수 구현은 **분할 정복**divide-and-conquer이라 부르는 중요한 문제 해결 원리를 사용한 예입니다(이 원리는 12장에서 소개할 분할 정복 알고리즘과 관련이 있지만 조금 다릅니다). 이 문제 해결 원리는 어려운 문제를 다음과 같은 속성이 있는 일련의 부분 문제로 나누어 정복하는 것입니다.

- 부분 문제는 원래 문제보다 해결하기 쉽습니다.
- 부분 문제의 해결책을 연결해 원래 문제를 해결할 수 있습니다.

분할 정복은 오래된 아이디어입니다. 율리우스 카이사르Julius Caesar는 로마인들이 분할 통치divide et impera라고 부르는 정책을 시행했습니다. 영국은 인도를 여러 지역으로 나누어 통제할 때 이를 사용했습니다. 벤저민 프랭클린Benjamin Franklin은 영국에 이런 기술을 사용하는 전문가가 있음을 잘 알았기에 미국 독립선언서에 서명하며 "우리는 모두 뭉쳐야 합니다. 그렇지 않으면 분명히 분열되어 멸망할 것입니다"라는 말을 남겼습니다.

여기서는 원래 문제를 동일 문제의 더 간단한 버전(짧아진 문자열이 팰린드롬인지 확인하기)

과 해결 방법을 아는 간단한 일(하나의 문자 비교하기)로 나누고, 논리 연산자 **and**로 해결책을 연결해 문제를 풉니다. [예제 6-4]는 이 방법이 어떻게 동작하는지 시각적으로 보여줍니다.

예제 6-4 팰린드롬 테스트 시각화 코드

```python
def is_palindrome(s):
    """s는 문자열이라 가정합니다.
        s에 있는 문자가 팰린드롬이면 True, 그렇지 않으면 False를 반환합니다.
        알파벳 이외의 문자와 대소문자는 무시합니다."""

    def to_chars(s):
        s = s.lower()
        letters = ''
        for c in s:
            if c in 'abcdefghijklmnopqrstuvwxyz':
                letters = letters + c
        return letters

    def is_pal(s):
        print(' is_pal 호출:', s)
        if len(s) <= 1:
            print(' True 반환: 베이스 케이스')
            return True
        else:
            answer = s[0] == s[-1] and is_pal(s[1:-1])
            print('', answer, '반환:', s)
            return answer

    return is_pal(to_chars(s))
```

다음 코드를 실행해 보세요.

```python
print('dogGod 시도')
print(is_palindrome('dogGod'))
print('doGood 시도')
print(is_palindrome('doGood'))
```

출력은 다음과 같습니다.

```
dogGod 시도
 is_pal 호출: doggod
 is_pal 호출: oggo
 is_pal 호출: gg
 is_pal 호출:
 True 반환: 베이스 케이스
 True 반환: gg
 True 반환: oggo
 True 반환: doggod
True
doGood 시도
 is_pal 호출: dogood
 is_pal 호출: ogoo
 is_pal 호출: go
 False 반환: go
 False 반환: ogoo
 False 반환: dogood
False
```

6.3 전역 변수

큰 숫자로 `fib` 함수를 호출하면 아마도 실행에 매우 오랜 시간이 걸릴 것입니다. 재귀 호출이 얼마나 일어나는지 알아야 한다고 가정해 보죠. 코드를 주의 깊게 분석하면 알아낼 수 있을 것입니다. 그 방법은 11장에서 알아보겠습니다. 또 다른 방법은 호출 횟수를 카운트하는 코드를 추가하는 것입니다. 이를 위해 **전역 변수**global variable를 사용해 보죠.

지금까지 작성한 모든 함수는 매개변수와 반환값만 사용해 외부와 통신했습니다. 보통 이렇게 하는 것이 맞습니다. 일반적으로 읽고, 테스트하고, 디버깅하기 쉬운 프로그램이 되기 때문입니다. 하지만 이따금 전역 변수를 사용하는 방법이 더 편리합니다. [예제 6-5]를 살펴보죠.

각 함수에서 `global num_fib_calls` 라인은 `num_fib_calls` 이름이 함수 밖에서 정의된다고 파이썬에 알려 줍니다. `global num_fib_calls` 라인을 포함하지 않았다면 `fib`와 `test_fib` 함수에서 `num_fib_calls`가 할당문 왼쪽에 등장하기 때문에 지역 변수가 되었을 것입니다. `fib`와 `test_fib` 함수는 모두 변수 `num_fib_calls`가 참조하는 객체에 자유롭게 접근할 수 있습니다. test_fib 함수는 fib를 호출하기 전에 num_fib_calls를 0에 바인딩합니다. fib 함수는 실행할 때마다 num_fib_calls의 값을 1씩 올립니다.

예제 6-5 전역 변수 사용하기

```python
def fib(x):
    """x는 정수이고 x >= 0이라고 가정합니다.
        x의 피보나치수열값을 반환합니다."""
    global num_fib_calls
    num_fib_calls += 1
    if x == 0 or x == 1:
        return 1
    else:
        return fib(x-1) + fib(x-2)

def test_fib(n):
    for i in range(n+1):
        global num_fib_calls
        num_fib_calls = 0
        print(f'fib({i})', '=', fib(i))
        print('fib 호출 횟수:', num_fib_calls, '번')
```

test_fib(6)를 호출하면 다음을 출력합니다.

```
fib(0) = 1
fib 호출 횟수: 1 번
fib(1) = 1
fib 호출 횟수: 1 번
fib(2) = 2
fib 호출 횟수: 3 번
fib(3) = 3
fib 호출 횟수: 5 번
fib(4) = 5
fib 호출 횟수: 9 번
fib(5) = 8
fib 호출 횟수: 15 번
fib(6) = 13
fib 호출 횟수: 25 번
```

전역 변수를 소개하면서 약간 걱정이 됩니다. 1970년대부터 열성적인 컴퓨터 과학자들은 타당한 이유로 전역 변수를 반대해왔습니다. 전역 변수를 무분별하게 사용하면 많은 문제를 일으키기 때문입니다. 프로그램의 가독성을 높이는 핵심 열쇠는 지역화입니다. 사람들은 한 번에 한 조각씩 프로그램을 읽습니다. 코드 조각을 이해하는 데 필요한 맥락은 적을수록 좋습니다. 전역 변수는 여러 곳에서 수정하거나 참고할 수 있어서 대강 사용하면 지역화를 파괴할 수 있습니다. 그런데도 전역 변수가 꼭 필요할 때가 가끔 있습니다. 여러 군데에서 사용할 **전역 상수**global constant를 정의할 때는 전역 변수를 보편적으로 사용합니다. 예를 들어 물리학 관련 프로그램을 작성하는 사람이라면 빛의 속도 C를 한 번 정의하고 여러 함수에서 사용할 것입니다.

3부

탄탄한 프로그램 만들기

3부에서는 프로그램을 관리하는 방법을 알아봅니다. 프로그램을 여러 모듈로 나누어 관리하는 방법부터 오류가 생기는지 확인해 수정하는 방법, 프로그램에 발생하는 예외에 대처하는 법 등을 알아보고 객체 지향 프로그래밍 기법을 살펴보며 마무리합니다.

7장. 모듈과 파일

프로그램 하나를 여러 파일로 구성하는 메커니즘인 모듈을 소개합니다. 예제를 통해 모듈에 있는 함수나 상수를 사용하는 방법을 알아봅니다.

8장. 테스트와 디버깅

작성한 프로그램이 의도한 대로 동작하는지 확인하고, 의도와 다른 동작을 고치는 과정인 테스트와 디버깅에 관해 알아봅니다.

9장. 예외와 assert

적절하지 않은 시맨틱의 문장을 실행할 때 발생하는 예외를 소개합니다. try-except 문장을 소개하고 예외를 처리하는 방법도 알아봅니다.

10장. 클래스와 객체 지향 프로그래밍

객체를 데이터와 이 데이터에서 동작하는 메서드의 모음으로 생각하는 프로그래밍 기법인 객체 지향 프로그래밍을 알아봅니다. 클래스의 개념과 클래스, 타입, 객체, 속성을 설명합니다.

07장 모듈과 파일

이 장의 키워드

모듈 │ 임포트 문장 │ 완전 한정 이름 │ 표준 파이썬 라이브러리 │ 파일 │ 파일 핸들
쓰기 모드 │ open 함수 │ write 메서드 │ 줄바꿈 문자 │ close 메서드 │ with 문장
읽기 모드 │ 추가 모드

지금까지 예시로 든 프로그램에 다음과 같은 전제를 두었습니다.

1. 전체 프로그램을 한 파일에 저장한다.

2. 프로그램이 (파이썬 자체를 구현한 코드 외에는) 이전에 작성한 코드에 의존하지 않는다.

3. 프로그램이 이전에 수집한 데이터를 사용하지 않는다.

4. 프로그램이 결과를 저장하지 않는다.

프로그램이 작다면 1번 전제는 매우 타당성이 있습니다. 하지만 프로그램이 커지면 프로그램의 여러 부분을 다른 파일에 저장하는 게 더 편리합니다. 예를 들어 여러 사람이 같은 프로그램을 만든다고 생각해 보죠. 동시에 같은 파일을 수정하려 한다면 악몽 같은 일이 생길 것입니다. 7.1절에서 여러 파일로 프로그램을 구성하는 메커니즘인 파이썬 모듈module을 소개합니다.

2~4번 전제는 프로그램 학습 목적으로 준비한 예제에서는 타당하지만, 유용한 무언가를 달성하는 프로그램을 작성할 때는 그렇지 않습니다. 7.2절에서 표준 파이썬 배포판에 포함된 라이브러리 모듈을 활용하는 방법을 알아봅니다. 7.3절에서는 데이터를 파일에 저장하고 파일에서 읽는 방법을 간단히 소개합니다.

7.1 모듈

모듈^{module}은 파이썬 정의와 문장을 담은 .py 파일입니다. 예를 들어 [예제 7-1]의 코드를 담은 circle.py 파일을 만들어보죠.

예제 7-1 원과 구(sphere) 관련 코드

```
pi = 3.14159

def area(radius):
    return pi*(radius**2)

def circumference(radius):
    return 2*pi*radius

def sphere_surface(radius):
    return 4.0*area(radius)

def sphere_volume(radius):
    return (4.0/3.0)*pi*(radius**3)
```

프로그램은 **import 문장**으로 모듈을 참조할 수 있습니다. 예를 들어 다음 코드를 실행해 봅시다.

```
import circle
pi = 3
print(pi)
print(circle.pi)
print(circle.area(3))
print(circle.circumference(3))
print(circle.sphere_surface(3))
```

출력은 다음과 같습니다.

```
3
3.14159
28.27431
18.849539999999998
113.09724
```

모듈은 일반적으로 개별 파일에 저장됩니다. 각 모듈에는 자기만의 심볼 테이블이 있습니다. 따라서 circle.py 안에서는 이전과 동일한 방식으로 객체(예: pi, area)를 참조할 수 있습니다. import M을 실행하면 import가 등장하는 유효범위 안에 모듈 M을 위한 바인딩을 만듭니다. 임포팅한 모듈에 정의된 이름을 참조하려면 점 표기법을 사용합니다.[1] 예를 들어 여기서는 circle.py 밖에서 이름 pi와 circle.pi는 다른 객체를 참조할 수 있습니다.

처음에는 점 표기법이 번거로워 보일 수 있습니다. 한편 모듈을 임포트할 때 모듈 내부에 어떤 이름을 사용했는지 알지 못하는 경우가 많습니다. **완전 한정 이름**fully qualified name을 위해 점 표기법을 사용하면 우연히 이름이 충돌할 가능성을 피할 수 있습니다. 예를 들어 circle 모듈 밖에서 pi = 3 할당문을 실행해도 circle 모듈 안에서 사용한 pi 값을 바꾸지 않습니다.

앞서 보았듯이 모듈은 함수 정의뿐만 아니라 실행 가능한 문장을 포함할 수 있습니다. 이때 문장은 일반적으로 모듈을 초기화하는 데 사용합니다. 그러므로 모듈 안의 문장은 모듈이 프로그램에 임포트될 때 한 번만 실행됩니다. 또한 모듈은 인터프리터 세션 안에서 한 번만 임포트됩니다. 콘솔을 시작하고 모듈을 임포트한 후에 모듈의 내용을 변경하더라도 인터프리터는 여전히 원래 버전의 모듈을 사용합니다. 따라서 디버깅할 때 혼란스러울 수 있습니다. 의심이 든다면 새로운 셸을 시작하세요.

임포트한 모듈 안에 정의된 이름을 참조할 때 모듈 이름을 빼고 사용할 수 있는 import 문장이 있습니다. from M import * 문장을 실행하면 M 안에 정의된 모든 객체를 M 자체가 아니라 현재 유효범위 안에 바인딩합니다. 예를 들면 다음 코드와 같습니다.

```
from circle import *
print(pi)
print(circle.pi)
```

첫 번째 print 문은 3.14159를 출력합니다. 그리고 다음과 같은 에러 메시지가 발생합니다.

```
NameError: name 'circle' is not defined
```

---

[1] 겉으로 보기에 점 표기법을 사용해 메서드 호출하는 것과 관련이 없어 보일 수 있습니다. 하지만 둘 사이에는 깊은 관련이 있으며, 이를 10장에서 다룹니다.

많은 파이썬 프로그래머는 이렇게 import 문장에 '와일드카드wild card'를 사용하기를 꺼립니다. 앞 코드의 pi처럼, 이름을 어디에서 정의했는지 더는 명확하지 않아 코드를 읽기 어렵게 만들기 때문입니다.

다음과 같은 임포트 문장도 많이 사용합니다.

```
import module_name as new_name
```

이 명령은 인터프리터에 model_name이란 이름의 모듈을 임포트하지만 new_name으로 이름을 바꾸도록 지시합니다. 임포트하는 프로그램의 어디에선가 module_name을 이미 사용하고 있을 때 유용합니다. 프로그래머들은 주로 긴 모듈 이름을 줄여서 쓸 때 이렇게 임포트합니다.

7.2 사전에 정의된 패키지 사용하기

많은 유용한 모듈이 **표준 파이썬 라이브러리**standard Python library로 제공됩니다. 나중에 여러 모듈을 사용해 보겠습니다. 또한 파이썬 배포판은 표준 라이브러리 이외에도 다양한 패키지package를 포함합니다. 파이썬 3.11 버전의 아나콘다 배포판에는 700개 이상의 패키지가 있습니다! 나중에 이 중 일부를 사용해 보겠습니다.

이 절에서는 표준 패키지 math와 calendar를 소개하고 이를 사용해 간단한 예제를 만들어 보겠습니다.[2] 다른 모든 표준 모듈과 마찬가지로 패키지도 아직 우리가 배우지 않은 파이썬 메커니즘을 사용합니다(예: 9장에서 다룰 예외).

이전 절에서 로그를 근사하는 다양한 방법을 사용했습니다. 하지만 가장 쉬운 방법을 소개하지 않았습니다. 바로 math 모듈을 임포트하는 방법이죠. 예를 들어 밑이 2인 x의 로그를 출력하려면 다음과 같이 쓰면 됩니다.

---

2   옮긴이_ 파이썬에서 패키지는 모듈을 모아 놓은 것을 말하지만 여기처럼 두 용어를 혼용하는 경우도 많습니다.

```
import math

x = 4
print(math.log(x, 2))
```

수학 함수 약 50개 외에도, math 모듈은 몇 가지 유용한 부동소수점 상수를 제공합니다. 예를 들면 math.pi와 math.inf(양의 무한대)입니다.

수학 프로그래밍용으로 고안된 표준 라이브러리 모듈은 전체 표준 라이브러리 모듈 중에서 소수입니다.

예를 들어 오른쪽에 있는 그림처럼 1949년 3월 달력을 텍스트로 나타내야 한다고 가정해 보죠. 온라인 검색을 해서 해당 월의 달력이 어떤 모습인지 찾을 수 있습니다. 그다음 큰 인내심을 가지고 시행착오를 거친 후에 달력을 출력하는 프로그램을 작성할 수 있을 것입니다. 또는 다음처럼 간단히 쓸 수 있습니다.

```
       March 1949
Mo Tu We Th Fr Sa Su
       1  2  3  4  5  6
 7  8  9 10 11 12 13
14 15 16 17 18 19 20
21 22 23 24 25 26 27
28 29 30 31
```

```
import calendar as cal
cal_english = cal.TextCalendar()
print(cal_english.formatmonth(1949, 3))
```

프랑스어, 폴란드어, 덴마크어로 달력을 보고 싶다면 다음과 같이 쓸 수 있습니다.[3]

```
print(cal.LocaleTextCalendar(locale='fr_FR').formatmonth(2049, 3))
print(cal.LocaleTextCalendar(locale='pl_PL').formatmonth(2049, 3))
print(cal.LocaleTextCalendar(locale='da_DK').formatmonth(2049, 3))
```

이 코드의 출력은 다음과 같습니다.

---

3 옮긴이_ 코랩을 사용한다면 필요한 로케일(locale)을 설치해야 합니다. 자세한 방법은 번역서 깃허브를 참고하세요.

```
     mars 2049              marca 2049              Marts 1949
Lu Ma Me Je Ve Sa Di    po wt śr cz pt so nd    Ma Ti On To Fr Lø Sø
 1  2  3  4  5  6  7      1  2  3  4  5  6  7           1  2  3  4  5  6
 8  9 10 11 12 13 14      8  9 10 11 12 13 14      7  8  9 10 11 12 13
15 16 17 18 19 20 21     15 16 17 18 19 20 21     14 15 16 17 18 19 20
22 23 24 25 26 27 28     22 23 24 25 26 27 28     21 22 23 24 25 26 27
29 30 31                 29 30 31                 28 29 30 31
```

2033년 크리스마스가 무슨 요일인지 확인하고 싶다면 다음과 같이 써서 답을 얻을 수 있습니다.[4]

```python
print(cal.day_name[cal.weekday(2033, 12, 25)])
```

cal.weekday 메서드를 호출하면 요일을 나타내는 정수를 반환합니다.[5] 이 정수를 영어 요일 리스트인 cal.day_name의 인덱스로 사용할 수 있습니다.

이제 2011년 미국 추수감사절이 언제인지 알아야 한다고 가정해 보죠. 미국 추수감사절은 항상 11월 네 번째 목요일[6]이니 요일은 알아내기 쉽습니다. 실제 날짜를 알아내는 작업은 조금 더 복잡합니다. 먼저 cal.monthcalendar를 사용해 리스트로 표현된 달력을 얻을 수 있습니다. 이 리스트의 각 원소에는 일자를 나타내는 정수 7개가 있습니다. 해당 달에 없는 날짜는 0으로 표시됩니다. 예를 들어 31일까지 있는 달이 화요일부터 시작한다면 이 리스트의 첫 번째 원소는 [0, 1, 2, 3, 4, 5, 6]이고 마지막 원소는 [30, 31, 0, 0, 0, 0, 0]입니다.

cal.monthcalendar가 반환한 리스트를 사용해 첫 번째 주에 목요일 포함되는지 확인할 수 있습니다. 첫 번째 주에 목요일이 있다면 네 번째 목요일은 (인덱스 3에 해당하는) 네 번째 주에 있을 것입니다. 그렇지 않으면 다섯 번째 주에 있습니다.

4　옮긴이_ 2033년 크리스마스는 일요일입니다.

5　존 콘웨이(John Conway)의 '둠스데이 알고리즘(Doomsday rule)'은 특정 날짜의 요일을 계산하는 흥미로운 방법입니다. 매년 4/4, 6/6, 8/8, 10/10, 12/12와 2월의 마지막 날은 요일이 서로 같다는 사실에 기반합니다. 이 알고리즘은 간단해서 암산으로 요일을 계산할 수 있습니다.

6　사실 항상 11월 네 번째 목요일은 아니었습니다. 에이브러햄 링컨(Abraham Lincoln)은 11월 마지막 목요일이 추수감사절이 되어야 한다는 선언문에 서명했습니다. 1939년까지 이 전통이 이어졌지만, 프랭클린 루스벨트(Franklin Roosevelt)가 (추수감사절과 크리스마스 사이의 쇼핑 기간을 늘리려고) 추수감사절을 11월의 마지막에서 두 번째 목요일로 변경했습니다. 의회는 1941년에 현재 방식으로 추수감사절을 결정하는 법을 통과시켰습니다.

```
def find_thanksgiving(year):
    month = cal.monthcalendar(year, 11)
    if month[0][cal.THURSDAY] != 0:
        thanksgiving = month[3][cal.THURSDAY]
    else:
        thanksgiving = month[4][cal.THURSDAY]
    return thanksgiving

print('2011년 미국 추수감사절은 11월',
    find_thanksgiving(2011), '일 입니다')
```

 뇌풀기 문제

다음 사양을 만족하는 함수를 작성하세요.

```
def shopping_days(year):
    """year >= 1941입니다.
        미국 추수감사절과 크리스마스 사이의 일수를 반환합니다."""
```

 뇌풀기 문제

1958년부터 캐나다의 추수감사절은 10월 두 번째 월요일입니다. 매개변수로 년도()1957)를 받고 캐나다 추수감사절과 크리스마스 사이의 일수를 반환하는 함수를 작성하세요.

관례적으로 파이썬 프로그래머는 다음과 같이 합니다.

1. 한 라인에 한 모듈을 임포트합니다.
2. 프로그램 시작 부분에 모든 임포트 문장을 놓습니다.

표준 모듈을 먼저 임포트하고, 그다음에 서드파티third-party 모듈(예: 아나콘다에 포함된 모듈)을 임포트하고, 마지막으로 애플리케이션 모듈을 임포트합니다.

이따금 프로그램 시작 부분에 모든 임포트 문장을 놓으면 문제가 됩니다. 임포트 문장은 실행할 수 있는 코드 라인이므로, 파이썬 인터프리터가 이를 만나면 실행합니다. 일부 모듈에는 임포트 시 실행되는 코드가 있습니다. 일반적으로 이런 코드는 모듈에서 사용할 객체를 초기화합니다. 이 코드는 일부가 공유 자원(예: 컴퓨터 파일 시스템)에 접근할 수 있으므로 프로그램에서 임포트를 실행하는 위치가 중요해지기도 합니다. 다행히 여러분이 사용할 모듈은 대부분 문제를 일으키지 않을 것입니다.

7.3 파일

모든 컴퓨터 시스템은 **파일**file을 사용해 계산 결과를 저장합니다. 파이썬은 파일을 생성하고 접근하는 데 유용한 다양한 기능을 제공합니다. 여기에서는 기본적인 일부 내용을 다루겠습니다.

운영체제(예: 윈도우, macOS)에는 파일을 만들고 접근하기 위한 자체 파일 시스템이 있습니다. 파이썬은 **파일 핸들**file handle을 사용해 운영체제에 상관없이 파일에 접근할 수 있습니다.

```python
name_handle = open('kids', 'w')
```

앞의 코드는 운영체제에 **kids**란 이름의 파일을 만들도록 지시하고 이 파일의 파일 핸들을 반환합니다. 인수 **'w'**는 파일을 **쓰기 모드**writing mode로 열라는 의미입니다. 다음 코드는 **open 함수**로 파일을 열고 **write 메서드**를 사용해 텍스트 두 줄을 씁니다. 파이썬 문자열에서 이스케이프escape 문자 '\'는 다음 문자를 특별하게 취급하라는 의미입니다. 예를 들어 문자열 '\n'은 **줄바꿈 문자**newline character를 의미합니다. 마지막으로 **close 메서드**로 파일을 닫습니다. 프로그램을 종료할 때 파일을 잊지 말고 닫으세요. 그렇지 않으면 파일에 쓴 일부나 전체가 저장되지 않을 수 있습니다.

```python
name_handle = open('kids', 'w')
for i in range(2):
    name = input('이름을 입력하세요: ')
    name_handle.write(name + '\n')
name_handle.close()
```

with 문장을 사용하면 파일 닫기를 잊지 않을 수 있습니다. 다음 코드 형식을 살펴보죠.

```
with open(file_name) as name_handle:
    code_block
```

이 코드는 파일을 열고 code_block에서 사용할 수 있는 지역 이름 name_handle을 파일에 바인딩합니다. 그다음 code_block을 종료할 때 파일을 닫습니다.

다음 코드는 (인수 'r'을 사용해) 파일을 읽기 모드reading mode로 열고 파일 내용을 출력합니다. 파이썬은 파일을 라인의 시퀀스로 처리하므로 for 문장을 사용해 파일 내용을 순회할 수 있습니다.

```
with open('kids', 'r') as name_handle:
    for line in name_handle:
        print(line)
```

이름으로 David와 Andrea를 입력했다면 다음을 출력합니다.

```
David

Andrea
```

David와 Andrea 사이의 빈 라인은 print 문장이 파일에 있는 각 라인의 끝에서 '\n'을 만날 때마다 줄바꿈을 하기 때문입니다. print(line[:-1])와 같이 쓰면 빈 라인을 출력하지 않을 수 있습니다.

다음 코드는 MichaelMark를 한 줄로 출력합니다.

```
name_handle = open('kids', 'w')
name_handle.write('Michael')
name_handle.write('Mark')
name_handle.close()
name_handle = open('kids', 'r')
for line in name_handle:
    print(line)
```

kids 파일의 이전 내용을 덮어썼습니다. 이렇게 하지 않으려면 (쓰기 모드가 아니라) 인수 'a' 를 사용해 **추가 모드**appending mode로 파일을 열 수 있습니다. 예를 들어 다음 코드를 실행해 보죠.

```
name_handle = open('kids', 'a')
name_hand1le.write('David')
name_handle.write('Andrea')
name_handle.close()
name_handle = open('kids', 'r')
for line in name_handle:
    print(line)
```

이 코드의 출력은 MichaelMarkDavidAndrea입니다.

 **뇌풀기 문제**

피보나치수열에서 처음에 나오는 숫자 10개를 `fib_file` 파일에 저장하는 프로그램을 작성하세요. 각 숫자 는 파일에 한 라인으로 저장해야 합니다. 그다음 파일에서 숫자를 읽어 출력하세요.

일반적인 파일 연산 중 일부를 [표 7-1]에 요약했습니다.

표 7-1 일반적인 파일 함수들

open(fn, 'w')	fn은 파일 이름을 나타내는 문자열입니다. 쓰기 모드로 파일을 만들고 파일 핸들을 반환합니다.
open(fn, 'r')	fn은 파일 이름을 나타내는 문자열입니다. 읽기 모드로 기존 파일을 열고 파일 핸들을 반환합니다.
open(fn, 'a')	fn은 파일 이름을 나타내는 문자열입니다. 추가 모드로 기존 파일을 열고 파일 핸들을 반환합니다.
fh.read()	파일 핸들 fh에 연관된 파일의 내용을 담은 문자열을 반환합니다.
fh.readline()	파일 핸들 fh에 연관된 파일의 다음 라인을 반환합니다.
fh.readlines()	파일 핸들 fh에 연관된 파일의 라인을 담은 리스트를 반환합니다.
fh.write(s)	파일 핸들 fh에 연관된 파일 끝에 문자열 s를 씁니다.
fh.writelines(S)	S는 문자열 시퀀스입니다. 파일 핸들 fh에 연관된 파일에 S의 각 원소를 별개의 라인으로 씁니다.
fh.close()	파일 핸들 fh에 연관된 파일을 닫습니다.

8 장

테스트와 디버깅

이 장의 키워드

테스트 | 디버깅 | 테스트 스위트 | 입력의 분할 | 소프트웨어 품질보증 | 테스트 드라이버

테스트 스텁 | 회귀 테스트 | 버그 | 방어적 프로그래밍 | 디버거 | 확증 편향 | 이분 검색

이런 이야기를 하긴 싫지만, 팡글로스 박사[Dr. Pangloss][1]는 틀렸습니다. 우리는 현실적으로 가능한 최고의 세계에 살고 있지 않습니다. 어떤 곳은 비가 너무 적게 오고 어떤 곳은 비가 너무 많이 옵니다. 어떤 곳은 너무 춥고 어떤 곳은 너무 덥습니다. 여름에 너무 덥고 겨울에 너무 춥습니다. 이따금 주식 시장이 많이 하락합니다. 이따금 속임수가 통합니다(휴스턴 애스트로스[Houston Astros]를 보세요[2]). 그리고 짜증 나게도, 프로그램은 처음 실행할 때 항상 제대로 동작하지는 않습니다.

다행히 마지막 문제를 다루는 책이 많으므로, 이를 읽으면 많은 것을 배울 수 있습니다. 하지만 이 장은 책에 있는 문제를 제때 완료하는 데 도움이 될 힌트를 제공하기 위해 이 주제를 매우 간략하게 설명합니다. 모든 프로그래밍 예제를 파이썬으로 작성했지만, 일반적인 원리는 복잡한 다른 어떤 시스템의 문제를 해결하는 데도 적용할 수 있습니다.

테스트[test]는 프로그램이 의도한 대로 동작하는지 확인하려고 실행하는 과정입니다. **디버깅**[debugging]은 의도한 대로 동작하지 않는 프로그램을 고치는 과정입니다.

---

1 팡글로스 박사는 볼테르(Voltaire)의 소설 『캉디드(Candide)』에 등장하는 인물로 형이상학–신학–우주학(metaphysico–theologico–cosmolonigology) 교사입니다. 팡글로스 박사는 고트프리트 라이프니츠(Gottfried Leibniz)가 쓴 『신정론(Theodicy)–하나님의 선함, 인간의 자유, 악의 원천에 관한 에세이』의 핵심 이론에 갇힌 낙관적인 세계관을 가지고 있습니다.

2 옮긴이_ 미국 메이저리그 구단인 휴스턴에서 2017년에 전자기기를 사용해 사인 훔치기를 시도했으며 그해 휴스턴은 창단 이후 첫 월드시리즈 우승을 차지했습니다.

테스트와 디버깅은 프로그램을 만든 후에 생각해야 할 과정이 아닙니다. 좋은 프로그래머는 테스트와 디버깅이 쉽도록 프로그램을 설계합니다. 이렇게 하는 핵심 열쇠는 프로그램을 여러 구성요소로 나눠서 서로 독립적으로 구현, 테스트, 디버깅할 수 있도록 만드는 것입니다. 지금까지 이 책에서는 프로그램을 모듈화하는 메커니즘으로 함수만 소개했습니다. 따라서 지금은 함수를 기반으로 모든 예제를 구성합니다. 클래스와 같은 다른 메커니즘을 배울 때 이 장에서 다룬 주제를 다시 살펴보겠습니다.

프로그램이 작동하도록 하는 첫 번째 단계는 프로그램을 프로그래밍 언어 시스템에서 실행할 수 있는지 확인하는 것입니다. 즉 프로그램을 실행하지 않고 감지할 수 있는 문법 에러와 정적 시맨틱 에러를 제거합니다. 프로그래밍하면서 아직 이런 경험이 없었다면 이 장을 읽을 준비가 되지 않았습니다. 시간을 투자해 작은 프로그램을 더 만들어 보고 다시 이 장을 읽으세요.

8.1 테스트

테스트의 목적은 프로그램에 (버그가 없는지가 아니라) 버그가 있는지 확인하는 것입니다. 에츠허르 데이크스트라[Edsger Dijkstra]는 "프로그램을 테스트해 버그의 존재를 확인할 수 있지만 버그가 없음을 보여주진 못한다"라고 했습니다. [3] 또한 소문에 알베르트 아인슈타인[Albert Einstein]이 "아무리 많은 실험을 해도 내가 옳음을 증명할 수 없지만, 한 번의 실험으로 내가 틀렸다고 증명할 수는 있다"라고 말했다고 합니다.

왜 그럴까요? 아주 간단한 프로그램이라도 가능한 입력이 수억 개가 되기 때문입니다. 예를 들어 다음 사양을 만족하는 프로그램을 생각해 보죠.

```
def is_smaller(x, y):
    """x와 y는 int로 가정합니다.
       x가 y보다 작으면 True, 그렇지 않으면 False를 반환합니다."""
```

모든 정수 쌍에서 이 함수를 실행하는 것은 말 그대로 지루한 일입니다. 프로그램에 버그가 있

---

3 「Notes On Structured Programming」, 에인트호번 공과대학(Technical University Eindhoven), T.H. Report 70–WSK03, 1970년 4월.

다면 잘못된 답을 만들 가능성이 높은 정수 쌍을 시도해 보는 것이 최선입니다.

테스트의 핵심은 버그가 있을 가능성이 높지만 실행에 너무 오래 걸리지 않는 **테스트 스위트**test suite라고 부르는 입력값의 집합을 찾는 것입니다. 이렇게 하기 위해 모든 가능한 입력 공간을 프로그램의 무결성에 대해 동등한 정보를 제공하는 부분 공간으로 나눕니다. 그다음 각 분할에서 적어도 입력 하나를 담은 테스트 스위트를 구성합니다(일반적으로 이런 테스트 스위트를 만드는 것은 실제로 불가능합니다. 달성할 수 없는 이상적인 경우라고 생각하세요).

집합의 **분할**partition은 원래 집합의 원소를 부분집합의 하나에만 속하도록 나눕니다. `is_smaller(x, y)`를 예로 들어 생각해 보죠. 가능한 입력 집합은 조합 가능한 모든 정수의 쌍입니다. 이 집합을 다음처럼 부분집합 아홉 개로 나눌 수 있습니다.

- x 양수, y 양수, x < y
- x 양수, y 양수, y < x
- x 음수, y 음수, x < y
- x 음수, y 음수, y < x
- x 음수, y 양수
- x 양수, y 음수
- x = 0, y = 0
- x = 0, y ≠ 0
- x ≠ 0, y = 0

각 부분집합에서 적어도 하나의 값으로 함수를 테스트하면 버그가 있을 때 이를 찾을 가능성이 높습니다(하지만 보장할 수는 없습니다).

대부분 프로그램에서 입력의 좋은 분할을 찾는 일은 말처럼 쉽지 않습니다. 일반적으로 사람들은 코드와 사양을 조합한 여러 가지 경로를 탐색해 얻은 경험에 의존합니다. 이렇게 코드를 기반으로 경로를 탐색하는 방법을 **글라스박스 테스트**glass-box testing(또는 **화이트박스 테스트**white-box testing)라고 합니다. 사양을 기반으로 경로를 탐색하는 방법은 **블랙박스 테스트**black-box test라고 합니다.

8.1.1 블랙박스 테스트

원칙적으로 블랙박스 테스트는 테스트할 코드를 보지 않고 구성합니다. 블랙박스 테스트를 사용하면 테스트하는 사람과 구현하는 사람을 별개의 집단population에서 선택할 수 있습니다. 프로그래밍 과목을 가르치는 교수가 학생들의 숙제를 확인하려고 만드는 테스트 케이스가 블랙박스 테스트 스위트입니다. 상업 소프트웨어의 개발자는 흔히 개발 그룹과 거의 독립적인 품질보증 팀과 일을 합니다. 이때 품질보증 팀도 블랙박스 테스트 스위트를 개발합니다.

이런 독립성은 코드에 있는 실수가 테스트 스위트에 등장할 가능성을 줄여 줍니다. 예를 들어 한 프로그램의 작성자가 어떤 함수는 절대로 음수로 호출되지 않는다고 암묵적이지만 잘못된 가정을 했다고 생각해 보죠. 같은 사람이 이 프로그램의 테스트 스위트를 만든다면 실수를 반복할 수 있으며 이 함수를 음수로 테스트하지 못합니다.

블랙박스 테스트의 또 다른 장점은 구현 변경에 안정적이라는 것입니다. 구현에 상관없이 테스트 데이터를 생성했으니 구현이 바뀌더라도 테스트를 바꿀 필요가 없습니다.

앞서 언급했듯이 블랙박스 테스트 데이터를 만드는 좋은 방법은 사양을 고려해 실행 경로를 탐색하는 것입니다. 다음과 같은 사양을 생각해 보죠.

```
def sqrt(x, epsilon):
    """x, epsilon은 float이고,
       x >= 0, epsilon > 0라고 가정합니다.
       x-epsilon <= result*result <= x+epsilon인 result를 반환합니다."""
```

이 사양을 보면 경로가 두 개만 있는 것처럼 보입니다. 하나는 x = 0일 때이고 다른 하나는 x > 0일 때입니다. 그러나 두 경로를 테스트하는 것이 필수적이지만 충분하지 않음을 상식적으로 알 수 있습니다.

경계 조건boundary condition도 테스트해야 합니다. 리스트 타입의 인수라면 빈 리스트, 원소가 하나만 있는 리스트, 변경 불가능한 원소가 있는 리스트, 변경 가능한 원소가 있는 리스트, 리스트를 포함한 리스트를 살펴봐야 합니다. 숫자를 다룰 때는 '전형적인' 값은 물론이고 매우 작은 값과 매우 큰 값도 살펴봐야 합니다. 예를 들어 sqrt에는 [표 8-1]과 같은 x와 epsilon값을 시도해 봐야 합니다.

처음 네 행은 전형적인 경우입니다. 완전 제곱수, 1보다 작은 수, 제곱근이 무리수인 수를 포함합니다. 이런 테스트가 실패하면 프로그램에 고쳐야 할 버그가 있다는 의미입니다.

표 8-1 경계 조건 테스트하기

x	epsilon
0.0	0.0001
25.0	0.0001
0.5	0.0001
2.0	0.0001
2.0	1.0/2.0**64.0
1.0/2.0**64	1.0/2.0**64.0
2.0**64.0	1.0/2.0**64.0
1.0/2.0**64.0	2.0**64.0
2.0**64.0	2.0**64.0

나머지 행은 극도로 크거나 작은 x와 epsilon 값을 테스트합니다. 테스트가 실패하면 무언가를 고쳐야 합니다. 고쳐야 하는 버그가 있거나 만족시키기 쉬운 사양으로 바꾸어야 합니다. 예를 들어 epsilon이 너무 작을 때 제곱근의 근삿값을 찾으리라 기대하기 어렵습니다.

에일리어싱도 중요한 경계 조건입니다. 다음 코드를 살펴보죠.

```
def copy(L1, L2):
    """L1, L2는 리스트라고 가정합니다.
       L2를 L1의 복사본으로 만듭니다."""
    while len(L2) > 0: #L2의 모든 원소를 삭제합니다.
        L2.pop() #L2의 마지막 원소를 삭제합니다.
    for e in L1: #L1의 원소를 L2에 추가합니다.
        L2.append(e)
```

이 함수는 대부분의 상황에서 작동하지만 L1과 L2가 같은 리스트를 참조할 때는 그렇지 않습니다. 테스트 스위트가 copy(L, L)과 같이 호출하지 않는다면 버그를 발견하지 못합니다.

8.1.2 글라스박스 테스트

블랙박스 테스트는 필수이지만 그것만으로는 충분하지 않을 때가 많습니다. 코드 내부 구조를 들여다보지 않으면, 새로운 정보를 제공할 만한 테스트 케이스를 찾아내기 어렵습니다. 간단한 예를 살펴보죠.

```
def is_prime(x):
    """x는 음수가 아닌 정수로 가정합니다.
       x가 소수이면 True, 그렇지 않으면 False를 반환합니다."""
    if x <= 2:
        return False
    for i in range(2, x):
        if x%i == 0:
            return False
    return True
```

코드를 보면 if x <= 2 때문에 0, 1, 2 값이 특별하게 취급됩니다. 따라서 테스트가 필요합니다. 코드를 보지 않았다면 is_prime(2)를 테스트하지 않았을 것입니다. 따라서 is_prime(2) 함수 호출이 False를 반환해 2가 소수가 아니라고 잘못 판단하는 버그를 찾지 못하겠죠.

글라스박스 테스트 스위트는 일반적으로 블랙박스 테스트 스위트보다 구성하기 쉽습니다. 사양은 보통 불완전하고 상당히 엉성하기 때문에 블랙박스 테스트 스위트가 얼마나 철저히 흥미로운 입력 공간을 탐색하는지 추정하기 어렵습니다. 이와 대조적으로 코드의 실행 경로 개념은 잘 정의되며 얼마나 이 공간을 철저히 탐색하는지 평가하기 비교적 쉽습니다. 사실 글라스박스 테스트의 완성도를 객관적으로 측정할 수 있는 상업용 도구도 있습니다.

글라스박스 테스트 스위트가 프로그램의 잠재적인 모든 경로를 테스트할 때 **경로 완성**path-complete이라고 합니다. 루프가 실행되는 횟수와 재귀의 깊이에 따라 경로가 달라지므로 이는 일반적으로 달성할 수 없습니다. 예를 들어 팩토리얼의 재귀 구현은 입력에 따라 경로가 달라집니다(재귀의 깊이가 달라지기 때문입니다).

또한 경로 완성인 테스트 스위트라도 모든 버그를 잡을 것이라고 보장하지 못합니다. 다음 예를 살펴보죠.

```
def abs(x):
    """x는 int라고 가정합니다.
       x>=0이면 x를, 그렇지 않으면 -x를 반환합니다."""
    if x < -1:
        return -x
    else:
        return x
```

이 사양은 두 가지 가능한 경우를 언급합니다. x가 음수이거나 그렇지 않은 경우입니다. 이는 입력 집합 {2, -2}가 사양에 있는 모든 경로를 탐색하는 데 충분하다는 의미입니다. 이 테스트 스위트는 프로그램이 모든 경로를 통과하도록 강제하므로 부가적인 장점이 있습니다. 따라서 완전한 글라스박스 테스트 스위트로 보이기도 합니다. 하지만 이 테스트 스위트는 abs(-1)이 -1을 반환한다는 사실을 잡아내지 못합니다.

글라스박스 테스트에는 한계가 있지만, 따를 만한 몇 가지 경험 법칙이 있습니다.

- 모든 if 문장의 두 분기를 탐색합니다.
- 모든 except 절(9장 참조)이 실행되는지를 확인합니다.
- for 루프마다 다음과 같은 테스트 케이스를 준비합니다.
  - 루프로 들어가지 않습니다(예를 들어, 루프가 리스트의 원소를 순회한다면 빈 리스트로 테스트합니다).
  - 루프 바디를 한 번만 실행합니다.
  - 루프 바디를 한 번 이상 실행합니다.
- while 루프마다 다음과 같은 테스트 케이스를 준비합니다.
  - for 루프로 처리한 것과 같은 경우를 조사합니다.
  - 루프를 종료하는 모든 방법에 대한 테스트 케이스를 포함시킵니다. 예를 들어 루프가 다음과 같이 시작한다면

```
while len(L) > 0 and not L[i] == e
```

  len(L)이 0보다 크지 않아서 루프를 종료하는 경우와 L[i] == e라서 루프를 종료하는 경우를 찾습니다.
- 재귀 함수에서는 함수가 재귀 호출을 하지 않고 반환되는 경우, 재귀 호출을 정확히 한 번 하는 경우, 재귀 호출을 한 번 이상 하는 경우를 테스트 케이스에 포함시킵니다.

8.1.3 테스트 수행하기

테스트는 흔히 세 단계로 수행됩니다. 먼저 항상 **유닛 테스트**unit testing로 시작해야 합니다. 이 단계에서는 테스터tester가 코드의 개별 유닛(예: 함수)이 제대로 동작하는지 확인하는 테스트를 구성하고 실행합니다. 그다음에는 유닛이 그룹으로 합쳐졌을 때 제대로 동작하는지 확인하는 **통합 테스트**integration testing를 수행합니다. 마지막으로 **기능 테스트**functional testing를 사용해 프로그램이 전체적으로 의도대로 동작하는지 확인합니다. 실제로 통합 테스트나 기능 테스트에서 실패하면 개별 유닛을 수정해야 하므로 테스터는 이 단계들을 순환합니다.

기능 테스트는 언제나 가장 어려운 단계입니다. 전체 프로그램의 의도된 행동을 규정하는 일이 각 부분의 행동을 규정하는 일보다 훨씬 어렵기 때문입니다. 예를 들어 워드 프로세서의 의도된 행동을 규정하는 일은 문서에 있는 문자 개수를 카운트하는 서브 시스템의 행동을 규정하는 일보다 훨씬 어렵습니다. 규모의 문제 또한 기능 테스트를 어렵게 만들 수 있습니다. 기능 테스트에 몇 시간 또는 며칠이 걸리는 경우가 드물지 않습니다.

많은 산업용 소프트웨어 개발 조직에는 소프트웨어 구현을 책임지는 팀과 분리된 **소프트웨어 품질보증**software quality assurance(SQA) 팀이 있습니다. SQA 팀의 임무는 소프트웨어가 릴리스되기 전에 의도한 목적에 적합한지 확인하는 것입니다. 어떤 조직에서는 개발 팀이 유닛 테스트를 책임지고 QA 팀이 통합 테스트와 기능 테스트를 수행합니다.

업계에서 테스트 과정은 많이 자동화되어 있습니다. 테스터[4]가 터미널에 앉아 입력을 타이핑하고 출력을 확인하지 않습니다. 대신 자동으로 다음과 같은 일을 수행하는 **테스트 드라이버**test driver를 사용합니다.

- 테스트할 프로그램(또는 유닛)을 실행하는 데 필요한 환경을 설정합니다.
- 사전에 정의되거나 자동으로 생성된 일련의 입력으로 테스트할 프로그램(또는 유닛)을 실행합니다.
- 실행의 결과를 저장합니다.
- 테스트 결과의 수용 여부를 확인합니다.
- 적절한 보고서를 준비합니다.

유닛 테스트를 하는 동안 드라이버는 물론 **스텁**stub을 만들어야 할 때가 많습니다. 드라이버는

4　또는 매우 큰 규모의 프로그래밍 과목에서 과제를 채점하는 사람들

테스트되는 유닛을 사용하는 프로그램 부분을 흉내 내고, 스텁은 테스트되는 유닛에서 사용하는 프로그램 부분을 흉내 냅니다. 스텁을 사용하면 아직 존재하지 않는 소프트웨어(이따금 하드웨어)에 의존하는 유닛을 테스트할 수 있기 때문에 유용합니다. 또한 프로그래머 팀이 시스템의 여러 부분을 동시에 개발하고 테스트할 수 있습니다.

이상적으로 스텁은 다음과 같은 일을 수행해야 합니다.

- 호출자caller가 제공한 환경과 인수가 타당한지 확인합니다(부적절한 인수로 함수를 호출하는 에러가 흔하게 발생합니다)
- 사양에 맞도록 인수와 전역 변수를 수정합니다.
- 사양에 맞는 값을 반환합니다.

적절한 스텁을 만들기가 어려울 때가 많습니다. 스텁으로 교체하려는 유닛이 복잡한 작업을 수행해야 한다고 가정해 보죠. 이 사양에 맞는 행동을 하는 스텁을 만드는 일은 교체할 원래 프로그램을 작성하는 일에 버금가는 작업일 수 있습니다. 이 문제를 극복하는 한 가지 방법은 스텁이 받을 인수 집합을 제한하고, 테스트 스위트에서 사용한 인수 조합마다 반환할 값을 담은 테이블을 만드는 것입니다.

테스트 과정을 자동화하면 **회귀 테스트**regression testing를 사용할 수 있다는 장점이 있습니다. 프로그래머가 프로그램을 디버깅하면서 수정한 부분 때문에 원래 동작하던 기능이 망가지는 일이 매우 흔합니다. 얼마나 작든지에 상관없이 무언가 바꾸었다면 프로그램이 이전에 통과했던 모든 테스트를 통과하는지 확인해야 합니다.

8.2 디버깅

디버깅이 어떻게 소프트웨어의 결함을 고치는 과정을 의미하게 되었는지에 대한 전설이 있습니다. [그림 8-1]은 1947년 9월 9일 하버드 대학교Harvard University의 마크 II 에이킨 릴레이 계산기Mark II Aiken Relay Calculator를 개발하던 팀의 실험 노트 중 한 페이지입니다. 이 페이지에는 나방이 테이프로 붙여져 있고 "실제로 버그bug(벌레)가 발견된 최초의 사례"라고 적혀 있습니다.

마크 II에 갇혀 죽은 불쌍한 나방을 발견한 이후로 '디버깅'이란 표현을 사용하게 되었다고 주장하는 사람도 있습니다. 하지만 "실제로 벌레가 발견된 최초의 사례"라는 문구를 보면 이미 버그라는 단어를 소프트웨어 결함과 연관지어 사용하고 있었음을 짐작할 수 있습니다. 마크 II 프로젝트의 리더인 그레이스 호퍼Grace Murray Hopper[5]는 제2차 세계 대전 때 전기 시스템 문제를 설명할 때 '버그'라는 용어가 이미 널리 사용되었다고 분명하게 밝혔습니다. 1896년 호킨스Hawkins의 전기 핸드북인 『New Catechism of Electricity』에는 다음과 같은 항목이 있습니다. "'버그'라는 용어는 전기 장치의 연결이나 작동에 결함 또는 문제가 있음을 나타내는 데 제한적으로 사용된다" 영어에서 'bugbear'는 '외견상 불필요하거나 과도한 두려움 또는 걱정을 유발하는 것'을 의미합니다.[6] 셰익스피어는 이 단어를 'bug'로 줄여 "내 인생의 버그와 고블린goblin"이라는 햄릿의 대사를 썼습니다.

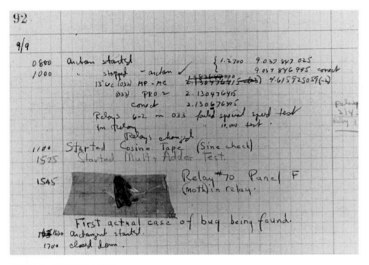

그림 8-1 최초가 아닌 버그

'버그'라는 단어를 사용하기 때문에, 사람들은 작성한 프로그램에 버그가 있어도 (내 의지와 상관없이 기어들어 온 벌레가 아닌) 본인이 일을 망쳤다는 근본적인 사실을 간과할 때가 종종 있습니다. 버그는 결함 없는 프로그램에 허락 없이 기어들어 가지 않습니다. 여러분의 프로그램에 버그가 있다면 여러분이 넣었기 때문입니다. 버그는 프로그램에서 번식하지 않습니다. 프로그램에 여러 버그가 있다면 여러분이 여러 개를 만들었기 때문입니다.

---

5   그레이스 머레이 호퍼는 초기 프로그래밍 언어와 언어 프로세서를 개발하는 데 중요한 역할을 수행했습니다. 전투에 참여한 적이 없었지만 미국의 해군 소장이 되었습니다.

6   출처: 웹스터(Webster)의 New World College Dictionary

런타임 버그는 다음 두 차원으로 분류할 수 있습니다.

- **명시적인 버그→ 암묵적인 버그**: **명시적인 버그**^{overt bug}에는 명확한 징후가 있습니다. 예를 들어 프로그램이 충돌하거나 예상보다 오래 (또는 영원히) 실행됩니다. **암묵적인 버그**^{covert bug}에는 명확한 징후가 없습니다. 프로그램이 잘못된 답을 내지만 문제없이 실행이 종료될 수 있습니다. 많은 버그가 이 두 극단 사이에 있습니다. 명시적인 버그인지 아닌지는 프로그램의 동작을 얼마나 주의 깊게 조사하는지에 따라 달라질 수 있습니다.
- **지속적인 버그→ 간헐적인 버그**: **지속적인 버그**^{persistent bug}는 동일한 입력으로 프로그램을 실행할 때마다 발생합니다. **간헐적인 버그**^{intermittent bug}는 동일 입력을 사용하고 겉으로 보기에 동일한 조건으로 프로그램을 실행하더라도 어떤 때는 나타나고 어떤 때는 나타나지 않습니다. 16장에서 무작위성이 작용하는 상황을 모델링하는 프로그램을 보게 될 것입니다. 이런 종류의 프로그램에서는 간헐적인 버그가 흔하게 나타납니다.

가장 다루기 쉬운 버그는 명시적이고 지속적인 버그입니다. 개발자들이 프로그램 배포의 타당성에 대한 환상을 가져서는 안 됩니다. 만약 이런 환상에 갇혀있다면 빠르게 자신의 어리석음을 발견하게 될 것입니다. 프로그램이 충돌하기 전에 끔찍한 일(예: 파일 삭제)을 저지를 수 있지만 적어도 (공황 상태가 아니라면) 무엇을 고쳐야 하는지 알게 됩니다. 훌륭한 프로그래머는 프로그래밍 실수가 명시적이고 지속적인 버그로 이어지도록 프로그램을 작성합니다. 이를 **방어적 프로그래밍**^{defensive programming}이라고도 부릅니다.

조금 더 처리하기 어려운 버그는 명시적이지만 간헐적인 버그입니다. '비행기의 위치를 거의 항상 정확하게 계산하는 항공 교통 관제 시스템'은 '항상 명백한 실수를 만드는 시스템'보다 훨씬 더 위험할 수 있습니다. 결함 있는 프로그램이 포함된 시스템을 배포하면, 언젠가 버그가 명확하게 드러날 것입니다. 버그가 드러나는 조건이 쉽게 재현된다면 문제를 추적해 고치는 일은 비교적 쉽습니다. 버그를 일으키는 조건이 명확하지 않다면 인생은 훨씬 더 험난해집니다.

은밀하게 실패하는 프로그램은 매우 위험할 때가 많습니다. 겉으로 문제가 드러나지 않기 때문에 사람들은 프로그램이 올바르게 작동한다고 믿고 사용합니다. 사람이 수행하기 힘들거나 정확성을 검증하기 어려운 중요한 계산을 수행하는 소프트웨어에 점점 더 사회가 의존합니다. 따라서 프로그램이 감지되지 않는 잘못된 답을 장기간 제공할 수 있습니다. 이런 프로그램은 큰 피해를 입힐 수 있으며, 또 입혀 왔습니다.[7] 모기지^{mortgage} 채권 포트폴리오의 위험을 평가하고 잘못된 답을 자신 있게 내놓는 프로그램은 은행을 (그리고 아마도 사회 전체를) 큰 위험에 빠

---

7 2012년 8월 1일 Knight Capital Group, Inc.은 새로운 주식 거래 소프트웨어를 배포했습니다. 45분 만에 소프트웨어 버그로 이 회사는 4억 4천만 달러를 잃었습니다. 다음날 Knight의 CEO는 버그 때문에 소프트웨어가 수많은 잘못된 주문을 냈다고 언급했습니다. 어떤 사람도 이렇게 빨리 많은 실수를 저지를 수는 없었을 것입니다.

뜨릴 수 있습니다. 비행 관리 컴퓨터에 있는 소프트웨어는 항공기를 공중에 떠 있게 하거나 그렇지 않게 만들 수 있습니다.[8] 의도보다 조금 더 많거나 적게 방사선을 조사하는 방사선 치료 기계는 암 환자의 생사를 가를 수 있습니다. 암묵적인 에러가 가끔 발생하는 프로그램은 항상 발생하는 프로그램보다 덜 혼란을 일으킬 수도 그렇지 않을 수도 있습니다. 암묵적이고 간헐적인 버그는 대부분 발견하고 고치기가 가장 어렵습니다.

8.2.1 디버깅 배우기

디버깅은 학습하는 기술입니다. 본능적으로 디버깅을 잘하는 사람은 없습니다. 다행히 디버깅은 배우기 어렵지 않으며 전수할 수 있는 기술입니다. 소프트웨어를 디버깅하는 동일한 기술을 다른 복잡한 시스템(예: 연구소 실험, 아픈 사람)의 문제점을 찾아내는 데 사용할 수 있습니다.

사람들은 40년 이상 디버거debugger라 불리는 도구를 만들어 왔으며 디버깅 도구는 인기 있는 모든 파이썬 IDE에 포함되어 있습니다(아직 본 적이 없다면 스파이더에 있는 디버깅 도구를 테스트해 보세요). 물론 도구는 도움이 되긴 하지만, 문제에 접근하는 방식이 훨씬 더 중요합니다. 숙련된 많은 프로그래머는 디버깅 도구와 씨름하는 대신 print 문장을 사용합니다.

원치 않는 방식으로 프로그램이 동작함을 테스트가 보여줄 때 디버깅이 시작됩니다. 디버깅은 오동작에 대한 설명을 찾아가는 과정입니다. 지속해서 디버깅을 잘 수행하는 핵심 열쇠는 체계적으로 검색을 수행하는 것입니다.

가지고 있는 데이터를 분석하는 일부터 시작하세요. 여기에는 테스트 결과와 프로그램 내용이 포함됩니다. 테스트 결과를 모두 분석하세요. 문제가 있음을 드러내는 테스트뿐만 아니라 제대로 동작하는 것처럼 보이는 테스트도 조사하세요. 왜 어떤 테스트는 통과하고 어떤 테스트는 실패하는지를 이해하려고 노력하다 보면 많은 도움이 됩니다.

모두 이해했다고 생각하지 말고 프로그램을 살펴보세요. 만약 다 알았다면 버그는 없었을 것입니다.

---

8 2018년 10월과 2019년 3월 사이에 346명의 생명을 앗아간 민간 항공기 두 대의 추락 원인은 적절하지 않은 소프트웨어였습니다.

그다음 모든 데이터에 일정하게 유지되는 가설을 세우세요. 이 가설은 '403번째 라인을 x < y 에서 x <= y로 바꾸면 문제가 사라질 것이다'처럼 구체적이거나, '여러 곳에서 에일리어싱할 수 있음을 간과했기 때문에 프로그램이 작동하지 않는다'처럼 광범위할 수 있습니다.

그다음 가설을 부정할 수 있는 반복 가능한 실험을 설계하고 실행하세요. 예를 들어 루프 앞뒤에 print 문장을 넣을 수 있습니다. 이렇게 print 문을 쌍으로 추가하면 루프가 종료되지 않는다는 가설을 부정한 것입니다. 실험을 실행하기 전에 나올 수 있는 여러 가지 결과를 해석할 방법을 결정합니다. 모든 사람은 심리학자들이 **확증 편향**^{confirmation bias}이라 부르는 것에 영향을 받습니다. 즉 우리는 믿고 싶은 것을 강화하는 방식으로 정보를 해석합니다. 실험이 끝난 후에 어떻게 결과가 나와야 하는지 생각한다면 희망적 사고에 빠지기 쉽습니다.

끝으로, 그동안 어떤 실험을 했는지 기록하세요. 찾기 힘든 버그를 추적하려고 몇 시간 동안 코드를 수정하다 보면 이전에 무엇을 테스트했는지 잊어버리기 쉽습니다. 주의를 기울이지 않으면 같은 실험(또는 다르게 보이지만 같은 정보를 주는 실험)을 여러 번 반복하느라 너무 긴 시간을 낭비할 수 있습니다. 많은 사람이 말했듯이 "광기는 같은 일을 계속 반복하면서 다른 결과를 기대하는 것"[9]임을 기억하세요.

8.2.2 실험 설계하기

디버깅이 검색 과정이고 각 실험이 검색 공간의 크기를 줄이는 시도라고 생각해 보세요. 검색 공간을 줄이는 한 가지 방법은 특정 코드 영역이 테스트에서 발견된 문제의 원인인지 결정하는 실험을 설계하는 것입니다. 또 다른 방법은 버그를 재현하는 데 필요한 테스트 데이터의 양을 줄이는 것입니다.

디버깅 방법을 보여주려고 만든 가상의 예를 보죠. [예제 8-1]은 팰린드롬 체크 코드입니다.

예제 8-1 버그가 있는 프로그램

```
def is_pal(x):
    """x는 리스트로 가정합니다.
```

---

9 이 인용문은 리타 메이 브라운(Rita Mae Brown)의 소설 『써든 데스(Sudden Death)』에서 가져왔습니다. 하지만 알베르트 아인슈타인을 비롯한 여러 사람에게서 구전된 말입니다.

```
            리스트가 팰린드롬이면 True, 그렇지 않으면 False를 반환합니다."""
        temp = x
        temp.reverse
        return temp == x

    def silly(n):
        """n은 정수이고 n > 0이라고 가정합니다.
            사용자에게 n개의 입력을 받고, 입력 시퀀스가 팰린드롬이면 'Yes',
            그렇지 않으면 'No'를 출력합니다."""
        for i in range(n):
            result = []
            elem = input('문자를 입력하세요: ')
            result.append(elem)
        if is_pal(result):
            print('Yes')
        else:
            print('No')
```

자신의 프로그래밍 기술을 믿고 테스트 없이 이 코드를 웹에 올렸다고 가정해 보죠. 그리고 다음과 같은 메일을 받았다고 상상해 보세요. "이 프로그램은 엉터리에요! 성경에 있는 3,116,480개 문자를 입력했더니 Yes라고 출력되었습니다. 바보도 성경이 팰린드롬이 아니라는 것을 알 수 있어요. 수정해주세요! 성경 말고 프로그램 말입니다."

성경으로 테스트할 수 있지만 조금 더 간단한 방식으로 테스트하는 것이 합리적입니다. 다음처럼 팰린드롬이 아닌 최소한의 문자열로 테스트해 보죠.

```
>>> silly(2)
문자를 입력하세요: a
문자를 입력하세요: b
```

다행히 간단한 이 테스트도 실패합니다. 따라서 글자를 수백만 개 타이핑하지 않아도 되네요. 불행히도 왜 실패했는지는 모르겠습니다.

이 코드는 짧아서 눈으로 보고 버그(혹은 버그들)를 찾을 수 있습니다. 하지만 코드가 크다고 가정하고 체계적으로 검색 공간을 줄여 보겠습니다.

이분 검색bisection search을 수행하면 효과적일 때가 많습니다. 코드의 중간 지점을 찾아 이 지점 전에 해당 증상에 관련된 문제가 있는지 판단하는 실험을 만듭니다(물론, 이 지점 이후에도 문제가 있을 수 있습니다. 하지만 한 번에 한 문제를 잡는 것이 최선입니다). 판단할 지점을 선택할 때는 쉽게 조사할 수 있고, 값이 유용한 정보를 제공하는 곳을 찾습니다. 중간 지점의 값이 기대한 값이 아니라면 이 지점 이전의 코드에서 문제가 있을 수 있습니다. 중간 지점의 값이 정상이라면 버그는 이후 코드에 있을 가능성이 높습니다. 문제가 발생하는 위치를 몇 라인의 코드 (대규모 시스템이라면 몇 개의 유닛)로 좁힐 때까지 이 과정을 반복할 수 있습니다.

silly 함수에서는 if is_pal(result)가 중간 지점입니다. 당연히 result가 기대하는 값 (['a', 'b'])인지 확인해야 합니다. silly 함수의 if 문장 전에 print(result)를 추가해 이를 확인해 보죠. 이 실험을 수행했을 때 프로그램이 ['b']를 출력하면 무언가 이미 잘못되었음을 나타냅니다. 그다음 단계로 루프의 거의 절반 지점에서 result 값을 출력해 보죠. 이렇게 하면 result에는 원소가 하나만 추가됨을 알 수 있습니다. result의 초기화 문장을 for 루프 밖으로 옮겨야 한다는 의미입니다.

올바르게 수정한 silly 함수는 다음과 같습니다.

```python
def silly(n):
    """n은 정수이고 n > 0이라고 가정합니다.
       사용자에게 n 개의 입력을 받고, 입력 시퀀스가 팰린드롬이면 'Yes',
       그렇지 않으면 'No'를 출력합니다."""
    result = []
    for i in range(n):
        elem = input('문자를 입력하세요: ')
        result.append(elem)
    print(result)
    if is_pal(result):
        print('Yes')
    else:
        print('No')
```

이 함수를 다시 테스트하고 for 루프 다음에 있는 result 값이 올바른지 확인하세요. 올바른 값이 출력되었지만 불행히도 프로그램은 여전히 Yes를 출력합니다. 이는 print 문장 다음에 두 번째 버그가 있다는 증거입니다. is_pal 함수의 return 문장 전에 다음 라인을 추가해 보죠.

```python
print(temp, x)
```

코드를 다시 실행하면 x는 기대했던 값이지만 temp는 그렇지 않습니다. temp = x 다음으로 print 문장을 옮겨 보면 temp와 x가 모두 ['a', 'b']로 출력됩니다. 빠르게 코드를 조사해 보면 금방 is_pal 함수에 temp.reverse() 대신에 temp.reverse라고 썼음을 알 수 있습니다. temp.reverse는 리스트의 내장 메서드인 reverse 자체를 반환하며 이 메서드를 호출하지는 않습니다.

다시 테스트하면 temp와 x가 모두 ['b','a']입니다. 이제 버그가 한 라인으로 좁혀졌습니다. temp.reverse()가 x의 값을 예상과 다르게 바꾸는 것 같습니다. 리스트를 거꾸로 뒤집은 전과 후에 temp와 x가 모두 동일한 리스트를 가리키므로 에일리어싱 버그입니다. 이 버그를 고치는 방법은 is_pal 함수의 첫 번째 할당문을 x의 복사본을 만들도록 temp = x[:]로 바꾸는 것입니다.

올바르게 수정한 is_pal 함수는 다음과 같습니다.

```python
def is_pal(x):
    """x는 리스트로 가정합니다.
        리스트가 팰린드롬이면 True, 그렇지 않으면 False를 반환합니다."""
    temp = x[:]
    temp.reverse()
    return temp == x
```

8.2.3 어려운 상황에 직면했을 때

존 F. 케네디John F. Kennedy의 아버지 조지프 P. 케네디Joseph P. Kennedy는 아이들에게 "강한 사람은 어려운 상황에 직면했을 때 더 강해진다"라고 가르쳤다고 합니다.[10] 하지만 그가 소프트웨어를 디버깅해 보지는 않았죠. 이 절에서는 디버깅 난관에 봉착했을 때 유용한 실용적인 팁을 몇 가지 소개합니다.

- 흔히 발생하는 버그인지 의심해 보세요.
    - 함수에 잘못된 순서로 인수를 전달했나요?

---

10 그는 존 F. 케네디에게 "필요 이상의 단 한 표도 사지 마라. 돈으로 선거에서 압승한다면 저주 받을 것이다"라고 말했다고 합니다.

- 이름을 잘못 썼나요? 예를 들면 대문자로 써야 할 곳에 소문자를 썼나요?

- 변수를 다시 초기화하지 못했나요?

- 두 개의 부동소수점 값이 비슷한지 테스트하지 않고 == 기호로 테스트했나요? (부동소수점 연산은 학교에서 배운 산술 연산과 다르다는 점을 기억하세요)

- 객체의 동일성(예: 다음과 같이 두 리스트를 비교하는 것. id(L1) == id(L2))을 테스트해야 할 때 값의 동일성(예: L1 == L2)을 테스트했나요?

- 일부 내장 함수에는 부수 효과가 있음을 잊어버렸나요?

- ()는 function 타입 객체에 대한 참조를 함수 호출로 변환한다는 점을 잊어버렸나요?

- 자주 저지르는 다른 실수는 없나요?

• 왜 프로그램이 원하는 대로 동작하지 않는지 자문하는 것을 멈추세요. 대신 왜 그렇게 동작하는지 생각해 보세요. 이 질문이 답을 찾기 더 쉽습니다. 프로그램을 어떻게 고쳐야 할지 파악하는 데 좋은 첫걸음이 될 것입니다.

• 버그는 여러분이 생각했던 곳에 있지 않을 수 있음을 유념하세요. 생각했던 곳에 있다면 오래전에 찾았을 것입니다. 조사할 곳을 결정하는 실용적인 방법은 버그가 있을 수 없는 곳을 찾는 것입니다. 셜록 홈즈^{Sherlock Holmes}는 "모든 다른 요인을 제거하면 남은 한 가지는 진실일 수밖에 없다"라고 했습니다.[11]

• 다른 누군가에게 문제를 설명해 보세요. 우리는 모두 보지 못하는 곳이 있습니다. 누군가에게 문제를 설명하려고 시도하기만 해도 종종 놓친 부분을 알 수 있습니다. 또한 버그가 왜 특정 위치에 있을 수 없는지 설명해 보세요.

• 읽고 있는 것을 모두 믿지 마세요.[12] 특히 문서를 믿지 마세요. 주석에 적힌 대로 코드가 동작하지 않을 수 있습니다.

• 디버깅을 멈추고 문서를 작성해 보세요. 문제를 다른 관점에서 접근하도록 도와줄 것입니다.

• 잠시 휴식을 취하고 내일 다시 시도해 보세요. 이는 버그를 발견하고 나서 한참 후에 고친다는 의미이지만 아마도 버그를 찾는 데 더 적은 시간이 들 것입니다. 즉 시간 지연과 효율성을 맞바꿀 수 있습니다(학생들, 이것이 프로그래밍 숙제를 미루지 말고 일찍 시작해야 하는 이유입니다!).

8.2.4 버그를 찾았을 때

코드에서 버그를 하나 발견하면 바로 코딩을 시작해서 수정 사항을 테스트하려는 유혹을 떨쳐버리기 어렵습니다. 하지만 잠시 중지하는 편이 나을 때가 많습니다. 우리의 목표는 버그 하나를 고치는 것이 아니라 빠르고 효율적으로 버그가 없는 프로그램이 되도록 만드는 것입니다.

---

11 아서 코난 도일(Arthur Conan Doyle)의 『네 사람의 서명(The Sign of the Four)』에서 가져왔습니다.
12 이는 일반적으로 적용할 수 있는 제안으로, TV와 라디오에서 보고 듣는 것에도 해당합니다.

이 버그가 관찰된 모든 증상을 설명하는지 자문해 보세요. 또는 빙산의 일각은 아닌지 생각해 보세요. 후자라면 다른 변경 사항과 함께 버그를 관리하는 게 나을 수 있습니다. 예를 들어, 리스트가 뜻하지 않게 수정되어 버그가 생겼다고 가정해 보죠. 리스트 복사본을 만들어 이 문제를 국부적으로 피할 수 있습니다. 또는 코드 다른 곳에 있을지 모르는 비슷한 버그를 제거하는 데 리스트 대신 튜플을 사용할 수 있습니다(튜플은 변경 불가능한 객체입니다).

코드를 수정하기 전에 예상 수정 내용에 따르는 영향을 이해해 보세요. 다른 부분을 고장 낼 수 있나요? 과도하게 복잡도가 증가하나요? 코드의 다른 부분을 정리할 기회를 제공하나요?

항상 원래대로 돌아갈 수 있도록 하세요. 많은 변경 사항을 적용한 후에 목표에서 오히려 더 멀어졌는데 시작점으로 돌아갈 방법이 없음을 알아차린다면 매우 당혹스럽겠지요. 보통 디스크 공간은 충분합니다. 프로그램의 이전 버전을 꼭 저장하세요.[13]

마지막으로 설명할 수 없는 에러가 많다면 한 번에 버그 하나를 찾아 고치는 방식이 올바른 방향인지 고려해 봐야 합니다. 아마도 프로그램을 구성하는 더 좋은 방법이나 더 쉽고 정확하게 구현할 수 있는 간단한 알고리즘을 생각해 보는 편이 나을지 모릅니다.

---

13 옮긴이_ 깃(git)과 같은 버전 관리 시스템을 사용하고 원격 저장소에 코드를 보관하면 이런 문제를 쉽게 해결할 수 있습니다.

9장

예외와 assert

이 장의 키워드

예외 | 예외 발생 | 처리되지 않은 예외 | 처리된 예외 | try-except 구문 | 예외 잡기
다형성 | 일급 객체 | raise 문장 | assert 문장

'예외'는 일반적으로 '규칙을 따르지 않는 어떤 것'으로 정의합니다. 따라서 드물게 나타납니다. 하지만 파이썬에서 **예외**exception는 드물지 않고 어디에나 등장합니다. 사실상 표준 파이썬 라이브러리에 있는 모든 모듈이 예외를 사용하고 파이썬 자체도 많은 상황에서 예외를 발생시킵니다. 우리는 이미 몇몇 예외를 보았습니다.

파이썬 셸을 열고 다음을 입력해 보세요.

```
test = [1,2,3]
test[3]
```

인터프리터는 다음과 같은 내용을 출력합니다.

```
IndexError: list index out of range
```

IndexError는 프로그램이 인덱싱 가능 타입에서 경계 밖의 원소를 참조할 때 파이썬이 **발생**raise시키는 예외입니다. IndexError 다음의 문자열은 예외 발생 원인의 추가 정보를 제공합니다.

파이썬의 내장 예외 대부분은 프로그램이 적절하지 않은 시맨틱의 문장을 실행하는 상황을 처리합니다. 이 장에서는 에러로 처리하지 않는 예외적인 예외도 다룰 예정입니다.

파이썬 프로그램을 작성하고 실행한 경험이 있는 독자라면 이미 많은 예외를 만났을 것입니다. 가장 일반적인 예외는 TypeError, IndexError, NameError, ValueError입니다.

9.1 예외 처리하기

지금까지 예외를 종료 이벤트로 처리했습니다. 예외가 발생하면 프로그램이 종료(충돌이란 단어가 더 적절할 수 있습니다)되고 우리는 코드로 다시 돌아가 무엇이 잘못되었는지 찾게 됩니다. 프로그램을 종료시키는 예외가 발생할 때 **처리되지 않은 예외**unhandled exception가 발생했다고 말합니다.

예외가 발생하더라도 프로그램을 종료할 필요는 없습니다. 예외가 발생할 때 프로그램이 이를 **처리**handle할 수 있고, 처리해야 합니다. 이따금 (존재하지 않는 변수를 참조하는 코드처럼) 프로그램에 버그가 있어서 예외가 발생합니다. 하지만 대부분 예외는 프로그래머가 예상할 수 있고, 예상해야 하는 것입니다. 어떤 프로그램은 존재하지 않는 파일을 열려고 할 수 있습니다. 대화식 프로그램이 사용자에게 입력을 요청할 때 사용자가 적절하지 않은 무언가를 입력할 수 있습니다.

파이썬은 **예외를 잡고**catch 처리하는 데 유용한 **try-except** 메커니즘을 제공합니다. 일반적인 형태는 다음과 같습니다.

```
try
    코드 블록
except (예외 이름 목록):
    코드 블록
else:
    코드 블록
```

어떤 라인의 코드가 실행될 때 예외를 일으킬 수 있음을 안다면 이를 처리해야 합니다. 잘 만든 프로그램에서는 처리되지 않은 예외가 예외적이어야 합니다.

다음 코드를 살펴보죠.

```
success_failure_ratio = num_successes/num_failures
print('성공/실패 비율:', success_failure_ratio)
```

대부분 이 코드는 잘 동작합니다. 하지만 num_failures가 0이면 실패합니다. 0으로 나누면 파이썬 런타임 시스템이 ZeroDivisionError 예외를 발생시키므로 print 문장이 절대 실행되지 않습니다.

다음과 같이 작성하면 더 낫습니다.

```
try:
    success_failure_ratio = num_successes/num_failures
    print('성공/실패 비율:', success_failure_ratio)
except ZeroDivisionError:
    print('num_failures가 0이므로 성공/실패 비율이 정의되지 않습니다')
```

try 블록에 들어가면서 인터프리터는 num_successes/num_failures 표현식을 평가합니다. 표현식의 평가가 성공하면 프로그램은 이 표현식의 값을 변수 success_failure_ratio에 할당하고 try 블록 끝에서 print 문장을 실행합니다. 그다음 try-except 블록 아래 나오는 코드를 계속 실행합니다. 하지만 표현식을 평가할 때 ZeroDivisionError 예외가 발생하면 (try 블록에 있는 할당문과 print 문장을 건너뛰고) except 블록으로 제어가 즉시 넘어가서 except 블록에 있는 print 문장을 실행합니다. 그다음 try-except 블록 아래에 나오는 코드를 실행합니다.

 뇌풀기 문제

다음 사양을 만족하는 함수를 try-except 블록을 사용해 구현하세요. (힌트 코드를 작성하기 전에 셀에 int('a')와 같은 코드를 작성해 어떤 종류의 예외가 발생하는지 확인하세요)

```
def sum_digits(s):
    """s는 문자열이라고 가정합니다.
        s에 있는 숫자의 합을 반환합니다.
        예를 들어 s가 'a2b3c'라면 5를 반환합니다."""
```

한 코드 블록에서 한 종류 이상의 예외가 발생할 가능성이 있다면, except 예약어 뒤에 예외를 튜플로 나열할 수 있습니다. 예를 들면 다음과 같습니다.

```
except (ValueError, TypeError):
```

나열된 예외 중 하나가 try 블록 안에서 발생하면 except 블록으로 넘어갑니다.

또는 각 예외에 별도의 except 블록을 쓸 수도 있습니다. 이렇게 하면 어떤 예외가 발생했는지에 따라 프로그램이 행동을 선택하게 됩니다. 만약 프로그래머가 다음과 같이 썼다면,

```
except:
```

try 블록 안에서 어떤 예외라도 발생하면 except 블록으로 넘어갑니다. [예제 9-1]에 있는 함수 정의를 살펴보죠.

예제 9-1 제어 흐름을 위해 예외 사용하기

```python
def get_ratios(vect1, vect2):
    """가정: vect1과 vect2은 동일 길이의 숫자 리스트입니다.
       반환: vect1[i]/vect2[i]의 값을 담은 리스트"""
    ratios = []
    for index in range(len(vect1)):
        try:
            ratios.append(vect1[index]/vect2[index])
        except ZeroDivisionError:
            ratios.append(float('nan')) #nan = Not a Number
        except:
            raise ValueError('잘못된 인수로 get_ratios를 호출했습니다')
    return ratios
```

앞의 함수에는 try 블록에 except 블록이 두 개 있습니다. try 블록에서 예외가 발생하면 파이썬은 먼저 이 예외가 ZeroDivisionError인지 체크합니다. 그렇다면 특별한 float 타입의 값 nan을 ratio에 추가합니다(nan은 'not a number'를 의미합니다. 이 값을 표현하는 리터럴은 없지만 문자열 'nan'이나 'NaN'을 float 타입으로 바꾸어 나타낼 수 있습

니다.[1] float 타입의 표현식에 nan을 피연산자로 사용하면 표현식의 값도 nan이 됩니다). 예외가 ZeroDivisionError가 아니면 두 번째 except 블록이 실행되고 관련된 문자열과 함께 ValueError 예외를 발생시킵니다.

원칙적으로 두 번째 except 블록은 절대 실행되어서는 안 됩니다. get_ratios를 호출하는 코드는 get_ratios의 사양에 있는 가정을 존중해야 하기 때문입니다. 하지만 가정을 검사하는 데 필요한 계산은 크게 부담되지 않으므로 방어적인 프로그래밍을 하고 가정을 검사하는 습관을 들이면 좋습니다.

다음 코드는 프로그램이 get_ratios를 어떻게 사용하는지 보여줍니다. except ValueError as msg: 라인에 있는 msg는 인수에 ValueError가 발생했을 때 전달된 인수(여기서는 문자열)에 바인딩됩니다.

```
try:
    print(get_ratios([1, 2, 7, 6], [1, 2, 0, 3]))
    print(get_ratios([], []))
    print(get_ratios([1, 2], [3]))
except ValueError as msg:
    print(msg)
```

출력은 다음과 같습니다.

```
[1.0, 1.0, nan, 2.0]
[]
잘못된 인수로 get_ratios를 호출했습니다
```

[예제 9-2]는 try-except 블록을 사용하지 않고 동일한 사양을 구현했습니다. 비교해 보면 [예제 9-2]가 [예제 9-1]보다 더 길고 읽기 어렵습니다. 또한 덜 효율적입니다(예제 9-2는 지역 변수 vect1_elem과 vect2_elem을 제거해 더 줄일 수 있지만, 리스트를 반복해서 인덱싱하므로 더 비효율적입니다).

또 다른 예제를 살펴보죠.

---

1 옮긴이_ float('nan') 또는 float('NaN')과 같이 씁니다.

```
val = int(input('정수를 입력하세요: '))
print('입력한 정수의 제곱:', val**2)
```

사용자가 정수로 변환할 수 있는 문자열을 입력하면 문제없이 실행됩니다. 하지만 사용자가 abc를 입력했다면 어떨까요? 첫 번째 라인을 실행할 때 파이썬 런타임 시스템이 ValueError 예외를 발생시키기 때문에 print 문장이 실행되지 못합니다.

예제 9-2 try-except를 사용하지 않은 제어 흐름

```
def get_ratios(vect1, vect2):
    """가정: vect1와 vect2은 동일 길이의 숫자 리스트입니다.
       반환: vect1[i]/vect2[i]의 값을 담은 리스트"""
    ratios = []
    if len(vect1) != len(vect2):
        raise ValueError('잘못된 인수로 get_ratios를 호출했습니다')
    for index in range(len(vect1)):
        vect1_elem = vect1[index]
        vect2_elem = vect2[index]
        if (type(vect1_elem) not in (int, float)) \
            or (type(vect2_elem) not in (int, float)):
            raise ValueError('잘못된 인수로 get_ratios를 호출했습니다')
        if vect2_elem == 0:
            ratios.append(float('NaN')) #NaN = Not a Number
        else:
            ratios.append(vect1_elem/vect2_elem)
    return ratios
```

이 코드는 다음처럼 써야 합니다.

```
while True:
    val = input('정수를 입력하세요: ')
    try:
        val = int(val)
        print('입력한 정수의 제곱:', val**2)
        break #while 루프 벗어나기
    except ValueError:
        print(val, '은(는) 정수가 아닙니다')
```

루프가 시작되면 프로그램이 사용자에게 정수를 입력하라고 요청합니다. 사용자가 무언가를 입력하면 프로그램이 try-catch 블록을 실행합니다. try 블록에 있는 처음 두 문장이 ValueError 예외를 발생시키지 않으면 break 문장이 실행되고 while 루프는 종료됩니다. 하지만 try 블록에 있는 코드가 ValueError 예외를 발생시키면 제어권이 즉시 except 블록에 있는 코드로 넘어갑니다. 따라서 사용자가 정수가 아닌 문자열을 입력했다면 프로그램이 다시 사용자에게 입력을 요청합니다. 사용자가 어떤 문자열을 입력하는지에 상관없이 처리되지 않는 예외는 발생하지 않을 것입니다.

이렇게 수정하면 프로그램이 두 라인에서 여덟 라인으로 늘어난다는 단점이 생깁니다. 사용자에게 정수 입력을 요청하는 곳이 많다면 문제가 될 수 있습니다. 다음 함수를 작성해서 이 문제를 해결할 수 있습니다.

```python
def read_int():
    while True:
        val = input('정수를 입력하세요: ')
        try:
            return(int(val)) #반환하기 전에 str을 int로 바꿉니다.
        except ValueError:
            print(val, '은(는) 정수가 아닙니다')
```

더 나아가 어떤 타입의 입력도 요청할 수 있도록 이 함수를 일반화해 보죠.

```python
def read_val(val_type, request_msg, error_msg):
    while True:
        val = input(request_msg + ' ')
        try:
            return(val_type(val)) #str을 val_type으로 바꿉니다.
        except ValueError:
            print(val, error_msg)
```

read_val 함수에는 **다형성**polymorphism이 있습니다. 즉 여러 가지 타입의 인수를 처리할 수 있습니다. 파이썬은 타입이 **일급 객체**first-class object이므로 이런 함수를 만들기 쉽습니다. 이제 다음과 같은 코드를 사용해 사용자에게 정수를 요청할 수 있습니다.

```
val = read_val(int, '정수를 입력하세요:', '은(는) 정수가 아닙니다')
```

예외가 불편해 보일 수 있습니다(무엇보다도 예외를 처리하지 않으면 프로그램 충돌을 일으킵니다). 하지만 다른 방향으로 생각해 보죠. 예를 들어 문자열 'abc'를 int 타입 객체로 변환해야 한다면, 타입 변환 함수 int는 무엇을 해야 할까요? 이 문자열이 인코딩된 비트를 정수로 인식해 반환할 수 있습니다. 하지만 이 값이 프로그래머가 의도한 바는 아닐 것 같습니다. 또는 특별한 값 None을 반환할 수 있습니다. 이때 프로그래머는 타입 변환이 None을 반환하는지 확인하는 코드를 추가해야 합니다. 확인 작업을 하지 않으면 프로그램 실행 도중 이상한 에러가 일어날 위험이 있습니다.

예외가 발생할 수 있는 상황이라면 프로그래머는 예외를 처리하는 코드를 넣어야 합니다. 프로그래머가 예외 처리 코드를 잊어버리고 넣지 않았는데 예외가 발생하면 프로그램이 즉시 중단됩니다. 이는 좋은 기능입니다. 프로그램 사용자에게 무언가 문제가 있음을 알려 줍니다(그리고 8장에서 논의했듯이 명시적인 버그가 암묵적인 버그보다 훨씬 낫습니다). 게다가 프로그램을 디버깅하는 사람에게 문제 지점을 명확하게 알려줍니다.

9.2 제어 흐름 메커니즘으로 예외 사용하기

예외를 단순히 에러를 처리하는 데만 사용한다고 생각하지 마세요. 프로그램을 단순화하는 편리한 제어 흐름 메커니즘으로 사용할 수도 있습니다.

많은 프로그래밍 언어에서 에러를 처리하는 표준 방법은 함수가 무언가 잘못되었음을을 나타내는 값(파이썬에서는 None)을 반환하는 것입니다. 함수를 호출할 때마다 어떤 값이 반환되는지 확인해야 합니다. 파이썬에서는 함수가 사양에 맞는 결과를 생성할 수 없을 때 예외를 발생시키는 것이 더 일반적입니다.

파이썬의 raise 문장은 특정 예외를 발생시킵니다. raise 문장의 형식은 다음과 같습니다.

```
raise 예외명(인수)
```

예외명에는 일반적으로 ValueError와 같은 내장 예외 중 하나를 넣습니다. 하지만 프로그래머가 내장 클래스 Exception의 서브클래스(10장 참조)를 만들어 새로운 예외를 정의할 수 있습니다. 예외마다 인수 타입이 다를 수 있습니다. 하지만 대부분 인수는 예외가 발생한 원인을 설명하는 문자열 하나입니다.

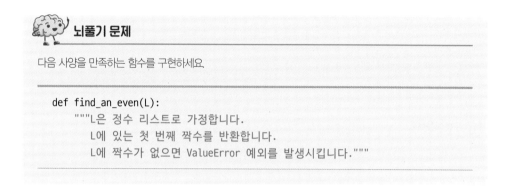

뇌풀기 문제

다음 사양을 만족하는 함수를 구현하세요.

```
def find_an_even(L):
    """L은 정수 리스트로 가정합니다.
       L에 있는 첫 번째 짝수를 반환합니다.
       L에 짝수가 없으면 ValueError 예외를 발생시킵니다."""
```

[예제 9-3]의 예를 하나 더 살펴보죠. get_grades 함수는 값을 하나 반환하거나 이 값에 연관된 예외를 발생시킵니다. open 함수가 IOError를 일으키면 이 함수는 ValueError 예외를 발생시킵니다. IOError를 무시하고 get_grades를 호출하는 프로그램이 이를 처리하도록 놔둘 수 있지만 호출하는 프로그램에 무엇이 잘못되었는지 적은 정보를 제공하게 됩니다. get_grades를 호출하는 코드는 반환값을 사용해 다른 값을 계산하거나 예외를 처리하고 적절한 에러 메시지를 출력합니다.

예제 9-3 점수 얻기

```
def get_grades(fname):
    grades = []
    try:
        with open(fname, 'r') as grades_file:
            for line in grades_file:
                try:
                    grades.append(float(line))
                except:
                    raise ValueError('읽어 들인 라인을 float로 바꿀 수 없습니다')
    except IOError:
        raise ValueError('get_grades가 다음 파일을 열 수 없습니다: ' + fname)
    return grades
```

```
try:
    grades = get_grades('quiz1grades.txt')
    grades.sort()
    median = grades[len(grades)//2]
    print('점수의 중앙값:', median)
except ValueError as error_msg:
    print('에러:', error_msg)
```

9.3 assert

파이썬 assert 문장은 계산이 예상하는 값을 가지는지 확인하는 간단한 방법입니다. assert 문장은 다음과 같은 두 가지 형식으로 사용할 수 있습니다.

> **assert 불리언 표현식**

또는

> **assert 불리언 표현식, 메시지**

assert 문장을 만나면 불리언 표현식이 평가됩니다. True로 평가되면 계속 실행됩니다. False로 평가되면 AssertionError 예외가 발생합니다.

assert는 유용한 방어적 프로그래밍 도구입니다. 이를 사용해 함수의 인수가 적절한 타입인지 확인할 수 있습니다. 또한 유용한 디버깅 도구이기도 합니다. 예를 들어 assert를 사용해 중간 지점의 값이 기대하는 값인지 또는 함수가 적당한 값을 반환하는지 확인할 수 있습니다.

10장

클래스와 객체 지향 프로그래밍

이 장의 키워드

객체 지향 프로그래밍 | 추상 데이터 타입 | 추상화 | 분해 | 클래스 | __ 메서드
매직 메서드 | 데이터 속성 | 표현 불변성 | 상속 | isinstance | 캡슐화 | 제너레이터

이제 파이썬 프로그래밍에 관련된 마지막 주요 주제로 관심을 돌려 보겠습니다. 클래스를 사용해 데이터 추상화를 중심으로 프로그램을 구성하는 방법입니다.

클래스는 다양한 방식으로 사용할 수 있습니다. 이 책에서는 **객체 지향 프로그래밍**object-oriented programming 입장에서 클래스를 사용합니다. 객체 지향 프로그래밍의 핵심은 객체를 데이터와 이 데이터에서 동작하는 메서드의 모음으로 생각하는 것입니다.

객체 지향 프로그래밍의 근본이 되는 아이디어는 약 50년 전에 나왔으며, 지난 30년 동안 폭넓게 수용되고 실천되었습니다. 1970년대 중반부터 이런 프로그래밍 방식의 이점을 설명하는 글이 나오기 시작했습니다. 거의 동시에 제록스 파크Xerox PARC의 스몰토크SmallTalk와 MIT의 CLU 프로그래밍 언어가 이 아이디어를 언어 수준에서 지원했습니다. 하지만 C++과 자바Java가 등장한 후에야 객체 지향 프로그래밍이 실제로 적용되기 시작했습니다.

이 책의 대부분은 암묵적으로 객체 지향 프로그래밍에 의존해왔습니다. 2.2.1절에서는 "객체는 파이썬 프로그램이 조작하는 핵심 대상입니다. 객체마다 프로그램이 해당 객체로 할 수 있는 일을 정의한 **타입**이 있습니다"라고 했습니다. 2장부터 `float`와 `str` 같은 내장 타입과 이에 연관된 메서드를 사용했습니다. 하지만 프로그래밍 언어 설계자가 유용한 함수를 모두 만들어 둘 수 없듯이, 유용한 타입도 모두 만들 수 없습니다. 새로운 함수를 정의하는 메커니즘은 이미 알아보았습니다. 이제 새로운 타입을 정의하는 메커니즘을 알아보죠.

10.1 추상 데이터 타입과 클래스

추상 데이터 타입의 개념은 매우 간단합니다. **추상 데이터 타입**abstract data type은 객체와 이 객체에 대한 연산의 모음입니다. 이 둘은 서로 묶여 있어서 프로그램의 한 부분에서 다른 부분으로 객체를 전달할 때 객체의 데이터 속성뿐만 아니라 데이터를 쉽게 조작할 수 있는 연산도 전달합니다.

연산의 사양은 추상 데이터 타입과 프로그램 나머지 부분 사이의 **인터페이스**interface를 정의합니다. 이 인터페이스는 연산의 동작을 정의합니다. 어떻게 하는지가 아니라 무엇을 하는지 정의합니다. 따라서 인터페이스는 데이터 구조, 알고리즘, 추상 타입 구현에 관련된 코드에서 프로그램의 나머지 부분을 고립시키는 **추상화 장벽**abstraction barrier을 세웁니다.

프로그래밍은 변화를 용이하게 해 복잡도를 관리하는 일입니다. 이를 달성하는 두 가지 강력한 메커니즘은 분해와 추상화입니다. **분해**decomposition는 프로그램에 구조를 만들고 **추상화**abstraction는 상세 사항을 감춥니다. 상세 사항을 적절히 감추는 것이 핵심입니다. 여기에 데이터 추상화가 필요합니다. 편리한 추상화를 제공하는 도메인 특화된 타입을 만들 수 있습니다. 이런 타입은 이상적으로 프로그램의 생명주기 동안 관련된 개념을 담습니다. 만약 프로그래밍을 시작할 때 수개월 혹은 수십 년 후에도 관련성을 유지할 타입을 만든다면 소프트웨어 유지보수에 큰 도움이 됩니다.

이 책에서 이미 (실제 이렇게 부르지는 않았지만) 추상 데이터 타입을 사용했습니다. 정수, 리스트, 부동소수점, 문자열, 딕셔너리 같은 타입을 어떻게 만드는지 생각하지 않고 이들을 사용해 프로그램을 작성했습니다.

파이썬에서는 **클래스**class를 사용해 데이터 추상화를 구현합니다. 클래스 정의는 예약어 class로 시작하고 그 뒤로 클래스 이름과 다른 클래스와의 관련성 정보가 나옵니다.

다음과 같은 아주 간단한 (사실상 쓸모없는) **클래스 정의**class definition를 살펴보죠.

```python
class Toy(object):
    def __init__(self):
        self._elems = []
    def add(self, new_elems):
        """new_elems는 리스트입니다."""
        self._elems += new_elems
```

```
def size(self):
    return len(self._elems)
```

첫 번째 라인은 **Toy**가 **object**의 서브클래스subclass임을 나타냅니다. 지금은 서브클래스가 무엇을 의미하는지 몰라도 됩니다. 잠시 후에 이를 알아보겠습니다.

클래스 정의는 **type** 타입의 객체를 만들고 이 클래스 객체와 **속성**attribute이라 부르는 객체를 연결합니다. 이 예에서는 클래스에 연관된 속성이 세 개(__init__, add, size)입니다. 모두 **function** 타입의 객체입니다. 다음 코드를 실행해 보죠.

```
print(type(Toy))
print(type(Toy.__init__), type(Toy.add), type(Toy.size))
```

출력은 다음과 같습니다.

```
<class 'type'>
<class 'function'> <class 'function'> <class 'function'>
```

앞으로 보겠지만 파이썬은 특수한 함수 이름의 시작과 끝에 두 개의 밑줄 문자를 사용합니다. 이를 **매직 메서드**magic method라고 부릅니다.[1] 처음 보게 되는 매직 메서드는 __init__입니다. 클래스의 객체를 만들 때마다 클래스 안에 정의된 __init__ 함수가 호출됩니다. 다음 코드를 실행해 보죠.

```
s = Toy()
```

그러면 인터프리터는 **Toy** 타입의 새로운 **인스턴스**instance[2]를 만듭니다. 그다음 새로 만든 이 객체에서 형식 매개변수에 바인딩될 실 매개변수로 Toy.__init__을 호출합니다. 호출될 때 Toy.__init__은 리스트 객체인 _elems를 만듭니다. 이 리스트 객체는 새로 만든 **Toy** 타입

---

1 이를 던더 메서드(dunder method)라고도 부릅니다. 던더는 더블 언더스코어(double underscore)에서 따왔습니다. 천둥(thunder) 같은 소음을 의미하는 스코틀랜드 단어나 럼주를 증류할 때 만들어지는 찌꺼기에서 유래한 단어가 아닙니다. 또한 바보(dunderhead)만 이를 사용한다는 의미도 확실히 아닙니다.

2 옮긴이_ 클래스로 생성한 객체를 인스턴스라고 부릅니다.

인스턴스의 일부가 됩니다. 이 리스트는 익숙한 표기법인 []를 사용해 만들었습니다. 이는 list()의 약식 표기입니다. 리스트 _elems를 Toy 인스턴스의 **데이터 속성**data attribute이라고 부릅니다. 다음 코드를 실행해 보죠.

```
t1 = Toy()
print(type(t1))
print(type(t1.add))
t2 = Toy()
print(t1 is t2) #객체 동일성 테스트
```

출력은 다음과 같습니다.

```
<class '__main__.Toy'>
<class 'method'>
False
```

t1.add의 타입은 method입니다. 반면 Toy.add의 타입은 function입니다. t1.add가 메서드이므로 점 표기법으로 이 메서드를 (그리고 t1.size를) 호출할 수 있습니다.

list 타입의 객체를 list 타입과 혼동해서는 안 되듯이, 클래스를 이 클래스의 인스턴스와 혼동해서는 안 됩니다. 속성은 클래스 자체나 클래스의 인스턴스에 연관될 수 있습니다.

- 클래스 속성은 클래스 안에 정의됩니다. 예를 들어 Toy.size는 클래스 Toy의 속성입니다. t = Toy()와 같은 문장으로 클래스의 인스턴스가 만들어질 때 t.size 같은 인스턴스 속성이 생성됩니다.

- t.size가 초기에 클래스 Toy 안에 정의된 size 함수에 바인딩되지만 이 바인딩은 계산 과정에서 바뀔 수 있습니다. 예를 들어 t.size = 3을 실행해 이 바인딩을 바꿀 수 있습니다(하지만 절대로 이렇게 해서는 안 됩니다!).

- 클래스에 연관된 데이터 속성을 **클래스 변수**class variable라고 부릅니다. 인스턴스에 연관된 데이터 속성은 **인스턴스 변수**instance variable라고 부릅니다. 예를 들어 클래스 Toy의 인스턴스마다 _elems가 별개의 리스트에 바인딩되기 때문에 _elems는 인스턴스 변수입니다. 지금까지 클래스 변수를 사용하지 않았지만 [예제 10-4]에서 사용해 보겠습니다.

이제 다음 코드를 실행해 보죠.

```
t1 = Toy()
t2 = Toy()
```

```
t1.add([3, 4])
t2.add([4])
print(t1.size() + t2.size())
```

Toy 클래스의 각 인스턴스는 다른 객체이므로 타입 Toy의 인스턴스마다 _elems 속성이 다를 것입니다. 따라서 이 코드는 3을 출력합니다.

처음 볼 때는 이 코드가 이상해 보입니다. 메서드를 호출할 때마다 인수를 하나 적게 사용하는 것 같습니다. 예를 들어 add에는 형식 매개변수가 두 개 있지만 실 매개변수 하나로 호출했습니다. 이는 점 표기법으로 클래스 인스턴스의 메서드를 호출했기 때문입니다. 점 앞에 쓰인 객체가 암묵적으로 메서드의 첫 번째 매개변수로 전달됩니다. 책에서는 관례에 따라 이 실 매개변수에 바인딩되는 형식 매개변수의 이름을 self로 지정하겠습니다. 파이썬 프로그래머들은 거의 항상 이 관례를 따릅니다. 따라서 여러분도 이 관례를 따르기를 적극 권장합니다.

데이터 속성의 이름을 밑줄 문자 하나로 시작하는 것도 일반적인 관례입니다. 10.3절에서 자세히 설명하겠지만, 속성이 클래스 전용임을 나타내려고 _로 시작합니다. 즉 이 속성은 클래스 외부에서 직접 접근해서는 안 됩니다.

이제 조금 더 흥미로운 예제를 살펴보죠. [예제 10-1]에는 정수 집합을 간단히 구현한 IntSet 이라는 클래스 정의가 있습니다(파이썬에는 내장 set 타입이 있으므로 이 구현은 불필요하고 과도하게 복잡합니다. 하지만 교육적으로 유용한 예제입니다).

예제 10-1 IntSet 클래스

```
class IntSet(object):
    """IntSet은 정수 집합입니다."""
    #(추상이 아닌) 구현에 관한 정보:
        #한 집합의 값은 정수 리스트 self._vals로 표현됩니다.
        #집합에 속한 정수는 self._vals에 정확히 한 번만 등장합니다.

    def __init__(self):
        """빈 정수 집합을 만듭니다."""
        self._vals = []

    def insert(self, e):
        """e는 정수라고 가정하고 self에 추가합니다."""
        if e not in self._vals:
```

```python
        self._vals.append(e)

    def member(self, e):
        """e는 정수라고 가정합니다.
           e가 self에 있으면 True, 아니면 False를 반환합니다."""
        return e in self._vals

    def remove(self, e):
        """e는 정수라고 가정합니다.
           e를 self에서 제거합니다. e가 self에 없다면 ValueError가 발생합니다."""
        try:
            self._vals.remove(e)
        except:
            raise ValueError(str(e) + '을(를) 찾지 못했습니다')

    def get_members(self):
        """self._vals에 담긴 리스트를 반환합니다.
           원소의 순서는 보장되지 않습니다."""
        return self._vals[:]

    def __str__(self):
        """self의 문자열 표현을 반환합니다."""
        if self._vals == []:
            return '{}'
        self._vals.sort()
        result = ''
        for e in self._vals:
            result = result + str(e) + ','
        return f'{{{result[:-1]}}}'
```

클래스 정의 맨 위에 있는 독스트링("""로 감싼 주석)은 클래스 구현 방법이 아니라 이 클래스가 제공하는 추상화를 설명합니다. 이와 대조적으로 독스트링 아래 주석은 구현에 관한 정보를 담습니다. 이는 클래스를 사용하려는 프로그래머가 아니라 이 구현을 수정하거나 이 클래스의 서브클래스(10.2절 참조)를 만들고 싶은 프로그래머를 위한 정보입니다.

여기서 보듯이 클래스 인스턴스에 연관된 메서드는 점 표기법으로 호출합니다. 예를 들어 다음 코드를 살펴보죠.

```
s = IntSet()
s.insert(3)
print(s.member(3))
```

이 코드는 IntSet 인스턴스를 만들고 정수 3을 IntSet에 추가하며, True를 출력합니다.

데이터 추상화는 표현의 독립성을 달성합니다. 추상 타입의 구현을 몇 가지 구성 요소로 생각해 보죠.

- 해당 타입의 메서드 구현
- 해당 타입의 값을 인코딩하는 데이터 구조
- 메서드 구현이 데이터 구조를 사용하는 방법에 대한 관례(핵심 관례는 표현 불변성입니다)

표현 불변성representation invariant은 어떤 데이터 속성값이 유효한 클래스 인스턴스 표현에 해당하는지를 정의합니다. IntSet의 표현 불변성은 _vals에 중복이 없어야 한다는 것입니다. __init__ 구현은 (빈 리스트를 생성해) 이 불변성을 설정하며, 다른 메서드는 이 불변성을 유지할 책임이 있습니다. 이 때문에 insert 메서드는 self._vals에 값이 없을 때만 e를 추가합니다.

remove 구현은 이 메서드가 호출되어 실행될 때 표현 독립성을 만족한다고 가정합니다. 이 표현 불변성은 self._vals 안에 e가 한 번만 등장한다고 보장하기 때문에 list.remove를 한 번만 호출합니다.

마지막으로 클래스에서 정의된 메서드인 __str__은 특수 메서드입니다. 프로그램이 str 함수를 호출해 클래스의 인스턴스를 문자열로 바꿀 때 클래스의 __str__ 메서드가 호출됩니다. 따라서 print 명령을 사용하면 출력할 객체에 연관된 __str__ 함수가 호출됩니다. 예를 들어 다음 코드를 실행해 보죠.

```
s = IntSet()
s.insert(3)
s.insert(4)
print(str(s))
print('s의 값:', s)
```

출력은 다음과 같습니다.

```
{3,4}
s의 값: {3,4}
```

__str__ 메서드를 정의하지 않고 print(s)를 실행하면 <__main__.IntSet object at 0x1663510>와 같은 내용이 출력됩니다.[3]

 뇌풀기 문제

IntSet 클래스 아래에 다음 사양을 만족하는 메서드를 추가하세요.

```
def union(self, other):
    """other는 IntSet 객체입니다.
       self와 other에 있는 원소를 포함하도록 self를 수정하세요."""
```

10.1.1 매직 메서드와 해싱 가능 타입

파이썬의 설계 목표 중 하나는 프로그래머가 (파이썬의 내장 타입을 사용하듯이) 쉽게 클래스를 사용해 새로운 타입을 정의하도록 하는 것입니다. 매직 메서드는 str과 len 같은 내장 함수의 클래스별 정의를 제공함으로써 이 목표를 달성하는 데 중요한 역할을 합니다.

매직 메서드를 사용해 ==와 + 같은 중위 연산자를 위한 클래스별 정의를 제공할 수도 있습니다. 중위 연산자를 위한 메서드 이름은 다음과 같습니다.

+	__add__	*	__mul__	/	__truediv__
-	__sub__	//	__floordiv__	%	__mod__
**	__pow__	|	__or__	<	__lt__
<<	__lshift__	^	__xor__	>	__gt__
>>	__rshift__	==	__eq__	<=	__le__
&	__and__	!=	__ne__	>=	__ge__

---

3 옮긴이_ 이 문자열은 객체의 표준 문자열 표현을 제공하는 내장 함수 repr()의 출력입니다.

앞서 나열한 연산자는 어떤 구현과도 연결할 수 있습니다. 원한다면 +를 뺄셈으로, <를 거듭제곱으로 구현할 수도 있습니다. 하지만 상상력을 발휘하지 말고 일반적인 연산의 의미를 따르도록 구현하는 편이 좋습니다.

Toy 예제로 돌아와 [예제 10-2]를 살펴보죠.

예제 10-2 매직 메서드 사용하기

```python
class Toy(object):
    def __init__(self):
        self._elems = []
    def add(self, new_elems):
        """new_elems는 리스트입니다."""
        self._elems += new_elems
    def __len__(self):
        return len(self._elems)
    def __add__(self, other):
        new_toy = Toy()
        new_toy._elems = self._elems + other._elems
        return new_toy
    def __eq__(self, other):
        return self._elems == other._elems
    def __str__(self):
        return str(self._elems)
    def __hash__(self):
        return id(self)

t1 = Toy()
t2 = Toy()
t1.add([1, 2])
t2.add([3, 4])
t3 = t1 + t2
print('t3의 값', t3)
print('t3의 길이', len(t3))
d = {t1: 'A', t2: 'B'}
print(d[t1], '은(는) 키 t1에 연관된 값입니다.')
```

[예제 10-2]의 출력은 다음과 같습니다.

```
t3의 값 [1, 2, 3, 4]
t3의 길이 4
A 은(는) 키 t1에 연관된 값입니다.
```

Toy 클래스에 __hash__ 함수를 정의했으므로 이 클래스의 인스턴스를 딕셔너리 키처럼 사용할 수 있습니다. __eq__ 함수를 정의하고 __hash__ 함수를 정의하지 않았다면, t1과 t2를 키로 사용해 딕셔너리를 만들 때 unhashable type: 'Toy'라는 에러 메시지가 출력됩니다. 사용자 정의 __hash__ 함수를 만들 때 객체의 해시hash값이 해당 객체의 생명주기 동안 일정하게 유지되도록 해야 합니다.

__eq__을 명시적으로 정의하지 않은 모든 사용자 정의 클래스의 인스턴스는 == 연산을 위해 객체 식별자를 사용하며 해싱 가능합니다. __hash__ 메서드가 없으면 객체의 해시값은 객체의 식별자에서 유도됩니다(5.3절 참조).

 뇌풀기 문제

IntSet에 추가한 union 메서드 대신에 + 연산자를 사용해 합집합을 만들도록 바꾸세요.

10.1.2 추상 데이터 타입을 사용해 프로그램 설계하기

추상 데이터 타입은 매우 중요합니다. 이를 사용하면 대규모 프로그램을 구성하는 여러 방법을 고안할 수 있습니다. 우리는 세상에 관해 생각할 때 추상화에 의존합니다. 금융가들은 주식과 채권에 관해 이야기합니다. 생명공학 분야 전문가들은 단백질과 잔여물에 관해 이야기합니다. 이런 개념을 이해할 때 마음속에서 객체에 관련된 데이터와 특징을 하나의 지식 패키지로 모읍니다. 예를 들어 금리, 만기일, 가격을 채권의 데이터 속성으로 생각합니다. 또한 채권에 '가격 설정'과 '만기까지 수익률 계산' 같은 연산이 있다고 생각합니다. 추상 데이터 타입을 사용하면 이런 구조를 프로그램 설계에 통합할 수 있습니다.

데이터 추상화는 프로그램 설계자가 함수보다 데이터 객체에 집중하도록 돕습니다. 프로그램을 함수의 모음이 아니라 타입의 모음으로 생각하면 근본적으로 다른 구조가 만들어집니다. 무엇보다도 데이터 추상화는 일반적으로 개별 함수보다 더 많은 기능을 포함하기 때문에 프로그래밍을 비교적 큰 조각의 연결 과정으로 생각하도록 돕습니다. 이는 결국 프로그래밍의 본질을 개별 코드 라인을 작성하는 것이 아니라 추상화를 구성하는 것으로 생각하게 만듭니다.

재사용 가능한 추상화는 개발 시간을 단축할 뿐만 아니라 신뢰도가 높은 프로그램을 만듭니다. (많이 사용되어) 성숙한 소프트웨어는 일반적으로 새로운 소프트웨어보다 신뢰도가 더 높기 때문입니다. 오랫동안 공통으로 사용되는 프로그램 라이브러리는 통계와 과학 패키지였습니다. 하지만 오늘날 (특히 파이썬에는) 매우 다양한 프로그램 라이브러리가 있습니다. 이런 라이브러리는 높은 데이터 추상화를 기반으로 할 때가 많은데, 나중에 이를 더 알아보겠습니다.

10.1.3 학생 관리를 위한 클래스

클래스 사용 예제로 한 대학의 모든 학부생과 대학원생을 관리하는 프로그램을 만든다고 가정해 보죠. 데이터 추상화를 사용하지 않고도 작성할 수 있습니다. 각 학생에게는 성, 이름, 집 주소, 출생 연도, 성적 등의 데이터가 있겠죠. 이런 데이터는 모두 리스트와 딕셔너리를 사용해 저장할 수 있습니다. 교수와 교직원에게는 이와 비슷한 데이터 구조와 함께 연봉 지급 명세 같은 데이터 구조가 필요합니다.

데이터 구조를 만들기 전에 유용할 만한 추상화에 대해 생각해 보죠. 학생, 교수, 교직원의 공통 속성을 포함하는 추상화가 있나요? 이들은 모두 사람이라고 주장할지 모릅니다. [예제 10-3]은 사람의 두 가지 공통 속성(이름과 생일)을 담는 클래스입니다. 이 클래스는 표준 파이썬 라이브러리 모듈인 datetime을 사용합니다. 이 모듈은 날짜를 생성하고 조작하는 데 편리한 메서드를 많이 제공합니다.

다음 코드는 Person과 datetime을 사용합니다.

```
me = Person('Michael Guttag')
him = Person('Barack Hussein Obama')
her = Person('Madonna')
print(him.get_last_name())
him.set_birthday(datetime.date(1961, 8, 4))
her.set_birthday(datetime.date(1958, 8, 16))
print(him.get_name(), '의 나이는', him.get_age(), '일 입니다')
```

Person의 인스턴스를 만들 때마다 __init__ 함수에 인수를 하나 전달해야 합니다. 일반적으로 클래스의 인스턴스를 만들 때 해당 클래스의 __init__ 함수의 사양을 살펴서 어떤 인수를 제공해야 하는지, 인수의 속성이 무엇인지 알아야 합니다.

앞의 코드를 실행하면 Person 클래스의 인스턴스 세 개가 만들어집니다. 이 인스턴스의 메서드를 사용해 인스턴스의 정보를 얻을 수 있습니다. 예를 들어 him.get_last_name()는 'Obama'를 반환합니다. him._last_name도 'Obama'를 반환합니다. 하지만 이 장의 후반부에서 설명할 이유 때문에 인스턴스 변수를 직접 참조하는 표현식은 좋지 않으므로 피해야 합니다. 또한 Person 클래스에 생일 속성이 있음에도 클라이언트가 인스턴스에서 생일을 추출할 방법이 없습니다(물론 이 클래스에 get_birthday 메서드를 추가하기는 쉽습니다). 하지만 마지막 print 문장에서 보듯이 생일을 바탕으로 나이를 추출하는 방법이 있습니다.

예제 10-3 Person 클래스

```
import datetime

class Person(object):

    def __init__(self, name):
        """name은 문자열이라고 가정합니다. Person 객체를 만듭니다."""
        self._name = name
        try:
            last_blank = name.rindex(' ')
            self._last_name = name[last_blank+1:]
        except:
            self._last_name = name
        self.birthday = None

    def get_name(self):
        """self의 전체 이름을 반환합니다."""
        return self._name

    def get_last_name(self):
        """self의 성을 반환합니다."""
        return self._last_name

    def set_birthday(self, birthdate):
        """birthdate는 datetime.date 타입이라고 가정합니다.
```

```
            self의 생일을 birthdate로 설정합니다."""
        self._birthday = birthdate

    def get_age(self):
        """self의 현재 나이를 날짜 단위로 반환합니다."""
        if self._birthday == None:
            raise ValueError
        return (datetime.date.today() - self._birthday).days

    def __lt__(self, other):
        """other는 Person 객체라고 가정합니다.
            self가 알파벳 순서로 other보다 앞에 있으면 True, 그렇지 않으면 False를
            반환합니다. 성을 기준으로 비교하되 성이 같다면 전체 이름을 비교합니다."""
        if self._last_name == other._last_name:
            return self._name < other._name
        return self._last_name < other._last_name

    def __str__(self):
        """self의 이름을 반환합니다."""
        return self._name
```

Person 클래스에서는 특수 메서드 `__lt__`를 정의했습니다. 이 메서드는 `<` 연산자를 오버로드overload합니다. `<` 연산자의 첫 번째 인수가 Person 타입일 때 `Person.__lt__` 메서드가 호출됩니다. Person 클래스의 `__lt__` 메서드는 str 타입의 이항 연산자 `<`를 사용해 구현되었습니다. `self._name < other._name`은 `self._name.__lt__(other._name)`와 같습니다. `self._name`이 str 타입이므로 이 `__lt__` 메서드는 str 타입에 연관된 메서드입니다.

`<`를 사용하면 중위 표현식을 편리하게 쓸 수 있을 뿐만 아니라 연산자 오버로드를 통해 `__lt__`로 정의된 다른 다형성 메서드를 자동으로 사용할 수 있습니다. 내장 메서드 **sort**가 한 예예입니다. 예를 들어 **p_list**가 Person 타입의 원소로 구성된 리스트라면 **p_list.sort()**를 호출할 때 Person 클래스에 정의된 `__lt__` 메서드로 이 리스트를 정렬할 것입니다. 예를 들어 다음 코드를 실행해 보죠.

```
pList = [me, him, her]
for p in pList:
    print(p)
pList.sort()
```

```
for p in pList:
    print(p)
```

출력은 다음과 같습니다.

```
Michael Guttag
Barack Hussein Obama
Madonna
Michael Guttag
Madonna
Barack Hussein Obama
```

10.2 상속

많은 타입에는 다른 타입과 공통되는 속성이 있습니다. 예를 들어 list 타입과 str 타입에는 같은 의미의 len 함수가 있습니다. **상속**inheritance은 관련된 추상화를 그룹으로 묶는 편리한 메커니즘을 제공합니다. 프로그래머가 한 타입의 속성을 상위 타입에서 상속받도록 하는 타입 계층을 만들 수 있습니다.

object 클래스는 이 계층의 최상단에 있습니다. 런타임 시 파이썬 안에 존재하는 모든 것은 객체이므로 납득이 됩니다. Person이 object의 속성을 모두 상속받으므로 프로그램은 변수를 Person에 바인딩하거나 Person을 리스트에 추가할 수 있습니다.

[예제 10-4]에 있는 MITPerson 클래스는 부모 클래스 Person에서 속성을 상속받습니다. 여기에는 Person 클래스가 부모 클래스 object에서 상속받은 모든 속성이 포함됩니다. 객체 지향 프로그래밍에서는 MITPerson을 Person의 **서브클래스**라고 합니다. 따라서 MITPerson은 **슈퍼클래스**superclass Person의 속성을 상속받습니다. 서브클래스는 상속 이외에도 다음과 같은 작업을 수행할 수 있습니다.

- 새로운 속성을 추가합니다. 예를 들어 서브클래스 MITPerson은 클래스 변수 _next_id_num, 인스턴스 변수 _id_num, 메서드 get_id_num를 추가했습니다.
- 슈퍼클래스의 속성을 오버라이드override, 즉 대체합니다. 예를 들어 MITPerson은 __init__와 __lt__를 오버라이드했습니다. 한 메서드가 오버라이드되었을 때 어떤 메서드가 실행될지는 메서드를 호출하는 객체에 따라

다릅니다. 호출 객체가 서브클래스라면 서브 클래스에서 정의한 메서드가 사용됩니다. 호출 객체가 슈퍼클래스라면 슈퍼클래스에서 정의한 메서드가 사용됩니다.

MITPerson.__init__ 메서드는 먼저 super().__init__(name)을 사용해 슈퍼클래스 (Person)의 __init__ 함수를 호출합니다. 이 함수는 상속된 인스턴스의 변수 self._name을 초기화합니다. 그다음 인스턴스 변수 self._id_num을 초기화합니다. 이 변수는 Person 인스턴스에는 없고 MITPerson 인스턴스에 있습니다.

MITPerson의 인스턴스가 아니라 MITPerson 클래스에 속한 _next_id_num **클래스 변수**class variable를 사용해 인스턴스 변수 self._id_num을 초기화합니다. MITPerson의 인스턴스가 생성될 때 _next_id_num가 새로 만들어지지 않습니다. 따라서 __init__ 함수는 MITPerson의 인스턴스마다 고유한 _id_num을 할당하게 됩니다.

예제 10-4 MITPerson 클래스

```
class MITPerson(Person):

    _next_id_num = 0 #식별 번호

    def __init__(self, name):
        super().__init__(name)
        self._id_num = MITPerson._next_id_num
        MITPerson._next_id_num += 1

    def get_id_num(self):
        return self._id_num

    def __lt__(self, other):
        return self._id_num < other._id_num
```

다음 코드를 생각해 보죠.

```
p1 = MITPerson('Barbara Beaver')
print(str(p1) + '\'s 식별 번호: ' + str(p1.get_id_num()))
```

첫 번째 라인은 새로운 MITPerson 인스턴스를 만듭니다. 두 번째 라인은 조금 더 복잡합니다. 표현식 str(p1)이 평가될 때 런타임 시스템은 먼저 MITPerson 클래스에 __str__ 메서드가 있는지 확인합니다. MITPerson에는 이 메서드가 없기 때문에 다음으로 MITPerson의 슈퍼클래스인 Person에 __str__ 메서드가 있는지 확인합니다. Person 클래스에 이 메서드가 있으므로 이를 사용합니다. 런타임 시스템이 표현식 p1.get_id_num()을 평가할 때 먼저 MITPerson 클래스에 get_id_num 메서드가 있는지 확인합니다. 이 메서드가 있으므로 이를 사용해 다음과 같이 출력합니다.

```
Barbara Beaver's 식별 번호: 0
```

'\'는 이스케이스 문자이므로 다음에 오는 문자를 특별하게 취급한다는 점을 기억하세요. 문자열 '\'s 식별 번호: '에서 '\''는 홑따옴표가 문자열을 닫는 용도가 아니라 문자열의 일부임을 나타냅니다.

이제 다음 코드를 살펴보죠.

```
p1 = MITPerson('Mark Guttag')
p2 = MITPerson('Billy Bob Beaver')
p3 = MITPerson('Billy Bob Beaver')
p4 = Person('Billy Bob Beaver')
```

가상의 인물 네 명을 생성했습니다. 이 중 세 명은 이름이 Billy Bob Beaver입니다. Billy Bob Beaver 두 명은 MITPerson 타입이고 한 명은 Person 타입입니다. 다음 코드를 실행해 보죠.

```
print('p1 < p2 =', p1 < p2)
print('p3 < p2 =', p3 < p2)
print('p4 < p1 =', p4 < p1)
```

출력은 다음과 같습니다.

```
p1 < p2 = True
p3 < p2 = False
p4 < p1 = True
```

p1, p2, p3는 모두 **MITPerson** 타입이므로 인터프리터는 **MITPerson** 클래스에 정의된 __lt__ 메서드를 사용해 처음 두 비교식을 평가합니다. 따라서 이 객체들은 식별 번호로 순서가 정해집니다. 세 번째 비교식에서 < 연산자가 서로 다른 타입의 피연산자에 적용됩니다. 이 표현식의 첫 번째 인수를 사용해 어떤 __lt__ 메서드가 호출될지 결정됩니다. 따라서 p4 < p1은 p4.__lt__(p1)을 짧게 쓴 것과 같습니다. 결국 인터프리터는 p4 타입인 **Person**의 __lt__ 메서드를 사용해 이름으로 객체의 순서를 결정합니다.

다음 코드를 실행할 때 어떤 일이 일어날까요?

```
print('p1 < p4 =', p1 < p4)
```

런타임 시스템이 p1 타입에 연결된, 즉 **MITPerson** 클래스에 정의된 __lt__ 연산자를 호출하므로 다음과 같은 예외가 발생합니다.

```
AttributeError: 'Person' object has no attribute '_id_num'
```

p4에 바인딩된 객체에는 _id_num 속성이 없기 때문입니다.

 뇌풀기 문제

다음 사양을 만족하는 **Person**의 서브클래스를 구현하세요.

```
class Politician(Person):
    """Politician은 한 정당에 소속될 수 있는 Person입니다."""
    def __init__(self, name, party = None):
        """name과 party는 문자열입니다."""
    def get_party(self):
        """self가 소속된 정당을 반환합니다."""
    def might_agree(self, other):
        """self와 other가 같은 정당에 속하거나 둘 중 하나가 정당에 소속되지
           않으면 True, 그렇지 않으면 False를 반환합니다."""
```

10.2.1 다단계 상속

[예제 10-5]는 여러 수준의 상속을 클래스 계층에 추가합니다.

예제 10-5 두 종류의 학생

```
class Student(MITPerson):
    pass

class UG(Student):
    def __init__(self, name, class_year):
        super().__init__(name)
        self._year = class_year
    def get_class(self):
        return self._year

class Grad(Student):
    pass
```

UG 클래스 추가는 합리적으로 보입니다. 졸업 연도(혹은 예상 졸업 연도)를 각 학부생에게 추가하고 싶기 때문입니다. 하지만 Student와 Grad 클래스는 무슨 일을 하는 걸까요? 파이썬 예약어 **pass**를 바디에 사용하면 슈퍼클래스에서 상속된 속성 이외에는 다른 속성이 없음을 나타냅니다. 새로운 속성이 없는 클래스를 만드는 이유는 무엇일까요?

Grad 클래스를 추가해 두 종류의 학생을 만들고 타입으로 두 객체를 구분할 수 있습니다. 예를 들어 다음 코드를 보죠.

```
p5 = Grad('Buzz Aldrin')
p6 = UG('Billy Beaver', 1984)
print(p5, '는 대학원생입니다:', type(p5) == Grad)
print(p5, '는 학부생입니다:', type(p5) == UG)
```

출력은 다음과 같습니다.

```
Buzz Aldrin 는 대학원생입니다: True
Buzz Aldrin 는 학부생입니다: False
```

중간에 추가된 Student 클래스의 유용성은 조금 미묘합니다. MITPerson 클래스로 돌아가 다음 메서드를 추가해 보죠.

```
def is_student(self):
    return isinstance(self, Student)
```

isinstance는 파이썬 내장 함수입니다. isinstance의 첫 번째 인수는 어떤 객체도 될 수 있지만 두 번째 인수는 type 타입 객체나 type 타입 객체의 튜플이어야 합니다. 이 함수는 첫 번째 인수가 두 번째 인수의 인스턴스이면 True를 반환합니다(두 번째 인수가 튜플일 때는 튜플에 포함된 타입 중 하나의 인스턴스이면 True를 반환합니다). 예를 들어 isinstance([1,2], list)의 값은 True입니다.

예제로 돌아가 다음 코드를 실행해 보죠.[4]

```
print(p5, '는 학생입니다:', p5.is_student())
print(p6, '는 학생입니다:', p6.is_student())
print(p3, '는 학생입니다:', p3.is_student())
```

출력은 다음과 같습니다.

```
Buzz Aldrin 는 학생입니다: True
Billy Beaver 는 학생입니다: True
Billy Bob Beaver 는 학생입니다: False
```

isinstance(p6, Student)의 의미는 type(p6) == Student와 크게 다릅니다. p6에 바인딩된 객체는 Student가 아니라 UG 타입이지만, UG가 Student의 서브클래스이므로 p6에 바인딩된 객체는 Student 클래스의 인스턴스입니다(물론 p6는 MITPerson과 Person의 인스턴스이기도 합니다).

학생이 두 종류만 있기 때문에 is_student를 다음과 같이 구현할 수도 있습니다.

---

[4] 옮긴이_ 이 코드를 실행하려면 MITPerson에 is_student 메서드를 추가하고 난 후 MITPerson, Student, UG, Grad 클래스를 다시 실행하고 p3, p5, p6 객체를 새로 만들어야 합니다.

```
def is_student(self):
    return type(self) == Grad or type(self) == UG
```

하지만 나중에 새로운 종류의 학생이 추가되면 is_student 메서드를 수정해야 합니다. 중간 클래스 Student와 isinstance 함수를 사용해 이 문제를 피합니다. 예를 들어 전학생용 클래스를 추가해 보죠.

```
class TransferStudent(Student):

    def __init__(self, name, from_school):
        MITPerson.__init__(self, name)
        self._from_school = from_school

    def get_old_school(self):
        return self._from_school
```

이때 is_student 코드를 수정할 필요가 없습니다.

프로그램을 만들고 유지보수하는 동안 새로운 클래스를 추가하거나 이전 클래스에 새로운 속성을 추가하는 것은 드문 일이 아닙니다. 훌륭한 프로그래머는 이럴 때 변경해야 할 코드의 양이 최소화되도록 프로그램을 설계합니다.

 뇌풀기 문제

다음 표현식의 값은 무엇인가요?

```
isinstance('ab', str) == isinstance(str, str)
```

10.2.2 대체 원칙

서브클래스를 사용해 타입 계층을 정의할 때는 서브클래스를 슈퍼클래스의 동작을 확장하는 것으로 생각해야 합니다. 이를 위해 새로운 속성을 추가하거나 슈퍼클래스로부터 상속된 속성을 오버라이드합니다. 예를 들어 TransferStudent는 이전 학교 속성을 추가해 Student 클래스를 확장합니다.

이따금 서브클래스가 슈퍼클래스의 메서드를 오버라이드합니다. 하지만 이때는 주의를 기울여야 합니다. 특히 슈퍼클래스의 중요한 동작은 각 서브클래스에서 지원되어야 합니다. 클라이언트 코드가 슈퍼클래스의 인스턴스를 사용해 올바르게 동작한다면 슈퍼클래스의 인스턴스를 서브클래스의 인스턴스로 대체했을 때도 올바르게 동작해야 합니다(이것이 **대체 원칙**substitution principle입니다). 예를 들어 Student의 사양을 사용해 작성한 클라이언트 코드는 TransferStudent에서도 올바르게 동작해야 합니다.[5]

반대로 TransferStudent용으로 작성한 코드는 Student 타입에서 올바르게 작동하지 않아도 됩니다.

10.3 캡슐화와 정보 은닉

학생 관리 시스템에는 당연히 수업과 성적 클래스도 필요합니다.

[예제 10-6]은 학생들의 성적을 기록하는 클래스입니다. Grades 클래스의 인스턴스는 리스트와 딕셔너리를 사용해 구현됩니다. 리스트는 수업을 듣는 학생을 기록하고 딕셔너리는 학생의 식별 번호와 성적을 매핑합니다.

get_grades 메서드는 한 학생에 연관된 성적 리스트의 복사본을 반환합니다. get_students는 학생 리스트의 복사본을 반환합니다. 간단히 인스턴스 변수 자체를 반환하면 리스트를 복사하는 데 드는 계산 비용을 피할 수 있습니다. 하지만 이렇게 하면 문제가 될 수 있습니다. 다음 코드를 살펴보죠.

```
course = Grades()
course.add_student(Grad('Bernie'))
all_students = course.get_students()
all_students.append(Grad('Liz'))
```

---

5 이 대체 원칙은 바바라 리스코프(Barbara Liskov)와 지넷 윙(Jeannette Wing)의 1994년 논문 「A behavioral notion of subtyping」에서 잘 설명했습니다.

get_students가 self._students를 반환한다면 마지막 코드 라인이 course에 있는 학생 목록을 바꾸는 (아마도 예상하지 못한) 부수 효과를 만듭니다.

인스턴스 변수 _is_sorted는 학생이 마지막으로 추가된 이후에 학생 목록을 정렬했는지 기록합니다. 이 변수 덕분에 get_students 메서드가 이미 정렬된 리스트를 다시 정렬하지 않습니다.

예제 10-6 Grades 클래스

```python
class Grades(object):

    def __init__(self):
        """빈 성적표를 만듭니다."""
        self._students = []
        self._grades = {}
        self._is_sorted = True

    def add_student(self, student):
        """가정: student는 Student 타입입니다.
           student를 성적표에 추가합니다."""
        if student in self._students:
            raise ValueError('Duplicate student')
        self._students.append(student)
        self._grades[student.get_id_num()] = []
        self._is_sorted = False

    def add_grade(self, student, grade):
        """가정: grade는 float입니다.
           grade를 student의 성적 목록에 추가합니다."""
        try:
            self._grades[student.get_id_num()].append(grade)
        except:
            raise ValueError('존재하지 않는 학생입니다')

    def get_grades(self, student):
        """학생의 성적 목록을 반환합니다."""
        try:
            return self._grades[student.get_id_num()][:]
        except:
            raise ValueError('존재하지 않는 학생입니다')
```

```
    def get_students(self):
        """알파벳 순서대로 한 번에 하나씩 학생을 반환합니다."""
        if not self._is_sorted:
            self._students.sort()
            self._is_sorted = True
        for s in self._students:
            yield s
```

[예제 10-7]은 Grades 클래스를 사용해 six_hundred라는 과목을 수강한 학생들의 성적 리포트를 만드는 함수입니다.

예제 10-7 성적 리포트 생성하기

```
def grade_report(course):
    """course는 Grades 타입이라 가정합니다."""
    report = ''
    for s in course.get_students():
        tot = 0.0
        num_grades = 0
        for g in course.get_grades(s):
            tot += g
            num_grades += 1
        try:
            average = tot/num_grades
            report = f"{report}\n{s}의 평균 점수는 {average}입니다"
        except ZeroDivisionError:
            report = f"{report}\n{s}은(는) 받은 점수가 없습니다"
    return report

ug1 = UG('Jane Doe', 2021)
ug2 = UG('Pierce Addison', 2041)
ug3 = UG('David Henry', 2003)
g1 = Grad('Billy Buckner')
g2 = Grad('Bucky F. Dent')
six_hundred = Grades()
six_hundred.add_student(ug1)
six_hundred.add_student(ug2)
six_hundred.add_student(g1)
six_hundred.add_student(g2)
for s in six_hundred.get_students():
```

```
        six_hundred.add_grade(s, 75)
    six_hundred.add_grade(g1, 25)
    six_hundred.add_grade(g2, 100)
    six_hundred.add_student(ug3)
    print(grade_report(six_hundred))
```

이 코드를 실행하면 다음을 출력합니다.

```
Jane Doe의 평균 점수는 75.0입니다
Pierce Addison의 평균 점수는 75.0입니다
David Henry은(는) 받은 점수가 없습니다
Billy Buckner의 평균 점수는 50.0입니다
Bucky F. Dent의 평균 점수는 87.5입니다
```

객체 지향 프로그래밍에는 두 가지 중요한 개념이 있습니다. 첫 번째는 **캡슐화**encapsulation입니다. 데이터 속성과 이 속성에서 동작하는 메서드가 함께 묶여 있음을 의미합니다. 예를 들어 다음 코드를 작성해 보죠.

```
Rafael = MITPerson('Rafael Reif')
```

그런 다음 점 표기법을 사용해 **Rafael**의 이름과 식별 번호 같은 속성을 참조할 수 있습니다.

두 번째 중요한 개념은 **정보 은닉**information hiding으로, 모듈화의 핵심 요소입니다. 클래스를 사용하는 프로그램이 클래스에 있는 메서드의 사양에만 의존한다면 이 클래스를 만드는 프로그래머는 (가령 효율성을 높이려고) 자유롭게 클래스 구현을 바꿀 수 있고 이런 변화로 이 클래스를 사용하는 코드에 문제가 생길 걱정을 하지 않아도 됩니다.

일부 프로그래밍 언어(예: 자바와 C++)는 정보 은닉을 강제하는 메커니즘을 제공합니다. 프로그래머는 클래스에 **프라이빗**private한 속성을 만들 수 있으므로 클라이언트는 객체의 메서드를 통해서만 데이터에 접근할 수 있습니다. 파이썬 3은 이름 규칙을 사용해 클래스 밖으로 속성이 노출되지 않도록 만듭니다. 속성의 이름이 (이중 밑줄 문자인) __로 시작하지만 __로 끝나지 않으면 이 속성은 클래스 밖에서는 보이지 않습니다. [예제 10-8]에 있는 클래스를 살펴보죠.

```python
class InfoHiding(object):
    def __init__(self):
        self.visible = '이 변수를 볼 수 있습니다'
        self.__also_visible__ = '이 변수도 볼 수 있습니다'
        self.__invisible = '이 변수는 직접 볼 수 없습니다'

    def print_visible(self):
        print(self.visible)

    def print_invisible(self):
        print(self.__invisible)

    def __print_invisible(self):
        print(self.__invisible)

    def __print_invisible__(self):
        print(self.__invisible)
```

다음 코드를 실행해 보죠.

```python
test = InfoHiding()
print(test.visible)
print(test.__also_visible__)
print(test.__invisible)
```

다음과 같이 출력됩니다.

```
이 변수를 볼 수 있습니다
이 변수도 볼 수 있습니다
```

그리고 다음과 같은 예외가 발생됩니다.

```
AttributeError: 'InfoHiding' object has no attribute '__invisible'
```

이번에는 다음 코드를 실행해 보죠.

```
test = InfoHiding()
test.print_invisible()
test.__print_invisible__()
test.__print_invisible()
```

다음과 같이 출력됩니다.

```
이 변수는 직접 볼 수 없습니다
이 변수는 직접 볼 수 없습니다
```

그리고 다음과 같은 예외가 발생합니다.

```
AttributeError: 'InfoHiding' object has no attribute '__print_invisible'
```

이번에는 다음 코드를 실행해 보죠.

```
class SubClass(InfoHiding):
    def new_print_invisible(self):
        print(self.__invisible)


test_sub = SubClass()
test_sub.new_print_invisible()
```

출력은 다음과 같습니다.

```
AttributeError: 'SubClass' object has no attribute '_SubClass__invisible'
```

서브클래스가 슈퍼클래스의 은닉 속성을 사용하려 할 때 AttributeError가 발생합니다. 따라서 __로 정보 은닉을 하면 조금 번거롭습니다.

많은 파이썬 프로그래머는 번거로움 때문에 속성을 숨길 때 __ 메커니즘을 사용하지 않습니다. 따라서 이 책에서도 사용하지 않습니다. 예를 들어 Person의 클라이언트는 Rafael.get_last_name() 대신에 Rafael._last_name과 같이 쓸 수 있습니다. 이런 사용 방식은 바람직하지 않으므로 속성 이름을 밑줄 문자 하나로 시작해 클라이언트가 직접 참조해서는 안 된다는 의사를 나타냅니다.

사양의 일부가 아니라서 변경될 수 있는 부분에 클라이언트 코드가 의존하면 위험하기 때문에 데이터 속성을 직접 참조해서는 안 됩니다. 예를 들어 Person 클래스에서 성을 인스턴스 변수에 저장하지 않고 요청할 때마다 추출하도록 바꾼다면 _last_name을 직접 참조하는 클라이언트 코드는 작동하지 않게 됩니다.

파이썬에서 프로그램은 클래스 정의 밖에서 인스턴스 변수와 클래스 변수를 읽을 수 있을 뿐만 아니라 저장할 수도 있습니다. 예를 들어 Rafael._birthday = '8/21/50'는 문법적으로 전혀 문제가 되지 않습니다. 하지만 나중에 Rafael.get_age를 호출하면 런타임 에러가 발생할 것입니다. 심지어 클래스 정의 밖에서 인스턴스 변수를 만들 수도 있습니다. 예를 들어 다음처럼 클래스 정의 밖에서 할당문을 써도 아무런 문제가 없습니다.

```
me.age = Rafael.get_id_num()
```

파이썬의 정적 시맨틱 검사는 비교적 약하지만, 이는 치명적인 단점은 아닙니다. 잘 훈련된 프로그래머는 클래스 밖에서 데이터 속성을 직접 참조해서는 안 된다는 규칙을 잘 따릅니다.

10.3.1 제너레이터

정보 은닉 때문에 클라이언트 프로그램이 중요한 데이터 구조를 직접 참조하지 못해 효율성이 감소하는 위험이 있습니다. 데이터 추상화 초기에는 외부 함수나 메서드를 호출하는 비용을 걱정하는 사람이 많았습니다. 최신 컴파일 기술은 이런 우려를 종식했습니다. 이제는 클라이언트 프로그램이 비효율적인 알고리즘을 사용하는 것이 더 심각한 문제입니다.

[예제 10-7]에 있는 grade_report 구현을 살펴보죠. course.get_students을 호출하면 크기가 n인 리스트를 만들어 반환합니다. 여기서 n은 학생 수입니다. 한 수업의 성적을 다룰 때는 문제가 되지 않을 것입니다. 하지만 SAT 시험을 보는 고등학생 170만 명의 점수를 기록한다고 상상해 보세요. 기존 리스트를 놔두고 같은 크기의 리스트를 새로 만드는 일은 매우 비효율적입니다. 한 가지 해결책은 추상화를 포기하고 grade_report 함수가 인스턴스 변수 course.students에 직접 참조하게 만드는 방법입니다. 하지만 이는 정보 은닉에 위배됩니다. 다행히 더 나은 방법이 있습니다.

[예제 10-9]는 Grades 클래스에 있는 get_students 함수를 yield 문장을 사용하도록 바꾼 것입니다.

yield 문장을 포함하는 함수는 특별하게 취급됩니다. 파이썬에서 yield 문장이 있는 함수를 **제너레이터**generator라고 합니다. 제너레이터는 일반적으로 [예제 10-7]의 for s in course.get_students():처럼 for 문장에서 사용합니다.

예제 10-9 get_students의 새 버전

```python
def get_students(self):
    """알파벳 순서대로 한 번에 하나씩 학생을 반환합니다."""
    if not self._is_sorted:
        self._students.sort()
        self._is_sorted = True
    for s in self._students:
        yield s
```

for 루프가 첫 번째 반복될 때 제너레이터가 호출되어 yield 문장을 만날 때까지 실행됩니다. 그다음 yield 문장에 있는 표현식의 값이 반환됩니다. 다음번 반복에서 제너레이터는 yield 바로 다음부터 실행을 재개합니다. 모든 지역 변수는 yield 문장이 실행되었을 때 바인딩된 객체에 그대로 바인딩된 채로 yield 문장을 만날 때까지 다시 실행됩니다. 이렇게 실행할 코드가 없거나 return 문장이 실행될 때까지 계속된 후 루프를 벗어납니다.[6]

[예제 10-9]의 get_students를 사용하면 for 루프를 사용해 list 같은 내장 타입의 원소를 순회하듯이 Grades 타입의 객체에 있는 학생 목록을 순회할 수 있습니다. 예를 들어 다음 코드를 실행해 보죠.

```python
book = Grades()
book.add_student(Grad('Julie'))
book.add_student(Grad('Lisa'))
for s in book.get_students():
    print(s)
```

---

6 이것이 제너레이터에 대한 완전한 설명은 아닙니다. 제너레이터를 완전하게 이해하려면 이 책의 범위는 아니지만 파이썬이 내장 반복자(iterator)를 어떻게 구현했는지 이해할 필요가 있습니다.

출력은 다음과 같습니다.

```
Julie
Lisa
```

새로운 get_students 구현이 있는 Grades 클래스를 사용하려고 [예제 10-7]에 있는 다음 코드를 수정할 필요가 없습니다(물론 리스트를 반환하는 get_students에 의존하는 코드는 대부분 더는 작동하지 않을 것입니다).

```
for s in course.get_students():
```

get_students가 리스트를 반환하는지 아니면 한 번에 하나씩 값을 생성하는지에 상관없이 동일한 for 루프를 사용할 수 있습니다. 학생 목록을 담은 리스트를 새로 만들지 않기 때문에 한 번에 하나씩 값을 생성하는 방식이 더 효율적입니다.

 뇌풀기 문제

다음 사양을 만족하는 제너레이터를 Grades 클래스에 추가하세요.

```
def get_students_above(self, grade):
    """평균 점수가 grade보다 큰 학생을 한 번에 하나씩 반환합니다."""
```

10.4 고급 예제

2008년 가을, 미국의 주택 가격 붕괴에 따라 국제 경제가 악화했습니다. 너무 많은 주택 소유자가 모기지mortgage를 받아서 예상치 못한 결과를 가져온 것이 한 가지 요인이었습니다.[7]

---

7   여기에서 모기지라는 단어의 어원을 살펴볼 가치가 있습니다. 아메리칸 헤리티지 영어사전에 따르면 이 단어의 어원은 옛 프랑스어인 mort(죽음)와 gage(서약)입니다(프랑스어 발음 규칙에 따라 mortgage의 't'가 묵음입니다). 즉 '죽음의 서약'이죠.

처음에는 모기지가 간단했습니다. 주택 구매자들은 은행에서 돈을 빌리고, 일반적으로 15~30년에 걸친 대출 기간에 매월 고정 금액을 지불했습니다. 대출 기간이 끝나는 시점에는 초기 대출금(원금)에 이자를 더한 금액을 은행에 갚아 담보가 없는 집을 가지게 되었습니다.

20세기 말에 모기지는 훨씬 더 복잡해지기 시작했습니다. 주택 구매자들은 모기지를 받을 때 대출 기관에 '포인트'를 지불해 낮은 금리를 유지할 수 있었습니다. 포인트는 대출금의 1%에 해당하는 현금이었습니다. 이를 사용해 일정 기간에는 이자만 내는 모기지를 받을 수 있었습니다. 즉 대출을 시작하고 몇 달 동안 발생 이자만 내고 원금은 내지 않았습니다. 여러 금리를 적용하는 대출 상품도 있었습니다. 일반적으로 (티저 금리$^{teaser\ rate}$라고 부르는) 초기 금리는 낮고 시간이 지남에 따라 상승했습니다. 많은 대출 상품은 변동 금리였습니다. 초기 이후에 적용되는 금리는 도매 신용대출 시장에서 차입하는 비용을 반영하는 일부 지수^{index}에 따라 달라졌습니다.[8]

원론적으로 소비자에게 다양한 옵션이 있는 것은 좋은 일입니다. 하지만 악덕 대출업자들은 다양한 옵션이 장기에 걸쳐 어떤 영향을 미치는지 자세히 설명하지 않았습니다. 일부 대출자는 끔찍한 결과로 이어지는 선택을 했습니다.

다음과 같은 세 종류의 모기지 비용을 조사하는 프로그램을 만들어 보겠습니다.

- 포인트가 없는 고정 금리 모기지
- 포인트가 있는 고정 금리 모기지
- 초기에는 티저 금리이고 이후에 금리가 올라가는 모기지

이 예제는 여러 클래스를 점진적으로 개발하는 경험을 제공하는 것이지 모기지 전문가가 되기 위한 것은 아닙니다.

Mortgage 클래스와 앞서 언급한 세 가지 모기지에 해당하는 서브클래스를 만들겠습니다. [예제 10-10]은 Mortgage 추상 클래스$^{abstract\ class}$입니다. 이 클래스에는 서브클래스에서 공유할 메서드가 있지만 이 클래스로 인스턴스를 직접 만들지는 않습니다. 즉 Mortgage 타입의 객체는 만들지 않을 것입니다.

[예제 10-10] 맨 위에 있는 find_payment 함수는 대출 기간에 대출금과 이자를 갚는 고정 월

---

8 리보(London Interbank Offered Rate, LIBOR) 금리가 아마도 가장 널리 사용되는 지수일 것입니다.

상환액을 계산합니다. 이 계산에는 잘 알려진 공식을 사용합니다. 이 공식을 유도하기가 어렵지는 않지만, 그냥 찾아보는 편이 더 쉽고 정확할 것입니다.[9]

하지만 웹이나 책에서 찾은 공식이 모두 올바르지는 않을 수 있습니다. 찾은 공식을 코드에 적용할 때 다음 사항을 확인하세요.

- 믿을만한 곳에서 공식을 가져와야 합니다(예제에 사용한 공식은 잘 알려진 여러 출처에서 확인했으며, 모두 동일한 공식을 제공했습니다).
- 공식에 있는 모든 변수의 의미를 완전히 이해해야 합니다.
- 믿을만한 곳에서 얻은 예시로 구현한 것을 테스트해야 합니다(예제의 함수를 구현한 후 함수의 결과와 웹에 있는 계산 결과를 비교했습니다).

예제 10-10 Mortgage 클래스

```python
def find_payment(loan, r, m):
    """가정: loan과 r은 floats, m은 int입니다.
       m 개월 동안 월이자가 r일 때 모기지 금액 loan의 월 상환액을 반환합니다."""
    return loan*((r*(1+r)**m)/((1+r)**m -1))


class Mortgage(object):
    """여러 종류의 모기지를 만드는 추상 클래스"""
    def __init__(self, loan, ann_rate, months):
        """가정: loan과 ann_rate은 float, months는 int입니다.
           대출금 load, 대출 기간 months, 연이율 ann_rate인 모기지를 만듭니다."""
        self._loan = loan
        self._rate = ann_rate/12
        self._months = months
        self._paid = [0.0]
        self._outstanding = [loan]
        self._payment = find_payment(loan, self._rate, months)
        self._legend = None #모기지 설명

    def make_payment(self):
```

---

9 옮긴이_ 이 방식을 원리금균등상환이라고 부릅니다. 대출 기간이 한 달이라면 월 상환액은 $p = (1+r)\text{Loan}$이 됩니다. 대출 기간이 두 달이라면 대출금은 첫 달에 갚고 난 후의 금액이 됩니다. 따라서 $p = (1+r)((1+r)\text{Loan} - p) = (1+r)^2\text{Loan} - (1+r)p$이 됩니다. 같은 식으로 대출 기간이 세 달이라면 $p = (1+r)^2((1+r)\text{Loan} - p) - (1+r)p = (1+r)^3\text{Loan} - (1+r)^2 p - (1+r)p$가 됩니다. 이 식을 정리하면 $(1+(1+r)+(1+r)^2)p = (1+r)^3\text{Loan}$이 됩니다. 이 식을 등비수열의 합 공식을 이용해 m개월로 확장하면 $\dfrac{(1+r)^m - 1}{(1+r)-1}p = (1+r)^m\text{Loan}$와 같습니다. 따라서 월 상환액은 $p = \text{Loan}\dfrac{r(1+r)^m}{(1+r)^m - 1}$가 됩니다.

```
        """월 상환액을 납입합니다."""
        self._paid.append(self._payment)
        reduction = self._payment - self._outstanding[-1]*self._rate
        self._outstanding.append(self._outstanding[-1] - reduction)

    def get_total_paid(self):
        """지금까지 납입한 총금액을 반환합니다."""
        return sum(self._paid)

    def __str__(self):
        return self._legend
```

__init__ 메서드를 보면 모든 Mortgage 인스턴스에는 초기 대출금, 월 금리, 월 단위의 대출 기간, 매월 초 납입한 상환액 리스트(첫 번째 달 초에는 상환액이 없으므로 이 리스트는 0으로 시작합니다), 매월 초 남아 있는 잔금 리스트, 매월 납입한 금액(find_payment 함수가 반환하는 값으로 초기화됩니다), 모기지 설명(None으로 초기화됩니다)에 관한 변수가 있습니다. Mortgage의 서브클래스의 __init__ 메서드는 Mortgage.__init__를 호출하고 그다음 해당 서브클래스에 대한 적절한 설명으로 self._legend를 초기화해야 합니다.

make_payment 메서드를 사용해 모기지 상환액을 기록합니다. 상환액에는 잔여 대출금의 이자가 포함됩니다. 따라서 상환액에서 이자를 뺀 금액으로 잔금을 줄입니다. 이것이 make_payment 메서드가 self.paid와 self.outstanding 두 개를 업데이트하는 이유입니다.

get_total_paid 메서드는 숫자 시퀀스의 합을 반환하는 파이썬 내장 함수 sum을 사용합니다. 시퀀스에 숫자가 아닌 값이 있다면 예외가 발생합니다.

[예제 10–11]은 세 종류의 모기지를 구현한 코드입니다. Fixed와 FixedWithPts는 __init__를 오버라이드하고 Mortgage의 세 메서드를 상속합니다. TwoRate는 하나의 모기지를 금리가 다른 두 대출을 연결한 것으로 처리합니다. self.paid의 초깃값은 원소가 하나인 리스트입니다. 따라서 실제 상환 횟수보다 원소가 하나 더 많습니다. 이것이 make_payment 메서드에서 len(self.paid)와 self.teaser_months + 1을 비교하는 이유입니다.

[예제 10–11]에는 샘플 매개변수로 여러 종류의 모기지를 비교하고 총상환액을 출력하는 함수도 있습니다. 먼저 세 종류의 모기지를 만듭니다. 그다음 주어진 기간에 지불할 상환액을 계산합니다. 마지막으로 모기지마다 총상환액을 출력합니다.

```python
class Fixed(Mortgage):
    def __init__(self, loan, r, months):
        Mortgage.__init__(self, loan, r, months)
        self._legend = f'고정, {r*100:.1f}%'

class FixedWithPts(Mortgage):
    def __init__(self, loan, r, months, pts):
        Mortgage.__init__(self, loan, r, months)
        self._pts = pts
        self._paid = [loan*(pts/100)]
        self._legend = f'고정, {r*100:.1f}%, {pts} 포인트'

class TwoRate(Mortgage):
    def __init__(self, loan, r, months, teaser_rate, teaser_months):
        Mortgage.__init__(self, loan, teaser_rate, months)
        self._teaser_months = teaser_months
        self._teaser_rate = teaser_rate
        self._nextRate = r/12
        self._legend = (f'{self._teaser_months}달 동안 ' +
                        f'{100*teaser_rate:.1f}%, 그다음엔 {100*r:.1f}%')
    def make_payment(self):
        if len(self._paid) == self._teaser_months + 1:
            self._rate = self._nextRate
            self._payment = find_payment(self._outstanding[-1],
                                         self._rate,
                                         self._months - self._teaser_months)
        Mortgage.make_payment(self)

def compare_mortgages(amt, years, fixed_rate, pts, pts_rate,
                      var_rate1, var_rate2, var_months):
    tot_months = years*12
    fixed1 = Fixed(amt, fixed_rate, tot_months)
    fixed2 = FixedWithPts(amt, pts_rate, tot_months, pts)
    two_rate = TwoRate(amt, var_rate2, tot_months, var_rate1,
                       var_months)
    morts = [fixed1, fixed2, two_rate]
    for m in range(tot_months):
        for mort in morts:
            mort.make_payment()
    for m in morts:
```

```
    print(m)
    print(f' 총상환액 = ${m.get_total_paid():,.0f}')
```

이제 마지막으로 여러 가지 모기지를 비교해 보겠습니다.

```
compare_mortgages(amt=200000, years=30, fixed_rate=0.035,
                  pts = 2, pts_rate=0.03, var_rate1=0.03,
                  var_rate2=0.05, var_months=60)
```

compare_mortgages 함수를 호출할 때 위치 인수 대신 키워드 인수를 사용했습니다. compare_mortgages에는 동일한 타입의 형식 매개변수가 많기 때문입니다. 키워드 인수를 사용하면 실제로 값이 의도한 대로 형식 매개변수에 제공되는지 쉽게 확인할 수 있습니다.

앞의 코드를 실행하면 다음과 같이 출력됩니다.

```
고정, 3.5%
총상환액 = $323,312
고정, 3.0%, 2 포인트
총상환액 = $307,555
60달 동안 3.0%, 그다음엔 5.0%
총상환액 = $362,435
```

언뜻 보면 결과가 매우 명확한 것 같습니다. 변동 금리 대출은 (대출 기관이 아니라 대출받는 사람에게) 나쁜 생각입니다. 포인트가 있는 고정 금리 대출에서 가장 적은 상환액이 발생합니다. 하지만 총상환액이 모기지를 판단하는 유일한 척도가 아니라는 점이 중요합니다. 예를 들어 미래에 높은 임금을 받을 수 있는 대출자는 초기 상환 부담을 줄이고 나중에 더 많이 상환하고 싶을 수 있습니다.

이는 단순히 숫자를 보지 말고 기간에 따른 상환액을 보아야 한다는 의미입니다. 따라서 프로그램은 시간에 따라 모기지가 어떻게 변하는지 그래프로 그릴 수 있어야 합니다. 이 작업은 13.2절에서 하겠습니다.

4부

프로그래밍으로
문제 풀기

4부에서는 프로그래밍으로 문제를 해결하는 데 필요한 알고리즘에 관해 알아봅니다. 먼저 프로그램의 성능을 판단하는 기준인 복잡도를 알아본 뒤 여러 알고리즘의 복잡도를 살펴봅니다. 마지막으로 프로그래밍을 통해 데이터를 이해하는 데 도움을 주는 그래프를 그리는 법을 알아봅니다.

11장. 알고리즘 복잡도

알고리즘이 합리적으로 작업을 수행하는지 판단하는 기준인 복잡도에 관해 하나씩 살펴보며 기본 개념부터 복잡도를 추정하는 방법까지 알아봅니다.

12장. 알고리즘과 데이터 구조

프로그램의 효율성을 높이는 몇 가지 고전 알고리즘을 소개하고, 이 알고리즘을 11장에서 배운 계산 복잡도를 바탕으로 분석합니다.

13장. 그래프 출력과 클래스

맷플롯립으로 그래프를 그려 데이터를 시각적으로 표현하는 방법을 알아봅니다.

11장

알고리즘 복잡도

이 장의 키워드

개념 복잡도 | 계산 복잡도 | 랜덤 접근 머신 | 계산 스텝 | 최상/최악의 복잡도
평균 복잡도 | 기대 복잡도 | 상한/하한 | 상하한의 교집합 | 증가도 | 점근 표기법
대문자 O 표기법 | 대문자 세타(Θ) 표기법

프로그램을 설계하고 구현할 때 신뢰할 수 있는 결과를 만드는 것이 가장 중요합니다. 우리는 은행 잔고가 정확하게 계산되고, 자동차 엔진의 연료 분사 장치가 적정량의 연료를 분사하고, 비행기나 운영 시스템이 망가지지 않길 원합니다.

이따금 성능이 정확성의 중요한 한 측면입니다. 실시간으로 실행해야 하는 프로그램에서는 더욱 그렇습니다. 비행기에 장애물을 경고하는 프로그램은 비행기가 장애물을 만나기 전에 경고해야 합니다. 성능은 실시간이 아닌 프로그램의 유용성에도 영향을 미칩니다. 분당 완료 트랜잭션transaction의 수는 데이터베이스 시스템의 유용성을 평가하는 중요한 지표입니다. 사람들은 스마트폰의 애플리케이션이 구동되는 데 걸리는 시간에 신경을 씁니다. 생물학자들은 계통발생적phylogenetic 추론 계산에 얼마나 오랜 시간이 걸리는지에 관심을 둡니다.

효율적인 프로그램을 작성하기는 쉽지 않습니다. 가장 간단한 해결책이 가장 효율적인 방법이 아닐 때가 많습니다. 계산적으로 효율적인 알고리즘은 보통 이해하기 어려운 미묘한 트릭을 사용합니다. 결국 프로그래머는 **개념 복잡도**conceptual complexity를 높여서 **계산 복잡도**computational complexity를 줄일 때가 많습니다. 작업을 합리적으로 수행하려면 프로그램의 계산 복잡도를 추정하는 방법을 알아야 합니다. 이것이 바로 이 장의 주제입니다.

11.1 계산 복잡도에 관한 고찰

'다음 함수를 실행하는 데 얼마나 걸리나요?'라는 질문에 어떻게 대답해야 할까요?

```python
def f(i):
    """i는 int이고 i >= 0라고 가정합니다."""
    answer = 1
    while i >= 1:
        answer *= i
        i -= 1
    return answer
```

몇 가지 입력으로 프로그램을 실행하고 시간을 잴 수 있습니다. 하지만 이때 결과는 다음과 같은 사항에 의존하므로 그리 유용하지 않습니다.

- 프로그램을 실행하는 컴퓨터 속도
- 컴퓨터에 설치된 파이썬 인터프리터의 효율성
- 입력값

조금 더 추상적인 시간 측정 방법으로 처음 두 이슈를 처리합니다. 마이크로초로 시간을 재는 대신에 기본적인 프로그램 실행 스텝의 횟수로 시간을 측정합니다.

간단하게 **랜덤 접근 머신**random access machine을 계산 모델로 사용하겠습니다. 랜덤 접근 머신에서 스텝은 한 번에 하나씩 순차적으로 실행됩니다.[1] **스텝**step은 일정한 시간이 걸리는 연산입니다. 예를 들면 변수를 객체에 바인딩하거나, 비교하거나, 산술 연산을 실행하거나, 메모리에 있는 객체를 참조하는 연산을 스텝으로 볼 수 있습니다.

이제 시간의 의미를 조금 더 추상적인 방법으로 생각할 수 있습니다. 그다음으로 입력값에 따른 의존성 문제로 넘어가 보죠. 시간 복잡도time complexity를 하나의 숫자로 표현하는 대신 입력의 크기에 연관지을 수 있습니다. 이렇게 하면 입력 크기에 따라 실행 시간이 얼마나 증가하는지로 두 알고리즘의 효율성을 비교할 수 있습니다.

물론 알고리즘의 실제 실행 시간은 입력 크기뿐만 아니라 입력값에 따라서도 달라질 수 있습니

---

1 오늘날 컴퓨터의 정확한 모델은 병렬 접근 머신(parallel random access)입니다. 하지만 알고리즘 분석이 상당히 복잡해지고 결과에 큰 차이가 없는 경우가 많습니다.

다. 예를 들면 다음과 같이 구현한 선형 탐색 알고리즘^{linear search algorithm}을 생각해 보죠.

```python
def linear_search(L, x):
    for e in L:
        if e == x:
            return True
    return False
```

L이 원소가 백만 개인 리스트일 때 linear_search(L, 3)을 호출한다고 가정해 보죠. L의 첫 번째 원소가 3이면 linear_search는 거의 즉시 True를 반환합니다. 반면 L에 3이 없다면 linear_search는 원소 백만 개를 모두 검사한 후에 False를 반환합니다.

일반적으로 크게 세 가지 경우를 생각할 수 있습니다.

- 최상의 실행 시간은 가장 선호하는 값을 입력했을 때 알고리즘의 실행 시간입니다. 즉, **최상**^{base-case}의 실행 시간은 특정 길이의 가능한 모든 입력 중에서 가장 적은 실행 시간입니다. linear_search 함수에서 최상의 실행 시간은 L의 크기와 관련이 없습니다.
- 이와 비슷하게 **최악**^{worst-case}의 실행 시간은 특정 길이의 가능한 모든 입력 중에서 가장 긴 실행 시간입니다. linear_search에서 최악의 실행 시간은 L의 크기에 선형적입니다.
- 최상의 실행 시간과 최악의 실행 시간 정의와 비슷하게, **평균**^{average-case} 실행 시간(또는 **기대**^{expected-case} 실행 시간)은 특정 길이의 가능한 모든 입력에서 걸리는 평균 실행 시간입니다. 만약 입력값 분포의 사전 정보(예: x가 L에 있을 가능성이 90%)가 있다면 이를 계산할 수 있습니다.

사람들은 일반적으로 최악의 상황에 관심이 있습니다. 모든 엔지니어가 믿는 한 가지 법칙이 있습니다. '만약 무언가 잘못될 수 있다면 그것은 잘못될 것이다'라는 머피의 법칙^{Murphy's Law}입니다. 최악의 경우는 실행 시간의 **상한선**^{upper bound}을 형성합니다. 계산을 수행할 때 시간제한이 있다면 이 값이 중요합니다. 항공 교통 관제 시스템이 곧 일어날 충돌을 '대부분' 사전에 경고하면 안 되겠죠.

팩토리얼 함수의 재귀 구현에 대한 최악의 실행 시간을 알아보죠.

```python
def fact(n):
    """n은 양의 정수라고 가정합니다.
       n!을 반환합니다."""
    answer = 1
    while n > 1:
```

```
        answer *= n
        n -= 1
    return answer
```

이 프로그램을 실행하는 데 필요한 스텝 수는 2(초기 할당문에 1스텝, return 문장에 1스텝) + 5n(while 문장 테스트에 1스텝, while 루프 안에 있는 첫 번째 할당문에 2스텝, while 루프 안에 있는 두 번째 할당문에 2스텝[2])과 같습니다. 예를 들어 n이 1000이면 이 함수는 스텝을 대략 5002번 실행합니다.

당연히 n이 커질수록 5n과 5n+2의 차이는 신경 쓰지 않아도 됩니다. 그래서 실행 시간을 추정할 때 일반적으로 덧셈 상수를 무시합니다. 곱셈 상수는 문제가 될 가능성이 높습니다. 어떤 계산이 1,000스텝인지 5,000스텝인지에 신경 써야 할까요? 중요한 것은 곱셈 상수입니다. 검색엔진이 쿼리에 응답하는 데 0.5초가 걸리는지, 2.5초가 걸리는지에 따라 사람들은 다른 검색엔진을 선택합니다.

반면 다른 알고리즘 두 개를 비교할 때는 곱셈 상수조차도 크게 중요하지 않을 때가 많습니다. 3장에서 부동소수점 숫자의 제곱근의 근삿값을 찾으면서 완전 열거와 이분 검색이라는 두 알고리즘을 살펴보았습니다. [예제 11-1]과 [예제 11-2]는 이 두 알고리즘을 기반으로 구현한 함수입니다.

예제 11-1 완전 열거를 사용해 제곱근의 근삿값 찾기

```python
def square_root_exhaustive(x, epsilon):
    """x와 epsilon은 양의 실수이고 epsilon < 1이라고 가정합니다.
       x에서 epsilon 이내에 y*y가 있을 때 y를 반환합니다."""
    step = epsilon**2
    ans = 0.0
    while abs(ans**2 - x) >= epsilon and ans*ans <= x:
        ans += step
    if ans*ans > x:
        raise ValueError
    return ans
```

---

2   옮긴이_ *=는 곱셈에 1스텝, 할당에 1스텝이 필요합니다. 마찬가지로 -=도 뺄셈과 할당을 각각 1스텝으로 셉니다.

```python
def square_root_bi(x, epsilon):
    """x와 epsilon은 양의 실수이고 epsilon < 1이라고 가정합니다.
       x에서 epsilon 이내에 y*y가 있을 때 y를 반환합니다."""
    low = 0.0
    high = max(1.0, x)
    ans = (high + low)/2.0
    while abs(ans**2 - x) >= epsilon:
        if ans**2 < x:
            low = ans
        else:
            high = ans
        ans = (high + low)/2.0
    return ans
```

완전 열거는 너무 느려서 x와 epsilon의 조합에 따라 계산이 매우 어렵습니다. 예를 들어 square_root_exhaustive(100, 0.0001)는 while 루프를 대략 10억 번 수행해야 합니다. 반면 square_root_bi(100, 0.0001)는 while 루프가 조금 더 복잡하지만 대략 20번 반복하면 됩니다. 반복 횟수 차이가 클 때는 루프 안에 얼마나 많은 스텝이 있는지가 중요하지 않습니다. 즉, 곱셈 상수는 크게 관련이 없습니다.

11.2 점근 표기법

점근 표기법asymptotic notation이라는 방법을 사용해서 알고리즘의 실행 시간과 입력 크기 사이의 관계를 나타냅니다. 이 표기법은 거의 모든 알고리즘이 작은 입력에서 실행할 때는 충분히 효율적이라는 생각에서 출발합니다. 일반적으로는 매우 큰 입력에서 실행할 때의 알고리즘 효율성에 관심을 둬야 하죠. 점근 표기법은 '매우 큰' 입력을 나타내려고 입력의 크기가 무한대에 가까워질 때 알고리즘의 복잡도를 기술합니다.

예를 들어 [예제 11-3]을 생각해 보죠.

```python
def f(x):
    """x는 0보다 큰 정수라고 가정합니다."""
    ans = 0
    #상수 시간이 걸리는 루프
    for i in range(1000):
        ans += 1
    print('지금까지 덧셈 횟수:', ans)
    #x 시간이 걸리는 루프
    for i in range(x):
        ans += 1
    print('지금까지 덧셈 횟수:', ans)
    #x**2 시간이 걸리는 중첩 루프
    for i in range(x):
        for j in range(x):
            ans += 1
            ans += 1
    print('지금까지 덧셈 횟수:', ans)
    return ans
```

각 코드 라인을 실행하는 데 하나의 단위시간이 걸린다고 가정하면 이 함수의 실행 시간을 $1000 + x + 2x^2$로 쓸 수 있습니다. 상수 1000은 첫 번째 루프의 실행 횟수에 해당합니다. x 항은 두 번째 루프의 실행 횟수에 해당합니다. 마지막으로 $2x^2$은 중첩 루프 안에 있는 두 개의 문장을 실행하는 시간에 해당합니다. 따라서 f(10)을 호출하면 다음과 같이 출력됩니다.

```
지금까지 덧셈 횟수: 1000
지금까지 덧셈 횟수: 1010
지금까지 덧셈 횟수: 1210
```

f(1000)을 호출하면 다음과 같이 출력됩니다.

```
지금까지 덧셈 횟수: 1000
지금까지 덧셈 횟수: 2000
지금까지 덧셈 횟수: 2002000
```

x가 작을 때는 상수항이 큰 영향을 미칩니다. x가 10이면 80% 스텝이 첫 번째 루프에서 일어 납니다. 반면 x가 1000이면 처음 두 루프는 약 0.05% 스텝에 해당합니다. x가 1,000,000이면

처음 루프는 전체 시간의 약 0.00000005%에 해당하며 두 번째 루프는 약 0.00005%에 해당합니다. 2,000,001,001,000 스텝 중 2,000,000,000,000이 안쪽 for 루프의 바디에서 일어납니다.

확실히 매우 큰 입력에서 이 코드가 얼마나 오래 걸리는지는 중첩된 루프(즉, 2차항)만 고려해도 의미 있는 정보를 얻을 수 있습니다. 이 루프가 x^2가 아니라 $2x^2$ 스텝이 걸린다는 점을 신경 써야 할까요? 컴퓨터가 스텝을 초당 약 1억 개 실행한다면 `f(1000000)`를 실행하는 데 약 5.5시간이 걸립니다. 만약 x^2 복잡도로 줄일 수 있다면 2.25시간이 걸릴 것입니다. 두 경우 모두 시사하는 바는 같습니다. 더 효율적인 알고리즘을 찾아야 한다는 점이죠.

이런 분석을 통해 알고리즘의 점근 복잡도를 다음과 같은 경험 법칙으로 설명할 수 있습니다.

- 실행 시간이 여러 항의 합으로 구성되면 가장 빠르게 커지는 항만 유지하고 나머지는 버립니다.
- 남은 항에 있는 곱셈 상수는 버립니다.

가장 널리 사용하는 점근 표기법은 '대문자 O^Big O 표기법[3]입니다. 대문자 O 표기법을 사용해 함수의 점근 증가(또는 **증가도**^order of growth)의 **상한선**을 나타냅니다. 예를 들어 식 $f(x) \in O(x^2)$은 점근적 관점에서 함수 f의 실행 시간이 2차 다항식 x^2보다 빠르게 증가하지 않는다는 의미입니다.

많은 컴퓨터 과학자들은 'f(x)의 복잡도는 $O(x^2)$입니다'처럼 대문자 O 표기법을 남용합니다. 이를 최악의 경우 f가 $O(x^2)$ 단계보다 더 실행되지 않는다는 의미로 사용합니다. 어떤 함수의 복잡도가 '$O(x^2)$ 안에 있는' 것과 '$O(x^2)$인' 것의 차이는 미묘하지만 중요합니다. $f(x) \in O(x^2)$는 최악의 경우 f의 실행 시간이 $O(x^2)$보다 크게 적을 수 있음을 나타냅니다. 최악의 점근적 실행 시간이 어떤 상한선과 **하한선**^lower bound 사이에 놓여 있음을 표현할 때 **대문자 세타**^Big Theta (Θ)를 사용해서 혼동을 피하겠습니다. 이를 상한과 하한의 **교집합**^tight bound이라고 부릅니다.[4]

---

3 '대문자 O'란 용어는 1970년대 컴퓨터 과학자 도널드 커누스(Donald Knuth)가 소개했습니다. 그는 그리스 문자 오미크론(Omicron)을 선택했는데, 이는 정수론(number theory) 학자들이 19세기 말부터 해당 문자를 사용해 이와 관련된 개념을 나타냈기 때문입니다.

4 옮긴이_ 대문자 Ω 표기법은 최선의 경우 함수의 실행 시간이 어떤 하한선 보다 같거나 큼을 나타냅니다. Θ(x2)는 O(x2)와 Ω(x2)의 교집합입니다.

 **뇌풀기 문제**

다음 함수들의 점근 복잡도는 각각 얼마인가요?

```python
def g(L, e):
    """L은 정수 리스트이고
       e는 정수입니다."""
    for i in range(100):
        for e1 in L:
            if e1 == e:
                return True
    return False
```

```python
def h(L, e):
    """L은 정수 리스트이고
       e는 정수입니다."""
    for i in range(e):
        for e1 in L:
            if e1 == e:
                return True
    return False
```

11.3 중요한 몇 가지 복잡도 종류

다음은 가장 일반적인 대문자 O(그리고 Θ)의 예시입니다. 여기에서 n은 함수 입력의 크기입니다.

- $O(1)$은 상수constant 실행 시간을 나타냅니다.
- $O(\log(n))$은 로그logarithmic 실행 시간을 나타냅니다.
- $O(n)$은 선형linear 실행 시간을 나타냅니다.
- $O(n \log(n))$은 로그 선형log-linear 실행 시간을 나타냅니다.
- $O(n^k)$는 다항polynomial 실행 시간을 나타냅니다. 여기서 k는 상수입니다.
- $O(c^n)$은 지수exponential 실행 시간을 나타냅니다. 입력 크기에 따라 상수 c를 제곱합니다.

11.3.1 상수 복잡도

점근 복잡도가 입력의 크기에 독립적임을 나타냅니다. 여기에 해당하는 프로그램이 매우 드물지만, 모든 프로그램의 일정 부분(예: 파이썬 리스트의 길이 계산, 두 부동소수점 숫자 곱하기)은 여기에 속합니다. 상수 실행 시간은 코드에 루프가 없거나 재귀 호출이 없다는 것을 의미하지 않습니다. 대신 반복 횟수나 재귀 호출이 입력 크기에 독립적이라는 의미입니다.

11.3.2 로그 복잡도

입력 중 적어도 하나에 대해 로그로 증가하는 복잡도를 가집니다. 예를 들면 이진 검색[binary search]은 탐색 대상 리스트의 길이에 대해 로그 복잡도를 가집니다(12장에서 이진 검색과 복잡도를 알아보겠습니다). 로그 밑에 따른 차이는 상수 곱셈에 해당하므로 로그 밑은 신경 쓰지 않습니다. 예를 들어 $O(\log_2(x)) = O(\log_2(10)*\log_{10}(x))$입니다. 로그 복잡도를 가진 흥미로운 함수가 많습니다. 예를 들어 다음 함수를 살펴보죠.

```python
def int_to_str(i):
    """i는 0보다 큰 정수라고 가정합니다.
       i의 문자열 표현을 반환합니다."""
    digits = '0123456789'
    if i == 0:
        return '0'
    result = ''
    while i > 0:
        result = digits[i%10] + result
        i = i//10
    return result
```

이 코드에는 함수나 메서드 호출이 없으니 복잡도 종류를 결정할 때 루프만 살펴보면 됩니다. 루프가 하나만 있으므로 반복 횟수를 조사해 보죠. //(몫 연산[floor division]) 연산자를 사용해 i가 0이 될 때까지 10으로 나눕니다. 따라서 int_to_str의 복잡도는 $O(\log(i))$입니다. 조금 더 정확하게 말하면 $\log(i)$가 상한과 하한의 교집합이므로 $\Theta(\log(i))$입니다.

다음 함수의 복잡도는 얼마일까요?

```python
def add_digits(n):
    """n이 0보다 큰 정수라고 가정합니다.
       n에 있는 숫자의 합을 반환합니다."""
    string_rep = int_to_str(n)
    val = 0
    for c in string_rep:
        val += int(c)
    return val
```

int_to_str을 사용해 n을 문자열로 변환하는 복잡도는 $\Theta(\log(n))$입니다. int_to_str은 $\log(n)$ 길이의 문자열을 반환합니다. for 루프는 $\Theta(\log(\text{string\_rep}))$ 번, 즉 $\Theta(\log(n))$ 번 실행합니다. 숫자를 나타내는 하나의 문자를 상수 시간 안에 정수로 변환할 수 있다고 가정하면 이 프로그램은 $\Theta(\log(n)) + \Theta(\log(n))$에 비례하는 시간 안에 실행될 것입니다. 따라서 복잡도는 $\Theta(\log(n))$이 됩니다.

11.3.3 선형 복잡도

리스트나 다른 종류의 시퀀스를 다루는 많은 알고리즘은 시퀀스의 각 원소를 (0보다 큰) 일정한 횟수만큼 접근하기 때문에 선형입니다.

다음 코드를 살펴보죠.

```python
def add_digits(s):
    """s는 숫자 문자열이라고 가정합니다.
       s에 있는 숫자의 합을 반환합니다."""
    val = 0
    for c in string_rep:
        val += int(c)
    return val
```

이 함수는 s의 길이에 선형입니다. 즉 $\Theta(\text{len}(s))$입니다.

물론 프로그램에 루프가 있어야 선형 복잡도를 가지는 것은 아닙니다. 다음 코드를 살펴보죠.

```python
def factorial(x):
    """x는 양의 정수라고 가정합니다.
       x!를 반환합니다."""
    if x == 1:
        return 1
    else:
        return x*factorial(x-1)
```

이 코드에는 루프가 없으므로 복잡도를 분석하려면 얼마나 많은 재귀 호출이 있는지 파악해야 합니다. 연속되어 일어나는 호출은 다음과 같습니다.

```
factorial(x), factorial(x-1), factorial(x-2), ..., factorial(1)
```

이 재귀 호출의 길이가 함수의 복잡도이며 $\Theta(x)$입니다.

지금까지 이 장에서는 코드의 시간 복잡도만 알아보았습니다. 일정량의 공간을 사용하는 알고리즘에는 괜찮지만, 이 팩토리얼 구현은 이에 해당하지 않습니다. 4장에서 설명했듯이 팩토리얼의 재귀 호출마다 새로운 스택 프레임이 할당되며 해당 호출이 반환되기 전까지 이 프레임이 메모리를 계속 점유합니다. 재귀의 최대 깊이에서 이 코드는 스택 프레임을 x개 할당하므로 이 코드의 공간 복잡도^{space complexity}는 $O(x)$입니다.

공간 복잡도의 영향은 시간 복잡도의 영향보다 이해하기 힘듭니다. 프로그램의 실행 시간이 1분이 걸리는지 2분이 걸리는지는 사용자에게 쉽게 드러나지만, 메모리를 1MB 사용하는지 2MB 사용하는지는 잘 드러나지 않습니다. 그래서 사람들은 일반적으로 공간 복잡도보다 시간 복잡도에 더 관심을 기울입니다. 하지만 컴퓨터의 고속 메모리보다 더 많은 공간이 프로그램에 필요할 때는 예외입니다.

11.3.4 로그 선형 복잡도

이 복잡도는 지금까지 본 것보다 조금 더 복잡합니다. 이 복잡도는 입력 크기에 의존하는 두 항의 곱으로 이루어집니다. 많은 실용적인 알고리즘의 복잡도가 로그 선형이므로 이 복잡도가 중요합니다. 가장 널리 사용되는 로그 선형 알고리즘은 복잡도가 $\Theta(n \log(n))$인 합병 정렬^{merge sort}입니다. 여기서 n은 정렬할 리스트의 길이입니다. 12장에서 이 알고리즘을 살펴보고 복잡도를 분석해 보겠습니다.

11.3.5 다항 복잡도

가장 널리 사용하는 알고리즘의 다항 복잡도는 2차입니다. 즉 복잡도가 입력의 크기의 제곱에 비례합니다. 예를 들어 부분집합을 테스트하는 [예제 11-4]의 함수를 생각해 보죠.

```
def is_subset(L1, L2):
    """L1과 L2는 리스트로 가정합니다.
       L1의 모든 원소가 L2에도 있으면 True, 그렇지 않으면 False를 반환합니다."""
    for e1 in L1:
        matched = False
        for e2 in L2:
            if e1 == e2:
                matched = True
                break
        if not matched:
            return False
    return True
```

안쪽 루프는 매번 $\Theta(\text{len}(L2))$만큼 실행됩니다. is_subset 함수는 바깥쪽 루프를 $\Theta(\text{len}(L1))$번 실행하므로 안쪽 루프는 $\Theta(\text{len}(L1)*\text{len}(L2))$만큼 실행됩니다.

[예제 11-5]에 있는 intersect 함수를 살펴보죠. 먼저 중복된 원소가 있는 리스트를 만드는 코드의 실행 시간은 $\Theta(\text{len}(L1)*\text{len}(L2))$입니다. 그다음에 나오는 중복 없는 리스트를 만드는 코드의 실행 시간이 얼핏보면 tmp의 길이에 선형적으로 보이지만, 그렇지 않습니다.

e not in result 표현식을 평가하려면 result에 있는 모든 원소를 살펴봐야 합니다. 따라서 복잡도가 $\Theta(\text{len}(\text{result}))$입니다. 결과적으로 이 함수의 두 번째 반복문의 복잡도는 $\Theta(\text{len}(\text{tmp})*\text{len}(\text{result}))$가 됩니다. 하지만 result와 tmp의 최대 길이는 L1과 L2 중 짧은 길이보다 짧고 복잡도에서 덧셈 항은 무시하므로 intersect 함수의 복잡도는 $\Theta(\text{len}(L1)*\text{len}(L2))$가 됩니다.

예제 11-5 두 리스트의 교집합 구하기

```
def intersect(L1, L2):
    """가정: L1과 L2는 리스트입니다.
       L1과 L2의 교집합을 반환합니다."""
    #공통 원소를 담은 리스트 만들기
    tmp = []
    for e1 in L1:
        for e2 in L2:
            if e1 == e2:
```

```
            tmp.append(e1)
            break
    #중복이 없는 리스트 만들기
    result = []
    for e in tmp:
        if e not in result:
            result.append(e)
    return result
```

11.3.6 지수 복잡도

나중에 보겠지만 중요한 많은 문제는 태생적으로 지수 복잡도를 가집니다. 즉 문제를 완전히 해결하는 데 입력 크기에 지수적으로 증가하는 시간이 필요합니다. 하지만 실행 시간이 지수적으로 증가할 가능성이 높은 프로그램을 만드는 데 비용을 들이지 않을 것입니다. 예를 들어 [예제 11-6]을 살펴보죠.

예제 11-6 멱집합 생성하기

```
def get_binary_rep(n, num_digits):
    """n과 num_digits는 음수가 아닌 정수로 가정합니다.
       n의 이진 표현을 num_digits 길이의 문자열로 반환합니다."""
    result = ''
    while n > 0:
        result = str(n%2) + result
        n = n//2
    if len(result) > num_digits:
        raise ValueError('num_digits가 부족합니다')
    for i in range(num_digits - len(result)):
        result = '0' + result
    return result

def gen_powerset(L):
    """L은 리스트로 가정합니다.
       L에 있는 원소로 가능한 모든 조합을 담은 리스트의 리스트를 반환합니다.
       예를 들어 L이 [1, 2]이면 원소가 [], [1], [2], [1, 2]인 리스트를 반환합니다."""
    powerset = []
    for i in range(0, 2**len(L)):
```

```
        bin_str = get_binary_rep(i, len(L))
        subset = []
        for j in range(len(L)):
            if bin_str[j] == '1':
                subset.append(L[j])
        powerset.append(subset)
    return powerset
```

gen_powerset(L) 함수는 L의 원소로 가능한 모든 조합을 담은 리스트의 리스트를 반환합니다. 예를 들어 L이 ['x', 'y']이면 L의 멱집합$^{power\ set}$은 [], ['x'], ['y'], ['x', 'y']를 담은 리스트입니다.

이 알고리즘은 조금 미묘합니다. 원소가 n개인 리스트를 생각해 보죠. 원소의 모든 조합을 0과 1로 이루어진 문자열로 표현할 수 있습니다. 1은 해당 원소가 포함되고 0은 포함되지 않는다는 의미입니다. 아무런 원소도 없는 조합은 모두 0으로 이루어진 문자열로 나타냅니다. 모든 원소를 포함한 조합은 모두 1로 이루어진 문자열로 나타냅니다. 첫 번째 원소와 마지막 원소만으로 이루어진 조합은 100···001로 표현됩니다.

다음과 같은 방식으로 길이가 n인 리스트 L의 모든 서브 리스트를 생성할 수 있습니다.

- n비트 이진 숫자를 만듭니다. 0에서 2n − 1까지 수입니다.
- 2^n개의 이진 숫자 b에서 1의 위치에 해당하는 L의 원소를 선택해 리스트를 생성합니다. 예를 들어 L이 ['x', 'y', 'z']이고 b가 101이면 리스트 ['x', 'z']가 만들어집니다.

처음 10개의 알파벳을 담은 리스트로 **gen_powerset**를 실행해 보세요. 원소가 1,024개인 리스트를 빠르게 생성할 것입니다. 그다음 처음 20개의 알파벳으로 **gen_powerset**를 실행해 보세요. 조금 더 시간이 걸리며 원소가 약 백만 개인 리스트가 반환될 것입니다. 만약 26개의 알파벳을 모두 사용해 **gen_powerset**을 실행하면 완료되는 데 오랜 시간이 걸리겠죠. 아니면 원소가 수천만 개인 리스트를 만들다가 메모리 부족 에러가 발생할 수 있습니다. 대소문자 전체 알파벳으로 **gen_powerset**를 실행하지 않는 것이 좋습니다. 첫 번째 단계에서 이 알고리즘은 이진 숫자를 $\Theta(2^{len(L)})$개 생성하므로 이 알고리즘의 실행 시간은 len(L)에 지수적으로 증가합니다.

그럼 실행 시간이 지수적으로 증가하는 문제는 계산으로 해결할 수 없다는 의미일까요? 절대 그렇지 않습니다. 문제의 근사적인 해결책을 내는 알고리즘을 찾거나, 문제의 특정 상황에 대한 완벽한 해결책을 찾아야 한다는 의미입니다. 이 주제는 이후 장에서 다루겠습니다.

11.3.7 복잡도 비교

이 절에는 각 복잡도에 속한 알고리즘의 차이를 설명하는 그래프가 있습니다.[5]

[그림 11-1]의 왼쪽 그래프는 상수 복잡도 알고리즘과 로그 복잡도 알고리즘을 비교합니다. 상수가 매우 작은 15이더라도 입력 크기가 약 30,000일 때 두 알고리즘이 서로 교차합니다. 입력 크기가 100,000일 때도 로그 복잡도 알고리즘에 필요한 시간은 여전히 작습니다. 따라서 로그 복잡도 알고리즘은 상수 복잡도만큼이나 좋음을 알 수 있습니다.

[그림 11-1]의 오른쪽 그래프는 로그 복잡도 알고리즘과 선형 복잡도 알고리즘 사이의 극적인 차이를 보여줍니다. 상수 복잡도와 로그 복잡도 사이의 차이를 보려면 입력 크기가 커야 했지만, 로그 복잡도와 선형 복잡도 사이의 차이는 작은 입력에서도 뚜렷합니다. 로그 복잡도와 선형 복잡도의 상대적 성능 차이가 선형 복잡도 알고리즘이 나쁘다는 의미는 아닙니다. 사실 선형 복잡도 알고리즘은 대부분 충분히 효율적입니다.

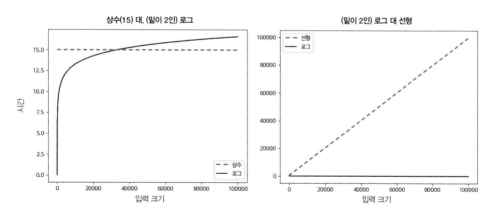

그림 11-1 상수, 로그, 선형 복잡도

---

5 옮긴이_ 이 그래프를 그리는 코드는 번역서 깃허브의 11장 노트북을 참고하세요.

[그림 11-2]의 왼쪽 그래프는 O(n)와 O(n log(n)) 사이의 큰 차이를 보여줍니다. log(n)이 느리게 증가하는 점을 고려하면 이는 조금 놀라운 결과입니다. 하지만 곱셈 항임을 유념하세요. 또한 실제 많은 상황에서 O(n log(n))는 충분히 빨라 유용합니다. 반면 [그림 11-2]의 오른쪽 그래프는 복잡도가 2차 다항식으로 증가하는 상황을 피해야 함을 보여줍니다.

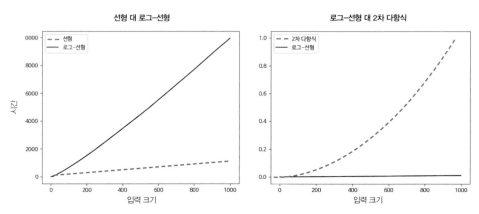

그림 11-2 선형, 로그–선형, 다항 복잡도

[그림 11-3]는 지수 복잡도 그래프입니다. [그림 11-3]의 왼쪽 그래프에서 y축의 눈금이 0에서 6까지 증가합니다. y축 위에 쓰인 **1e29**는 y축의 눈금에 10^{29}를 곱해야 한다는 의미입니다. 따라서 이 그래프의 y값은 0에서 약 $6.6*10^{29}$까지 증가합니다. [그림 11-3]의 왼쪽 그래프에서 2차 다항식 그래프는 거의 보이지 않습니다. 지수 함수가 너무 빠르게 증가해서 (y축의 범위를 결정하는) 가장 큰 지점의 y값에 비해 지수 곡선의 초기 y값이 (그리고 2차 다항 곡선의 모든 지점의 값이) 거의 0과 구분되지 않습니다.

[그림 11-3]의 오른쪽 그래프는 y축을 로그 스케일로 나타내어 이 문제를 피합니다. 아주 작은 입력을 제외하고는 지수 복잡도 알고리즘은 현실적이지 않음을 볼 수 있습니다.

로그 스케일로 그래프를 그릴 때 지수 곡선은 거의 직선으로 나타납니다. 나중에 이를 더 자세히 알아보겠습니다.

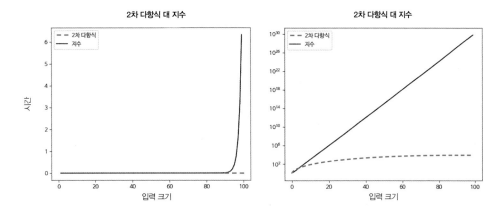

그림 11-3 2차 다항식과 지수 복잡도

12장
알고리즘과 데이터 구조

이 장의 키워드

검색 공간 | 포인터 | 간접 참조 | 이진 검색 | 래퍼 함수 | 분할 정복 알고리즘 | 선택 정렬
합병 정렬 | 제자리 정렬 | 퀵 정렬 | 팀소트 | 안정 정렬 | 해시 테이블 | 다대일 매핑
충돌 | 균등 분포 | 해시 버킷

꽤 많은 페이지를 할애해 효율성에 관해 이야기했지만 효율적인 프로그램을 설계하는 전문가가 되기 위해서는 아닙니다. 이런 주제를 전문적으로 다루는 두꺼운 책이 많습니다(두껍지만 좋은 책도 있습니다).[1] 11장에서 복잡도의 기본 개념을 소개했습니다. 이 장에서 복잡도 개념을 사용해 몇 가지 고전 알고리즘을 살펴보겠습니다. 이 장의 목표는 효율성 질문에 접근하는 방법에 대한 일반적인 직관을 얻도록 돕는 것입니다. 이 장을 다 읽고 나면 왜 어떤 프로그램은 눈 깜짝할 사이에 실행이 완료되고, 어떤 프로그램은 밤새 실행되고, 어떤 프로그램은 평생 완료되지 않는지를 이해할 것입니다.

이 책에서 처음 살펴본 프로그램은 무식한 완전 열거 방식이었습니다. 최신 컴퓨터는 매우 빨라서 고급 알고리즘을 구현하는 일이 시간 낭비일 때가 많다고 했습니다. 간단하고 정확한 코드를 작성하는 방향이 바람직할 때가 많습니다.

탐색 공간이 너무 커서 단순한 방식을 적용하기 힘든 문제(예: 다항식 근의 근삿값 찾기)도 살펴봤습니다. 이때 이분 탐색이나 뉴턴-랍슨과 같이 더 효율적인 알고리즘을 고려했습니다. 여기서 효율성의 핵심은 뛰어난 코딩 트릭이 아니라 좋은 알고리즘이었습니다.

---

1 수학이 많이 등장하더라도 겁먹지 않는다면 토머스 코멘(Thomas H. Cormen), 찰스 레이서손(Charles E. Leiserson), 로널드 리베스트(Ronald L. Rivest), 클리포드 스타인(Clifford Stein)의 『Introduction to Algorithms』(한빛아카데미, 2014)이 가장 좋은 책입니다.

과학 분야(물리, 생명, 사회)에서 프로그래머는 데이터셋에 관한 가설이 타당한지 검증할 때 먼저 간단한 알고리즘을 빠르게 코딩해 소량의 데이터에서 실행해 볼 때가 많습니다. 결과가 긍정적이면 대용량 데이터셋에서 실행할 프로그램을 만드는 작업을 시작합니다. 이런 구현은 효율적인 알고리즘을 바탕으로 해야 합니다.

효율적인 알고리즘을 발명하는 일은 어렵습니다. 성공한 전문 컴퓨터 과학자도 운이 좋아야 평생 하나의 알고리즘을 발명할 수 있습니다. 대부분은 새로운 알고리즘을 개발하지 못합니다. 대신 현재 문제에서 가장 복잡한 부분을 해결책이 이미 알려진 문제로 축소하는 방법을 배웁니다.

구체적으로 다음과 같습니다.

- 문제의 복잡도를 이해합니다.
- 해당 문제를 부분 문제로 분할하는 방법을 생각합니다.
- 이런 부분 문제를 이미 존재하는 효율적인 알고리즘에 연관 짓습니다.

이 장은 알고리즘 설계를 이해하는 데 도움이 되는 몇 가지 예제를 제공합니다. 그 외의 많은 알고리즘도 책 전반에 걸쳐서 볼 수 있습니다.

항상 가장 효율적인 알고리즘을 선택해야 하지는 않습니다. 모든 작업을 가장 효율적인 방법으로 수행하는 프로그램은 보통 과도하게 이해하기 어렵습니다. 처음에는 최대한 간단한 방식으로 현재 문제를 풀고, 계산의 병목 지점을 찾은 다음 병목을 일으키는 부분의 계산 복잡도를 낮추는 전략이 좋습니다.

12.1 검색 알고리즘

검색 알고리즘search algorithm은 아이템 모음에서 특정 속성이 있는 한 아이템이나 아이템 그룹을 찾는 방법입니다. 검색 공간search space은 전자 의료 기록electronic medical record과 같이 구체적이거나 모든 정수의 집합처럼 추상적일 수 있습니다.

실전의 많은 문제를 검색 문제로 나타낼 수 있습니다.

이 책의 초반에 등장하는 많은 알고리즘은 검색 알고리즘으로 볼 수 있습니다. 3장에서 다항식

근의 근삿값을 찾는 문제를 검색 문제로 바꾸었고, 가능한 답 공간을 검색하면서 완전 열거, 이분 검색, 뉴턴-랍슨이라는 세 가지 알고리즘을 살펴보았습니다.

이 절에서 리스트를 검색하는 두 가지 알고리즘을 조사해 보겠습니다. 두 알고리즘은 모두 다음 사양을 만족합니다.

```
def search(L, e):
    """L은 리스트로 가정합니다.
       e가 L에 있으면 True 그렇지 않으면 False를 반환합니다."""
```

눈치 빠른 독자라면 이것이 파이썬 표현식 e in L과 의미상 동등하지 않은지 궁금할 수 있습니다. 네, 동등합니다. 만약 L에서 e를 찾는 효율성에 관심이 없다면 그냥 이 표현식을 사용하면 됩니다.

12.1.1 선형 검색과 간접 참조로 원소에 접근하기

파이썬은 리스트에 원소가 있는지 판단할 때 다음과 같은 알고리즘을 사용합니다.

```
for i in range(len(L)):
    if L[i] == e:
        return True
return False
```

원소 e가 리스트에 없다면 이 알고리즘은 테스트를 $\Theta(\text{len}(L))$번 수행합니다. 복잡도가 기껏해야 L의 길이에 선형적입니다. 왜 '기껏해야' 선형적일까요? 루프 안의 각 연산을 상수 시간에 수행할 수 있을 때만 선형적이기 때문입니다. 파이썬이 상수 시간 안에 리스트에서 원소를 추출하는지 궁금해지네요. 한 주소의 내용을 가져오는 것은 상수 시간 연산이라고 가정하므로 이질문은 상수 시간 안에 리스트의 i번째 원소의 주소를 계산할 수 있는지가 됩니다.

먼저 간단하게 리스트의 각 원소가 정수인 상황을 생각해 보죠. 이는 리스트의 원소 크기가 동일함을 의미합니다. 예를 들어 4개의 메모리 단위(8bit로 구성된 4개의 byte²)입니다. 리스트의 원소가 연속으로 저장되어 있다고 가정하면 i번째 원소의 메모리 주소는 start + 4*i가 됩니다. 여기서 start는 리스트의 시작 주소입니다. 따라서 파이썬이 정수 리스트의 i번째 원소의 주소를 계산하는 데 상수 시간이 걸린다고 가정할 수 있습니다.

물론 파이썬 리스트는 정수 이외의 객체를 가질 수 있어 동일한 길이의 리스트에도 타입과 크기가 다른 객체가 있을 수 있습니다. 이것이 문제라고 생각할 수 있지만 그렇지 않습니다.

파이썬에서 리스트는 하나의 길이(리스트에 있는 객체의 개수)와 객체를 가리키는 고정 크기의 **포인터**pointer³ 시퀀스로 표현합니다. [그림 12-1]은 포인터의 사용 방법을 보여줍니다.

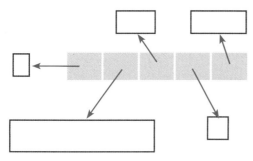

그림 12-1 리스트 구현

회색 영역은 원소를 네 개 담은 리스트에 해당합니다. 가장 왼쪽의 회색 상자에는 이 리스트의 길이를 나타내는 정수가 있습니다. 다른 회색 상자에는 리스트의 객체를 가리키는 포인터가 있습니다.

길이 항목이 단위 메모리를 4개 점유하고 각 포인터가 단위 메모리를 4개 점유한다면 리스트의 i번째 원소의 주소는 start + 4 + 4*i 주소에 저장됩니다. 이 주소도 상수 시간에 찾을 수 있고 이 주소에 저장된 값을 사용해 i번째 원소에 접근할 수 있습니다. 이런 접근도 상수 시간 연산입니다.

---

2 정수를 저장할 때 사용하는 이 비트의 수를 보통 워드(word) 크기라고 부르며 일반적으로 컴퓨터 하드웨어에 따라 결정됩니다.

3 포인터 크기는 구현에 따라 32bit이거나 64bit입니다. 옮긴이_ C++의 포인터를 말합니다. 대표적인 파이썬 구현인 CPython이 C++로 구현되었습니다.

이 그림은 컴퓨터에서 사용하는 중요한 구현 기술인 **간접 참조**indirection[4]를 보여줍니다. 일반적으로 간접 참조는 원래 찾으려고 하는 대상의 참조를 담은 것을 먼저 접근하라는 의미입니다. 변수에 바인딩된 객체를 참조할 때 변수를 사용하는 방식과 같습니다. 변수를 사용해 리스트에 접근하고, 리스트에 저장된 참조를 사용해 또 다른 객체에 접근할 때 두 단계의 간접 참조를 수행하는 셈입니다.[5]

12.1.2 이진 검색과 가정 활용

search(L, e) 구현 문제로 돌아가 보죠. $\Theta(len(L))$이 최선일까요? 리스트에 있는 원소 사이의 관계와 저장된 순서에 대해 알고 있지 못하면 그렇습니다. 최악의 경우 L에 e가 포함되는지 판단하려면 L에 있는 모든 원소를 살펴봐야 합니다.

하지만 원소가 저장된 순서를 안다고 가정해 보죠. 예를 들어 정수 리스트를 오름차순으로 저장했을 수 있습니다. [예제 12-1]처럼 찾으려는 값보다 더 큰 수가 등장할 때 검색을 멈출 수 있습니다.

예제 12-1 정렬된 리스트의 선형 검색

```
def search(L, e):
    """L이 리스트이고 원소가 오름차순으로 정렬되어 있다고 가정합니다.
       L에 e가 포함되어 있으면 True, 그렇지 않으면 False를 반환합니다."""
    for i in range(len(L)):
        if L[i] == e:
            return True
        if L[i] > e:
            return False
    return False
```

---

4   사전에서는 'indirection'이란 단어를 '에두름, 부정직, 사기' 등으로 정의합니다. 실제로 컴퓨터 과학자들은 이 단어를 일반적으로 비난하는 의미로 사용했습니다. 1950년대에 와서야 이 방식이 많은 문제를 푸는 해결책이라는 사실을 깨달았습니다.

5   "컴퓨팅의 모든 문제는 또 다른 수준의 간접 참조를 추가해 해결할 수 있다"라는 말이 있습니다. 간접 참조처럼 이 말의 기원을 따라가면 데이비드 휠러(David J. Wheeler)가 이 관찰을 발견했다고 나옵니다. 버틀러 램슨(Butler Lampson) 등이 쓴 「Authentication in Distributed Systems: Theory and Practice」 논문에서 관찰을 소개하며 다음과 같은 주석을 담았습니다. "로저 니덤(Roger Needham)은 이 관찰의 발견을 케임브리지 대학의 데이비드 휠러의 공으로 돌립니다."

이렇게 하면 평균 실행 시간이 개선됩니다. 하지만 이 알고리즘이 최악일 때 L의 모든 원소를 검사해야 하므로 복잡도를 바꾸지는 못합니다.

하지만 **이진 검색** 알고리즘을 사용해 최악의 복잡도를 상당히 개선할 수 있습니다. 이는 3장에서 부동소수점 숫자의 제곱근을 찾을 때 사용했던 이분 검색과 비슷합니다. 이때 부동 소수점 수 자체에 순서가 있다는 사실에 의존했습니다. 여기서는 리스트의 순서에 대한 가정에 의존합니다.

이 아이디어는 다음과 같이 간단합니다.

1. 리스트 L을 거의 절반으로 나누는 인덱스 i를 선택합니다.
2. L[i] == e인지 검사합니다.
3. 같지 않다면 L[i]이 e보다 큰지 작은지 검사합니다.
4. 검사 결과에 따라 L의 왼쪽이나 오른쪽을 검색합니다.

이 알고리즘의 구조를 보면, [예제 12-2]와 같이 가장 간단하게 이진 검색을 구현하려면 재귀를 사용하는 것이 당연해 보입니다.

[예제 12-2]의 바깥쪽 함수인 search(L, e)는 [예제 12-1]에서 정의한 함수의 매개변수와 정의가 동일합니다. 이 사양에 따르면 L이 오름차순으로 정렬되었다고 가정할 수 있습니다. 이 가정을 만족시킬 책임은 search 함수의 호출자에 있습니다. 이 가정을 만족하지 않으면 올바른 동작이 보장되지 않습니다. 잘 동작할 수 있지만 충돌이 일어나거나 잘못된 답을 반환할 수도 있습니다. 이 가정을 만족하는지 검사하도록 search 함수를 수정해야 할까요? 이렇게 하면 에러의 원인을 줄일 수 있지만 이진 검색을 사용하는 목적이 무색해집니다. 가정 검사 자체에 시간이 $O(\text{len}(L))$ 걸리기 때문입니다.

예제 12-2 재귀를 사용한 이진 검색 구현

```
def search(L, e):
    """L이 리스트이고 원소가 오름차순으로 정렬되었다고 가정합니다.
       L에 e가 있으면 True, 그렇지 않으면 False를 반환합니다."""

    def bin_search(L, e, low, high):
        #high - low를 줄입니다.
        if high == low:
            return L[low] == e
        mid = (low + high)//2
        if L[mid] == e:
```

```
            return True
        elif L[mid] > e:
            if low == mid: #찾을 수 없음
                return False
            else:
                return bin_search(L, e, low, mid -1)
        else:
            return bin_search(L, e, mid + 1, high)

    if len(L) == 0:
        return False
    else:
        return bin_search(L, e, 0, len(L) -1)
```

search와 같은 함수를 **래퍼 함수**^{wrapper function}라고 부릅니다. 이 함수는 클라이언트 코드용 인터페이스를 제공합니다. 하지만 기본적으로 한 관문일 뿐이며 심각한 계산을 수행하지 않습니다. 대신 헬퍼 함수인 bin_search를 적절한 인수와 함께 호출합니다. search 함수 대신에 클라이언트가 직접 bin_search를 호출하지 않는 이유가 무엇일까요? 매개변수 low와 high가 리스트에서 원소를 찾는 추상화와 아무런 관련이 없기 때문입니다. 매개변수는 search를 호출하는 프로그램을 작성하는 사람에게 감추어야 할 구현 상세 사항입니다.

bin_search의 복잡도를 분석해 보죠. 이전 절에서 리스트는 상수 시간에 원소를 참조한다고 배웠습니다. 따라서 재귀 호출을 제외하고 bin_search의 실행 시간은 $\Theta(1)$입니다. 따라서 bin_search의 복잡도는 재귀 호출의 횟수에 따라 달라집니다.

이 책이 알고리즘 책이었다면 점화식^{recurrence relation}을 사용해 면밀하게 분석했을 것입니다. 하지만 알고리즘 책이 아니므로 다음과 같은 질문으로 접근해 보겠습니다. '이 프로그램이 종료할지 어떻게 알 수 있나요?' 3장에서 while 루프에 같은 질문을 했습니다. 이 질문의 답을 얻으려고 루프에 대한 감소 함수 개념을 소개했습니다. 여기서도 같은 식으로 확인하겠습니다. 이 문제에서 감소 함수에는 다음과 같은 성질이 있습니다.

- 감소 함수의 값을 음수가 아닌 정수에 매핑합니다.
- 감소 함수의 값이 0에 도달하면 재귀가 종료됩니다.
- 재귀 호출마다 감소 함수의 값이 줄어듭니다.

bin_search의 감소 함수는 high-low입니다. search 함수에 있는 if 문장이 bin_search가

처음 호출될 때 감소 함수의 값이 최소한 0임을 보장합니다(감소 함수 성질 1번).

bin_search가 실행될 때 high-low가 정확히 0이면 이 함수는 더 이상 재귀 호출을 하지 않고 단순히 L[low] == e 인지를 반환합니다(감소 함수 성질 2번).

bin_search 함수에는 두 개의 재귀 호출이 있습니다. 하나는 mid의 왼쪽에 있는 모든 원소를 커버하고, 다른 하나는 mid의 오른쪽에 있는 모든 원소를 커버합니다. 두 경우 모두 high-low 의 값이 반으로 줄어듭니다(감소 함수 성질 3번).

이제 재귀가 종료되는 이유를 이해했습니다. 다음 질문은 high-low == 0이 되기 전까지 high-low의 값이 절반으로 줄어드는 횟수입니다. $\log_y(x)$는 x에 도달할 때까지 y를 거듭제곱 하는 횟수입니다. 반대로 x를 $\log_y(x)$ 횟수만큼 y로 나누면 1이 됩니다. 이는 high-low가 0 에 도달하기 전까지 최대 $\log_2(\text{high-low})$번만큼 몫 연산을 사용해 절반으로 줄일 수 있다는 의미입니다.

마지막으로 이진 검색의 알고리즘 복잡도에 대한 답을 구할 수 있습니다. search가 bin_search를 호출할 때 high-low의 값은 len(L)-1이므로, search의 복잡도는 $\Theta(\log(\text{len}(L)))$ 입니다.[6]

뇌풀기 문제

이 코드의 두 번째 재귀 호출에서 mid가 아니라 mid+1을 사용한 이유는 무엇인가요?

12.2 정렬 알고리즘

이제 정렬된 리스트에서는 정렬 정보를 활용해 리스트 검색 시간을 크게 줄일 수 있음을 알았 습니다. 그러면 리스트를 검색할 때 먼저 정렬하고 검색을 수행해야 할까요?

$\Theta(\text{sortComplexity}(L))$가 리스트 정렬의 복잡도라고 합시다. 정렬되지 않은 리스트

---

6   증가도를 따질 때 로그의 밑은 무관하다는 점을 기억하세요.

는 $\Theta(\text{len}(L))$ 시간 안에 검색할 수 있습니다. 따라서 먼저 정렬하고 검색해야 하는지는 'sortComplexity(L) + log(len(L))가 len(L)보다 작은가?'라는 질문으로 바꿀 수 있습니다. 안타깝게도 대답은 '아니다'입니다. 리스트의 각 원소를 적어도 한 번씩 접근하지 않고서는 리스트를 정렬할 수 없습니다. 따라서 선형 시간 안에 리스트를 정렬할 수 없습니다.

그렇다면 이진 검색은 실용적이지 않은 지적 호기심에 지나지 않을까요? 다행히도 그렇지 않습니다. 동일한 리스트를 여러 번 검색할 가능성이 큽니다. 따라서 한 번 리스트 정렬 비용을 지불하고 많은 검색에 걸쳐서 정렬 비용을 **상환**amortize할 수 있습니다. 리스트를 k번 검색한다면 질문은 'sortComplexity(L) + k*log(len(L))가 k*len(L)보다 작은가?'로 바뀝니다.

k가 커질수록 리스트 정렬 시간은 점점 덜 중요해집니다. k가 얼마나 커야 하는지는 리스트 정렬에 걸리는 시간에 따라 달라집니다. 예를 들어 정렬 시간이 리스트 크기에 지수적으로 증가한다면 k가 매우 커야만 합니다.

다행히 정렬은 상당히 효율적으로 수행할 수 있습니다. 예를 들어 대부분 파이썬 구현에 있는 표준 정렬 구현은 대략 $O(n*\log(n))$ 시간 안에 수행됩니다. 여기에서 n은 리스트 길이입니다. 실제로 자신만의 정렬 함수를 구현해야 하는 일은 거의 없습니다. 대부분 파이썬 내장 **sort** 메서드(**L.sort()**가 리스트 L을 정렬합니다)나 내장 **sorted** 함수(**sorted(L)**은 L을 변경하지 않고 L과 동일한 원소가 있는 리스트를 반환합니다)를 사용하는 것이 바람직합니다. 여기에서는 정렬 알고리즘을 다루며 알고리즘 설계와 복잡도 분석을 공부해 보겠습니다.

간단하지만 효율적인 **선택 정렬**selection sort 알고리즘으로 시작해 보죠. [예제 12-3] 같은 선택 정렬은 리스트를 앞부분(**L[0:i]**)과 뒷부분(**L[i+1:len(L)]**)으로 나누었을 때 앞부분은 정렬되고 뒷부분의 가장 작은 원소보다 큰 원소가 앞부분에 없다는 **루프 불변성**loop invariant을 유지하는 방식입니다.

귀납법induction을 사용해 루프 불변을 추론할 수 있습니다.

- **기저 조건**base case: 첫 번째 반복을 시작할 때 앞부분은 비어 있습니다. 즉 빈 리스트입니다. 따라서 불변성을 (당연히) 만족합니다.
- **귀납 단계**induction step: 알고리즘의 각 단계에서, 뒷부분에서 앞부분으로 원소를 하나 옮깁니다. 이때 뒷부분의 가장 작은 원소를 앞부분의 끝에 추가합니다. 원소를 옮기기 전에 불변성을 만족하므로 앞부분의 모든 원소는 뒷부분에 있는 가장 작은 원소보다 작습니다.
- **종료**: 루프가 종료될 때 앞부분은 전체 리스트를 포함하고 뒷부분은 비어 있습니다. 따라서 전체 리스트는 오름차순으로 정렬됩니다.

```python
def sel_sort(L):
    """L은 >을 사용해 비교할 수 있는 원소로 구성된 리스트라 가정합니다.
       L은 오름차순으로 정렬합니다."""
    suffix_start = 0
    while suffix_start != len(L):
        #뒷부분에 있는 모든 원소를 반복합니다.
        for i in range(suffix_start, len(L)):
            if L[i] < L[suffix_start]:
                #원소의 위치를 바꿉니다.
                L[suffix_start], L[i] = L[i], L[suffix_start]
        suffix_start += 1
```

더 간단하거나 정확한 정렬 알고리즘을 생각하기 어렵습니다. 불행하게도 이런 알고리즘은 오히려 비효율적입니다.[7] 안쪽 루프의 복잡도는 $\Theta(\text{len}(L))$입니다. 바깥쪽 루프의 복잡도도 $\Theta(\text{len}(L))$입니다. 따라서 전체 함수의 복잡도는 $\Theta(\text{len}(L)^2)$입니다. 즉 L의 길이의 제곱에 비례합니다.[8]

12.2.1 합병 정렬

다행히 분할 정복 알고리즘divide-and-conquer algorithm을 사용해 2차 다항 시간보다 더 빠르게 정렬을 수행할 수 있습니다. 기본 아이디어는 원본 문제를 더 간단한 부분으로 나누고 각 해결책을 합치는 것입니다. 일반적으로 분할 정복 알고리즘의 특징은 다음과 같습니다.

- 문제를 부분으로 나눌 수 없는 임계 입력 크기
- 문제를 나눌 부분 문제의 크기와 개수
- 부분 해결책을 합치는 데 사용할 알고리즘

이 임곗값을 이따금 재귀 기저recursive base라고 부릅니다. 두 번째 항목은 일반적으로 초기 문제

---

7 하지만 한 미국 대통령 후보자가 언급했듯이 가장 비효율적인 정렬 알고리즘은 아닙니다(http://www.youtube.com/watch?v=k4RRi_ntQc8). 옮긴이_ 대통령 선거 기간 중 버락 오바마는 구글을 방문한 적이 있습니다. CEO인 에릭 슈밋(Eric Schmidt)이 32bit 정수를 100만 개 정렬하는 방법을 물어봤을 때, 오바마는 '버블 정렬(bubble sort) 알고리즘은 아니겠죠'라고 했습니다. 버블 정렬은 선택 정렬과 동일하게 복잡도가 $\Theta(\text{len}(L)^2)$이지만 원소를 바꾸는 횟수가 훨씬 많아서 선택 정렬보다 느립니다.

8 선택 정렬의 데모는 다음 영상을 참고하세요. https://www.youtube.com/watch?v=o7pMRILvSws

의 크기와 부분 문제의 크기 비율을 고려합니다. 지금까지 본 예제는 대부분 이 비율이 2였습니다.

합병 정렬merge sort은 전형적인 분할 정복 알고리즘입니다. 존 폰 노이만John von Neumann이 1945년에 개발했고 여전히 널리 사용됩니다. 많은 다른 분할 정복 알고리즘처럼 재귀를 사용해 설명하기 가장 좋습니다.

1. 리스트의 길이가 0이나 1이면 이미 정렬된 상태입니다.
2. 리스트에 원소가 두 개 이상 있다면 리스트를 둘로 나누고 합병 정렬을 사용해 각 리스트를 정렬합니다.
3. 결과를 합병합니다.

존 폰 노이만이 발견한 핵심은 두 개의 정렬된 리스트를 하나의 정렬된 리스트로 효율적으로 합병할 수 있다는 것입니다. 두 리스트의 첫 번째 원소를 살펴보고 그중 작은 원소를 결과 리스트의 끝에 추가합니다. 리스트 중 하나가 비면 다른 리스트의 남은 원소를 모두 복사합니다. 예를 들어 두 리스트 L_1 = $[1,5,12,18,19,20]$과 L_2 =$[2,3,4,17]$를 합치는 과정을 생각해 보죠.

L_1에서 남은 원소	L_2에서 남은 원소	결과
	[2,3,4,17]	[]
[1,5,12,18,19,20]		
[5,12,18,19,20]	[2,3,4,17]	[1]
[5,12,18,19,20]	[3,4,17]	[1,2]
[5,12,18,19,20]	[4,17]	[1,2,3]
[5,12,18,19,20]	[17]	[1,2,3,4]
[12,18,19,20]	[17]	[1,2,3,4,5]
[18,19,20]	[17]	[1,2,3,4,5,12]
[18,19,20]	[]	[1,2,3,4,5,12,17]
[]	[]	[1,2,3,4,5,12,17,18,19,20]

합병 과정의 복잡도는 얼마일까요? 합병에는 상수 시간 연산이 두 개 포함됩니다. 원소의 값을 비교하는 연산과 한 리스트에서 다른 리스트로 원소를 복사하는 연산입니다. 비교 횟수는 $\Theta(\text{len}(L))$번 입니다. 여기서 L은 두 리스트 중 긴 리스트입니다. 두 리스트의 각 원소가 정확히 한 번씩 복사되므로 복사 연산의 횟수는 $\Theta(\text{len}(L1) + \text{len}(L2))$입니다(원소의 복사 시간은 원소의 크기에 따라 다릅니다. 하지만 리스트에 있는 원소 개수의 함수인 정렬 증가도에 영향을 미치지 않습니다). 따라서 정렬된 두 개의 리스트를 합병하는 시간은 리스트의 길이에 선

형적입니다.

[예제 12-4]는 합병 정렬 알고리즘의 구현입니다.

예제 12-4 합병 정렬

```python
def merge(left, right, compare):
    """left와 right는 정렬된 리스트이고 compare는 원소의 순서를 정의합니다.
        (left + right)의 결과와 같은 원소를 담은 새로운 정렬된 리스트를
        반환합니다."""

    result = []
    i,j = 0, 0
    while i < len(left) and j < len(right):
        if compare(left[i], right[j]):
            result.append(left[i])
            i += 1
        else:
            result.append(right[j])
            j += 1
    while (i < len(left)):
        result.append(left[i])
        i += 1
    while (j < len(right)):
        result.append(right[j])
        j += 1
    return result

def merge_sort(L, compare = lambda x, y: x < y):
    """L은 리스트이고 compare는 L 원소의 순서를 정의합니다.
        L과 동일한 원소가 있는 새로운 정렬된 리스트를 반환합니다."""
    if len(L) < 2:
        return L[:]
    else:
        middle = len(L)//2
        left = merge_sort(L[:middle], compare)
        right = merge_sort(L[middle:], compare)
        return merge(left, right, compare)
```

비교 연산자를 merge_sort 함수의 매개변수로 전달하고 람다 표현식을 기본값으로 제공합니다. 예를 들어 다음 코드를 실행해 보죠.

```
L = [2,1,4,5,3]
print(merge_sort(L), merge_sort(L, lambda x, y: x > y))
```

출력은 다음과 같습니다.

```
[1, 2, 3, 4, 5] [5, 4, 3, 2, 1]
```

merge_sort의 복잡도를 분석해 보죠. 합병의 시간 복잡도는 $\Theta(\text{len}(L))$입니다. 재귀의 각 수준에서 합병되는 원소의 전체 개수는 len(L)입니다. 따라서 merge_sort의 시간 복잡도는 $\Theta(\text{len}(L))$에 재귀 깊이를 곱한 것입니다. merge_sort는 매번 리스트를 절반으로 나누므로 재귀의 깊이는 $\Theta(\log(\text{len}(L)))$입니다. 따라서 merge_sort의 시간 복잡도는 $\Theta(\text{n}*\log(\text{n}))$입니다. 여기서 n은 len(L)입니다.[9]

이는 선택 정렬의 $\Theta(\text{len}(L)^2)$보다 훨씬 낮습니다. 예를 들어 L에 원소가 10,000개 있다면 $\text{len}(L)^2$는 1억이지만 $\text{len}(L)*\log_2(\text{len}(L))$은 약 130,000입니다.

이렇게 시간 복잡도를 개선하면 대가가 따릅니다. 선택 정렬은 제자리[in-place] 정렬 알고리즘입니다. 리스트에 있는 원소의 위치를 바꾸는 식으로 동작하므로 (이 구현에서는 하나의 원소에 해당하는) 고정된 양의 저장 공간만 사용합니다. 반면 합병 정렬 알고리즘은 리스트 복사본을 만듭니다. 이 알고리즘의 공간 복잡도가 $\Theta(\text{len}(L))$이라는 의미입니다. 대규모 리스트에서는 문제가 될 수 있습니다.[10]

예를 들어 ['Chris Terman', 'Tom Brady', 'Eric Grimson', 'Gisele Bundchen']와 같이 이름과 성으로 이루어진 리스트를 정렬한다고 가정해 보죠. [예제 12-5]는 정렬 함수를 두 개 정의해 이 리스트를 서로 다른 방법으로 정렬합니다. 두 함수는 str 타입의 split 메서드를 사용합니다.

---

9   합병 정렬의 데모는 다음 영상을 참고하세요. https://www.youtube.com/watch?v=VP5CTeUp2kg

10 C.A.R. 호어(Hoare)가 1960년에 발명한 퀵 정렬(quick sort)은 개념적으로 합병 정렬과 비슷하지만 훨씬 더 복잡합니다. 하지만 log(n)의 공간만 필요하다는 장점이 있습니다. 합병 정렬과 달리 정렬할 리스트의 원소가 서로 어떻게 놓였는지에 따라 실행 시간이 달라집니다. 최악의 경우 실행 시간이 O(n2)이지만, 기대 실행 시간은 O(n*log(n))입니다.

```
def last_name_first_name(name1, name2):
    arg1 = name1.split(' ')
    arg2 = name2.split(' ')
    if arg1[1] != arg2[1]:
        return arg1[1] < arg2[1]
    else: #성이 같다면 이름으로 정렬합니다.
        return arg1[0] < arg2[0]
def first_name_last_name(name1, name2):
    arg1 = name1.split(' ')
    arg2 = name2.split(' ')
    if arg1[0] != arg2[0]:
        return arg1[0] < arg2[0]
    else: #이름이 같다면 성으로 정렬합니다.
        return arg1[1] < arg2[1]

L = ['Tom Brady', 'Eric Grimson', 'Gisele Bundchen']
newL = merge_sort(L, last_name_first_name)
print('성으로 정렬하기 =', newL)
newL = merge_sort(L, first_name_last_name)
print('이름으로 정렬하기 =', newL)
```

[예제 12-5]를 실행하면 출력은 다음과 같습니다.

```
성으로 정렬하기 = ['Tom Brady', 'Gisele Bundchen', 'Eric Grimson']
이름으로 정렬하기 = ['Eric Grimson', 'Gisele Bundchen', 'Tom Brady']
```

 뇌풀기 문제

merge_sort를 사용해 정수 튜플의 리스트를 정렬하세요. 정렬 순서는 튜플에 있는 정수 합으로 결정됩니다. 예를 들어 (5, 2)는 (1, 8)보다 앞서고 (1, 2, 3)보다 뒤에 옵니다.

12.2.2 파이썬의 정렬 기능

대부분 파이썬 구현에서 사용하는 정렬 알고리즘은 **팀소트**timsort[11]입니다. 많은 데이터셋에서 일부 데이터는 이미 정렬되어 있다는 사실을 이용합니다. 최악의 경우 팀소트의 성능은 합병 정렬과 같습니다. 하지만 평균적으로 훨씬 좋은 성능을 냅니다.

앞서 언급했듯이 파이썬의 list.sort 메서드는 첫 번째 인수로 리스트를 받아 해당 리스트를 수정합니다. 반면 파이썬 sorted 함수는 첫 번째 인수로 반복 가능한 객체(예: 리스트, 딕셔너리)를 받아 새로운 소팅된 리스트를 반환합니다. 예를 들어 다음 코드를 실행해 보죠.

```
L = [3,5,2]
D = {'a':12, 'c':5, 'b':'dog'}
print(sorted(L))
print(L)
L.sort()
print(L)
print(sorted(D))
D.sort()
```

출력은 다음과 같습니다.

```
[2, 3, 5]
[3, 5, 2]
[2, 3, 5]
['a', 'b', 'c']
AttributeError: 'dict' object has no attribute 'sort'
```

sorted 함수를 딕셔너리에 적용하면 딕셔너리의 키로 구성된 정렬된 리스트를 반환합니다. 반면 dict.sort 메서드가 없으므로 딕셔너리에서 sort 메서드를 호출하면 예외가 발생합니다.

list.sort 메서드와 sorted 함수는 추가로 두 개의 매개변수를 가질 수 있습니다. key 매개변수는 merge_sort 함수의 compare와 같은 역할을 수행합니다. 즉 사용할 비교 함수를 제공합니다. reverse 매개변수는 비교 함수를 기준으로 리스트를 오름차순이나 내림차순으로 정

---

11 팀 피터스(Tim Peters)는 파이썬에서 사용한 알고리즘이 마음에 들지 않아 2002년에 팀소트를 개발했습니다.

렬할지 지정합니다. 예를 들어 다음 코드를 실행해 보죠.

```
L = [[1,2,3], (3,2,1,0), 'abc']
print(sorted(L, key = len, reverse = True))
```

L의 원소를 길이의 역순으로 정렬해 다음과 같이 출력됩니다.

```
[(3, 2, 1, 0), [1, 2, 3], 'abc']
```

list.sort 메서드와 sorted 함수는 **안정 정렬**stable sort 함수입니다. 비교에 사용하는 함수(여기서는 len)에 대해서 두 원소의 길이가 같다면 원본 리스트(또는 다른 반복 가능한 객체)에 나타나는 상대적인 순서가 최종 리스트에 그대로 유지된다는 의미입니다(한 dict에는 동일한 키가 두 번 이상 등장하지 않으므로 sorted를 dict에 적용할 때 안정 정렬인지는 생각하지 않아도 됩니다).

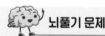

뇌풀기 문제

merge_sort는 안정 정렬인가요?

12.3 해시 테이블

합병 정렬과 이진 검색을 합치면 리스트를 검색하는 좋은 방법이 됩니다. 합병 정렬을 사용해 $\Theta(n*\log(n))$ 시간에 리스트를 전처리한 다음, 이진 검색을 사용해 $\Theta(\log(n))$ 시간에 리스트에 어떤 원소가 있는지 검색합니다. 리스트를 k번 검색한다면 전체적인 시간 복잡도는 $\Theta(n*\log(n) + k*\log(n))$가 됩니다.

성능이 좋긴 하지만, 전처리를 수행해 검색할 때 로그 복잡도가 최선일까요?

5장에서 dict 타입을 소개할 때 딕셔너리는 해싱이라는 기법을 사용해 딕셔너리 크기에 거의 관계없이 일정 시간 안에 탐색을 수행한다고 언급했습니다. **해시 테이블**hash table에 깔린 아이디어는 간단합니다. 키를 정수로 변환한 다음, 이 정수를 상수 시간에 조회할 수 있는 리스트의 인덱스로 사용합니다. 원칙적으로 어떤 타입의 값도 쉽게 정수로 변환할 수 있습니다. 모든 객체의 내부 표현은 비트의 연속입니다. 연속된 비트를 정수처럼 읽을 수 있습니다. 예를 들어 문자열 'abc'의 내부 표현은 011000010110001001100011 비트의 시퀀스입니다. 이를 10진수 정수 6,382,179로 볼 수 있습니다. 물론 이 문자열의 내부 표현을 리스트의 인덱스로 사용하려면 리스트가 상당히 길어야 합니다.

키가 이미 정수이면 어떨까요? 정수 9개로 구성된 미국 사회 보장 번호Social Security number가 키인 딕셔너리를 구현한다고 가정해 보죠. 원소가 10^9개인 리스트로 이 딕셔너리를 표현하고 사회 보장 번호를 리스트의 인덱스로 사용한다면 상수 시간에 원소를 참조할 수 있습니다. 물론 딕셔너리에 만(10^4) 명만 있다면 꽤 많은 공간이 낭비됩니다.

해시 함수hash function에 관해 이야기해 보죠. 해시 함수는 큰 입력 공간(예: 모든 자연수)을 작은 출력 공간(예: 0~5,000 사이의 자연수)으로 매핑합니다. 해시 함수를 사용해 넓은 범위의 키 공간을 작은 정수 범위의 인덱스 공간으로 바꿀 수 있습니다.

가능한 출력 공간이 입력 공간보다 작기 때문에 해시 함수는 **다대일 매핑**many-to-one mapping입니다. 즉 여러 다른 입력이 동일한 출력에 매핑될 수 있습니다. 두 입력이 동일한 출력에 매핑되는 상황을 **충돌**collision이라 부릅니다. 잠시 후에 이를 알아보겠습니다. 좋은 해시 함수는 **균등 분포**uniform distribution를 만듭니다. 즉 범위 안에 있는 모든 출력이 동일한 가능성으로 생성되므로 충돌 가능성을 최소화됩니다.

[예제 12-6]은 간단한 해시 함수(**i%j**는 정수 i를 정수 j로 나눈 나머지를 반환합니다)를 사용해 정수가 키인 딕셔너리를 구현합니다.

해시 버킷hash bucket의 리스트로 **Int_dict** 클래스의 인스턴스를 표현하는 것이 기본 아이디어입니다. 각 버킷은 키/값 튜플 쌍의 리스트입니다. 버킷을 리스트로 만들었기 때문에 동일 버킷으로 해싱되는 값을 모두 리스트에 추가해 충돌을 피할 수 있습니다.

이 해시 테이블은 다음과 같이 동작합니다. 인스턴스 변수 **buckets**는 빈 리스트가 num_buckets개 있는 리스트로 초기화됩니다. **key** 키로 원소를 저장하거나 조회할 때는 해시 함수 **%**를 사용해 키를 정수로 변환하고, 이 정수를 버킷의 인덱스로 사용해 **key**에 연관된 해시 버킷을 찾습니다. 그다음 (리스트인) 버킷 안에 **key** 키가 있는지 차례대로 검색합니다. 키에 해당하는 항목이 있다면 이 키에 연관된 값을 반환합니다. 키가 존재하지 않는다면 **None**을 반환합니다. 값을 저장하려면 먼저 해시 버킷에 해당 키에 연관된 항목이 있는지 검사합니다. 만약 있다면 새로운 튜플로 항목을 교체합니다. 그렇지 않으면 버킷에 새로운 항목을 추가합니다.

충돌을 처리하는 방법은 여러 가지가 있습니다. 어떤 방법은 리스트를 사용할 때보다 더 효율적입니다. 하지만 리스트가 가장 간단한 메커니즘이며, 해시 테이블이 저장하려는 원소 개수보다 충분히 크고 해시 함수가 균등 분포를 잘 근사한다면 동작하는 데 문제가 없습니다.

예제 12-6 해싱을 사용한 딕셔너리 구현

```
class Int_dict(object):
    """정수 키를 사용한 딕셔너리"""

    def __init__(self, num_buckets):
        """빈 딕셔너리를 만듭니다."""
        self.buckets = []
        self.num_buckets = num_buckets
        for i in range(num_buckets):
            self.buckets.append([])

    def add_entry(self, key, dict_val):
        """key는 int라고 가정합니다. 항목을 추가합니다."""
        hash_bucket = self.buckets[key%self.num_buckets]
        for i in range(len(hash_bucket)):
            if hash_bucket[i][0] == key:
                hash_bucket[i] = (key, dict_val)
                return
        hash_bucket.append((key, dict_val))

    def get_value(self, key):
        """key는 int라고 가정합니다.
           key에 연관된 값을 반환합니다."""
        hash_bucket = self.buckets[key%self.num_buckets]
        for e in hash_bucket:
            if e[0] == key:
                return e[1]
        return None

    def __str__(self):
        result = '{'
        for b in self.buckets:
            for e in b:
```

```
            result += f'{e[0]}:{e[1]},'
    return result[:-1] + '}' #result[:-1]로 마지막 콤마를 제외합니다.
```

__str__ 메서드가 생성하는 딕셔너리 표현은 원소를 추가한 순서와 관련이 없으며 키를 해싱한 값에 따라 정렬됩니다.

다음 코드는 버킷 17개와 항목 20개로 구성된 **Int_dict** 객체를 만듭니다. 항목의 값은 0~19 사이의 정수입니다. 키는 random.choice를 사용해 0~10^5−1 사이의 정수에서 랜덤하게 선택합니다(16장과 17장에서 random 모듈을 설명하겠습니다). 그다음 **Int_dict** 클래스에 정의된 __str__ 메서드를 사용해 이 객체를 출력합니다.

```
import random
D = Int_dict(17)
for i in range(20):
    #0 ~ 10**5 - 1 사이에서 랜덤하게 정수를 선택합니다.
    key = random.choice(range(10**5))
    D.add_entry(key, i)
print('Int_dict 객체의 값:')
print(D)
```

출력은 다음과 같습니다.[12]

```
Int_dict 객체의 값:
{99740:6,61898:8,15455:4,99913:18,276:19,63944:13,79618:17,51093:15,827
1:2,3715:14,74606:1,33432:3,58915:7,12302:12,56723:16,27519:11,64937:5,
85405:9,49756:10,17611:0}
```

다음 코드는 D.buckets를 순회하면서 개별 해시 버킷을 출력합니다(이는 정보 은닉을 완전히 위배하지만 교육적으로 유용합니다).

```
print('버킷 내용:')
for hash_bucket in D.buckets: #추상 장벽을 위배합니다.
    print(' ', hash_bucket)
```

---

12 정수를 랜덤하게 선택하므로 여러분의 출력 결과는 다를 것입니다.

출력 결과는 다음과 같습니다.

```
버킷 내용:
[]
[(99740, 6), (61898, 8)]
[(15455, 4)]
[]
[(99913, 18), (276, 19)]
[]
[]
[(63944, 13), (79618, 17)]
[(51093, 15)]
[(8271, 2), (3715, 14)]
[(74606, 1), (33432, 3), (58915, 7)]
[(12302, 12), (56723, 16)]
[]
[(27519, 11)]
[(64937, 5), (85405, 9), (49756, 10)]
[]
[(17611, 0)]
```

추상 장벽을 위배하고 Int_dict의 내부 표현을 확인해 보니 일부 해시 버킷이 비어 있습니다. 어떤 버킷에는 항목이 하나이고 충돌 횟수에 따라 항목이 여럿인 것도 있습니다.

get_value의 복잡도는 얼마일까요? 충돌이 없다면 각 해시 버킷의 길이는 0 또는 1이므로 상수 시간 복잡도를 가집니다. 하지만 당연히 충돌이 있을 수 있습니다. 전부 하나의 버킷에 해싱된다면 이 버킷에서 선형 검색을 수행해야 하므로 딕셔너리에 포함된 항목의 개수에 선형적입니다. 해시 테이블을 충분히 크게 만들면 충돌 횟수를 감소시켜 상수 시간에 가깝게 복잡도를 낮출 수 있습니다. 즉 공간을 희생해서 시간 복잡도를 낮출 수 있습니다. 여기서 절충점은 무엇일까요? 이 질문의 대답을 구하려면 확률을 약간 사용해야 하므로 17장에서 답을 구해 보겠습니다.

13^장

그래프 출력과 클래스

이 장의 키워드

그래프 | 맷플롯립 | 피겨 | rcParams | 배열 | 넘파이 | 인터랙티브 그래프
텍스트 상자 | 슬라이더 | 커브 평탄화

텍스트가 정보를 교환하는 가장 좋은 방법일 때가 많지만, 이따금 圖片的意義可以表達近萬字[1] 같은 중국 속담이 맞기도 합니다. 아직 많은 프로그램이 텍스트 출력을 사용해 사용자와 통신합니다. 왜 그럴까요? 많은 프로그래밍 언어에서 시각적으로 데이터를 표현하기가 너무 어렵기 때문입니다. 다행히 파이썬에서는 간단합니다.

13.1 맷플롯립으로 그래프 그리기

맷플롯립matplotlib은 매트랩MATLAB[2]과 매우 비슷한 **그래프**plot 기능을 제공하는 파이썬 라이브러리입니다. 매트랩은 과학 컴퓨팅 언어이며 알고리즘 개발, 데이터 시각화, 데이터 분석, 수치 계산을 위한 인터랙티브 환경입니다. 나중에 매트랩과 비슷한 다른 기능을 제공하는 파이썬 라이브러리를 알아보겠습니다. 이 장에서는 간단한 데이터 시각화 방법에 초점을 맞춥니다. 맷플롯립의 그래프 기능에 관한 자세한 사용자 가이드는 맷플롯립 웹사이트[3]를 참고하세요.

---

1 옮긴이_ 이 속담은 '그림의 의미는 만 자에 가까운 것을 표현할 수 있다'라는 뜻입니다.
2 https://www.mathworks.com/products/matlab.html
3 https://matplotlib.org/stable/users/index

이 장에는 사용자 가이드나 완벽한 튜토리얼을 담지 않았습니다. 대신 몇 가지 예제 그래프를 보여주고 그래프를 생성하는 코드를 설명합니다. 나중에 다른 그래프 기능도 소개하겠습니다.

plt.plot을 사용해 간단한 그래프를 그리는 예제로 시작해 보죠.

```
import matplotlib.pyplot as plt
plt.plot([1,2,3,4], [1,7,3,5]) #현재 피겨에 그래프를 그립니다.
```

이 코드는 [그림 13-1]과 같은 그래프를 출력합니다. 이 코드를 실행하면 맷플롯립 설치했을 때 기본 설정으로 그래프를 그립니다. 선 두께와 폰트 크기 같은 기본값을 바꾸어 그래프를 그릴 수 있습니다. 이에 관해서는 이 장의 후반에 설명하겠습니다.

그래프가 모니터에 나타나는 위치는 사용하는 파이썬 환경에 따라 다릅니다. 이 책에서 사용한 스파이더 버전에서는 기본적으로 'Plots pane'이라는 곳에 그래프가 그려집니다.[4]

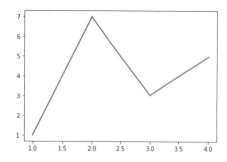

그림 13-1 간단한 그래프

피겨figure를 여러 개 만들고 파일로 저장할 수도 있습니다. 파일 이름은 원하는 대로 지정할 수 있습니다. 기본 파일 확장자는 .png이지만 키워드 매개변수 format을 사용해 다른 포맷(예: .jpg)으로 바꿀 수도 있습니다.

다음 코드를 실행해 보죠.

---

4   옮긴이_ 번역서는 코드 실습 환경으로 코랩을 사용합니다. 코랩 노트북에서는 실행 코드 바로 아래에 그래프가 출력됩니다.

```
plt.figure(1) #피겨 1을 만듭니다.
plt.plot([1,2,3,4], [1,2,3,4]) #피겨 1에 그립니다.
plt.figure(2) #피겨 2를 만듭니다.
plt.plot([1,4,2,3], [5,6,7,8]) #피겨 2에 그립니다.
plt.savefig('Figure-Addie') #피겨 2를 저장합니다.
plt.figure(1) #피겨 1로 돌아갑니다.
plt.plot([5,6,10,3]) #피겨 1에 다시 그립니다.
plt.savefig('Figure-Jane') #피겨 1을 저장합니다.
```

이 코드는 [그림 13-2]에 있는 두 그래프를 만들어 Figure-Jane.png와 Figure-Addie.png 라는 파일에 저장합니다.

마지막 plt.plot 호출에는 인수를 하나만 전달했습니다. 이 인수는 y값입니다. 이에 해당하는 x값은 기본적으로 range(len([5, 6, 10, 3]))로 생성되는 시퀀스가 됩니다. 따라서 이 그래프의 x축 범위는 0에서 3까지입니다.

맷플롯립에는 **현재 피겨**current figure라는 개념이 있습니다. plt.figure(x)를 실행하면 현재 피겨를 숫자 x에 매핑된 피겨로 설정합니다. 뒤이어 그래프 출력 함수를 실행하면 암묵적으로 이 피겨에 그래프를 그립니다. 이는 또 다른 plt.figure를 호출하기 전까지 지속됩니다. 그래서 두 번째 피겨에 그려진 그래프가 Figure-Addie.png에 저장됩니다.

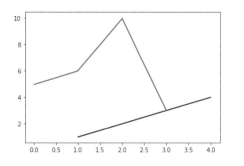 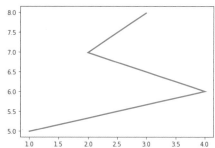

그림 13-2 Figure-Jane.png(왼쪽)와 Figure-Addie.png(오른쪽)

또 다른 예제를 살펴보죠. [예제 13-1]의 왼쪽 코드는 [그림 13-3]의 왼쪽 그래프를 만듭니다.

예제 13-1 연평균 성장률을 보여주는 그래프 그리기

```python
principal = 10000
interest_rate = 0.05
years = 20
values = []
for i in range(years + 1):
    values.append(principal)
    principal += principal *\
                 interest_rate
plt.plot(values)
```

```python
plt.title('연평균 5% 성장률')
plt.xlabel('연도')
plt.ylabel('원금의 가치 ($)')
```

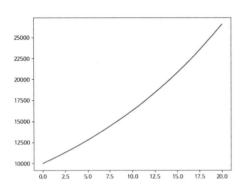 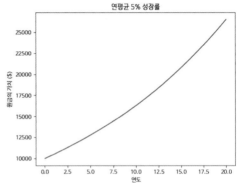

그림 13-3 연평균 성장률 그래프

코드를 살펴보면 초기 투자 금액 $10,000에서 연평균 성장률 5%로 성장하는 그래프임을 추측할 수 있습니다. 하지만 그래프 자체만 보아서는 쉽게 알아차릴 수 없습니다. 이는 바람직한 그래프가 아닙니다. 모든 그래프에는 상세한 제목과 축 이름이 있어야 합니다. [예제 13-1]의 오른쪽 코드를 끝에 추가하면 [그림 13-3]의 오른쪽 그래프가 출력됩니다.[5]

출력된 곡선마다 그래프의 색이나 선 타입을 지정할 수 있는 포맷 문자열^{format string} 인수가 있습니다. 포맷 문자열의 문자와 기호는 매트랩에서 따왔으며 색 지시자와 (선택적인) 선 스타일 지시자로 구성됩니다. 기본 포맷 문자열은 파란 실선을 의미하는 'b-'입니다. [그림 13-4]

---

5 옮긴이_ 코랩에서 맷플롯립 그래프에 한글을 사용하려면 적절한 한글 폰트를 설치해 주어야 합니다. 자세한 방법은 깃허브에 있는 주피터 노트북을 참고하세요.

와 같이 검은 원으로 연평균 성장률을 그리려면 plt.plot(values)를 plt.plot(values, 'ko')로 바꿉니다. 색과 선 스타일 지시자의 전체 목록은 다음 주소를 참고하세요.

- https://matplotlib.org/stable/api/_as_gen/matplotlib.pyplot.plot.html

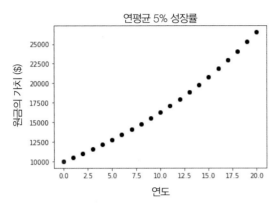

그림 13-4 검은 원을 사용한 연평균 성장률 그래프

폰트 크기와 그래프에 사용한 선 두께도 바꿀 수 있습니다. 개별 함수를 호출할 때 키워드 매개변수를 추가하면 됩니다. 예를 들어 다음 코드를 실행해 보죠.

```
principal = 10000 #초기 투자금
interestRate = 0.05
years = 20
values = []

for i in range(years + 1):
    values.append(principal)
    principal += principal*interestRate

plt.plot(values, '-k', linewidth = 30)
plt.title('연평균 5% 성장률',
          fontsize = 'xx-large')
plt.xlabel('연도', fontsize = 'x-small')
plt.ylabel('원금의 가치 ($)')
```

이 코드는 의도적으로 [그림 13-5]처럼 이상한 그래프를 그립니다.

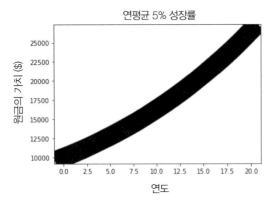

그림 13-5 이상한 그래프

'rc 설정'이라 부르는 기본값을 바꿀 수도 있습니다('rc'는 유닉스(Unix)의 런타임 설정 파일 인 .rc 파일 확장자에서 유래했습니다). 이 값들은 딕셔너리와 유사한 변수에 저장되어 있으며 `plt.rcParams`으로 참조할 수 있습니다. 예를 들면 다음 코드를 실행해 선 두께의 기본값을 6 포인트point[6]로 지정할 수 있습니다.

```
plt.rcParams['lines.linewidth'] = 6.
```

rcParams 설정은 매우 많습니다. 전체 목록은 다음 주소에서 볼 수 있습니다.

- https://matplotlib.org/stable/api/matplotlib_configuration_api.html#matplotlib. rcParams

개별 매개변수를 커스터마이징하고 싶지 않다면 사전에 정의된 스타일 시트style sheet를 사용해 보세요. 스타일 시트에 관한 설명은 다음 주소에 있습니다.

- https://matplotlib.org/stable/tutorials/introductory/customizing.html#using-style-sheets

앞으로 살펴볼 예제는 대부분 다음 설정을 사용합니다.

---

6   포인트는 조판에서 사용하는 최소 단위입니다. 수년간 0.18에서부터 0.4밀리미터까지 크기가 다양했습니다. 데스크탑 출판(DTP) 포인트가 사실상 표준이 되었으며 이는 0.3527밀리미터(1/72인치)입니다.

```
#선 두께
plt.rcParams['lines.linewidth'] = 4
#제목 폰트 크기
plt.rcParams['axes.titlesize'] = 16
#축 레이블 폰트 크기
plt.rcParams['axes.labelsize'] = 16
#x 축 텍스트 크기
plt.rcParams['xtick.labelsize'] = 16
#y 축 텍스트 크기
plt.rcParams['ytick.labelsize'] = 16
#x 축 눈금 크기
plt.rcParams['xtick.major.size'] = 7
#y 축 눈금 크기
plt.rcParams['ytick.major.size'] = 7
#마커 크기
plt.rcParams['lines.markersize'] = 10
#범례를 표시할 때 마커 표시 개수
plt.rcParams['legend.numpoints'] = 1
#범례 텍스트 크기
plt.rcParams['legend.fontsize'] = 14
```

컬러 디스플레이에서 그래프를 본다면 보통 기본 설정을 바꾸지 않아도 됩니다. 책과 같은 결과를 보고 싶거나 흑백 디스플레이에서 그래프를 쉽게 이해하려면 설정을 바꾸면 좋습니다.

13.2 모기지 그래프 그리기

10장에서 다양한 모기지를 예로 들어 서브클래싱 사용법을 알아보았습니다. "프로그램은 시간에 따라 모기지가 어떻게 변하는지 그래프로 그릴 수 있어야 합니다"라고 언급하면서 마쳤습니다. [예제 13-2]는 Mortgage 클래스에 그래프를 그리는 메서드를 추가한 코드입니다(예제 10-10에 있는 find_payment 함수는 10.4절에서 설명했습니다).

예제 13-2 그래프 메서드를 추가한 Mortgage 클래스

```
def find_payment(loan, r, m):
    """가정: loan과 r은 floats, m은 int입니다.
```

```
            m 개월 동안 월이자가 r일 때 모기지 금액 loan의 월 상환액을 반환합니다."""
        return loan*((r*(1+r)**m)/((1+r)**m -1))


class Mortgage(object):
    """여러 종류의 모기지를 만드는 추상 클래스"""
    def __init__(self, loan, annRate, months):
        self._loan = loan
        self._rate = annRate/12.0
        self._months = months
        self._paid = [0.0]
        self._outstanding = [loan]
        self._payment = find_payment(loan, self._rate, months)
        self._legend = None #모기지 설명

    def make_payment(self):
        self._paid.append(self._payment)
        reduction = self._payment - self._outstanding[-1]*self._rate
        self._outstanding.append(self._outstanding[-1] - reduction)

    def get_total_paid(self):
        return sum(self._paid)

    def __str__(self):
        return self._legend

    def plot_payments(self, style):
        plt.plot(self._paid[1:], style, label = self._legend)

    def plot_balance(self, style):
        plt.plot(self._outstanding, style, label = self._legend)

    def plot_tot_pd(self, style):
        tot_pd = [self._paid[0]]
        for i in range(1, len(self._paid)):
            tot_pd.append(tot_pd[-1] + self._paid[i])
        plt.plot(tot_pd, style, label = self._legend)

    def plot_net(self, style):
        tot_pd = [self._paid[0]]
        for i in range(1, len(self._paid)):
            tot_pd.append(tot_pd[-1] + self._paid[i])
        equity_acquired = np.array([self._loan]*len(self._outstanding))
```

```
equity_acquired = equity_acquired-np.array(self._outstanding)
net = np.array(tot_pd) - equity_acquired
plt.plot(net, style, label = self._legend)
```

Mortgage 클래스에서 조금 까다로운 메서드는 plot_tot_paid와 plot_net입니다. plot_tot_paid 메서드는 지불된 총상환액을 그래프로 그립니다. plot_net은 지불한 현금에서 대출 일부를 상환해 얻은 가치를 빼서 시간에 따른 모기지 총비용의 근삿값을 그래프로 그립니다.[7]

plot_net 함수에 있는 np.array(self.outstanding) 표현식은 타입 변환을 수행합니다. 지금까지 list 타입의 인수로 맷플롯립의 함수를 호출했습니다. 맷플롯립은 이 리스트를 넘파이 배열로 변환합니다. 여기서는 import numpy as np와 np.array를 사용해 이를 명시적으로 수행합니다.

넘파이numpy는 과학 컴퓨팅 도구를 제공하는 파이썬 패키지입니다. 다차원 배열뿐만 아니라 다양한 수학 함수를 제공합니다. 나중에 numpy를 더 자세히 알아보겠습니다.

리스트에는 없는 편리한 배열 조작 방법이 많습니다. 특히 배열과 산술 연산자를 사용해 표현식을 만들 수 있습니다. numpy에서 배열을 만드는 방법은 여러 가지이지만, 가장 일반적으로는 먼저 리스트를 만든 후 배열로 변환합니다. 다음 코드를 살펴보죠.

```
import numpy as np
a1 = np.array([1, 2, 4])
print('a1 =', a1)
a2 = a1*2
print('a2 =', a2)
print('a1 + 3 =', a1 + 3)
print('3 -a1 =', 3 -a1)
print('a1 -a2 =', a1 -a2)
print('a1*a2 =', a1*a2)
```

표현식 a1*2는 a1의 각 원소에 상수 2를 곱합니다. a1 + 3은 a1의 각 원소에 정수 3을 더합니다. a1 - a2는 a1의 각 원소에서 동일한 위치에 해당하는 a2 원소를 뺍니다(두 배열의 길이가

---

7 시간에 따른 현금의 가치를 고려하는 순현재가치(net present value)를 계산하지 않았으므로 근삿값입니다.

다르면 에러가 발생합니다). a1*a2는 동일 위치의 a1 원소와 a2 원소를 곱합니다. 코드를 실행하면 다음과 같이 출력됩니다.

```
a1 = [1 2 4]
a2 = [2 4 8]
a1 + 3 = [4 5 7]
3 - a1 = [ 2 1 -1]
a1 - a2 = [-1 -2 -4]
a1*a2 = [ 2 8 32]
```

[예제 13-3]의 세 클래스는 [예제 10-11]의 Mortgage 서브클래스입니다. 각 클래스는 Mortgage의 __init__ 메서드를 오버라이드한 __init__ 메서드를 정의합니다. TwoRate 클래스는 Mortgage의 make_payment 메서드를 오버라이드합니다.

예제 13-3 Mortgage 서브클래스

```python
class Fixed(Mortgage):
    def __init__(self, loan, r, months):
        Mortgage.__init__(self, loan, r, months)
        self._legend = f'고정 {r*100:.1f}%'

class FixedWithPts(Mortgage):
    def __init__(self, loan, r, months, pts):
        Mortgage.__init__(self, loan, r, months)
        self._pts = pts
        self._paid = [loan*(pts/100)]
        self._legend = f'고정 {r*100:.1f}%, {pts} 포인트'

class TwoRate(Mortgage):
    def __init__(self, loan, r, months, teaser_rate, teaser_months):
        Mortgage.__init__(self, loan, teaser_rate, months)
        self._teaser_months = teaser_months
        self._teaser_rate = teaser_rate
        self._nextRate = r/12
        self._legend = (f'{self._teaser_months} 개월 동안 ' +
                        f'{100*teaser_rate:.1f}%, 그 다음엔 {100*r:.1f}%')

    def make_payment(self):
        if len(self._paid) == self._teaser_months + 1:
```

```
            self._rate = self._nextRate
            self._payment = find_payment(self._outstanding[-1],
                                         self._rate,
                                         self._months - self._teaser_months)
        Mortgage.make_payment(self)
```

[예제 13-3]과 [예제 13-4]의 함수는 그래프를 사용해 여러 종류의 모기지를 비교합니다.

[예제 13-4]의 compare_mortgages 함수는 여러 종류의 모기지 리스트를 만들고 매달 상환액을 계산합니다. 그다음 [예제 13-5]의 plot_mortgages 함수를 호출해 그래프를 그립니다.

예제 13-4 모기지 비교하기

```
def compare_mortgages(amt, years, fixed_rate, pts, pts_rate,
                      var_rate1, var_rate2, var_months):
    tot_months = years*12
    fixed1 = Fixed(amt, fixed_rate, tot_months)
    fixed2 = FixedWithPts(amt, pts_rate, tot_months, pts)
    two_rate = TwoRate(amt, var_rate2, tot_months, var_rate1, var_months)
    morts = [fixed1, fixed2, two_rate]
    for m in range(tot_months):
        for mort in morts:
            mort.make_payment()
    plot_mortgages(morts, amt)
```

[예제 13-5]의 plot_mortgages 함수는 Mortgage의 그래프 출력 메서드를 사용해 세 종류의 모기지 정보를 담은 그래프를 만듭니다. plot_mortgages의 루프에서 인덱스 i를 사용해 morts와 styles 리스트의 원소를 선택해서 그래프마다 동일한 스타일로 여러 종류의 모기지를 표현합니다. 예를 들어 morts의 세 번째 원소는 가변 모기지이고 styles의 세 번째 원소는 'k:'입니다. 따라서 가변 모기지는 항상 검은 점선으로 그려집니다. 로컬 함수 label_plot을 사용해 그래프마다 적절한 제목과 축 레이블을 추가합니다. plt.figure 함수를 호출해 figure 인수에 해당하는 그래프에 제목과 레이블을 추가합니다.

예제 13-5 모기지 그래프 생성하기

```
def plot_mortgages(morts, amt):
    def label_plot(figure, title, x_label, y_label):
```

```
        plt.figure(figure)
        plt.title(title)
        plt.xlabel(x_label)
        plt.ylabel(y_label)
        plt.legend(loc = 'best')
    styles = ['k-', 'k-.', 'k:']
    #figure 번호를 변수에 저장합니다.
    payments, cost, balance, net_cost = 0, 1, 2, 3
    for i in range(len(morts)):
        plt.figure(payments)
        morts[i].plot_payments(styles[i])
        plt.figure(cost)
        morts[i].plot_tot_pd(styles[i])
        plt.figure(balance)
        morts[i].plot_balance(styles[i])
        plt.figure(net_cost)
        morts[i].plot_net(styles[i])
    label_plot(payments, f' ${amt:,} 모기지의 월 상환액',
              '월', '월 상환액')
    label_plot(cost, f' ${amt:,} 모기지의 누적 상환액',
              '월', '총상환액 ')
    label_plot(balance, f' ${amt:,} 모기지의 남은 잔액',
              '월', '남은 대출 잔액 ')
    label_plot(net_cost, f' ${amt:,} 모기지의 총순비용',
              '월', '총순비용')
```

다음 코드는 세 종류의 모기지를 비교하는 (그림 13-6에서 그림 13-8까지) 그래프를 그립니다.

```
compare_mortgages(amt=200000, years=30, fixed_rate=0.07,
                  pts = 3.25, pts_rate=0.05, var_rate1=0.045,
                  var_rate2=0.095, var_months=48)
```

[그림 13-6]에 있는 그래프는 시간에 따른 모기지의 상환액을 그리는 plot_payments 메서드로 만들었습니다. plt.legend 함수를 호출할 때 키워드 매개변수 loc에 전달한 값에 따라 범례의 위치가 결정됩니다. loc 매개변수에 'best'로 지정하면 범례의 위치를 자동으로 선택합니다. 이 그래프는 시간에 따라 월 상환액이 어떻게 변하는지 (또는 변하지 않는지) 잘 보여줍니다. 하지만 각 모기지의 상대적인 비용은 자세히 보여주지 않습니다.

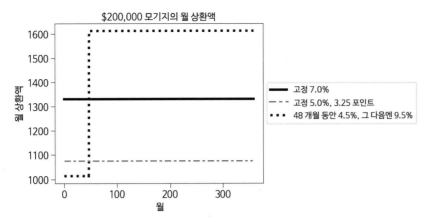

그림 13-6 여러 종류의 모기지 월 상환액

[그림 13-7]은 `plot_tot_pd` 메서드로 만들었습니다. 매달 초에 발생하는 상환액을 누적한 그래프를 그려 각 모기지를 비교합니다.

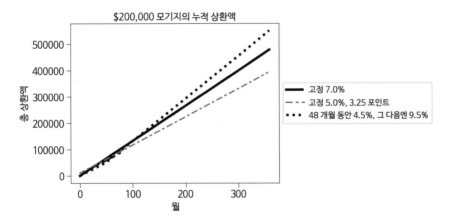

그림 13-7 여러 종류의 모기지 시간에 따른 비용

[그림 13-8]은 대출 잔액(왼쪽)과 모기지에 드는 총순비용(오른쪽)을 보여줍니다.

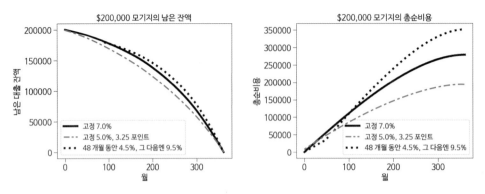

그림 13-8 여러 종류 모기지의 대출 잔액과 총순비용 그래프

13.3 전염병 확산 추이 인터랙티브 그래프

이 책을 마무리할 때 코로나19의 확산으로 '사회적 거리두기'에 따라 집에 머무르고 있었습니다. 많은 호흡기 바이러스와 마찬가지로 SARS-CoV-2 바이러스는 사람 간 접촉으로 주로 전파됩니다. 사회적 거리두기는 사람 간의 접촉을 줄여 바이러스로 인한 질병 확산을 억제하려고 고안되었습니다.

[예제 13-6]은 시간에 따라 전염병의 발생률을 간단하게 시뮬레이션하는 코드입니다. `fixed` 매개변수는 전염병 확산에 관련된 주요 변수의 초깃값을 담은 딕셔너리입니다. `variable` 변수는 사회적 거리두기에 관련된 값을 정의한 딕셔너리입니다. 나중에 인터랙티브한 그래프에서 `variable` 값을 바꾸는 방법을 알아보겠습니다.

시뮬레이션 모델은 나중에 자세히 다룰 예정이며, 여기서는 인터랙티브 그래프에 초점을 맞춥니다.[8] 이 시뮬레이션의 목적은 흥미로운 그래프 기능을 소개하는 것입니다. 자세한 시뮬레이션 내용을 이해하지 못해도 괜찮습니다.

---

8 옮긴이_ 코랩에서는 정적 그래프가 그려집니다. 로컬 컴퓨터에서 주피터 노트북으로 실행할 때는 다음 코드를 실행하기 전에 `%matplotlib notebook` 매직 커맨드를 실행하세요.

```python
def simulation(fixed, variable):
    infected = [fixed['initial_infections']]
    new_infections = [fixed['initial_infections']]
    total_infections = fixed['initial_infections']

    for t in range(fixed['duration']):
        cur_infections = infected[-1]
        #더는 전염성이 없는 사람들을 제외합니다.
        if len(new_infections) > fixed['days_spreading']:
            cur_infections -= new_infections[-fixed['days_spreading']-1]
        #사회적 거리두기가 있다면 일일 접촉 횟수를 변경합니다.
        if t >= variable['red_start'] and t < variable['red_end']:
            daily_contacts = variable['red_daily_contacts']
        else:
            daily_contacts = fixed['init_contacts']
        #새로운 환자를 계산합니다.
        total_contacts = cur_infections * daily_contacts
        susceptible = fixed['pop'] - total_infections
        risky_contacts = total_contacts * (susceptible/fixed['pop'])
        newly_infected = round(risky_contacts * fixed['contagiousness'])
        #변수를 업데이트합니다.
        new_infections.append(newly_infected)
        total_infections += newly_infected
        infected.append(cur_infections + newly_infected)
    return infected, total_infections
```

[예제 13-7]은 매일 감염된 사람의 수를 보여주는 정적 그래프를 그리는 함수입니다. 총감염자 수를 보여주는 **텍스트 상자**text box도 담고 있습니다. `txt_box = plt.text`로 시작하는 문장은 처음 두 인수의 위치에 세 번째 인수에 담긴 텍스트를 쓰라는 명령입니다. 표현식 `plt.xlim()[1]/2`는 텍스트의 왼쪽 끝을 x축의 중간에 놓으라는 의미입니다. 표현식 `plt.ylim()[1]/1.25`는 y축의 전체 범위에서 아래에서부터 80% 위치에 텍스트를 놓으라는 의미입니다.

예제 **13-7** 감염 추이 그래프 함수

```python
def plot_infections(infections, total_infections, fixed):
    infection_plot = plt.plot(infections, 'r', label = '감염')[0]
    plt.xticks(fontsize = 'large')
    plt.yticks(fontsize = 'large')
```

```
        plt.xlabel('첫 감염 이후 일수',fontsize = 'xx-large')
        plt.ylabel('현재 감염 건수',fontsize = 'xx-large')
        plt.title('백신이 없을 때 감염 건수\n' +
                  f'인구 = {fixed["pop"]:,}, ' +
                  f'접촉/일 = {fixed["init_contacts"]}, ' +
                  f'감염 확률 = {(100*fixed["contagiousness"]):.1f}%, ' +
                  f'감염 후 전염 기간 = {fixed["days_spreading"]}',
                  fontsize = 'xx-large')
        plt.legend(fontsize = 'xx-large')
        txt_box = plt.text(plt.xlim()[1]/2, plt.ylim()[1]/1.25,
                        f'총감염 건수 = {total_infections:,.0f}',
                        fontdict = {'size':'xx-large', 'weight':'bold',
                                    'color':'red'})
        return infection_plot, txt_box
```

[예제 13-8]은 [예제 13-6]과 [예제 13-7]의 함수를 사용해 사회적 거리두기가 없다고 가정했을 때 감염자 수를 보여주는 그래프인 [그림 13-9]를 그립니다. fixed에 있는 값은 특정 질병에 기반한 값은 아닙니다. 평균적으로 한 사람이 매일 50명의 사람과 접촉한다는 가정이 놀랍게 보일 수 있습니다. 하지만 이 숫자에는 감염자와 같은 버스를 타거나 감염자에게서 나온 바이러스가 묻은 물체를 만지는 간접 접촉이 포함됩니다.

예제 13-8 일련의 매개변수로 그래프 그리기

```
fixed = {
    'pop': 5000000, #전체 인구
    'duration': 500, #시뮬레이션 날짜
    'initial_infections': 4, #초기 감염 인원
    'init_contacts': 50, #사회적 거리두기가 없는 접촉
    'contagiousness': 0.005, #바이러스 노출 시 감염 확률
    'days_spreading': 10} #감염 후 전염 기간
variable = {
    #'red_daily_contacts': 4, #사회적 거리두기
    'red_daily_contacts': fixed['init_contacts'], #사회적 거리두기
    'red_start': 20, #사회적 거리두기 시작
    'red_end': 200} #사회적 거리두기 종료

infections, total_infections = simulation(fixed, variable)
fig = plt.figure(figsize=(11, 8))
plot_infections(infections, total_infections, fixed)
```

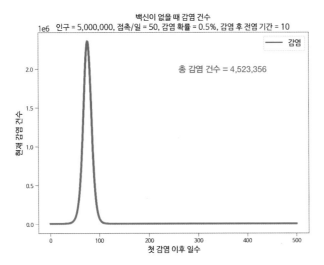

그림 13-9 감염자 정적 그래프

이 그래프는 현재 감염자 수가 빠르게 증가한 후 안정된 상태인 0까지 빠르게 감소함을 보여줍니다. 감염자 한 명이 여러 명을 감염시키기 때문에 빠르게 증가합니다. 따라서 감염을 확산시킬 수 있는 사람의 수가 기하급수적으로 늘어납니다. 전체 인구가 **집단 면역**herd immunity에 도달하면 더 이상 감염자가 없는 안정 상태가 됩니다. 질병에서 회복한 사람이 재감염되지 않는다고 가정하면, 충분히 많은 인구가 면역이 생길 때 긴 기간 동안 아무도 바이러스를 퍼뜨리지 못하고 결국 이 질병을 퍼뜨릴 사람이 남지 않게 됩니다.[9] 여러 가지 파라미터 변화에 따른 영향을 살펴보고 싶다면 `fixed`에 있는 변숫값을 바꾸어 그래프를 그려보세요. 하지만 이 방법으로는 '가상'의 시나리오를 살펴보기가 번거롭습니다. 대신 사회적 거리두기에 관련된 핵심 파라미터(`reduced_contacts_per_day`, `red_start`, `red_end`)를 동적으로 바꿀 수 있는 **슬라이더**slider[10]를 포함한 피겨를 만들어 보죠.

이 피겨에는 독립된 구성 요소가 네 개 있습니다. 주 그래프와 `variable` 딕셔너리의 원소마다 하나의 슬라이더가 생깁니다. 먼저 전체 크기(너비는 12인치이고 높이는 8.5인치), 위치(텍스트 상자와 같은 방식으로 지정함), 각 구성 요소의 크기(전체 피겨 크기에 상대적임)를 지정

---

9 이 그래프 모양은 감염병 발병의 전형적인 모습입니다. 1849년 영국의 콜레라(Cholera) 유행을 설명하기 위해 1852년에 만든 비슷한 모양의 그래프를 다음 주소에서 볼 수 있습니다. https://images.slideplayer.com/13/4177382/slides/slide_19.jpg

10 여기서 슬라이더는 (작은 햄버거나 변화구가 아니라) 동적으로 변숫값을 바꿀 수 있는 인터랙티브한 객체를 말합니다.

해 전체 레이아웃을 구성합니다.[11] 또한 각 구성 요소를 나중에 참조할 수 있도록 변수에 바인딩합니다.

```
fig = plt.figure(figsize=(10, 8))
infections_ax = plt.axes([0.12, 0.2, 0.8, 0.65])
contacts_ax = plt.axes([0.25, 0.09, 0.65, 0.03])
start_ax = plt.axes([0.25, 0.06, 0.65, 0.03])
end_ax = plt.axes([0.25, 0.03, 0.65, 0.03])
```

그다음 변경하고 싶은 값마다 하나씩 세 개의 슬라이더를 정의합니다. 먼저 Slider 클래스를 임포트합니다.

```
from matplotlib.widgets import Slider
```

그다음 슬라이더를 세 개 만들고 변수에 바인딩합니다.

```
contacts_slider = Slider(
    contacts_ax, #슬라이더를 담은 axes 객체
    'reduced\ncontacts/day', #슬라이더 이름
    0, #최솟값
    50, #최댓값
    50) #초깃값
contacts_slider.label.set_fontsize(12)
start_day_slider = Slider(start_ax, 'start reduction', 1, 30, 20)
start_day_slider.label.set_fontsize(12)
end_day_slider = Slider(end_ax, 'end reduction', 30, 400, 200)
end_day_slider.label.set_fontsize(12)
```

그다음 현재 슬라이더의 값을 기반으로 그래프를 업데이트하는 update 함수를 만듭니다.

```
def update(fixed, infection_plot, txt_box,
           contacts_slider, start_day_slider, end_day_slider):
    variable = {'red_daily_contacts': contacts_slider.val,
                'red_start': start_day_slider.val,
```

---

11 옮긴이_ axes 함수의 처음 두 매개변수는 각각 왼쪽과 아래 위치를 결정하고 세 번째와 네 번째 매개변수는 너비와 높이를 결정합니다.

```
                    'red_end': end_day_slider.val}
    I, total_infections = simulation(fixed, variable)
    infection_plot.set_ydata(I) #새로운 y축의 값
    txt_box.set_text(f'Total Infections = {total_infections:,.0f}')
```

슬라이더의 값이 바뀔 때마다 update를 호출해야 합니다. 이 부분이 조금 까다롭습니다. Slider 클래스는 function 타입의 인수를 받아 슬라이더가 바뀔 때마다 호출해 주는 on_changed 메서드를 제공합니다. 이 함수는 항상 슬라이더의 현잿값을 나타내는 숫자 인수 하나만을 받아야 합니다. 하지만 여기서는 슬라이더가 바뀔 때마다 세 개의 슬라이더 전부와 fixed 딕셔너리를 사용해 시뮬레이션을 실행해야 합니다.

on_changed에 맞는 인수를 가진 새로운 함수를 만들어 이 문제를 해결합니다. 이 함수는 slider_update이고 숫자 인수를 하나 받지만 사용하지는 않습니다. 대신 slider_update를 람다 표현식으로 정의해 fixed, infection_plot, txt_box, 세 개의 슬라이더에 바인딩된 객체를 가져와 이 인수들로 update를 호출합니다.

```
slider_update = lambda _: update(fixed, infection_plot, txt_box,
                                 contacts_slider, start_day_slider,
                                 end_day_slider)
contacts_slider.on_changed(slider_update)
start_day_slider.on_changed(slider_update)
end_day_slider.on_changed(slider_update)
```

마지막으로 infections_ax으로 지정된 피겨 영역에 감염자 그래프와 텍스트 상자를 업데이트합니다.

```
infections, total_infections = simulation(fixed, variable)
plt.axes(infections_ax)
infection_plot, txt_box = plot_infections(infections,
                                          total_infections, fixed)
```

이 코드를 실행하면 [그림 13-10]의 그래프를 그립니다.[12]

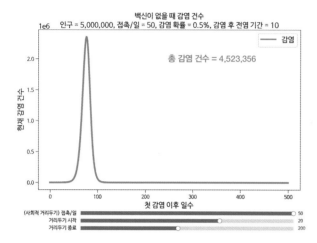

그림 13-10 슬라이더 초깃값으로 그린 인터랙티브 그래프

이제 슬라이더의 값을 바꾸어 실험해 볼 수 있습니다. [그림 13-11]에 한 예가 있습니다.

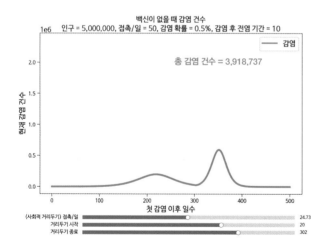

그림 13-11 변경된 슬라이더 값으로 그린 인터랙티브 그래프

---

12 인터랙티브한 그래프를 사용하려면 파이썬 설정을 바꾸어야 할 수 있습니다. 그래프가 별도의 윈도에 나타나지 않으면 스파이더 IDE의 [Preferences] → [IPythonConsole] → [Graphics]에서 backend를 [automatic]으로 바꾸고 IPython 콘솔을 다시 시작하세요. 옮긴이_ macOS 사용자는 backend를 OS X로 바꾸어 주세요.

[그림 13-11]은 20일 이후 접촉을 하루 평균 25명으로 줄이고 40주 동안 이 수준을 유지한다면 총감염자 수가 줄어든다는 것을 보여줍니다. 더 중요하게도 최대 감염자 수가 극적으로 줄어듭니다(따라서 의료 시스템에 주는 최대 부하도 줄어듭니다). 이를 커브 평탄화^{flattening the curve} 전략이라고도 부릅니다.

프로그래밍으로
현실 세계 이해하기

5부에서는 최적화 문제와 동적 계획법, 데이터 시각화처럼 프로그래밍을 통해 현실 세계를 이해하는 방법을 살펴봅니다.

14장. 배낭 문제와 그래프 최적화 문제

배낭 문제와 그래프 문제를 통해 계산 문제를 간단한 방법으로 공식화해 솔루션을 만드는 최적화 문제에 관해 알아봅니다.

15장. 동적 계획법

중복되거나 최적의 부분 구조를 가진 문제를 효율적으로 해결하는 동적계획법을 소개합니다. 앞에서 살펴봤던 문제들을 재귀 방식으로 해결하는 방법도 알아봅니다.

16장. 랜덤 워크와 데이터 시각화

랜덤 워크를 통해 시뮬레이션에 대해 알아봅니다. 또한, 수집한 데이터를 시각화해 통찰을 끌어내는 과정도 익힙니다.

14장

배낭 문제와 그래프 최적화 문제

이 장의 키워드

최적화 문제 | 목적 함수 | 제약 조건 | 탐욕 알고리즘 | 최적해 | 그래프 | 그래프 이론
노드 (꼭짓점) | 에지 (호) | 경로 | 순환 | 최소 절단 | 최대 클릭
깊이 우선 탐색 (DFS) / 너비 우선 탐색 (BFS) | 백트래킹

최적화 문제라는 개념은 많은 계산 문제를 해결하는 구조적인 방법을 제공합니다. 가장 큰 값, 가장 작은 값, 가장 많이 등장하는 값, 가장 적게 등장하는 값, 가장 빠른 방법, 가장 비용이 적게 드는 방법 등을 찾는 문제를 해결할 때, 이를 알려진 솔루션이 있는 전통적인 최적화 문제로 매핑할 수 있습니다.

일반적으로 **최적화 문제**optimization problem는 두 부분으로 구성됩니다.

- 최대화 또는 최소화하려는 목적 함수objective function. 예를 들면 보스턴Boston과 이스탄불Istanbul 사이의 항공 요금.
- 반드시 지켜야 할 일련의 제약 조건constraint(없을 수 있음). 예를 들면 최대 여행 시간.

이 장에서 최적화 문제 개념을 소개하고 몇 가지 예시를 들겠습니다. 문제를 푸는 간단한 몇 가지 알고리즘도 설명합니다. 15장에서 중요한 최적화 문제를 해결하는 효율적인 방법을 논의하겠습니다. 이 장에서 배울 주요 내용은 다음과 같습니다.

- 중요한 많은 문제를 간단한 방법으로 공식화해 계산 가능한 솔루션으로 유도할 수 있습니다.
- 새롭게 보이는 문제를 잘 알려진 문제로 축소하면 기존의 솔루션을 재사용할 수 있습니다.
- 배낭 문제knapsack problem와 그래프 문제graph problem는 종종 다른 문제로 축소할 수 있습니다.
- 완전 열거 알고리즘은 보통 계산적으로 매우 비효율적이지만 최적의 솔루션을 찾는 간단한 방법입니다.
- 탐욕 알고리즘greedy algorithm은 최적화 문제에서 (항상 최적은 아니지만) 꽤 훌륭한 솔루션을 찾는 실용적인 방법입니다.

이전처럼 약간의 파이썬 코드와 프로그래밍 팁을 제공하면서 계산적 사고를 설명하겠습니다.

14.1 배낭 문제

도둑질은 쉽지 않습니다. 쉽게 생각할 수 있는 문제(집이 비었는지 확인하고, 잠금장치를 선택하고, 경보를 피하고, 윤리적 문제를 처리하는 등) 외에도 도둑은 무엇을 훔쳐야 할지 결정해야 합니다. 보통 집에는 값나가는 물건이 도둑이 가져갈 수 있는 양보다 많다는 문제가 있습니다. 도둑은 어떻게 해야 할까요? 들고 나갈 수 있는 무게를 넘지 않으면서 가장 가치 있는 물건들을 찾아야 합니다.

예를 들어 도둑이 최대 20kg을 들 수 있는 배낭knapsack을 가지고 집에 침입해 [표 14-1]에 있는 물건을 찾았다고 가정해 보죠. 확실히 이를 모두 배낭에 담을 수는 없습니다. 따라서 가져갈 물건과 두고 갈 물건을 결정해야 합니다.

표 14-1 물건 목록

물건	가치	무게	가치/무게
시계	175	10	17.5
그림	90	9	10
라디오	20	4	5
꽃병	50	2	25
책	10	1	10
컴퓨터	200	20	10

14.1.1 탐욕 알고리즘

이 문제의 근사 솔루션을 찾는 가장 간단한 방법은 **탐욕 알고리즘**greedy algorithm을 사용하는 것입니다. 도둑은 최선의 물건을 찾고, 그다음 차선의 물건을 찾습니다. 이런 식으로 한계에 도달할 때까지 계속합니다. 물론 이렇게 하기 전에 도둑은 '최선'의 의미를 결정해야 합니다. 최선의 물건은 가장 가치 있는 물건일까요? 가장 가벼운 물건일까요? 또는 가치/무게 비율이 가장 높은 물건일까요? 만약 가장 가치 있는 물건을 선택한다면 $200에 달하는 컴퓨터만 가지고 떠날 것입니다. 가장 가벼운 물건을 선택한다면 순서대로 책, 꽃병, 라디오, 그림을 선택할 것입니다. 이 물건들의 총가치는 $170입니다. 마지막으로 가치/무게 비율이 가장 높은 물건이 최선이라고 결정한다면 꽃병과 시계를 먼저 선택할 것입니다. 그다음 가치/무게 비율이 10인 물건이 세 개입니다. 하지만 그중에 책만 배낭에 들어갈 수 있습니다. 책을 넣은 다음 여유 공간이 남아서 라디오를 넣을 수 있습니다. 이때 훔친 물건의 총가치는 $255입니다.

밀도(가치/무게 비율) 기준의 탐욕 알고리즘이 이 데이터셋에서 최상의 결과를 내지만 무게나 가치 기준의 탐욕 알고리즘보다 항상 더 나은 솔루션을 낸다는 보장은 없습니다. 더 일반적으로 이런 종류의 배낭 문제에서 탐욕 알고리즘으로 찾은 솔루션이 최적이라는 보장은 없습니다.[1] 잠시 후에 이를 조금 더 자세히 알아보겠습니다.

다음 세 코드는 세 개의 탐욕 알고리즘을 구현합니다. [예제 14-1]은 Item 클래스를 정의합니다. Item마다 name, value, weight 속성이 있습니다. [예제 14-2]에 있는 greedy 함수의 key_function 매개변수에 전달할 세 함수도 정의합니다.

예제 14-1 Item 클래스

```python
class Item(object):
    def __init__(self, n, v, w):
        self._name = n
        self._value = v
        self._weight = w
    def get_name(self):
        return self._name
    def get_value(self):
        return self._value
    def get_weight(self):
        return self._weight
    def __str__(self):
        return f'<{self._name}, {self._value}, {self._weight}>'

def value(item):
```

1　이 사실에서 얻을 수 있는 도덕적 교훈이 있을 것 같습니다. 아마도 '탐욕은 좋은 것이다'는 아닐 것입니다.

```
        return item.get_value()

    def weight_inverse(item):
        return 1.0/item.get_weight()

    def density(item):
        return item.get_value()/item.get_weight()
```

예제 14-2 탐욕 알고리즘 구현

```
def greedy(items, max_weight, key_function):
    """items는 리스트, max_weight >= 0,
       key_function는 items의 원소를 숫자에 매핑한다고 가정합니다."""
    items_copy = sorted(items, key=key_function, reverse = True)
    result = []
    total_value, total_weight = 0.0, 0.0
    for i in range(len(items_copy)):
        if (total_weight + items_copy[i].get_weight()) <= max_weight:
            result.append(items_copy[i])
            total_weight += items_copy[i].get_weight()
            total_value += items_copy[i].get_value()
    return (result, total_value)
```

key_function 매개변수를 도입함으로써 greedy가 리스트 원소의 순서를 고려하지 않아도 됩니다. key_function이 items에 있는 원소의 순서를 정의하기만 하면 됩니다. 이 매개변수에 매핑된 함수를 사용해 items와 동일한 원소를 담은 정렬된 리스트를 얻습니다. 이때 파이썬 내장 함수 sorted를 사용합니다(sort 대신에 sorted를 사용하는 이유는 함수에 전달된 리스트를 수정하지 않고 새로운 리스트를 만들기 위해서입니다). reverse 매개변수를 사용해 (key_function을 기준으로) 가장 큰 값부터 작은 값 순서로 정렬된 리스트를 만듭니다.

탐욕 알고리즘의 효율성은 얼마일까요? 두 가지를 생각해 보죠. 내장 함수 sorted의 시간 복잡도와 greedy 함수 안의 for 루프의 반복 횟수입니다. 루프의 반복 횟수는 items에 있는 원소의 개수와 연관됩니다. 즉 n이 items의 길이라면, $\Theta(n)$입니다. 하지만 파이썬 내장 정렬 함수는 최악의 경우 시간 복잡도가 대략 $\Theta(n \log n)$입니다.[2] 여기서 n은 정렬할 리스트의 길

---

2   12장에서 언급했듯이 대부분 파이썬 구현에서 사용하는 팀소트(timsort) 정렬 알고리즘의 시간 복잡도는 O(n logn n)입니다.

이이입니다. 따라서 이 탐욕 알고리즘의 실행 시간은 $\Theta(n \log n)$입니다.

[예제 14-3]은 물건 리스트를 만들고 여러 가지 방법으로 리스트를 정렬해 greedy 함수를 테스트합니다.

예제 14-3 탐욕 알고리즘으로 물건 선택하기

```
def build_items():
    names = ['시계','그림','라디오','꽃병','책','컴퓨터']
    values = [175,90,20,50,10,200]
    weights = [10,9,4,2,1,20]
    Items = []
    for i in range(len(values)):
        Items.append(Item(names[i], values[i], weights[i]))
    return Items

def test_greedy(items, max_weight, key_function):
    taken, val = greedy(items, max_weight, key_function)
    print('선택한 물건의 총가치:', val)
    for item in taken:
        print(' ', item)

def test_greedys(max_weight = 20):
    items = build_items()
    print('가치 기준 탐욕 알고리즘을 사용해', max_weight, '크기의 배낭을 채우기')
    test_greedy(items, max_weight, value)
    print('\n무게 기준 탐욕 알고리즘을 사용해', max_weight, '크기의 배낭을 채우기')
    test_greedy(items, max_weight, weight_inverse)
    print('\n밀도 기준 탐욕 알고리즘을 사용해', max_weight, '크기의 배낭을 채우기')
    test_greedy(items, max_weight, density)
```

test_greedys()를 실행하면 다음을 출력합니다.

```
가치 기준 탐욕 알고리즘을 사용해 20 크기의 배낭을 채우기
선택한 물건의 총가치: 200.0
  <컴퓨터, 200, 20>

무게 기준 탐욕 알고리즘을 사용해 20 크기의 배낭을 채우기
선택한 물건의 총가치: 170.0
  <책, 10, 1>
```

```
    <꽃병, 50, 2>
    <라디오, 20, 4>
    <그림, 90, 9>

밀도 기준 탐욕 알고리즘을 사용해 20 크기의 배낭을 채우기
선택한 물건의 총가치: 255.0
    <꽃병, 50, 2>
    <시계, 175, 10>
    <책, 10, 1>
    <라디오, 20, 4>
```

14.1.2 0/1 배낭 문제의 최적 솔루션

근삿값이 그다지 만족스럽지 않아서 이 문제의 최상의 솔루션을 찾고 싶다고 가정해 보죠. 최적화 문제를 해결하는 것이라서 이런 솔루션을 **최적해**optimal solution라고 합니다. 도둑 앞에 놓인 문제가 **0/1 배낭 문제**0/1 knapsack problem라 하는 전통적인 최적화 문제 중 하나입니다. 0/1 배낭 문제를 다음과 같이 정리할 수 있습니다.

- 각 물건은 ⟨value, weight⟩ 쌍으로 표현됩니다.
- 배낭은 총무게가 w 이하인 물건을 담을 수 있습니다.
- 길이가 n인 벡터 I는 가능한 물건의 집합을 나타냅니다. 이 벡터의 각 원소는 하나의 물건입니다.
- 길이가 n인 벡터 V를 사용해 도둑이 선택한 물건인지 아닌지를 나타냅니다. $V[i] = 1$이면 물건 $I[i]$을 선택하고, $V[i] = 0$이면 물건 $I[i]$를 선택하지 않습니다.
- $\sum_{i=0}^{n-1} V[i] * I[i].weight \leq w$을 만족하면서 $\sum_{i=0}^{n-1} V[i] * I[i].value$ 가 최대가 되는 V를 찾습니다.

단순한 방법으로 이 문제를 해결해 보죠.

1. 가능한 물건의 조합을 모두 나열합니다. 즉 물건 집합의 모든 부분집합subset을 생성합니다.[3] 이를 멱집합power set이라고 부르며, 11장에서 소개했습니다.
2. 허용할 수 있는 무게를 초과하는 모든 조합을 버립니다.
3. 남은 조합에서 가장 가치가 큰 조합을 선택합니다.

---

3 모든 집합은 자기의 부분집합이고 공집합(empty set)은 모든 집합의 부분집합입니다.

이 방식은 확실히 최적의 답을 찾습니다. 하지만 물건의 집합이 크면 실행 시간이 매우 오래 걸립니다. 11.3.6절에서 보았듯이 항목의 개수에 따라 부분집합의 개수가 빠르게 증가하기 때문입니다.

[예제 14-4]는 이 단순한 방법을 간단하게 구현해서 0/1 배낭 문제를 푸는 코드입니다. [예제 14-1], [예제 14-2], [예제 14-3]에서 정의한 클래스와 함수와 [예제 11-6]에서 정의한 gen_powerset 함수를 사용합니다.

예제 14-4 0/1 배낭 문제의 단순하지만 최적인 솔루션

```
def choose_best(pset, max_weight, get_val, get_weight):
    best_val = 0.0
    best_set = None
    for items in pset:
        items_val = 0.0
        items_weight = 0.0
        for item in items:
            items_val += get_val(item)
            items_weight += get_weight(item)
        if items_weight <= max_weight and items_val > best_val:
            best_val = items_val
            best_set = items
    return (best_set, best_val)

def test_best(max_weight = 20):
    items = build_items()
    pset = gen_powerset(items)
    taken, val = choose_best(pset, max_weight, Item.get_value,
                             Item.get_weight)
    print('선택한 물건의 총가치:', val)
    for item in taken:
        print(item)
```

이 구현의 복잡도는 $\Theta(n*2^n)$입니다. 여기서 n은 물건의 개수입니다. gen_powerset 함수는 물건 리스트의 리스트를 반환합니다. 이 리스트의 길이는 2^n이고 이 리스트에 포함된 가장 긴 리스트의 길이는 n입니다. 따라서 choose_best의 바깥쪽 루프는 $\Theta(2^n)$번 실행되고, 안쪽 루프는 최대 n번 실행됩니다.

이 프로그램에 작은 최적화를 많이 적용해 속도를 높일 수 있습니다. 예를 들어 gen_powerset
의 매개변수를 다음과 같이 정의할 수 있습니다.

```
def gen_powerset(items, constraint, get_val, get_weight)
```

그리고 무게 제한에 맞는 조합만 반환합니다. 또는 choose_best에서 무게 제한을 초과하자
마자 안쪽 루프를 종료할 수도 있습니다. 이런 종류의 최적화는 보통 시도할 가치가 있지만 근
본적인 문제를 해결하지는 못합니다. n이 물건의 개수일 때 choose_best의 복잡도는 여전히
$\Theta(n*2^n)$입니다. 따라서 물건 개수가 많을 때 choose_best의 실행 시간은 여전히 매우 오래
걸립니다.

이론적인 관점에서 보면 이 문제는 희망이 없습니다. 이 0/1 배낭 문제는 물건 개수에 지수적
으로 증가하기 때문입니다. 하지만 실용적인 관점에서 보면 희망이 전혀 없지는 않습니다. 이
를 15.2절에서 설명하겠습니다.

test_best를 실행하면 다음을 출력합니다.

```
선택한 물건의 총가치: 275.0
<시계, 175, 10>
<그림, 90, 9>
<책, 10, 1>
```

이 솔루션으로 찾은 조합이 탐욕 알고리즘으로 찾은 물건보다 가치가 더 높습니다. 탐욕 알고
리즘의 본질은 각 단계에서 (어떤 측정 기준을 바탕으로) 국부적으로 최상인 선택을 합니다.
즉, **지역 최적해**locally optimal solution를 만듭니다. 하지만 이 예에서 보듯이 국부적으로 최적인 결정
을 연속해 수행하는 것이 항상 **전역 최적해**global optimal solution로 이어지지는 않습니다.

탐욕 알고리즘이 최선의 솔루션을 늘 찾지는 못하지만 실전에서 흔히 사용됩니다. 최적의 솔루
션 탐색을 보장하는 알고리즘보다 일반적으로 구현하기 쉽고 효율적이기 때문이죠. 이반 보스
키Ivan Boesky는 "욕심은 건강한 것이라 생각합니다. 여러분은 욕심을 부리면서도 여전히 자신을
좋게 생각할 수 있습니다"라고 말했습니다.[4]

---

4 이반 보스키는 1986년 캘리포니아 대학의 버클리 경영 대학원 졸업식 연설에서 이 말을 했고 큰 박수를 받았습니다. 몇 달 후 내부 거
   래 혐의로 기소되었고 2년의 징역과 1억 달러의 벌금을 선고받았습니다.

분할 배낭 문제fractional knapsack problem (또는 **연속 배낭 문제**continuous knapsack problem)라 부르는 배낭 문제에서는 탐욕 알고리즘이 최적의 솔루션을 찾는다는 보장이 됩니다. 이런 종류의 문제에서는 한 물건을 무한하게 나눌 수 있으므로 가치/무게 비율이 가장 높은 물건을 가능한 한 많이 선택하는 것이 합리적입니다. 예를 들어 도둑이 금가루 한 포대, 은가루 한 포대, 건포도 한 포대를 찾았다고 가정해 보죠. 이때는 밀도 기반 탐욕 알고리즘이 항상 최적의 솔루션을 찾을 것입니다.

14.2 그래프 최적화 문제

또 다른 최적화 문제를 생각해 보죠. 미국 도시 간의 모든 항공 요금을 담은 리스트가 있다고 가정해 보겠습니다. 도시 A, B, C가 있을 때, B를 경유해서 A에서 C로 가는 비용이 A에서 B로 가는 요금과 B에서 C로 가는 요금을 더한 값과 같다고 가정합니다. 이때 다음과 같은 질문을 할 수 있습니다.

- 두 도시 사이에서 가장 적게 경유하는 횟수는 얼마인가요?
- 두 도시 사이의 가장 저렴한 항공 요금은 얼마인가요?
- 두 도시 사이에서 두 번 이상 경유하지 않는 가장 저렴한 항공 요금은 얼마인가요?
- 일련의 도시를 방문할 때 가장 적은 비용이 드는 방법은 무엇인가요?

이런 문제를 (그리고 다른 문제들을) 모두 그래프 문제로 표현할 수 있습니다.

그래프graph[5]는 **에지**edge (또는 **호**arc)로 연결된 **노드**node (또는 **꼭짓점**vertex)의 집합입니다. 에지가 단방향인 그래프를 **유향 그래프**directed graph, digraph라고 합니다. 유향 그래프에서 n1에서 n2까지 에지가 있다면 n1을 **소스 노드**source node 또는 **부모 노드**parent node라고 하고 n2를 **목적 노드**destination node 또는 **자식 노드**child node라고 합니다.

에지의 시퀀스 $\langle e_0, \cdots, e_n \rangle$이 있을 때, e_0의 소스 노드가 n1이고 e_n의 목적 노드가 n2이며 시퀀스에 있는 e_1에서 e_n까지 모든 노드에서 e_i의 소스 노드가 e_{i-1}의 목적 노드일 때 이 그래프

---

5   컴퓨터 과학자들과 수학자들은 '그래프(graph)'란 단어를 이 책에서 사용하는 의미로 사용합니다. 이들은 그림으로 정보를 표현하는 것을 '플롯(plot)' 또는 '차트(chart)'라고 합니다. 옮긴이_ 번역서에서는 graph와 plot을 모두 '그래프'로 번역했습니다. 대부분 문맥에 따라 두 단어의 의미를 명확히 구분할 수 있습니다.

(또는 유향 그래프)는 두 노드 n1과 n2 사이의 **경로**path를 포함한다고 합니다. 한 노드에서 자기 자신으로 이어지는 경로를 **순환**cycle이라고 합니다. 순환이 있는 그래프를 **순환 그래프**cyclic graph라고 하고 순환이 없는 그래프를 **비순환 그래프**acyclic graph라고 합니다.

그래프는 일반적으로 요소 간에 흥미로운 관계가 있는 상황을 표현하는 데 사용합니다. 수학에서 그래프를 사용한 첫 번째 기록은 1735년입니다. 스위스 수학자 레온하르트 오일러Leonhard Euler가 **쾨니히스베르크의 다리 문제**Königsberg bridge problem를 공식화하고 해결할 때 처음으로 **그래프 이론**graph theory을 사용했습니다.

동프로이센East Prussia의 수도인 쾨니히스베르크는 여러 섬이 있는 두 강의 교차 지점에 세워졌습니다. [그림 14-1]의 왼쪽 지도에서처럼 섬들은 육지와 일곱 개의 다리로 서로 연결되었습니다. 어떤 이유에서인지 이 도시에 사는 사람들은 이 다리를 한 번만 건너면서 원래 위치로 돌아올 수 있는 길이 있는지 궁금해했습니다.

오일러는 나뉜 땅덩어리를 하나의 점(노드)으로 보고 각 다리를 두 점을 연결하는 선(에지)으로 생각하면 이 문제를 크게 단순화할 수 있다는 놀라운 통찰을 제시했습니다. 도시의 지도를 [그림 14-1]의 오른쪽에 있는 무향 그래프undirected graph로 표현할 수 있습니다. 오일러는 각 에지를 정확히 한 번만 지나는 길이 있다면 (경로의 시작과 종료 노드를 제외한) 중간 노드의 에지는 짝수 개여야 한다고 추론했습니다. 이 그래프에는 에지가 짝수 개인 노드가 없으므로 오일러는 각 다리를 정확히 한 번만 지나는 길이 없다고 결론지었습니다.

 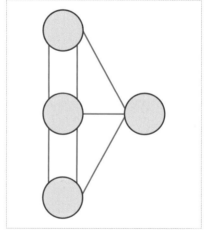

그림 14-1 쾨니히스베르크의 다리(왼쪽)와 오일러가 단순화한 지도(오른쪽)

쾨니히스베르크 다리 문제나 (쾨니히스베르크 다리 문제의 솔루션을 일반화한) 오일러 정리보다 더 흥미로운 것은 그래프 이론을 사용하면 문제를 이해하는 데 도움이 된다는 사실입니다.

예를 들어 오일러가 사용한 그래프를 조금 확장해 전국 고속도로 시스템을 모델링할 수 있습니다. 그래프(또는 유향 그래프)에 있는 에지에 연관된 가중치가 있다면 **가중 그래프**weighted graph 라고 부릅니다. 가중 그래프를 사용하면 도시를 노드로 고속도로를 에지로 나타내어 고속도로 시스템을 표현할 수 있습니다. 각 에지에는 두 노드 사이의 거리가 표시됩니다. 더 일반적으로 (일방통행 도로를 포함한) 어떤 도로 지도도 가중 그래프로 표현할 수 있습니다.

이와 비슷하게 월드 와이드 웹World Wide Web의 구조를 유향 그래프로 표현할 수 있습니다. 이때 페이지 A에 페이지 B의 링크가 있다면 웹 페이지를 노드로 나타내고 노드 A에서 노드 B까지 에지를 연결할 수 있습니다. 교통량 패턴도 얼마나 빈번하게 사용하는지를 에지의 가중치로 추가해 모델링할 수 있습니다.

의외의 분야에서 그래프를 사용할 때도 많습니다. 생물학자는 그래프를 사용해 단백질의 상호작용 방법부터 유전자 발현 네트워크gene expression network에 이르기까지 다양한 구조를 모델링합니다. 물리학자는 그래프를 사용해 상전이phase transition를 설명합니다. 전염병학자는 그래프를 사용해 감염 경로를 모델링합니다.

[예제 14-5]는 노드, 가중 에지, 에지에 해당하는 추상 타입을 구현한 클래스입니다.

예제 14-5 노드와 에지

```
class Node(object):
    def __init__(self, name):
        """name은 문자열이라고 가정합니다."""
        self._name = name
    def get_name(self):
        return self._name
    def __str__(self):
        return self._name

class Edge(object):
    def __init__(self, src, dest):
        """src와 dest는 노드라고 가정합니다."""
        self._src = src
        self._dest = dest
    def get_source(self):
```

```
            return self._src
    def get_destination(self):
        return self._dest
    def __str__(self):
        return self._src.get_name() + '->' + self._dest.get_name()

class Weighted_edge(Edge):
    def __init__(self, src, dest, weight = 1.0):
        """src와 dest는 노드이고, weight는 숫자라고 가정합니다."""
        self._src = src
        self._dest = dest
        self.weight = weight
    def get_weight(self):
        return self._weight
    def __str__(self):
        return (f'{self._src.get_name()}->({self._weight})' +
                f'{self._dest.get_name()}')
```

노드용 클래스는 과도하게 보일 수 있습니다. 무엇보다도 Node 클래스의 모든 메서드는 유용한 계산을 수행하지 않습니다. 하지만 나중에 추가 속성이 있는 Node의 하위 클래스를 만드는 유연성을 줄 수 있습니다.

[예제 14-6]은 Digraph와 Graph 클래스의 구현입니다.

어떤 데이터 구조를 선택해서 Digraph를 나타내는지가 중요합니다. 일반적으로 n × n 인접 행렬adjacency matrix을 사용합니다. 여기서 n은 그래프에 있는 노드 개수입니다. 이 행렬의 각 셀cell은 노드 쌍 ⟨i, j⟩를 연결하는 에지의 정보(예: 가중치)를 담습니다. 에지에 가중치가 없다면 i에서 j까지 에지가 있을 때만 행렬값이 True가 됩니다.

널리 사용하는 또 다른 표현 방법은 여기서 사용할 **인접 리스트**adjacency list입니다. Digraph 클래스에는 인스턴스 변수가 두 개 있습니다. _nodes 변수는 Digraph에 있는 노드의 이름을 담는 파이썬 리스트입니다. 노드의 연결성은 딕셔너리로 구현한 인접 리스트를 사용해 표현합니다. _edges 변수는 Digraph에 있는 각 노드를 자식 노드 리스트에 매핑한 딕셔너리입니다.

Graph 클래스는 Digraph의 서브클래스입니다. add_edge만 오버라이드하고 다른 메서드는 모두 Digraph에서 상속받습니다. 이 방법은 Digraph의 방향마다 한 번씩 에지를 두 번 저장하기 때문에 Graph를 구현하는 데 공간적으로 효율적인 방법은 아닙니다. 하지만 단순하다는 장점이 있습니다.

왜 Graph가 Digraph의 슈퍼클래스가 아니라 서브클래스인지 잠시 생각해 보세요. 지금까지 본 많은 예제에서 서브클래스는 슈퍼클래스에 속성을 추가했습니다. 예를 들어 Weighted_edge는 Edge 클래스에 weight 속성을 추가합니다.

Digraph와 Graph의 속성은 같습니다. 유일한 차이는 add_edge 메서드 구현입니다. 두 메서드는 어느 클래스에서 상속해도 쉽게 구현할 수 있지만, 슈퍼클래스를 임의로 선택하지는 않았습니다. 10장에서 대체 원리를 따르는 것이 중요하다고 강조했습니다. 클라이언트 코드가 상위 타입의 인스턴스를 사용해 올바르게 작동한다면 하위 타입의 인스턴스로 바꾸었을 때도 올바르게 동작해야 합니다.

클라이언트 코드가 Digraph 인스턴스를 사용해 올바르게 작동한다면 Graph 인스턴스로 대체했을 때 올바르게 작동할 것입니다. 그 반대는 그렇지 않습니다. (에지의 대칭성을 활용해) 그래프에서는 동작하지만 유향 그래프에서 동작하지 않는 알고리즘이 많습니다.

예제 14-6 Graph와 Digraph 클래스

```python
class Digraph(object):
    #_nodes는 그래프에 있는 노드의 리스트입니다.
    #_edges는 각 노드를 자식 노드 리스트에 매핑한 딕셔너리입니다.
    def __init__(self):
        self._nodes = []
        self._edges = {}
    def add_node(self, node):
        if node in self._nodes:
            raise ValueError('Duplicate node')
        else:
            self._nodes.append(node)
            self._edges[node] = []
    def add_edge(self, edge):
        src = edge.get_source()
        dest = edge.get_destination()
        if not (src in self._nodes and dest in self._nodes):
            raise ValueError('Node not in graph')
        self._edges[src].append(dest)
    def children_of(self, node):
        return self._edges[node]
    def has_node(self, node):
        return node in self._nodes
```

```
    def __str__(self):
        result = ''
        for src in self._nodes:
            for dest in self._edges[src]:
                result = (result + src.get_name() + '->'
                          + dest.get_name() + '\n')
        return result[:-1] #마지막 줄바꿈을 제외합니다.


class Graph(Digraph):
    def add_edge(self, edge):
        Digraph.add_edge(self, edge)
        rev = Edge(edge.get_destination(), edge.get_source())
        Digraph.add_edge(self, rev)
```

14.2.1 고전적인 그래프 문제

그래프 이론을 사용해 문제를 나타내는 이점은 그래프로 많은 최적화 문제를 해결하는 데 잘 알려진 알고리즘이 있다는 것입니다. 잘 알려진 그래프 최적화 문제는 다음과 같습니다.

- **최단 경로**shortest path: 노드 쌍 n1과 n2에 대해 가장 짧은 에지 시퀀스 $\langle s_n, d_n \rangle$(소스 노드와 목적 노드)을 찾습니다.
  - 첫 번째 에지의 소스 노드가 n1입니다.
  - 마지막 에지의 목적 노드가 n2입니다.
  - 시퀀스에 있는 모든 에지 e1과 e2에 대해 e2가 e1 다음에 온다면 e2의 소스 노드는 e1의 목적 노드입니다.
- **최단 가중치 경로**shortest weighted path: 최단 경로와 같지만 두 노드를 연결하는 가장 짧은 에지 시퀀스를 선택하는 대신 에지의 가중치에 대한 어떤 함수(예: 합)를 정의하고 이를 최소화합니다. 구글과 애플 지도에서 두 지점 사이의 이동 경로를 계산할 때 사용하는 문제와 같습니다.
- **최소 절단**min cut: 그래프에 두 노드 집합이 주어졌을 때, 제거하면 한 집합의 모든 노드에서 다른 집합의 모든 노드로의 경로가 끊어지는 일련의 에지 집합을 절단cut이라 합니다. 최소 절단은 이를 달성하려면 제거해야 할 가장 작은 에지 집합입니다.
- **최대 클릭**maximum clique: 한 노드 집합에서 모든 노드 쌍 사이에 에지가 있다면 클릭clique이라 부릅니다.[6] 최대 클릭은 그래프에서 가장 큰 크기의 클릭입니다.

---

6 이 개념은 패거리를 의미하는 영단어 클릭과 매우 비슷합니다. 가깝게 느껴지는 사람들은 서로 연결되고, 클릭에 속하지 않은 사람들을 배제하려는 경향이 있습니다.

14.2.2 최단 경로: 깊이 우선 탐색과 너비 우선 탐색

소셜 네트워크social network는 개인과 개인 간의 관계로 구성됩니다. 소셜 네트워크는 일반적으로 그래프로 모델링합니다. 여기에서 노드는 개인을, 에지는 관계를 나타냅니다. 이 관계가 대칭이면 에지는 방향이 없습니다. 반대로 관계가 비대칭이면 에지에 방향이 있습니다. 일부 소셜 네트워크는 여러 종류의 관계를 모델링합니다. 이럴 때는 관계의 종류를 에지에 표시합니다.

1990년 극작가 존 궤어John Guare는 『Six Degrees of Separation』을 썼습니다. 이 연극의 전제는 '지구상의 모든 사람은 여섯 사람만큼 떨어져 있다'입니다. '알고 있음' 관계를 사용해 전 인류를 포함하는 소셜 네트워크를 만든다면 어떤 두 개인 간의 최단 경로는 최대 여섯 노드를 지나면 된다는 의미입니다.

조금 더 구체적인 질문은 페이스북Facebook에서 사람 사이 '친구' 관계의 거리입니다. 예를 들어 내 친구 중에 레이디 가가Lady Gaga의 친구의 친구의 친구가 있는지 궁금할 것입니다. 이 질문에 답을 구하는 프로그램을 생각해 보죠.

친구 관계가 (적어도 페이스북에서는) 대칭적입니다. 예를 들어 샘Sam이 안드레아Andrea의 친구이면 안드레아는 샘의 친구입니다. 따라서 Graph 타입을 사용해 소셜 네트워크를 구현하겠습니다. 그다음 나와 레이디 가가 사이의 최단 경로를 찾는 문제를 다음과 같이 정의할 수 있습니다.

- G는 친구 관계를 나타내는 그래프입니다.
- G에서 가장 짧은 노드 시퀀스 [나, …, 레이디 가가]를 찾습니다.
- 시퀀스에 있는 n_i와 n_{i+1}이 연속된 노드이면 G에는 n_i와 n_{i+1}을 잇는 에지가 있습니다.

[예제 14-7]에는 Digraph에 있는 두 노드 start와 end 사이의 최단 경로를 찾는 재귀 함수가 있습니다. Graph가 Digraph의 서브클래스이므로 페이스북 문제에 잘 동작할 것입니다.

예제 14-7 깊이 우선 탐색 최단 경로 알고리즘

```
def print_path(path):
    """path는 노드의 리스트라고 가정합니다."""
    result = ''
    for i in range(len(path)):
        result = result + str(path[i])
        if i != len(path) - 1:
```

```
                result = result + '->'
        return result

    def DFS(graph, start, end, path, shortest, to_print = False):
        """graph는 Digraph, start와 end는 노드,
           path와 shortest는 노드의 리스트로 가정합니다.
           graph에서 start부터 end까지 최단 경로를 반환합니다."""
        path = path + [start]
        if to_print:
            print('현재 DFS 경로:', print_path(path))
        if start == end:
            return path
        for node in graph.children_of(start):
            if node not in path: #순환을 피합니다.
                if shortest == None or len(path) < len(shortest):
                    new_path = DFS(graph, node, end, path, shortest, to_print)
                    if new_path != None:
                        shortest = new_path
        return shortest

    def shortest_path(graph, start, end, to_print = False):
        """graph는 Digraph, start와 end는 노드라고 가정합니다.
           그래프에서 start부터 end까지 최단 경로를 반환합니다."""
        return DFS(graph, start, end, [], None, to_print)
```

DFS 클래스로 구현한 알고리즘은 재귀를 사용한 **깊이 우선 탐색**depth-first search (DFS) 알고리즘의 예입니다. 일반적으로 깊이 우선 탐색 알고리즘은 먼저 시작 노드의 한 자식 노드를 선택합니다. 그다음 이 노드의 자식 노드를 선택하는 식으로 목적 노드나 자식 노드가 없을 때까지 점점 더 깊게 들어갑니다. 그다음 탐색이 **백트래킹**backtracking되어 방문하지 않은 자식 노드가 있는 가장 최근 노드로 돌아옵니다. 모든 노드를 탐색한 후 시작부터 목적지까지의 최단 경로(하나만 있다고 가정함)를 선택합니다.

이 코드는 방금 언급한 알고리즘보다 조금 더 복잡합니다. 그래프에 순환이 포함될 가능성을 처리해야 하기 때문입니다. 또한 이미 찾은 최단 경로보다 긴 경로를 탐색하지 않도록 합니다.

- shortest_path 함수는 (탐색한 현재 경로가 비었음을 나타내는) path == []와 (start부터 end까지 경로를 아직 찾지 못했음을 나타내는) shortest == None으로 DFS를 호출합니다.
- DFS는 먼저 start의 자식 노드 하나를 선택합니다. 그다음 이 노드의 자식 노드를 선택하는 식으로 end 노드

나 방문하지 않은 자식 노드가 없는 노드에 도달할 때까지 계속 진행합니다.

- if node not in path 문장은 프로그램이 순환에 갇히지 않도록 합니다.

- if shortest == None or len(path) < len(shortest) 문장을 사용해 이 경로를 계속 탐색하면 지금까지 찾은 최상의 경로보다 더 짧은 경로를 만들 수 있는지 결정합니다.

- 그렇다면 DFS를 재귀적으로 호출합니다. end까지 경로를 찾았고 지금까지 찾은 최상의 경로보다 더 길지 않다면 shortest를 업데이트합니다.

- path의 마지막 노드에 방문할 자식 노드가 없을 때 프로그램은 이전에 방문한 노드로 백트래킹되어 다음 자식 노드를 방문합니다.

• 이 함수는 start부터 end까지 가능한 모든 최단 경로를 탐색한 후 종료됩니다.

[예제 14-8]은 [예제 14-7]을 실행하는 코드입니다. [예제 14-8]의 test_SP 함수는 먼저 오른쪽 그림에 나온 유향 그래프를 만듭니다. 그다음 노드 0에서 노드 5까지 최단 경로를 탐색합니다.

예제 14-8 깊이 우선 탐색 코드 테스트

```
def test_SP():
    nodes = []
    for name in range(6): #6개 노드를 만듭니다
        nodes.append(Node(str(name)))
    g = Digraph()
    for n in nodes:
        g.add_node(n)
    g.add_edge(Edge(nodes[0],nodes[1]))
    g.add_edge(Edge(nodes[1],nodes[2]))
    g.add_edge(Edge(nodes[2],nodes[3]))
    g.add_edge(Edge(nodes[2],nodes[4]))
    g.add_edge(Edge(nodes[3],nodes[4]))
    g.add_edge(Edge(nodes[3],nodes[5]))
    g.add_edge(Edge(nodes[0],nodes[2]))
    g.add_edge(Edge(nodes[1],nodes[0]))
    g.add_edge(Edge(nodes[3],nodes[1]))
    g.add_edge(Edge(nodes[4],nodes[0]))
    sp = shortest_path(g, nodes[0], nodes[5], to_print = True)
    print('DFS가 찾은 최단 경로:', print_path(sp))
```

test_SP를 실행하면 다음을 출력합니다.

```
현재 DFS 경로: 0
현재 DFS 경로: 0->1
현재 DFS 경로: 0->1->2
현재 DFS 경로: 0->1->2->3
현재 DFS 경로: 0->1->2->3->4
현재 DFS 경로: 0->1->2->3->5
현재 DFS 경로: 0->1->2->4
현재 DFS 경로: 0->2
현재 DFS 경로: 0->2->3
현재 DFS 경로: 0->2->3->4
현재 DFS 경로: 0->2->3->5
현재 DFS 경로: 0->2->3->1
현재 DFS 경로: 0->2->4
DFS가 찾은 최단 경로: 0->2->3->5
```

0->1->2->3->4 경로를 탐색한 후 노드 3으로 돌아가서 0->1->2->3->5 경로를 탐색합니다. 이 경로를 지금까지 찾은 최단 경로로 저장한 후에 노드 2로 돌아가 0->1->2->4 경로를 탐색합니다. 이 경로의 끝(노드 4)에 도달한 후 노드 0으로 돌아가 0에서 2를 잇는 에지로 시작하는 경로를 조사합니다. 같은 식으로 계속 진행합니다.

[예제 14-7]에서 구현한 깊이 우선 탐색 알고리즘은 에지가 가장 적은 경로를 찾습니다. 에지에 가중치가 있다면 에지의 가중치 합이 최소가 되는 경로를 반드시 찾지는 못합니다. 하지만 이렇게 수정하기는 쉽습니다.

 뇌풀기 문제

가중치 합이 최소가 되는 경로를 찾도록 깊이 우선 탐색 알고리즘을 수정하세요. 모든 가중치는 양의 정수라고 가정합니다.

물론 깊이 우선 말고도 그래프를 탐색하는 방법이 있습니다. 널리 사용하는 방법은 **너비 우선 탐색**breadth-first search(BFS)입니다. 너비 우선 탐색은 먼저 시작 노드의 모든 자식 노드를 방문합니다. 자식 노드 중에 종료 노드가 없으면 각 자식 노드의 모든 자식 노드를 방문하는 식으로 진행합니다. 흔히 재귀를 사용해 구현하는 깊이 우선 탐색과 달리, 너비 우선 탐색은 일반적으로 반복을 사용해 구현합니다. 너비 우선 탐색은 동시에 여러 경로를 탐색하고 반복마다 각 경로에 노드 하나를 추가합니다. 경로의 길이가 증가하면서 탐색이 진행되기 때문에 목적 노드까지 도달하는 첫 번째 경로가 최소 개수의 에지를 가진다고 보장됩니다.

[예제 14-9]는 너비 우선 탐색을 사용해 유향 그래프에서 최단 경로를 찾는 코드입니다. path_queue 변수는 현재 탐색한 모든 경로를 저장합니다. 반복마다 먼저 path_queue에서 경로를 추출해 tmp_path에 할당합니다. tmp_path의 마지막 노드가 end이면 tmp_path가 최단 경로로 반환합니다. 그렇지 않으면 마지막 노드의 자식 노드를 추가해 tmp_path를 확장하는 식으로 새로운 경로를 만듭니다. 그다음 새로운 경로를 path_queue에 추가합니다.

예제 14-9 너비 우선 탐색 최단 경로 알고리즘

```python
def BFS(graph, start, end, to_print = False):
    """graph는 Digraph, start와 end는 노드라고 가정합니다.
       graph에서 start부터 end까지 최단 경로를 반환합니다."""
    init_path = [start]
    path_queue = [init_path]
    while len(path_queue) != 0:
        #path_queue의 첫 번째 원소를 추출합니다.
        tmp_path = path_queue.pop(0)
        if to_print:
            print('현재 BFS 경로:', print_path(tmp_path))
        last_node = tmp_path[-1]
        if last_node == end:
            return tmp_path
        for next_node in graph.children_of(last_node):
            if next_node not in tmp_path:
                new_path = tmp_path + [next_node]
                path_queue.append(new_path)
    return None
```

test_SP 끝에 다음 코드를 추가하세요.

```python
sp = BFS(g, nodes[0], nodes[5], to_print=True)
print('BFS가 찾은 최단 경로:', print_path(sp))
```

그다음 이 함수를 실행하면 다음과 같은 출력이 추가됩니다.

```
현재 BFS 경로: 0
현재 BFS 경로: 0->1
현재 BFS 경로: 0->2
현재 BFS 경로: 0->1->2
현재 BFS 경로: 0->2->3
현재 BFS 경로: 0->2->4
현재 BFS 경로: 0->1->2->3
현재 BFS 경로: 0->1->2->4
현재 BFS 경로: 0->2->3->4
현재 BFS 경로: 0->2->3->5
BFS가 찾은 최단 경로: 0->2->3->5
```

다행히도 두 알고리즘이 동일한 길이의 경로를 찾았습니다. 이 예에서는 두 경로가 같습니다. 하지만 그래프에 두 노드 사이의 최단 경로가 하나 이상이면 깊이 우선 탐색과 너비 우선 탐색이 동일한 최단 경로를 찾지 않을 수 있습니다.

앞에서 언급한 것처럼 너비 우선 탐색은 에지가 가장 적은 경로를 찾는 데 유용합니다. 가장 처음 찾은 경로가 가장 짧은 경로임이 보장되기 때문입니다.

 뇌풀기 문제

가중치가 있는 에지로 구성된 유향 그래프를 생각해 보죠. 너비 우선 탐색으로 찾은 첫 번째 경로에 있는 에지의 가중치 합이 최소라고 보장할 수 있나요?

15장

동적 계획법

동적 계획법dynamic programming은 1950년대에 리처드 벨먼Richard Bellman이 발명했습니다. 이름을 보고 이 기술에 관해 지레짐작하지 마세요. 벨먼에 따르면 정부 관료들에게 '실제로 수학을 연구하고 있다는 사실'을 숨기려 '동적 계획법'이란 이름을 사용했다고 합니다. 그는 "동적 계획법이란 단어는 국회의원도 반대할 수 없는 이름이었습니다"[1]라고 했습니다.

동적 계획법은 중복된 부분 문제와 최적의 부분 구조 특징이 있는 문제를 효율적으로 해결하는 방법입니다. 다행히 많은 최적화 문제에 이런 특징이 있습니다.

국부적인 부분 문제의 최적해를 연결해 전역 최적해를 찾을 수 있다면 이 문제는 **최적의 부분 구조**optimal substructure를 가집니다. 이런 종류의 문제를 이미 여러 개 보았습니다. 예를 들어 합병 정렬은 부분 리스트를 먼저 정렬하고 그 결과를 합병해 전체 리스트를 정렬합니다.

최적해가 같은 문제를 여러 번 푸는 문제는 **중복된 부분 문제**overlapping subproblem가 있습니다. 합병 정렬에는 이런 성질이 없습니다. 여러 번 합병을 수행하지만 매번 다른 리스트를 합병합니다.

바로 확신이 들지 않겠지만, 0/1 배낭 문제에는 이런 두 성질이 있습니다. 하지만 먼저 최적의 부분 구조와 중복된 부분 문제가 분명해 보이는 문제를 살펴보죠.

---

1 「Richard Bellman on the Birth of Dynamic Programming」 Operations Research, vol. 50, no. 1 (2002)에서 스튜어트 드라이퍼스(Stuart Dreyfus)가 인용했습니다.

15.1 피보나치수열 다시 살펴보기

6장에서 재귀를 사용해 구현한 피보나치 함수를 살펴보았습니다.

```
def fib(n):
    """n은 0보다 크거나 같은 정수라고 가정합니다.
       n의 피보나치수열 값을 반환합니다."""
    if n == 0 or n == 1:
        return 1
    else:
        return fib(n-1) + fib(n-2)
```

이 재귀 구현은 확실히 올바르지만 매우 비효율적입니다. 예를 들어 fib(120)을 실행해 보세요. 하지만 끝나기를 기다리지 않는 것이 좋습니다. 이 구현의 복잡도는 유도하기 어렵지만 대략 O(fib(n))입니다. 즉 결괏값의 크기에 따라 비례적으로 복잡도가 증가합니다. 피보나치수열의 증가 속도는 매우 큽니다. 예를 들어 fib(120)은 8,670,007,398,507,948,658,051,921입니다. 재귀 호출 한 번에 나노초가 걸린다면 fib(120)은 완료되는 데 약 250,000년이 걸립니다.

이 구현이 이렇게 오래 걸리는 이유를 알아보죠. fib 함수의 바디를 보면 fib 자체를 여러 번 호출하는 부분이 문제임이 분명합니다. 예를 들어 fib(6)을 호출했을 때의 호출 트리를 살펴보죠.

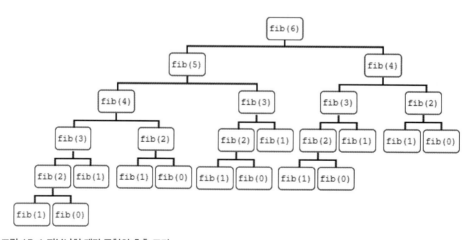

그림 15-1 피보나치 재귀 구현의 호출 트리

같은 값을 계속 여러 번 계산합니다. 예를 들어 `fib(3)`이 세 번 호출되고 각 호출은 네 번씩 `fib` 함수를 추가로 호출합니다. 천재가 아니더라도 첫 번째 호출이 반환한 값을 저장하고 필요할 때마다 이를 재사용하는 것이 좋다고 생각할 수 있습니다. 이것이 동적 계획법의 핵심 아이디어입니다.

동적 계획법에는 두 가지 접근 방식이 있습니다.

- **메모이제이션**memoization은 원래 문제를 하향식top-down으로 풉니다. 원래 문제에서 시작해 이를 부분 문제로 쪼개고, 이 부분 문제를 다시 부분 문제로 쪼개는 식입니다. 부분 문제를 해결할 때마다 답을 테이블에 저장합니다. 부분 문제를 해결해야 할 때마다 먼저 테이블에 있는 값을 살펴봅니다.
- **태뷸라 방법**tabular method은 상향식bottom-up 방식입니다. 가장 작은 문제부터 시작해서 답을 테이블에 저장합니다. 그다음 이 답을 연결해 그다음 작은 문제를 해결하고 답을 테이블에 저장합니다.

[예제 15-1]에는 두 가지 방식의 동적 계획법을 사용한 피보나치 구현이 있습니다. `fib_memo` 함수에는 이미 평가한 숫자를 기록한 `memo` 매개변수가 있습니다. 이 매개변수의 기본값은 빈 딕셔너리이므로 `fib_memo`의 클라이언트는 `memo`에 초깃값을 제공하지 않아도 괜찮습니다. 1보다 큰 n으로 `fib_memo`를 호출하면 `memo`에서 n을 검색합니다. (해당 값으로 `fib_memo`를 처음 호출했으므로) 만약 값이 없다면 예외가 발생하고 `fib_memo`는 일반적인 피보나치 재귀 구현을 사용해 `memo`에 결과를 저장합니다.

`fib_tab` 함수는 매우 간단합니다. 피보나치의 부분 문제가 미리 알려져 있고 순서대로 나열하기 쉽다는 사실을 활용합니다.

예제 15-1 동적 계획법을 사용한 피보나치 구현

```python
def fib_memo(n, memo = None):
    """n은 0보다 크거나 같은 정수라고 가정하며, memo는 재귀 호출에서만 사용됩니다.
       n의 피보나치수열 값을 반환합니다."""
    if memo == None:
        memo = {}
    if n == 0 or n == 1:
        return 1
    try:
        return memo[n]
    except KeyError:
        result = fib_memo(n-1, memo) + fib_memo(n-2, memo)
        memo[n] = result
```

```
        return result

def fib_tab(n):
    """n은 0보다 크거나 같은 정수라고 가정합니다.
       n의 피보나치수열 값을 반환합니다."""
    tab = [1]*(n+1) #처음 두 값만 맞습니다.
    for i in range(2, n + 1):
        tab[i] = tab[i-1] + tab[i-2]
    return tab[n]
```

fib_memo와 fib_tab은 매우 빠르게 실행됩니다. fib_memo(120)나 fib_tab(120)은 거의 즉시 완료됩니다. 이 함수의 복잡도는 얼마일까요? fib_memo는 0에서 n까지 값마다 fib_memo를 정확히 한 번씩 호출합니다. 따라서 딕셔너리 참조가 상수 시간에 수행된다고 가정하면 fib_memo(n)의 시간 복잡도는 $O(n)$입니다. fib_tab은 당연하게 $O(n)$입니다.

모든 부분 문제를 해결해서 원래 문제를 해결해야 한다면, 일반적으로 상향식 접근 방법을 사용하는 편이 낫습니다. 프로그램이 더 간단할 뿐만 아니라 재귀 호출로 인한 오버헤드가 없습니다. 그리고 메모이제이션 공간을 점진적으로 늘리지 않고 적절한 크기의 테이블을 미리 할당할 수 있으므로 더 빠릅니다. 일부 부분 문제만 해결해야 한다면(종종 일어나는 일입니다) 보통 메모이제이션이 더 효율적입니다.

 뇌풀기 문제

상향식 접근 방법을 사용해 다음 사양을 만족하는 동적 계획법 솔루션을 구현하세요.

```
def make_change(coin_vals, change):
    """coin_vals는 양수 리스트이고 coin_vals[0] = 1입니다.
       change는 양수입니다.
       동전의 합이 change가 되려면 필요한 최소 동전 개수를 반환합니다.
       동전은 한 번 이상 사용할 수 있습니다.
       예를 들어 make_change([1, 5, 8], 11)은 3을 반환해야 합니다."""
```

15.2 동적 계획법과 0/1 배낭 문제

14장에서 최적화 문제인 0/1 배낭 문제를 살펴보았습니다. 탐욕 알고리즘의 시간 복잡도가 O(n lon n)이지만 최적해를 찾는다는 보장이 되지 않습니다. 완전 열거 알고리즘은 최적해를 찾는다는 보장이 되지만 실행 시간이 지수적입니다. 즉 이 문제는 본질적으로 입력 크기에 지수적으로 실행 시간이 늘어납니다. 최악의 경우 가능한 모든 답을 살펴봐야 최적해를 찾을 수 있습니다.

다행히 겉보기보다 상황이 나쁘지는 않습니다. 동적 계획법이 납득할 만한 시간 안에 대부분의 0/1 배낭 문제를 푸는 실용적인 방법을 제공합니다. 솔루션을 유도하는 첫 번째 단계로 완전 열거 기반의 솔루션으로 시작합니다. 핵심 아이디어는 무게 조건을 만족하는 모든 상태를 열거한 루트 이진 트리rooted binary tree를 만들어 가능한 솔루션 공간을 탐색하는 것입니다.

루트 이진 트리는 다음과 같은 비순환 방향 그래프입니다.

- 부모 노드가 없는 노드는 하나입니다. 이를 **루트 노드**root node라고 부릅니다.
- 루트가 아닌 노드에는 부모 노드가 하나씩 있습니다.
- 각 노드에는 최대 두 개의 자식 노드가 있습니다. 자식 노드가 없는 노드를 리프 노드leaf node라고 부릅니다.

0/1 배낭 문제의 탐색 트리에 있는 각 노드에는 배낭 문제의 부분해를 나타내는 다음과 같은 네 요소가 있습니다.

- 선택한 물건 집합
- 결정하지 못한 물건 목록
- 선택한 물건의 총가치(집합에 있는 물건의 가치를 계산할 수 있으므로 최적화 대상입니다)
- 배낭에 남은 공간(배낭에 넣을 수 있는 총무게와 지금까지 선택한 물건의 무게 사이의 차이이므로 최적화 대상입니다)

트리는 루트에서 시작해 하향식으로 만들어집니다.[2] 고려 대상 물건 중에 하나를 선택합니다. 배낭에 이 물건을 넣을 공간이 있다면 해당 물건을 선택한 결과를 반영한 노드가 만들어집니다. 관례상 이를 왼쪽 자식 노드에 그립니다. 오른쪽 자식 노드는 이 물건을 배낭에 넣지 않고

---

2 트리의 루트를 맨 위에 놓는 것이 이상해 보일 수 있습니다. 수학자들과 컴퓨터 과학자들은 이런 식으로 트리를 그립니다. 아마도 이들이 자연 속에서 충분한 시간을 보내지 않았다는 증거일지 모르겠습니다.

버렸을 때를 반영합니다. 이 과정이 배낭이 모두 차거나 선택할 물건이 없을 때까지 재귀적으로 적용됩니다. 에지는 (물건을 선택하거나 선택하지 않는) 하나의 결정을 나타내므로 이런 트리를 **결정 트리**decision tree라고 부릅니다.[3]

[표 15-1]은 물건 목록을 나타내는 표입니다.

표 15-1 물건의 가치와 무게

이름	가치	무게
a	6	3
b	7	3
c	8	2
d	9	5

[그림 15-2]는 배낭에 담을 수 있는 최대 무게가 5일 때 선택할 물건을 결정하는 결정 트리입니다. 트리의 루트 노드(노드 0)는 <{}, [a,b,c,d], 0, 5>입니다. 선택한 물건이 없고, 모든 물건이 고려 대상으로 남아 있고, 선택한 물건의 가치는 0이고, 배낭의 여유 무게는 5라는 의미입니다. 노드 1은 물건 a를 선택하고, 남은 물건은 [b,c,d]이고, 선택 물건의 가치는 6이고, 배낭의 여유 무게는 2임을 나타냅니다. 노드 1은 왼쪽 자식 노드가 없습니다. 물건 b의 무게가 3이라 배낭의 여유 무게에 맞지 않기 때문입니다.

[그림 15-2]에서 각 노드의 콜론 앞 숫자는 노드가 생성되는 순서를 나타냅니다. 이 순서는 왼쪽 우선 깊이 우선left-first depth-first이라 부릅니다. 각 노드에서 왼쪽 자식 노드를 생성하려고 시도합니다. 생성할 수 없으면 오른쪽 자식 노드를 생성하려고 시도합니다. 이것도 불가능하면 한 노드 위(부모 노드)로 돌아가 과정을 반복합니다. 결국 루트 노드의 모든 자식 노드를 생성한 후 이 과정이 종료됩니다. 트리 생성이 종료된 후 배낭에 맞는 모든 조합이 생성되며 가장 높은 가치가 최적해를 나타냅니다. 리프 노드는 두 번째 항목이 빈 리스트(고려할 물건이 더 이상 없음)이거나 네 번째 항목이 0(배낭에 여유 공간이 없음)입니다.

---

[3] 결정 트리는 연속적인 결정에 따른 결과를 탐색하는 구조적인 방법을 제공합니다. 반드시 이진 트리여야 하지는 않으며, 많은 분야에서 광범위하게 사용합니다.

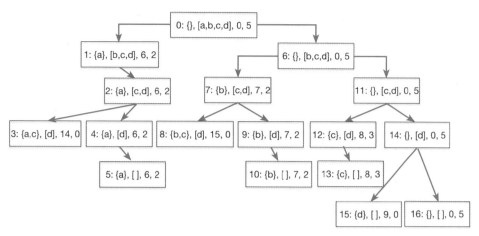

그림 15-2 배낭 문제를 위한 결정 트리

14장을 읽었다면 깊이 우선 트리 탐색을 재귀적으로 구현한다는 사실이 놀랍지 않을 것입니다. [예제 15-2]에는 이 구현이 있습니다. [예제 14-1]에서 정의한 Item 클래스를 사용합니다.

max_val 함수는 선택한 물건 목록과 이 물건들의 총가치에 해당하는 두 값을 반환합니다. 이 함수는 트리의 노드에 있는 두 번째 항목과 네 번째 항목을 다음 매개변수에 전달해 호출합니다.

- to_consider: 트리의 상위 노드(재귀 호출로 스택에서 이미 적재된 노드)에서 아직 고려하지 않은 물건들
- avail: 배낭의 여유 공간

max_val 구현은 최적 노드를 찾는 데 명시적으로 결정 트리를 만들지는 않습니다. 지역 변수 result를 사용해 지금까지 찾은 최선의 해를 기록합니다. [예제 15-3]은 max_val 함수를 테스트합니다.

[표 15-1]에 있는 값으로 small_test 함수를 실행하면 [그림 15-2]에 있는 노드 8이 최적해라고 출력합니다.

```
<c, 8, 2>
<b, 7, 3>
선택한 물건의 총가치 = 15
```

```
def max_val(to_consider, avail):
    """to_consider는 물건 리스트이고 avail은 무게라고 가정합니다.
       0/1 배낭 문제의 해에 대한 총가치와 물건을 튜플로 반환합니다."""
    if to_consider == [] or avail == 0:
        result = (0, ())
    elif to_consider[0].get_weight() > avail:
        #오른쪽 가지만 탐색합니다.
        result = max_val(to_consider[1:], avail)
    else:
        next_item = to_consider[0]
        #왼쪽 가지를 탐색합니다.
        with_val, with_to_take = max_val(to_consider[1:],
                                  avail - next_item.get_weight())
        with_val += next_item.get_value()
        #오른쪽 가지를 탐색합니다.
        without_val, without_to_take = max_val(to_consider[1:], avail)
        #더 나은 가지를 선택합니다.
        if with_val > without_val:
            result = (with_val, with_to_take + (next_item,))
        else:
            result = (without_val, without_to_take)
    return result
```

build_many_items와 big_test 함수는 랜덤하게 생성한 물건 목록에서 max_val을 테스트합니다. big_test(10, 40)을 실행해 보세요. 아주 오래 걸리지 않습니다. big_test(40, 100)을 테스트해 보세요. 오래 기다리기 힘들다면 실행을 중지하고 어떤 일이 일어났는지 생각해보세요.

탐색하는 트리 크기를 생각해 보죠. 트리 깊이마다 물건을 하나 선택하는 결정을 하므로 트리의 최대 깊이는 len(items)입니다. 깊이 0에서는 노드가 하나만 있고, 깊이 1에서는 노드가 두 개 있고, 깊이 2에서는 노드가 네 개 있고, 깊이 3에서는 노드가 8개 있습니다. 깊이 39에서는 2^{39}개의 노드가 생깁니다. 실행 시간이 오래 걸리는 게 당연합니다!

그럼, 이제 동적 계획법이 도움이 되는지 알아보죠.

최적의 부분 구조는 [그림 15-2]와 [예제 15-2]에서 볼 수 있습니다. 각각의 부모 노드는 자식 노드의 해를 연결해 해당 부모 노드가 루트가 되는 부분 트리의 최적해를 만듭니다. [예제

15-2]에서 '#더 나은 가지를 선택합니다' 주석 다음에 나오는 코드가 이를 반영합니다.

예제 15-3 결정 트리 기반 구현 테스트하기

```python
import random

def small_test():
    names = ['a', 'b', 'c', 'd']
    vals = [6, 7, 8, 9]
    weights = [3, 3, 2, 5]
    Items = []
    for i in range(len(vals)):
        Items.append(Item(names[i], vals[i], weights[i]))
    val, taken = max_val(Items, 5)
    for item in taken:
        print(item)
    print('선택한 물건의 총가치 =', val)

def build_many_items(num_items, max_val, max_weight):
    items = []
    for i in range(num_items):
        items.append(Item(str(i),
                          random.randint(1, max_val),
                          random.randint(1, max_weight)))
    return items

def big_test(num_items, avail_weight):
    items = build_many_items(num_items, 10, 10)
    val, taken = max_val(items, avail_weight)
    print('선택한 물건')
    for item in taken:
        print(item)
    print('선택한 물건의 총가치 =', val)
```

중복되는 부분 문제도 있나요? 처음 볼 때는 없는 것 같습니다. 트리의 각 깊이에서 가용한 물건의 목록이 다릅니다. 따라서 공통적인 부분 문제가 있다면 트리의 동일 깊이에 있어야 합니다. 실제로 트리의 각 깊이에서 노드는 동일한 물건 목록을 고려합니다. 하지만 [그림 15-2]에서 보면 동일 깊이의 각 노드는 더 높게 고려할 물건을 다르게 선택합니다.

각 노드에서 해결하는 문제를 생각해 보죠. 여유 무게에 맞도록 남은 물건에서 최적의 물건을 찾는 것입니다. 여유 무게는 지금까지 선택한 물건의 총무게에 따라 달라집니다. 선택한 물건이나 물건의 총가치와는 관련이 없습니다. 예를 들어 [그림 15-2]에서 노드 2와 7은 실제로 동일한 문제를 풉니다. 여유 무게가 2일 때 [c,d] 중에서 어떤 물건을 선택할지 결정해야 합니다.

[예제 15-4]는 최적의 부분 구조와 중복된 부분 문제를 사용해 0/1 배낭 문제에 대한 메모이제이션 기반의 동적 계획법 해를 구합니다.

예제 15-4 배낭 문제의 동적 계획법 솔루션

```
def fast_max_val(to_consider, avail, memo = {}):
    """to_consider는 물건의 리스트이고 avail은 무게라고 가정합니다.
        memo는 재귀 호출에 의해 제공됩니다.
        0/1 배낭 문제의 해에 대한 총가치와 물건을 튜플로 반환합니다."""
    if (len(to_consider), avail) in memo:
        result = memo[(len(to_consider), avail)]
    elif to_consider == [] or avail == 0:
        result = (0, ())
    elif to_consider[0].get_weight() > avail:
        #오른쪽 가지만 탐색합니다.
        result = fast_max_val(to_consider[1:], avail, memo)
    else:
        next_item = to_consider[0]
        #왼쪽 가지를 탐색합니다.
        with_val, with_to_take = \
                fast_max_val(to_consider[1:],
                                avail - next_item.get_weight(), memo)
        with_val += next_item.get_value()
        #오른쪽 가지를 탐색합니다.
        without_val, without_to_take = fast_max_val(to_consider[1:],
                                                    avail, memo)
        #더 나은 가지를 선택합니다.
        if with_val > without_val:
            result = (with_val, with_to_take + (next_item,))
        else:
            result = (without_val, without_to_take)
    memo[(len(to_consider), avail)] = result
    return result
```

매개변수 memo는 이미 해결한 부분 문제의 솔루션을 기록하려고 추가했습니다. to_consider

의 길이와 여유 무게의 튜플을 키로 갖는 딕셔너리로 구현됩니다. to_consider 리스트의 앞에서부터 물건이 추출되므로 len(to_consider)를 사용해 고려할 물건을 간편하게 나타낼 수 있습니다.

이제 big_test 함수에서 max_val 호출을 fast_max_val로 바꾸고 big_test(40, 100)을 실행해 보세요. 문제의 최적해를 거의 즉시 반환합니다.

[표 15-2]는 최대 허용 무게가 100이고 여러 가지 물건 개수에서 이 코드를 실행했을 때 호출 횟수를 보여줍니다. 함수 호출 증가 횟수를 정량화하기 어렵지만 지수적으로 증가하는 것보다는 확실히 적습니다.[4] 0/1 배낭 문제가 근본적으로 물건 개수에 지수적으로 복잡도가 증가하는데 어떻게 이것이 가능할까요? 우주의 원리를 뒤집는 어떤 법칙을 발견한 걸까요? 아닙니다. 하지만 계산 복잡도가 미묘한 개념일 수 있다는 사실을 발견한 것입니다.[5]

표 15-2 동적 계획법 솔루션의 성능

len(items)	선택한 물건 개수	2**len(items)	호출 횟수
4	4	16	31
8	8	256	171
16	16	65,536	1,085
32	23	4,294,967,296	2,935
64	29	18,446,744,073,709,551,616	6,258
128	42	340,282,336,920,938,463,374,607,431,768,211,456	12,055
256	54	115,792,089,237,316,195,423,570,985,008,687,907,853,269,984,665,640,564,039,457,584,007,913,129,639,936	25,474
512	69	매우 매우 큰 수	50,305
1024	84	무지막지하게 큰 수	100,231

fast_max_val의 실행 시간은 고유한 <to_consider, avail> 쌍의 개수에 따라 결정됩니다.

---

4 2^{128} = 340,282,366,920,938,463,463,374,607,431,768,211,456이기 때문입니다.

5 '발견'이란 단어가 너무 센 표현일지 모르겠네요. 사람들은 오래 전부터 이를 알고 있었습니다. 여러분도 11장에서 이를 눈치챘을지 모릅니다.

남은 물건과 이미 선택한 물건의 총무게에 따라 다음에 할 일이 결정되기 때문입니다.

to_consider의 가능한 값의 개수는 len(items)보다 작습니다. avail의 가능한 값의 개수는 파악하기 어렵습니다. 이 개수는 배낭에 담을 수 있는 물건 총무게의 최대 개수에 따라 제한됩니다. (배낭의 용량과 물건의 무게를 기반으로) 배낭이 물건을 최대 n개 담을 수 있다면 avail은 최대 2^n개의 다른 값을 가질 수 있습니다. 원칙적으로 이는 매우 큰 수입니다. 하지만 실제로 이는 그다지 크지 않습니다. 배낭의 용량이 크더라도 고유한 물건의 무게가 납득할 수준만큼 있다면, 물건 집합의 무게는 동일할 때가 많게 되고 실행 시간이 크게 줄어듭니다.

이 알고리즘은 **의사 다항 복잡도**pseudo-polynomial complexity에 속합니다. 이 개념을 자세히 설명하는 것은 이 책의 범위를 넘어섭니다. 대략 말하면 fast_max_val의 복잡도는 가능한 avail 값을 나타내는 데 필요한 비트 수에 지수적입니다.

[예제 15-3]의 big_test 함수 안에 있는 max_val 호출을 다음과 같이 바꿔서 가능한 avail 값이 상당히 많을 때 어떤 일이 일어나는지 알아보죠.

```
val, taken = fast_max_val(items, 1000)
```

물건 개수가 1024개일 때 fast_max_val을 1,028,403번 호출해 해를 찾습니다.[6]

가능한 무게의 값이 굉장히 많을 때 어떤 일이 일어나는지 보려면, 양의 정수 대신 양의 실수에서 가능한 무게를 선택하면 됩니다. 이를 위해 build_many_items에 있는 코드를 변경해 보죠.

```
items.append(Item(str(i),
            random.randint(1, max_val),
            random.randint(1, max_weight)))
```

이 코드를 다음처럼 바꿉니다.

---

6   옮긴이_ 파이썬은 구현에 따라 재귀 횟수의 최댓값이 다릅니다. RecursionError가 발생한다면 다음처럼 최대 재귀 횟수를 늘려 주세요. import sys; sys.setrecursionlimit(10**6)

```
items.append(Item(str(i),
                  random.randint(1, max_val),
                  random.randint(1, max_weight)*random.random()))
```

이 코드가 호출될 때마다 random.random()은 0.0에서 1.0 사이의 랜덤한 부동 소수점 숫자를 반환합니다. 따라서 의도대로 가능한 무게의 개수가 무한히 많게 됩니다. 이 마지막 테스트를 기다리는 동안 숨을 참지 않는 것이 좋습니다. 동적 계획법이 표현상 기적 같은 기법이라 말할 수 있지만[7] 실제로 기적을 수행할 수는 없습니다.

15.3 동적 계획법과 분할 정복

분할 정복 알고리즘처럼 동적 계획법은 독립적인 부분 문제를 풀고 이 솔루션을 연결하는 방법입니다. 하지만 중요한 차이점이 있습니다.

분할 정복 알고리즘은 원본 문제보다 훨씬 작은 부분 문제를 찾는 것에 바탕을 둡니다. 예를 들어 합병 정렬은 단계마다 문제의 크기를 절반으로 줄입니다. 이와 달리 동적 계획법은 원본 문제보다 조금 더 작은 문제를 풉니다. 예를 들어 19번째 피보나치 수를 계산하는 것은 20번째 피보나치 수를 계산하는 것과 큰 차이가 나지 않습니다.

또 다른 중요한 차이점은 분할 정복 알고리즘의 효율성은 동일한 문제를 반복해서 풀도록 알고리즘을 구조화하는 데 의존하지 않는다는 것입니다. 이와 달리 동적 계획법은 고유한 부분 문제의 개수가 전체 부분 문제 개수보다 크게 작을 때만 효율적입니다.

---

7   특별하며 반가운 결과를 가져다줍니다.

16장
랜덤 워크와 데이터 시각화

이 장의 키워드

결정적인 프로그램 | 확률적 과정 | 시뮬레이션 모델 | 랜덤 워크 | 스모크 테스트
편향된 랜덤 워크

이 책은 계산을 사용해 문제를 해결하는 방법에 관한 내용을 담고 있습니다. 지금까지는 **결정적인 프로그램**deterministic program으로 풀 수 있는 문제에 초점을 맞추었습니다. 동일한 입력으로 실행하면 항상 동일한 출력을 만드는 프로그램을 결정적이라고 합니다. 이런 계산은 매우 유용하지만 어떤 종류의 문제를 다루는 데는 충분하지 않습니다. 우리가 사는 세상의 많은 부분은 **확률적 과정**stochastic process[1]을 사용해야 정확하게 모델링할 수 있습니다. 다음 상태가 랜덤한 요소에 의존한다면 이 과정을 확률적이라고 말합니다. 확률적 과정의 출력은 일반적으로 불확실합니다. 따라서 확률적 과정이 무엇을 할지 확정적으로 말하기 매우 어렵습니다. 대신 확률적으로 어떤 일을 수행할지 말할 수 있습니다. 이 책의 나머지 대부분은 불확실한 상황을 이해하는 데 도움이 되는 프로그램을 만듭니다. 이에 해당하는 많은 프로그램이 시뮬레이션 모델입니다.

시뮬레이션은 실제 시스템의 활동을 흉내 냅니다. 예를 들어 [예제 10-11]은 모기지 상환 과정을 시뮬레이션합니다. 이 코드를 **시뮬레이션 모델**simulation model이라 부르는 실험 도구로 생각하세요. 시뮬레이션 모델은 모델링되는 시스템의 가능한 동작에 관한 유용한 정보를 제공합니다. 시뮬레이션은 물리적인 시스템의 미래 상태를 예측하는 데 널리 사용합니다(예: 50년 후의 지구 온도). 현실 세계의 실험은 너무 비싸거나, 시간이 오래 걸리거나, 위험하기 때문입니

---

1   이 단어는 '예언할 수 있는'이라는 뜻의 그리스 단어 stokhastikos에서 유래했습니다. 잠시 후 알게 되겠지만, 확률적 프로그램은 좋은 결과를 얻는 것이 목적이지만 정확한 결과를 보장하지는 않습니다.

다(예: 세금 코드 변경의 영향).

다른 모든 모델과 마찬가지로 시뮬레이션 모델은 현실의 근사치임을 항상 기억해야 합니다. 실제 시스템이 모델이 예측한 대로 동작하리라고 확신할 수 없습니다. 사실 실제 시스템이 모델이 예측한 그대로 동작하지 않으리라고 꽤 확신할 수 있습니다. 예를 들어 모든 대출자가 때에 맞춰 모기지를 모두 상환하지 않을 것입니다. "모든 모델은 틀렸지만 일부는 유용하다"[2]라는 말은 널리 인용되는 진실입니다.

16.1 랜덤 워크

1827년, 스코틀랜드 식물학자인 로버트 브라운Robert Brown은 물 위의 꽃가루 입자가 랜덤하게 떠다니는 현상을 관찰했습니다. 그는 브라운 운동이라 불리게 된 이 현상에 관한 납득할 만한 설명을 하지 못했고 수학적으로 모델링하려고 시도하지 않았습니다.[3] 이 현상에 관한 수학 모델은 1900년에 루이 바슐리에Louis Bachelier의 박사 학위 논문인 「The Theory of Speculation」에 처음 등장했습니다. 하지만 이 논문은 평판이 좋지 않던 금융 시장의 이해 문제를 다루어서 저명한 학자 대부분이 이를 무시했습니다. 5년 후 젊은 알베르트 아인슈타인Albert Einstein은 이런 종류의 확률적 사고를 바슐리에의 모델과 거의 비슷한 수학 모델을 사용해 물리 세상에 도입하였고, 원자의 존재를 확인하는 데 어떻게 사용하는지 설명했습니다.[4] 당시 사람들은 어떤 이유에서인지 물리를 이해하는 것이 돈을 버는 것보다 더 중요하다고 생각했고, 세상이 관심을 갖기 시작했습니다. 시대가 확실히 달라졌습니다.

브라운 운동은 **랜덤 워크**random walk의 예입니다. 랜덤 워크는 물리적 과정(예: 확산), 생물학적 과정(예: DNA에 의해 헤테로듀플렉스heteroduplex에서 RNA로 전이되는 과정의 동역학), 사회적 과정(예: 주식 시장의 움직임)을 모델링하는 데 널리 사용합니다.

---

2 통계학자 조지 박스(George E.P. Box)의 말이라고 알려졌습니다.

3 브라운이 처음으로 관찰한 현상은 아닙니다. 기원전 60년경에 로마의 티투스 루크레티우스(Titus Lucretius)는 그의 시 「On the Nature of Things」에서 비슷한 현상을 기술했습니다. 심지어 원자의 랜덤한 움직임 때문임을 시사했습니다.

4 1905년 5월, 물리학 연보(Annalen der Physik) 「On the movement of small particles suspended in a stationary liquid demanded by the molecular-kinetic theory of heat」, 아인슈타인은 1905년을 '경이로운 해(annus mirabilis)'라고 언급했습니다. 이 해에 브라운 운동에 관한 논문 외에도 (양자 이론의 발전에 기여한) 빛의 생성과 변형, 움직이는 물체의 전기역학(특수 상대성 이론), 물질과 에너지의 등가성($E = mc2$)에 관한 논문을 발표했습니다. 갓 박사 학위를 받은 사람에게 나쁘지 않은 한 해였죠.

이 장에서는 세 가지 이유로 랜덤 워크를 살펴봅니다.

- 랜덤 워크는 본질적으로 흥미롭고 널리 사용됩니다.
- 추상 데이터 타입과 상속을 사용해 프로그램 그리고 특히 시뮬레이션 모델을 구조화하는 좋은 예를 제공합니다.
- 파이썬의 추가 기능을 소개하고 그래프를 그리는 몇 가지 기법을 추가로 배우는 기회가 됩니다.

16.2 술에 취한 농부의 산책

실제 걷기에 관련된 랜덤 워크를 살펴보죠. 술에 취한 한 농부가 들판 가운데 서 있고 매초 랜덤한 방향으로 한 걸음 이동합니다. 1,000초 후에 원점에서부터 이 농부까지 거리는 얼마일까요? 많은 걸음을 걷는다면 원점에서 더 멀리 이동할까요? 아니면 반복해서 원점으로 돌아와 출발점에서 그리 멀지 않은 곳에 있을까요? 시뮬레이션으로 확인해 보죠.

프로그램을 설계하기 전에 프로그램이 모델링하려는 상황에 관한 직관을 기르면 항상 좋습니다. 데카르트 좌표계^{Cartesian coordinate}를 사용해 이 상황을 간단하게 나타내 보죠. 농부가 모눈종이처럼 풀을 잘라둔 들판에 서 있다고 가정해 보죠. 농부의 한 걸음은 한 눈금에 해당하고 x축이나 y축에 평행입니다.

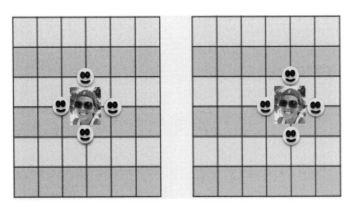

그림 16-1 특이한 농부

[그림 16–1]의 왼쪽 그림은 들판에 서 있는 농부[5]를 나타냅니다. 스마일 아이콘은 농부가 한 걸음 이동할 수 있는 위치를 보여줍니다. 한 걸음 이동하면 정확히 서 있던 곳에서 한 눈금만큼 떨어지게 됩니다. 시작 위치에서 동쪽으로 한 걸음 이동한다고 가정해 보죠. 한 걸음 더 이동한 후에 시작 위치에서 얼마나 멀어질까요?

오른쪽 그림에 있는 스마일 아이콘을 보면 원래 위치로 돌아갈 확률이 0.25이고, 2 눈금만큼 멀어질 확률이 0.25이고, $\sqrt{2}$ 만큼 떨어질 확률이 0.5입니다.[6] 따라서 평균적으로 한 걸음보다 두 걸음 이동할 때 더 멀리 떨어지게 됩니다. 세 걸음을 이동하면 어떨까요? 두 번째 걸음이 위 또는 아래쪽이면 농부가 원래 위치에 가까워지거나 멀어질 확률은 각각 절반입니다. 두 번째 걸음이 왼쪽(원래 위치)이면 세 번째 걸음은 원래 위치에서 멀어지게 됩니다. 두 번째 걸음이 오른쪽이면 세 번째 걸음 후에 농부가 원래 위치에 가까워질 확률은 1/4이고 멀어질 확률은 3/4이 됩니다.

걸음을 더 걸을수록 원래 위치에서부터 거리가 더 멀어지는 것 같습니다. 확률을 완전 열거 방식으로 계속 나열해 걸음 수에 따라 거리가 얼마나 증가하는지 알아볼 수 있습니다. 하지만 이는 지루한 수작업이므로 프로그램을 작성하는 편이 낫습니다.

이 시뮬레이션과 다른 랜덤 워크 시뮬레이션을 구현하는 데 도움이 될 만한 데이터 추상화를 먼저 생각해 보죠. 이전처럼 모델링하려는 상황에 필요한 데이터 타입을 만들어야 합니다. 분명하게 필요한 세 가지 타입은 Location, Field, Drunk입니다. 이 세 타입의 클래스를 보면서 만들 수 있는 시뮬레이션의 종류를 생각해 보겠습니다.

[예제 16–1]의 Location부터 시작해 보죠. 간단한 클래스지만 두 개의 중요한 결정을 포함합니다. 이 시뮬레이션은 앞에 나온 그림과 같이 두 개의 차원을 가집니다. 또한 delta_x와 delta_y에 전달하는 값은 정수가 아니라 실수라서 이 클래스는 이동의 방향을 고정된 집합에 한정하지 않습니다. 이는 걸음의 단위가 한 눈금이고 x축이나 y축에 평행하다는 모델을 일반화한 것입니다.

[예제 16–1]의 Field 클래스도 매우 간단합니다. 하지만 아주 중요한 결정을 합니다. 이 클래스는 농부와 위치를 매핑한 딕셔너리를 관리합니다. 위치에 제한이 없으므로 Field의 크기는

제한이 없습니다. 랜덤한 위치에 서 있는 여러 농부를 Field에 추가할 수 있습니다. 농부의 움직임에 어떤 패턴이 없으며, 동일한 위치에 여러 농부가 있거나, 다른 농부가 있는 위치로 이동할 수 있습니다.

예제 16-1 Location과 Field 클래스

```
class Location(object):
    def __init__(self, x, y):
        """x와 y는 숫자입니다."""
        self._x, self._y = x, y

    def move(self, delta_x, delta_y):
        """delta_x와 delta_y는 숫자입니다."""
        return Location(self._x + delta_x, self._y + delta_y)

    def get_x(self):
        return self._x

    def get_y(self):
        return self._y

    def dist_from(self, other):
        ox, oy = other._x, other._y
        x_dist, y_dist = self._x -ox, self._y -oy
        return (x_dist**2 + y_dist**2)**0.5

    def __str__(self):
        return f'<{self._x}, {self._y}>'

class Field(object):
    def __init__(self):
        self._drunks = {}

    def add_drunk(self, drunk, loc):
        if drunk in self._drunks:
            raise ValueError('Duplicate drunk')
        else:
            self._drunks[drunk] = loc

    def move_drunk(self, drunk):
        if drunk not in self._drunks:
```

```
                raise ValueError('Drunk not in field')
            x_dist, y_dist = drunk.take_step()
            current_location = self._drunks[drunk]
            #Location의 move 메서드를 사용해 새로운 위치를 얻습니다.
            self._drunks[drunk] = current_location.move(x_dist, y_dist)

        def get_loc(self, drunk):
            if drunk not in self._drunks:
                raise ValueError('Drunk not in field')
            return self._drunks[drunk]
```

[예제 16-2]의 Drunk 클래스와 Usual_drunk 클래스는 농부가 들판을 걷는 방법을 결정합니다. 특히 Usual_drunk의 step_choices는 한 걸음씩 움직이고 x축이나 y축에 평행하다는 제한을 부여합니다. random.choice 함수는 전달된 시퀀스 중에서 랜덤하게 한 원소를 선택해 반환합니다. 걸음마다 선택될 가능성이 동일하며 이전 걸음에 영향을 받지 않습니다. 나중에 다른 방식으로 행동하는 Drunk의 서브클래스를 살펴보겠습니다.

예제 16-2 Drunk와 Usual_drunk 클래스

```
import random

class Drunk(object):
    def __init__(self, name = None):
        """name은 str이라고 가정합니다."""
        self._name = name

    def __str__(self):
        if self != None:
            return self._name
        return 'Anonymous'

class Usual_drunk(Drunk):
    def take_step(self):
        step_choices = [(0,1), (0,-1), (1, 0), (-1, 0)]
        return random.choice(step_choices)
```

다음 단계는 이 클래스들을 사용해 앞에서 제기한 질문의 답을 구하는 시뮬레이션을 만드는 것입니다. [예제 16-3]은 이 시뮬레이션에 사용할 세 개의 함수입니다.

walk 함수는 num_steps 걸음 중 한 걸음을 시뮬레이션합니다. sim_walks는 walk를 호출해 num_steps 걸음을 num_trials번 시뮬레이션합니다. drunk_test는 sim_walk를 호출해 다양한 길이의 랜덤 워크를 시뮬레이션합니다.

sim_walks의 d_class 매개변수는 class 타입이고 첫 번째 코드 라인에서 적절한 Drunk의 서브클래스를 만드는 데 사용합니다. 나중에 Field.move_drunk에서 drunk.take_step을 호출할 때 해당 서브클래스의 메서드가 자동으로 호출됩니다.

drunk_test 함수에도 class 타입의 d_class 매개변수가 있습니다. 이 매개변수는 두 번 사용됩니다. sim_walks를 호출할 때 한 번, print 문장에서 한 번 사용됩니다. print 문장에서 클래스 내장 속성인 __name__을 사용해 클래스의 이름을 문자열로 출력합니다.

예제 16-3 (버그가 있는) 술 취한 농부의 산책

```python
def walk(f, d, num_steps):
    """가정: f는 Field, d는 f에 있는 Drunk, num_steps는 int >= 0.
       d를 num_steps만큼 이동합니다.
       처음 위치와 최종 위치 사이의 거리를 반환합니다."""
    start = f.get_loc(d)
    for s in range(num_steps):
        f.move_drunk(d)
    return start.dist_from(f.get_loc(d))

def sim_walks(num_steps, num_trials, d_class):
    """num_steps는 int >= 0, num_trials는 int > 0,
          d_class는 Drunk의 서브클래스라고 가정합니다.
       매번 num_steps 걸음만큼 num_trials번 시뮬레이션합니다.
       각 시뮬레이션 최종 위치의 목록을 반환합니다."""
    Homer = d_class()
    origin = Location(0, 0)
    distances = []
    for t in range(num_trials):
        f = Field()
        f.add_drunk(Homer, origin)
        distances.append(round(walk(f, Homer, num_trials), 1))
    return distances

def drunk_test(walk_lengths, num_trials, d_class):
    """walk_lengths는 ints >= 0의 시퀀스이고,
```

```
        num_trials는 int > 0, d_class Drunk의 서브클래스라고 가정합니다.
        walk_lengths에 있는 걸음 수마다,
        num_trials만큼 sim_walks을 실행하고 결과를 출력합니다."""
    for num_steps in walk_lengths:
        distances = sim_walks(num_steps, num_trials, d_class)
        print(d_class.__name__, '걸음 수', num_steps, ': 평균 거리 =',
            f'{sum(distances)/len(distances):.3f}', 최대 거리 =',
            f'{max(distances)}', 최소 거리 = {min(distances)}')
```

drunk_test((10, 100, 1000, 10000), 100, Usual_drunk)를 실행하면 다음과 비슷한 결과가 출력됩니다.[7]

```
Usual_drunk 걸음 수 10 : 평균 거리 = 8.634, 최대 거리 = 21.6, 최소 거리 = 1.4
Usual_drunk 걸음 수 100 : 평균 거리 = 8.57, 최대 거리 = 22.0, 최소 거리 = 0.0
Usual_drunk 걸음 수 1000 : 평균 거리 = 9.206, 최대 거리 = 21.6, 최소 거리 = 1.4
Usual_drunk 걸음 수 10000 : 평균 거리 = 8.727, 최대 거리 = 23.5, 최소 거리 = 1.4
```

앞서 걸음 수에 따라 평균 거리가 늘어나야 한다는 직관에 비하면 놀라운 결과입니다. 이는 직관이 틀렸거나 시뮬레이션에 버그가 있다는 의미입니다. 또는 둘 다일지 모르죠.

이 시점에서 가장 먼저 할 일은 이미 답을 아는 값으로 시뮬레이션을 실행해 보고 예상한 결과에 맞는 값을 출력하는지 확인하는 것입니다. 0 걸음(시작점부터 평균, 최대, 최소 거리는 모두 0이어야 합니다)과 1 걸음(평균, 최대, 최소 거리는 모두 1이어야 합니다)으로 시뮬레이션을 실행해 보죠.

drunk_test((0,1), 100, Usual_drunk)를 실행하면 다음과 같은 이상한 결과를 얻습니다.

```
Usual_drunk 걸음 수 0 : 평균 거리 = 8.634, 최대 거리 = 21.6, 최소 거리 = 1.4
Usual_drunk 걸음 수 1 : 평균 거리 = 8.57, 최대 거리 = 22.0, 최소 거리 = 0.0
```

어떻게 0걸음을 걸었는데 평균 거리가 8이 될까요? 시뮬레이션에 적어도 하나의 버그가 있는 것 같습니다. 코드를 조사해 보니 문제가 드러났습니다. sim_walks에서 walk(f, Homer,

---

7   옮긴이_ 여러분이 직접 실행해 보면 그래프를 포함한 이 장의 출력 결과가 책과 다르거나 실행할 때마다 달라질 수 있습니다. random. seed(0)처럼 시드를 설정하면 항상 동일한 결과가 나오지만, 파이썬 버전에 따라 책의 결과와는 다를 수 있습니다. 이는 17장에서 설명할 예정입니다.

num_trials) 호출을 walk(f, Homer, num_steps)로 바꾸어야 합니다.

여기서 중요한 교훈을 하나 배울 수 있습니다. 시뮬레이션 결과를 볼 때 항상 약간 회의적으로 생각해야 합니다. 먼저 결과에 의심스러운 점이 없는지 (즉, 그럴듯한지) 자문해 봅니다. 결과가 어떻게 나올지 잘 아는 매개변수로 시뮬레이션에 **스모크 테스트**smoke test[8]를 수행하세요.

간단한 두 경우에 대해 올바른 버전의 시뮬레이션을 실행하면 정확하게 기대했던 답이 출력됩니다.

```
Usual_drunk 걸음 수 0 : 평균 거리 = 0.000, 최대 거리 = 0.0, 최소 거리 = 0.0
Usual_drunk 걸음 수 1 : 평균 거리 = 1.000, 최대 거리 = 1.0, 최소 거리 = 1.0
```

많은 걸음 수에 대해서 실행하면 다음처럼 출력됩니다.

```
Usual_drunk 걸음 수 10 : 평균 거리 = 2.863, 최대 거리 = 7.2, 최소 거리 = 0.0
Usual_drunk 걸음 수 100 : 평균 거리 = 8.296, 최대 거리 = 21.6, 최소 거리 = 1.4
Usual_drunk 걸음 수 1000 : 평균 거리 = 27.297, 최대 거리 = 66.3, 최소 거리 = 4.2
Usual_drunk 걸음 수 10000 : 평균 거리 = 89.241, 최대 거리 = 226.5, 최소 거리 = 10.0
```

예상대로 출발점에서부터 평균 거리는 걸음 수에 따라 증가합니다.

[그림 16-2]에서 출발점에서부터 평균 거리를 그래프를 살펴보죠. 거리가 얼마나 빠르게 증가하는지 알아보려고 걸음 수의 제곱근을 보여주는 선을 추가했습니다(그리고 걸음 수를 100,000까지 늘렸습니다).

---

8 19세기에 배관공들은 연기(smoke)로 배관 시스템을 채워 누수가 발생하는지 테스트했습니다. 나중에 전기 엔지니어들이 이 용어를 전기 장치의 첫 번째 테스트(전원을 키고 연기가 나는지 확인하기)를 지칭하는 데 사용했습니다. 더 나중에 소프트웨어 개발자들은 프로그램이 유용한 무언가를 수행하는지 빠르게 테스트하는 데 이 용어를 사용하기 시작했습니다.

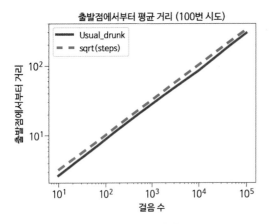

그림 16-2 출발점에서부터 거리 대 걸음 수

 **뇌풀기 문제**

[그림 16-2]의 그래프를 만드는 코드를 작성하세요.

이 그래프가 농부의 최종 위치에 관한 어떤 정보를 제공하나요? 농부가 평균적으로 출발점이 중심이고 예상 거리가 반지름인 원 위 어딘가에 있다는 의미입니다. 하지만 특정 걸음 수 이후에 농부가 어디에 있는지는 거의 알 수 없습니다. 다음 절에서 이를 알아보죠.

16.3 편향된 랜덤 워크

앞서 실행할 수 있는 시뮬레이션을 얻었으므로 이를 수정해 다른 랜덤 워크도 조사해 보겠습니다. 예를 들어 북반구에 살고 추위를 싫어하는 농부의 행동을 생각해 보죠. 이 농부는 술에 취했을 때도 남쪽으로 랜덤하게 움직일 때 두 배 빠르게 이동한다고 가정해 보죠. 또는 (오전에는 동쪽, 오후에는 서쪽으로) 항상 태양을 향해 움직이는 농부를 생각해 보죠. 이는 **편향된 랜덤 워크**biased random walk의 예입니다. 여전히 확률적이지만 출력은 편향됩니다.

[예제 16-4]는 Drunk 서브클래스를 두 개 정의합니다. 각 클래스는 적절한 `step_choices`를

선택합니다. sim_all 함수는 Drunk 서브클래스의 시퀀스를 순회해 각 행동에 관한 정보를 생성합니다.

예제 16-4 Drunk의 서브클래스

```
class Cold_drunk(Drunk):
    def take_step(self):
        step_choices = [(0.0,1.0), (0.0,-2.0), (1.0, 0.0), (-1.0, 0.0)]
        return random.choice(step_choices)

class EW_drunk(Drunk):
    def take_step(self):
        step_choices = [(1.0, 0.0), (-1.0, 0.0)]
        return random.choice(step_choices)

def sim_all(drunk_kinds, walk_lengths, num_trials):
    for d_class in drunk_kinds:
        drunk_test(walk_lengths, num_trials, d_class)
```

다음 코드를 실행해 보죠.

```
sim_all((Usual_drunk, Cold_drunk, EW_drunk), (100, 1000), 10)
```

출력은 다음과 같습니다.

```
Usual_drunk 걸음 수 100 : 평균 거리 = 9.64, 최대 거리 = 17.2, 최소 거리 = 4.2
Usual_drunk 걸음 수 1000 : 평균 거리 = 22.37, 최대 거리 = 45.5, 최소 거리 = 4.5
Cold_drunk 걸음 수 100 : 평균 거리 = 27.96, 최대 거리 = 51.2, 최소 거리 = 4.1
Cold_drunk 걸음 수 1000 : 평균 거리 = 259.49, 최대 거리 = 320.7, 최소 거리 = 215.1
EW_drunk 걸음 수 100 : 평균 거리 = 7.8, 최대 거리 = 16.0, 최소 거리 = 0.0
EW_drunk 걸음 수 1000 : 평균 거리 = 20.2, 최대 거리 = 48.0, 최소 거리 = 4.0
```

따뜻한 남쪽으로 이동하는 농부가 다른 두 농부보다 더 빠르게 출발점에서 멀어집니다. 하지만 출력에 있는 정보를 모두 이해하기가 쉽지 않습니다. 다시 한번 텍스트 출력 대신 그래프를 사용해 보죠.

한 그래프에 여러 종류의 움직임을 나타내야 하므로 각 농부에 고유한 스타일을 연결해 쉽게 구분하도록 만들겠습니다. 이 스타일은 세 요소로 구성됩니다.

- 선과 마커의 색깔
- 마커의 모양
- 선의 종류. 예를 들면 실선 또는 점선

[예제 16-5]의 style_iterator 클래스는 style_iterator.__init__에 전달된 스타일 시퀀스를 순회합니다.

예제 16-5 스타일 순회하기

```python
class style_iterator(object):
    def __init__(self, styles):
        self.index = 0
        self.styles = styles

    def next_style(self):
        result = self.styles[self.index]
        if self.index == len(self.styles) - 1:
            self.index = 0
        else:
            self.index += 1
        return result
```

[예제 16-6]은 [예제 16-3]의 코드 구조와 비슷합니다.

예제 16-6 여러 종류의 농부에 관한 그래프

```python
import matplotlib.pyplot as plt

def sim_drunk(num_trials, d_class, walk_lengths):
    meanDistances = []
    for num_steps in walk_lengths:
        print('시뮬레이션 시작:', num_steps, '걸음')
        trials = sim_walks(num_steps, num_trials, d_class)
        mean = sum(trials)/len(trials)
        meanDistances.append(mean)
    return meanDistances

def sim_all_plot(drunk_kinds, walk_lengths, num_trials):
```

```
style_choice = style_iterator(('m-', 'r:', 'k-.'))
for d_class in drunk_kinds:
    cur_style = style_choice.next_style()
    print('시뮬레이션 클래스:', d_class.__name__)
    means = sim_drunk(num_trials, d_class, walk_lengths)
    plt.plot(walk_lengths, means, cur_style,
             label = d_class.__name__)
plt.title(f'출발점에서부터 평균 거리 ({num_trials}번 시도)')
plt.xlabel('걸음 수')
plt.ylabel('출발점에서부터 거리')
plt.legend(loc = 'best')
plt.semilogx()
plt.semilogy()
```

sim_drunk와 sim_all_plot에 있는 print 문장은 시뮬레이션의 결과에 아무런 영향을 주지 않습니다. 이 시뮬레이션이 완료되려면 오래 걸리므로 프로그램이 제대로 동작하는지 알려주려고 이따금 메시지를 출력하는 코드입니다.

다음 코드를 실행하면 [그림 16-3]의 그래프를 그립니다.

```
sim_all_plot((Usual_drunk, Cold_drunk, EW_drunk),
             (10, 100, 1000, 10000, 100000), 100)
```

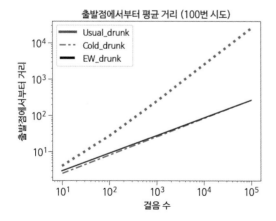

그림 16-3 여러 종류의 농부에 대한 평균 거리

Usual_drunk와 EW_drunk는 거의 같은 속도로 출발점에서 멀어지는 것 같습니다. 하지만 Cold_drunk가 멀어지는 속도는 자릿수가 다릅니다. 이 농부는 평균 25%만 빠르게 움직이기 때문에 흥미로운 결과입니다(다른 농부가 네 걸음을 갈 때 평균 다섯 걸음을 갑니다).

이 세 클래스의 행동을 조금 더 자세히 파악할 수 있는 다른 그래프를 그려 보죠. 걸음 수 증가에 따라 거리 변화를 그래프로 그리는 대신, [예제 16-7]은 매 시도 뒤의 마지막 위치에 관한 분포를 나타냅니다.

plot_locs이 먼저 세 가지 스타일의 마커로 style_iterator 인스턴스를 만듭니다. 그다음 plt.plot을 사용해 매 시도의 마지막 위치에 마커를 표시합니다. plt.plot을 호출할 때 style_iterator에서 반환된 값을 사용해 마커의 색과 모양을 그립니다.

예제 16-7 최종 위치 그리기

```python
def get_final_locs(num_steps, num_trials, d_class):
    locs = []
    d = d_class()
    for t in range(num_trials):
        f = Field()
        f.add_drunk(d, Location(0, 0))
        for s in range(num_steps):
            f.move_drunk(d)
        locs.append(f.get_loc(d))
    return locs

def plot_locs(drunk_kinds, num_steps, num_trials):
    style_choice = style_iterator(('k+', 'r^', 'mo'))
    for d_class in drunk_kinds:
        locs = get_final_locs(num_steps, num_trials, d_class)
        x_vals, y_vals = [], []
        for loc in locs:
            x_vals.append(loc.get_x())
            y_vals.append(loc.get_y())
        meanX = sum(x_vals)/len(x_vals)
        meanY = sum(y_vals)/len(y_vals)
        cur_style = style_choice.next_style()
        plt.plot(x_vals, y_vals, cur_style,
                label = (f'{d_class.__name__} 평균 위치 = <' +
                        f'{meanX}, {meanY}>'))
    plt.title(f'마지막 위치 ({num_steps} 걸음)')
```

```
plt.xlabel('출발점의 동쪽/서쪽 위치 (걸음 수) ')
plt.ylabel('출발점의 북쪽/남쪽 위치 (걸음 수)')
plt.legend(loc = 'best')
```

plot_locs((Usual_drunk, Cold_drunk, EW_drunk), 100, 200)을 호출하면 [그림 16-4]의 그래프를 그립니다.

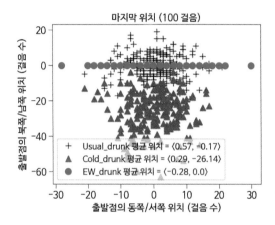

그림 16-4 농부의 최종 위치

그림을 보면 농부들이 예상대로 행동하는 것 같습니다. EW_drunk는 x축 끝에서 멈춥니다. Cold_drunk는 남쪽으로 향하고 Usual_drunk는 목적 없이 돌아다니는 것 같습니다.

왜 삼각형이나 + 마커보다 동그라미 마커가 더 적게 보일까요? EW_drunk는 동일한 위치에서 끝날 때가 많기 때문입니다. EW_drunk의 가능한 종료 위치 개수(200)가 적으니 놀라운 일이 아닙니다. 또한 동그라미 마커는 x축에 균일하게 퍼져있는 것 같습니다.

하지만 아직 Cold_drunk가 평균적으로 다른 농부보다 더 멀리 도달하는 이유가 명확하지 않습니다. 아마도 많은 시도의 끝점을 보지 말고 한 경로를 따라가 보는 편이 좋을 것 같습니다. [예제 16-8]은 [그림 16-5]의 그래프를 그립니다.

예제 16-8 걸음 추적하기

```
def trace_walk(drunk_kinds, num_steps):
    style_choice = style_iterator(('k+', 'r^', 'mo'))
```

```
f = Field()
for d_class in drunk_kinds:
    d = d_class()
    f.add_drunk(d, Location(0, 0))
    locs = []
    for s in range(num_steps):
        f.move_drunk(d)
        locs.append(f.get_loc(d))
    x_vals, y_vals = [], []
    for loc in locs:
        x_vals.append(loc.get_x())
        y_vals.append(loc.get_y())
    cur_style = style_choice.next_style()
    plt.plot(x_vals, y_vals, cur_style,
            label = d_class.__name__)
plt.title('방문한 위치 ('
        + str(num_steps) + ' 걸음)')
plt.xlabel('출발점의 동쪽/서쪽 위치 (걸음 수)')
plt.ylabel('출발점의 북쪽/남쪽 위치 (걸음 수) ')
plt.legend(loc = 'best')

trace_walk((Usual_drunk, Cold_drunk, EW_drunk), 200)
```

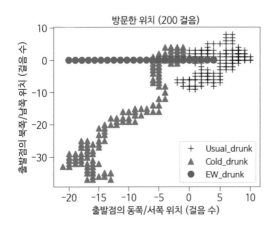

그림 16-5 농부의 걸음 궤적

걸음 수가 200인데 EW_drunk는 30개보다 적은 위치를 방문하므로 왔던 길을 되돌아가는 데
많은 시간을 허비하는 것이 분명합니다. 동일한 현상이 Usual_drunk에서도 관찰됩니다. 반면

Cold_drunk는 남쪽을 향해 직선 코스를 따르지는 않지만 이미 가본 곳을 방문하는 데 비교적 적은 시간을 들입니다.

시뮬레이션 자체가 흥미롭지는 않습니다(18장에서 본질적으로 더 흥미로운 시뮬레이션을 살펴보겠습니다). 하지만 몇 가지 배울 점이 있습니다.

- 초기에 시뮬레이션 코드를 네 부분으로 나누었습니다. 이 중 세 부분은 문제 설명에 나타난 추상 데이터 타입에 해당하는 클래스(Location, Field, Drunk)입니다. 네 번째 부분은 이런 클래스를 사용해 하나의 시뮬레이션을 수행하는 함수들입니다.
- 그다음 Drunk를 기반으로 클래스 계층을 만들어서 여러 종류의 편향된 랜덤 워크를 관찰했습니다. Location 과 Field 클래스의 코드는 수정하지 않았지만 Drunk의 서브클래스들을 반복하려고 시뮬레이션 코드를 바꾸었습니다. 이 과정에서 클래스 자체가 객체이고 따라서 인수로 전달할 수 있다는 사실을 활용했습니다.
- 마지막으로 추상 데이터 타입 클래스를 수정하지 않으면서 단계적으로 시뮬레이션을 바꾸었습니다. 여러 종류의 보행에 관한 통찰을 얻기 위한 그래프를 그리는 작업이었습니다. 이것이 시뮬레이션을 개발하는 전형적인 과정입니다. 먼저 작동하는 기본 시뮬레이션을 얻고 그다음 기능을 추가하기 시작합니다.

16.4 위험한 들판

영국에서 뱀과 사다리Snakes and Ladders[9]라고 부르는 게임을 해 보셨나요? 이 어린이 게임은 원래 (아마도 기원전 2세기경의) 목샤 파타무Moksha-patamu라는 인도 게임에서 유래했습니다. 플레이어가 선행(예: 너그러움)을 나타내는 네모 상자에 도달하면 사다리를 타고 높이 올라갑니다. 악행(예: 욕정)을 나타내는 네모 상자에 도달하면 낮은 위치로 떨어집니다.

[예제 16-9]는 웜홀wormhole[10]이 있는 Field를 만들어 랜덤 워크에 이 규칙을 추가합니다.

예제 16-9 이상한 현상이 있는 들판

```
class Odd_field(Field):
    def __init__(self, numHoles, x_range, y_range):
        Field.__init__(self)
        self.wormholes = {}
```

---

9   미국에서는 'Chutes and Ladders'라고 부릅니다.
10 이런 종류의 웜홀은 이론 물리학자들이 (또는 공상 과학 소설가들이) 고안한 가상의 개념입니다. 시공간 연속체(space-time continuum)를 통과하는 지름길을 제공합니다.

```
            for w in range(numHoles):
                x = random.randint(-x_range, x_range)
                y = random.randint(-y_range, y_range)
                newX = random.randint(-x_range, x_range)
                newY = random.randint(-y_range, y_range)
                newLoc = Location(newX, newY)
                self.wormholes[(x, y)] = newLoc

        def move_drunk(self, drunk):
            Field.move_drunk(self, drunk)
            x = self._drunks[drunk].get_x()
            y = self._drunks[drunk].get_y()
            if (x, y) in self.wormholes:
                self._drunks[drunk] = self.wormholes[(x, y)]
```

그리고 trace_walk 함수에 있는 두 번째 줄의 코드를 다음과 같이 바꿉니다.

```
    f = Odd_field(1000, 100, 200)
```

Odd_field에서 웜홀 위치로 가는 농부는 웜홀의 다른 쪽 끝으로 이동됩니다.

trace_walk((Usual_drunk, Cold_drunk, EW_drunk), 500)를 실행하면 [그림 16-6]과 같이 이상하게 보이는 그래프를 얻습니다.

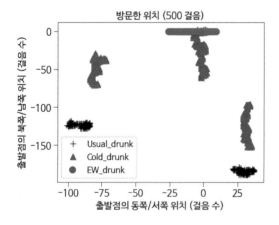

그림 16-6 이상한 보행

확실히 들판의 속성을 바꾸면 극적인 효과가 생깁니다. 하지만 이 예제의 핵심은 이것이 아니라 다음과 같습니다.

- 코드를 구조적으로 만든 덕분에 모델링 상황을 큰 폭으로 바꾸기가 쉽습니다. Field 코드를 바꾸지 않고 여러 종류의 농부를 추가했듯이, Drunk나 Drunk의 서브클래스를 수정하지 않고 새로운 Field를 추가할 수 있습니다(trace_walk에 field 매개변수를 추가하는 선견지명이 있었다면 trace_walk도 수정할 필요가 없었을 것입니다).

- 간단한 랜덤 워크나 편향된 랜덤 워크의 예상 동작에 관한 여러 정보를 분석적으로 유도했지만, 웜홀이 추가되면 그러기 어렵습니다. 하지만 새로운 상황을 모델링하려고 시뮬레이션을 바꾸는 일은 아주 쉽습니다. 이는 분석적인 모델에 비교되는 시뮬레이션 모델의 장점입니다.

6부

데이터 이해하기

6부에서는 데이터 분석과 확률적 프로그래밍, 시뮬레이션 모델, 확률적 사고와 통계적 사고 등 데이터를 이해하는 데 필요한 통계학 개념을 살펴봅니다.

17장. 확률적 프로그램, 확률 그리고 분포

확률과 분포를 알아봅니다. 확률적인 문제를 시뮬레이션하는 프로그램을 작성해 확률을 계산하고 다양한 분포에 관해 살펴봅니다.

18장. 몬테카를로 시뮬레이션

같은 시뮬레이션을 여러 번 실행하고 이 결과를 평균해 어떤 사건의 확률을 근사적으로 구할 때 사용하는 기법인 몬테카를로 시뮬레이션에 관해 알아봅니다.

19장. 샘플링과 신뢰도

관심 모집단에서 표본을 추출하는 샘플링에 관해 배웁니다. 추출한 표본으로 정규 분포를 형성하는 모습도 확인해봅니다.

20장. 실험 데이터 이해하기

실험 데이터로부터 간단한 선형 회귀 모델을 만드는 방법과 모델을 평가하는 방법도 알아봅니다.

21장. 무작위 시험과 가설 검정

가설 검정을 살펴보며 그 과정에 필요한 개념도 함께 알아봅니다. 또 베이즈 통계도 살펴봅니다.

22장. 거짓말, 새빨간 거짓말 그리고 통계학

잘못된 통계 결과에 속지 않도록 통계 데이터에서 적절하지 못한 추론을 끌어낸 경우들을 알아봅니다.

17장

확률적 프로그램, 확률 그리고 분포

이 장의 키워드

결정적인 프로그램 | 독립적인 사건 | 확률 | 분산 | 분포 | 표준 편차 | 곱셈 법칙
추론 통계 | 베르누이 정리(큰 수의 법칙) | 스케일 | 신뢰 구간 | 신뢰 수준 | 오차 막대
범주형(명목형) 변수 | 벤포드의 법칙

뉴턴 역학에는 안심이 되는 무언가가 있습니다. 예를 들어 레버 한쪽을 내리면 다른 한쪽이 올라갑니다. 또 공을 공중에 던지면 포물선을 따라 날아가다가 결국 떨어집니다. $\vec{F} = m\vec{a}$ 공식이죠. 간단히 말해 모든 일에는 이유가 있습니다. 물리적인 세상은 완전히 예측할 수 있습니다. 물리 시스템의 모든 미래 상태는 현재 상태의 정보에서 유도할 수 있습니다.

수 세기 동안 이런 과학적인 지식이 지배적이었습니다. 그다음 양자 역학과 코펜하겐 해석Copenhagen Doctrine이 등장했습니다. 보어Bohr와 하이젠베르크Heisenberg가 이끄는 이 해석의 지지자들은 가장 근본적인 수준에서는 물리 세계의 행동을 예측할 수 없다고 주장했습니다. 'x가 확실히 발생한다'와 같은 문장이 아니라 'x가 일어날 가능성이 높다'와 같은 확률적인 표현만 할 수 있습니다. 다른 유명한 물리학자들, 특히 아인슈타인과 슈뢰딩거Schrödinger는 이를 격렬하게 반대했습니다.

이 논쟁은 물리학, 철학, 심지어 종교계까지 뒤흔들었습니다. 이 논쟁의 핵심은 **인과적 비결정론**causal nondeterminism의 유효성이었습니다. 이는 모든 사건이 이전 사건 때문에 일어나지는 않는다는 생각입니다. 아인슈타인과 슈뢰딩거는 이 견해를 철학적으로 수용할 수 없었습니다. 아인슈타인의 "신은 주사위 놀이를 하지 않는다"라는 말이 유명합니다. 그들은 **예측적 비결정론**predictive nondeterminism을 받아들였습니다. 즉, 물리 세계를 정확하게 측정할 능력이 없으므로 미래 상태를 정확히 예측할 수 없다는 개념입니다. 아인슈타인은 그 차이를 다음과 같이 잘 요약했습니다. "현대 이론에 있는 근본적인 통계적 특징은 물리 시스템을 완전하게 기술하지 못한

다는 사실 때문에 발생한다."

인과적 비결정론에 대한 의문은 아직도 해결되지 않았습니다. 하지만 사건을 예측할 수 없는 이유가 진짜 예측할 수 없기 때문인지 예측에 필요한 정보가 충분하지 않아서인지는 실제로 중요하지 않습니다.

보어와 아인슈타인의 논쟁은 물리 세계의 근본을 이해하는 방법에 관한 것이지만 거시적인 수준에서도 동일한 문제가 발생합니다. 경마, 룰렛roulette 바퀴의 회전, 주식 투자의 결과는 인과적으로 결정적입니다. 하지만 이를 예측적 결정론predictably deterministic으로 다루면 위험하다는 증거가 충분합니다.[1]

17.1 확률적 프로그램

동일한 입력으로 실행하면 항상 동일한 출력을 만드는 프로그램을 **결정적인 프로그램**deterministic program이라고 합니다. 문제의 사양에 따라 출력이 완벽하게 정의된다는 말이 아닙니다. 예를 들어 square_root의 사양은 다음과 같습니다.

```python
def square_root(x, epsilon):
    """x와 epsilon은 float 타입이고, x >= 0, epsilon > 0라고 가정합니다.
       x-epsilon <= y*y <= x+epsilon인 float y를 반환합니다."""
```

이 사양에 따르면 square_root(2, 0.001)를 호출했을 때 나올 수 있는 반환값이 많습니다. 하지만 3장에서 살펴본 연속 근사 알고리즘은 항상 동일한 값을 반환합니다. 이 사양은 구현이 결정적이어야 한다고 강제하지 않지만, 결정적인 구현을 만들 수 있습니다.

결정적인 구현이 모든 사양에 맞지는 않습니다. 예를 들어 백개먼backgammon이나 크랩스craps 같은 주사위 게임을 프로그램으로 구현한다고 가정해 보죠. 프로그램 어딘가에 공정하게 주사위

---

1 물론 그렇다고 사람들이 예측적 결정론을 믿고 결국 돈을 잃는 일을 막지는 못합니다.

를 던지는 것을 시뮬레이션하는 함수가 있을 것입니다.[2] 이 사양이 다음과 같다고 가정해 보죠.

```
def roll_die():
    """1과 6 사이의 정수를 반환합니다."""
```

이 사양은 문제가 있습니다. 이 구현을 호출할 때마다 같은 숫자를 반환할 수 있기 때문입니다. 이러면 정말 재미없는 게임이 됩니다. roll_die 함수의 사양을 '1과 6 사이의 정수를 랜덤하게 선택해 반환합니다'라고 정의해 확률적 구현을 강제하는 편이 낫습니다.

파이썬을 포함해 대부분의 프로그래밍 언어는 확률적인 프로그램, 즉 무작위성을 활용한 프로그램을 작성하는 간단한 방법을 제공합니다. [예제 17-1]은 간단한 시뮬레이션 모델입니다. 주사위를 여러 번 굴리는 대신 행동을 시뮬레이션하는 프로그램을 작성했습니다. 이 코드는 파이썬 표준 라이브러리 모듈인 random에 있는 유용한 여러 함수 중 하나를 사용합니다. 이 장의 코드는 다음 임포트 문장을 실행했다고 가정합니다.

```
import random
import numpy as np
import matplotlib.pyplot as plt
import scipy.integrate
```

random.choice 함수는 인수로 비어 있지 않은 시퀀스를 받아 이 시퀀스의 원소를 랜덤하게 선택해 반환합니다. random 모듈에 있는 거의 모든 함수는 0.0~1.0 사이의 부동소수점 숫자를 랜덤하게 생성하는 random.random 함수를 사용해 만들어졌습니다.[3]

예제 17-1 주사위 던지기

```
def roll_die():
    """1과 6 사이의 랜덤한 정수를 반환합니다."""
    return random.choice([1,2,3,4,5,6])
```

---

2   주사위를 던져서 숫자가 여섯 개 나올 확률이 동일하면 공정합니다. 하지만 이것이 항상 당연시되지는 않습니다. 폼페이 유적 발굴 시 주사위의 결과를 편향시키는 작은 납이 추가된 주사위가 발견되었습니다. 최근에 어떤 온라인 사이트의 선전 문구는 다음과 같습니다. "주사위 굴리기에 운이 없는 편인가요? 더 신뢰할 수 있는 한 쌍의 주사위에 베팅하세요."

3   사실상 random.random이 반환하는 값은 진짜 랜덤이 아닙니다. 수학자들은 이를 유사난수(pseudorandom)라고 부릅니다. 실용적인 관점에서는 보통 이 차이가 중요하지 않으며 무시할 수 있습니다.

```
def roll_n(n):
    result = ''
    for i in range(n):
        result = result + str(roll_die())
    print(result)
```

이제 roll_n(10)를 실행한다고 상상해 보죠. 1111111111이나 5442462412중에 어느 쪽이 더 놀라운 결과인가요? 다른 식으로 말하면 둘 중 어느 쪽이 더 랜덤한가요? 이 질문에는 속임수가 있습니다. 주사위값은 이전 주사위값에 독립적이라서 이 두 시퀀스가 나올 확률은 동일합니다. 확률적인 과정에서 한 사건의 결과가 다른 사건의 결과에 영향을 미치지 않는다면 두 사건은 **독립적인 사건**independent event입니다.

0과 1 두 면만 있는 주사위(또는 동전)를 가정해 이 상황을 단순화하면 이해하기 쉽습니다. roll_n의 출력이 이진 숫자라고 생각할 수 있습니다. 두 면만 있는 주사위라면 roll_n이 반환할 수 있는 시퀀스의 개수는 2^n입니다. 각 시퀀스가 나올 수 있는 가능성은 동일합니다. 따라서 각 시퀀스의 등장 확률은 $(1/2)^n$가 됩니다.[4]

일반 주사위로 돌아가 보죠. 길이가 10일 때 얼마나 많은 시퀀스가 가능한가요? 6^{10}입니다.[5] 따라서 10번 연속으로 1이 나올 확률은 $1/6^{10}$입니다. 6천만분의 1보다도 작습니다. 매우 작은 확률이지만 5442462412와 같은 다른 시퀀스가 나올 확률과 동일합니다.

17.2 간단한 확률 계산하기

일반적으로 어떤 속성이 있는 결과(예: 모두 1인 숫자)의 확률에 관해 이야기할 때 가능한 모든 결과 중에서 그런 속성의 비율이 얼마인지 묻습니다. 따라서 확률이 0에서 1 사이의 값입니다. 주사위를 던졌을 때 모두 1이 아닌 시퀀스를 얻을 확률을 생각해 보죠. 이 값은 단순히 $1 - (1/6^{10})$입니다. 어떤 일이 일어날 확률과 일어나지 않을 확률을 더하면 1이 되기 때문입니다.

---

[4] 옮긴이_ 전체 확률에서 가능한 시퀀스 개수를 나누면 됩니다. 즉, $1/2^n = (1/2)^n$입니다.

[5] 옮긴이_ 이를 중복순열(permutations with repetition)이라고 합니다. 원소 n개에서 중복을 허용해 k개를 선택하는 경우의 수는 n^k입니다.

주사위를 10번 던져서 1이 한 번도 나오지 않을 확률을 생각해 보죠. 답을 구하는 한 가지 방법은 6^{10}개의 가능한 시퀀스 중에서 1을 포함하지 않는 시퀀스가 얼마나 되는지로 질문을 바꾸는 것입니다. 다음과 같은 순서를 따라 이를 계산할 수 있습니다.

1. 주사위를 한 번 굴려서 1이 나오지 않을 확률은 5/6입니다.
2. 첫 번째와 두 번째 주사위를 굴려서 모두 1이 나오지 않을 확률은 (5/6)*(5/6), 즉 $(5/6)^2$입니다.
3. 따라서 10번을 굴려서 한 번도 1이 나오지 않을 확률은 $(5/6)^{10}$이며 0.16보다 조금 큽니다.

단계 2는 독립 확률의 **곱셈 법칙**multiplicative law을 적용한 것입니다. 예를 들어 독립적인 두 사건 A와 B가 있다고 생각해 보죠. A가 일어날 확률이 1/3이고 B가 일어날 확률이 1/4이라면 A와 B가 모두 일어날 확률은 1/3의 1/4입니다. 즉 (1/3)/4 또는 (1/3)*(1/4)입니다.

1이 하나 이상 포함될 확률은 얼마인가요? 이는 1이 하나도 나오지 않을 확률을 전체(1)에서 빼면 되므로 1− $(5/6)^{10}$입니다. 한 번 던져서 1이 나올 확률이 1/6이므로 1이 하나 이상 포함될 확률을 10*(1/6)으로 계산하면 올바르지 않습니다. 확률은 1보다 클 수 없으므로 이는 확실히 잘못된 계산입니다.

주사위를 열 번 던져서 1이 정확히 두 번 나올 확률은 얼마인가요? 이는 1부터 시작해 6진법으로 나타낸 6^{10}개의 정수 중에서 1이 두 개인 비율을 묻는 말과 동일합니다. 이런 시퀀스를 모두 생성하고 1을 정확히 두 개 포함하는 숫자를 헤아리는 프로그램을 쉽게 작성할 수 있습니다. 분석적으로 확률을 계산하려면 조금 까다롭습니다. 17.4.4 절에서 이를 알아보겠습니다.

17.3 추론 통계

앞서 보았듯이 하나 이상의 간단한 사건의 확률을 안다는 가정하에 체계적인 방법을 사용해 복잡한 사건의 확률을 정확하게 유도할 수 있습니다. 예를 들어 동전 던지기가 독립적이고 동전을 한 번 던졌을 때 앞면이 나올 확률을 안다면, 10번 연속 앞면이 나올 확률을 쉽게 계산할 수 있습니다. 하지만 더 간단한 사건의 확률을 모른다고 가정해 보죠. 예를 들어 동전의 앞면과 뒷면이 나올 확률이 동일한지 모른다고 생각해 보겠습니다.

그렇다고 아무것도 할 수 없지는 않습니다. 동전 던지기의 데이터가 있다면 이 데이터와 확률 지식을 결합해 실제 확률의 추정값을 유도할 수 있습니다. **추론 통계**inferential statistics를 사용해 한 번의 동전 던지기에서 앞면이 나올 확률을 추정합니다. 그다음 전통적인 확률을 사용해 연속으로 10번 앞면이 나올 확률을 계산합니다.

(통계학책이 아니므로) 간단하게 말하면, 추론 통계의 원리는 랜덤하게 추출한 샘플은 이 샘플이 속한 모집단population의 속성과 동일한 경향이 있다는 것입니다.

투페이스Two-Face라고도 부르는 하비 덴트Harvey Dent[6]가 동전을 던져서 앞면이 나왔다고 가정해 보죠. 여기서 다음 동전을 던졌을 때 앞면이 나올 거라 추론할 수 없습니다. 그가 두 번 동전을 던져서 모두 앞면이 나왔다고 가정해 보죠. 공정한 동전이라면 이것이 일어날 확률은 0.25라고 판단할 수 있습니다. 하지만 여전히 다음번에 앞면이 나올 거라 가정할 수 없습니다. 하지만 100번 던져서 100번 앞면이 나왔다고 가정해 보죠. 공정한 동전이라면 이 사건이 나올 확률이 $(1/2)^{100}$이며, 이는 매우 작은 숫자입니다. 따라서 이 동전은 양쪽이 모두 앞면이라고 쉽게 추론할 수 있습니다.

우리는 100번 중 한 번의 동전 던지기가 100번에 해당하는 전체 모집단의 성질과 비슷하다는 생각을 바탕으로 동전이 공정한지 아닌지 믿습니다. 100번을 던져서 모두 앞면이 나왔을 때 이렇게 믿는 것은 괜찮아 보입니다. 그럼 52번은 앞면이 나오고 48번은 뒷면이 나왔다고 가정해 보죠. 다음 100번을 던졌을 때 앞면과 뒷면이 나올 비율이 동일하다고 예측할 수 있나요? 아니면 다음 100번을 던졌을 때 앞면이 뒷면보다 더 많이 나온다고 예측할 수 있나요? 몇 분 동안 생각하고 실험해 보세요. 동전이 없다면 [예제 17-2]를 사용해 동전 던지기를 시뮬레이션해 보세요.

[예제 17-2]에 있는 flip 함수는 num_flips번 동전 던지기를 시뮬레이션하고 앞면이 나온 비율을 반환합니다. flip을 호출할 때마다 random.choice(('H', 'T'))는 랜덤하게 'H'나 'T'를 반환합니다.

예제 17-2 동전 던지기

```
def flip(num_flips):
    """num_flips는 양의 정수라고 가정합니다."""
    heads = 0
    for i in range(num_flips):
```

---

6   옮긴이_ 하비 덴트는 DC 코믹스에 나오는 캐릭터로 선한 행동을 할지 악한 행동을 할지 동전을 던져 선택합니다.

```
        if random.choice(('H', 'T')) == 'H':
            heads += 1
    return heads/num_flips

def flip_sim(num_flips_per_trial, num_trials):
    """num_flips_per_trial과 num_trials는 양의 정수라고 가정합니다."""
    frac_heads = []
    for i in range(num_trials):
        frac_heads.append(flip(num_flips_per_trial))
    mean = sum(frac_heads)/len(frac_heads)
    return mean
```

flip_sim(10, 1)을 여러 번 실행해 보세요. 다음은 print('평균 =', flip_sim(10, 1))
을 두 번 실행한 결과입니다.

```
평균 = 0.2
평균 = 0.6
```

10번 동전 던지기를 한 번 실행해서는 (동전에 앞면과 뒷면이 있다는 사실 외에) 많은 것을 가
정하기 어렵습니다. 따라서 여러 번 시도하고 결과를 비교할 수 있도록 시뮬레이션을 만들었습
니다. flip_sim(10, 100)을 여러 번 실행해 보세요.

```
평균 = 0.5029999999999999
평균 = 0.496
```

이 결과가 조금 낮게 느껴지나요? flip_sim(100, 100000)을 실행한 결과는 다음과 같습
니다.

```
평균 = 0.5005000000000038
평균 = 0.500313999999954
```

(정답이 0.5임을 알고 있으니) 이 값이 상당히 좋아 보입니다. 이제 다음 동전을 던졌을 때 나
올 확률을 예상할 수 있습니다. 즉 앞면과 뒷면이 나올 확률은 동일합니다. 하지만 왜 이런 결
론을 내릴 수 있나요?

베르누이 정리Bernoulli's theorem[7]로 알려진 **큰 수의 법칙**law of large numbers 때문입니다. 이 법칙에 따르면 특정 결과가 나올 실제 확률이 p인 테스트를 독립적으로 반복해서 수행하면 테스트 횟수가 무한히 커지면서 해당 결과가 나올 확률이 p와 달라질 가능성은 0으로 수렴합니다.

많은 사람이 생각하는 것처럼 큰 수의 법칙은 기대와 다른 행동이 일어났을 때 이 차이가 미래의 반대 행동으로 상쇄됨을 의미하지 않습니다. 큰 수의 법칙을 잘못 적용하는 것을 **도박사의 오류**gambler's fallacy[8]라고 합니다.

사람들은 흔히 도박사의 오류와 평균으로의 회귀를 혼동합니다. **평균으로의 회귀**regression to the mean[9]는 극도의 랜덤한 사건 다음에는 덜 랜덤한 사건이 일어날 가능성이 높다는 말입니다. 동전을 여섯 번 던져서 여섯 번 모두 앞면이 나왔다면 평균으로의 회귀는 다음에 여섯 번 동전을 던졌을 때 세 번 앞면이 나올 기대치에 가까워진다는 의미입니다. 도박사의 오류가 주장하는 대로 다음 동전 던지기에서 앞면이 뒷면보다 더 적게 나온다는 뜻이 아닙니다.

노력 중에서 성공하려면 기술과 행운이 함께 해야 합니다. 기술 요소는 수단이고, 행운은 변동성에 해당합니다. 행운의 무작위성은 평균으로의 회귀를 따릅니다.

[예제 17-3]은 평균으로의 회귀를 나타내는 [그림 17-1]을 그립니다. `regress_to_mean` 함수는 먼저 `num_flips`번 동전 던지기를 `num_trials`회 실행합니다. 그다음 앞면의 비율이 1/3보다 작거나 2/3보다 큰 시도를 골라내어 동그라미로 그립니다. 그리고 그다음 동전 던지기 결과를 동그라미와 나란히 삼각형으로 나타냅니다.

0.5에 놓인 수평선은 기대 평균이며 `axhline` 함수로 만듭니다. `plt.xlim` 함수는 x축의 범위를 제어합니다. `plt.xlim(xmin, xmax)`를 호출하면 현재 피겨의 x축 최솟값과 최댓값을 설정합니다. `plt.xlim()`는 현재 피겨의 x축 최솟값과 최댓값으로 구성된 튜플을 반환합니다. `plt.ylim` 함수도 같은 방식으로 작동합니다.

---

7 16세기에 카르다노(Cardano)가 큰 수의 법칙을 논의했지만, 18세기에 야코프 베르누이(Jacob Bernoulli)가 처음 증명했습니다. 이는 야코프의 조카인 다니엘(Daniel)이 증명한 베르누이 방정식이라 부르는 유체 역학 이론과 다릅니다.

8 "1913년 8월 18일, 몬테카를로(Monte Carlo)에 있는 카지노의 룰렛에서 26번 연속으로 블랙(black)이 나왔습니다… 블랙이 연속으로 15번 나오면서부터 사람들은 레드(red)에 광적으로 베팅하기 시작했습니다. 도박사의 오류를 따라 사람들은 두 배, 세 배로 돈을 걸었습니다. 도박사의 오류 때문에 사람들은 블랙이 20번 나온 후에 또 블랙이 나올 확률은 백 만분의 일도 안 된다고 믿습니다. 연속으로 나온 블랙 덕분에 카지노는 수백만 프랑의 돈을 벌었습니다." 허프(Huff)와 가이스(Geis)의 『How to Take a Chance』 28–29 페이지.

9 '평균으로의 회귀'란 용어는 1885년 프랜시스 골턴(Francis Galton)이 『Regression Toward Mediocrity in Hereditary Stature』 논문에서 처음 사용했습니다. 이 연구에서 그는 유별나게 키가 큰 부모의 자녀가 부모보다 키가 작다는 것을 관찰했습니다.

```
def regress_to_mean(num_flips, num_trials):
    #num_flips번 동전을 던져서 앞면이 나온 비율을 구합니다.
    frac_heads = []
    for t in range(num_trials):
        frac_heads.append(flip(num_flips))
    #극단적인 결과가 나온 시도를 찾고 다음 시도를 저장합니다.
    extremes, next_trials = [], []
    for i in range(len(frac_heads) -1):
        if frac_heads[i] < 0.33 or frac_heads[i] > 0.66:
            extremes.append(frac_heads[i])
            next_trials.append(frac_heads[i+1])
    #결과를 그래프로 그립니다.
    plt.plot(range(len(extremes)), extremes, 'ko',
             label = '극단적인 경우')
    plt.plot(range(len(next_trials)), next_trials, 'k^',
             label = '그다음 시도')
    plt.axhline(0.5)
    plt.ylim(0, 1)
    plt.xlim(-1, len(extremes) + 1)
    plt.xlabel('극단적인 경우와 그다음 시도')
    plt.ylabel('동전 앞면의 비율')
    plt.title('평균으로의 회귀')
    plt.legend(loc = 'best')

regress_to_mean(15, 50)
```

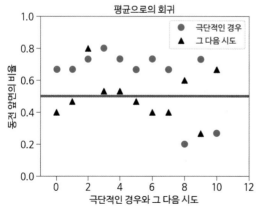

그림 17-1 평균으로의 회귀의 예

극단적인 결과를 내는 시도 다음에는 일반적으로 평균에 가까운 시도가 뒤따릅니다. 하지만 네모 상자로 표시한 부분처럼 항상 그렇지는 않습니다.

 **뇌풀기 문제**

안드레아는 골프를 칠 때 홀당 평균 5타를 칩니다. 어느 날 처음 아홉 홀에서 40타를 쳤습니다. 그녀의 일행은 안드레아가 평균으로 회귀해 다음 아홉 홀에서 50타를 칠 것으로 추측했습니다. 여러분은 이 주장에 동의하나요?

예제 17-4 동전 던지기 결과 그리기

```python
def flip_plot(min_exp, max_exp):
    """min_exp와 max_exp는 양의 정수이고 min_exp < max_exp라고 가정합니다.
       2**min_exp에서 2**max_exp 사이의
       동전 던지기 결과를 그래프로 그립니다."""
    ratios, diffs, xAxis = [], [], []
    for exp in range(min_exp, max_exp + 1):
        xAxis.append(2**exp)
    for num_flips in xAxis:
        num_heads = 0
        for n in range(num_flips):
            if random.choice(('H', 'T')) == 'H':
                num_heads += 1
        num_tails = num_flips - num_heads
        try:
            ratios.append(num_heads/num_tails)
            diffs.append(abs(num_heads - num_tails))
        except ZeroDivisionError:
            continue
    plt.title('앞면과 뒷면의 차이 ')
    plt.xlabel('동전 던지기 횟수')
    plt.ylabel('Abs(#앞면 - #뒷면)')
    plt.plot(xAxis, diffs, 'k')
    plt.figure()
    plt.title('앞면/뒷면 비율')
    plt.xlabel('동전 던지기 횟수')
    plt.ylabel('#앞면/#뒷면')
    plt.plot(xAxis, ratios, 'k')
```

```
random.seed(0)
flip_plot(4, 20)
```

[예제 17-4]에 있는 `flip_plot` 함수는 [그림 17-2]의 두 그래프를 그려서 큰 수의 법칙이 작동하는 것을 보여 줍니다. 첫 번째 그래프는 동전 던지기 횟수에 따라 앞면과 뒷면이 나온 횟수의 절댓값 차이를 보여줍니다. 두 번째 그래프는 동전 던지기 횟수에 따른 앞면과 뒷면의 비율을 나타냅니다.

코드 아랫부분의 random.seed(0)은 이 코드를 실행할 때마다 random.random이 사용하는 유사난수 생성기가 동일한 난수 시퀀스를 생성하도록 만듭니다.[10] 이렇게 하면 디버깅할 때 편리합니다. random.seed 함수는 여러 번 호출할 수 있습니다. 인수 없이 호출하면 랜덤하게 시드 ^seed값이 선택됩니다.

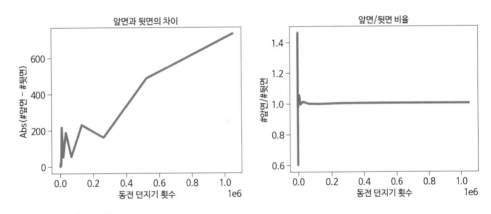

그림 17-2 큰 수의 법칙

왼쪽 그래프는 앞면과 뒷면이 나온 횟수의 절댓값 차이가 처음에는 요동치는 모습을 보여줍니다. 급격하게 내려갔다가 갑자기 상승합니다. 하지만 $x = 0.3*1e6$ 오른쪽에는 두 개의 데이터 포인트만 있다는 점을 유념해야 합니다. plt.plot으로 포인트를 선으로 연결했기 때문에 고립된 포인트에서 잘못된 트렌드를 보게끔 할 수 있습니다. 이는 드문 현상이 아닙니다. 따라서

---

10 파이썬 버전이 다르면 난수 생성기가 동일하지 않을 수 있습니다. 파이썬 버전이 다르다면 시드를 지정했더라도 프로그램이 동일하게 동작할 것이라고 가정해서는 안됩니다.

그래프의 의미를 파악할 때는 실제로 그래프에 얼마나 많은 포인트가 포함되는지 항상 확인해야 합니다.

오른쪽 그래프는 대부분 직선이라 많은 것을 확인하기 어렵습니다. 여기서도 속기 쉽습니다. 데이터 포인트가 16개 있지만 대부분 그래프 왼쪽의 좁은 영역에 모여 있어서 자세한 내용을 확인하기 어렵습니다. 그래프에 있는 포인트의 x값은 2^4, 2^5, 2^6, …, 2^{20}이므로 x축의 값의 범위가 16에서 백만까지입니다. 다른 설정이 없다면 plot은 이런 포인트를 원점에서 상대적인 거리를 기반으로 나타냅니다. 이를 **선형 스케일**linear scaling이라고 합니다. 대부분 포인트의 x값은 2^{20}에 비해 작으니 원점 근처에 나타날 것입니다.

다행히 이런 시각화 문제는 파이썬에서 쉽게 해결할 수 있습니다. 13장과 이 장에서 보았듯이 plt.plot(xAxis, diffs, 'ko')처럼 써서 산점도 그래프를 그릴 수 있습니다.

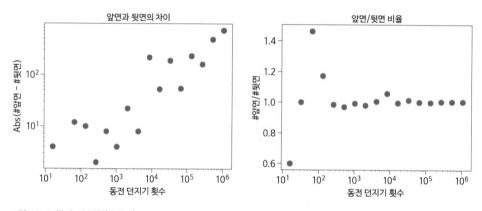

그림 17-3 큰 수의 법칙(산점도)

[그림 17-3]의 두 그래프는 x축에 로그 스케일을 사용합니다. flip_plot이 생성한 x값이 2^{min_exp}, 2^{min_exp+1}, …, 2^{max_exp}이므로 x축에 로그 스케일을 사용하면 포인트를 x축을 따라 동일한 간격으로 배치할 수 있습니다. 이 간격이 포인트 사이의 최대 간격입니다. [그림 17-3]의 왼쪽 그래프는 x축은 물론 y축에도 로그 스케일을 사용합니다. 이 그래프에 있는 y값의 범위는 대략 0에서 550까지입니다. y축이 선형 스케일이라면 이 그래프의 왼쪽 끝에 있는 y값의 차이가 상대적으로 작아서 보기 힘듭니다. 반면 오른쪽 그래프의 y값은 꽤 잘 모여 있으므로 선형 스케일을 사용합니다.

[그림 17-3]의 그래프는 앞선 그래프보다 해석하기 쉽습니다. 오른쪽 그래프는 앞면과 뒷면의 비율이 동전 던지기 횟수가 늘어남에 따라 1.0에 수렴함을 잘 보여줍니다. 왼쪽 그래프의 의미는 덜 명확합니다. 동전 던지기 횟수에 따라 절댓값 차이가 커지지만 완전하게 확신이 들지는 않습니다.

전체 모집단을 사용하지 않고 샘플링을 활용해서는 완벽한 정확도를 달성할 수 없습니다. 얼마나 많은 샘플을 조사하든지 모집단의 모든 원소를 조사하기 전까지 이 샘플 집합이 전형적이라고 확신할 수 없습니다(동전 던지기의 가능한 모든 시퀀스처럼, 다루는 모집단이 무한해서 모집단의 모든 원소를 조사하기가 불가능할 때도 많습니다). 물론 어떤 추정이 정확하게 맞을 수 없다는 의미는 아닙니다. 동전을 두 번 던져서 한 번은 앞면이 나오고 한 번은 뒷면이 나왔을 때 진짜 확률이 0.5라고 결론지을 수 있습니다. 올바른 결론에 도달했지만 이 추론에는 문제가 있습니다.

얼마나 많은 샘플을 사용해야 우리의 답변에 확신을 가질 수 있을까요? 이는 내재한 분포의 **분산**variance에 따라 다릅니다. 간략하게 말하면 분산은 가능한 다른 결괏값이 얼마나 퍼져 있는지를 나타내는 척도입니다. 형식적으로 말하면 어떤 값의 집합 X의 분산은 다음과 같이 정의됩니다.

$$variance\left(X\right) = \frac{\sum x \varepsilon X(x - \mu)^2}{|X|}$$

여기서 $|X|$는 이 집합의 크기이고 μ (뮤^{mu})는 집합의 평균입니다. 분산은 값들이 평균에 얼마나 가까운지 말해 줍니다. 많은 값이 평균에 가까우면 분산은 비교적 작습니다. 많은 값이 평균에서 비교적 멀리 떨어졌다면 분산이 큽니다. 모든 값이 동일하다면 분산은 0입니다.

어떤 집합의 **표준 편차**standard deviation는 분산의 제곱근입니다. 분산과 같은 정보를 담지만, 표준 편차는 원본 데이터와 단위가 같아서 이해하기 쉽습니다. 예를 들어 '모집단의 평균 키가 175cm이고 표준 편차는 4cm'라는 말이 '모집단의 평균 키가 175cm이고 분산은 16cm의 제곱'이라는 말보다 이해하기 쉽습니다.

[예제 17-5]는 분산과 표준 편차를 계산하는 함수입니다.[11]

예제 17-5 분산과 표준 편차

```python
def variance(X):
    """X는 숫자의 리스트라고 가정합니다.
       X의 분산을 반환합니다."""
    mean = sum(X)/len(X)
    tot = 0.0
    for x in X:
        tot += (x - mean)**2
    return tot/len(X)

def std_dev(X):
    """X는 숫자의 리스트라고 가정합니다.
       X의 표준 편차를 반환합니다."""
    return variance(X)**0.5
```

표준 편차 개념을 사용해 샘플 수와 계산한 답의 신뢰도 사이에 있는 관계에 관해 생각할 수 있습니다. [예제 17-7]은 `flip_plot`의 수정 버전입니다. `run_trial` 함수를 사용해 동전 던지기를 여러 번 시도하고 `heads/tails` 비율의 평균과 표준 편차를 그래프로 그립니다. [예제 17-6]의 `make_plot`은 그래프를 생성합니다.

예제 17-6 동전 던지기 시뮬레이션용 헬퍼 함수

```python
def make_plot(x_vals, y_vals, title, x_label, y_label, style,
              log_x = False, log_y = False):
    plt.figure()
    plt.title(title)
    plt.xlabel(x_label)
    plt.ylabel(y_label)
    plt.plot(x_vals, y_vals, style)
    if log_x:
        plt.semilogx()
    if log_y:
        plt.semilogy()
```

---

11 사실 이를 직접 구현하지 않아도 됩니다. 널리 사용되는 라이브러리들은 이런 함수를 포함한 많은 표준 통계 함수를 구현해 제공합니다. 하지만 수식보다 코드를 더 좋아하는 독자들을 위해 코드를 실었습니다.

```
def run_trial(num_flips):
    num_heads = 0
    for n in range(num_flips):
        if random.choice(('H', 'T')) == 'H':
            num_heads += 1
    num_tails = num_flips - num_heads
    return (num_heads, num_tails)

def flip_plot1(min_exp, max_exp, num_trials):
    """min_exp, max_exp, num_trials는 int >0이고 min_exp < max_exp라고 가정합니다.
       2**min_exp에서 2**max_exp 사이의
       동전 던지기 num_trials 시도의 결과를 그래프로 그립니다."""
    ratios_means, diffs_means, ratios_SDs, diffs_SDs = [], [], [], []
    x_axis = []
    for exp in range(min_exp, max_exp + 1):
        x_axis.append(2**exp)
    for num_flips in x_axis:
        ratios, diffs = [], []
        for t in range(num_trials):
            num_heads, num_tails = run_trial(num_flips)
            ratios.append(num_heads/num_tails)
            diffs.append(abs(num_heads - num_tails))
        ratios_means.append(sum(ratios)/num_trials)
        diffs_means.append(sum(diffs)/num_trials)
        ratios_SDs.append(std_dev(ratios))
        diffs_SDs.append(std_dev(diffs))
    title = f'앞면/뒷면 비율의 평균 ({num_trials}번 시도)'
    make_plot(x_axis, ratios_means, title, '동전 던지기 횟수',
              '앞면/뒷면의 평균', 'ko', log_x = True)
    title = f'앞면/뒷면 비율의 표준 편차 ({num_trials}번 시도)'
    make_plot(x_axis, ratios_SDs, title, '동전 던지기 횟수',
              '표준 편차', 'ko', log_x = True, log_y = True)
```

flip_plot1(4, 20, 20)를 실행하면 [그림 17-4]의 그래프를 그립니다.

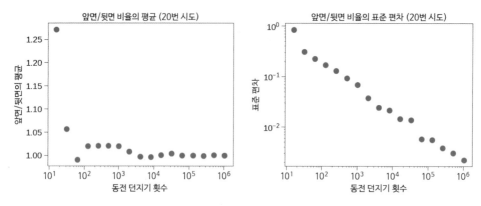

그림 17-4 heads/tails 비율의 수렴

이는 상당히 고무적입니다. heads/tails 비율의 평균은 1로 수렴하고 표준 편차의 로그값은 동전 던지기 횟수의 로그값이 늘어남에 따라 선형적으로 감소합니다. 약 10^6번 정도 동전 던지기를 하면 표준 편차(약 10^{-3})는 평균(약 1)보다 대략 소수점 셋째 자리 이하로 작아집니다. 이는 여러 시도에 걸친 분산이 작다는 의미입니다. 따라서 heads/tails 비율의 기댓값이 1.0에 매우 가깝다고 상당히 확신할 수 있습니다. 더 많은 동전을 던지면 더 정확한 답을 얻을 뿐만 아니라 정확한 답에 가깝다고 더 확신할 수 있습니다.

앞면과 뒷면 횟수의 절댓값 차이는 어떨까요? flip_plot1 함수 끝에 [예제 17-8]을 추가해 [그림 17-5]에 있는 그래프를 그릴 수 있습니다.

예제 17-8 절댓값 차이

```
title = f'abs(#앞면 - #뒷면)의 평균 ({num_trials}번 시도)'
make_plot(x_axis, diffs_means, title,
          '동전 던지기 횟수', 'abs(#앞면 - #뒷면)의 평균', 'ko',
          log_x = True, log_y = True)
title = 'abs(#앞면 - #뒷면)의 표준 편차 ({num_trials}번 시도)'
make_plot(x_axis, diffs_SDs, title,
          '동전 던지기 횟수', '표준 편차', 'ko',
          log_x = True, log_y = True)
```

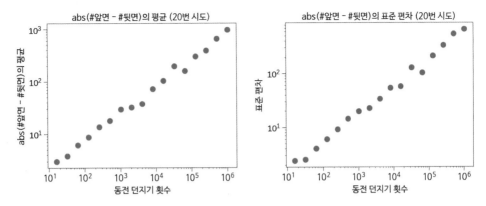

그림 17-5 heads - tails**의 평균과 표준 편차**

기대한 대로 앞면과 뒷면 횟수의 절댓값 차이는 동전 던지기 횟수에 따라 증가합니다. 게다가 20번 시도의 결과를 평균했기 때문에 [그림 17-3]에서 1회 시도한 결과를 그렸을 때보다 그래프가 훨씬 부드럽습니다. 하지만 [그림 17-5]의 오른쪽 그래프는 어떻게 된 걸까요? 표준 편차가 동전 던지기 횟수에 따라 증가합니다. 이는 동전 던지기 횟수가 늘어남에 따라 앞뒷면 횟수의 차이에 대한 기댓값 추정에 신뢰도가 증가하지 않고 감소함을 의미할까요?

아니요. 그렇지 않습니다. 표준 편차는 항상 평균을 고려해 살펴봐야 합니다. 평균이 10억이고 표준 편차가 100이라면 데이터의 퍼짐 정도는 작다고 볼 수 있습니다. 하지만 평균이 100이고 표준 편차가 100이라면 매우 넓게 퍼집니다.

변동 계수coefficient of variation는 표준 편차를 평균으로 나눈 것입니다. 평균이 서로 다른 데이터셋을 비교할 때는 변동 계수가 표준 편차보다 더 유용할 때가 많습니다. [예제 17-9]의 구현을 보면 알 수 있듯이 변동 계수는 평균이 0일 때 정의되지 않습니다.

예제 17-9 변동 계수

```
def CV(X):
    mean = sum(X)/len(X)
    try:
        return std_dev(X)/mean
    except ZeroDivisionError:
        return float('nan')
```

[예제 17-10]은 변동 계수를 그래프로 그리는 함수입니다. **flip_plot1**이 그린 그림 외에도 [그림 17-6]에 있는 그래프를 그립니다.

예제 17-10 flip_plot의 최종 버전

```
def flip_plot2(min_exp, max_exp, num_trials):
    """min_exp, max_exp, num_trials는 int >0이고 min_exp < max_exp라고 가정합니다.
       2**min_exp에서 2**max_exp 사이의
       동전 던지기 num_trials 시도의 결과를 그래프로 그립니다."""
    ratios_means, diffs_means, ratios_SDs, diffs_SDs = [], [], [], []
    ratios_CVs, diffs_CVs, x_axis = [], [], []
    for exp in range(min_exp, max_exp + 1):
        x_axis.append(2**exp)
    for num_flips in x_axis:
        ratios, diffs = [], []
        for t in range(num_trials):
            num_heads, num_tails = run_trial(num_flips)
            ratios.append(num_heads/float(num_tails))
            diffs.append(abs(num_heads - num_tails))
        ratios_means.append(sum(ratios)/num_trials)
        diffs_means.append(sum(diffs)/num_trials)
        ratios_SDs.append(std_dev(ratios))
        diffs_SDs.append(std_dev(diffs))
        ratios_CVs.append(CV(ratios))
        diffs_CVs.append(CV(diffs))
    num_trials_str = ' (' + str(num_trials) + '번 시도)'
    title = '앞면/뒷면 비율의 평균 (' + str(num_trials) + '번 시도)'
    make_plot(x_axis, ratios_means, title, '동전 던지기 횟수',
              '앞면/뒷면의 평균', 'ko', log_x = True)
    title = '앞면/뒷면 비율의 표준 편차' + num_trials_str
    make_plot(x_axis, ratios_SDs, title, '동전 던지기 횟수',
              '표준 편차', 'ko', log_x = True, log_y = True)
    title = 'abs(#앞면 - #뒷면)의 평균' + num_trials_str
    make_plot(x_axis, diffs_means, title,'동전 던지기 횟수',
              'abs(#앞면 - #뒷면)의 평균', 'ko',
              log_x = True, log_y = True)
    title = 'abs(#앞면 - #뒷면)의 표준 편차' + num_trials_str
    make_plot(x_axis, diffs_SDs, title, '동전 던지기 횟수',
              '표준 편차', 'ko', log_x = True, log_y = True)
    title = 'abs(#앞면 - #뒷면)의 변동 계수' + num_trials_str
    make_plot(x_axis, diffs_CVs, title, '동전 던지기 횟수',
```

```
                           '변동 계수', 'ko', log_x = True)
          title = '앞면/뒷면 비율의 변동 계수 ' + num_trials_str
          make_plot(x_axis, ratios_CVs, title, '동전 던지기 횟수',
                    '변동 계수', 'ko', log_x = True, log_y = True)
```

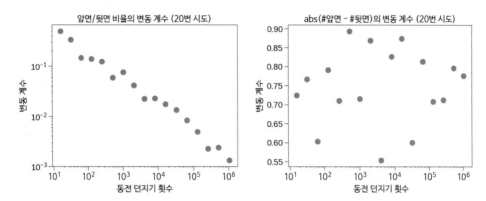

그림 17-6 heads – tails의 변동 계수와 절댓값

이 앞뒷면 비율의 변동 계수 그래프는 [그림 17-4]의 표준 편차 그래프와 크게 다르지 않습니다. 두 그래프의 차이는 평균으로 나눈 것뿐이므로 놀라운 일이 아닙니다. 평균이 1에 가까워서 거의 차이가 나지 않습니다.

앞뒷면 절댓값 차이의 변동 계수 그래프는 이와 다릅니다. 표준 편차는 [그림 17-5]에서 뚜렷한 트렌드를 보여주지만 변동 계수는 어떤 방향으로 트렌드가 있다고 말하기 어렵습니다. 이 그래프는 크게 출렁이는 것 같습니다. 이는 abs(heads – tails)값의 분포가 동전 던지기 횟수에 무관함을 시사합니다. 표준 편차처럼 오해를 일으킬 수 있게 증가하지도 않고 감소하지도 않습니다. 혹시 20번이 아니라 1,000번을 시도하면 트렌드가 나타날지 모릅니다. 한번 시험해 보죠.

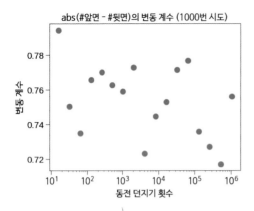

그림 17-7 동전 던지기 1,000번 시도

[그림 17-7]에서는 변동 계수가 0.73~0.76 사이 어딘가에서 유지되는 것 같습니다. 일반적으로 변동 계수의 분포가 1보다 작으면 분산을 낮다고 간주합니다.

표준 편차 대비 변동 계수의 주요 장점은 평균이 다른 값을 비교할 수 있다는 것입니다. 예를 들어 [그림 17-8]에 있는 호주의 지역별 주급 분포를 살펴보겠습니다.

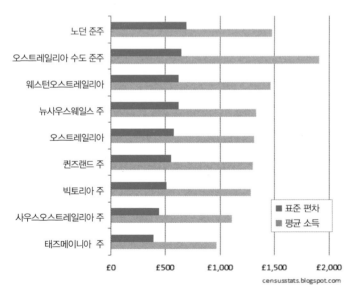

그림 17-8 호주의 주급 분포

소득 불평등을 측정할 때 표준 편차를 사용하면 오스트레일리아 수도 준주[Australian Capital Territory](ACT)보다 태즈메이니아[Tasmania] 주가 소득 불평등이 적은 것처럼 보입니다. 하지만 변동 계수를 사용하면(ACT는 0.32이고 태즈메이니아는 0.42 정도) 다른 결론에 도달하게 됩니다.

하지만 변동 계수가 표준 편차보다 항상 더 유용하지는 않습니다. 평균이 0에 가깝다면 평균이 조금만 바뀌어도 변동 계수가 (큰 의미 없이) 크게 바뀝니다. 그리고 평균이 0이면 변동 계수를 정의할 수 없습니다. 또한 표준 편차를 사용해 신뢰 구간을 계산할 수 있지만, 변동 계수로는 이를 계산할 수 없습니다(17.4.2절 참조).

17.4 분포

히스토그램[histogram]은 데이터셋에 있는 값의 분포를 보여주는 그래프입니다. 값을 먼저 정렬한 후 너비가 같은 일정 개수의 구간으로 나눕니다. 그다음 각 구간에 있는 원소의 개수를 나타내도록 그래프를 그립니다. [예제 17-11]은 [그림 17-9]의 그래프를 그립니다.

예제 17-11 히스토그램 생성 코드

```
random.seed(0)
vals = []
for i in range(1000):
    num1 = random.choice(range(0, 101))
    num2 = random.choice(range(0, 101))
    vals.append(num1 + num2)
plt.hist(vals, bins=10, ec='k')
plt.xlabel('두 수의 합')
plt.ylabel('등장 횟수')
```

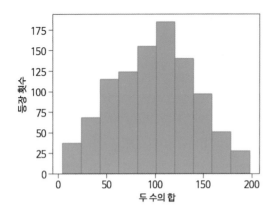

그림 17-9 히스토그램

`plt.hist(vals, bins=10, ec='k')` 호출은 10개의 구간과 검은 테두리가 있는 히스토그램을 만듭니다. 맷플롯립은 구간 개수와 값의 범위를 기반으로 구간의 너비를 자동으로 결정합니다. 코드를 보면 `vals`에 나타날 수 있는 가장 작은 값은 0이고 가장 큰 값은 200입니다. 따라서 x축의 범위는 0에서 200까지입니다. 각 구간은 x축 범위에서 균등한 비율을 차지하므로 첫 번째 구간은 0~19까지 값을 담고 다음 구간은 20~39까지 값을 담는 식입니다.

 뇌풀기 문제

[그림 17-9]에서 히스토그램의 중간에 있는 구간이 가장자리에 있는 구간보다 왜 클까요? (힌트 주사위를 두 개 굴렸을 때 7이 가장 많이 나오는 이유를 생각해 보세요.)

이제 동전 던지기에 질렸을 것 같군요. 하지만 한 번 더 동전 던지기 시뮬레이션을 해 보죠. [예제 17-12]에 있는 시뮬레이션은 맷플롯립의 그래프 기능과 표준 편차의 의미를 시각적으로 보여줍니다. 이 코드는 히스토그램을 두 개 만듭니다. 첫 번째 히스토그램은 100번 동전 던지기를 100,000번 시도한 시뮬레이션의 결과입니다. 두 번째 히스토그램은 1,000번 동전 던지기를 100,000번 시도한 시뮬레이션의 결과입니다.

`plt.annotate` 메서드를 사용해 히스토그램 위에 통계치를 표시합니다. 첫 번째 인수는 그림에 나타낼 문자열입니다. 두 번째 인수는 문자열이 나타날 위치를 제어합니다. `xycoords='axes fraction'`는 텍스트의 위치를 피겨의 너비와 높이의 비율로 표현했음을 나

타냅니다. xy = (0.67, 0.5)는 피겨의 왼쪽 끝에서부터 2/3 지점과 아래에서부터 절반 위치에서 텍스트를 쓰기 시작하라는 뜻입니다.

예제 17-12 동전 던지기 히스토그램 그리기

```python
def flip(num_flips):
    """num_flips는 양의 정수라고 가정합니다."""
    heads = 0
    for i in range(num_flips):
        if random.choice(('H', 'T')) == 'H':
            heads += 1
    return heads/float(num_flips)

def flip_sim(num_flips_per_trial, num_trials):
    frac_heads = []
    for i in range(num_trials):
        frac_heads.append(flip(num_flips_per_trial))
    mean = sum(frac_heads)/len(frac_heads)
    sd = std_dev(frac_heads)
    return (frac_heads, mean, sd)

def label_plot(num_flips, num_trials, mean, sd):
    plt.title(str(num_flips) + '번 동전 던지기를 '
              + str(num_trials) + '번 시도하기')
    plt.xlabel('앞면의 비율')
    plt.ylabel('시도 횟수')
    plt.annotate('평균 = ' + str(round(mean, 4))
        + '\n표준 편차 = ' + str(round(sd, 4)), size='x-large',
        xycoords = 'axes fraction', xy = (0.67, 0.5))

def make_plots(num_flips1, num_flips2, num_trials):
    val1, mean1, sd1 = flip_sim(num_flips1, num_trials)
    plt.hist(val1, bins = 20)
    x_min,x_max = plt.xlim()
    label_plot(num_flips1, num_trials, mean1, sd1)
    plt.figure()
    val2, mean2, sd2 = flip_sim(num_flips2, num_trials)
    plt.hist(val2, bins = 20, ec = 'k')
    plt.xlim(x_min, x_max)
    label_plot(num_flips2, num_trials, mean2, sd2)

make_plots(100, 1000, 100000)
```

두 그래프를 비교하기 편하도록 두 번째 그래프의 x축 범위를 첫 번째 그래프와 같게 강제로 맞추었습니다. 맷플롯립이 x축의 범위를 자동으로 정하지 못하게 `plt.xlim`을 사용했죠.

[예제 17-12]를 실행하면 [그림 17-10]의 그래프가 생성됩니다. 두 그래프의 평균은 거의 같지만 표준 편차는 아주 다릅니다. 동전을 100번 던졌을 때보다 1,000번 던졌을 때 출력의 분포가 더 조밀합니다.

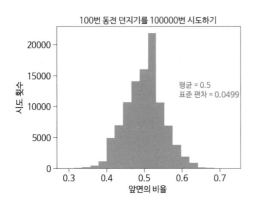 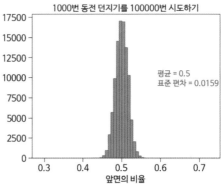

그림 17-10 동전 던지기 히스토그램

17.4.1 확률 분포

히스토그램은 **도수 분포**frequency distribution를 나타낸 그림입니다. 어떤 확률 변수random variable의 값이 얼마나 자주 일정 범위 안에 나타나는지 보여줍니다. 예를 들어 동전 앞면이 나온 비율이 0.4와 0.5 사이에 얼마나 자주 나타나는지 알려줍니다. 여러 범위의 상대 도수relative frequency 정보도 제공합니다. 예를 들어 앞면이 나온 비율이 0.3~0.4 사이에 속할 때보다 0.4~0.5 사이에 속할 때가 훨씬 많음을 쉽게 알 수 있습니다. **확률 분포**probability distribution는 상대 도수의 개념으로 확률 변수가 어떤 범위 내의 값을 가질 확률을 제공합니다.

확률 분포는 두 그룹으로 나뉩니다. 이산 확률 변수를 위한 확률 분포인지 연속 확률 변수를 위한 확률 분포인지에 따라 이산 확률 분포와 연속 확률 분포로 나눕니다. **이산 확률 변수**discrete random variable는 한정된 집합에서 하나의 값을 가질 수 있습니다. 예를 들면 주사위에서 나올 수 있는 숫자 중 하나입니다. **연속 확률 변수**continuous random variable는 두 실수 사이의 무한한 값 중 하나를 가질 수 있습니다. 예를 들면 0에서부터 최고 속도까지 달리는 자동차의 속도입니다.

이산 확률 분포discrete probability distribution는 설명하기 쉽습니다. 변수가 가질 수 있는 값의 개수가 한정되므로 각 값의 확률을 나열해 분포를 나타낼 수 있습니다.

연속 확률 분포continuous probability distribution는 조금 까다롭습니다. 가능한 값의 개수가 무한하므로 연속 확률 변수가 특정한 값을 가질 확률은 일반적으로 0에 가깝습니다. 예를 들어 자동차가 정확히 시속 81.3457283km로 달릴 확률은 거의 0입니다. 수학자들은 **확률 밀도 함수**probability density function (PDF)를 사용해 연속 확률 분포를 나타내길 좋아합니다. 확률 밀도 함수는 두 값 사이에 놓인 확률 변수의 확률을 나타냅니다. 확률 밀도 함수를 확률 변수의 최솟값과 최댓값 사이에 x축의 값이 놓인 곡선을 정의하는 것으로 생각하세요(x축의 길이가 무한할 때도 있습니다). x1과 x2가 확률 변수 영역 안에 있다고 가정하면 이 변수가 x1과 x2 사이의 값을 가질 확률은 x1과 x2 사이의 곡선의 아래 면적이 됩니다. [그림 17-11]은 random.random()와 random.random() + random.random()의 확률 밀도 함수를 보여줍니다.

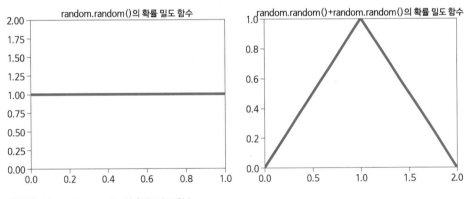

그림 17-11 random.random의 확률 밀도 함수

random.random()은 0과 1 사이의 곡선 아래의 면적이 1입니다. random.random()이 0과 1 사이의 값을 반환할 확률이 1이기 때문에 당연한 결과입니다. 0.2와 0.4 사이에서 random.random() 곡선의 아래 면적을 생각해 보면 1.0*0.2 = 0.2입니다. 비슷하게 0과 2 사이에서 random.random() + random.random() 곡선의 아래 면적은 1입니다. 0과 1 사이 아래 면적은 0.5입니다. random.random()의 확률 밀도 함수에서 길이가 같은 구간은 모두 확률이 같지만, random.random() + random.random()에서는 확률 밀도 함수는 어떤 구간이 다른 구간

보다 더 확률이 높습니다.

17.4.2 정규 분포

정규 분포normal distribution(또는 **가우스 분포**Gaussian distribution)는 [수식 17-1]과 같은 확률 밀도 함수로 정의됩니다.

수식 17-1 가우스 분포의 확률 밀도 함수

$$P(x) = \frac{1}{\sigma\sqrt{2\pi}} * e^{-\frac{(x-\mu)^2}{2\sigma^2}}$$

여기에서 μ는 평균이고, σ는 표준 편차, e는 오일러 수Euler's number(대략 2.718)입니다.[12]

이 공식을 공부하고 싶은 마음이 들지 않아도 괜찮습니다. 정규 분포는 평균에서 가장 높고, 평균의 좌우에서 대칭적으로 줄어들어 점근적으로 0에 도달한다는 점만 기억하세요. 정규 분포에는 (공식에 있는 유일한) 두 파라미터인 평균과 표준 편차로 완전하게 정의되는 좋은 수학적 속성이 있습니다. 두 파라미터를 알면 전체 분포를 아는 것과 동일합니다. 정규 분포의 모양이 종bell과 비슷해 보여서 종종 **종형곡선**bell curve이라고도 부릅니다.

[그림 17-12]는 평균이 0이고 표준 편차가 1인 정규 분포[13]의 확률 밀도 함수 곡선을 보여줍니다. 정규 분포의 꼬리는 0에 도달하는 것이 아니라 수렴하기 때문에 그래프에서는 확률 밀도 함수의 일부분만 볼 수 있습니다. 원론적으로 발생할 확률이 0인 값은 없습니다.

---

12 e는 n처럼 수학의 곳곳에 등장하는 특별한 무리수인 상수입니다. 가장 널리 사용되는 곳은 '자연로그(natural logarithms)'의 밑(base)입니다. e를 정의하는 방법은 여러 가지이며, 그중 하나는 x가 무한대로 갈 때 $(1+\frac{1}{x})^x$의 값입니다.

13 옮긴이_ 이런 정규 분포를 표준 정규 분포(standard normal distribution)라고 합니다.

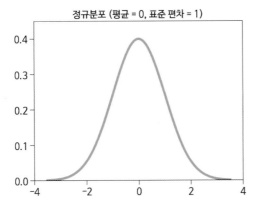

그림 17-12 정규 분포

정규 분포는 파이썬 프로그램에서 random.gauss(mu, sigma)를 호출해 쉽게 생성할 수 있습니다. 이 함수는 평균이 mu이고 표준 편차가 sigma인 정규 분포에서 랜덤하게 선택한 실수를 반환합니다.

정규 분포는 좋은 수학적 성질이 있어서 확률 모델을 구성할 때 자주 사용합니다. 물론 수학적으로 좋은 모델이더라도 실제 데이터에 잘 맞지 않으면 소용이 없습니다. 다행히 많은 확률 변수는 근사적으로 정규 분포를 따릅니다. 예를 들면 식물과 동물의 물리적 성질(예: 키, 체중, 체온)은 근사적으로 정규 분포를 따릅니다. 중요하게도 많은 실험의 측정 오차가 정규 분포를 따릅니다. 1800년대 초, 독일 수학자이자 물리학자인 카를 가우스$^{Karl\ Gauss}$가 천문학 데이터를 분석해 측정 오차가 정규 분포를 따른다고 가정했습니다(따라서 과학 분야의 많은 사람이 정규 분포를 가우스 분포라고 부릅니다).

정규 분포의 좋은 성질 중 하나는 평균과 표준 편차와 관계없이 평균에서 데이터의 일정 부분을 포함하는 표준 편차의 배수[14]가 상수라는 점입니다. 예를 들어 데이터의 68.27%는 항상 평균에서 1 표준 편차 안에 놓입니다. 95.45%는 평균에서 2 표준 편차 안에 놓이고, 99.73%는 평균에서 3 표준 편차 안에 놓입니다. 이를 **68-95-99.7 규칙**이라 부르기도 하지만, 보통 **경험 규칙**$^{empirical\ rule}$이라고 부릅니다.

이 규칙은 정규 분포 공식을 적분해 **곡선 아래 면적**$^{area\ under\ curve}$을 구해서 유도할 수 있습니다.

---

14 옮긴이_ 이를 표준 점수(standard score) 또는 z 점수(z score)라고 부르며 $z = \frac{x - 평균}{표준 편차}$로 계산합니다.

[그림 17-12]에서처럼 곡선 아래 전체 면적의 대략 2/3이 −1과 1 사이에 있고, 대략 95%가 −2와 2 사이에 있고, 거의 전체에 가까운 값이 −3과 3 사이에 있습니다. 하지만 한 사례를 일반화하는 일은 언제나 위험합니다. 의심할 여지가 없는 위키피디아를 믿고 경험 규칙을 받아들일 수 있습니다. 하지만 확실하게 할 겸, 중요한 파이썬 라이브러리 하나를 소개할 겸 해서 직접 확인해 보죠.

싸이파이^{SciPy} 라이브러리에는 과학자와 엔지니어가 많이 사용하는 많은 수학 함수가 있습니다. 싸이파이의 각 모듈은 신호 처리와 이미지 처리처럼 서로 다른 과학 컴퓨팅 영역을 담당합니다. 이 책에서 싸이파이의 여러 함수를 사용해 보겠습니다. 여기서는 `scipy.integrate.quad` 함수를 사용해 두 포인트 사이에서 어떤 함수의 적분값을 구해 보겠습니다.

`scipy.integrate.quad`에는 필수 매개변수 세 개와 선택적 매개변수 하나가 있습니다.

- 적분할 함수 또는 메서드(함수가 하나 이상의 인수를 가진다면 첫 번째 인수에 해당하는 축을 따라 적분됩니다)
- 첫 번째 인수를 따라 적분의 최소 범위를 지정하는 숫자
- 첫 번째 인수를 따라 적분의 최대 범위를 지정하는 숫자
- 첫 번째 인수를 제외하고 적분할 함수의 다른 모든 인수에 값을 제공하는 튜플(선택사항)

`quad` 함수는 부동소수점 숫자 두 개를 담은 튜플을 반환합니다. 첫 번째 수는 적분값이고 두 번째 수는 결과에 있는 절대 오차의 추정값입니다.

예를 들어 [그림 17-13]에서 보듯이 0~5 범위에서 단항 함수 abs를 적분해 보죠.

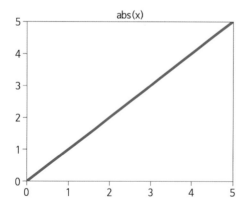

그림 17-13 x의 절댓값 그래프

이 곡선 아래의 면적을 계산하는 데는 복잡한 수학이 필요하지 않습니다. 밑면과 높이가 5인 삼각형의 면적이므로 12.5입니다. 따라서 다음 코드의 실행 결과를 예상할 수 있습니다.

```
print(scipy.integrate.quad(abs, 0, 5)[0])
```

이 코드는 12.5를 출력합니다(quad 함수가 반환하는 튜플의 두 번째 값은 약 10^{-13}으로 근삿값이 매우 좋음을 나타냅니다).

예제 17-13 경험 법칙 확인하기

```
import scipy.integrate

def gaussian(x, mu, sigma):
    """x, mu, sigma는 숫자라고 가정합니다.
       평균이 mu이고 표준 편차가 sigma인 가우스 분포에 대해 P(x)의 값을 반환합니다."""
    factor1 = (1.0/(sigma*((2*np.pi)**0.5)))
    factor2 = np.e**-(((x-mu)**2)/(2*sigma**2))
    return factor1*factor2

def check_empirical(mu_max, sigma_max, num_trials):
    """mu_max, sigma_max, num_trials를 양의 정수라고 가정합니다
       (랜덤하게 선택한 mu와 sigma를 가진) 가우스 분포에서 표준 편차 1, 2, 3 안에
       해당하는 값의 비율을 출력합니다."""
    for t in range(num_trials):
        mu = random.randint(-mu_max, mu_max + 1)
        sigma = random.randint(1, sigma_max)
        print('mu =', mu, '이고 sigma =', sigma, '일 때')
        for num_std in (1, 2, 3):
            area = scipy.integrate.quad(gaussian, mu-num_std*sigma,
                                        mu+num_std*sigma,
                                        (mu, sigma))[0]
            print('  ', num_std, '표준 편차 이내 비율 =',
                  round(area, 4))

check_empirical(10, 10, 3)
```

[예제 17-13]은 랜덤하게 선택한 평균과 표준 편차로 정규 분포의 곡선 아래 면적을 계산합니다. 삼항 함수인 gaussian은 [수식 17-1]을 사용해 포인트 x에서 평균이 mu이고 표준 편차가

sigma인 가우스 분포를 계산합니다. 예를 들어 다음 코드를 실행해 보죠.

```
for x in range(-2, 3):
    print(gaussian(x, 0, 1))
```

출력은 다음과 같습니다.

```
0.05399096651318806
0.24197072451914337
0.3989422804014327
0.24197072451914337
0.05399096651318806
```

따라서 평균이 mu이고 표준 편차가 sigma인 가우스 분포에서 min_val과 max_val 사이의 면적을 구하려면 다음과 같이 씁니다.

```
scipy.integrate.quad(gaussian, min_val, max_val, (mu, sigma))[0]
```

 뇌풀기 문제

표준 정규 분포에서 -1과 1 사이의 면적을 구해 보세요.

[예제 17-13]의 코드를 실행하면 경험 법칙으로 예상할 수 있는 값을 출력합니다.

```
mu = 1 이고 sigma = 8 일 때
    1 표준 편차 이내 비율 = 0.6827
    2 표준 편차 이내 비율 = 0.9545
    3 표준 편차 이내 비율 = 0.9973
mu = -7 이고 sigma = 8 일 때
    1 표준 편차 이내 비율 = 0.6827
    2 표준 편차 이내 비율 = 0.9545
    3 표준 편차 이내 비율 = 0.9973
mu = 8 이고 sigma = 5 일 때
    1 표준 편차 이내 비율 = 0.6827
```

```
2 표준 편차 이내 비율 = 0.9545
3 표준 편차 이내 비율 = 0.9973
```

경험 법칙을 사용해 신뢰 구간을 유도할 때가 많습니다. 알려지지 않은 값(예: 동전의 앞면이 나올 기댓값) 하나를 추정하는 대신, **신뢰 구간**confidence interval은 이 미지의 값이 속할 만한 범위와 이 범위 내에 있을 신뢰 정도를 제공합니다. 예를 들면 정치 여론 조사는 어떤 후보가 95% 신뢰 수준confidence level에서 52% ±4%(즉 신뢰 구간은 8입니다)의 표를 얻는다고 예측할 수 있습니다. 이는 100번 중에서 95번은 후보자의 득표가 48%와 52% 사이가 될 것이라는 의미입니다.[15] 신뢰 구간과 신뢰 수준은 모두 추정의 신뢰성을 나타내는 데 사용합니다.[16] 신뢰 수준을 올리려면 거의 항상 신뢰 구간을 넓혀야 합니다.

100번의 동전 던지기를 100회 시도한다고 가정해 보죠. 또한 앞면이 나올 평균 비율은 0.4999이고 표준 편차는 0.0497이라고 가정해 보죠. 19.2절에서 설명하겠지만, 이 시도의 평균 분포는 정규 분포라고 가정할 수 있습니다. 따라서 100번의 동전 던지기를 더 많이 수행한다면 다음과 같은 결론을 내릴 수 있습니다.

- 95% 신뢰 수준에서 앞면이 나올 확률은 0.4999 ±0.0994가 됩니다.
- 99% 신뢰 수준에서 앞면이 나올 확률은 0.4999 ±0.1491이 됩니다.

오차 막대error bar를 사용해 신뢰 구간을 시각화하면 유용할 때가 많습니다. [예제 17-14]의 show_error_bars 함수는 [예제 17-12]의 flip_sim 함수를 호출하고 다음 코드를 사용해 그래프를 출력합니다.

```
plt.errorbar(xVals, means, yerr = 1.96*plt.array(sds))
```

처음 두 인수는 그래프로 그릴 x축과 y축의 값입니다. 세 번째 인수는 sds에 있는 값에 1.96을 곱한 것으로, 수직 오차 막대를 그리는 데 사용합니다. 1.96을 곱한 이유는 정규 분포에 있는 데이터의 95%가 평균에서 1.96 표준 편차 안에 있기 때문입니다.

---

15 여론 조사는 일반적으로 조사를 여러 번 수행하여 표준 편차를 계산해 신뢰 구간을 추정하지 않습니다. 대신 표준 오차(standard error)를 사용합니다. 이는 19.3절에서 살펴보겠습니다.
16 정치 여론 조사는 통계 이론과 상관없이 매우 잘못될 수 있습니다.

예제 17-14 오차 막대그래프 그리기

```
def show_error_bars(min_exp, max_exp, num_trials):
    """min_exp와 max_exp는 양의 정수이고 min_exp < max_exp이며,
        num_trials는 양의 정수라고 가정합니다.
        오차 막대로 앞면이 나올 평균 비율을 그립니다."""
    means, sds, x_vals = [], [], []
    for exp in range(min_exp, max_exp + 1):
        x_vals.append(2**exp)
        frac_heads, mean, sd = flip_sim(2**exp, num_trials)
        means.append(mean)
        sds.append(sd)
    plt.errorbar(x_vals, means, yerr=1.96*np.array(sds))
    plt.semilogx()
    plt.title('앞면 비율의 평균 ('
                + str(num_trials) + '번 시도)')
    plt.xlabel('시도 당 동전 던지기 횟수 ')
    plt.ylabel('앞면의 비율 & 95% 신뢰 구간')
```

show_error_bars(3, 10, 100)를 호출하면 [그림 17-14]의 그래프가 그려집니다. 당연하게도 오차 막대는 동전 던지기 횟수가 늘어날수록 (표준 편차가 줄어들기 때문에) 줄어듭니다.

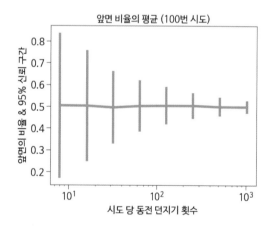

그림 17-14 오차 막대그래프

오차 막대는 유용한 정보를 많이 제공합니다. 실제로 항상 그래프에 나타내야 합니다. 통계 데이터를 다뤄 본 경험이 있는 사람이라면 오차 막대가 없을 때 의심이 생길 것입니다.

17.4.3 연속 균등 분포와 이산 균등 분포

15분마다 정류소에 도착하는 버스를 탄다고 생각해 보죠. 버스 스케줄에 맞춰 정류소에 도착하려는 노력을 하지 않으면 예상 대기 시간은 0분과 15분 사이에서 균등하게 분포됩니다.

균등 분포는 이산적이거나 연속적일 수 있습니다. **연속 균등 분포**continuous uniform distribution는 **직사각형 분포**rectangular distribution라고도 부르며 동일 길이의 모든 구간에서 확률이 같다는 성질이 있습니다. `random.random` 함수를 생각해 보죠. 17.4.1절에서 보았듯이, 주어진 구간에서 이 확률 밀도 함수의 아래 면적은 동일합니다. 예를 들어 0.23과 0.33 사이의 곡선 아래 면적은 0.53과 0.63 사이 아래 면적과 같습니다.

연속 균등 분포는 범위(즉, 최솟값과 최댓값) 파라미터 하나로 완전하게 정의됩니다. 가능한 값의 범위가 min에서 max라면 x와 y 사이에 한 값이 속할 확률은 다음과 같습니다.

$$P(x, y) = \begin{cases} \dfrac{y - x}{max - min} & , \quad \begin{matrix} x \geq min \,\text{이고} \\ y \leq max \,\text{인 경우} \end{matrix} \\ 0 & , \quad \text{그 외의 경우} \end{cases}$$

`random.uniform(min, max)`를 호출해 연속 균등 분포를 생성할 수 있습니다. 이 함수는 `min`과 `max` 사이에서 랜덤하게 선택한 부동소수점 숫자를 반환합니다.

이산 균등 분포discrete uniform distributions에서는 각 값이 발생할 확률이 동일하지만 가능한 값의 공간이 연속적이지 않습니다. 예를 들어 주사위를 던졌을 때 가능한 6개의 값이 나올 확률은 동일합니다. 하지만 1과 6 사이의 실수에 걸쳐 균등하게 분포되지 않습니다. 2.5가 나올 확률은 0이고 3이 나올 확률은 1/6입니다. 이산 균등 분포는 다음과 같이 정의할 수 있습니다.

$$P(x) = \begin{cases} \dfrac{1}{|S|} & , \quad x \in S \,\text{인 경우} \\ 0 & , \quad \text{그 외의 경우} \end{cases}$$

여기에서 S는 가능한 값의 집합이고 $|S|$는 S에 있는 원소 개수입니다.

17.4.4 이항 분포와 다항 분포

이산적인 값만 가지는 확률 변수를 **범주형 변수**categorical variable (또는 **명목형 변수**nominal variable, **이산형 변수**discrete variable)라고 합니다.

범주형 변수가 단 두 개의 값(예: 성공이나 실패)만 가능할 때 이 확률 분포를 **이항 분포**binomial distribution라고 합니다. 이항 분포를 n번의 독립된 시도에서 정확히 k번 성공할 확률로 생각할 수 있습니다. 한 번의 시도에서 성공할 확률을 p라고 하면 n번의 독립된 시도에서 정확히 k번 성공할 확률은 다음과 같은 공식으로 나타냅니다.

$$\binom{n}{k} * p^k * (1-p)^{n-k} \text{ 여기에서 } \binom{n}{k} = \frac{n!}{k! * (n-k)!}$$

$\binom{n}{k}$를 **이항 계수**binomial coefficient라고 합니다.[17] 크기가 n인 집합에서 만들 수 있는 크기가 k인 부분집합의 개수와 동일하기 때문에 이를 'n choose k'라고 읽습니다. 예를 들면 다음과 같습니다.

$$\binom{4}{2} = \frac{4!}{2! * 2!} = \frac{24}{4} = 6$$

이는 집합 {1,2,3,4}에서 만들 수 있는 크기가 2인 부분집합의 개수입니다.

17.2절에서 주사위를 10번 던져서 정확히 두 번 1이 나올 확률에 관한 질문을 던졌습니다. 이제 이 확률을 계산하는 방법을 알았습니다. 주사위 10번 던지기를 10번의 독립된 시도로 생각하세요. 여기서 각 시도는 주사위가 1이 나오면 성공이고 그렇지 않으면 실패입니다. 각 실험 반복에서 정확히 두 값(여기서는 성공과 실패)만 가능할 때 이를 **베르누이 시행**Bernoulli trial이라고 합니다.

이항 분포는 10번의 시도 중에 정확히 두 번이 성공할 확률은 〈10번 중에서 2개를 선택하는 조합의 수〉*〈두 개의 시도가 성공할 확률〉*〈8개의 시도가 실패할 확률〉이므로 다음과 같습니다.

---

17 옮긴이_ 조합(combination)이라고도 합니다.

$$\left(\frac{10}{2}\right)*\left(\frac{1}{6}\right)^2*\left(\frac{5}{6}\right)^8 = 45*\frac{1}{36}*\frac{390625}{1679616} \approx 0.291$$

즉, 전체 시도에서 2번 성공하고 8번 실패할 때의 비율을 곱한 것입니다.

 **뇌풀기 문제**

위 공식을 사용해 주사위를 k번 굴렸을 때 정확히 3이 두 번 나올 확률을 계산하는 함수를 작성하세요. 이 함수를 사용해 k가 2에서 100까지 변할 때의 확률을 그래프로 그리세요.

다항 분포multinomial distribution는 가능한 값이 두 개 이상인 범주형 데이터로 이항 분포를 일반화한 것입니다. 일어날 확률이 고정된 상호 배타적인 결과를 m개 가진 독립된 시행이 n번 있을 때 적용합니다. 다항 분포는 다양한 범주의 발생 횟수 조합에 대한 확률을 제공합니다.

17.4.5 지수 분포와 기하 분포

지수 분포exponential distribution는 자주 나타납니다. (고속도로에 들어오는 차량이나 웹페이지 요청의) 도착 시간 간격을 모델링하는 데 흔히 사용합니다.

예를 들어 인체 내 약물 농도를 생각해 보죠. 타임 스텝마다 각 분자가 사라질 (즉, 몸에서 없어질) 확률을 p라고 가정해 보죠. 각 타임 스텝에서 분자가 사라질 확률은 이전 타임 스텝에서 일어난 일에 독립적이므로 이는 **무기억**memoryless 시스템입니다. 시간 t = 0에서 하나의 개별 분자가 체내에 아직 존재할 확률은 1입니다. 시간 t = 1에서 이 분자가 여전히 체내에 있을 확률은 1−p입니다. 시간 t = 2에서 이 분자가 체내에 여전히 있을 확률은 $(1-p)^2$입니다. 더 일반적으로 시간 t에 개별 분자가 살아 있을 확률은 $(1-p)^t$입니다. 즉, t에 지수적입니다.

시간 t_0에서 약물에 M_0개 분자가 있다고 가정해 보죠. 일반적으로 시간 t에서 분자의 개수는 시간 t까지 살아남은 개별 분자의 확률을 M_0에 곱한 것입니다. [예제 17−15]에 구현한 `clear` 함수는 시간에 따라 남은 분자 개수에 대한 기댓값을 그래프로 그립니다.

```
def clear(n, p, steps):
    """n과 steps는 양의 정수이고 p는 실수입니다.
        n: 초기 분자 개수
        p: 분자가 사라질 확률
        steps: 시뮬레이션 기간"""
    num_remaining = [n]
    for t in range(steps):
        num_remaining.append(n*((1-p)**t))
    plt.plot(num_remaining)
    plt.xlabel('시간')
    plt.ylabel('남은 분자수 ')
    plt.title('약물 감소')
```

clear(1000, 0.01, 1000)를 호출하면 [그림 17-15]의 그래프를 그립니다.

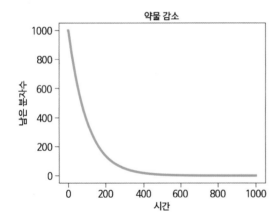

그림 17-15 지수적 감쇠

이는 **지수적 감쇠**exponential decay의 예입니다. 지수적 감쇠는 초깃값이 50%까지 줄어드는 데 걸리는 예상 시간인 **반감기**half-life와 함께 자주 언급됩니다. 한 개체의 반감기에 관해 이야기할 수도 있습니다. 예를 들면 한 분자의 반감기는 이 분자가 사라질 확률이 0.5가 되는 시간입니다. 시간이 늘어날수록 남은 분자의 개수는 0에 가까워집니다. 하지만 0이 되지는 않을 것입니다. 이를 한 분자의 일부가 남아 있다고 해석해서는 안 됩니다. 확률적인 시스템이므로 모든 분자가 사라졌음을 보장할 수 없다는 의미로 이해해야 합니다.

`plt.semilogy`을 사용해 y축을 로그 스케일로 바꾸면 어떻게 될까요? [그림 17–16]의 그래프가 그려집니다. [그림 17–15]의 그래프에서는 x축의 값에 비해 y축의 값이 지수적으로 빠르게 감소했습니다. y축 자체가 지수적으로 빠르게 변한다면 y축의 값은 직선으로 나타납니다. 이 직선의 기울기가 **감쇠율**rate of decay입니다.

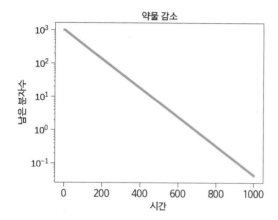

그림 17-16 로그 스케일로 나타낸 지수적 감쇠

지수적 성장exponential growth은 지수적 감쇠의 반대입니다. 이도 자연 세계에서 자주 볼 수 있습니다. 복리, 수영장의 조류 증식, 원자 폭탄의 연쇄 반응이 모두 지수적 성장의 예입니다.

지수적인 분포는 파이썬의 `random.expovariate(lambd)` 함수[18]를 사용해 쉽게 생성할 수 있습니다. 여기서 `lambd`는 1.0을 원하는 평균으로 나눈 값입니다. 이 함수는 `lambd`가 양수이면 0과 양의 무한대 사이의 값을 반환합니다. `lambd`가 음수이면 음의 무한대와 0 사이의 값을 반환합니다.

기하 분포geometric distribution는 지수 분포의 이산형입니다.[19] 첫 번째 성공(또는 첫 번째 실패)에 도달하려면 필요한 독립된 시행의 횟수를 설명합니다. 예를 들어 키를 돌렸을 때 (또는 시동 버튼을 눌렀을 때) 절반만 시동이 걸리는 차가 있다고 생각해 보죠. 기하 분포를 사용해 자동

---

18 이 매개변수를 람대(lambda)라고 부르지만 4.4절에서 보았듯이 lambda는 파이썬의 예약어이므로 짧게 줄여 씁니다.

19 '기하 분포'란 이름은 '기하수열(geometric progression)'에서 유래했습니다. 기하수열은 첫 번째 숫자를 제외하고 나머지 다른 수를 이전 숫자에 0이 아닌 상수를 곱해서 만든 수열입니다. 에우클레이데스의 원론(Euclid's Elements)에 기하수열에 관한 여러 가지 흥미로운 이론이 증명되어 있습니다.

차의 시동을 걸 때 시도해야 하는 기대 횟수를 나타낼 수 있습니다. [그림 17-17]은 [예제 17-16]으로 만든 히스토그램입니다.

예제 **17-16** 기하 분포 만들기

```python
def successful_starts(success_prob, num_trials):
    """success_prob은 나타내는 한 시도의 성공 확률을 나타내는 실수이고,
        num_trials는 양의 정수라고 가정합니다.
        성공하기 전에 수행한 시행 리스트를 반환합니다."""
    tries_before_success = []
    for t in range(num_trials):
        consec_failures = 0
        while random.random() > success_prob:
            consec_failures += 1
        tries_before_success.append(consec_failures)
    return tries_before_success

prob_of_success = 0.5
num_trials = 5000
distribution = successful_starts(prob_of_success, num_trials)
plt.hist(distribution, bins = 14)
plt.xlabel('성공 전의 시도 횟수')
plt.ylabel(str(num_trials) + ' 번 시도에서 발생한 빈도')
plt.title('시동이 걸릴 확률 = '
          + str(prob_of_success))
```

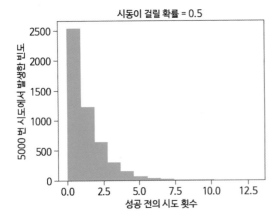

그림 **17-17** 기하 분포

이 히스토그램은 몇 번의 시도 안에 대부분 시동을 걸 수 있음을 보여줍니다. 반면 히스토그램의 긴 꼬리는 시동을 걸기 전에 배터리가 방전될 위험도 있음을 말해줍니다.

17.4.6 벤포드 분포

벤포드의 법칙Benford's law은 정말 이상한 분포를 정의합니다. S를 십진수로 구성된 큰 집합이라고 가정하겠습니다. 0이 아닌 숫자가 첫 번째 숫자로 나타날 확률은 얼마일까요? 대부분은 1/9이라 추측할 것입니다. 사람들이 숫자의 집합을 만들 때는(예: 실험 데이터를 조작하거나 금융 사기를 저지를 때) 일반적으로 이것이 맞습니다. 하지만 자연에 등장하는 많은 데이터셋에서는 그렇지 않습니다. 벤포드 법칙에서 예측한 분포를 따릅니다.

첫 번째 숫자가 d가 될 확률이 $P(d) = \log_{10}(1 + 1/d)$일 때 이 십진수 집합이 **벤포드의 법칙**[20]을 만족한다고 합니다.

예를 들어, 이 법칙은 첫 번째 숫자가 1이 될 확률이 약 30%라고 예측합니다! 놀랍게도 실제 많은 데이터셋이 이 법칙을 따르는 것으로 보입니다. 피보나치수열은 이 법칙을 완벽하게 만족시킵니다. 이 수열은 공식으로 생성되기 때문에 그럴 수 있어 보입니다. 하지만 아이폰 잠금 번호, 각 사용자의 트위터 팔로워 숫자, 국가의 인구, 지구에서 별까지의 거리가 근사적으로 벤포드의 법칙을 따르는 이유는 쉽게 이해하기 어렵습니다.[21]

17.5 해싱과 충돌

12.3절에서 큰 해시 테이블을 사용하면 충돌을 줄이고 값을 추출하는 시간을 줄일 수 있다고 언급했습니다. 이제 이 트레이드오프를 정밀하게 조사하는 데 필요한 도구가 준비되었습니다.

먼저 이 문제를 정확하게 정의해 보죠.

---

20 이 법칙의 이름은 물리학자 프랭크 벤포드(Frank Benford)에서 따왔습니다. 그는 20개 영역에서 조사한 20,000번의 관찰에서 이 법칙이 나타남을 보여주는 논문을 1938년에 발표했습니다. 하지만 천문학자 사이먼 뉴컴(Simon Newcomb)이 1881년에 이를 처음 발견했습니다.

21 http://testingbenfordslaw.com

- 가정:

  - 해시 함수의 범위는 1에서 n까지입니다.

  - 삽입할 개수는 K입니다.

  - 해싱 함수는 삽입에 사용할 키에 대해 완벽한 균등 분포를 생성합니다. 즉 모든 키 key와 1에서 n까지 모든 정수 i에 대해 hash(key) = i일 확률은 1/n입니다.

- 충돌이 한 번 이상 발생할 가능성은 얼마인가요?

이 질문은 '1과 n 사이에서 랜덤하게 생성된 정수가 K개 있을 때 적어도 두 개가 동일할 확률은 얼마인가요?'와 같습니다. K ≥ n이면 이 확률은 명확하게 1입니다. 하지만 K < n이면 어떨까요?

흔히 그렇듯이, 반대 질문에 답을 하기가 더 쉬울 때가 있습니다. '1과 n 사이에서 랜덤하게 생성된 정수가 K개 있을 때 모두 서로 다를 확률은 얼마인가요?'

첫 번째 원소를 추가할 때 충돌이 일어나지 않을 확률은 당연히 1입니다. 두 번째 원소를 추가할 때는 어떨까요? 첫 번째 해시의 결과와 다른 n−1개의 해시 결과가 있으므로 n개의 선택 중 $n-1$개는 충돌을 만들지 않을 것입니다. 따라서 두 번째 삽입에서 충돌이 일어나지 않을 확률은 $\dfrac{n-1}{n}$입니다. 처음 두 삽입에서 충돌이 발생하지 않을 확률은 $1*\dfrac{n-1}{n}$입니다. 삽입마다 해시 함수가 생성한 값은 이전 값에 독립적이므로 확률을 서로 곱할 수 있습니다.

세 번째 삽입에서 충돌이 발생하지 않을 확률은 $1*\dfrac{n-1}{n}*\dfrac{n-2}{n}$입니다. K번 삽입한 후의 확률은 $1*\dfrac{n-1}{n}*\dfrac{n-2}{n}*\cdots*\dfrac{n-(K-1)}{n}$입니다.
충돌이 한 번 이상 일어날 확률을 얻으려면 1에서 이 값을 뺍니다. 즉 다음과 같습니다.

$$1-\left(\frac{n-1}{n}*\frac{n-2}{n}*\cdots*\frac{n-(K-1)}{n}\right)$$

해시 테이블과 예상 삽입 개수가 주어지면 이 공식을 사용해 충돌이 한 번 이상 일어날 확률을 계산할 수 있습니다. K가 꽤 클 때, 예를 들어 10,000개일 때 이 확률을 종이와 연필로 계산하려면 지루하겠죠. 두 가지 다른 방법인 수학과 프로그래밍이 있습니다. 수학자들은 고급 기술을 사용해 이런 수열의 값을 근사적으로 찾습니다. K가 매우 크지 않다면 약간의 코드를 만들어 손쉽게 정확한 수열의 값을 계산할 수 있습니다.

```
def collision_prob(n, k):
    prob = 1.0
    for i in range(1, k):
        prob = prob * ((n - i)/n)
    return 1 - prob
```

collision_prob(1000, 50)을 실행하면 충돌이 한 번 이상 있을 확률로 약 0.71을 얻습니다. 200개를 삽입하면 이 확률은 거의 1에 가까워집니다. 조금 높다고 생각되지 않나요? 시뮬레이션 코드를 만들어 보겠습니다.

[예제 17-17]은 충돌이 한 번 이상 일어날 확률을 추정하고 비슷한 결과가 나오는지 확인하는 코드입니다.

예제 17-17 해시 테이블 시뮬레이션

```
def sim_insertions(num_indices, num_insertions):
    """num_indices과 num_insertions는 양의 정수라고 가정합니다.
       충돌이 있으면 1, 그렇지 않으면 0을 반환합니다."""
    choices = range(num_indices) #가능한 인덱스 리스트
    used = []
    for i in range(num_insertions):
        hash_val = random.choice(choices)
        if hash_val in used: #충돌
            return 1
        else:
            used.append(hash_val)
    return 0

def find_prob(num_indices, num_insertions, num_trials):
    collisions = 0
    for t in range(num_trials):
        collisions += sim_insertions(num_indices, num_insertions)
    return collisions/num_trials
```

다음 코드를 실행해 보죠.

```
print('실제 충돌 확률 =', collision_prob(1000, 50))
print('예상 충돌 확률 =', find_prob(1000, 50, 10000))
```

```
print('실제 충돌 확률 =', collision_prob(1000, 200))
print('예상 충돌 확률 =', find_prob(1000, 200, 10000))
```

출력은 다음과 같습니다.

```
실제 충돌 확률 = 0.7122686568799875
예상 충돌 확률 = 0.7188
실제 충돌 확률 = 0.9999999994781328
예상 충돌 확률 = 1.0
```

이 시뮬레이션 결과는 분석적으로 유도한 것과 같군요. 높은 충돌 확률을 보니 해시 테이블의 크기가 아주 커야 유용할까요? 아닙니다. 충돌이 한 번 이상 일어날 확률은 예상 조회 시간과 거의 관련이 없습니다. 하나의 값을 조회하는 데 드는 예상 시간은 충돌값을 담을 버킷을 구현한 리스트의 평균 길이에 따라 다릅니다. 해시값이 균등 분포라고 가정하면 단순히 삽입 개수를 버킷 개수로 나눈 값입니다.

17.6 잘하는 팀이 얼마나 자주 이기나요?

거의 매년 10월에 미국 메이저 리그의 두 팀이 월드 시리즈에서 만납니다. 네 게임을 먼저 이길 때까지 서로 경기해서 이긴 팀을 (적어도 미국에서는) '월드 챔피언'이라고 부릅니다.

월드 시리즈에서 만난 두 팀 중 한 팀이 정말로 세계에서 가장 뛰어난 팀인지는 제쳐두고, 최대 일곱 게임을 치르는 대회로 둘 중 누가 더 낫다고 결정할 수 있을까요?

분명히 매년 한 팀이 승리를 차지합니다. 따라서 이 질문은 승리가 실력인지 행운인지 알고 싶은 것입니다.

[예제 17-18]에는 이 질문에 관한 통찰을 주는 코드가 있습니다. sim_series 함수는 num_series 매개변수 하나를 가집니다. 이 매개변수는 양의 정수이고 일곱 경기를 치르는 대회를 시뮬레이션하는 횟수입니다. 이 대회에서 더 잘하는 팀이 한 게임을 이길 확률에 대비해서 전체 시리즈를 이길 확률을 그립니다. 더 잘하는 팀이 한 게임을 이길 확률을 0.5에서 1.0까지 바꾸면서 [그림 17-18]의 그래프를 그립니다.

더 잘하는 팀이 95% 확률(y축의 값이 0.95)로 이기려면 두 팀이 치르는 네 게임 중 세 게임 이상 이길 만큼 잘해야 합니다. 참고로 2019년 월드 시리즈에서 만난 두 팀의 정규 시즌 승리 확률은 66%(휴스턴 애스트로스Houston Astros)와 57.4%(워싱턴 내셔널스Washington Nationals)이었습니다.[22]

예제 17-18 월드 시리즈 시뮬레이션

```python
def play_series(num_games, team_prob):
    numWon = 0
    for game in range(num_games):
        if random.random() <= team_prob:
            numWon += 1
    return (numWon > num_games//2)

def fraction_won(team_prob, num_series, series_len):
    won = 0
    for series in range(num_series):
        if play_series(series_len, team_prob):
            won += 1
    return won/float(num_series)

def sim_series(num_series):
    prob = 0.5
    fracsWon, probs = [], []
    while prob <= 1.0:
        fracsWon.append(fraction_won(prob, num_series, 7))
        probs.append(prob)
        prob += 0.01
    plt.axhline(0.95) #95%에서 선을 긋습니다.
    plt.plot(probs, fracsWon, 'k', linewidth = 5)
    plt.xlabel('한 게임을 이길 확률')
    plt.ylabel('시리즈를 이길 확률')
    plt.title(str(num_series) + '번의 7-게임 시리즈')
```

---

22 4:3으로 내셔널스가 월드 시리즈의 우승을 차지했습니다. 이상하게도 일곱 게임 모두 원정팀이 이겼습니다.

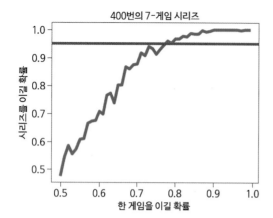

그림 17-18 월드 시리즈에서 이길 확률

18장

몬테카를로 시뮬레이션

이 장의 키워드

몬테카를로 시뮬레이션 | ROI | 테이블 룩업 | 시간-공간 트레이드오프 | 기술적 모델
명령적 모델 | 결정론적 모델 | 확률적 모델 | 정적 모델 | 동적 모델 | 이산적 모델
연속적 모델

16장과 17장에서 계산에 무작위성을 사용하는 여러 방법을 살펴보았습니다. 앞서 소개한 많은 예제는 **몬테카를로 시뮬레이션**Monte Carlo simulation이라는 알고리즘에 속합니다. 몬테카를로 시뮬레이션은 같은 시뮬레이션을 여러 번 실행하고 이 결과를 평균해 어떤 사건의 확률을 근사적으로 구할 때 사용하는 기법입니다.

1949년에 스타니스와프 울람Stanislaw Ulam과 니콜라스 메트로폴리스Nicholas Metropolis는 모나코 공국에 있는 카지노 게임장의 이름을 따서 몬테카를로 시뮬레이션이란 용어를 지었습니다. 에드워드 텔러Edward Teller와 함께 수소 폭탄을 만든 것으로 유명한 울람은 이 방법의 발명에 관해 다음과 같이 설명했습니다.[1]

> 1946년, 요양 중에 솔리테어solitaire를 하면서 떠오른 질문 때문에 '몬테카를로 방법'을 처음 생각하고 시도했습니다. 카드 52장으로 하는 캔필드Canfield 솔리테어가 성공할 가능성이 얼마겠느냐는 질문이었습니다. 순수한 조합 계산으로 이를 추정하려고 많은 시간을 들인 후에, '추상적 사고'보다 조금 더 실용적인 방법으로 100번을 시도하고 성공하는 횟수를 헤아리는 편이 낫지 않을까 생각했습니다. 이는 빠른 컴퓨터를 사용할 수

---

[1] 울람은 아마도 덧셈을 초당 약 103번 수행하는 (무게가 25톤인) 에니악(ENIAC)을 생각했을 것입니다. 오늘날 컴퓨터는 덧셈을 초당 약 109번 수행합니다.

있는 새로운 시대가 시작되었기 때문에 이미 가능했습니다.[2] 저는 즉시 중성자 확산의 문제와 수리 물리학의 다른 문제, 더 일반적으로 어떤 미분 방정식으로 기술된 과정을 일련의 랜덤한 연산의 형태로 바꾸는 방법을 생각했습니다. 나중에 … 1946년에 이 아이디어를 존 폰 노이만에게 설명했고 실제 계산을 계획하기 시작했습니다.[3]

이 기법은 맨해튼 프로젝트Manhattan Project에서 핵분열 반응 도중 어떤 일이 일어나는지 예측할 때 사용되었습니다. 하지만 컴퓨터가 더 일반화되고 강력해진 1950년대에 와서야 실제로 널리 알려지게 되었습니다.

울람이 게임의 우연성을 이해하는 데 확률을 사용한 첫 번째 수학자는 아닙니다. 확률의 역사는 도박의 역사와 밀접한 관련이 있습니다. 도박을 가능하게 만드는 것은 불확실성입니다. 도박의 존재 때문에 불확실성을 추론하는 데 필요한 수학이 많이 발전되었습니다. 카르다노Cardano, 파스칼Pascal, 페르마Fermat, 베르누이, 드무아브르de Moivre, 라플라스Laplace가 기여한 확률 이론의 기초는 모두 게임의 우연성을 더 잘 이해하고 싶은 욕구 때문에 (그리고 아마도 돈을 따기 위해) 동기 부여가 된 것입니다.

18.1 파스칼의 문제

확률 이론의 대부분 초기 작업은 주사위를 사용한 게임을 중심으로 이루어졌습니다.[3] 소문에 의하면 파스칼은 한 친구 때문에 확률 이론으로 불리게 된 이 분야에 관심을 가지게 되었다고 합니다. 친구는 주사위 두 개를 굴려서 둘 다 6이 나오는 경우가 24번의 시도 안에 나온다는 데 돈을 걸면 이길 수 있는지 물어봤습니다. 17세기 중반에는 이를 어려운 문제로 생각했습니다. 매우 명석한 파스칼과 페르마는 이 문제를 해결하는 방법에 관한 편지를 많이 주고받았습니다. 하지만 지금은 답을 구하기 쉽습니다.

---

2   Eckhardt, Roger (1987). 「Stan Ulam, John von Neumann, and the Monte Carlo method」 Los Alamos Science, Special Issue (15), 131–137.

3   고고학적 발굴에 따르면 주사위는 인류의 가장 오래된 도박 도구입니다. 가장 오래된 '현대식' 정육면체 주사위는 기원전 600년으로 거슬러 올라갑니다. 하지만 기원전 2000년 전의 이집트 무덤에 주사위와 비슷한 유물이 있었습니다. 일반적으로 초기 주사위는 동물의 뼈로 만들어졌습니다. 도박장에서 사람들은 여전히 '뼈를 굴린다(rolling the bones)'는 표현을 사용합니다.

- 하나의 주사위에서 6이 나올 확률은 1/6이므로 두 주사위가 모두 6이 될 확률은 1/36입니다.

- 따라서 첫 번째 시도에서 두 주사위 모두 6이 나오지 않을 확률은 1 − 1/36 = 35/36입니다.

- 따라서 24번 연속으로 시도할 때 두 주사위 모두 6이 나오지 않을 확률은 $(35/36)^{24}$이며 약 0.51입니다. 그러므로 두 주사위 모두 6이 나올 확률은 1 − $(35/36)^{24}$이고 약 0.49입니다. 오랫동안 계속해서 주사위를 24번 굴려, 적어도 한 번 두 주사위 모두 6이 나오는 데 베팅한다면 돈을 잃게 될 것입니다.

이 장의 모든 코드는 먼저 다음 임포트 문장을 실행했다고 가정합니다.

```
import random
import numpy as np
```

[예제 18-1]처럼 간단한 프로그램을 만들어 파스칼 친구의 게임을 시뮬레이션해서 파스칼과 동일한 답을 얻을 수 있는지 살펴보죠.

예제 18-1 파스칼의 답 확인하기

```
def roll_die():
    return random.choice([1,2,3,4,5,6])

def check_pascal(num_trials):
    """num_trials는 int > 0라고 가정합니다.
       이길 확률을 출력합니다."""
    num_wins = 0
    for i in range(num_trials):
        for j in range(24):
            d1 = roll_die()
            d2 = roll_die()
            if d1 == 6 and d2 == 6:
                num_wins += 1
                break
    print('이길 확률 =', num_wins/num_trials)
```

check_pascal(1000000)을 실행하면 다음과 비슷한 출력이 나옵니다. 이 프로그램에는 무작위성이 있어 여러분이 실행하면 동일하지 않은 결과가 나올 것입니다.

```
이길 확률 = 0.490761
```

이 값은 $1 - (35/36)^{24}$와 매우 가깝습니다. 파이썬 셸에서 **1-(35.0/36.0)**24**를 입력하면 **0.49140387613090342**가 출력됩니다.

18.2 크랩스 게임

게임에 관한 질문의 답을 모두 쉽게 구하지는 못합니다. 크랩스craps 게임에서 슈터shooter(주사위를 굴리는 사람)은 '패스 라인pass line'이나 '돈 패스 라인don't pass line' 중 하나를 선택해 돈을 겁니다.

- 패스 라인: 슈터가 첫 번째 주사위 굴리기에서 '내추럴natural'(7 또는 11)이 나오면 돈을 따고, '크랩스craps'(2, 3, 12)가 나오면 돈을 잃습니다. 다른 숫자가 나오면 이 숫자는 '포인트point'가 되고 슈터는 계속 주사위를 굴립니다. 슈터가 주사위를 굴려 포인트 번호가 나오면 돈을 따고, 7이 나오면 돈을 잃습니다.
- 돈 패스 라인: 슈터가 첫 번째 주사위 굴리기에서 7이나 11이 나오면 돈을 잃고, 2나 3이 나오면 돈을 땁니다. 12가 나오면 무승부(도박 용어로 '푸시push'입니다)가 됩니다. 다른 숫자가 나오면 포인트가 되고 슈터는 계속 주사위를 굴립니다. 슈터가 주사위를 굴려 7이 나오면 돈을 따고 그렇지 않고 포인트가 나오면 돈을 잃습니다.

둘 중 더 나은 베팅이 있을까요? 둘 다 좋은 베팅일까요? 분석적으로 이 질문에 답을 구할 수 있지만 크랩스 게임을 시뮬레이션하는 프로그램을 작성하고 어떤 일이 일어나는지 보는 것이 (적어도 우리에게는) 더 쉬워 보입니다. [예제 18-2]에는 이 시뮬레이션의 핵심 클래스가 있습니다.

예제 18-2 Craps_game 클래스

```
class Craps_game(object):
    def __init__(self):
        self.pass_wins, self.pass_losses = 0, 0
        self.dp_wins, self.dp_losses, self.dp_pushes = 0, 0, 0

    def play_hand(self):
        throw = roll_die() + roll_die()
        if throw == 7 or throw == 11:
            self.pass_wins += 1
            self.dp_losses += 1
        elif throw == 2 or throw == 3 or throw == 12:
            self.pass_losses += 1
            if throw == 12:
```

```
                self.dp_pushes += 1
            else:
                self.dp_wins += 1
        else:
            point = throw
            while True:
                throw = roll_die() + roll_die()
                if throw == point:
                    self.pass_wins += 1
                    self.dp_losses += 1
                    break
                elif throw == 7:
                    self.pass_losses += 1
                    self.dp_wins += 1
                    break

    def pass_results(self):
        return (self.pass_wins, self.pass_losses)

    def dp_results(self):
        return (self.dp_wins, self.dp_losses, self.dp_pushes)
```

Craps_game 클래스의 인스턴스 변수는 게임 시작 이후 패스 라인과 돈 패스 라인의 결과를 기록합니다. pass_results와 dp_results 메서드가 값을 반환합니다. play_hand 메서드는 게임의 핸드^{hand} 한 번을 시뮬레이션합니다. '핸드'는 슈터가 '커밍 아웃^{coming out}'할 때 시작됩니다. 커밍아웃은 크랩스에서 포인트를 설정하기 전에 주사위를 던지는 것을 가리키는 용어입니다. 슈터가 초기 베팅 금액을 따거나 잃을 때 핸드가 끝납니다. play_hand는 단순히 위에서 말한 규칙을 알고리즘으로 구현한 코드입니다. else 절에 있는 루프는 포인트가 설정된 후에 일어나는 게임 진행에 해당합니다. 7이나 포인트가 나올 때 break 문을 사용해 루프가 종료됩니다.

[예제 18-3]에는 Craps_game 클래스를 사용해 크랩스 게임을 여러 번 시뮬레이션하는 함수가 있습니다.

예제 18-3 크랩스 게임 시뮬레이션하기

```
def craps_sim(hands_per_game, num_games):
    """hands_per_game과 num_games는 ints > 0이라고 가정합니다.
       hands_per_game번 핸드를 반복하는 num_games번 게임을 플레이하고 결과를 출력
```

```
        합니다."""
    games = []

    #num_games번 게임을 플레이합니다.
    for t in range(num_games):
        c = Craps_game()
        for i in range(hands_per_game):
            c.play_hand()
        games.append(c)

    #각 게임에 관한 통계를 생성합니다.
    p_ROI_per_game, dp_ROI_per_game = [], []
    for g in games:
        wins, losses = g.pass_results()
        p_ROI_per_game.append((wins - losses)/float(hands_per_game))
        wins, losses, pushes = g.dp_results()
        dp_ROI_per_game.append((wins - losses)/float(hands_per_game))

    #요약 통계를 만들어 출력합니다.
    mean_ROI = str(round((100*sum(p_ROI_per_game)/num_games), 4)) + '%'
    sigma = str(round(100*np.std(p_ROI_per_game), 4)) + '%'
    print('패스:', '평균 ROI =', mean_ROI, '표준 편차 =', sigma)
    mean_ROI = str(round((100*sum(dp_ROI_per_game)/num_games), 4)) +'%'
    sigma = str(round(100*np.std(dp_ROI_per_game), 4)) + '%'
    print('돈 패스:','평균 ROI =', mean_ROI, '표준 편차 =', sigma)
```

craps_sim의 구조는 일반적인 시뮬레이션 프로그램과 비슷합니다.

1. 여러 게임을 실행하고 결과를 모읍니다(각 게임을 시뮬레이션의 시행 한 번이라고 생각하세요). 각 게임은 여러 번의 핸드를 포함하므로 중첩 루프를 가집니다.

2. 각 게임의 통계를 만들고 저장합니다.

3. 마지막으로 요약 통계를 계산해 출력합니다. 이 경우 각 베팅 방법에 한 ROI[return on investment]와 ROI의 표준 편차를 출력합니다.

ROI는 다음과 같이 정의됩니다. [4]

---

4   조금 더 정확히 말하면 이 공식은 '심플 ROI'입니다. 투자를 할 때와 투자로 수익을 얻을 때 사이의 시간차가 있을 가능성을 고려하지 않습니다. 투자 시기와 금전적 수익을 얻는 사이의 시간차가 크다면 이를 고려해야 합니다(예: 대학 교육 관련 투자). 아마도 크랩스 게임에서는 이것이 문제가 되지 않을 것입니다.

$$\text{ROI} = \frac{\text{투자 이득} - \text{투자 비용}}{\text{투자 비용}}$$

패스 라인과 돈 패스 라인이 동일한 돈을 지불하므로(1달러를 걸고 이기면 1달러를 받습니다)
ROI는 다음과 같이 정의할 수 있습니다.

$$\text{ROI} = \frac{\text{이긴 횟수} - \text{진 횟수}}{\text{베팅 횟수}}$$

예를 들어 100번 패스 라인에 돈을 걸고 절반을 이겼다면 ROI는 다음과 같습니다.

$$\frac{50 - 50}{100} = 0$$

만약 돈 패스 라인에 100번을 걸어 25번 이기고 5번 푸시라면 ROI는 다음과 같습니다.

$$\frac{25 - 70}{100} = \frac{-45}{100} = -4.5$$

`craps_sim(20, 10)`으로 크랩스 게임 시뮬레이션을 실행하고 결과를 확인해 보죠.[5]

```
패스: 평균 ROI = -7.0% 표준 편차 = 23.6854%
돈 패스: 평균 ROI = 4.0% 표준 편차 = 23.5372%
```

예상 ROI가 7% 손실이므로 패스 라인은 피하는 것이 좋아 보입니다. 하지만 돈 패스 라인은
꽤 좋은 베팅인 것 같습니다. 정말 그럴까요?

표준 편차를 살펴보면 돈 패스 라인이 그렇게 안전하지 않아 보입니다. 정규 분포라는 가정하
에 95% 신뢰 구간은 평균을 중심으로 1.96 표준 편차에 해당함을 기억하세요. 돈 패스 라인의
95% 신뢰 구간은 [4.0 - 1.96*23.5372, 4.0+1.96*23.5372]로 대략 [-43%, +51%]입니다.
확실히 돈 패스 라인에 베팅을 걸어야 한다고 말하기 어렵네요.

큰 수의 법칙을 적용해 보죠. `craps_sim(1000000, 10)`을 실행하면 다음과 같이 출력됩니다.

---

5 중요한 것은 이 절을 끝까지 읽기 전에 어떤 베팅도 하지 말아야 한다는 점입니다!

```
패스: 평균 ROI = -1.4204% 표준 편차 = 0.0614%
돈 패스: 평균 ROI = -1.3571% 표준 편차 = 0.0593%
```

이제 양쪽 모두 좋은 베팅이 아니라는 가정을 할 수 있습니다.[6] 돈 패스 라인이 조금 덜 나빠 보이지만 여기에 기대서는 안 됩니다. 패스 라인과 돈 패스 라인의 95% 신뢰 구간이 겹치지 않는다면 두 평균의 차이가 통계적으로 의미 있다고 가정할 수 있습니다.[7] 하지만 두 구간이 겹친다면 어떤 결론도 안전하게 도출할 수 없습니다.

게임당 핸드 수를 증가시키는 대신 게임 횟수를 늘려 보겠습니다. 예를 들면 craps_sim(20, 1000000)을 실행해 보죠.

```
패스: 평균 ROI = -1.4133% 표준 편차 = 22.3571%
돈 패스 : 평균 ROI = -1.3649% 표준 편차 = 22.0446%
```

표준 편차가 높습니다. 이는 20 핸드로 이루어진 한 게임의 결과는 매우 불확실함을 의미합니다.

시뮬레이션의 장점 중 하나는 '만약'에 해당하는 실험을 쉽게 수행해 볼 수 있다는 것입니다. 예를 들어 한 플레이어가 2 대신 5가 많이 나오도록 조작된 주사위 한 쌍을 사용한다면 어떨까요(주사위에서 2와 5는 서로 반대 면에 있습니다)? 이를 테스트해 보려면 roll_die 함수를 다음처럼 바꾸면 됩니다.

```python
def roll_die():
    return random.choice([1,1,2,3,3,4,4,5,5,5,6,6])
```

주사위에 비교적 작은 변화를 주었지만 확률에는 극적인 차이를 만듭니다. craps_sim(1000000, 10)을 실행하면 다음과 같이 출력됩니다(개인 컴퓨터에서는 시간이 오래 걸리니 실행하지 마세요).

---

6   사실 이 ROI의 평균은 실제 ROI와 가깝습니다. 확률적으로 자세히 분석하면 패스 라인은 ROI가 -1.414%이고 돈 패스 라인은 -1.364%입니다.

7   통계적 유의성(statistical significance)은 21장에서 자세히 알아보겠습니다.

```
패스: 평균 ROI = 6.6867% 표준 편차 = 0.0993%
돈 패스: 평균 ROI = -9.469% 표준 편차 = 0.1024%
```

카지노가 고객이 가져온 주사위를 사용하지 못하게 하려고 애쓴다는 것은 놀라운 일이 아닙니다!

 뇌풀기 문제

'빅 6' 베팅은 7이 나오기 전에 6이 나오면 돈을 땁니다. 시간당 $5 베팅을 30회 한다고 가정하고 '빅 6' 베팅의 시간당 비용과 표준 편차를 추정하는 몬테카를로 시뮬레이션을 작성하세요.

18.3 테이블 룩업을 사용해 성능 높이기

대부분 컴퓨터에서 craps_sim(100000000, 10)이 완료되는 데 오랜 시간이 걸립니다. 이 시뮬레이션의 속도를 높이는 간단한 방법이 있을까요?

craps_sim 함수의 복잡도는 대략 Θ(play_hand)*hands_per_game*num_games입니다. play_hand의 실행 시간은 실행되는 루프 횟수에 따라 다릅니다. 원칙적으로 7이나 포인트가 나오는 데 얼마나 걸리는지 한계가 없으므로 이 루프의 실행 횟수는 제한이 없습니다. 물론 실제로는 항상 루프가 끝이 납니다.

하지만 play_hand의 호출 결과는 루프의 실행 횟수에 따라 달라지지 않으며 어떤 종료 조건에 도달하는지에 달려 있습니다. 가능한 모든 포인트에 대해 7이 나오기 전에 포인트가 나올 확률을 쉽게 계산할 수 있습니다. 예를 들어 한 쌍의 주사위를 사용해 4가 나오는 경우는 ⟨1, 3⟩, ⟨3, 1⟩, ⟨2, 2⟩입니다. 7이 나오는 경우는 여섯 가지로 ⟨1, 6⟩, ⟨6, 1⟩, ⟨2, 5⟩, ⟨5, 2⟩, ⟨3, 4⟩, ⟨4, 3⟩입니다. 따라서 7이 나와서 루프가 끝날 확률은 4가 나와서 끝날 확률의 두 배입니다.

[예제 18-4]는 이 방법을 활용해 play_hand를 구현한 코드입니다. 먼저 7이 나오기 전에 각 포인트가 나올 확률을 계산해 딕셔너리에 저장합니다. 예를 들어 포인트가 8이라고 가정해 보

죠. 슈터는 포인트나 크랩스가 나올 때까지 계속 주사위를 굴립니다. 8이 나오는 경우는 다섯 개(〈6,2〉, 〈2,6〉, 〈5,3〉, 〈3,5〉, 〈4,4〉)이고 7이 나오는 경우는 여섯 개입니다. 따라서 딕셔 너리 키 8의 값은 5/11입니다. 이 테이블을 사용하면 무한한 주사위 던지기에 해당하는 안쪽 루프를 random.random 호출에 대한 테스트 하나로 바꿀 수 있습니다. 이 play_hand 버전의 복잡도는 O(1)입니다.

계산을 **테이블 룩업**table lookup으로 바꾸는 아이디어는 광범위하게 적용되며 속도가 이슈일 때 자 주 사용합니다. 테이블 룩업은 **시간-공간 트레이드오프**time/space tradeoff의 예입니다. 15장에서 보았 듯이 동적 계획법 이면의 핵심 아이디어가 이것입니다. 해싱은 이 기법의 또 다른 예입니다. 테 이블이 클수록 충돌이 적고 평균 조회 속도가 높아집니다. 이 예는 테이블이 작기 때문에 공간 비용은 무시할만합니다.

예제 18-4 테이블 룩업을 사용해 성능 향상하기

```
def play_hand(self):
    #빠른 버전의 play_hand 구현
    points_dict = {4:1/3, 5:2/5, 6:5/11, 8:5/11, 9:2/5, 10:1/3}
    throw = roll_die() + roll_die()
    if throw == 7 or throw == 11:
        self.pass_wins += 1
        self.dp_losses += 1
    elif throw == 2 or throw == 3 or throw == 12:
        self.pass_losses += 1
        if throw == 12:
            self.dp_pushes += 1
        else:
            self.dp_wins += 1
    else:
        if random.random() <= points_dict[throw]: #7 전에 포인트가 나옴
            self.pass_wins += 1
            self.dp_losses += 1
        else: #포인트 전에 7이 나옴
            self.pass_losses += 1
            self.dp_wins += 1
```

18.4 π 찾기

몬테카를로 시뮬레이션은 비결정성이 중요한 역할을 하는 문제를 다루는 데 유용합니다. 하지만 흥미롭게도 본질적으로 확률적이지 않은 문제, 즉 출력에 불확실성이 없는 문제를 풀 때 몬테카를로 시뮬레이션(그리고 일반적으로 랜덤한 알고리즘)을 사용할 수 있습니다.

π를 생각해 보죠. 수천 년 전부터 사람들은 원의 지름을 곱하면 원의 원주가 되고 반지름의 제곱을 곱하면 원의 면적이 되는 상수가 있음을 알았습니다(18세기부터 π라고 불렀습니다). 다만 이 상수의 값이 무엇인지 몰랐습니다.

초기의 π 추정값 중 하나는 $4*(8/9)2 = 3.16$으로, 기원전 1650년경 이집트 린드 파피루스[Rhind Papyrus]에서 찾을 수 있습니다. 천 년 이상 지난 후 구약성서[Old Testament]에서 솔로몬 왕의 건설 계획을 언급하면서 다른 π값을 암시했습니다.

> 또 바다를 부어 만들었으니 그 직경이 십 규빗이요 그 모양이 둥글며 그 높이는 다섯 규빗이요 주위는 삼십 규빗 줄을 두를 만하며
>
> — 열왕기상 7장 23절

$10\pi = 30$이므로 $\pi = 3$입니다. 아마도 성경이 틀렸거나, 바다[8]가 완벽한 원이 아니거나, 원주는 벽 바깥에서 측정하고 지름은 안쪽에서 측정했거나, 그냥 단순한 시적 표현일 수 있습니다. 판단은 독자들의 몫인 것 같습니다.

시러큐스[Syracuse]의 아르키메데스[Archimedes](기원전 287~212년)는 원 모양에 가까운 고차 다각형을 사용해 π값의 상한과 하한을 계산했습니다. 면이 96개인 다각형을 사용해 $223/71 < \pi < 22/7$라는 결론을 내렸습니다. 그 당시 상한과 하한을 제한하는 것은 상당히 정교한 방법이었습니다. 상한과 하한의 평균을 사용한다면 3.1418이고 오차는 0.0002입니다. 나쁘지 않군요! 하지만 700년이 지나서 중국 수학자 조중치[Zu Chongzhi]는 면이 24,576개인 다각형을 사용해 $3.1415962 < \pi < 3.1415927$이라는 결론을 내었습니다. 그후 약 800년이 지나서 독일 지도 제작자 아드리안 안토니스[Adriaan Anthonisz](1527~1607)는 π를 355/113로 예측했습니다. 이 값

---

8   옮긴이_ 여기서 바다(sea)는 예루살렘 성전에 있는 지름이 약 4.6m인 큰 대야를 말합니다.

은 대략 3.1415929203539825입니다. 이 예측값은 대부분의 실용적인 목적에 사용하기에 충분히 좋습니다. 하지만 수학자들은 이 문제에 계속 매달렸습니다.

컴퓨터가 발명되기 오래전에 프랑스 수학자 뷔퐁Buffon(1707~1788)과 라플라스(1749~1827)는 π값을 추정하기 위해 확률적 시뮬레이션을 제안했습니다.[9] 한 면의 길이가 2인 정사각형 안에 원을 그리면 이 원의 반지름 r은 1이 됩니다.

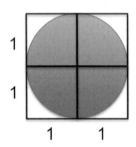

그림 18-1 정사각형 안에 그려진 원

π의 정의에 따르면 면적 = πr^2입니다. r이 1이므로 π = 면적입니다. 하지만 원의 면적은 얼마일까요? 뷔퐁은 (랜덤하게 떨어진다고 가정하고) 정사각형 안에 많은 개수의 바늘을 떨어뜨려 원의 면적을 추정하자고 제안했습니다. 정사각형 안에 끝이 놓인 바늘의 개수와 원 안에 끝이 놓인 바늘 개수의 비율을 사용해 원의 면적을 추정할 수 있습니다.

바늘의 위치가 완전히 무작위라면 다음과 같습니다.

$$\frac{\text{원 안에 있는 바늘}}{\text{정사각형 안에 있는 바늘}} = \frac{\text{원의 면적}}{\text{정사각형의 면적}}$$

원의 면적에 대해 정리하면 다음과 같습니다.

$$\text{원의 면적} = \frac{\text{정사각형의 면적} * \text{원 안에 있는 바늘}}{\text{정사각형 안에 있는 바늘}}$$

한 면이 2인 정사각형의 면적은 4이므로 다음과 같이 쓸 수 있습니다.

---

9   뷔퐁이 처음 이 아이디어를 제안했지만 그의 공식에는 오류가 있었고 나중에 라플라스가 이를 바로 잡았습니다.

$$원의\ 면적 = \frac{4 * 원\ 안에\ 있는\ 바늘}{정사각형\ 안에\ 있는\ 바늘}$$

일반적으로 어떤 어떤 영역 R의 면적을 다음과 같이 추정할 수 있습니다.

1. 면적을 계산하기 쉽고 R이 완전히 그 안에 놓여있는 영역 E를 선택합니다.

2. E 안에 랜덤하게 점을 찍습니다.

3. R 안에 놓인 점의 비율 F를 구합니다.

4. E의 면적과 F를 곱합니다.

뷔퐁의 실험을 따라 한다면 바늘이 완벽하게 랜덤하게 놓이지 않음을 금방 알게 될 것입니다. 게다가 랜덤하게 떨어뜨릴 수 있다고 하더라도 성경에 나오는 만큼의 π값을 구하려면 아주 많은 바늘이 필요합니다. 다행히 컴퓨터는 맹렬한 속도로 가상의 바늘을 랜덤하게 떨어뜨릴 수 있습니다.[10]

[예제 18-5]는 뷔퐁-라플라스 방법을 사용해 π값을 추정하는 프로그램입니다. 간단하게 하려고 사각형의 오른쪽 위 사분면에 떨어지는 바늘만 고려합니다.

throw_needles 함수는 먼저 random.random을 사용해 데카르트 좌표계의 양수 좌표(x와 y 값)를 만들어 떨어지는 바늘을 시뮬레이션합니다. 그다음 피타고라스 정리를 사용해 밑면이 x이고 높이가 y인 오른쪽 삼각형의 빗변을 계산합니다. 이것이 원점(정사각형의 중심)에서 바늘 끝까지의 거리입니다. 원의 반지름은 1이므로 원점에서부터 거리가 1보다 크지 않으면 바늘이 원 안에 놓여 있는 것입니다. 이 사실을 활용해 원 안에 있는 바늘 개수를 셉니다.

get_est 함수는 throw_needles를 사용해 num_needles 개의 바늘을 떨어뜨려 π값을 추정합니다. 그다음 num_trials 번의 시도에 걸쳐 결과를 평균합니다. 그다음 이 평균과 표준 편차를 반환합니다.

est_pi 함수는 get_est가 반환하는 표준 편차가 precision/1.96보다 크지 않을 때까지 바늘 개수를 늘리면서 get_est를 호출합니다. 이는 오차가 정규 분포라는 가정하에 이는 95%의 값이 평균에서 precision 안에 있음을 의미합니다.[11]

---

10 뷔퐁의 바늘 실험을 직접 시연한 영상은 다음 링크에서 확인하세요. https://bit.ly/3oxLy7U

11 옮긴이_ 이 식은 표준 점수가 1.96일 때 표준 점수 공식을 표준 편차에 대해 정리한 것입니다. 즉, 표준 편차=x − 평균/ 1.96 입니다.

```python
def throw_needles(num_needles):
    in_circle = 0
    for Needles in range(1, num_needles + 1):
        x = random.random()
        y = random.random()
        if (x*x + y*y)**0.5 <= 1:
            in_circle += 1
    #1사분면 안에 있는 바늘만 세므로 4를 곱합니다.
    return 4*(in_circle/num_needles)

def get_est(num_needles, num_trials):
    estimates = []
    for t in range(num_trials):
        pi_guess = throw_needles(num_needles)
        estimates.append(pi_guess)
    std_dev = np.std(estimates)
    cur_est = sum(estimates)/len(estimates)
    print('π =', str(round(cur_est, 5)) + ',',
          '표준 편차 =', str(round(std_dev, 5)) + ',',
          '바늘 개수 =', num_needles)
    return (cur_est, std_dev)

def est_pi(precision, num_trials):
    num_needles = 1000
    std_dev = precision
    while std_dev > precision/1.96:
        cur_est, std_dev = get_est(num_needles, num_trials)
        num_needles *= 2
    return cur_est
```

est_pi(0.01, 100)를 실행하면 다음과 같이 출력됩니다.

```
π = 3.14844, 표준 편차 = 0.04789, 바늘 개수 = 1000
π = 3.13918, 표준 편차 = 0.0355, 바늘 개수 = 2000
π = 3.14108, 표준 편차 = 0.02713, 바늘 개수 = 4000
π = 3.14143, 표준 편차 = 0.0168, 바늘 개수 = 8000
π = 3.14135, 표준 편차 = 0.0137, 바늘 개수 = 16000
π = 3.14131, 표준 편차 = 0.00848, 바늘 개수 = 32000
π = 3.14117, 표준 편차 = 0.00703, 바늘 개수 = 64000
π = 3.14159, 표준 편차 = 0.00403, 바늘 개수 = 128000
```

기대한 대로 표준 편차는 샘플 개수가 증가함에 따라 계속 감소합니다. 처음에는 π값도 꾸준히 향상됩니다. 실젯값보다 높은 값도 있고 낮은 값도 있지만, num_needles가 증가함에 따라 추정값이 향상됩니다. 샘플을 1,000개만 사용해도 이 시뮬레이션의 추정값이 성경이나 린드 파피루스보다 더 좋습니다.

희한하게도 바늘 개수가 8,000에서 16,000개로 늘어났을 때 추정값이 더 나빠졌습니다. 3.14135가 3.14143보다 실제 π값에서 더 멀리 떨어져 있기 때문입니다. 하지만 평균에서 1 표준 편차 범위를 고려하면 두 경우 모두 실제 π값을 포함합니다. 더 많은 샘플을 사용했을 때 범위가 더 작습니다. 16,000개 샘플로 추정한 값이 실제 π값에서 더 멀리 떨어져 있지만 더 정확하다고 믿어야 합니다. 이는 매우 중요한 개념입니다. 좋은 답을 내는 것으로 충분하지 않습니다. 실제로 좋은 답인지 신뢰할 이유가 필요합니다. 충분히 많은 바늘을 떨어뜨렸을 때 표준 편차가 작았으므로 올바른 답을 얻었다고 믿을 근거가 됩니다. 맞나요?

꼭 그렇지는 않습니다. 작은 표준 편차는 결과의 타당성을 신뢰하기 위한 필요 조건입니다. 이 것이 충분조건은 아닙니다. 통계적으로 타당한 결론을 올바른 결론과 혼동하지 마세요.

통계적 분석은 일련의 가정으로 시작합니다. 여기서 핵심 가정은 이 시뮬레이션이 현실의 모델과 정확히 맞는다는 것입니다. 뷔퐁과 라플라스 시뮬레이션을 만들 때 약간의 수학을 사용해 두 면적의 비율을 활용해서 π값을 찾는 방법을 보였습니다. 이 아이디어를 약간의 기하학과 random.random의 무작위성에 의존하는 코드로 변환했습니다.

만약 시뮬레이션을 잘못 구현한다면 어떻게 되는지 알아보죠. 예를 들어 throw_needles 함수의 마지막 라인에 4를 2로 바꾸고 est_pi(0.01, 100)를 다시 실행해 보죠. 출력은 다음과 같습니다.

```
π = 1.57422, 표준 편차 = 0.02394, 바늘 개수 = 1000
π = 1.56959, 표준 편차 = 0.01775, 바늘 개수 = 2000
π = 1.57054, 표준 편차 = 0.01356, 바늘 개수 = 4000
π = 1.57072, 표준 편차 = 0.0084, 바늘 개수 = 8000
π = 1.57068, 표준 편차 = 0.00685, 바늘 개수 = 16000
π = 1.57066, 표준 편차 = 0.00424, 바늘 개수 = 32000
```

바늘 32,000개로 얻은 표준 편차를 보고 추정값에 이전과 동일한 신뢰도를 가질 수 있습니다. 하지만 정말로 의미하는 것은 무엇일까요? 동일 분포에서 이렇게 많은 샘플을 뽑는다면 비슷한 값을 얻게 된다고 확신할 수 있다는 의미입니다. 이 값이 진짜 π값에 가까운지는 알 수 없습니다. 통계를 다룰 때 한가지 유념해야 할 점은 통계적으로 타당한 결론을 올바른 결론과 혼동하지 말아야 한다는 것입니다!

시뮬레이션 결과를 마무리하기 전에 우리의 개념적 모델이 올바르고 이 모델을 제대로 구현했는지 확인해야 합니다. 가능하다면 언제나 실제 상황과 비교해 결과를 검증해야 합니다. 이 예제는 다른 도구(예를 들면 물리적인 면적측정기)를 사용해 원의 면적을 구한 다음 계산한 π값이 위와 비슷한지 확인할 수 있습니다.

18.5 시뮬레이션 모델에 관한 맺음말

대부분의 과학 역사에서 이론가들은 수학 기술을 사용해 일련의 파라미터와 초기 조건에서 시스템의 행동을 예측하는 순수한 분석 모델을 만들었습니다. 이를 통해 미적분에서 확률 이론에 이르기까지 중요한 수학적 기법이 개발되었습니다. 이 기법들은 과학자들이 거시적인 물리 세계를 정확히 이해하는 데 도움이 되었습니다.

20세기가 되면서 이 방법에는 한계가 있음이 점점 분명해졌습니다. 그 이유는 다음과 같습니다.

- 사회 과학(예: 경제학)에 관심이 증가하면서 수학으로 다루기 힘든 시스템의 좋은 모델을 만들어야 할 필요성이 발생했습니다.
- 모델링할 시스템이 점점 복잡해지면서 정확한 분석 모델 만들기보다 일련의 시뮬레이션 모델을 연속해서 개선하기가 쉬워 보였습니다.
- 분석 모델보다 시뮬레이션 모델에서 유용한 중간 결과를 추출하기 더 쉬울 때가 많습니다(예: '만약'의 상황을 실험하기).
- 컴퓨터를 활용해 대규모 시뮬레이션을 수행할 수 있습니다. 20세기 중반에 현대식 컴퓨터가 등장하기 전까지는 사람이 직접 계산하는 것이 시뮬레이션보다 나았습니다.

시뮬레이션 모델은 **서술적 모델**descriptive model이며 **명령적 모델**prescriptive model이 아닙니다. 시뮬레이션 모델은 주어진 조건에서 시스템이 어떻게 동작하는지 설명합니다. 시스템이 최상의 동작을 하는 데 필요한 조건을 나열하는 것이 아닙니다. 시뮬레이션은 최적화하는 것이 아니라 단순히 서술하는 것입니다. 그렇다고 시뮬레이션을 최적화 과정의 일부로 사용할 수 없다는 말은 아님니다. 예를 들면 최적의 파라미터 설정을 찾는 탐색 과정의 일부로 시뮬레이션을 사용할 때가 많습니다.

시뮬레이션 모델은 다음 세 가지 차원으로 분류할 수 있습니다.

- 결정론적 대 확률적
- 정적 대 동적
- 이산적 대 연속적

결정론적 시뮬레이션deterministic simulation의 동작은 모델에 의해 완전히 정의됩니다. 시뮬레이션을 실행할 때마다 결과가 바뀌지 않습니다. 결정론적 시뮬레이션은 모델링되는 시스템 자체가 결정론적이거나 분석적으로 분석하기 너무 복잡할 때 일반적으로 사용합니다(예: 컴퓨터 프로세서 칩의 성능).

확률적 시뮬레이션stochastic simulation은 모델에 무작위성을 주입합니다. 같은 모델을 여러 번 실행하면 다른 결과가 나올 수 있습니다. 이 랜덤한 요소 때문에 가능한 출력 범위를 확인하려면 출력을 여러 번 생성해야 합니다. 10개, 1,000개 또는 100,000개의 출력을 생성해야 하는지는 이전에 언급했듯이 통계적으로 구할 수 있습니다.

정적 모델static model에서는 시간이 핵심적인 역할을 수행하지 않습니다. 이 장에서 π를 추정하려고 사용한 바늘 떨어뜨리기 시뮬레이션이 정적 시뮬레이션의 예입니다. **동적 모델**dynamic model에서는 시간 또는 이와 유사한 개념이 핵심 역할을 합니다. 16장에서 시뮬레이션한 랜덤 워크에서 스텝 수를 시간의 개념으로 사용했습니다.

이산적 모델discrete model에서는 관련 변수의 값(예: 정수)을 나열할 수 있습니다. **연속적 모델** continuous model에서 관련 변수의 값은 나열할 수 없는 집합의 범위(예: 실수)입니다. 고속도로의 교통량을 분석한다고 생각해 보세요. 개별 차량을 모델링할 때 이산적 모델을 선택할 수 있습니다. 또는 교통량의 변화를 미분 방정식으로 기술해서 교통량을 하나의 흐름으로 다룰 수 있습니다. 이는 연속적 모델입니다. 이 예에서는 이산적 모델이 물리적 상황에 더 가깝습니다(어떤 자동차는 다른 자동차 크기의 절반이지만 자동차가 반만 운행하지는 않습니다). 하지만 연속적 모델보다 계산이 더 복잡합니다. 실제로 이산적이고 연속적인 구성 요소를 모두 가지는 모델이 많습니다. 예를 들면, 피에는 이산적 모델을 사용하고(즉, 각각의 적혈구를 모델링하고) 혈압에는 연속적 모델을 사용해 사람 몸의 혈류를 모델링할 수 있습니다.

19장

샘플링과 신뢰도

이 장의 키워드

모집단 │ 표본 │ 표본 크기 │ 확률 샘플링 │ 단순 랜덤 샘플링 │ 계층 샘플링 │ 표본 평균

모집단 평균 │ 중심 극한 정리 │ 표준 오차(SE)

추론 통계는 **모집단**population에서 랜덤하게 추출한 부분집합을 분석해 모집단에 관한 추론을 하는 것이었죠. 이 부분집합을 **표본**sample[1]이라고 합니다.

관심 대상의 모집단 전체를 관찰할 수 없을 때가 많기 때문에 샘플링sampling이 중요합니다. 의사가 환자의 혈류에 있는 박테리아 종류를 모두 셀 수 없지만, 환자의 작은 혈액 표본에 있는 박테리아를 조사할 수 있으며 이를 보고 전체 모집단의 특징을 추론할 수 있습니다. 18세 미국인의 평균 몸무게를 알고 싶다면 18세 미국인의 몸무게를 모두 더해서 사람 수로 나누면 됩니다. 또는 18세 인구 중에서 랜덤하게 50명을 선택해 평균 몸무게를 계산하고 이 몸무게가 전체 18세 인구의 평균 몸무게에 대한 납득할 만한 추정값이라고 가정할 수 있습니다.

표본과 관심 모집단 사이의 관련성이 가장 중요합니다. 표본이 모집단을 대표하지 않으면 화려한 수학을 잔뜩 사용해 도출한 추론이더라도 유효하지 않을 것입니다. 50명의 여성이나, 50명의 아시아계 미국인이나, 50명의 풋볼 선수로 구성된 표본을 사용해 18세 미국인 전체 모집단의 평균 몸무게에 관한 유효한 추론을 만들 수 없습니다.

이 장에서는 **확률 샘플링**probability sampling에 초점을 맞춥니다. 확률 샘플링에서는 관심 대상 모집단의 각 구성원이 표본에 포함될 확률이 0이 아닙니다. **단순 랜덤 샘플링**simple random sampling에서

---

1   옮긴이_ 번역서는 모집단에서 추출한 부분집합을 나타낼 때는 '표본', 데이터 하나를 의미할 때는 '샘플'이라 옮겼습니다.

는 모집단의 각 구성원이 표본에 선택될 확률이 동일합니다. **계층 샘플링**stratified sampling에서는 모집단을 먼저 하위 그룹으로 분할하고 그다음 각 하위 그룹에서 랜덤하게 샘플링을 수행합니다. 계층 샘플링을 사용하면 표본이 모집단 전체를 대표할 가능성을 높일 수 있습니다. 예를 들어 표본에 있는 남성과 여성의 비율을 모집단에 있는 남성과 여성의 비율에 맞추면 표본의 평균 몸무게인 **표본 평균**sample mean이 전체 모집단의 평균 몸무게인 **모집단 평균**population mean의 좋은 추정치가 됩니다.

이 장의 코드는 다음 임포트 문장을 실행했다고 가정합니다.

```
import random
import numpy as np
import matplotlib.pyplot as plt
import scipy
import scipy.integrate
```

19.1 보스턴 마라톤 데이터 샘플링

1897년부터 매년 보스턴 마라톤Boston Marathon에 참가하려는 운동선수(대부분 달리기 선수지만 1975년부터는 휠체어 부문도 생겼습니다)들이 매사추세츠Massachusetts에 모였습니다.[2] 최근 몇 년 동안 매년 20,000명의 건강한 선수들이 42.195km 코스를 완주했습니다.

2012년 대회의 데이터를 담은 파일이 책의 깃허브에 있습니다. `bm_results2012.csv` 파일은 콤마로 구분되고 참가자의 이름, 성별,[3] 나이, 부문, 나라, 시간 데이터를 담고 있습니다. [예제 19-1]은 이 파일의 처음 몇 줄입니다.

예제 19-1 bm_results2012.csv의 처음 몇 줄

```
Name,Gender,Age,Div,Ctry,Time
Gebremariam Gebregziabher,M,27,14,ETH,142.93
Matebo Levy,M,22,2,KEN,133.10
```

---

2 코로나19 대유행 때문에 2020년에 이 대회가 사상 처음 취소되었습니다.
3 스포츠 세계에서 운동선수를 '성별'로 분류해야 하는지는 복잡하고 민감한 주제입니다. 책에서는 이를 언급하지 않겠습니다.

```
Cherop Sharon,F,28,1,KEN,151.83
Chebet Wilson,M,26,5,KEN,134.93
Dado Firehiwot,F,28,4,ETH,154.93
Korir Laban,M,26,6,KEN,135.48
Jeptoo Rita,F,31,6,KEN,155.88
Korir Wesley,M,29,1,KEN,132.67
```

각 대회 결과를 담은 전체 데이터를 쉽게 구할 수 있으므로 대회에 관한 통계량statistic을 추론할 때 샘플링을 사용하지 않아도 됩니다. 하지만 표본에서 유도한 통계 추정값과 실젯값을 비교해 보면 교육적으로 도움이 됩니다.

[예제 19-2]는 [그림 19-1]의 그래프를 만듭니다. get_BM_data 함수는 경주 참가자 정보가 있는 파일에서 데이터를 읽습니다. 이 함수는 원소 여섯 개로 구성된 딕셔너리를 반환합니다. 딕셔너리의 각 키는 데이터의 종류(예: 'name', 'gender')를 나타냅니다. 각 키에는 해당 데이터를 담은 리스트가 매핑됩니다. 예를 들어 date['time']은 각 참가자의 완주 시간을 담은 실수 리스트입니다. date['name'][i]는 i 번째 참가자의 이름이고 data['time'][i]는 i 번째 참가자의 완주 시간입니다. make_hist 함수는 완주 시간을 시각화합니다. 참고로 23장에서 get_BM_data와 make_hist를 포함한 이 장의 코드를 간단하게 만들 수 있는 파이썬 모듈인 판다스Pandas를 살펴보겠습니다.

예제 19-2 보스턴 마라톤 데이터를 읽고 그래프 그리기

```python
def get_BM_data(filename):
    """주어진 파일의 내용을 읽습니다.
        파일은 CSV 포맷이고 다음과 같은 6개 항목으로 이루어졌다고 가정합니다.
        0. 이름 (문자열), 1. 성별 (문자열), 2 나이 (정수)
        3. 부문 (정수), 4. 국적 (문자열), 5. 시간 (실수)
        반환값: 6개 항목에 대한 리스트를 담은 딕셔너리"""

    data = {}
    with open(filename, 'r') as f:
        f.readline() #첫 번째 줄은 버립니다.
        line = f.readline()
        for k in ('name', 'gender', 'age', 'division',
                    'country', 'time'):
            data[k] = []
        while line != '':
            split = line.split(',')
```

```
            data['name'].append(split[0])
            data['gender'].append(split[1])
            data['age'].append(int(split[2]))
            data['division'].append(int(split[3]))
            data['country'].append(split[4])
            data['time'].append(float(split[5][:-1])) #\n 삭제
            line = f.readline()
    return data

def make_hist(data, bins, title, xLabel, yLabel):
    plt.hist(data, bins)
    plt.title(title)
    plt.xlabel(xLabel)
    plt.ylabel(yLabel)
    mean = sum(data)/len(data)
    std = np.std(data)
    plt.annotate('평균 = ' + str(round(mean, 2)) +
                '\n표준 편차 = ' + str(round(std, 2)), fontsize = 14,
                xy = (0.65, 0.75), xycoords = 'axes fraction')
```

다음 코드는 [그림 19-1]의 그래프를 그립니다.

```
times = get_BM_data('bm_results2012.csv')['time']
make_hist(times, 20, '2012 보스턴 마라톤',
        '완주 시간(분)', '참가자 수')
```

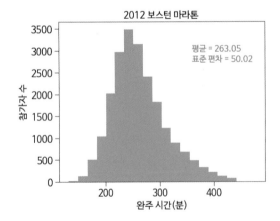

그림 19-1 보스턴 마라톤 완주 시간

완주 시간의 분포는 정규 분포를 닮았지만 오른쪽 꼬리가 더 길어서 완전한 정규 분포는 아닙니다.

이제 전체 참가자의 데이터를 사용할 수 없다고 가정하고 랜덤하게 일부 참가자를 샘플링해 전체 모집단의 완주 시간에 관한 통계량을 추정해 보겠습니다.

[예제 19-3]은 times의 원소에서 단순 랜덤 샘플링으로 표본을 만들고, 이 표본을 사용해 times의 평균과 표준 편차를 추정합니다. sample_times 함수는 random.sample(times, num_examples)을 사용해 표본을 추출합니다. random.sample을 호출하면 times 리스트에서 중복 없이 랜덤하게 선택한 num_examples개로 이루어진 리스트를 반환합니다. 표본을 추출한 후에 sample_times 함수는 표본에 담긴 값의 분포를 보여주는 히스토그램을 만듭니다.

예제 19-3 완주 시간 샘플링

```
def sample_times(times, num_examples):
    """times는 전체 선수의 완주 시간을 담은 실수 리스트이고,
       num_examples는 정수라고 가정합니다.
       num_examples 크기의 랜덤한 표본을 생성하고
       표본의 평균과 표준 편차와 함께 분포를 나타내는 히스토그램을 그립니다."""

    sample = random.sample(times, num_examples)
    make_hist(sample, 10, '샘플 크기 ' + str(num_examples),
              '완주 시간(분)', '참가자 수')

random.seed(0)
sample_size = 40
sample_times(times, sample_size)
```

[그림 19-2]에서 보듯이 표본의 분포는 원본 분포보다 정규 분포에서 훨씬 더 멉니다. **표본 크기**sample size가 작으므로 놀라운 일이 아닙니다. 표본 크기(약 21,000개 중 40개)가 작지만 추정된 평균은 모집단의 평균과 약 3%밖에 차이 나지 않는다는 점이 더 놀랍습니다. 운이 좋은 걸까요? 아니면 평균에 관한 추정값이 꽤 좋을 것이라 기대할 근거가 있나요? 다르게 말해 이 추정값을 얼마나 확신할 수 있는지 표현하는 정량적인 방법이 있을까요?

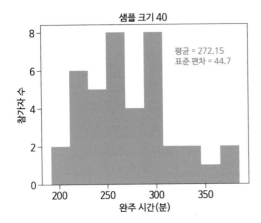

샘플 크기 40

평균 = 272.15
표준 편차 = 44.7

그림 19-2 소규모 표본 분석하기

17장과 18장에서 언급했듯이 신뢰 구간과 신뢰 수준을 제공해서 추정값의 신뢰성을 나타내면 유용할 때가 많습니다. 대규모 모집단에서 추출한 (어떤 크기의) 표본 하나가 있을 때 모집단의 평균을 가장 잘 추정하는 것은 표본의 평균입니다. 원하는 신뢰 수준을 달성하는 데 필요한 신뢰 구간의 너비를 추정하는 일은 어렵습니다. 이는 부분적으로 표본 크기에 따라 다릅니다.

표본 크기가 중요한 이유는 이해하기 쉽습니다. 큰 수의 법칙에 따르면 표본 크기가 커질수록 표본의 분포는 표본이 속한 모집단의 분포를 닮습니다. 결국 표본 크기가 커짐에 따라 표본 평균과 표본의 표준 편차는 모집단의 평균과 모집단의 표준 편차에 가까워집니다.

그럼 클수록 좋군요. 하지만 얼마나 커야 충분할까요? 이는 모집단의 분산에 따라 다릅니다. 분산이 높을수록 더 많은 샘플이 필요합니다. 평균이 0이고 표준 편차가 1인 분포와 평균이 0이고 표준 편차가 100인 분포를 생각해 보죠. 이 두 분포 중 하나에서 랜덤하게 한 원소를 선택하고 이를 사용해 해당 분포의 평균을 추정한다면 모집단의 평균(0)을 중심으로 원하는 정확도 ε 안에 이 추정값이 있을 확률은 $-\varepsilon$와 ε 사이의 확률 밀도 함수 아래의 면적과 같습니다 (17.4.1절 참조). [예제 19-4]는 ε=3분일 때 이 확률을 계산하고 출력합니다.

예제 19-4 평균 추정에 대한 분산의 효과

```
def gaussian(x, mu, sigma):
    factor1 = (1/(sigma*((2*np.pi)**0.5)))
    factor2 = np.e**-(((x-mu)**2)/(2*sigma**2))
    return factor1*factor2
```

```
area = round(scipy.integrate.quad(gaussian, -3, 3, (0, 1))[0], 4)
print('좁은 분포일 때 평균에서 3 이내에 있을 확률 =', area)
area = round(scipy.integrate.quad(gaussian, -3, 3, (0, 100))[0], 4)
print('넓은 분포일 때 평균에서 3 이내에 있을 확률 =', area)
```

[예제 19-4]를 실행하면 다음을 출력합니다.

```
좁은 분포일 때 평균에서 3 이내에 있을 확률 = 0.9973
넓은 분포일 때 평균에서 3 이내에 있을 확률 = 0.0239
```

[예제 19-5]는 두 정규 분포에서 크기가 40인 표본 1,000개의 평균을 그래프로 그립니다. 두 분포의 평균은 모두 0이지만 하나는 표준 편차가 1이고 다른 하나는 표준 편차가 100입니다.

[그림 19-3]의 왼쪽 그래프는 각 표본의 평균을 보여줍니다. 예상대로 모집단의 표준 편차가 1일 때 표본 평균이 모두 모집단 평균인 0 근처에 위치합니다. 그래서 원이 촘촘히 밀집되어 직선처럼 보입니다. 반면에 모집단의 표준 편차가 100일 때 표본 평균은 특정 패턴이 없이 흩어집니다.

하지만 [그림 19-3]의 오른쪽에서 표준 편차가 100일 때 평균의 히스토그램을 보면 중요한 점이 나타납니다. 평균들이 0을 중심으로 정규 분포와 닮은 분포를 형성합니다. [그림 19-3]의 오른쪽 그래프는 우연이 아닌 것 같습니다. 이는 확률과 통계 전체에서 가장 유명한 이론인 중심 극한 정리 때문입니다.

예제 19-5 표본 평균 계산하고 그래프 그리기

```
def test_samples(num_trials, sample_size):
    tight_means, wide_means = [], []
    for t in range(num_trials):
        sample_tight, sample_wide = [], []
        for i in range(sample_size):
            sample_tight.append(random.gauss(0, 1))
            sample_wide.append(random.gauss(0, 100))
        tight_means.append(sum(sample_tight)/len(sample_tight))
        wide_means.append(sum(sample_wide)/len(sample_wide))
    return tight_means, wide_means
```

```
tight_means, wide_means = test_samples(1000, 40)
plt.plot(wide_means, 'y*', label = '표준 편차 = 100')
plt.plot(tight_means, 'bo', label = '표준 편차 = 1')
plt.xlabel('표본 개수')
plt.ylabel('표본 평균')
plt.title('크기가 ' + str(40) + '인 표본의 평균')
plt.legend()

plt.figure()
plt.hist(wide_means, bins = 20, label = '표준 편차 = 100')
plt.title('표본 평균의 분포')
plt.xlabel('표본 평균')
plt.ylabel('발생 빈도')
plt.legend()
```

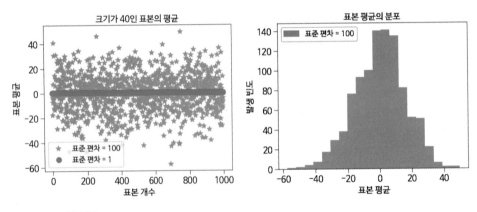

그림 19-3 표본 평균

19.2 중심 극한 정리

중심 극한 정리|central limit theorem (CLT)는 모집단에서 추출한 표본 하나를 사용해 동일 모집단에서 뽑은 가상 표본들의 평균에 대한 변동성을 어떻게 추정할 수 있는지 알려 줍니다.

중심 극한 정리의 한 버전은 1810년 라플라스가 처음 발표했습니다. 그다음 1820년대 푸아송Poisson이 수정했습니다. 하지만 오늘날 우리가 알고 있는 CLT는 20세기 중반 이전에 여러 명의 뛰어난 수학자들이 작업한 결과물입니다.

대단한 수학자들이 이 작업에 기여했지만 (또는 그렇기 때문에) CLT는 매우 간단합니다. CLT의 정의는 다음과 같습니다.

- 동일한 모집단에서 뽑은 표본이 충분히 많으면 표본의 평균은 정규 분포에 가깝습니다.
- 이 정규 분포의 평균은 모집단의 평균에 가깝습니다.
- 표본 평균의 분산(numpy.var를 사용해 계산함)은 모집단의 분산을 표본 크기로 나눈 값에 가깝습니다.

CLT의 예를 살펴보죠. 던질 때마다 0과 5 사이에서 랜덤한 실수가 나오는 주사위가 있다고 상상해 보죠. [예제 19-6]은 이 주사위를 여러 번 던지는 시뮬레이션을 수행하고 평균과 (예제 17-5에서 정의한 variance 함수를 사용해) 분산을 출력합니다. 그다음 주사위에서 나올 숫자의 범위를 보여주는 히스토그램을 그립니다. 주사위 100개를 여러 번 굴리는 시뮬레이션을 수행하고 (같은 피겨에) 주사위 100개의 평균값에 관한 히스토그램을 그립니다. 키워드 매개변수 hatch는 두 히스토그램을 구분하려고 사용했습니다.[4]

weights 매개변수의 값은 hist 함수의 첫 번째 인수와 길이가 동일한 배열입니다. 이 매개변수를 사용해 첫 번째 인수의 각 원소에 가중치를 부여합니다. 이 매개변수를 사용하면 히스토그램에서 첫 번째 인수의 각 값이 (일반적으로 1이 아니라) 해당하는 가중치만큼 구간 카운트에 기여합니다. 이 예에서는 가중치를 사용해 y값을 (절대적인 크기가 아니라) 각 구간에 상대적인 크기로 바꿉니다.

따라서 각 구간의 y축 값은 평균이 해당 구간에 속할 확률이 됩니다.

예제 19-6 실숫값이 나오는 주사위의 평균 추정하기

```
def plot_means(num_dice_per_trial, num_dice_thrown, num_bins,
               legend, color, style):
    means = []
    num_trials = num_dice_thrown//num_dice_per_trial
    for i in range(num_trials):
        vals = 0
        for j in range(num_dice_per_trial):
```

---

4 옮긴이_ hatch 매개변수는 막대그래프 등에 패턴을 채우는 데 사용합니다. 전체 해치(hatch) 스타일은 다음 주소를 참고하세요.
https://matplotlib.org/stable/gallery/shapes_and_collections/hatch_style_reference.html

```
                vals += 5*random.random()
            means.append(vals/num_dice_per_trial)
        plt.hist(means, num_bins, color = color, label = legend,
                weights = np.array(len(means)*[1])/len(means),
                hatch = style)
        return sum(means)/len(means), np.var(means)
mean, var = plot_means(1, 1000000, 11, '주사위 1개', 'y', '*')
print('주사위를 1개 굴렸을 때 평균 =', round(mean,4),
        '분산 =', round(var,4))
mean, var = plot_means(100, 1000000, 11,
                        '주사위 100개의 평균 ', 'c', '//')
print('주사위를 100개 굴렸을 때 평균 =', round(mean, 4),
        '분산 =', round(var, 4))
plt.title('실숫값이 나오는 주사위 굴리기')
plt.xlabel('값')
plt.ylabel('확률')
plt.legend(loc='center left', bbox_to_anchor=(1, 0.5)
```

이 코드를 실행하면 [그림 19-4]의 그래프와 다음과 같은 내용이 출력됩니다.

```
주사위를 1개 굴렸을 때 평균 = 2.4984 분산 = 2.0849
주사위를 100개 굴렸을 때 평균 = 2.4997 분산 = 0.0208
```

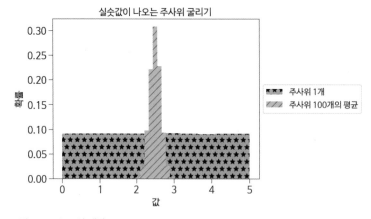

그림 19-4 CLT의 예시

두 경우 모두 평균은 기댓값 2.5에 상당히 가깝습니다. 공정한 주사위이므로 주사위가 1개일 때 확률 분포는 거의 완전한 균등 분포입니다.[5] 즉 정규 분포와는 상당히 거리가 멉니다. 하지만 주사위 100개에서의 평균값을 살펴보면, 이 분포는 기대 평균에서 정점에 도달하는 거의 완벽한 정규 분포입니다. 또한 주사위 100개의 평균에 대한 분산은 주사위 한 개에 대한 분산을 100으로 나눈 것에 가깝습니다. CLT에서 예견한 것과 모두 같습니다.

CLT가 맞는다는 것을 보았는데, 어떻게 활용할 수 있을까요? 술집에서 내기하는 데 도움이 될 수 있을지 모릅니다. 하지만 CLT의 진정한 가치는 모집단의 분포가 정규 분포가 아닐 때 신뢰 수준과 신뢰 구간을 계산할 때 사용할 수 있다는 점입니다. 17.4.2절에서 신뢰 구간을 살펴볼 때, 경험 규칙은 샘플링 공간의 속성에 대한 다음과 같은 가정을 바탕으로 한다고 언급했습니다.

- 추정 오차의 평균이 0입니다.
- 추정 오차의 분포가 정규 분포입니다.

가정이 성립할 때, 주어진 평균과 표준 편차의 신뢰 구간과 신뢰 수준을 추정하는 데 정규 분포에 대한 경험 규칙이 좋은 도구가 됩니다.

보스턴 마라톤 예제로 돌아가 보죠. [그림 19-5]의 그래프를 만드는 [예제 19-7]은 다양한 크기로 200개의 단순한 랜덤 표본을 뽑습니다. 표본 크기마다 200개 표본의 평균을 계산하고, 이 평균들의 평균과 표준 편차를 계산합니다. CLT에 따르면 표본 평균이 정규 분포를 따를 것이므로 표준 편차와 경험 규칙을 사용해 표본 크기마다 95% 신뢰 구간을 계산할 수 있습니다.

[그림 19-5]에서 보듯이 모든 추정값은 실제 모집단 평균에 가깝습니다. 하지만 추정 평균의 오차는 표본 크기가 커짐에 따라 지속해서 감소하지 않습니다. 데이터를 500개 사용한 추정값이 데이터를 300개 사용한 추정값보다 더 나쁩니다. 하지만 평균 추정의 신뢰도는 표본 크기가 커질수록 지속해서 좋아집니다. 표본 크기가 100에서 1500까지 증가하면서 신뢰 구간은 ±15에서 ±2.5로 감소합니다. 이것이 중요합니다. 운이 좋아서 좋은 추정값을 얻은 것으로는 충분하지 않습니다. 이 추정값을 얼마나 신뢰할 수 있는지 알아야 합니다.

---

5 이 주사위를 유한한 횟수만큼 굴렸기 때문에 '거의'입니다.

```
times = get_BM_data('bm_results2012.csv')['time']
mean_of_means, std_of_means = [], []
sample_sizes = range(100, 1501, 200)
for sample_size in sample_sizes:
    sample_means = []
    for t in range(200):
        sample = random.sample(times, sample_size)
        sample_means.append(sum(sample)/sample_size)
    mean_of_means.append(sum(sample_means)/len(sample_means))
    std_of_means.append(np.std(sample_means))
plt.errorbar(sample_sizes, mean_of_means, color = 'c',
             yerr = 1.96*np.array(std_of_means),
             label = '추정 평균과 95% CI')
plt.axhline(sum(times)/len(times), linestyle = '--', color = 'k',
            label = '모집단 평균')
plt.title('평균 완주 시간의 추정값')
plt.xlabel('표본 크기')
plt.ylabel('완주 시간(분)')
plt.legend(loc = 'best')
```

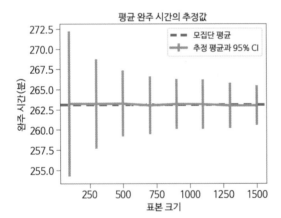

그림 19-5 오차 막대를 포함한 완주 시간 추정값

19.3 평균의 표준 오차

앞서 보았듯이 참가자 1,500명으로 구성된 랜덤 표본을 200개 추출하면 95% 신뢰도로 약 5분 범위에서 평균 완주 시간을 추정할 수 있습니다. 이 작업에 표본 평균의 표준 오차를 사용했습니다. 하지만 실제 전체 참가자보다 더 많은 데이터(200*1500 = 300,000)를 사용했으므로 그다지 유용하게 보이지 않습니다. 전체 모집단을 사용해 직접 실제 평균을 계산하는 편이 낫습니다. 하나의 표본을 사용해 신뢰 구간을 추정하는 방법이 필요합니다. 이제 평균의 **표준 오차**standard error(SE) 개념을 알아보겠습니다.

표본 크기 n에 대한 SE는 동일한 모집단에서 뽑은 크기가 n인 표본의 평균에 대한 표준 편차입니다. 이 값은 n과 모집단의 표준 편차인 σ에 의해 결정됩니다.

$$SE = \frac{\sigma}{\sqrt{n}}$$

[그림 19-6]은 [그림 19-5]에서 사용한 표본 크기에 대한 SE를 각 표본 크기에서 생성한 200개 표본 평균의 표준 편차와 비교합니다.[6]

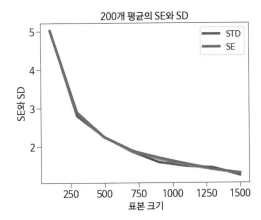

그림 **19-6** 평균의 SE

---

6 옮긴이_ 이 그래프를 그리는 코드는 번역서 깃허브에 있는 19장 노트북에 있습니다.

200개 표본 평균의 표준 편차가 SE와 매우 가깝습니다. SE와 SD 모두 처음에 빠르게 줄어들고 표본 크기가 커지면서 천천히 줄어듭니다. 이는 이 값이 표본 크기의 제곱근에 반비례하기 때문입니다. 다른 말로 하면 표준 편차를 절반으로 줄이려면 표본 크기를 네 배로 늘려야 합니다.

하지만 표본이 하나밖에 없다면 모집단의 표준 편차를 알지 못합니다. 일반적으로 표본의 표준 편차를 모집단의 표준 편차에 대한 합리적인 대안이라고 가정합니다. 이는 모집단의 분포가 정규 분포에서 아주 심각하게 벗어나지 않은 때에 해당합니다.

[예제 19-8]의 코드는 보스턴 마라톤 데이터에서 다양한 크기의 표본 100개를 만들고, 이 표본 평균의 표준 편차와 모집단의 표준 편차를 비교합니다. 이 코드는 [그림 19-7]의 그래프를 그립니다.

예제 19-8 표본 표준 편차 대 모집단 표준 편차

```python
times = get_BM_data('bm_results2012.csv')['time']
pos_std = np.std(times)
sample_sizes = range(2, 200, 2)
diffs_means = []
for sample_size in sample_sizes:
    diffs = []
    for t in range(100):
        diffs.append(abs(pos_std - np.std(random.sample(times,
                                                sample_size))))
    diffs_means.append(sum(diffs)/len(diffs))
plt.plot(sample_sizes, diffs_means)
plt.xlabel('표본 크기')
plt.ylabel('Abs(모집단 표준 편차 - 표본 표준 편차)')
plt.title('표본 표준 편차의 오차 대 표본 크기')
```

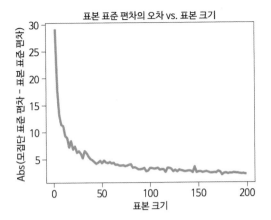

그림 19-7 표본 표준 편차

표본 크기가 100에 다다르면 표본 표준 편차와 모집단 표준 편차의 차이는 비교적 작습니다 (실제 평균 완주 시간의 약 1.2%).

실전에서 일반적으로 (알려지지 않은) 모집단의 표준 편차 대신에 표본의 표준 편차를 사용해 SE를 추정합니다. 표본 크기가 충분히 크고[7] 모집단 분포가 정규 분포와 크게 다르지 않다면 이 추정값을 사용해 경험 규칙으로 신뢰 구간을 계산해도 좋습니다.

이것은 무엇을 의미하나요? 참가자 200명으로 만든 표본이 하나 있다면 다음을 할 수 있습니다.

- 이 표본의 평균과 표준 편차를 계산합니다.
- 이 표본의 표준 편차를 사용해 SE를 추정합니다.
- 추정한 SE를 사용해 표본 평균의 신뢰 구간을 만듭니다.

[예제 19-9]는 위와 같은 작업을 10,000번 수행하고 모집단의 평균과 표본 평균의 차이가 1.96*SE보다 큰 비율을 출력합니다(정규 분포에서는 데이터의 95%가 평균에서 표준 편차의 1.96배 안에 들어 있음을 기억하세요).

---

7 '충분히 큰 표본을 추출하세요' 같은 지침을 따르는 것이 못마땅한가요? 안타깝지만 모집단에 관해 잘 모를 때 충분한 표본 크기를 고르는 간단한 방법은 없습니다. 많은 통계학자는 모집단이 대체로 정규 분포를 따를 때 30~40 정도의 표본 크기면 충분하다고 말합니다. 표본 크기가 더 작을 때는 t 분포를 사용해 신뢰 구간을 계산하면 좋습니다. t 분포는 정규 분포와 비슷하지만 양쪽 꼬리 부분이 더 두꺼워 신뢰 구간이 조금 더 넓습니다.

```
times = get_BM_data('bm_results2012.csv')['time']
pop_mean = sum(times)/len(times)
sample_size = 200
num_bad = 0
for t in range(10000):
    sample = random.sample(times, sample_size)
    sample_mean = sum(sample)/sample_size
    se = np.std(sample)/sample_size**0.5
    if abs(pop_mean - sample_mean) > 1.96*se:
        num_bad += 1
print('95% 신뢰 구간을 벗어난 비율 =', num_bad/10000)
```

코드를 실행하면 다음과 같이 출력됩니다.

```
95% 신뢰 구간을 벗어난 비율 = 0.0533
```

이 이론이 예측한 것과 아주 비슷하네요. CLT가 한 번 더 맞았습니다!

20장
실험 데이터 이해하기

이 장의 키워드

훅의 법칙 | 탄성 한계 | 스프링 상수 | 최소 적합 | 선형 회귀 | 다항 회귀 | 과대적합
결정 계수(R2) | 훈련 세트 | 테스트 세트 | 홀드아웃 세트 | 교차 검증

이 장은 실험 데이터를 이해하는 법을 다룹니다. 여러 그래프를 사용해 데이터를 시각화하고 선형 회귀를 사용해 실험 데이터를 위한 모델을 만드는 방법을 알아보겠습니다. 또한 물리적인 실험과 컴퓨터를 활용한 실험 간의 상호 작용에 관해서 이야기해 보겠습니다. 데이터에서 유효한 통계적 결론을 끌어내는 방법은 21장으로 미루겠습니다.

20.1 스프링 운동

스프링은 놀라운 물건입니다. 어떤 힘이 가해지면서 줄어들거나 늘어날 때 에너지를 저장합니다. 힘이 더 이상 가해지지 않으면 저장한 에너지를 내보냅니다. 이 성질을 사용해 자동차의 승차감을 좋게 하고, 몸에 맞게 침대 매트리스를 조정하고, 안전벨트를 원래대로 다시 집어넣고, 발사체를 쏘아 올립니다.

1676년, 영국 물리학자 로버트 훅Robert Hooke은 탄성에 관한 **훅의 법칙**Hooke's law을 $F = -kx$와 같이 공식화했습니다. 다른 말로 하면 스프링에 저장된 힘 F는 스프링이 줄어든 (또는 늘어난) 거리에 선형적으로 비례합니다(음수 기호는 스프링에서 나오는 힘의 방향이 스프링의 변위 방향과 반대임을 나타냅니다). 훅의 법칙은 생물학적 시스템을 포함한 다양한 물질과 시스템에 적용됩니다. 물론 스프링은 아주 큰 힘을 감당하지는 못합니다. 모든 스프링에는 이 법칙이 깨

지는 **탄성 한계**elastic limit가 있습니다. 스프링 장난감인 슬링키slinky를 너무 많이 늘려본 사람은 이를 잘 알 것입니다.

비례 상수 k를 **스프링 상수**spring constant라고 부릅니다. (자동차의 서스펜션이나 궁수의 활처럼) 스프링이 강하면 k가 큽니다. (볼펜의 스프링처럼) 스프링이 부드러우면 k가 작습니다.

특정 스프링의 스프링 상수를 아는 것이 중요할 수 있습니다. 간단한 저울이나 원자 현미경atomic force microscope을 교정하려면 스프링 상수를 알아야 합니다. DNA 가닥의 기계적 운동은 이를 압축하려면 필요한 힘과 관련이 있습니다. 활이 화살을 쏘는 힘은 활의 스프링 상수와 관련이 있습니다.

물리학과 학생들은 [그림 20-1]과 비슷한 실험 장치로 스프링 상수를 추정하는 방법을 배웁니다.

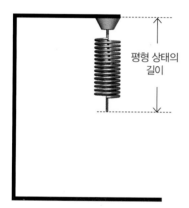
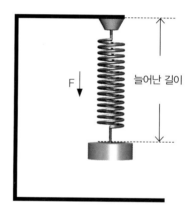

그림 20-1 고전적인 실험 방법

아무런 무게추를 달지 않은 채로 장치 윗부분에서 스프링 밑부분까지 거리를 잽니다. 그다음 질량을 아는 무게추를 스프링에 매달고 움직임이 멈출 때까지 기다립니다. 이때 스프링에 저장된 힘은 무게추를 매달아 스프링에 가해진 힘입니다. 이것이 훅의 법칙에서 F값입니다. 다시 한번 장치 윗면에서 스프링 아래까지 거리를 잽니다. 무게추를 달기 전후의 거리 차이가 훅의 법칙에서 x값이 됩니다.

스프링에 가해진 힘 F는 질량 m에 중력 가속도 g(지구 표면에서 중력 가속도의 근삿값은 9.81 m/s²)를 곱한 값이므로 F를 m*g로 대체할 수 있습니다. k에 대해 정리하면 k = −(m*g)/x 가 됩니다.

예를 들어 m = 1kg이고 x = 0.1m라고 가정하면 k값은 다음과 같습니다.

$$k = \frac{1kg * 9.81 m/s^2}{0.1m} = \frac{9.81N}{0.1m} = -98.1N/m$$

이 계산에 따르면 이 스프링을 1미터 늘이는 데 98.1뉴턴[newton] (N)[1]의 힘이 필요합니다.

이 방법이 통하려면 다음과 같은 조건이 필요합니다.

- 이 실험을 완벽하게 수행할 수 있다고 믿습니다. 여기서는 한 번만 측정한 후 계산해 k를 구했습니다. 불행하게도 실험 과학은 이런 식으로 처리하기 매우 힘듭니다.
- 스프링의 탄성 한계 이내에서 실험합니다.

조금 더 안정적으로 실험하려면 점점 더 무거운 무게추를 스프링에 매달고 매번 스프링의 길이를 재어 그래프를 그립니다. 실험을 수행하고 다음처럼 springData.csv 파일에 결과를 기록했습니다.[2]

```
Distance (m), Mass (kg)
0.0865,0.1
0.1015,0.15
...
0.4416,0.9
0.4304,0.95
0.437,1.0
```

[예제 20-1]의 함수는 이 파일에서 데이터를 읽어 거리와 질량을 담은 리스트를 반환합니다.

예제 20-1 파일에서 데이터 읽어 오기

```python
def get_data(input_file):
    with open(input_file, 'r') as data_file:
        distances = []
        masses = []
        data_file.readline() #헤더 행 건너 뛰기
```

---

1   뉴턴의 단위는 N이며 힘을 측정하는 국제 표준 단위입니다. 1N은 1kg의 질량을 1m/s2만큼 가속하려면 필요한 힘입니다. 슬링키의 스프링 상수는 약 1N/m입니다.
2   옮긴이_ 이 파일은 번역서의 깃허브 저장소에 있습니다.

```
        for line in data_file:
            d, m = line.split(',')
            distances.append(float(d))
            masses.append(float(m))
    return (masses, distances)
```

[예제 20-2]의 함수는 get_date 함수를 사용해 파일에서 실험 데이터를 추출하고 [그림 20-2]의 그래프를 그립니다.

예제 20-2 그래프 그리기

```
import numpy as np

def plot_data(input_file):
    masses, distances = get_data(input_file)
    distances = np.array(distances)
    masses = np.array(masses)
    forces = masses*9.81
    plt.plot(forces, distances, 'bo',
             label = '측정 길이')
    plt.title('스프링이 늘어난 길이')
    plt.xlabel('¦힘¦ (뉴턴)')
    plt.ylabel('거리 (미터)')

plot_data('springData.csv')
```

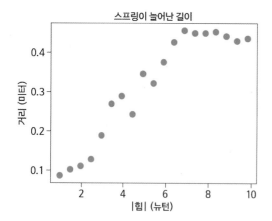

그림 20-2 스프링의 변위

이는 훅의 법칙이 예측한 것과 다릅니다. 훅의 법칙에 따르면 질량에 따라 거리가 선형적으로 증가합니다. 즉, 각 포인트는 스프링 상수에 해당하는 기울기의 직선 위에 놓여야 합니다. 물론 실제로 측정하면 실험 데이터가 이론에 완벽하게 맞을 때가 드물다는 것을 압니다. 측정 오차 때문에 포인트들은 직선 위가 아니라 직선 주위에 있을 것입니다.

그래도 측정 오류가 없을 때 포인트가 있을 법한 위치를 나타내는 직선을 보면 좋을 것 같습니다. 일반적으로는 어떤 직선을 데이터에 맞추는 방법을 사용합니다.

20.1.1 선형 회귀를 사용해 최적의 직선 찾기

곡선(직선도 포함함)을 데이터에 맞추려면 어떤 곡선이 데이터에 가장 잘 맞는지 결정하는 방법이 필요합니다. 이는 곡선이 데이터에 얼마나 잘 맞는지 정량적으로 평가하는 목적 함수objective function를 정의해야 한다는 뜻입니다. 목적 함수가 준비되면 최적의 곡선을 찾는 작업을 목적 함수의 값을 최소화(또는 최대화)하는 곡선을 찾는 문제, 즉 최적화 문제(14장과 15장 참조)로 표현할 수 있습니다.

가장 널리 사용하는 목적 함수는 **최소 제곱**least squares입니다. *observed*와 *predicted*가 동일 길이의 벡터라고 가정해 보죠. 여기서 *observed*는 측정 포인트를 담고 *predicted*는 현재 곡선에 해당하는 데이터 포인트입니다.

이 목적 함수는 다음과 같이 정의됩니다.

$$\sum_{i=0}^{len(observed)-1} \left(observed[i] - predicted[i] \right)^2$$

*observed*와 *predicted* 포인트 사이의 거리를 제곱하면 거리 차이가 큰 것이 작은 것보다 상대적으로 중요해집니다. 또한 차이를 제곱하면 이 차이가 양수인지 음수인지에 관한 정보를 무시하게 됩니다.

최소 제곱을 최소화하는 최적의 곡선을 어떻게 찾을까요? 3장의 뉴턴-랍슨 알고리즘과 비슷한 연속적인 근사 알고리즘을 사용하는 것이 한 가지 방법입니다. 또는 분석적인 솔루션을 적용할 수 있을 때도 많습니다. 하지만 뉴턴-랍슨 방법이나 분석적인 솔루션을 구현할 필요가 없습니다. numpy가 제공하는 polyfit 함수로 최소 제곱을 최소화하는 곡선을 찾을 수 있기 때문입니다.

```
np.polyfit(observed_x_vals, observed_y_vals, n)
```

위 코드를 실행하면 observed_x_vals와 observed_y_vals 배열에 정의된 포인트에 대해 최소 제곱을 최소화하는 최적의 n차 다항식의 계수를 찾습니다. 예를 들어 다음을 실행하면 y = ax + b 다항식으로 그려지는 직선을 찾습니다. 여기에서 a는 직선의 기울기이고 b는 y 축의 절편입니다.

```
np.polyfit(observed_x_vals, observed_y_vals, 1)
```

이 함수는 두 개의 부동소수점 값을 담은 배열을 반환합니다. 비슷하게 포물선은 2차 방정식 $y = ax^2 + bx + c$와 같은 형태입니다. 따라서 다음 코드를 실행하면 세 개의 부동소수점 값을 담은 배열이 반환됩니다.

```
np.polyfit(observed_x_vals, observed_y_vals, 2)
```

polyfit에서 사용하는 알고리즘을 **선형 회귀**linear regression라고 부릅니다. 직선 대신 곡선도 학습시킬 수 있기 때문에 이름이 조금 혼동될 수 있습니다. 어떤 사람들은 선형 회귀(모델이 직선일 때)와 **다항 회귀**polynomial regression(모델이 1보다 큰 차수의 다항식일 때)를 구분합니다. 하지만 대부분은 별도로 구분하지 않습니다.[3]

[예제 20-3]의 fit_data 함수는 [예제 20-2]에 있는 plot_data 함수를 확장한 것으로, 데이터에 가장 잘 맞는 직선을 추가했습니다. polyfit 함수를 사용해 계수 a와 b를 찾고 이 계수를 사용해 각 힘에 대한 스프링 변위를 예측합니다. forces와 distances를 처리하는 방식이 다릅니다. (스프링에 매단 무게추에서 계산한) forces에 있는 값은 독립 변수independent variable로 간주해 (질량을 매달아 발생한 변위의 예측값인) 종속 변수dependent variable predicted_distances의 값을 만드는 데 사용합니다.

이 함수는 스프링 상수 k도 계산합니다. 직선의 기울기 a는 Δdistance/Δforce입니다. 반대로

---

3   다항 회귀가 데이터에 비선형 모델을 맞추지만, 이 모델이 추정하려는 미지의 파라미터에 대해서는 선형이기 때문입니다.

스프링 상수는 Δforce/Δdistance입니다. 결과적으로 k는 a의 역수입니다.

예제 20-3 데이터에 가장 잘 맞는 곡선 찾기

```
def fit_data(input_file):
    masses, distances = get_data(input_file)
    distances = np.array(distances)
    forces = np.array(masses)*9.81
    plt.plot(forces, distances, 'bo',
            label = '측정 길이')
    plt.title('스프링이 늘어난 길이')
    plt.xlabel('¦힘¦ (뉴턴)')
    plt.ylabel('거리 (미터)')
    #선형 회귀 계수 찾기
    a,b = np.polyfit(forces, distances, 1)
    predicted_distances = a*np.array(forces) + b
    k = 1.0/a
    plt.plot(forces, predicted_distances,
            label = f'선형 회귀, k = {k:.4f}')
    plt.legend(loc = 'best')
```

fit_data('springData.csv')를 실행하면 [그림 20-3]의 그래프를 그립니다.

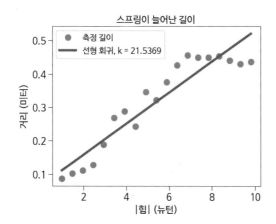

그림 20-3 측정 데이터와 선형 모델

매우 적은 개수의 포인트만 최소 제곱으로 찾은 직선 위에 있습니다. 직선 위에 놓인 포인트 개

수를 최대화하려는 것이 아니라 제곱 오차의 합을 최소화하려고 했으므로 당연합니다. 하지만 아주 좋은 모델 같지는 않군요. fit_data 코드에 다음을 추가해 3차 다항식을 찾아보겠습니다.

```
#3차 다항식 계수 찾기
fit = np.polyfit(forces, distances, 3)
predicted_distances = np.polyval(fit, forces)
plt.plot(forces, predicted_distances, 'k:', label = '3차 다항 회귀')
```

이 코드에서 polyval 함수를 사용해 3차 다항식 위에 놓인 포인트를 만들었습니다. 이 함수는 인수를 두 개 받습니다. 다항식 계수와 다항식을 평가하기 위한 x축의 값입니다.

```
fit = np.polyfit(forces, distances, 3)
predicted_distances = np.polyval(fit, forces)
```

위 코드를 다음처럼 바꿀 수 있습니다.

```
a,b,c,d = np.polyfit(forces, distances, 3)
predicted_distances = a*(forces**3) + b*forces**2 + c*forces + d
```

이 코드는 [그림 20-4]의 그래프를 만듭니다. 3차 다항 곡선은 선형 직선보다 훨씬 좋은 모델 같군요. 맞나요? 아마 아닐 것입니다.

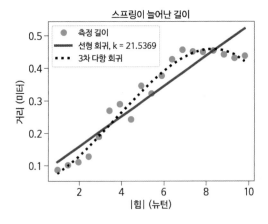

그림 20-4 선형 직선과 3차 다항 곡선

원본 데이터와 이 데이터에 맞춘 곡선을 보여주는 이와 같은 그래프를 잘 알려진 기술 문서에서 자주 볼 수 있습니다. 하지만 많은 저자가 학습된 곡선이 실제 상황을 설명하고 원본 데이터는 측정 오류라고 가정합니다. 이런 가정은 위험할 수 있습니다.

x와 y값 사이의 관계가 3차식이 아니라 선형이라는 가정으로 시작했습니다. 선형 직선과 3차 방정식을 사용해 1.5kg의 무게추를 매달았을 때의 포인트 위치를 예측하면 [그림 20-5]와 같습니다.

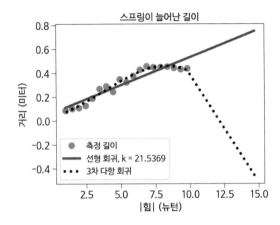

그림 20-5 모델을 사용해 예측하기

이제 3차 다항 곡선이 그렇게 좋아 보이지 않는군요. 특히 (y값이 음수이므로) 스프링에 무거운 무게추를 매달았다고 스프링이 장치 위로 늘어날 것 같지 않습니다. 이는 **과대적합**overfitting의 예입니다. 전형적으로 과대적합은 모델이 과도하게 복잡할 때 일어납니다. 예를 들어 데이터양에 비해 너무 많은 파라미터가 있을 때입니다. 이럴 때 모델은 데이터에 있는 의미 있는 관계가 아니라 잡음을 따라갈 수 있습니다. 이 예제에서 보듯이 과대적합된 모델은 일반적으로 나쁜 예측 성능을 보입니다.

 **뇌풀기 문제**

[예제 20-3]을 수정해서 [그림 20-5]의 그래프를 만들어 보세요.

선형 모델로 돌아가 보죠. 선은 잠시 잊어버리고 원본 데이터를 살펴보겠습니다. 이상한 점이 있나요? 오른쪽 끝의 여섯 개 포인트로 직선을 그린다면 거의 x축에 평행할 것입니다. 이는 훅의 법칙에 위배됩니다. 훅의 법칙은 탄성 한계에 도달할 때까지 유지됨을 기억하세요. 아마도 이 스프링의 한계는 7N(대략 0.7kg) 근처인 것 같습니다.

`fit_data`의 두 번째 라인을 다음처럼 바꾸어 마지막 포인트 여섯 개를 제외해 보겠습니다.

```
distances = np.array(distances[:-6])
masses = np.array(masses[:-6])
```

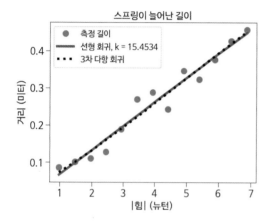

그림 20-6 탄성 한계 전까지의 데이터로 만든 모델

[그림 20-6]에서 보듯이 포인트를 삭제하니 모델이 달라졌습니다. k값이 크게 줄어들었고 선형 직선과 3차 다항 곡선이 거의 차이 나지 않습니다. 하지만 두 모델 중 어느 쪽이 탄성 한계까지 스프링의 동작 방식을 잘 표현하는지 어떻게 알 수 있을까요? 통계적인 테스트를 사용해 어떤 직선이 데이터에 더 잘 맞는지 결정할 수 있습니다. 하지만 이는 핵심을 벗어납니다. 이는 통계로 답할 수 있는 질문이 아닙니다. 모든 데이터를 버리고 포인트를 두 개만 남기면 `polyfit`이 두 포인트를 지나는 완벽한 직선을 찾을 것입니다. 더 좋은 모델을 만들려고 실험 결과를 버리는 일은 절대 적절하지 않습니다.[4] 여기서는 스프링에 탄성 한계가 있다는 훅의 법

---

4 사람들이 절대로 이런 일을 하지 않는다는 뜻은 아닙니다.

칙을 따라서 오른쪽의 포인트를 정당하게 버렸습니다. 이 정당성을 데이터의 다른 위치에 있는 데이터를 삭제하는 데 사용하는 것은 적절하지 않습니다.

20.2 발사체 운동

스프링 늘리기에 지루해질 즈음 스프링으로 발사체를 쏘는 장치를 만들기로 했습니다.[5] 이 장치를 네 번 사용해 발사체를 30야드(yd)(1080인치(in)) 밖의 타깃에 쏘았습니다. 매번 발사 지점에서부터 거리에 따라 발사체의 높이를 쟀습니다. 발사 지점과 타깃은 동일한 높이에 있으며 데이터에는 0.0in로 나타납니다.

[예제 20-4]에 이 데이터의 일부가 있으며, 전체 데이터는 launcherData.csv 파일에 있습니다.[6] 첫 번째 열에는 발사체의 거리가 있습니다. 다른 열은 네 번의 시도에서의 발사체 높이입니다. 모든 측정값은 인치 단위입니다.

예제 20-4 발사체 실험 데이터

```
Distance,Trial1,Trial2,Trial3,Trial4
1080,0.0,0.0,0.0,0.0
1044,2.25,3.25,4.5,6.5
...
180,13.0,13.0,13.0,13.0
0,0.0,0.0,0.0,0.0
```

[예제 20-5]는 네 번의 시도에 대해 발사 지점으로부터 거리에 따른 발사체의 평균 높이를 그립니다. 또한 이 포인트에 대한 선형 직선과 2차 다항 곡선을 그립니다. 참고로 리스트에 정수를 곱하는 [0]*len(distances) 표현식은 0으로 채워진 길이가 len(distances)인 리스트를 만듭니다.

---

5   발사체는 발사된 후 힘의 작용으로 공간을 가로질러 나아가는 물체입니다. 공공의 안전을 위해 이 실험에 사용된 발사 장치를 설명하지 않을 것입니다. 굉장했다는 말로 충분합니다.

6   옮긴이_ 이 파일은 번역서의 깃허브 저장소에 있습니다.

```
def get_trajectory_data(file_name):
    distances = []
    heights1, heights2, heights3, heights4 = [],[],[],[]
    with open(file_name, 'r') as data_file:
        data_file.readline()
        for line in data_file:
            d, h1, h2, h3, h4 = line.split(',')
            distances.append(float(d))
            heights1.append(float(h1))
            heights2.append(float(h2))
            heights3.append(float(h3))
            heights4.append(float(h4))
    return (distances, [heights1, heights2, heights3, heights4])


def process_trajectories(file_name):
    distances, heights = get_trajectory_data(file_name)
    num_trials = len(heights)
    distances = np.array(distances)
    #거리마다 평균 높이를 담은 배열 만들기
    tot_heights = np.array([0]*len(distances))
    for h in heights:
        tot_heights = tot_heights + np.array(h)
    mean_heights = tot_heights/len(heights)
    plt.title('발사체 궤적 ('\
              + str(num_trials) + '번 시도의 평균)')
    plt.xlabel('발사 지점에서부터 거리')
    plt.ylabel('발사 지점에서부터 높이')
    plt.plot(distances, mean_heights, 'ko')
    fit = np.polyfit(distances, mean_heights, 1)
    altitudes = np.polyval(fit, distances)
    plt.plot(distances, altitudes, 'b', label = '선형 회귀')
    fit = np.polyfit(distances, mean_heights, 2)
    altitudes = np.polyval(fit, distances)
    plt.plot(distances, altitudes, 'k:', label = '다항 회귀')
    plt.legend()


process_trajectories('launcherData.csv')
```

[그림 20-7]을 보면 2차 다항 곡선이 직선보다 훨씬 더 잘 맞습니다.[7] 하지만 절대적인 관점에서 직선이 얼마나 나쁘고, 2차 곡선이 얼마나 좋은 걸까요?

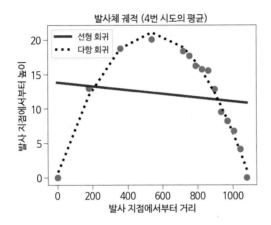

그림 20-7 궤적 그래프

20.2.1 결정 계수

일련의 데이터에 곡선을 맞출 때 독립 변수(이 예에서는 발사 위치에서 수평 방향으로의 거리)에서 종속 변수(이 예에서는 발사 지점에서 수직 높이)의 예측값을 계산하는 함수를 찾습니다. 어느 곡선이 좋은지는 이 예측의 정확도를 묻는 말과 같습니다. 평균 제곱 오차를 최소화해 이 곡선을 찾았음을 기억하세요. 따라서 최소 제곱 오차를 계산해 어떤 곡선이 좋은지 평가할 수 있습니다. 이 방식의 문제점은 평균 제곱 오차에는 하한(0)이 있지만 상한이 없다는 것입니다. 따라서 평균 제곱 오차는 동일 데이터에서 만든 두 곡선을 상대적으로 비교하는 데 유용합니다. 반면 모델의 절대적인 성능을 평가하는 데는 유용하지 않습니다.

흔히 R^2이라 쓰는 **결정 계수**coefficient of determination를 사용해 모델의 절대적인 성능을 계산할 수 있습니다.[8] y_i가 i번째 관측값이고, p_i가 이에 해당하는 모델의 예측값이고, μ가 관측값의 평균일

---

7 그래프를 보고 발사체가 높은 각도로 날아갔다고 오해하지 마세요. 그래프의 수평축과 수직축의 스케일이 달라서 그렇게 보일 뿐입니다.

8 결정 계수의 다른 정의도 있습니다. 여기에서 제공하는 정의는 일반적으로 선형 회귀 모델의 품질을 평가하는 데 사용합니다.

때 결정 계수는 다음과 같이 정의됩니다.

$$R^2 = 1 - \frac{\sum_i (y_i - p_i)^2}{\sum_i (y_i - \mu)^2}$$

추정 오차(분자)와 원본값의 변동성(분모)을 비교함으로써 R^2는 통계 모델로 설명되는 데이터셋의 (평균 대비) 변동성 비율을 포착합니다. 선형 회귀로 만든 모델의 R^2값은 항상 0과 1 사이에 놓입니다. $R^2=1$이면 모델은 데이터를 완벽하게 표현합니다.[9] $R^2=0$이면 모델의 예측값과 데이터가 평균 주위에 분포된 방식 사이에는 아무런 관련이 없습니다.[10]

[예제 20-6]에 이 측정 방식을 그대로 구현했습니다. 넘파이 배열 연산의 표현력 덕분에 간단하게 구현할 수 있습니다. (predicted - measured)**2 표현식은 한 배열의 원소를 다른 배열의 원소에서 뺀 후 결과 배열에 있는 각 원소를 제곱합니다. (measured - mean_of_measured)**2 표현식은 measured 배열에서 스칼라값 mean_of_measured를 뺀 후 결과 배열에 있는 각 원소를 제곱합니다.

예제 20-6 R^2 계산하기

```python
def r_squared(measured, predicted):
    """measured는 측정값을 담은 1차원 배열이고
       predicted는 예측값을 담은 1차원 배열이라고 가정합니다.
       결정 계수를 반환합니다."""
    estimated_error = ((predicted - measured)**2).sum()
    mean_of_measured = measured.sum()/len(measured)
    variability = ((measured - mean_of_measured)**2).sum()
    return 1 - estimated_error/variability
```

다음 코드를 [예제 20-5]에 있는 process_trajectories 함수의 plt.legend() 위에 추가합니다.

```python
print('선형 직선의 r**2 =', r_squared(mean_heights, altitudes))
print('2차 다항 곡선의 r**2 =', r_squared(mean_heights, altitudes))
```

---

9 옮긴이_ $(y_i - p_i)$가 0일 때, 즉 예측이 완벽하게 맞은 경우입니다.

10 옮긴이_ p_i가 μ일 때, 즉 모델이 데이터셋의 평균을 예측하는 경우입니다.

출력은 다음과 같습니다.

```
선형 직선의 r**2 = 0.0177433205440769
2차 다항 곡선의 r**2 = 0.9857653692869693
```

간략하게 말하면 선형 모델로는 측정 데이터에 있는 변동성의 2% 정도를 설명할 수 있지만, 2차 다항 모델로는 변동성의 98%를 설명할 수 있습니다.

20.2.2 계산 모델 사용하기

데이터에 잘 맞는 모델을 얻었으니 이를 사용해 원본 데이터에 관한 질문에 답을 구할 수 있습니다. 궁금한 것 중 하나는 발사체가 타깃에 맞았을 때 수평 방향 속도입니다. 이 질문에 답을 구하는 계산을 다음처럼 생각해 볼 수 있습니다.

1. 발사체의 궤적은 $y = ax^2 + bx + c$ 식, 즉 포물선을 따라 변합니다. 모든 포물선은 꼭짓점을 중심으로 대칭이므로 발사 지점과 타깃 사이의 중간 위치에서 정점에 도달합니다. 이 거리를 $xMid$라고 하죠. 따라서 정점의 높이를 $yPeak$라 하면 $yPeak = a * xMid^2 + b * xMid + c$입니다.

2. (완벽한 모델은 없으므로) 공기 저항을 무시한다면 발사체가 $yPeak$에서 타깃까지 떨어지는 데 걸리는 시간을 계산할 수 있습니다. 이는 순수하게 중력에 관한 함수이며, $t = \sqrt{(2 * yPeak)/g}$처럼 계산할 수 있습니다.[11] 발사체가 타깃에 도달하면 멈추므로, 이 시간은 xMid에서 타깃까지 수평 거리를 날아가는 데 걸리는 시간이기도 합니다.

3. $xMid$에서 타깃까지 걸리는 시간을 사용해 이 구간 동안 발사체의 평균 수평 속도를 계산할 수 있습니다. 이 구간에서 발사체가 수평 방향으로 가속되거나 감속되지 않는다고 가정하면 이 평균 수평 속도를 타깃에 도달할 때 수평 속도로 추정할 수 있습니다.

[예제 20-7]은 이 기법을 사용해 발사체의 수평 속도를 추정합니다.[12]

---

11 등가속도 운동 공식에서 이 식을 유도할 수 있지만 그냥 찾아보는 편이 더 쉽습니다. https://ko.wikipedia.org/wiki/포물선_운동

12 이 속도의 수직 성분은 단순히 [예제 20-7]에 있는 g와 t의 곱이므로 쉽게 계산할 수 있습니다.

```
def get_horizontal_speed(quad_fit, min_x, max_x):
    """quad_fit는 2차 다항식의 계수이고, min_x와 max_x는 인치 단위 거리라고 가정합니다.
        초당 피트 단위로 수평 속도를 반환합니다."""
    inches_per_foot = 12
    x_mid = (max_x -min_x)/2
    a,b,c = quad_fit[0], quad_fit[1], quad_fit[2]
    y_peak = a*x_mid**2 + b*x_mid + c
    g = 32.16*inches_per_foot #중력 가속도(inches/sec/sec)
    t = (2*y_peak/g)**0.5 #정점에서 타깃까지 시간(초)
    print('수평 속도 =',
          int(x_mid/(t*inches_per_foot)), 'feet/sec')
```

get_horizontal_speed(fit, distances[-1], distances[0])를 [예제 20-5]의 process_trajectories 함수 끝에 추가하면 다음처럼 출력합니다.

수평 속도 = 136 feet/sec

방금 따라 한 과정은 다음과 같은 일반적인 패턴을 따릅니다.

1. 실험을 수행해 물리적 시스템의 운동 데이터를 얻습니다.
2. 계산적으로 시스템 운동에 대한 모델을 찾고 품질을 평가합니다.
3. 마지막으로 약간의 이론과 분석을 활용해 간단한 계산을 고안해 모델에서 흥미로운 결과를 유도합니다.

 뇌풀기 문제

진공에서 낙하하는 물체의 속도는 $v = v0 + gt$로 정의됩니다. 여기에서 $v0$는 물체의 초기 속도이고, t는 물체가 떨어지는 시간(초)입니다. g는 중력 가속도로, 지구에서는 대략 9.8 m/sec^2이고 화성에서는 3.711 m/sec^2입니다. 한 과학자가 알려지지 않은 행성에서 물체의 낙하 속도를 측정합니다. 여러 다른 시간 지점에서 물체의 낙하 속도를 측정합니다. 시간 0에서 물체의 속도 $v0$는 알 수 없습니다. 시간과 속도 데이터로 모델을 만들고 행성의 g와 실험에 사용한 $v0$를 추정하는 함수를 구현하세요. 이 함수는 알려지지 않은 g와 $v0$의 추정값과 모델의 R^2도 반환해야 합니다.

20.3 지수적으로 분포된 데이터 다루기

polyfit 함수는 선형 회귀를 사용해 데이터에서 최소 제곱 오차가 가장 적은 (주어진 차수의) 다항식을 찾습니다. 데이터를 다항식으로 근사할 수 있을 때 잘 동작합니다. 하지만 항상 이렇게 할 수는 없습니다. 예를 들어 y = 3^x 같이 지수적으로 성장하는 함수를 생각해 보죠. [예제 20-8]은 이 식의 처음 10포인트에 5차 다항식을 적용하고 결과를 [그림 20-8]과 같은 그래프로 그립니다. np.arange(10)를 사용해 0~9까지 정수를 담은 배열을 만듭니다. markeredgewidth = 2 파라미터는 마커에 사용하는 선 두께를 지정합니다.

예제 20-8 지수적으로 분포된 데이터에 다항 곡선 맞추기

```
vals = []
for i in range(10):
    vals.append(3**i)
plt.plot(vals,'ko', label = '실제 포인트 ')
xVals = np.arange(10)
fit = np.polyfit(xVals, vals, 5)
y_vals = np.polyval(fit, xVals)
plt.plot(y_vals, 'kx', label = '예측 포인트',
        markeredgewidth = 2, markersize = 25)
plt.title('y = 3**x 모델')
plt.legend(loc = 'upper left')
```

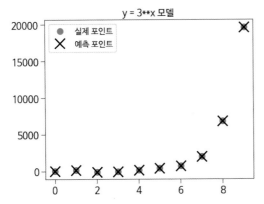

그림 20-8 지수적인 분포에 모델 맞추기

모델이 이 데이터 포인트에 잘 맞습니다. 하지만 3^{20}에 대한 모델의 예측을 살펴보죠. 다음 코드를 [예제 20-8] 끝에 추가합니다.

```
print('3**20에 대한 모델의 예측은 약', np.polyval(fit, [3**20])[0])
print('실제 3**20의 값은', 3**20)
```

출력은 다음과 같습니다.

```
3**20에 대한 모델의 예측은 약 2.4547827637212505e+48
실제 3**20의 값은 3486784401
```

맙소사! 데이터에 맞추었음에도 polyfit이 만든 모델은 확실히 좋지 않습니다. 다항식의 차수가 5이기 때문일까요? 아닙니다. 지수 분포에 잘 맞는 다항 곡선이 없기 때문입니다. 그렇다면 polyfit으로 지수 분포를 위한 모델을 만들 수 없다는 뜻일까요? 다행히 아닙니다. polyfit을 사용해 원본 독립 변숫값과 종속 변수의 로그값 사이의 관계를 표현하는 곡선을 찾을 수 있습니다.

지수적으로 증가하는 시퀀스 [1, 2, 4, 8, 16, 32, 64, 128, 256, 512]가 있다고 가정해 보죠. 각 값에 밑이 2인 로그를 적용하면 선형적으로 증가하는 시퀀스 [0, 1, 2, 3, 4, 5, 6, 7, 8, 9]를 얻습니다. $y = f(x)$가 지수적으로 성장하면 $f(x)$의 (어떤 밑을 가진) 로그는 선형적으로 성장합니다. 로그 스케일의 y축을 사용해 지수 함수를 그려 보면 알 수 있습니다.

```
x_vals, y_vals = [], []
for i in range(10):
    x_vals.append(i)
    y_vals.append(3**i)
plt.plot(x_vals, y_vals, 'k')
plt.semilogy()
```

위 코드는 [그림 20-9]를 그립니다.

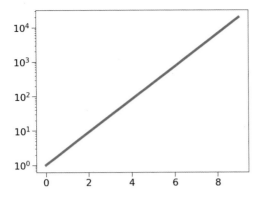

그림 20-9 로그 스케일을 사용한 지수 그래프

지수 함수에 로그를 취하면 선형 함수가 된다는 사실을 활용해 [예제 20-9]처럼 지수적으로 분포된 데이터셋에서 모델을 만들 수 있습니다. polyfit을 사용해 x값과 y값의 로그에 맞는 곡선을 찾습니다. 여기서 log 함수를 제공하는 또 다른 파이썬 표준 모델인 math를 사용합니다(np.log2를 사용해도 되지만 math가 좀 더 일반적인 로그 함수를 제공합니다).

예제 20-9 polyfit을 사용해 지수 분포에 맞는 곡선 찾기

```
import math

def create_data(f, x_vals):
    """f는 인수가 하나인 함수이고, x_vals는 f의 인수를 담은 배열이라고 가정합니다.
       x_vals에 f를 적용한 결과를 담은 배열을 반환합니다."""
    y_vals = []
    for i in x_vals:
        y_vals.append(f(x_vals[i]))
    return np.array(y_vals)

def fit_exp_data(x_vals, y_vals):
    """x_vals와 y_vals는 y_vals[i] == f(x_vals[i])를 만족하는 숫자 배열이고,
       f는 지수 함수라고 가정합니다.
       log(f(x), base) == ax + b인 a, b, base를 반환합니다."""
    log_vals = []
    for y in y_vals:
        log_vals.append(math.log(y, 2)) #밑이 2인 로그값 추가
    fit = np.polyfit(x_vals, log_vals, 1)
    return fit, 2
```

다음 코드를 실행하면 실젯값과 예측값이 일치하는 [그림 20-10]을 출력합니다.

```
x_vals = range(10)
f = lambda x: 3**x
y_vals = create_data(f, x_vals)
plt.plot(x_vals, y_vals, 'ko', label = '실젯값')
fit, base = fit_exp_data(x_vals, y_vals)
predictedy_vals = []
for x in x_vals:
    predictedy_vals.append(base**np.polyval(fit, x))
plt.plot(x_vals, predictedy_vals, label = '예측값')
plt.title('지수 함수 훈련하기')
plt.legend(loc = 'upper left')
#원본 데이터에 없는 x값 조사하기
print('f(20) =', f(20))
print('예측값 =', int(base**(np.polyval(fit, [20]))))
```

또한 모델을 만들 때 사용하지 않은 값인 20으로 테스트하면 다음과 같이 출력됩니다.

```
f(20) = 3486784401
예측값 = 3486784401
```

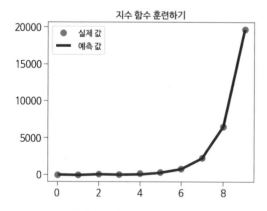

그림 20-10 지수 함수를 위한 모델

polyfit을 사용해 데이터에 맞는 모델을 찾는 방법은 $y = base^{ax+b}$와 같은 관계가 있을 때 잘 동작합니다. 모델이 잘 맞지 않는 데이터를 사용하면 나쁜 결과가 나옵니다.

이를 확인하려면 다음 식을 사용해 y_vals를 만들어 보세요.

```
f = lambda x: 3**x + x
```

이 모델은 다음과 같이 나쁜 예측을 만듭니다.

```
f(20) = 3486784421
예측값 = 747520352
```

20.4 이론이 없을 때

이 장에서 이론과학, 실험 과학, 계산 과학의 상호 작용을 강조했습니다. 하지만 이따금 흥미로운 데이터가 많지만 이론이 거의 없거나 전무할 때가 있습니다. 이런 때는 계산적인 방법에 의존해 이론을 세우고 데이터에 맞는 모델을 만듭니다.

이상적인 세상에서는 통제된 실험(예: 스프링에 무게추 달기)을 수행하고, 결과를 분석하고, 이 결과에 일치하는 모델을 만듭니다. 그다음 새로운 실험(예: 동일한 스프링에 다른 무게추 달기)을 수행하고 이 실험의 결과와 모델의 예측을 비교합니다.

불행하게도 하나의 통제된 실험을 수행할 수 없을 때가 많습니다. 예를 들어 이자율이 주가에 얼마나 영향을 미치는지 보여주는 모델을 만든다고 상상해 보세요. 극소수의 사람만이 이자율을 바꾸고 어떤 일이 일어나는지 볼 수 있습니다. 하지만 이와 관련된 과거 데이터는 풍부합니다.

이런 상황에서는 기존 데이터를 **훈련 세트**^{training set}와 (**테스트 세트**^{test set}로 사용할) **홀드아웃 세트**^{holdout set}로 나눠 시뮬레이션할 수 있습니다. 홀드아웃 세트를 사용하지 않고 훈련 세트로 모델을 만듭니다. 예를 들어 훈련 세트에서 합리적인 R^2 점수를 내는 곡선을 찾습니다. 그다음 홀드아웃 세트로 모델을 테스트합니다. 대부분 모델은 홀드아웃 세트보다 훈련 세트에 더 잘 맞습니다. 하지만 모델이 좋다면 홀드아웃 세트에 꽤 잘 맞아야 합니다. 그렇지 않다면 모델을 폐기해야 합니다.

훈련 세트를 어떻게 선택해야 할까요? 훈련 세트는 데이터셋을 전반적으로 대표해야 합니다. 이를 만드는 한 가지 방법은 훈련 세트에서 샘플을 무작위로 선택하는 것입니다. 데이터셋이 클 때는 보통 이 방법이 꽤 잘 동작합니다.

비슷하지만 조금 다르게 모델을 검증하는 방법은 원본 데이터에서 랜덤하게 선택한 서브셋subset에서 모델을 훈련train하고 다른 모델과 서로 비교하는 것입니다. 모델이 서로 많이 비슷하다면 꽤 좋다고 생각할 수 있습니다. 이런 방법을 **교차 검증**cross validation이라 합니다.

교차 검증은 24장에서 더 자세히 설명하겠습니다.

21장
무작위 시험과 가설 검정

이 장의 키워드

무작위 시험 | 실험군 | 대조군 | 통계적 유의성 | 가설 검정 | t 검정 | 체리 피킹 | FWER
빈도주의 통계학 | 베이즈 통계학 | 조건부 확률 | 베이즈 이론 | 사후 확률 | 지지도

닥터 X는 프로 사이클 선수가 더 빠르게 달리도록 돕는 PED−X라는 약을 발명했습니다. 이 약을 시장에서 판매하려고 할 때, 선수들은 현재 사용이 금지된 약물인 PED−Y보다 PED−X가 더 뛰어남을 입증하라고 요청했습니다. 닥터 X는 몇 사람에게 투자받아 **무작위 시험**randomized trial을 시작했습니다.

그는 프로 사이클 선수 200명을 설득해 시험에 참가하도록 했습니다. 그다음 이들을 랜덤하게 **실험군**treatment group과 **대조군**control group으로 나누었습니다. 실험군의 참가자는 PED−X를 받습니다. 대조군의 참가자는 PED−Y를 받지만, PED−X를 받는다고 알려주었습니다.

모든 사이클 선수는 가능한 한 빠르게 자전거로 50마일을 달립니다. 각 그룹의 완주 시간은 정규 분포를 띱니다. 실험군의 평균 완주 시간은 118.61분이었고 대조군의 평균 완주 시간은 120.62분이었습니다. [그림 21−1]은 사이클 선수들의 완주 시간을 보여줍니다.[1]

---

1 옮긴이_ 이 그래프를 그리는 코드는 잠시 후에 소개합니다.

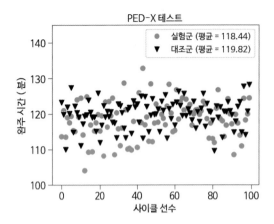

그림 21-1 사이클 선수의 완주 시간

닥터 X는 고무되었지만, 한 통계학자는 한 그룹이 다른 그룹보다 평균이 낮은 것은 거의 필연적이며 평균의 차이는 우연에 따른 것이라고 지적했습니다. 이 통계학자는 닥터 X의 의기소침한 얼굴을 보고 이 실험의 통계적 유의성을 확인하는 방법을 알려주겠다고 했습니다.

21.1 유의성 검증하기

모집단에서 랜덤하게 표본을 추출하는 모든 실험에서는 관측된 효과가 순전히 우연히 일어날 가능성이 항상 있습니다. [그림 21-2]는 2020년 1월의 온도가 1981년부터 2010년까지 평균 온도와 얼마나 다른지 보여줍니다. 지구상에서 랜덤하게 20개 지역을 선택해 표본을 만들었을 때, 이 표본의 평균 온도 변화가 +1℃라고 가정해 보죠. 우연히 선택한 지역의 평균 온도의 차이가 지구 전체의 온난화가 아니라 이미지 생성 과정에서 발생한 노이즈일 확률은 얼마일까요? 이 질문의 답을 구하는 것이 **통계적 유의성**statistical significance의 핵심입니다.

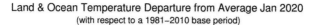

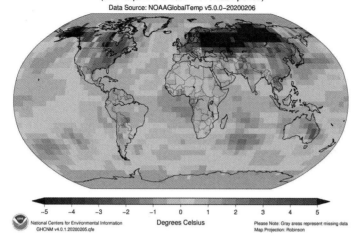

그림 21-2 1981~2010 평균 온도와 2020년 1월의 온도 차이[2]

20세기 초반에 로널드 피셔^{Ronald Fisher}는 관측 효과가 순전히 우연으로 발생할 확률을 평가할 때 가장 널리 사용하는 통계적 **가설 검정**^{hypothesis testing} 방법을 개발했습니다. 피셔는 뮤리얼 브리스틀-로치^{Muriel Bristol-Roach} 박사가 우유가 들어간 차를 마셨을 때 차와 우유 중 어느 것이 먼저 찻잔에 부어졌는지 감지할 수 있다고 한 주장에 대응해 이 방법을 개발했다고 합니다.[3] 피셔는 브리스틀-로치 박사에게 8개의 찻잔(4개는 우유를 먼저 넣고 4개는 차를 먼저 넣음)에서 우유보다 차가 먼저 부어진 찻잔을 고르는 '차 테스트'를 제안했습니다. 그녀는 완벽하게 찻잔을 골라냈습니다. 피셔는 순전히 우연으로 성공할 가능성을 계산했습니다. 17.4.4절에서 보았듯이, $\binom{8}{4} = 70$, 즉 찻잔 8개에서 4개를 고르는 방법은 70가지입니다. 70개의 조합 중에 차가 먼저 부어진 찻잔 4개를 모두 포함하는 조합은 딱 하나이므로 피셔는 브리스틀-로치 박사가 순전히 운으로 완벽하게 고를 확률은 $\frac{1}{70} \approx 0.014$라고 계산했습니다. 이로부터 피셔는 그녀의 성공이 운에 따른 것일 가능성이 매우 낮다고 결론을 내렸습니다.

피셔의 유의성 검정 방법은 다음과 같이 요약할 수 있습니다.

---

2   이 그림은 미국 해양대기청(U.S. National Oceanic and Atmospheric Administration)에서 제공하는 이미지입니다.

3   옮긴이_ 브리스틀 박사의 남편인 윌리엄 로치(William Roach)가 피셔와 브리스틀 박사의 이야기를 우연히 듣고 테스트를 처음 제안했다고 합니다.

1. 영 가설null hypothesis[4]과 대립 가설alternative hypothesis을 세웁니다. 영 가설은 '실험'에 흥미로운 효과가 없다는 것입니다. '차 테스트'에서 영 가설은 브리스틀-로치 박사가 맛의 차이를 느낄 수 없다는 것입니다. 대립 가설은 영 가설이 거짓일 때만 참이 되는 가설입니다. 예를 들어 브리스틀-로치 박사가 맛의 차이를 느낄 수 있다는 것이 대립 가설입니다.[5]

2. 평가할 표본의 통계적 가정을 이해합니다. '차 테스트'에서 피셔는 브리스틀-로치 박사가 찻잔마다 독립적인 결정을 내린다고 가정했습니다.

3. 관련된 검정 통계량test statistic을 계산합니다. 여기서 검정 통계량은 브리스틀-로치 박사가 올바른 답을 낼 비율입니다.

4. 영 가설하에서 검정 통계량의 확률을 유도합니다. 여기서는 우연히 모든 찻잔을 맞출 확률인 0.014입니다.

5. 이 확률이 영 가설이 거짓이라고 가정할 만큼, 즉 영 가설을 기각reject할 만큼 작은지 결정합니다. 일반적인 기각 수준은 0.05와 0.01이며, 사전에 선택해야 합니다.

사이클 문제로 돌아가 보죠. 실험군과 대조군의 시간이 PED-X 사용자와 PED-Y 사용자의 완주 시간으로 구성된 무한한 두 모집단에서 추출된 표본이라고 생각해 보죠. 이 실험의 영 가설은 두 대규모 모집단의 평균이 동일하다는 것입니다. 즉, 실험군의 모집단 평균과 대조군의 모집단 평균의 차이가 0입니다. 대립 가설은 동일하지 않다는 것입니다. 즉, 평균의 차이가 0이 아닙니다.

그다음 영 가설을 기각하려고 시도합니다. 통계적 유의성을 위해 임곗값 α를 선택하고 영 가설과 일치하는 분포에서 데이터가 추출될 확률이 α보다 작음을 보여줍니다. 그다음 α의 신뢰도로 영 가설을 기각할 수 있다고 말합니다. 또한 $1-\alpha$의 확률로 영 가설의 반대를 채택할 수 있습니다.

α값의 선택은 오차의 종류에 영향을 미칩니다. α가 클수록 실제로 참인 영 가설을 기각할 가능성이 높습니다. 이를 **1종 오류**type I error라고 부릅니다. α가 작을수록 실제로 거짓인 영 가설을 채택할 가능성이 높습니다. 이를 **2종 오류**type II error라고 합니다.

일반적으로는 $\alpha = 0.05$를 선택합니다. 하지만 오류 결과에 따라 더 작거나 큰 α를 선택하는 편이 나을 수 있습니다. 예를 들어 영 가설이 PED-X와 PED-Y를 복용한 사람의 조기 사망률에 차이가 없다는 것이라 가정해 보죠. 영 가설을 기각하는 근거로 작은 α, 예를 들어 0.001을

---

4 옮긴이_ 귀무가설이라고도 부릅니다.

5 피셔의 공식에는 영 가설만 있었습니다. 나중에 예르지 네이만(Jerzy Neyman)과 이건 피어슨(Egon Pearson)이 대립 가설에 관한 아이디어를 제안했습니다.

선택해 다른 약보다 안전한지 결정할 것입니다. 반면 영 가설이 PED-X와 PED-Y가 기록을 향상하는 효과에 차이가 없다는 것이라면, 꽤 큰 α를 선택해도 괜찮습니다.[6]

다음 단계에서 검정 통계량을 계산합니다. 가장 일반적인 검정 통계량은 t 점수t-statistic입니다. t 점수는 데이터에서 유도한 추정값이 영 가설과 얼마나 다른지 표준 오차 단위로 알려줍니다. t 점수가 클수록 영 가설이 기각될 확률이 높습니다. 예를 들어, t 점수는 두 평균의 차이 (118.44 - 119.82 = -1.38)가 0에서부터 얼마나 많은 표준 오차에 해당하는지 알려 줍니다. PED-X 예제의 t 점수는 -2.11입니다(잠시 후에 계산하는 방법을 설명하겠습니다). 이것이 무슨 의미일까요? 어떻게 이 값을 사용할 수 있을까요?

평균에서부터 표준 오차 배수를 사용해 신뢰 구간을 계산한 것(17.4.2절 참조)과 같은 식으로 t 점수를 사용합니다. 모든 정규 분포에서 원점에서 일정 표준 편차 내에 놓인 샘플의 확률은 고정됨을 기억하세요. 여기서는 표준 오차를 계산하는 데 사용한 샘플 개수를 고려하려고 조금 더 복잡한 작업을 합니다. 정규 분포 대신 t 분포t-distribution를 가정하는 것이죠.

t 분포는 1908년에 아서 기네스 앤 손Arthur Guinness and Son 양조장에서 일하는 통계학자인 윌리엄 고셋William Gosset이 처음 소개했습니다.[7] t 분포는 표본에 있는 자유도에 따라 분포의 모양이 결정되므로 실제로 분포의 집단을 일컫는 말입니다.

자유도degree of freedom는 t 점수를 유도하는 데 사용한 독립된 정보의 양을 설명합니다. 일반적으로 자유도를 모집단의 통계량을 추정하는 데 사용한 표본에 있는 독립된 관측의 개수로 생각할 수 있습니다.

t 분포는 정규 분포를 닮았습니다. 자유도가 클수록 정규 분포에 가까워집니다. 자유도가 적으면 t 분포는 정규 분포보다 훨씬 꼬리가 두껍습니다. 자유도가 30 이상이면 t 분포는 정규 분포에 매우 가깝습니다.[8]

그럼, 표본의 분산을 사용해 모집단의 분산을 추정해 보죠. 표본에 3개의 샘플(100, 200, 300)이 있다고 가정합니다. 분산은 다음과 같이 계산합니다.

---

6 이 책의 저자를 포함한 많은 연구자는 통계 보고에 대한 '기각주의자' 방식을 선호하지 않습니다. '영 가설이 5% 수준에서 기각되었다'라고 하기보다 실제 유의 수준을 제공하는 편이 좋습니다.

7 기네스는 고셋 이름으로 논문을 발행하지 못하게 했습니다. 고셋은 t 분포에 관한 유명한 1908년 논문인 「Probable Error of a Mean」을 출판할 때 가명 '스튜던트(student)'를 사용했습니다. 그래서 이 분포를 흔히 '스튜던트 t 분포'라고 부릅니다.

8 옮긴이_ 21장에서 충분한 표본 크기가 30 이상이라고 말한 이유가 바로 이것입니다.

$$variance(X) = \frac{\sum_{x \varepsilon X}(x - \mu)^2}{|X|}$$

따라서 이 표본의 분산은 다음과 같습니다.

$$\frac{(100 - 200)^2 + (200 - 200)^2 + (300 - 200)^2}{3}$$

독립된 정보를 3개 사용한 것처럼 보이지만 그렇지 않습니다. 분자에 있는 3개의 항은 서로 독립적이지 않습니다. 샘플 3개를 모두 표본의 평균을 계산하는 데 사용했기 때문입니다. 이 평균과 샘플 3개 중 2개를 알면 세 번째 샘플값은 고정되므로 자유도는 2입니다.

자유도가 클수록 샘플의 통계량이 모집단을 대표할 가능성이 높습니다. 하나의 표본에서 계산된 t 점수에 있는 자유도는 표본 크기보다 1이 작습니다. 표본의 평균이 t 점수를 계산하는 데 사용되기 때문입니다. 표본을 두 개 사용하면 자유도는 샘플 크기보다 2가 작습니다. 각 표본의 평균을 사용해 t 점수를 계산하기 때문입니다. 예를 들어 PED-X/PED-Y 실험에서 자유도는 198입니다.

자유도가 주어지면 적절한 t 분포를 그래프로 그릴 수 있습니다. 그다음 PED-X 샘플용으로 계산한 t 점수가 이 분포의 어디에 위치하는지 볼 수 있습니다. [예제 21-1]은 이 작업을 수행해 [그림 21-3]을 그립니다. 이 코드는 먼저 numpy.random.standard_t 함수를 사용해 자유도가 198인 t 분포에서 많은 샘플을 생성합니다. 그다음 PED-X 표본에 해당하는 t 점수의 양숫값과 음숫값에 흰 직선을 그립니다.

예제 21-1 t 점수 그리기

```
import numpy as np
t_stat = -2.11 #PED-X 예제의 t 점수
t_dist = []
num_bins = 1000
for i in range(10000000):
    t_dist.append(np.random.standard_t(198))
plt.hist(t_dist, bins = num_bins,
        weights = np.array(len(t_dist)*[1.0])/len(t_dist))
plt.axvline(t_stat, color = 'w')
plt.axvline(-t_stat, color = 'w')
plt.title('자유도가 198인 T 분포')
```

```
plt.xlabel('T 점수')
plt.ylabel('확률')
```

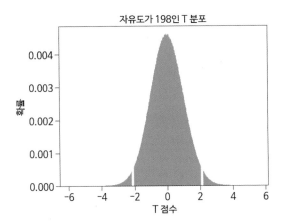

그림 21-3 t 점수 시각화

흰 직선의 왼쪽과 오른쪽의 히스토그램 영역의 합은 다음과 같을 때 관측값처럼 극단적인 값을 얻을 확률과 동일합니다.

- 표본이 모집단을 대표합니다.
- 영 가설이 참입니다.

영 가설이 두 모집단의 평균이 같다는 것이므로 양쪽 꼬리를 모두 봐야 합니다. 따라서 실험군의 평균이 대조군의 평균보다 통계적으로 의미 있게 크거나 작으면 이 검정이 실패합니다.

영 가설이 맞는다는 가정하에 적어도 관측값처럼 극단적인 값을 얻을 확률을 p 값$^{p-value}$이라고 합니다. PED-X 예제에서 p 값은 실험군과 대조군의 실제 모집단 평균이 동일하다는 가정하에 적어도 관측된 것만큼 큰 평균의 차이가 나타날 확률입니다.

일반적으로 영 가설이 맞지 않기를 바라는데, p 값은 영 가설이 참일 때 일어날 사건의 확률을 말한다는 점이 이상하게 보일 수 있습니다. 하지만 가설을 반박할 수 있는 실험을 설계하는 전통적인 **과학적 방법**$^{scientific\ method}$과 크게 다르지 않습니다. [예제 21-2]는 두 표본에서 t 점수와 p 값을 계산하고 출력합니다. 하나는 대조군의 시간을 담고 다른 하나는 실험군의 시간을 담습니다. `scipy.stats.ttest_ind` 함수는 **양측 2표본 t 검정**$^{two-tailed\ two-sample\ t-test}$을 수행하고 t 점수와 p 값을 반환합니다. equal_var를 False로 지정하면 두 모집단의 분산이 동일한지 모른다는 의미입니다.[9]

예제 21-2 t 점수와 p 값 계산해 출력하기

```
import scipy.stats

control_mean = round(sum(control_times)/len(control_times), 2)
treatment_mean = round(sum(treatment_times)/len(treatment_times), 2)
print('실험군의 평균 - 대조군의 평균 =',
      round(treatment_mean - control_mean, 2), '분')
two_sample_test = scipy.stats.ttest_ind(treatment_times,
                                        control_times,
                                        equal_var = False)
print('2표본 검정의 t 점수는', round(two_sample_test[0], 2))
print('2표본 검정의 p 값은', round(two_sample_test[1], 2))
```

앞의 코드를 실행하면 다음을 출력합니다.

```
실험군의 평균 - 대조군의 평균 = -1.38 분
2표본 검정의 t 점수는 -2.11
2표본 검정의 p 값은 0.04
```

"좋았어!", 닥터 X는 소리쳤습니다. "PED-X와 PED-Y의 효과에 차이가 없을 확률이 4%뿐이군. 그렇다면 PED-X가 효과가 있을 확률은 96%야. 이제 돈 버는 일만 남았네!" 하지만 그의 기쁨은 그리 오래가지 않았습니다. 다음 몇 개의 절을 읽고 나면 이유를 알 수 있습니다.

21.2 P 값을 주의하세요

원래의 뜻과 다른 의미로 p 값을 읽기가 매우 쉽습니다. p 값을 영 가설이 참일 확률로 생각하곤 합니다. 하지만 실제로는 그렇지 않습니다.

---

9   옮긴이_ [예제 21-2]에 있는 control_times와 treatment_times는 [예제 21-3]를 참고하세요.

영 가설은 영미권의 형사사법제도에서 피고를 다루는 방식과 유사합니다. 이 제도는 '무죄 추정'의 법칙을 기반으로 합니다. 즉 유죄가 입증되기 전까지 피고가 무죄라고 생각합니다. 비슷하게 영 가설이 거짓일 증거가 충분하게 발견되기 전까지는 영 가설이 참이라고 가정합니다. 재판에서 배심단은 피고를 '유죄' 또는 '유죄 아님'으로 판결할 수 있습니다. '유죄 아님' 판결은 피고가 '합리적 의심을 넘어' 유죄라고 배심원단을 설득하기에 증거가 충분하지 않음을 의미합니다.[10] 이를 '유죄가 입증되지 않았다'와 동일하게 생각하세요. '유죄 아님' 판결은 피고가 무죄라고 배심원단을 설득하기에 증거가 충분하다는 의미가 아닙니다. 배심원단이 다른 증거를 보았다면 어떤 결론을 내렸을지 모릅니다. p 값을 배심원단의 판결로 생각하세요. 여기에서 '합리적인 의심을 넘어'라는 기준은 α로 정의되고 증거는 t 점수를 계산하는 데 사용한 데이터입니다.

작은 p 값은 영 가설이 참이라면 특정 샘플이 나타날 가능성이 작음을 나타냅니다. 피고인이 무죄라면 일련의 증거가 나올 가능성이 작으므로 배심원단이 유죄 판결을 내리는 것과 같습니다. 물론 피고가 실제로 유죄라는 의미는 아닙니다. 아마도 배심원단이 오해의 소지가 있는 증거를 봤을 수 있습니다. 비슷하게 낮은 p 값이 영 가설이 실제로 거짓이기 때문이거나 샘플이 모집단을 대표하지 않기 때문일 수 있습니다. 즉 오해의 소지가 있는 증거입니다.

예상했겠지만 닥터 X는 그의 실험이 영 가설이 거짓일 수 있음을 보여줬다고 주장했습니다. 닥터 Y는 낮은 p 값이 아마도 대표성이 없는 표본 때문이라고 주장하고 닥터 X의 실험과 동일한 크기의 다른 실험에 자금을 지원했습니다. 닥터 Y의 실험에 사용한 표본으로 통계량을 계산했더니 다음을 출력했습니다.

```
실험군의 평균 - 대조군의 평균 = 0.18 분
2표본 검정의 t 점수는 -0.27
2표본 검정의 p 값은 0.78
```

이 p 값은 닥터 X의 실험에서 구한 값보다 17배나 크고 확실히 영 가설을 의심할 이유가 없습니다. 혼란스럽군요. 하지만 잘 해결할 수 있을 겁니다!

---

10 '합리적인 의심 이상'이라는 기준은 형사 재판의 경우 사회가 1종 오류(무죄인 사람에게 유죄를 선고함)가 2종 오류(유죄인 사람에게 무죄를 선고함)보다 훨씬 바람직하지 않다고 믿는다는 의미입니다. 민사 재판에서는 '증거의 우세'가 기준이며 사회가 두 종류의 오류를 동일하게 바람직하지 않다고 믿는다는 의미입니다.

사실 이 이야기가 진짜가 아니라는 사실에 놀라지 않겠죠. 사이클 선수가 경기력 향상 약물을 복용한다는 아이디어는 믿기 어렵습니다. 사실 이 실험에 사용한 샘플은 [예제 21-3]으로 생성했습니다.

예제 21-3 자전거 경기 샘플을 만드는 코드

```python
import random

random.seed(148)
treatment_dist = (119.5, 5.0)
control_dist = (120, 4.0)
sample_size = 100
treatment_times, control_times = [], []
for s in range(sample_size):
    treatment_times.append(random.gauss(treatment_dist[0],
                                        treatment_dist[1]))
    control_times.append(random.gauss(control_dist[0],
                                      control_dist[1]))
```

실험은 순전히 계산으로 실행되므로 다른 표본을 얻으려고 여러 번 실행할 수 있습니다. (실험군과 대조군에서 하나씩) 10,000개의 표본을 생성해 p 값의 확률 그리면 [그림 21-4]를 얻을 수 있습니다.

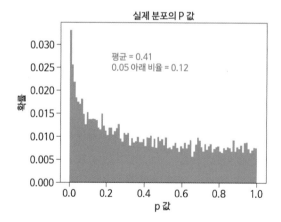

그림 21-4 p 값의 확률

p 값의 약 10%가 0.04 아래이므로 한 실험이 4% 수준의 유의성을 보여주는 것이 아주 놀랍지는 않습니다. 반면 완전히 다른 결과를 낸 두 번째 실험도 놀랍지 않습니다. 진짜 놀라운 것은 실제로 두 분포의 평균이 다름을 알았을 때 5% 수준의 유의한 결과를 얻는 경우가 12%라는 것입니다. 5% 유의 수준에서 약 88% 정도는 이 잘못된 영 가설을 기각하지 못합니다.

영 가설을 기각하는 적절한 지표로 p 값을 믿을 수 없다는 점은 과학 논문에 있는 많은 결과를 다른 과학자가 재현할 수 없는 이유 중 하나입니다. 한 가지 문제는 연구 능력(표본 크기)과 통계적 결과의 신뢰성 사이에 강한 관계가 있다는 것입니다.[11] 앞의 예에서 샘플 크기를 3,000으로 늘리면 잘못된 영 가설을 기각하는 데 실패하는 경우는 1%에 지나지 않습니다.[12]

많은 연구의 규모가 작은 이유가 무엇일까요? 시뮬레이션이 아닌 사람을 대상으로 실제 실험을 한다면 크기가 100인 표본보다 크기가 2,000인 표본을 뽑는 비용이 20배 더 많이 들기 때문입니다.

표본 크기의 문제는 통계에서 빈도주의frequentist 방식의 본질적인 속성입니다. 21.7절에서 이 문제를 완화하는 다른 방식을 알아보겠습니다.

21.3 단측 1표본 검정

이 장에서 지금까지는 양측 2표본 검정만 살펴보았습니다. 때로는 단측 그리고(또는) 1표본 t 검정을 사용하는 편이 적절합니다.

먼저 단측 2표본 검정을 생각해 보죠. PED-X와 PED-Y의 상대적 효과에 대한 양측 검정에서 세 가지 경우를 고려할 수 있습니다. 1) 효과가 동일한 경우, 2) PED-X가 PED-Y 보다 효과적인 경우, 3) PED-Y가 PED-X 보다 효과적인 경우입니다. 여기서 목표는 영 가설(경우 1)이 참이라면 PED-X와 PED-Y 표본의 평균이 이렇게 크게 차이 나지 않는다고 주장함으로써 영 가설을 기각하는 것입니다.

---

11 Katherine S. Button, John P. A. Ioannidis, Claire Mokrysz, Brian A. Nosek, Jonathan Flint, Emma S. J. Robinson, and Marcus R. Munafò (2013) 「Power failure: why small sample size undermines the reliability of neuroscience」 Nature Reviews Neuroscience, 14: 365–376.

12 옮긴이_ 이 값을 계산하는 코드는 번역서 깃허브의 주피터 노트북을 참고하세요.

하지만 PED-X가 PED-Y보다 훨씬 더 저렴하다고 가정해 보죠. 이 약물을 팔려면 닥터 X는 PED-X가 적어도 PED-Y만큼 효과적이라는 것만 보여주면 됩니다. 이를 생각하는 한 가지 방법은 평균이 같거나 PED-X 평균이 더 크다는 가설을 기각하는 것입니다. 이는 평균이 같다는 가설보다 더 약합니다(가설 B가 참일 때는 항상 가설 A가 참이고 그 반대는 아니라면, 가설 A는 가설 B보다 약합니다).

이를 위해 먼저 [예제 21-2]로 원본 영 가설을 사용한 2표본 검정을 수행합니다. 출력은 다음과 같습니다.

```
실험군의 평균 - 대조군의 평균 = -1.38 분
2표본 검정의 t 점수는 -2.11
2표본 검정의 p 값은 0.04
```

4% 수준에서 영 가설을 기각할 수 있습니다.

앞의 약한 가설은 어떨까요? [그림 21-3]을 다시 보죠. 영 가설이 참이라는 가정하에서 흰 직선 왼쪽과 오른쪽의 히스토그램 면적 비율의 합은 관측된 것 같이 극단적인 값이 나올 확률과 같습니다. 하지만 약한 가설을 기각하려고 왼쪽 꼬리 아래의 면적을 고려할 필요가 없습니다. 이 영역은 PED-X가 PED-Y보다 더 효과적이라는 의미(시간 차이가 음수)에 해당하는데, 우리는 PED-X가 덜 효과적이라는 가설을 기각하는 데만 관심이 있기 때문입니다. 즉 단측 검정을 수행할 수 있습니다.

t 분포는 대칭이므로 단측 검정에 대한 값은 양측 검정의 p 값을 절반으로 나누면 됩니다. 따라서 단측 검정의 p 값은 0.02입니다. 2% 수준에서 약한 가설을 기각할 수 있습니다. 양측 검정으로는 이렇게 할 수 없었죠.

단측 검정이 효과를 더 잘 감지하므로 효과에 방향에 관한 가설이 있을 때 단측 검정을 사용하는 경향이 있습니다. 하지만 이는 좋은 생각이 아닙니다. 검정에 포함되지 않은 방향의 효과를 놓친 결과를 무시할 수 있을 때만 단측 검정이 적절합니다.

이제 1표본 검정을 알아보죠. PED-Y를 출시한 후 몇 년에 걸쳐 PED-Y를 복용한 선수가 50마일 코스를 완주하는 데 걸리는 평균 시간이 120분임이 입증되었습니다. PED-X가 PED-Y와 다른 효과를 내는지 알아보려고 PED-X 표본 하나의 평균 시간이 120이라는 영 가설을 검정합니다. scipy.stats.ttest_1samp 함수를 사용해 이를 수행할 수 있습니다. 이 함수는 하나의 표본과 비교할 모집단 평균을 인수로 받고 t 점수와 p 값을 담은 튜플을 반환합니다. 예를 들어 [예제 21-2]에 다음 코드를 추가해 보세요.

```
one_sample_test = scipy.stats.ttest_1samp(treatment_times, 120)
print('1표본 검정의 t 점수는', one_sample_test[0])
print('1표본 검정의 p 값은', one_sample_test[1])
```

출력은 다음과 같습니다.

```
1표본 검정의 t 점수는 -3.532797857033048
1표본 검정의 p 값은 0.0006264237879103159
```

당연하게도 2표본 양측 검정을 사용해 얻은 것보다 p 값이 작습니다. 두 평균 중 하나를 안다고 가정함으로써 불확실한 요소 하나를 제거했기 때문입니다.

PED-X와 PED-Y에 관한 통계적 분석에서 배운 것은 무엇인가요? PED-X와 PED-Y 사용자의 기대 성능에 차이가 있더라도 PED-X와 PED-Y의 유한한 표본으로는 이 차이를 드러낼 수 있다는 보장이 없습니다. 또한 기대 평균의 차이가 (0.5% 이하로) 작으므로 닥터 X가 수행한 (각 그룹의 참가자가 100명인) 실험에서 95% 신뢰 수준에서 평균에 차이가 있다는 결론을 내릴 수 있는 증거가 나올 가능성이 작습니다. 단측 검정으로 95% 수준에서 통계적으로 유의한 결과를 얻을 가능성을 높일 수 있지만, PED-X가 PED-Y보다 효과적이라고 가정할 이유가 없으므로 오해의 소지가 있습니다.

21.4 유의한가요? 유의하지 않은가요?

린제이Lyndsay와 존John은 지난 몇 년간 'Words with Friends'라는 게임을 하면서 많은 시간을 보냈습니다. 이들은 함께 게임을 1,273번 했고 린제이가 666번 이겼습니다. 린제이는 "나는 너보다 이 게임을 훨씬 더 잘해"라고 자랑했습니다. 존은 린제이의 주장이 어이없고 승수의 차이는 완전히 운일 수 있다고 (그리고 아마도 그래야만 한다고) 말했습니다.

최근 통계학책을 읽은 존은 린제이의 승리가 기술 때문인지 알아보려고 다음과 같은 방법을 제안 했습니다.

- 1,273번의 각 게임을 린제이가 승리하면 1, 그렇지 않으면 0을 반환하는 실험으로 간주합니다.

- 이 실험의 평균값이 0.5라는 영 가설을 선택합니다.

- 영 가설에 대해 양측 1표본 검정을 수행합니다.

다음 코드를 실행해 보죠.

```
num_games = 1273
lyndsay_wins = 666
outcomes = [1.0]*lyndsay_wins + [0.0]*(num_games - lyndsay_wins)
print('1표본 검정의 p 값은',
      scipy.stats.ttest_1samp(outcomes, 0.5)[1])
```

출력은 다음과 같습니다.

1표본 검정의 p 값은 0.0982205871243577

존은 차이가 5% 유의 수준에 근접하지도 않는다고 주장했습니다.

통계학을 공부하지 않았지만, 이 책의 18장을 읽은 린제이는 동의하지 않았습니다. 그녀는 "몬테카를로 시뮬레이션을 수행해 보자"라고 제안하고 [예제 21-4]를 실행했습니다.

예제 21-4 린제이의 게임 시뮬레이션

```
num_games = 1273
lyndsay_wins = 666
num_trials = 10000
at_least = 0
for t in range(num_trials):
    l_wins, j_wins = 0, 0
    for g in range(num_games):
        if random.random() < 0.5:
            l_wins += 1
        else:
            j_wins += 1
    if l_wins >= lyndsay_wins:
        at_least += 1
```

```
print('우연히 이런 극단적인 결과를 얻을 확률 =',
    at_least/num_trials)
```

이 코드를 실행한 결과는 다음과 같습니다.

우연히 이런 극단적인 결과를 얻을 확률 = 0.0485

그녀는 존의 통계적 검정이 완전히 잘못되었으며 승수의 차이는 5% 수준에서 통계적으로 유의하다고 주장했습니다.

존은 참을성 있게 설명했습니다. "아니야, 네 시뮬레이션이 잘못된 거야. 네가 더 나은 선수라고 가정하고 단측 검정에 해당하는 시뮬레이션을 수행했어. 이 시뮬레이션의 안쪽 루프가 틀렸어. 실제로 네가 이긴 666번의 승리보다 둘 중 한 명이 시뮬레이션에서 더 많은 승리를 했는지 테스트하도록 양측 검정에 해당하는 시뮬레이션을 만들어야 해." 존은 [예제 21-5]의 시뮬레이션을 실행했습니다.

예제 21-5 올바른 게임 시뮬레이션

```
np.random.seed(0)

num_games = 1273
lyndsay_wins = 666
num_trials = 10000
at_least = 0
for t in range(num_trials):
    l_wins, j_wins = 0, 0
    for g in range(num_games):
        if random.random() < 0.5:
            l_wins += 1
        else:
            j_wins += 1
    if l_wins >= lyndsay_wins or j_wins >= lyndsay_wins:
        at_least += 1
print('적어도 우연으로 이런 극단적인 결과를 얻을 확률 =',
    at_least/num_trials)
```

존의 시뮬레이션은 다음과 같이 출력했습니다.

> 적어도 우연으로 이런 극단적인 결과를 얻을 확률 = 0.1029

"양측 검정으로 예측한 값과 아주 비슷하잖아"라고 존이 외쳤습니다. 린제이는 짜증 섞인 대답을 했는데, 가족적인 이 책에서 언급하기에는 적절하지 않은 것 같네요.

 뇌풀기 문제

한 취재 기자는 린제이가 의심스러운 통계 기법을 사용했을 뿐만 아니라 그녀가 생성한 데이터에 이를 적용했다는 것을 발견했습니다.[13] 사실 존은 린제이에게 479번 이기고 443번 졌습니다. 이 차이가 통계적으로 유의한 수준은 어느 정도인가요?

21.5 표본 크기는?

한 교수는 강의 출석이 학과 성적과 연관이 있는지 궁금했습니다. 그는 1학년 학생을 40명 모아 손목에 차서 위치를 추적하는 웨어러블 기기를 주었습니다. 학생 절반은 모든 과목의 강의에 들어오지 않도록 했고,[14] 다른 절반은 모든 강의에 참석하도록 했습니다.[15] 4년에 걸쳐 각 학생은 40개의 과목을 들었고 각 그룹이 받은 학점은 800이었습니다.

교수가 크기가 800인 두 표본의 평균에 양측 t 검정을 수행했을 때 p 값은 0.01이었습니다. (강의를 취소하고 해변으로 가도 죄책감을 느끼지 않도록) 통계적으로 의미 있는 효과가 없기를 바랐던 교수는 실망했습니다. 절망적으로 두 그룹의 GPA를 보았는데 차이가 매우 작다는 사실을 발견했습니다. 작은 평균의 차이가 어떻게 이런 수준에서 유의한 걸까요?

표본 크기가 충분히 클 때는 작은 효과라도 통계적으로 상당히 유의할 수 있습니다. N은 아주 중요합니다. [그림 21-5]는 표본 크기마다 1,000번 검정의 평균 p 값을 그린 그래프입니다.

---

13 린제이를 변호하자면, 어떤 곳에서는 '대안적 사실(alternative fact)'을 공식적인 정책으로 사용하는 것 같습니다. 옮긴이_ 2017년 미국 백악관은 도널드 트럼프의 대통령 취임식에 참가한 사람이 버락 오바마 취임식 때보다 적지 않다고 사실과 다르게 주장했습니다. 한 방송에서 켈리앤 콘웨이(Kellyanne Conway) 백악관 선임 고문이 이를 '대안적 사실'이라고 언급해 논란을 일으켰습니다.

14 이 학생들은 등록금을 환급받아야 하지만 그러지 않았습니다.

15 이 학생들은 위험수당을 받아야 하지만 그러지 않았습니다.

표본 크기와 검정마다 표본을 두 개 생성합니다. 각 표본은 표준 편차가 5인 가우스 분포에서 추출했습니다. 한 표본의 평균은 100이고 다른 표본의 평균은 100.5이었습니다. 평균 p 값은 표본 크기에 따라 선형적으로 줄어듭니다. 표본 크기가 2,000 이상이 되면 5% 수준에서 0.5% 평균 차이는 통계적으로 유의합니다. 표본 크기가 3,000에 가까우면 1% 수준에서 유의합니다.

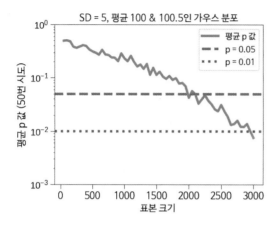

그림 21-5 p 값에 대한 표본 크기의 영향[16]

앞의 예제로 돌아가 보죠. 교수가 연구할 때 각 그룹의 N을 800으로 한 것이 타당한가요? 다르게 말해서 20명의 학생 그룹에 독립된 샘플이 800개 있었을까요? 아마도 아닐 것입니다. 표본마다 점수가 800개 있었지만, 학생은 20명뿐이었고 각 학생에 연관된 40개의 점수를 독립된 샘플로 보아서는 안 됩니다. 어떤 학생은 계속 좋은 점수를 받고 어떤 학생은 계속 실망스러운 점수를 받습니다.

교수는 다른 식으로 데이터를 바라보기로 했습니다. 그는 각 학생의 GPA를 계산했습니다. 크기가 20인 두 표본에 양측 t 검정을 수행했을 때 p 값은 0.3이었고, 교수는 해변으로 떠났습니다.

---

16 옮긴이_ 이 그래프를 그리는 코드는 번역서 깃허브의 주피터 노트북을 참고하세요.

21.6 다중 가설

19장에서 보스턴 마라톤 대회의 데이터를 사용해 샘플링을 수행했습니다. [예제 21-6]은 2012년 대회 데이터를 읽고 몇몇 나라에서 출전한 여성 선수들의 완주 시간에 통계적으로 유의한 차이가 있는지 살펴봅니다. 이 코드는 [예제 19-2]에서 정의한 get_BM_data 함수를 사용합니다.

예제 21-6 몇몇 나라의 평균 완주 시간 비교하기

```python
data = get_BM_data('bm_results2012.csv')
countries_to_compare = ['BEL', 'BRA', 'FRA', 'JPN', 'ITA']

#여성 선수의 완주 시간의 리스트를 딕셔너리에 매핑합니다.
country_times = {}
for i in range(len(data['name'])): #각 선수에 대해
    if (data['country'][i] in countries_to_compare and
        data['gender'][i] == 'F'):
        try:
            country_times[data['country'][i]].append(data['time'][i])
        except KeyError:
            country_times[data['country'][i]] = [data['time'][i]]

#완주 시간 비교
for c1 in countries_to_compare:
    for c2 in countries_to_compare:
        if c1 < c2: #국가 쌍마다 한 번 검정하므로 !=가 아니라 <을 사용합니다.
            pVal = scipy.stats.ttest_ind(country_times[c1],
                                         country_times[c2],
                                         equal_var = False)[1]
            if pVal < 0.05:
                print(c1, '와(과)', c2, '은(는) 평균이 크게 다릅니다,',
                    'p 값 =', round(pVal, 4))
```

앞의 코드를 실행하면 다음을 출력합니다.

```
ITA 와(과) JPN 은(는) 평균이 크게 다릅니다, p 값 = 0.025
```

이탈리아나 일본 선수들이 다른 나라보다 빠른 것처럼 보입니다.[17] 하지만 이 주장은 매우 설득력이 떨어집니다. 한 그룹의 선수들이 다른 선수들보다 평균 시간이 빠르지만 표본 크기(20과 32)가 작아서 각 국가의 여성 마라토너의 능력을 대표하지 않을 것입니다.

더 중요한 것은 이 실험을 만드는 방법에 문제가 있다는 점입니다. (국가 쌍마다 하나씩) 영가설을 10개 확인했고 그중 하나를 5% 수준에서 기각할 수 있었습니다. 하지만 실제로는 '모든 국가 쌍에서 여성 마라톤 선수의 평균 완주 시간이 같다'라는 영 가설을 확인하고 있다는 것입니다. 이 영 가설을 기각해도 괜찮지만, 이탈리아와 일본 여성 마라톤 선수가 동일하게 빠르다는 영 가설을 기각하는 것과는 같지 않습니다.

[예제 21-7]의 예에 이 점이 잘 나타납니다. 이 예에서는 크기가 200인 표본 50개 쌍을 같은 분포에서 추출합니다. 그다음 각 쌍에 있는 표본의 평균이 통계적으로 다른지 검정합니다.

예제 21-7 다중 검정 확인하기

```
num_hyps = 50
sample_size = 200
population = []
for i in range(5000): #큰 모집단을 만듭니다.
    population.append(random.gauss(0, 1))
sample1s, sample2s = [], []
#작은 크기의 표본 쌍을 많이 생성합니다.
for i in range(num_hyps):
    sample1s.append(random.sample(population, sample_size))
    sample2s.append(random.sample(population, sample_size))
#통계적으로 유의한 차이가 있는 쌍을 확인합니다.
numSig = 0
for i in range(num_hyps):
    if scipy.stats.ttest_ind(sample1s[i], sample2s[i])[1] < 0.05:
        numSig += 1
print('통계적으로 유의하게 다른 (p < 0.05) 쌍의 개수 =', numSig)
```

모든 표본이 동일한 모집단에서 추출되었기 때문에 영 가설이 참이라는 것을 압니다. 하지만 이 코드를 실행하면 다음을 출력합니다.

---

17 t 점수의 부호를 보고 어느 나라 선수가 빠른지 쉽게 알 수 있지만 이 책의 잠재적인 구매자를 불쾌하게 하지 않기 위해 그렇게 하지 않겠습니다.

두 쌍에서 영 가설이 기각될 수 있다는 의미입니다.

이는 특별히 놀라운 일이 아닙니다. p 값 0.05는 영 가설이 참일 때 적어도 두 표본의 차이만큼 평균이 크게 다를 확률이 0.05라는 의미입니다. 따라서 50개의 표본 쌍을 조사하면 그중 두 개가 통계적으로 유의한 차이를 낸다는 점은 놀랍지 않습니다. 관련 실험을 많이 수행하고 원하는 결과만 **체리 피킹**cherry picking하는 일은 좋게 말해 엉성하다고 할 수 있습니다. 불친절한 사람은 이를 다르게 부를 것입니다.

보스턴 마라톤 예제에서 10개의 표본 쌍에 대한 영 가설(평균에 차이가 없음)을 기각할 수 있는지 확인했습니다. 다중 가설에 관련된 실험을 수행할 때 가장 간단하고 보수적인 접근 방법은 **본페로니 교정**Bonferroni correction을 사용하는 것입니다. 이 방법의 이면에 있는 아이디어는 간단합니다. 가설 m개를 확인할 때 적절한 FWERfamily-wise error rate을 유지하는 한 가지 방법은 개별 가설을 $\frac{1}{m} * \alpha$ 수준에서 검정하는 것입니다. 본페로니 교정을 사용해 이탈리아와 일본의 차이가 $\alpha = 0.05$ 수준에서 유의한지 보려면, p 값이 0.05/10, 즉 0.005보다 작은지 확인해야 합니다.

검정이 많거나 검정 통계량에 양의 상관관계가 있다면 본페로니 교정은 보수적입니다(즉, 필요 이상으로 자주 영 가설을 기각하는 데 실패합니다). 또 다른 문제는 일반적으로 통용되는 '가설 집단family of hypotheses'에 대한 정의가 없다는 점입니다. [예제 21-7]로 만든 가설은 분명히 서로 관련이 있습니다. 따라서 본페로니 교정을 적용해야 합니다. 하지만 항상 모든 상황이 명확하지는 않습니다.

21.7 조건부 확률과 베이즈 통계

지금까지 **빈도주의** 접근법을 통계에 적용했습니다. 전적으로 데이터의 빈도나 비율에 기반해 표본에서 결론을 끌어냈습니다. 이것이 가장 널리 사용되는 추론 프레임워크이고 이 장의 앞부분에서 다룬 기초가 탄탄히 확립된 통계적 가설 검정과 신뢰 구간으로 연결됩니다. 원칙적으로 편향되지 않는다는 장점을 가집니다. 오로지 관측 데이터를 기반으로 결론에 도달합니다.

하지만 **베이즈 통계**[Bayesian statistic]라는 통계 방법이 더 적절할 때도 있습니다. [그림 21-6]을 살펴보죠.[18]

태양이 방금 폭발했나요?

지금은 밤이라 확실하지 않음

이 중성미자 검출기는 태양이 신성(nova)이 되었는지 측정할 수 있어.

그다음 검출기가 주사위를 두 개 굴려서 둘 다 6이면 거짓말을 하고, 그렇지 않으면 진실을 말한다는군.

한번 테스트해 보자. 검출기야, 태양이 신성이 되었니?

주사위 굴림

네

빈도주의 통계학자

베이즈 통계학자

이 결과가 우연히 나올 확률은 1/36=0.027이야. p < 0.05이니까 태양이 폭발했다는 결론이야.

그렇지 않다는 데 $50를 걸지.

그림 21-6 태양이 폭발했나요?

무슨 일이 일어났나요? 빈도주의 통계학자는 가능성이 두 개만 있음을 압니다. 기계가 주사위를 두 개 굴려 둘 다 6이 나오면 거짓말이고 그렇지 않으면 진실입니다. 6이 두 개 나오지 않을 확률은 35/36(97.22%)이므로 빈도주의 통계학자는 이 장치가 아마도 진실을 말할 가능성이 높고 따라서 태양이 폭발했을 것이라고 결론을 내립니다.[19]

---

18 http://imgs.xkcd.com/comics/frequentists_vs_bayesians.png
19 만약 당신이 빈도주의를 믿는다면, 이 그림은 여러분의 독실한 믿음에 대한 진지한 비판이 아니라 패러디임을 기억하세요.

베이즈 통계학자는 확률 모델을 만드는 데 추가 정보를 사용합니다. 검출기가 주사위를 굴려 6이 두 개 나올 가능성이 높지 않다는 데 동의합니다. 하지만 이런 일이 일어날 확률을 태양이 폭발하지 않을 사전 확률ª priori probability과 비교해야 한다고 주장합니다. 태양이 폭발하지 않을 가능성이 97.22%보다 훨씬 높으므로 '태양은 내일 뜬다'에 돈을 걸기로 결심합니다.

21.7.1 조건부 확률

베이즈 추론의 핵심 아이디어는 **조건부 확률**conditional probability입니다.

앞서 확률을 논의할 때 사건event이 독립적이라는 가정에 의존했습니다. 예를 들어 동전을 던져서 앞면이나 뒷면이 나오는 것은 이전 동전이 앞면인지 뒷면인지에 관련이 없다고 가정합니다. 이는 수학적으로 편리하지만 인생이 항상 이렇지는 않습니다. 많은 실제 상황에서 독립성은 잘못된 가정입니다.

랜덤하게 선택한 미국 성인이 남성이고 몸무게가 90kg 이상일 확률을 생각해 보죠. 남성일 확률은 약 0.5이고 90kg(대략적인 미국 사람의 평균 몸무게[20])보다 몸무게가 무거울 확률도 약 0.5입니다.[21] 독립적인 사건이라면 남성이고 90kg보다 몸무게가 무거운 사람이 선택될 확률은 0.25입니다. 하지만 미국 남성의 평균 몸무게는 여성보다 13kg 더 무거우므로 이 사건은 독립적이지 않습니다. 따라서 더 좋은 질문은 다음과 같습니다. 1) 남성이 선택될 확률은 얼마이고 2) 선택된 사람이 남성일 때 이 사람의 몸무게가 90kg보다 많은 확률은 얼마인가요? 조건부 확률의 표기법을 사용하면 이를 간단하게 나타낼 수 있습니다.

P(A|B)는 B가 참이라는 가정하에서 A가 참일 확률을 나타냅니다. 이를 흔히 'B가 일어났을 때 A의 확률'로 읽습니다. 따라서 다음 공식이 찾으려는 확률을 정확하게 표현합니다.

$$P(male) * P(weight > 197 \mid male)$$

P(A)와 P(B)가 독립적이면 P(A|B) = P(A)입니다. 위 예제에서 B가 male이고 A는

---

20 이 숫자가 높아 충격적일 수 있습니다. 미국 성인의 평균 몸무게는 일본 성인의 몸무게보다 약 18kg 더 무겁습니다. 지구상에서 미국보다 성인의 평균 몸무게가 무거운 나라는 나우루, 통가, 미크로네시아 세 곳뿐입니다. 옮긴이_ 이 세 나라는 모두 오세아니아에 있는 섬나라입니다.

21 중간 몸무게보다 더 많을 확률은 0.5입니다. 평균보다 몸무게가 많을 확률이 0.5는 아니지만, 여기서는 설명의 편의상 그렇다고 간주합니다.

weight > 197입니다.

일반적으로 P(B) ≠ 0이면 다음과 같습니다.

$$P(A \mid B) = \frac{P(A \cap B)}{P(B)}$$

전통적인 확률처럼 조건부 확률은 항상 0과 1 사이에 놓입니다. 또한 $\bar{A}$가 'not A'를 의미할 때 P(A|B) + P($\bar{A}$|B)= 1입니다. 사람들은 종종 P(A|B)와 P($\bar{A}$|B)가 같다고 잘못 가정합니다. 이것이 참일 거라 기대할 근거가 없습니다. 예를 들어 P(male|Maltese)는 약 0.5이지만 P(Maltese|male)는 약 0.000064[22]입니다.

 뇌풀기 문제

랜덤하게 선택한 미국인이 남성이고 몸무게가 80kg보다 높을 확률을 추정하세요. 전체 인구의 50%가 남성이고 남성의 평균 몸무게는 95kg이며 표준 편차가 13kg인 정규 분포를 따른다고 가정합니다. (**힌트** 경험 규칙을 사용해 보세요.)

$P(A \mid B \cap C)$는 B와 C가 일어났을 때 A의 확률을 나타냅니다. B와 C가 서로 독립적이라고 가정하면 조건부 확률과 독립 확률의 곱셈 규칙을 사용해 다음과 같이 쓸 수 있습니다.

$$P(A \mid B \cap C) = \frac{P(A \cap B \cap C)}{P(B \cap C)}$$

여기에서 $P(A \cap B \cap C)$는 A, B, C가 모두 참일 확률을 나타냅니다.

비슷하게 $P(A \cap B \mid C)$는 C가 일어났을 때 $A \cap B$의 확률을 나타냅니다. A와 B가 서로 독립적이라고 가정하면 다음과 같습니다.

$$P(A \cap B \mid C) = P(A \mid C) * P(B \mid C)$$

---

22 Maltese는 몰타(Malta) 출신의 사람을 의미합니다. 지구상의 모든 수컷 중 귀여운 작은 강아지의 비율을 말하는 것이 아닙니다.

21.7.2 베이즈 정리

증상이 없는 40대 여성이 유방조영상을 촬영하고 나쁜 소식을 접했다고 가정해 보죠. 유방조영상의 결과는 '양성'이었습니다.[23]

유방암이 있는 여성이 유방조영상에서 **진짜 양성**true positive이 나올 확률은 0.9입니다. 유방암이 없는 여성이 유방조영상에서 **거짓 양성**false positive이 나올 확률은 0.07입니다.

조건부 확률을 사용해 이 사실을 나타낼 수 있습니다. 다음과 같이 변수를 정의하죠.

```
canc = 유방암이 있음
TP = 진짜 양성
FP = 거짓 양성
```

이 변수를 사용해 조건부 확률을 나타내면 다음과 같습니다.

```
P(TP | canc) = 0.9
P(FP | not canc) = 0.07
```

조건부 확률에서 유방조영상에서 양성을 받은 40대 여성은 얼마나 걱정해야 할까요? 실제로 그녀가 유방암일 확률은 얼마일까요? 거짓 양성 비율이 7%이므로 93%일까요? 더 많을까요? 적을까요?

이는 까다로운 질문입니다. 이 질문에 합리적인 답을 구할 수 있을 만큼 충분한 정보가 없습니다. 답을 구하려면 40대 여성 유방암의 **사전 확률**prior probability을 알아야 합니다. 40대 여성 중 유방암에 걸린 사람의 비율은 0.008(1000명 중 8명)입니다. 따라서 유방암이 없는 사람의 비율은 1 − 0.008 = 0.992입니다.

```
P(canc | 40대 여성) = 0.008
P(not canc | 40대 여성) = 0.992
```

이 40대 여성이 얼마나 걱정해야 하는가라는 질문에 답을 구할 때 필요한 모든 정보를 얻었습

---

23 의료계에서 '양성'은 일반적으로 나쁜 소식입니다. 이는 질병이 발견되었다는 의미입니다.

니다. 이제 **베이즈 이론**Bayes' Theorem[24] (베이즈 법칙Bayes' Law이나 베이즈 규칙Bayes' Rule이라고도 부릅니다)을 사용해서 유방암이 발병할 확률을 계산합니다.

$$P(A \mid B) = \frac{P(A) * P(B \mid A)}{P(B)}$$

베이즈 세계에서는 확률은 **믿음의 정도**degree of belief를 측정합니다. 베이즈 정리는 증거를 설명하기 전과 후의 명제에 대한 믿음의 정도를 연결합니다. 등호의 왼쪽 공식 $P(A \mid B)$는 **사후 확률**posterior probability로 B를 고려한 A에 대한 믿음의 정도입니다. 사후 확률은 사전 확률 $P(A)$와 증거 B가 A에 대해 제공하는 **지지도**support로 정의됩니다. 지지도는 A가 발생할 때 B가 발생할 확률과 A에 독립적으로 B가 발생할 확률의 비율입니다. 즉 $\frac{P(B \mid A)}{P(B)}$입니다.

베이즈 정리를 사용해 이 여성이 실제로 유방암에 걸릴 확률을 계산하면 다음과 같습니다 (*canc*는 베이즈 정리에서 A의 역할을 담당하고, *pos*는 B의 역할을 담당합니다).

$$P(canc \mid pos) = \frac{P(canc) * P(pos \mid canc)}{P(pos)}$$

테스트가 양성일 확률은 다음과 같습니다.

$$P(pos) = P(pos \mid canc) * P(canc) + P(pos \mid not\ canc) * (1 - P(canc))$$

따라서 다음과 같이 계산됩니다.

$$P(canc \mid pos) = \frac{0.008 * 0.9}{0.9 * 0.008 + 0.07 * 0.992} = \frac{0.0072}{0.07664} \approx 0.094$$

즉 양성 유방조영상의 약 90%가 거짓 양성입니다![25] 40대 여성이 유방암에 걸릴 사전 확률의 정확한 추정값이 있으므로 베이즈 정리의 도움을 받을 수 있었습니다.

잘못된 사전 확률로 시작했다면 확률 추정에 사전 확률을 도입했을 때 추정이 좋아지지 않고 더 나빠진다는 점을 유념하세요. 예를 들어 다음과 같은 사전 확률로 시작했다고 가정해 보죠.

---

24 베이즈 정리는 토머스 베이즈(Thomas Bayes) 목사(1701~1761)의 이름에서 따왔으며, 그가 죽은 후 2년 뒤에 처음 발표되었습니다. 1812년에 라플라스가 「Théorie analytique des probabilités」에서 이 정리의 현대적인 공식을 발표하면서 유명해졌습니다.

25 이는 의학 커뮤니티에서 유방조영상을 일부 집단의 일상적인 검사 도구로 사용하는 것이 가치 있는가에 관한 논란이 발생하는 이유 중 하나입니다.

거짓 양성 비율이 약 5%인 결론을 얻게 됩니다. 즉 유방조영상이 양성인 40대 여성에게 유방암이 있을 확률은 약 95%입니다.

 뇌풀기 문제

숲속을 헤매다 맛있게 보이는 버섯 들판을 발견했습니다. 버섯을 바구니에 담고 남편에게 요리해 주려고 집으로 돌아갑니다. 하지만 남편은 요리하기 전에 버섯 도감을 보고 버섯에 독성이 있는지 확인하라고 요청합니다. 버섯 도감을 보니 이 지역의 숲에 있는 버섯의 80%에 독성이 있다고 합니다. 하지만 채취한 버섯을 책에 있는 버섯 하나와 비교해 보고 안전하다고 95% 확신합니다. (과부가 되지 않는다고 가정한다면) 남편에게 버섯을 주려면 얼마나 안전하게 느껴야 할까요?

22장

거짓말, 새빨간 거짓말 그리고 통계학

이 장의 키워드

가비지 인 가비지 아웃(GIGO) | 독립성 가정 | 상관관계 | 인과관계 | 잠복 변수
무응답 편향 | 편의 샘플링(우연 샘플링) | 체리 피킹 | 전향적/후향적 연구 | 회귀 오류

> 증명하고 싶은 것을 증명할 수 없다면, 다른 것을 증명한 다음 두 개가 같은 것인 척하세요. 사람의 마음과 통계의 충돌 때문에 생기는 혼돈 속에서 그 차이를 눈치채는 사람은 거의 없을 것입니다.[1]

누구나 가짜 통계를 만들어 거짓말을 할 수 있습니다. 정확한 통계로 거짓말을 하기는 더 까다롭지만, 역시 어렵지 않습니다.[2]

통계적 사고는 비교적 새로운 발명품입니다. 기록된 역사에서는 대부분 사물을 정량적이 아니라 정성적으로 평가했습니다. 사람들은 통계적인 일부 사실(예: 일반적으로 여성이 남성보다 키가 작음)에 대한 직관을 가져야 했으며, 입증되지 않은 증거에서 출발해 통계적인 결론까지 도달할 수 있는 수학 도구가 없었습니다. 17세기 중반에 변화가 시작되었습니다.

---

1   Darrell Huff, How to Lie with Statistics, 1954. 옮긴이_ 『새빨간 거짓말, 통계』(청년정신, 2022)
2   옮긴이_ 오른쪽 사진은 2016년 영국의 브렉시트 선거에서 홍보를 위해 사용된 일명 빨간 버스입니다. 매주 3억 5천만 파운드를 EU에 낸다는 문구는 왜곡된 정보이지만 대중을 선동하는 데 성공했습니다.

가장 유명한 것은 존 그란트^{John Graunt}가 출판한 『Natural and Political Observations Made Upon the Bills of Mortality』입니다. 선구적인 이 연구에서 통계적 분석을 사용해 사망자 명부에서 런던 인구를 추정하고 전염병의 확산을 예측하는 모델을 제공했습니다.

그 이후로 사람들은 정보를 제공하는 것만큼 이를 오도하는 데 통계를 사용했습니다. 어떤 사람들은 단지 무지해서 그랬지만, 일부는 고의로 오도하려고 통계를 사용했습니다. 이 장에서 통계 데이터에서 적절하지 않은 추론을 끌어낼 수 있는 몇 가지 방법을 논의해 보겠습니다. 독자들은 이 정보를 좋은 의도로만 사용하리라 믿습니다. 더 좋은 소비자가 되고 더 정직한 통계 정보 제공자가 되는 데 사용하세요.

22.1 가비지 인 가비지 아웃(GIGO)

> 국회 의원들이 두 번에 걸쳐 "배비지 씨, 기계에 잘못된 숫자를 넣으면 올바른 답이 나올까요?"라고 물었습니다. 나는 어떤 생각의 혼란이 그런 질문을 유발하는지 제대로 이해할 수 없습니다.
>
> — 찰스 배비지^{Charles Babbage}[3]

이 메시지가 말하는 바는 간단합니다. 입력 데이터에 심각한 결함이 있다면 통계적 처리를 아무리 많이 해도 의미 있는 결과를 만들지 못할 것입니다.

1840년 미국 인구조사에서 노예가 아닌 흑인과 물라토^{mulatto}[4] 중의 정신이상자가 노예 상태인 흑인과 물라토 중의 정신이상자보다 대략 10배나 많다고 나타났습니다. 이 결론은 명백했습니다. 미국 상원의원인 존 C. 칼훈^{John C. Calhoun}은 다음과 같이 말했습니다. "이 조사에서 드러난 정신이상자 데이터에는 의심할 여지가 없습니다. 우리나라는 노예제도 폐지가 아프리카인들에게 저주

---

[3] 찰스 배비지(1791~1871)는 영국의 수학자이며 기계 공학자로서 최초로 프로그래밍할 수 있는 컴퓨터를 설계했다고 알려졌습니다. 그는 작동하는 기계를 만드는 데는 성공하지 못했습니다. 하지만 1991년에 그의 원래 설계를 바탕으로 다항 함수를 계산하는 기계 장치가 만들어졌습니다. 옮긴이_ 이 장치를 차분기관(difference engine)이라고 부릅니다. 1991년에 만들어진 차분기관은 런던 과학 박물관에서 배비지 탄생 200주년을 기념하려고 만들었습니다.

[4] 옮긴이_ 물라토는 백인과 흑인 부모 사이에서 태어난 사람입니다.

가 될 것이라는 결론을 내려야 합니다." 이 인구조사가 오류투성이라는 사실이 곧 밝혀졌다는 것은 중요하지 않습니다. 칼훈은 반복해서 존 퀸시 애덤스John Quincy Adams에게 말했습니다. "오류가 너무 많아 서로 균형을 잡았고 마치 모든 것이 올발랐을 때와 동일한 결론에 도달한 겁니다."

칼훈이 (아마도 고의로) 애덤스에게 한 거짓말은 고전적인 오류인 **독립성 가정**assumption of independence에 기반을 둔 것입니다. 수학적으로 좀 더 정교했다면 다음과 같이 말할 수 있습니다. '측정 오류가 편향되지 않고 서로 독립적이므로 평균의 양쪽에 동일하게 분포되었다고 믿습니다.' 실제로 추후 분석을 통해 오류가 크게 편향되어 통계적으로 유효한 어떤 결론도 끌어낼 수 없음이 밝혀졌습니다.[5]

가비지 인 가비지 아웃garbage in garbage out(GIGO)은 감지하기 힘들 때가 있어서 특히 과학 논문에서 치명적인 문제입니다. 2020년 5월, 세계적으로 권위 있는 의학 잡지인 란셋Lancet은 코로나19 팬데믹에 관한 논문을 하나 실었습니다. 이 논문은 6개 나라에서 거의 700개에 달하는 병원에서 수집한 96,000명의 환자 데이터를 사용했습니다. 검토 과정 중에 논문에서 제시한 분석의 건정성을 검사했지만, 분석의 기반이 되는 데이터의 건정성을 확인하지 못했습니다. 논문 게재 후 한 달이 되기 전에 사용 데이터에 결함이 있음이 밝혀져 논문이 철회되었습니다.

22.2 테스트의 불완전성

모든 실험을 잠재적으로 결함이 있는 테스트로 보아야 합니다. 화학물질, 현상, 질병에 관련된 테스트를 수행할 수 있습니다. 하지만 테스트 이벤트가 반드시 테스트 결과와 동일하지는 않습니다. 교수는 학생들이 과목을 얼마나 잘 이수했는지 이해하려고 시험을 준비합니다. 하지만 시험 결과를 실제 학생들이 얼마나 잘 이해했는지와 혼동해서는 안 됩니다. 모든 테스트에는 어느 정도 오류율이 내재합니다. 제2외국어를 배우는 학생에게 단어 100개의 의미를 외우도록 했지만, 그중 80개만 공부했다고 가정해 보죠. 학생의 이해도는 80%이지만 20개 단어로 구성한 시험에서 80점을 받을 확률은 확실히 1이 아닙니다.

테스트에는 거짓 음성과 거짓 양성이 모두 있을 수 있습니다. 21.7절에서 보았듯이, 음성 유방조영상이 유방암의 부재를 보장하지 않고 양성 유방조영상이 암의 존재를 보장하지도 않습니

---

5 칼훈은 150년 전에 일했던 사람입니다. 삐뚤어진 견해를 유지하려고 잘못된 통계를 사용하는 현대 정치인은 없습니다.

다. 게다가 테스트 확률과 이벤트 확률은 같지 않습니다. 이는 희소병과 같은 드문 이벤트를 테스트할 때 특히 관련이 있습니다. 거짓 음성의 비용이 높다면(예: 심각하지만 치료할 수 있는 질병을 놓치는 것) 거짓 양성이 늘어나더라도 테스트를 매우 민감하게 설계해야 합니다.

22.3 오해하기 쉬운 그래프

그래프가 정보를 빠르게 전달할 수 있다는 데는 의심의 여지가 없습니다. 하지만 부주의하게 (또는 악의적으로) 사용하면 그래프는 매우 오해하기 쉽습니다. 예를 들어 미국 중서부 지역의 주택 가격을 나타내는 [그림 22-1]을 보죠.

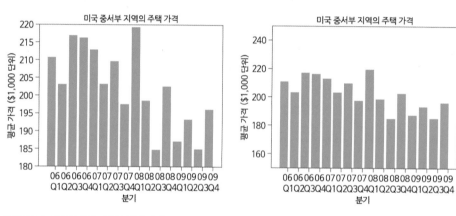

그림 22-1 미국 중서부 지역의 주택 가격

[그림 22-1]의 왼쪽 그래프에서는 2006년~2009년의 주택 가격이 상당히 안정적으로 보입니다. 하지만 잠시만요! 2008년 후반에 세계 금융 위기 때문에 미국의 주거용 부동산 가격이 폭락하지 않았나요? 오른쪽 그래프에 나타나 있듯이 실제로 그랬습니다.

두 그래프는 정확하게 동일한 데이터를 사용하지만 매우 다른 인상을 줍니다. 왼쪽의 그래프는 주택 가격이 안정적이라는 느낌을 줄 목적으로 그려졌습니다. y축의 범위를 터무니없이 낮은 주택 평균 가격인 $1,000부터 가능하지 않은 높은 평균 가격인 $500,000까지 잡았습니다. 따라서 가격이 변동하는 공간이 축소되고 변화가 상대적으로 적다는 인상을 줍니다. 오른쪽의 그래프는 주택 가격이 불규칙하게 움직이다가 폭락한 느낌을 줍니다. y축의 가격 범위를 좁게 잡아서 변화의 크기가 과장되었습니다.

[예제 22-1]은 앞에서 본 두 그래프와 주택 가격에 관한 올바른 정보를 제공하는 그래프를 그립니다. 이 그래프는 아직 사용해 본 적이 없는 두 가지 기능을 사용합니다.

plt.bar(quarters, prices, width)는 지정한 너비로 **막대그래프**^{bar chart}를 그립니다. 막대의 왼쪽 끝이 quarters 리스트의 원솟값이고 막대의 높이는 prices 리스트의 원솟값입니다. plt.xticks(quarters+width/2, labels)는 막대에 연관된 레이블을 표시합니다. 첫 번째 인수는 레이블의 위치를 지정하고 두 번째 인수는 레이블에 관한 텍스트입니다. yticks 함수도 비슷하게 동작합니다. plot_housing('fair')는 [그림 22-2]를 출력합니다.

예제 22-1 주택 가격 그래프 그리기

```
import numpy as np

def plot_housing(impression):
    """impression은 문자열로 'flat', 'volatile', 'fair' 중 하나라고 가정합니다.
       시간에 따른 주택 가격 그래프를 그립니다."""
    labels, prices = ([], [])
    with open('midWestHousingPrices.csv', 'r') as f:
        #파일의 각 라인에는 미국 중서부 지역의 한 분기 가격이 있습니다.
        for line in f:
            year, quarter, price = line.split(',')
            label = year[2:4] + '\n Q' + quarter[1]
            labels.append(label)
            prices.append(int(price)/1000)
    quarters = np.arange(len(labels)) #막대의 x 좌표
    width = 0.8 #막대 너비
    plt.bar(quarters, prices, width)
    plt.xticks(quarters+width/2, labels)
    plt.title('미국 중서부 지역의 주택 가격')
    plt.xlabel('분기')
    plt.ylabel('평균 가격 ($1,000 단위)')
    if impression == 'flat':
        plt.ylim(1, 500)
    elif impression == 'volatile':
        plt.ylim(180, 220)
    elif impression == 'fair':
        plt.ylim(150, 250)
    else:
```

```
        raise ValueError

plot_housing('flat')
plt.figure()
plot_housing('volatile')
plt.figure()
plot_housing('fair')
```

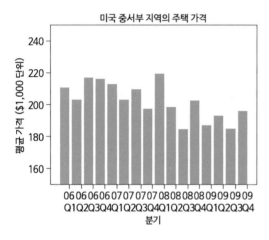

그림 22-2 다른 관점의 주택 가격 그래프

![뇌풀기 문제]

뇌풀기 문제

이따금 [그림 22-3]처럼 기준선에 상대적인 그래프를 그리는 편이 나을 때가 있습니다. `plot_housing` 함수를 수정해 그래프를 그려 보세요. 기준선 아래의 막대는 빨간색으로 그리세요. (**힌트** `plt.bar`의 `bottom` 키워드 매개변수를 사용하세요.)

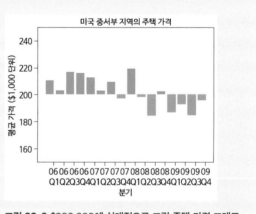

그림 22-3 $200,000에 상대적으로 그린 주택 가격 그래프

로그 스케일의 y축은 교묘한 그래프를 그리는 데 뛰어난 도구입니다. [그림 22-4]의 막대그래프를 보죠. 왼쪽 그래프는 khemric와 katyperry의 팔로워 수 차이에 관한 정확한 인상을 제공합니다. 오른쪽 그래프는 팔로워 수가 적은 jguttag를 추가해 y축이 작은 값에 더 많은 부분을 할애하게 합니다. 따라서 khemric와 katyperry의 팔로워 수 사이의 거리가 줄어들었습니다.[6]

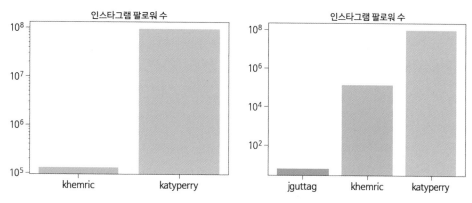

그림 22-4 인스타그램 팔로워 수 비교하기

22.4 Cum Hoc Ergo Propter Hoc[7]

수업에 규칙적으로 출석하는 학생이 산발적으로 출석하는 학생보다 높은 점수를 받는다고 알려졌습니다. 교수들은 학생들이 수업에서 무언가 배우기 때문이라고 믿으려 합니다. 물론 수업에 출석할 가능성이 높은 학생이 더 열심히 공부할 가능성도 높으므로 더 좋은 성적을 받을 것입니다.

---

6   @jguttag는 포스팅을 하지 않았으니 팔로워가 적은 것이 놀랍지 않습니다. @khemric와 @katyperry의 차이는 설명하기 더 어렵습니다. 옮긴이_ 번역 시점에 여행 사진 팁을 주로 올리는 크리스티 헴릭(Kristi Hemric)(@khemric)의 팔로워 수는 약 44.4만 명이고, 작곡가이자 가수인 케이티 페리(Katy Perry)(@katyperry)의 팔로워 수는 약 1.8억 명입니다. 하지만 두 계정의 게시물 수는 거의 비슷합니다.

7   변호사나 의사들처럼, 통계학자들은 현학적으로 보이는 것 외에는 뚜렷한 이유 없이 라틴어를 사용하곤 합니다. 이 문장의 의미는 '이 뒤에 따라서 이 때문에'입니다. 옮긴이_ 앞의 사건이 원인이 되어 뒤의 사건이 일어났다고 판단하는 인과의 오류를 의미합니다.

상관관계correlation는 두 변수가 같은 방향으로 움직일 정도를 측정합니다. x가 y와 같은 방향으로 움직인다면, 두 변수 사이에는 양의 상관관계가 있습니다. 두 변수가 반대 방향으로 움직이면 음의 상관관계입니다. 두 변수에 아무런 관계가 없다면 상관관계는 0입니다. 사람들의 키는 부모의 키와 양의 상관관계입니다. 담배와 수명은 음의 상관관계입니다.

두 변수에 상관관계가 있을 때 하나가 다른 하나를 유발한다고 가정하려는 유혹에 빠지기 쉽습니다. 북미 지역에서 발생한 독감을 생각해 보죠. 감염자 수는 예측할 수 있는 패턴으로 증가하고 감소합니다. 여름에는 거의 발생하지 않습니다. 가을마다 증가하기 시작해서 여름이 다가오면 감소하기 시작합니다. 학교에 가는 아이들의 수를 생각해 보죠. 북미 지역의 여름 방학은 길고 겨울 방학은 짧습니다. 따라서 여름에는 학교에 학생이 거의 없습니다. 새 학년이 시작되는 가을에는 학교의 전체 학생 수가 증가하고 한 학년이 끝나는 여름에는 줄어듭니다.

학교의 학기와 독감 발생 증가 사이의 상관관계는 명백합니다. 학교에 가는 것이 독감 유행의 중요한 원인이라는 결론에 이르게 됩니다. 이것이 맞을 수 있지만 단순히 이 상관관계를 근거로 결론을 내릴 수 없습니다. 상관관계는 인과관계causation를 의미하지 않습니다! 이 상관관계를 사용해 독감 발생이 학교에서 학기를 시작하게 한다고 믿을 수도 있습니다. 또는 둘 사이에 어느 방향으로도 인과관계가 없을지 모르며 미처 고려하지 못한 **잠복 변수**lurking variable가 원인일 수 있습니다. 사실 공교롭게도 독감 바이러스는 따뜻하고 습한 공기보다 차갑고 건조한 공기에서 오래 살아남습니다. 따라서 북미 지역에서 독감 시즌과 학교의 학기는 춥고 건조한 날씨와 상관관계가 있습니다.

[그림 22-5]의 그래프에서 보듯이 충분한 과거 데이터가 있으면 항상 상관관계가 있는 두 변수를 찾을 수 있습니다.[8]

---

8 Stephen R. Johnson, 「The Trouble with QSAR (or How I Learned to Stop Worrying and Embrace Fallacy)」, J. Chem. Inf. Model., 2008.

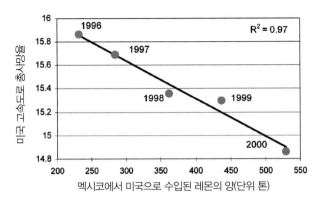

그림 22-5 멕시코 레몬이 생명을 구하나요?(출처: 미국 도로교통안전국, 미국 농무부)

이런 상관관계를 발견했을 때 가장 먼저 할 일은 이 상관관계를 설명할 타당한 이론이 있는지 찾는 것입니다.

인과의 오류에 사로잡히면 매우 위험할 수 있습니다. 2002년 초에 약 6백만의 미국인 여성이 심혈관 질병의 위험을 크게 낮춘다고 알려진 호르몬 대체요법hormone replacement therapy (HRT)을 처방받았습니다. 평판이 매우 좋은 연구들이 HRT를 사용한 여성은 심혈관 질환에서 비롯한 사망이 적음을 보여서 믿음을 뒷받침했습니다.

HRT가 사실 심혈관 질병의 발생 위험을 높인다는 논문을 JAMAJournal of the American Medical Society에서 게재했을 때 많은 여성과 의사가 충격을 받았습니다.[9] 어떻게 이런 일이 일어났을까요?

초기 연구 중 일부를 다시 분석해 보니 HRT 처방을 받은 여성은 평균적으로 더 나은 식단과 운동 요법을 실천하는 그룹에 속할 가능성이 높았습니다. 아마도 HRT 처방을 받은 여성들은 이 연구에 참여한 다른 여성보다 평균적으로 건강에 더 관심이 많았을 것입니다. 따라서 HRT를 받은 일과 심장 건강이 향상된 일은 원인이 같아서 생긴 우연한 효과였습니다.

---

9 Nelson HD, Humphrey LL, Nygren P, Teutsch SM, Allan JD. 「Postmenopausal hormone replacement therapy: scientific review」. JAMA. 2002;288:872–881.

22.5 전체를 알려주지 않는 통계 측정

한 데이터셋에서 아주 많은 통계를 추출할 수 있습니다. 이 중에서 주의 깊게 선택하면 같은 데이터에 대해 다른 느낌을 전달할 수 있습니다. 좋은 해결책은 데이터셋 자체를 살펴보는 것입니다.

1973년, 통계학자 F.J. 앤스컴Anscombe은 [표 22-1]이 들어 있는 논문을 발표했습니다. 이 테이블을 앤스컴 콰르텟Anscombe's quartet이라고 부릅니다. 이 테이블은 네 개의 데이터셋에 있는 각 포인트의 ⟨x, y⟩ 좌표가 있습니다. 네 개의 데이터셋은 모두 평균과 분산이 같습니다. x의 평균은 9.0, y의 평균은 7.5, x의 분산은 10.0, y의 분산은 3.75입니다. x와 y의 상관관계는 동일하게 0.816입니다. 이 데이터에 각각 선형 회귀를 적용하면 모두 동일하게 y = 0.5x + 3을 얻습니다.

그럼, 이 데이터셋을 구분하는 방법이 없다는 의미일까요? 아닙니다. 간단하게 데이터를 그래프로 그려보면 데이터셋이 서로 다름을 알 수 있습니다(그림 22-6).

표 22-1 앤스컴 콰르텟 데이터

x	y	x	y	x	y	x	y
10.0	8.04	10.0	9.14	10.0	7.46	8.0	6.58
8.0	6.95	8.0	8.14	8.0	6.77	8.0	5.76
13.0	7.58	13.0	8.74	13.0	12.74	8.0	7.71
9.0	8.81	9.0	8.77	9.0	7.11	8.0	8.84
11.0	8.33	11.0	9.26	11.0	7.81	8.0	8.47
14.0	9.96	14.0	8.10	14.0	8.84	8.0	7.04
6.0	7.24	6.0	6.13	6.0	6.08	8.0	5.25

4.0	4.26	4.0	3.10	4.0	5.39	19.0	12.50
12.0	10.84	12.0	9.13	12.0	8.15	8.0	5.56
7.0	4.82	7.0	7.26	7.0	6.42	8.0	7.91
5.0	5.68	5.0	4.74	5.0	5.73	8.0	6.89

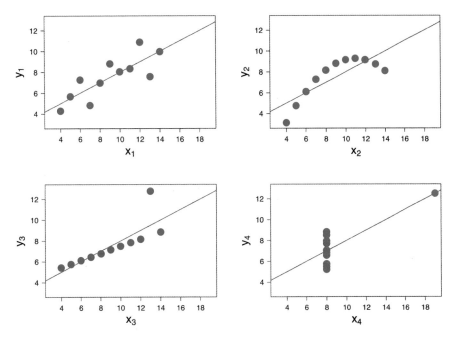

그림 22-6 앤스컴 콰르텟 그래프

여기서 얻을 수 있는 교훈은 간단합니다. 가능하다면 항상 원본 데이터를 살펴보세요.

22.6 샘플링 편향

제2차 세계 대전 당시 연합군 비행기가 유럽에서 임무를 수행하고 돌아오면 기체를 조사해서 대공포 공격을 받았는지 확인했습니다. 정비공은 이 데이터에 기반을 두고 공격을 가장 받기 쉬운 기체 부위를 강화했습니다.

여기서 무엇이 문제일까요? 공격받아 추락해서 돌아오지 못한 비행기를 조사하지 않았습니다. 아마도 조사하지 못한 비행기는 대공포에 가장 피해가 큰 부분을 맞아서 돌아오지 못했을 것입니다. 이런 특수한 오류를 **무응답 편향**non-response bias이라고 하며 설문 조사에서 매우 자주 나타납니다. 예를 들어 많은 대학에서 학기 말 수업 중에 교수의 강의 품질을 평가하도록 학생들에게 설문을 요청합니다. 이런 설문의 결과는 우호적이지 않을 때가 많지만, 실제로는 더 나쁠 수 있습니다. 수업에 출석할 가치가 없을 만큼 강의가 나쁘다고 생각하는 학생은 이 설문에 포함되지 않기 때문입니다.[10]

19장에서 논의했듯이 모든 통계적 기법은 모집단의 부분집합을 샘플링해 모집단 전체에 대해 추론할 수 있다는 가정을 기반으로 합니다. 랜덤 샘플링을 사용하면 전체 모집단과 표본의 관계를 수학적으로 정확하게 기술할 수 있습니다. 불행하게도 많은 연구, 특히 사회 과학은 **편의 샘플링**convenience sampling (**우연 샘플링**accidental sampling이라고도 함)을 기반으로 합니다. 이 방법은 얼마나 구하기 쉬운지에 따라 샘플을 선택합니다. 많은 심리 연구에서 대학생을 모집단으로 사용하는 이유는 무엇일까요? 대학 캠퍼스에서 쉽게 찾을 수 있기 때문입니다. 편의 표본이 대표성을 띨 수 있지만 실제로 대표성이 있는지 알 방법이 없습니다.

 뇌풀기 문제

한 질병의 **감염 치사율**infection-fatality rate(IFR)은 질병으로 죽은 사람 수를 질병에 걸린 사람 수로 나눈 값입니다. **치사율**case-fatality rate(CFR)은 질병으로 죽은 사람 수를 질병에 걸렸다고 진단받은 사람 수로 나눈 값입니다. 둘 중 어느 쪽이 정확하게 추정하기 쉬운가요? 이유는 무엇인가요?

22.7 맥락의 중요성

맥락을 고려하지 않고 데이터를 보면 데이터의 실제 의미보다 더 많은 것을 볼 수 있습니다. 2009년 4월 29일에 CNN은 "멕시코 보건 당국은 신종 플루가 발생해 159명 이상이 사망하고 약 2,500명이 질병을 앓고 있는 것으로 추측한다"고 보도했습니다. 매우 무섭게 보입니다. 하

---

10 수업에 들어오지 않는 학생도 설문에 참여할 수 있도록 온라인 설문으로 바뀌는 추세는 교수들에게 좋지 않은 징조입니다.

지만 미국에서 계절성 독감으로 매년 약 36,000명이 사망한다는 사실과 비교하면 다르게 느껴집니다.

자동차 사고는 대부분 집에서 10마일(mi)(약 16km) 이내에서 일어난다는 것은 많이 인용되는 정확한 통계입니다. 이게 무슨 뜻일까요? 대부분 집에서 10mi 이내에서 운전합니다! 그리고 이 문장에서 '집'은 무엇을 의미할까요? 이 통계는 자동차의 등록 주소를 '집'으로 사용해 계산되었습니다. 자동차 주소를 먼 곳으로 등록하기만 하면 사고의 확률을 줄일 수 있나요?

미국에서 총기 보급률을 줄이려는 정부 계획에 반대하는 사람들은 매년 총기의 약 99.8%가 강력 범죄에 사용되지 않는다는 통계를 인용하길 좋아합니다. 하지만 맥락을 고려하지 않으면 의미하는 바를 알아차리기 어렵습니다. 이는 미국에 총기 사고가 자주 일어나지 않는다는 의미일까요? 전미 총기협회는 미국에서 개인이 소유한 총기는 대략 3억 개라고 합니다. 3억의 0.2%는 60만 개입니다!

22.8 사과와 오렌지 비교하기

[그림 22-7]을 잠깐 살펴보죠.

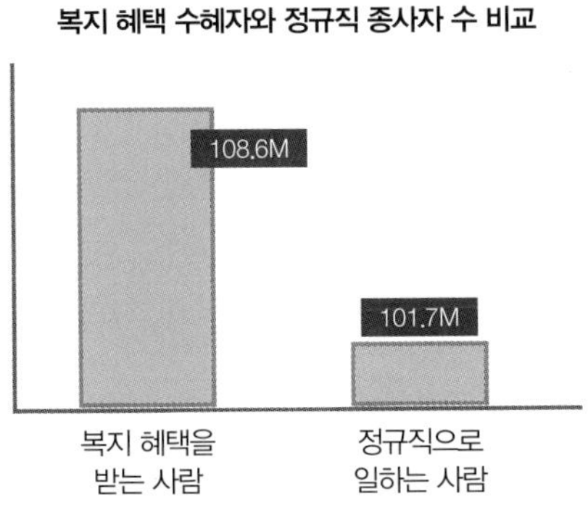

복지 혜택 수혜자와 정규직 종사자 수 비교

그림 22-7 복지 대 정규직

어떤 느낌을 받나요? 정규직에서 일하는 사람보다 복지 혜택을 누리는 미국인이 더 많나요?

왼쪽 막대는 오른쪽 막대보다 500%나 큽니다. 하지만 막대에 쓰인 숫자를 보면 y축 아래가 잘

렸음을 알 수 있습니다. y축이 잘리지 않았다면 왼쪽 막대가 6.8%만큼만 클 것입니다. 하지만 여전히 일하는 사람보다 복지 혜택을 받는 사람이 6.8% 더 많다는 사실이 충격적입니다. 충격적이고 오해의 소지가 있습니다.

'복지 혜택을 받는 사람'의 수는 미국 인구 조사국이 자산 조사mean test 프로그램에 참여한 사람들을 집계한 수치입니다. 이 집계에는 적어도 한 사람이 어떤 혜택이라도 받는 집에 거주하는 모든 사람이 포함됩니다. 예를 들어 부모와 세 자녀가 있는 가구를 생각해 보죠. 부모 중 한 명은 정규직이고 다른 한 명은 시간제 근무자입니다. 이 가구가 식권을 받았다면, '복지 혜택을 받는 사람' 집계에 5명을 추가하고 '정규직' 집계에는 1명을 추가합니다.

두 숫자는 모두 맞지만 서로 비교할 수 없습니다. 이는 올가가 사과를 2,000그루 재배하고 마크는 오렌지를 1,000그루 키우므로 올가가 마크보다 더 나은 농부라고 말하는 것과 같습니다.

22.9 체리 피킹

체리 피킹은 사과와 오렌지를 비교하는 것만큼 나쁩니다. **체리 피킹**cherry picking은 어떤 입장을 지지하기 위해 특정 데이터를 선택하고 나머지를 무시하는 행위입니다.

[그림 22-8]을 살펴보죠. 추세가 명확히 보입니다. 하지만 이 데이터로 지구 온난화에 반대 주장을 펼치고 싶다면, 다른 부분은 무시하고 2013년 4월에는 얼음이 1988년 4월보다 많았다는 사실만 인용할 수 있습니다.

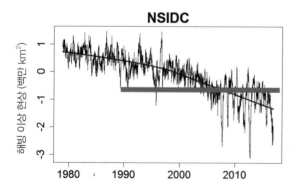

그림 22-8 북극의 해빙

22.10 주의해야 할 외삽

데이터에서 외삽하기는 매우 쉽습니다. 20.1.1절에서 회귀에 사용한 데이터를 넘어서 선형 회귀 모델을 확장했을 때 외삽을 했습니다. 외삽은 이론적으로 타당한 이유가 있을 때만 수행해야 합니다. 직선을 외삽할 때 특히 주의해야 합니다.

[그림 22-9]의 왼쪽 그래프를 살펴보죠. 이 그래프는 1994년에서 2000년까지 미국의 인터넷 사용량 증가세를 보여줍니다. 여기서 보듯이 직선이 꽤 잘 맞습니다.

[그림 22-9]의 오른쪽 그래프는 이 직선을 사용해 다음 해부터 인터넷을 사용하는 미국 인구의 비율을 예측한 것입니다. 이 예측은 믿기 힘듭니다. 2009년에 미국의 모든 사람이 인터넷을 사용하지 않았을 것 같습니다. 더욱이 2015년에 인터넷을 사용하는 사람이 미국 인구의 140%가 되지는 않을 것 같습니다.

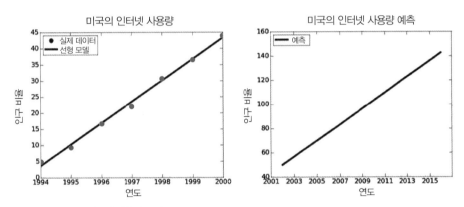

그림 22-9 미국의 인터넷 사용량 증가

22.11 텍사스 명사수의 오류

텍사스의 시골길을 운전하고 있다고 상상해 보죠. 표적이 6개 그려진 헛간이 있고 각 표적의 중앙에 총알구멍이 있습니다. 헛간의 주인은 '네, 저는 한 번도 빗맞힌 적이 없습니다'라고 했습니다. 그의 아내는 '맞아요. 텍사스주에서 페인트칠을 더 정확하게 하는 남자는 없을 거예요'라고 했습니다. 이해했나요? 헛간 주인은 먼저 총을 쏜 후 그 주위에 표적을 그렸습니다.

그림 22-10 학생들의 분필 던지기 정확도에 의아해하는 교수

비슷한 문제가 2001년에 발생했습니다.[11] 스코틀랜드 애버딘Aberdeen에 있는 로열 콘힐Royal Cornhill 병원의 한 연구팀은 다음과 같은 사실을 발견했습니다. "거식증에 걸린 여성은 봄이나 초여름에 태어났을 가능성이 높습니다… 거식증에 걸린 사람은 3월과 6월 사이에서 평균보다 13%나 많이 태어났으며 6월에는 30%나 더 많이 태어났습니다."

6월에 태어난 여성이 걱정되도록 만드는 이 통계를 살펴보죠. 이 팀은 거식증으로 진단받은 여성 446명을 연구했습니다. 한 달에 태어난 사람 수는 평균 37명보다 조금 많았습니다. 이 연구는 6월에 태어난 사람 수가 48(37*1.3)명이라고 합니다. 간단한 프로그램(예제 22-2)을 작성해 순전히 우연으로 이런 일이 일어날 가능성을 추정해 보죠.

예제 22-2 6월에 거식증 환자가 48명 이상 태어날 확률

```
import random

def june_prob(num_trials):
    june_48 = 0
    for trial in range(num_trials):
        june = 0
        for i in range(446):
```

---

11 Eagles, John, et al., 「Season of birth in females with anorexia nervosa in Northeast Scotland」, International Journal of Eating Disorders, 30, 2, September 2001.

```
            if random.randint(1,12) == 6:
                june += 1
        if june >= 48:
            june_48 += 1
    print('6월에 48명 이상이 태어날 확률은 =',
          round(june_48/num_trials, 4))
```

june_prob(10000)를 실행하면 다음과 같이 출력됩니다.

6월에 48명 이상이 태어날 확률은 = 0.0427

순전히 우연으로 6월에 48명 이상이 태어날 확률은 4.25%로 보입니다. 아마도 애버딘의 연구자들은 무언가를 알고 있을 것입니다. 어쩌면 거식증에 걸린 아이가 6월에 많이 태어난다는 가설로 시작하고 그다음 이 가설을 확인하려고 연구를 실행했을지 모릅니다.

하지만 그렇게 하지 않았습니다. 대신 그들은 데이터를 살펴보고, 텍사스 명사수를 흉내 내서 6월 주위에 표적을 그렸습니다. 통계적으로 올바른 질문은 '12개월 중 적어도 한 달에 48명 이상이 태어날 확률은 얼마인가'입니다. [예제 22-3]은 이 질문의 답을 구합니다.

예제 22-3 어떤 달에 거식증 환자가 48명 이상 태어날 확률

```
def any_prob(num_trials):
    any_month_48 = 0
    for trial in range(num_trials):
        months = [0]*12
        for i in range(446):
            months[random.randint(0,11)] += 1
        if max(months) >= 48:
            any_month_48 += 1
    print('어떤 달에 48명 이상이 태어날 확률은 =',
          round(any_month_48/num_trials, 4))
```

any_prob(10000)를 호출하면 다음과 같이 출력됩니다.

어떤 달에 48명 이상이 태어날 확률은 = 0.4357

연구에 보고된 결과가 출생 월과 거식증 사이의 실제 연관성이 아니라 우연을 반영한 것 같습

니다. 텍사스 출신만 텍사스 명사수의 오류의 희생양이 되는 것은 아닙니다.

결과의 통계적 유의성은 수행된 실험을 수행한 방법에 따라 다릅니다. 애버딘 연구자들이 6월에 거식증 환자가 많이 출생한다는 가설로 시작했다면 이 결과는 고려할 가치가 있습니다. 하지만 이상하게 거식증 환자가 많이 태어난 달이 있다는 가설로 시작했다면 이 결과는 그다지 설득력이 없습니다. 사실 그들은 여러 가설을 테스트하고 결과를 체리 피킹했습니다. 그러지 말고 본페로니 교정(21.6절 참조)을 적용했어야 합니다.

애버딘 연구자들은 새로운 가설을 테스트할 때 다음 단계로 무엇을 수행했을까요? 한 가지 가능성은 **전향적 연구**prospective study입니다. 전향적 연구에서는 일련의 가설로 시작하고 관심 있는 결과(여기서는 거식증)가 나오기 전에 피험자를 모집합니다. 그다음 일정 기간 피험자를 추적합니다. 애버딘 연구자들이 특정 가설로 전향적 연구를 수행하고 비슷한 결과를 얻었다면 확신을 얻을 수 있을 것입니다.

전향적 연구는 수행하는 데 비용과 시간이 많이 소요될 수 있습니다. **후향적 연구**retrospective study에서는 오해의 소지가 있는 결과가 나올 가능성을 줄이는 방식으로 기존 데이터를 분석해야 합니다. 20.4절에 언급했듯이 데이터를 훈련 세트와 홀드아웃 세트로 나누는 방법을 널리 사용합니다. 예를 들어 데이터에서 446/2명의 여성을 랜덤하게 선택(훈련 세트)해 각 달에 출생한 사람 수를 기록합니다. 그다음 이 값을 남은 여성(홀드아웃 세트)에서 각 달에 출생한 사람 수를 계산해 비교합니다.

22.12 혼동하기 쉬운 백분율

한 투자 자문가가 고객에게 전화를 걸어 그의 주식 포트폴리오가 지난달에 16% 상승했다고 알려주었습니다. 자문가는 일 년간 상승과 하락이 있었지만, 평균 월 변동률이 +0.5%이었다고 기뻐했습니다. 이 고객이 일 년간 투자 보고서를 받아보고 포트폴리오의 가치가 하락했다는 사실을 알았을 때 얼마나 놀랐을지 상상해 보세요.

고객은 자문가에게 전화해 거짓말쟁이라고 비난했습니다. 고객은 '내 포트폴리오는 약 8% 하락했는데 당신은 나에게 한 달에 0.5% 상승했다고 했어요'라고 말했습니다. 투자 자문가는 "아니요, 그렇지 않아요. 평균 월 변동률이 +0.5라고 했어요"라고 답했습니다. 월간 보고서를 검토했을 때 고객은 그가 거짓말을 한 것이 아니라 자기를 현혹했다는 것을 알았습니다. 고객의 포트폴리오는 상반기 동안 매달 15%씩 감소했고 하반기에는 매달 16%씩 상승했습니다.

백분율에 관해 생각할 때는 백분율을 계산하는 기준에 항상 주의를 기울여야 합니다. 이 예에서 15% 감소가 일어났을 때 기준이 16% 증가가 일어났을 때보다 더 높습니다.

백분율은 특히 작은 기준에 적용할 때 오해의 소지가 있습니다. 어떤 병의 발병률을 200% 높이는 부수 효과가 있는 약이 있다고 하죠. 하지만 이 병의 발병률이 매우 낮다면(예: 1,000,000분의 1), 약을 먹는 위험보다 약의 효과에 따른 이득이 크리라고 판단할 수 있습니다.

 **뇌풀기 문제**

2020년 5월 19일, 뉴욕 타임스는 미국의 항공 여행객이 한 달에 123% 증가했다고 보도했습니다(승객 수가 95,161에서 212,508이 되었습니다). 또한 이는 최근 항공 여행객이 96% 하락한 데 따른 상승이라고 보도했습니다. 순변동률은 총 얼마인가요?

22.13 회귀 오류

사람들이 사건의 자연적인 변동을 고려하지 못할 때 회귀 오류regressive fallacy가 발생합니다.

모든 운동선수는 컨디션이 좋은 날과 나쁜 날이 있습니다. 컨디션이 좋을 때는 아무것도 바꾸려 하지 않습니다. 하지만 이상하게 컨디션이 연속해서 나쁘면 변화를 시도합니다. 이 변화가 실제로 도움이 되지 않더라도 평균으로의 회귀(17.3절 참고) 덕분에 다음 며칠간 운동선수의 경기력이 변화 전에 비정상적으로 부진했던 때보다 나아질 수 있습니다. 따라서 운동선수는 이것이 **처방 효과**treatment effect라고 오해할 수 있습니다. 즉 자신이 시도한 변화 때문에 성능이 향상되었다고 생각합니다.

노벨상을 받은 심리학자 대니얼 카너먼Daniel Kahneman은 이스라엘 공군 비행 교관에 관한 이야기를 들려주었습니다. 이 교관은 "성능 향상에 대한 보상이 실수에 대한 처벌보다 낫다"는 카너먼의 주장을 거부했습니다. 이 교관은 "나는 곡예비행을 깔끔하게 실행한 후보생에게 칭찬을 자주 했습니다. 칭찬받은 후보생은 일반적으로 다음번에 같은 비행을 더 못합니다. 반면에 비행을 못한 후보생에게 소리를 지르면 일반적으로 다음번에 더 잘합니다."[12] 사람은 인과적으로 생각하기 좋아하기 때문에 처방 효과를 자연스럽게 상상합니다. 하지만 이따금 이는 그냥 운에 따른 것입니다.

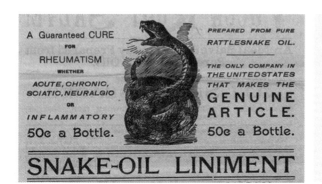

뱀 기름 연고

급성, 만성, 신경성,
염증성 관절염 완벽 해결
순수 방울뱀 기름 사용
한 병에 50센트

처방 효과가 없는데도 있다고 상상하면 위험할 수 있습니다. 예방 접종이 해롭다는 믿음, 뱀 기름이 모든 통증과 고통을 치료한다는 믿음, 지난해 '시장을 선도하는' 펀드에 독점적으로 투자하는 것이 좋은 전략이라는 믿음으로 이어질 수 있습니다.

22.14 통계적으로 유의한 차이가 실제로 유의하지 않을 수 있음

매사추세츠 공과대학교(MIT)의 한 입학 사정관은 MIT가 입학 절차에서 성차별하지 않는다는 점을 세상에 알리고 싶어서 "MIT에서 남성과 여성의 평균 성적은 큰 차이가 없습니다"라고 말했습니다. 같은 날 한 열성적인 페미니스트는 "MIT에서 여성이 남성보다 평균 성적이 훨씬 높습니다"라고 주장했습니다. 한 학생 신문 기자가 데이터를 조사해 거짓말한 사람을 폭로하기로 마음먹었습니다. 하지만 대학교에서 데이터를 받았을 때, 두 사람 모두 진실을 말했다고 결론을 내렸습니다.

"MIT에서 여성이 남성보다 평균 성적이 훨씬 높습니다"라는 문장은 실제로 어떤 의미를 가질

---

12 『생각에 관한 생각』(김영사, 2012)

까요? 통계를 공부하지 않은 사람은 아마도 MIT에 다니는 여성과 남성의 GPA 사이에 의미 있는 차이가 있다고 결론을 내릴 것입니다. 반대로 최근 통계학을 공부한 사람은 1) 여성의 평균 GPA가 남성보다 높고 2) GPA 차이가 무작위성 때문이라는 영 가설을 5% 수준에서 기각할 수 있을 때만 이런 결론을 내릴 것입니다.

예를 들어 MIT에 여성과 남성이 각 2,500명씩 있다고 가정해 보죠. 남성의 GPA는 3.5이고 여성의 GPA는 3.51입니다. 남성과 여성의 GPA 표준 편차는 모두 0.25입니다. 대부분은 GPA 차이에 큰 의미가 없다고 생각할 것입니다. 하지만 통계적 관점에서 이 차이는 2% 수준에서 유의합니다. 이 이상한 이분적인 현상의 근원은 무엇일까요? 21.5절에서 보았듯이 연구에 충분한 샘플이 있다면 크지 않은 차이도 통계적으로 유의할 수 있습니다.

연구의 규모가 매우 작을 때 유사한 문제가 일어납니다. 동전을 두 번 던져서 모두 앞면이 나왔다고 가정해 보죠. 이제 21.3절에서 본 양측 1표본 t 검정을 사용해 동전이 공정하다는 영 가설을 테스트해 보겠습니다. 앞면은 1이고 뒷면은 0이라고 가정하면 다음 코드를 사용해 p 값을 얻을 수 있습니다.

```
import scipy.stats

scipy.stats.ttest_1samp([1, 1], 0.5)[1]
```

반환된 p 값은 0입니다. 즉, 공정한 동전이라면 두 번 연속 앞면이 나올 가능성이 없습니다. 동전이 공정하다는 사전 확률로 시작하는 베이즈 방법을 사용했다면 다른 답을 얻었을 것입니다.

22.15 주의 사항

통계를 남용한 역사를 쓰자면 몇백 페이지를 쉽게 채울 수 있습니다. 하지만 이제 여러분은 충분히 이해했을 것입니다. 말로 하는 것만큼 숫자로 거짓말을 하기 쉽습니다. 실제로 무엇을 측정하고 있는지, 결론으로 바로 넘어가기 전에 '통계적으로 유의한' 결과가 어떻게 계산되었는지 이해해야 합니다. 노벨 경제학상을 받은 로널드 코스[Ronald Coase]가 말했듯이 "데이터를 충분히 오랫동안 고문하면 무엇이든지 자백받을 수 있습니다."

7부

머신러닝

7부에서는 머신러닝을 알아봅니다. 머신러닝의 기본적인 개념과 기법별로 가장 많이 사용하는 알고리즘을
직접 프로그래밍하며 머신러닝을 파악합니다.

23장. 판다스로 데이터 탐험하기

데이터를 파악하는 데 많이 사용하는 라이브러리 판다스의 다양한 기능을 연습합니다.

24장. 머신러닝 간략히 살펴보기

머신러닝의 기본적인 개념을 알아봅니다. 또한 머신러닝을 구성하는 개념과 기법들을 살펴봅니다.

25장. 군집

비지도 학습 머신러닝 기법인 군집을 소개하며, 가장 많이 사용하는 군집 알고리즘인 k 평균 군집을 알아봅니다.

26장. 분류

가장 일반적인 지도학습 머신러닝 기법인 분류에 관해 소개하며, 가장 간단한 분류 알고리즘인 K 최근접 이웃을 알아봅니다.

23^장
판다스로 데이터 탐험하기

데이터프레임 | 행 | 시리즈 | 인덱스 | 이름 | CSV 파일 | (ndarray의) 크기
불리언 인덱싱 | 상관계수 | 이동평균

이 책의 중간부터는 대부분 여러 종류의 계산 모델을 만드는 데 초점을 맞춥니다. 이런 모델을 사용해 데이터에서 유용한 정보를 추출할 수 있습니다. 이다음 장부터는 머신러닝^{machine learning}을 사용해 데이터에서 모델을 만드는 방법을 간단히 살펴보겠습니다.

하지만 자세한 분석으로 들어가기 전에 먼저 빠르게 데이터를 파악할 수 있는 인기 있는 라이브러리 하나를 알아보겠습니다. **판다스**^{pandas}[1]는 넘파이를 기반으로 구축된 라이브러리로 다음과 같은 기능을 제공합니다.

- 데이터 정리하기
- 데이터에 관한 간단한 통계량 계산하기
- 향후 분석에 필요한 포맷으로 데이터 저장하기

23.1 데이터프레임과 CSV 파일

판다스의 모든 것은 **데이터프레임**^{DataFrame} 타입을 중심으로 구축되었습니다. 데이터프레임은 레이블된 축(행과 열)이 있는 변경 가능한 2차원 테이블 데이터 구조입니다. 이를 강력한 기능의

---

1   실망할지 모르지만, 판다스란 이름은 귀여운 동물과는 아무런 관련이 없습니다. 이 이름은 여러 시간 간격에 걸쳐 관측된 데이터를 의미하는 계량경제학 용어인 '패널 데이터(panel data)'라는 말에서 따왔습니다.

스프레드시트라고 생각해도 좋습니다.

파이썬으로 일일이 데이터를 입력해 데이터프레임을 만들 수 있지만, 일반적으로는 **CSV 파일**에서 데이터를 읽어 데이터프레임을 만듭니다. 19장에서 보았듯이 CSV 파일의 각 라인은 하나 이상의 값으로 구성되고 각 값은 콤마로 구분됩니다.[2] CSV 파일은 일반적으로 테이블 형태의 숫자 데이터를 평범한 텍스트로 저장하는 데 사용합니다. 이때 보통 각 라인의 필드 개수가 동일합니다. CSV 파일은 평범한 텍스트이므로 애플리케이션 간에 데이터를 옮길 때 많이 사용합니다. 예를 들어 스프레드시트 프로그램은 대부분 스프레드시트 내용을 CSV 파일로 내보내는 기능을 제공합니다.

[그림 23-1]은 2019년 FIFA 여자 월드컵 8강전 이후의 정보를 담은 데이터프레임입니다. 각 열은 하나의 **시리즈**series에 해당합니다. 각 행에는 연관된 **인덱스**index가 있습니다. 기본적으로 인덱스는 연속된 숫자입니다. 하지만 반드시 그렇지는 않습니다. 각 열에는 연관된 **이름**name이 있습니다. 앞으로 보겠지만, 이 이름이 딕셔너리의 키와 비슷한 역할을 합니다.

그림 23-1 wwc에 저장된 판다스 데이터프레임 객체

[그림 23-1]의 데이터프레임은 다음 코드와 [예제 23-1]에 나온 CSV 파일을 사용해 만들었습니다.[3]

---

2   CSV는 comma-separated values의 약자입니다.

3   옮긴이_ 이 장에서 사용하는 CSV 파일은 모두 번역서 깃허브 저장소에 있습니다.

```
import pandas as pd
wwc = pd.read_csv('wwc2019_q-f.csv')
print(wwc)
```

예제 23-1 예제 CSV 파일

```
Round,Winner,W Goals,Loser,L Goals
Quarters,England,3,Norway,0
Quarters,USA,2,France,1
Quarters,Netherlands,2,Italy,0
Quarters,Sweden,2,Germany,1
Semis,USA,2,England,1
Semis,Netherlands,1,Sweden,0
3rd Place,Sweden,2,England,1
Championship,USA,2,Netherlands,0
```

판다스를 임포트한 후 판다스 함수 **read_csv**를 사용해 CSV 파일을 읽고 [그림 23-1]에 있는 테이블 형태로 출력합니다. 데이터프레임에 행과 열이 많으면 **print** 함수는 데이터프레임의 중간에 있는 행과 열을 생략부호로 표시합니다. 데이터프레임의 **to_string** 메서드를 사용해 먼저 데이터프레임을 문자열로 바꾸면 이를 피할 수 있습니다.

행 인덱스와 열 레이블을 함께 사용하면 (스프레드시트처럼) 하나의 데이터 셀을 가리킵니다. 23.3절에서 개별 셀과 셀 그룹을 선택하는 방법을 알아보겠습니다. 항상 그렇지는 않지만, 일반적으로 한 열에 있는 모든 셀은 같은 타입입니다. [그림 23-1]에 있는 데이터프레임에서 Round, Winner, Loser 열의 셀은 모두 **str** 타입입니다. W Goals와 L Goals 열에 있는 셀은 **numpy.int64** 타입입니다. 이를 파이썬의 **int**로 생각해도 좋습니다.

데이터프레임의 **index**, **columns**, **values** 속성을 사용해 인덱스, 열, 셀의 값을 바로 참조할 수 있습니다.

index 속성은 RangeIndex 타입입니다. 예를 들어 wwc.index의 값은 RangeIndex(start=0, stop=8, step=1)입니다. 따라서 다음 코드를 실행하면 0에서 7까지 정수가 오름차순 순서로 출력됩니다.

```
for i in wwc.index:
    print(i)
```

columns 속성은 Index 타입입니다. 예를 들어, wwc.columns의 값은 Index(['Round', 'Winner', 'W Goals', 'Loser', 'L Goals'], dtype='object')입니다. 다음 코드를 실행해 보죠.

```
for c in wwc.columns:
    print(c)
```

출력은 다음과 같습니다.

```
Round
Winner
W Goals
Loser
L Goals
```

values 속성은 numpy.ndarray 타입입니다. 13장에서 소개한 numpy.array 함수를 사용해 numpy.ndarray를 만들 수 있습니다. ndarray는 다차원 배열을 지원하며 ndarray에 있는 차원과 원소의 개수를 **크기**^{shape}라고 부릅니다. 각 차원의 크기는 음수 아닌 정수의 튜플로 표현합니다. wwc.values의 값은 2차원 ndarray입니다.

```
[['Quarters' 'England' 3 'Norway' 0]
 ['Quarters' 'USA' 2 'France' 1]
 ['Quarters' 'Netherlands' 2 'Italy' 0]
 ['Quarters' 'Sweden' 2 'Germany' 1]
 ['Semis' 'USA' 2 'England' 1]
 ['Semis' 'Netherlands' 1 'Sweden' 0]
 ['3rd Place' 'Sweden' 2 'England' 1]
 ['Championship' 'USA' 2 'Netherlands' 0]]
```

8개 행과 5개 열이 있으므로 크기는 (8, 5)입니다.[4]

23.2 시리즈와 데이터프레임 만들기

실전에서 판다스 데이터프레임은 일반적으로 SQL 데이터베이스, CSV 파일, 스프레드시트 애플리케이션의 포맷으로 저장된 데이터셋을 로드해 만듭니다. 하지만 이따금 파이썬 코드를 사용해 시리즈와 데이터프레임을 만들면 유용할 때가 있습니다.

pd.DataFrame()은 빈 데이터프레임을 만듭니다. print(pd.DataFrame())은 다음을 출력합니다.

```
Empty DataFrame
Columns: []
Index: []
```

비어 있지 않은 데이터프레임을 만들려면 간단히 리스트를 전달하면 됩니다. 예를 들어 다음 코드를 실행해 보세요.

```
rounds = ['Semis', 'Semis', '3rd Place', 'Championship']
print(pd.DataFrame(rounds))
```

출력은 다음과 같습니다.

```
              0
0         Semis
1         Semis
2     3rd Place
3  Championship
```

판다스는 이 데이터프레임의 유일한 열 하나에 (특별히 이해하기 좋은 이름은 아니지만) 자동

---

[4] 옮긴이_ 데이터프레임의 크기는 shape 속성에 저장됩니다. 예를 들어 wwc.shape은 (8, 5)입니다.

으로 레이블을 붙여줍니다. 조금 더 이해하기 쉬운 레이블을 부여하려면 리스트 대신 딕셔너리를 전달합니다. 예를 들어 print(pd.DataFrame({'Round': rounds}))를 실행하면 다음을 출력합니다.

```
          Round
0         Semis
1         Semis
2     3rd Place
3  Championship
```

열이 여럿인 데이터프레임을 만들려면 열 레이블이 키이고, 각 키에 연관된 값이 리스트인 딕셔너리를 전달해야 합니다. 각 리스트는 길이가 같아야 합니다. 예를 들어 다음 코드를 실행해 보세요.

```
rounds = ['Semis', 'Semis', '3rd Place', 'Championship']
teams = ['USA', 'Netherlands', 'Sweden', 'USA']
df = pd.DataFrame({'Round': rounds, 'Winner': teams})
print(df)
```

출력은 다음과 같습니다.

```
          Round       Winner
0         Semis          USA
1         Semis  Netherlands
2     3rd Place       Sweden
3  Championship          USA
```

데이터프레임을 만든 후 열을 추가하기는 쉽습니다. 예를 들어 df['W Goals'] = [2, 1, 0, 0]는 df를 수정해 다음과 같이 바꿉니다.

```
          Round       Winner  W Goals
0         Semis          USA        2
1         Semis  Netherlands        1
2     3rd Place       Sweden        0
3  Championship          USA        0
```

딕셔너리에서 키에 연관된 값을 바꿀 수 있듯이 열에 연관된 값을 바꿀 수 있습니다. 예를 들어 df['W Goals'] = [2, 1, 2, 2]를 실행하면 df는 다음과 같이 바뀝니다.

```
            Round      Winner  W Goals
0           Semis         USA        2
1           Semis  Netherlands       1
2       3rd Place       Sweden        2
3    Championship          USA        2
```

데이터프레임에서 열을 삭제하기도 쉽습니다. print(df.drop('Winner', axis = 'columns'))을 실행하면 다음을 출력합니다.

```
            Round  W Goals
0           Semis        2
1           Semis        1
2       3rd Place        2
3    Championship        2
```

하지만 df 객체는 수정되지 않습니다. drop 메서드를 호출할 때 axis = 'columns'(또는 axis = 1)를 지정하지 않으면 axis 기본값이 'rows'(또는 axis = 0)이므로 다음과 같은 KeyError 예외가 발생합니다.

```
"['Winner'] not found in axis."
```

drop 메서드를 사용할 때 inplace 매개변수를 True로 지정하면 df가 수정됩니다. 예를 들어 df.drop('Winner', axis = 'columns', inplace = True)를 실행하면 df 자체가 수정되며 None이 반환됩니다.

DataFrame 생성자와 concat 함수를 사용해 기존 데이터프레임과 새로운 데이터프레임을 연결하는 식으로 어떤 데이터프레임의 시작이나 끝에 행을 추가할 수 있습니다. 예를 들어 다음 코드를 실행해 보세요.

```
quarters_dict = {'Round': ['Quarters']*4,
                 'Winner': ['England', 'USA', 'Netherlands', 'Sweden'],
                 'W Goals': [3, 2, 2, 2]}
```

```
df = pd.concat([pd.DataFrame(quarters_dict), df], sort = False)
print(df)
```

출력은 다음과 같습니다.

```
            Round      Winner  W Goals
0        Quarters     England        3
1        Quarters         USA        2
2        Quarters  Netherlands       2
3        Quarters      Sweden        2
0          Semis         USA        2
1          Semis  Netherlands       1
2       3rd Place     Sweden        2
3    Championship       USA        2
```

concat 함수의 키워드 매개변수 sort를 True로 지정하면 열 레이블을 기준으로 알파벳 순서 대로 열의 순서를 바꿉니다. 예를 들어 다음 코드를 실행해 보세요.

```
pd.concat([pd.DataFrame(quarters_dict), df], sort = True)
```

마지막 두 열의 순서를 바꾸어 다음과 같은 데이터프레임이 반환됩니다.

```
            Round  W Goals       Winner
0        Quarters        3      England
1        Quarters        2          USA
2        Quarters        2  Netherlands
3        Quarters        2       Sweden
0        Quarters        3      England
1        Quarters        2          USA
2        Quarters        2  Netherlands
3        Quarters        2       Sweden
0          Semis        2          USA
1          Semis        1  Netherlands
2       3rd Place        2       Sweden
3    Championship        2          USA
```

sort 매개변수의 기본값은 False입니다.

앞의 결과를 보면 연결된 두 데이터프레임의 인덱스는 바뀌지 않았습니다. 결과적으로 인덱스가 같은 행이 여러 개입니다. reset_index 메서드를 사용해 인덱스를 초기화할 수 있습니다. 예를 들어 df.reset_index(drop = True)를 실행하면 다음과 같은 데이터프레임이 반환됩니다.

```
        Round      Winner  W Goals
0     Quarters     England        3
1     Quarters         USA        2
2     Quarters  Netherlands        2
3     Quarters      Sweden        2
4       Semis         USA        2
5       Semis  Netherlands        1
6    3rd Place      Sweden        2
7  Championship         USA        2
```

reset_index를 drop=False로 호출하면 이전 인덱스값을 담은 새로운 열이 데이터프레임에 추가됩니다. 이 열의 레이블은 index입니다.

판다스가 중복된 인덱스를 허용하는 이유가 궁금할지 모르겠습니다. 행에 의미 있는 인덱스를 부여하면 도움이 될 때가 많기 때문입니다. 예를 들어 df.set_index('Round')를 실행하면 다음과 같은 데이터프레임이 반환됩니다.

```
                  Winner  W Goals
Round
Quarters         England        3
Quarters             USA        2
Quarters      Netherlands        2
Quarters          Sweden        2
Semis                USA        2
Semis         Netherlands        1
3rd Place         Sweden        2
Championship         USA        2
```

23.3 열과 행 선택하기

파이썬의 다른 복합 타입과 마찬가지로 대괄호는 데이터프레임 일부를 선택하는 주요 메커니즘입니다. 데이터프레임에서 열을 하나 선택하려면 대괄호 사이에 열의 레이블을 쓰면 됩니다. 예를 들어 wwc['Winner']는 다음과 같습니다.

```
0          England
1              USA
2      Netherlands
3           Sweden
4              USA
5      Netherlands
6           Sweden
7              USA
```

이 객체의 타입은 **시리즈**(Series)입니다. 즉 데이터프레임이 아닙니다. 시리즈는 1차원 시퀀스입니다. 각 값은 인덱스로 참조합니다. 시리즈에서 원소를 하나 선택하려면 시리즈 객체 다음에 대괄호를 쓰고 그 사이에 인덱스를 지정합니다. 따라서 wwc['Winner'][3]는 문자열 Sweden에 해당합니다.

for 루프를 사용해 시리즈를 순회할 수 있습니다. 예를 들어 다음 코드를 실행해 보세요.

```
winners = ''
for w in wwc['Winner']:
    winners += w + ','
print(winners[:-1])
```

England,USA,Netherlands,Sweden,USA,Netherlands,Sweden,USA가 출력됩니다.

 **뇌풀기 문제**

승리 팀이 넣은 골의 합을 반환하는 함수를 작성하세요.

대괄호를 사용해 데이터프레임에서 열을 여러 개 선택할 수도 있습니다. 대괄호 사이에 열 레이블의 리스트를 전달하면 됩니다. 선택된 결과는 시리즈가 아니라 데이터프레임입니다. 예를 들어 wwc[['Winner', 'Loser']]는 다음과 같은 데이터프레임을 반환합니다.

```
         Winner       Loser
0       England      Norway
1           USA      France
2   Netherlands       Italy
3        Sweden     Germany
4           USA     England
5   Netherlands      Sweden
6        Sweden     England
7           USA  Netherlands
```

대괄호에 전달된 리스트에 있는 열 레이블은 원본 데이터프레임에 나타난 레이블과 순서가 같지 않아도 됩니다. 이를 사용하면 간편하게 데이터프레임을 재구성할 수 있습니다. 예를 들어 wwc[['Round','Winner','Loser','W Goals','L Goals']]는 다음과 같은 데이터프레임을 반환합니다.

```
          Round       Winner        Loser  W Goals  L Goals
0       Quarters      England       Norway        3        0
1       Quarters          USA       France        2        1
2       Quarters  Netherlands        Italy        2        0
3       Quarters       Sweden      Germany        2        1
4         Semis          USA      England        2        1
5         Semis  Netherlands       Sweden        1        0
6     3rd Place       Sweden      England        2        1
7  Championship          USA  Netherlands        2        0
```

대괄호 인덱스를 지정해서 행을 선택할 수는 없습니다. 이렇게 하면 KeyError 예외가 발생합니다. 하지만 재미있게도 슬라이싱을 사용해 행을 선택할 수 있습니다. 따라서 wwc[1]은 예외를 발생시키지만 wwc[1:2]는 행이 하나인 데이터프레임을 만듭니다.

```
     Round Winner  W Goals   Loser  L Goals
1  Quarters    USA        2  France        1
```

다음 절에서 행을 선택하는 다른 방법을 알아보겠습니다.

23.3.1 loc와 iloc를 사용해 선택하기

loc 메서드를 사용해 데이터프레임의 행, 열, 행과 열의 조합을 선택할 수 있습니다. 모든 선택은 레이블을 사용해 수행됩니다. 일부 레이블(예: 인덱스)은 숫자처럼 보일 수 있으니 유념해야 합니다.

df가 데이터프레임이면 df.loc[label]은 df에서 label에 연관된 행에 해당하는 시리즈 객체를 반환합니다. 예를 들어 wwc.loc[3]은 다음과 같은 시리즈를 반환합니다.

```
Round        Quarters
Winner         Sweden
W Goals             2
Loser         Germany
L Goals             1
```

wwc의 열 레이블이 이 시리즈의 인덱스 레이블이 됩니다. 이 레이블에 연관된 값이 wwc에서 레이블이 3인 행에 있는 해당 열의 값입니다.

여러 행을 선택하려면 .loc 다음에 대괄호를 쓰고 그 사이에 (레이블 하나가 아니라) 레이블 리스트를 전달하면 됩니다. 이렇게 쓰면 반환되는 값은 시리즈가 아니라 데이터프레임이 됩니다. 예를 들어 wwc.loc[[1,3,5]]는 다음과 같습니다.

```
     Round        Winner  W Goals    Loser  L Goals
1  Quarters          USA        2   France        1
3  Quarters       Sweden        2  Germany        1
5     Semis  Netherlands        1   Sweden        0
```

새로운 데이터프레임의 각 행에 연관된 인덱스는 이전 데이터프레임의 행 인덱스입니다.

여러 행을 선택하는 또 다른 방법은 슬라이싱입니다. 일반적인 형태는 df.loc[first:last:step]와 같습니다. first가 없으면 데이터프레임의 첫 번째 인덱스를 사용합니다. last가 없으면 데이터프레임의 마지막 인덱스를 사용합니다. step이 없으면 기본값 1을 사용합니다. wwc.loc[3:7:2]는 다음과 같은 데이터프레임이 됩니다.

```
     Round     Winner  W Goals     Loser  L Goals
3  Quarters    Sweden        2   Germany        1
```

5	Semis	Netherlands	1	Sweden	0
7	Championship	USA	2	Netherlands	0

파이썬 프로그래머라면 레이블이 7인 행이 포함된 것에 놀랄지 모르겠습니다. (리스트 같은) 다른 파이썬 데이터 컨테이너^{container}는 슬라이싱할 때 마지막 값을 포함하지 않습니다. 하지만 데이터프레임은 그렇지 않습니다.[5] `wwc.loc[6:]`은 다음과 같은 데이터프레임이 됩니다.

	Round	Winner	W Goals	Loser	L Goals
6	3rd Place	Sweden	2	England	1
7	Championship	USA	2	Netherlands	0

`wwc.loc[:2]`는 다음과 같은 데이터프레임을 만듭니다.

	Round	Winner	W Goals	Loser	L Goals
0	Quarters	England	3	Norway	0
1	Quarters	USA	2	France	1
2	Quarters	Netherlands	2	Italy	0

🧠 뇌풀기 문제

wwc에서 짝수 인덱스 행을 선택하세요.

앞에서 언급했듯이 loc을 사용해 행과 열의 조합을 선택할 수 있습니다. 일반적인 표현식은 다음과 같습니다.

```
df.loc[row_selector, column_selector]
```

행과 열은 이미 언급했던 모든 방식으로 지정할 수 있습니다. 즉, 하나의 레이블, 레이블 리스

---

5 랠프 월도 에머슨(Ralph Waldo Emerson)은 "어리석은 일관성은 소심한 사람들의 장난질이다"라고 했습니다. 불행하게도 어리석은 일관성과 합리적인 일관성 사이의 차이는 항상 분명하지 않습니다. 옮긴이_ wwc[1:2]와 같이 데이터프레임에 바로 대괄호를 사용할 때는 마지막 행을 포함하지 않습니다.

트, 슬라이싱입니다. 예를 들어 wwc.loc[0:2, 'Round':'L Goals':2]는 다음과 같은 데이터프레임이 됩니다.

```
     Round  W Goals  L Goals
0  Quarters        3        0
1  Quarters        2        1
2  Quarters        2        0
```

 뇌풀기 문제

다음과 같은 데이터프레임을 만드는 코드를 작성하세요.

```
     Round      Winner  W Goals   Loser  L Goals
1  Quarters        USA        2  France        1
2  Quarters  Netherlands      2   Italy        0
```

지금까지 인덱스 레이블이 정수라고 생각해도 괜찮았습니다. 이제 레이블이 정수가 아닐 때와 둘 이상의 행에 동일한 레이블이 있을 때 선택하는 방법을 알아보겠습니다. wwc_by_round는 다음과 같은 데이터프레임입니다.[6]

```
                   Winner  W Goals       Loser  L Goals
Round
Quarters          England        3      Norway        0
Quarters              USA        2      France        1
Quarters      Netherlands        2       Italy        0
Quarters           Sweden        2     Germany        1
Semis                 USA        2     England        1
Semis         Netherlands        1      Sweden        0
3rd Place          Sweden        2     England        1
Championship          USA        2  Netherlands        0
```

wwc_by_round.loc['Semis']와 같이 쓰면 어떤 값을 반환할까요? 이 문장은 레이블이

---

6   옮긴이_ 이 데이터 프레임은 wwc_by_round = wwc.set_index('Round')와 같이 생성합니다.

Semis인 모든 행을 반환합니다.

```
              Winner  W Goals    Loser  L Goals
Round
Semis            USA        2  England        1
Semis   Netherlands        1   Sweden        0
```

wwc_by_round.loc[['Semis', 'Championship']]는 레이블이 Semis나 Championship인
모든 행을 선택합니다.

```
               Winner  W Goals      Loser  L Goals
Round
Semis             USA        2    England        1
Semis     Netherlands        1     Sweden        0
Championship      USA        2  Netherlands      0
```

슬라이싱은 숫자가 아닌 인덱스에도 적용할 수 있습니다. wwc_by_round.loc['Quarters':
'Semis':2]는 레이블이 Quarters인 행부터 시작해서 Semis인 행까지 한 행씩 건너뛰면서 선
택해 다음과 같은 데이터프레임을 만듭니다.

```
               Winner  W Goals    Loser  L Goals
Round
Quarters      England        3   Norway        0
Quarters  Netherlands        2    Italy        0
Semis             USA        2  England        1
```

레이블이 Quarters인 행 중에 두 번째와 세 번째 행을 선택하고 싶다고 가정해 보죠. wwc_
by_round.loc['Quarters']와 같이 쓰면 레이블이 Quarters인 모든 행이 선택됩니다. 대신
iloc 메서드를 사용합니다.

iloc는 레이블이 아니라 정수(iloc에 i가 붙은 이유입니다)와 함께 사용한다는 점을 제외하
면 loc와 비슷합니다. 데이터프레임의 첫 번째 행은 wwc_by_round.iloc[0]이고 두 번째 행
은 wwc_by_round.iloc[1]입니다. 따라서 레이블이 Quarters인 행 중 두 번째와 세 번째 행
을 선택하려면 wwc_by_round.iloc[[1,2]]와 같이 씁니다.

23.3.2 그룹 선택하기

데이터셋을 서브셋으로 나누고 각 서브셋에 개별적으로 집계 함수나 변환을 적용하면 편리할 때가 많습니다. groupby 메서드가 작업을 쉽게 처리해 줍니다.

예를 들어 라운드마다 이긴 팀과 진 팀의 총득점을 알고 싶다고 가정해 보죠. grouped_by_round = wwc.groupby('Round')는 DataFrameGroupBy 타입의 객체 grouped_by_round를 만듭니다. 그런 다음, 이 객체에 sum 메서드를 적용해 데이터프레임을 만들 수 있습니다.

```
grouped_by_round = wwc.groupby('Round')
print(grouped_by_round.sum())
```

출력은 다음과 같습니다.

```
              W Goals  L Goals
Round
3rd Place        2        1
Championship     2        0
Quarters         9        2
Semis            3        1
```

print(wwc.groupby('Winner').mean())를 실행하면 다음을 출력합니다.

```
             W Goals   L Goals
Winner
England        3.0    0.000000
Netherlands    1.5    0.000000
Sweden         2.0    1.000000
USA            2.0    0.666667
```

이 결과를 보고 영국(England)은 이긴 게임에서 평균 3골을 넣고 1골도 실점하지 않았음을 쉽게 알 수 있습니다.

print(wwc.groupby(['Loser', 'Round']).mean())를 실행하면 다음을 출력합니다.

```
                   W Goals  L Goals
Loser       Round
England     3rd Place      2.0      1.0
            Semis          2.0      1.0
France      Quarters       2.0      1.0
Germany     Quarters       2.0      1.0
Italy       Quarters       2.0      0.0
Netherlands Championship   2.0      0.0
Norway      Quarters       3.0      0.0
Sweden      Semis          1.0      0.0
```

이 결과를 보면 영국은 진 게임에서 평균 1골을 넣고 2골을 실점합니다.

23.3.3 내용으로 선택하기

[그림 23-1]의 데이터프레임에서 스웨덴(Sweden)이 이긴 게임의 행을 모두 선택하고 싶다고 가정해 보죠. 이 데이터프레임은 작으므로 각 행을 살펴보고 이 게임에 해당하는 행 인덱스를 쉽게 찾을 수 있습니다. 당연히 이런 방식은 큰 데이터프레임에 적용하기 어렵습니다. 다행히 **불리언 인덱싱**boolean indexing을 사용해 내용을 기반으로 행을 쉽게 선택할 수 있습니다.

기본적인 아이디어는 데이터프레임에 담긴 값을 참조하는 논리 표현식을 만드는 것입니다. 그다음 이 표현식이 데이터프레임의 행마다 평가되어 True인 행이 선택됩니다. `wwc.loc[wwc['Winner'] == 'Sweden']`는 다음과 같은 데이터프레임이 됩니다.

```
       Round   Winner  W Goals    Loser  L Goals
3   Quarters   Sweden        2  Germany        1
6  3rd Place   Sweden        2  England        1
```

스웨덴이 참여한 모든 경기를 추출하는 일은 조금 더 복잡합니다. 논리 연산자 &(논리곱), ¦(논리합), -(부정)을 사용해 표현식을 만들 수 있습니다. `wwc.loc[(wwc['Winner'] == 'Sweden') ¦ (wwc['Loser'] == 'Sweden')]`는 다음과 같은 데이터프레임이 됩니다.

```
      Round     Winner  W Goals    Loser  L Goals
3  Quarters     Sweden        2  Germany        1
```

| 5 | Semis | Netherlands | 1 | Sweden | 0 |
| 6 | 3rd Place | Sweden | 2 | England | 1 |

판다스에서는 |가 == 보다 연산자 우선순위가 높으므로 논리 표현식마다 괄호로 감싸 주어야 합니다.

어떤 나라가 참여한 게임을 선택할 일이 많다고 예상되면 함수를 정의하는 것이 편리할 수 있습니다.

```
def get_country(df, country):
    """df는 Winner와 Loser 열이 있는 데이터프레임이고, country는 문자열입니다.
    Winner나 Loser 열에 country가 나타난 행을 모두 담은 데이터프레임을 반환합니다."""
    return df.loc[(df['Winner'] == country) | (df['Loser'] == country)]
```

get_country는 데이터프레임을 반환하므로 get_country를 두 번 호출해 두 팀이 참여한 경기를 쉽게 추출할 수 있습니다. 예를 들어 get_country(get_country(wwc, 'Sweden'),'Germany')는 두 팀 사이의 경기를 반환합니다.

get_country 함수를 일반화해 나라의 리스트를 인수로 받고 이 나라들이 참여한 모든 경기를 반환하게 하겠습니다. isin 메서드를 사용해 만들 수 있습니다.

```
def get_games(df, countries):
    return df[(df['Winner'].isin(countries)) |
              (df['Loser'].isin(countries))]
```

isin 메서드는 데이터프레임에서 지정된 열이 해당 값을 (또는 여러 값 중 하나를) 가진 행만 선택합니다. get_games 함수에서 df['Winner'].isin(countries) 표현식은 df에서

countries 리스트에 있는 원소를 포함하는 Winner 열을 가진 행을 선택합니다.

23.4 데이터프레임 조작하기

데이터프레임을 만들고 일부를 선택하는 간단한 방법들을 알아보았습니다. 데이터프레임은 정보를 집계해 추출하기 쉽다는 장점이 있습니다. 먼저 [그림 23-1]에 있는 데이터프레임 wwc에서 정보를 집계하는 간단한 방법을 알아보겠습니다.

데이터프레임의 열은 넘파이 배열을 다루는 방식과 비슷하게 처리할 수 있습니다. 예를 들어 2*np.array([1,2,3])를 실행하면 배열 [2 4 5]가 되듯이 2*wwc['W Goals']는 다음과 같은 시리즈가 됩니다.

```
0    6
1    4
2    4
3    4
4    4
5    2
6    4
7    4
```

wwc['W Goals'].sum()은 W Goals 열에 있는 값을 더해서 16을 출력합니다. 이와 비슷하게 다음 표현식은 스웨덴이 넣은 전체 골 수인 4를 계산합니다.

```
(wwc[wwc['Winner'] == 'Sweden']['W Goals'].sum() +
 wwc[wwc['Loser'] == 'Sweden']['L Goals'].sum())
```

다음 표현식은 데이터프레임에 있는 게임당 평균 골 득실 차이 1.5를 계산합니다.

```
(wwc['W Goals'].sum() - wwc['L Goals'].sum())/len(wwc['W Goals'])
```

 **뇌풀기 문제**

1. 라운드 전체에서 넣은 전체 골 수를 계산하세요.

2. 8강전에서 진 팀이 기록한 전체 골 수를 계산하세요.

모든 게임의 골 득실 차를 담은 열을 추가하고 모든 수치 열의 합을 담은 행을 추가한다고 가정해 보죠. 열 추가는 간단합니다. wwc['G Diff'] = wwc['W Goals'] - wwc['L Goals']처럼 실행하면 됩니다. 행 추가는 조금 더 복잡합니다. 먼저 추가하려는 행의 내용을 담은 딕셔너리를 만듭니다. 그다음 이 딕셔너리로 추가 행의 내용만 담긴 새로운 데이터프레임을 만듭니다. 그다음 concat 함수를 사용해 wwc와 새로운 데이터프레임을 합칩니다.

```
#wwc에 새로운 열 추가하기
wwc['G Diff'] = wwc['W Goals'] - wwc['L Goals']
#새로운 행의 내용을 담은 딕셔너리 만들기
new_row_dict = {'Round': ['Total'],
                'W Goals': [wwc['W Goals'].sum()],
                'L Goals': [wwc['L Goals'].sum()],
                'G Diff': [wwc['G Diff'].sum()]}
#딕셔너리로 데이터프레임을 만들고 wwc와 합치기
new_row = pd.DataFrame(new_row_dict)
wwc = pd.concat([wwc, new_row], sort = False).reset_index(drop = True)
```

이 코드는 다음과 같은 데이터프레임을 만듭니다.

	Round	Winner	W Goals	Loser	L Goals	G Diff
0	Quarters	England	3	Norway	0	3
1	Quarters	USA	2	France	1	1
2	Quarters	Netherlands	2	Italy	0	2
3	Quarters	Sweden	2	Germany	1	1
4	Semis	USA	2	England	1	1
5	Semis	Netherlands	1	Sweden	0	1
6	3rd Place	Sweden	2	England	1	1

7	Championship	USA	2	Netherlands	0	2
8	Total	NaN	16	NaN	4	12
9	Total	NaN	32	NaN	8	24

수치 타입이 아닌 열의 값을 더할 때 판다스는 예외를 발생시키지 않습니다. 대신 특별한 값인 NaN^{Not a Number}으로 채웁니다.

덧셈과 평균 같은 간단한 산술 연산 외에도 판다스는 다양한 통계 계산용 메서드를 제공합니다. 이 중에 가장 유용한 것은 두 시리즈의 **상관계수**^{correlation coefficient}를 계산하는 corr입니다.

상관계수는 −1과 1 사이의 숫자로 두 숫값 사이의 관계에 관한 정보를 제공합니다. 양의 상관계수는 한 변숫값이 증가하면 다른 변숫값도 증가한다는 의미입니다. 음의 상관계수는 한 변숫값이 증가할 때 다른 변숫값은 감소한다는 의미입니다. 상관계수가 0이면 두 변숫값 사이에 아무런 관련성이 없다는 뜻입니다.

가장 널리 사용하는 상관계수 계산법은 피어슨 상관계수^{Pearson correlation coefficient}입니다. 피어슨 상관계수는 두 변수 사이에 있는 선형 관계의 강도와 방향을 측정합니다. 피어슨 상관계수 외에도 판다스는 스피어먼^{Spearman}과 켄달^{Kendall} 상관계수를 제공합니다. 세 계수 사이에는 중요한 차이점이 있습니다. 예를 들어, 스피어먼은 피어슨보다 이상치에 덜 민감하지만, 일정하게 유지되는^{monotonic} 관계를 발견하는 데만 유용합니다. 언제 이들을 사용하는지에 관한 내용은 이 책의 범위를 넘어섭니다.

모든 게임에 대해 (합계 행은 제외하고) W Goals, L Goals, G Diff 간의 피어슨 상관계수를 출력하려면 다음 코드를 실행합니다.

```
print(wwc.loc[wwc['Round'] != 'Total'].corr(method = 'pearson'))
```

출력은 다음과 같습니다.

```
              W Goals        L Goals      G Diff
W Goals   1.000000e+00   5.551115e-17    0.707107
L Goals   5.551115e-17   1.000000e+00   -0.707107
G Diff    7.071068e-01  -7.071068e-01    1.000000
```

각 시리즈는 자기 자신과는 완벽하게 양의 상관관계이므로 대각선 값은 모두 1입니다. 당연하게도 골 득실 차는 이긴 팀의 득점과 강한 양의 상관관계가 있고 진 팀의 득점과는 강한 음의 상관관계가 있습니다. 이긴 팀의 득점과 진 팀의 득점 사이에는 거의 관계가 없습니다.[7]

23.5 확장 예제

이 절에서 두 데이터셋을 살펴보겠습니다. 하나는 미국 도시 21개의 날씨 데이터이고 다른 하나는 전 세계 화석 연료 소비량에 관한 데이터입니다.

23.5.1 온도 데이터

먼저 다음 코드를 실행해 보죠.

```
pd.set_option('display.max_rows', 6)
pd.set_option('display.max_columns', 5)
temperatures = pd.read_csv('US_temperatures.csv')
print(temperatures)
```

출력은 다음과 같습니다.

```
        Date  Albuquerque  ...  St Louis  Tampa
0       19610101        -0.55  ...     -0.55  15.00
1       19610102        -2.50  ...     -0.55  13.60
2       19610103        -2.50  ...      0.30  11.95
...          ...          ...  ...       ...    ...
20085   20151229        -2.15  ...      1.40  26.10
20086   20151230        -2.75  ...      0.60  25.55
20087   20151231        -0.75  ...     -0.25  25.55

[20088 rows x 22 columns]
```

---

7   이런 관계가 모든 스포츠에 해당하지는 않습니다. NBA에서는 이긴 팀의 점수와 진 팀의 점수 사이에 강한 상관관계가 있습니다.

처음 두 라인은 데이터프레임을 출력할 때 행과 열의 개수를 제한하는 옵션을 설정합니다. 이 옵션은 그래프의 기본값을 지정할 때 사용한 rcParams와 유사한 역할을 합니다.

reset_option 함수를 사용하면 시스템 기본값으로 되돌릴 수 있습니다.

이 데이터프레임은 특정 날짜에 여러 도시의 날씨를 확인하기 쉽도록 구성했습니다. 예를 들어 `temperatures.loc[temperatures['Date']==19790812][['New York','Tampa']]`는 1979년 8월 12일에 뉴욕(New York)의 온도가 15℃이고 탬파(Tampa)의 온도가 25.55℃였음을 알려줍니다.

 뇌풀기 문제

1. 2000년 10월 31일에 피닉스(Phoenix)가 탬파보다 더웠으면 True, 아니면 False를 반환하는 표현식을 작성하세요.

2. 피닉스에서 온도가 41.4℃였던 날을 추출하는 코드를 작성하세요.[8]

안타깝게도 20,088개 날짜의 21개 도시 데이터를 보아서는 날씨 트렌드에 관한 통찰을 직접 얻기 힘듭니다. 각 날짜의 온도에 관한 요약 정보를 제공하는 열을 추가해 보죠. 다음 코드를 실행해 보겠습니다.

```
temperatures['Max T'] = temperatures.max(axis = 'columns')
temperatures['Min T'] = temperatures.min(axis = 'columns')
temperatures['Mean T'] = round(temperatures.mean(axis = 'columns'), 2)
print(temperatures.loc[temperatures['Date']==20000704])
```

출력은 다음과 같습니다.

```
          Date  Albuquerque  ...   Min T      Mean T
14429  20000704        26.65  ...   15.25  1666747.37
```

2000년 7월 4일, 21개 도시의 온도가 태양 표면 온도보다 높았나요? 아마도 아닐 것입니다.

---

8 해당 온도는 이날의 평균 온도입니다. 이날의 최고 온도는 50℃였습니다! 이날을 찾은 다음 온라인에서 이날의 기사를 찾아보세요.

코드에 버그가 있는 것 같군요. 이 데이터프레임은 날짜를 수치 타입으로 저장하므로 이 숫자가 각 행의 평균을 계산하는 데 사용되었습니다. 개념상 날짜를 온도 시리즈의 인덱스로 사용하면 합리적일 것 같습니다. 날짜를 인덱스로 사용하도록 데이터프레임을 바꾸어 보죠. 다음 코드를 실행해 보세요.

```
temperatures = temperatures.drop(['Max T', 'Min T', 'Mean T'], axis='columns')
temperatures.set_index('Date', drop = True, inplace = True)
temperatures['Max'] = temperatures.max(axis = 'columns')
temperatures['Min'] = temperatures.min(axis = 'columns')
temperatures['Mean T'] = round(temperatures.mean(axis = 'columns'), 2)
print(temperatures.loc[20000704:20000704])
```

출력은 다음과 같습니다.

```
          Albuquerque  Baltimore  ...  Min T  Mean T
Date                              ...
20000704        26.65      25.55  ...  15.25   24.42
```

Date가 열 레이블이 아니라서 print 문장이 조금 달라졌습니다. 한 행을 선택하면서 왜 슬라이싱을 사용했을까요? 시리즈 대신 데이터프레임으로 출력하고 싶었기 때문입니다.

이제 다양한 트렌드를 보여주는 그래프를 그릴 준비가 되었습니다. 예를 들어 다음 코드는 온도의 계절성을 보여주는 그래프를 그립니다.

```
plt.figure(figsize = (14, 3)) #피겨 크기 지정
plt.plot(list(temperatures['Mean T']))
plt.title('미국 21개 도시의 평균 온도')
plt.xlabel('1961/1/1부터 날짜')
plt.ylabel('온도 (C)')
```

평균 온도를 그래프로 그리기 전에 시리즈를 리스트로 바꾸었습니다. 시리즈를 그대로 전달하면 시리즈의 인덱스(날짜를 나타내는 정숫값)를 x축 레이블로 사용합니다. 이 때문에 x축 눈금의 간격이 예상과 다르게 결정되어서 이상하게 보이는 그래프가 그려집니다. 예를 들어 1961년 12월 30일과 1961년 12월 31일 사이의 거리는 1이지만, 1961년 12월 31일과 1962년 1월 1일 사이의 거리는 8,870이 됩니다(19620101 − 19611231).

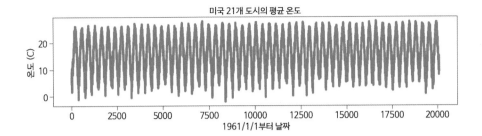

plt.plot(list(temperatures['Mean T'])[0:3*365])를 사용해 몇 년간의 데이터를 그래프로 그리면 계절 패턴을 조금 더 명확하게 볼 수 있습니다.

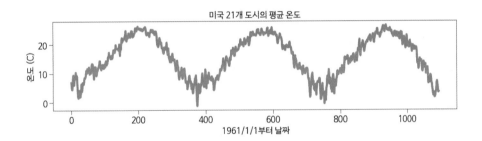

지난 수십 년 동안 지구 온난화에 관한 공감대가 형성되었습니다. 이 데이터가 공감대에 맞는지 살펴보겠습니다. 장기간 트렌드에 관한 가설을 조사하기 때문에 일자별이나 계절별 온도 변화를 고려하지 않겠습니다. 대신 연간 데이터를 살펴보죠.

먼저 temperatures에 있는 데이터를 사용해 각 행이 날짜가 아니라 연도를 나타내는 새로운 데이터프레임을 만들어 보죠. 이 작업에는 [예제 23-2]와 [예제 23-3]을 사용합니다. 대부분 작업은 [예제 23-2]의 get_dict 함수에서 수행합니다. 이 함수는 연도와 여러 레이블에 연관된 해당 연도의 값을 매핑한 딕셔너리를 반환합니다. get_dict 함수는 iterrows 메서드를 사용해 temperatures의 행을 순회합니다. 이 메서드가 반환하는 반복자iterator는 각 행에 대해 인덱스 레이블과 시리즈로 구성된 행 내용의 쌍을 반환합니다. 만들어진 시리즈의 원소는 열 레이블을 사용해 선택할 수 있습니다.[9]

---

9 itertuples 메서드를 사용해서도 데이터프레임의 행을 순회할 수 있습니다. 이 메서드는 시리즈 대신 튜플을 반환하며 iterrows보다 훨씬 빠릅니다. 하지만 튜플의 원소를 열 이름이 아니라 위치로 선택해야 하므로 덜 직관적입니다.

```python
def get_dict(temperatures, labels):
    """temperatures는 데이터프레임입니다. 인덱스는 yyyymmdd 형태의 날짜를 나타내는
    정수입니다.
    labels는 열 레이블의 리스트입니다.
    연도가 키이고, 값은 딕셔너리입니다.
    이 딕셔너리는 열 레이블이 키이고 각 열의 일자별 온도 리스트가 값입니다."""
    year_dict = {}
    for index, row in temperatures.iterrows():
        year = str(index)[0:4]
        try:
            for col in labels:
                year_dict[year][col].append(row[col])
        except:
            year_dict[year] = {col:[] for col in labels}
            for col in labels:
                year_dict[year][col].append(row[col])
    return year_dict
```

test가 다음과 같은 데이터프레임이라고 가정해 보죠.

```
          Max T  Min T  Mean T
Date
19611230  24.70 -13.35    3.35
19611231  24.75 -10.25    5.10
19620101  25.55 -10.00    5.70
19620102  25.85  -4.45    6.05
```

get_dict(test, ['Max', 'Min'])를 호출하면 반환되는 딕셔너리는 다음과 같습니다.

```
{'1961': {'Max T': [24.7, 24.75], 'Min T': [-13.35, -10.25], 'Mean T':
[3.35, 5.1]}, '1962': {'Max T': [25.55, 25.85], 'Min T': [-10.0, 4.45],
'Mean T': [5.7, 6.05]}}
```

```
import numpy as np

temperatures = pd.read_csv('US_temperatures.csv')
temperatures.set_index('Date', drop = True, inplace = True)
temperatures['Mean T'] = round(temperatures.mean(axis = 'columns'), 2)
temperatures['Max T'] = temperatures.max(axis = 'columns')
temperatures['Min T'] = temperatures.min(axis = 'columns')
yearly_dict = get_dict(temperatures, ['Max T', 'Min T', 'Mean T'])
years, mins, maxes, means = [], [], [], []
for y in yearly_dict:
    years.append(y)
    mins.append(min(yearly_dict[y]['Min T']))
    maxes.append(max(yearly_dict[y]['Max T']))
    means.append(round(np.mean(yearly_dict[y]['Mean T']), 2))

yearly_temps = pd.DataFrame({'Year': years, 'Min T': mins,
                             'Max T': maxes, 'Mean T': means})
print(yearly_temps)
```

[예제 23-3]에서 get_dict를 호출하고 이어지는 코드는 연도와 해당 연도의 최소, 최대, 평균 온도를 담은 리스트를 만듭니다. 마지막으로 이 리스트를 사용해 yearly_temps 데이터프레임 을 만듭니다.

```
    Year   Min T   Max T   Mean T
0   1961  -17.25   38.05    15.64
1   1962  -21.65   36.95    15.39
2   1963  -24.70   36.10    15.50
..   ...     ...     ...      ...
52  2013  -15.00   40.55    16.66
53  2014  -22.70   40.30    16.85
54  2015  -18.80   40.55    17.54
```

이제 사용하기 편리한 형태로 데이터를 준비했으니 시간에 따른 온도 변화를 보여주는 그래프 를 만들어 보겠습니다. [예제 23-4]는 [그림 23-2]를 만듭니다.

```
plt.figure(0)
plt.plot(yearly_temps['Year'], yearly_temps['Mean T'])
plt.title('미국 21개 도시의 연간 평균 온도')
plt.figure(1)
plt.plot(yearly_temps['Year'], yearly_temps['Min T'])
plt.title('미국 21개 도시의 연간 최저 온도')
for i in range(2):
    plt.figure(i)
    plt.xticks(range(0, len(yearly_temps), 4),
               rotation = 'vertical', size = 'large')
    plt.ylabel('온도 (C)')
```

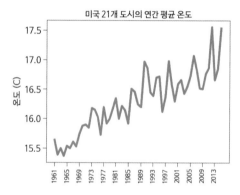

그림 23-2 평균 연간 온도와 최소 연간 온도

[그림 23-2]의 왼쪽 그래프는 부정할 수 없는 트렌드를 보여줍니다. 21개 도시의 평균 온도는 시간에 따라 상승합니다. 오른쪽 그래프는 덜 명확합니다. 연도에 따라 온도의 차이가 커서 트렌드를 확인하기 어렵습니다. 온도에 대한 **이동평균**moving average을 그래프로 그리면 트렌드를 파악하기 조금 더 쉽습니다.

판다스의 `rolling` 메서드를 사용하면 시리즈의 연속된 값에 연산을 반복해 수행할 수 있습니다. `yearly_temps['Min T'].rolling(7).mean()`은 처음 6개 값은 NaN이고, 6보다 큰 `i` 번째 값이 `yearly_temps['Min'][i-6:i+1]`의 평균인 시리즈를 만듭니다. 연도에 대해 이 시리즈를 그래프로 그리면 [그림 23-3]과 같으며, 트렌드를 파악할 수 있습니다.

그림 23-3 최소 온도의 이동평균

두 시리즈 사이의 관계를 시각화하면 정보를 얻는 데 도움이 되지만, 관계를 정량적으로 살펴보면 더 유용할 때가 많습니다. 먼저 최소, 최대, 평균 온도의 연간과 7년 이동평균 사이의 상관관계를 알아보죠. 상관관계를 계산하기 전에 먼저 yearly_temps에 이동평균을 추가하고 연도를 문자열에서 정수로 바꾸어야 합니다. 다음 코드를 실행해 보세요.

```
num_years = 7
for label in ['Min T', 'Max T', 'Mean T']:
    yearly_temps[label] = yearly_temps[label].rolling(num_years).mean()
yearly_temps['Year'] = yearly_temps['Year'].apply(int)
print(yearly_temps.corr())
```

출력은 다음과 같습니다.

	Year	Min T	Max T	Mean T
Year	1.000000	0.713382	0.918975	0.969475
Min T	0.713382	1.000000	0.629268	0.680766
Max T	0.918975	0.629268	1.000000	0.942378
Mean T	0.969475	0.680766	0.942378	1.000000

요약한 온도의 값은 모두 연도와 양의 상관관계입니다. 평균 온도가 가장 강한 상관관계를 보이는군요. 평균 온도의 이동평균에 있는 분산을 연도로 얼마나 설명할 수 있는지 궁금합니다. 다음 코드는 결정 계수(20.2.1절 참조)를 출력합니다.

```
indices = np.isfinite(yearly_temps['Mean T'])
model = np.polyfit(list(yearly_temps['Year'][indices]),
                   list(yearly_temps['Mean T'][indices]), 1)
print(r_squared(yearly_temps['Mean T'][indices],
                np.polyval(model, yearly_temps['Year'][indices])))
```

평균 시리즈에 있는 일부 값이 NaN이므로 먼저 np.isfinite로 yearly_temps['Mean T']
에서 NaN이 아닌 값의 인덱스를 구합니다. 그다음 선형 모델을 만들고 r_squared 함수(예제
20-6 참조)를 사용해 모델의 예측 결과와 실제 온도를 비교합니다. 연도에서 평균 온도의 7년
이동평균을 예측하는 이 선형 모델은 거의 분산의 94%를 설명합니다.

 뇌풀기 문제

이동평균이 아닌 연 평균 온도의 결정 계수(r^2)를 계산해 보세요.

미국에 살거나 미국 여행을 계획하고 있다면 연도보다 도시별 데이터에 관심이 더 많을 것입
니다. 각 도시의 데이터를 요약하는 새로운 데이터프레임 city_temps를 만들어 보죠. city_
temps에 있는 모든 값에 변환 함수를 적용해 온도를 화씨로 바꿉니다. 끝에서 두 번째 라인은
온도 차이를 보여주는 열을 추가합니다. 이 코드를 실행하면 [예제 23-5]에 있는 데이터프레
임을 만듭니다.[10]

```
temperatures = pd.read_csv('US_temperatures.csv')
temperatures.drop('Date', axis = 'columns', inplace = True)
means = round(temperatures.mean(), 2)
maxes = temperatures.max()
mins = temperatures.min()
city_temps = pd.DataFrame({'Min T':mins, 'Max T':maxes,
                           'Mean T':means})
city_temps = city_temps.apply(lambda x: 1.8*x + 32)
city_temps['Max-Min'] = city_temps['Max T'] -city_temps['Min T']
print(city_temps.sort_values('Mean T', ascending = False).to_string())
```

---

10 솔직히 보스턴(Boston)의 최소 온도가 0도 이상이라는 사실에 놀랐습니다. 0도 이하의 날씨에 나갔던 적이 많았기 때문입니다. 잠시 후
  이 CSV 파일에 있는 온도가 하루 평균 온도라서 실제 그날의 최저 온도를 나타내지 않는다는 사실이 떠올랐습니다.

예제 23-5 도시별 평균 온도

	Min T	Max T	Mean T	Max-Min
San Juan	68.99	88.97	80.492	19.98
Miami	37.94	90.05	76.604	52.11
Phoenix	32.45	106.52	73.904	74.07
Tampa	28.94	89.06	72.878	60.12
New Orleans	18.95	90.95	68.882	72.00
Las Vegas	19.49	105.98	67.964	86.49
Dallas	8.51	97.52	66.092	89.01
San Diego	43.07	92.03	64.130	48.96
Los Angeles	42.98	94.01	63.158	51.03
Charlotte	9.50	90.50	60.512	81.00
San Francisco	30.56	86.00	57.632	55.44
Albuquerque	-3.46	89.96	57.110	93.42
St Louis	-8.50	96.98	56.408	105.48
Baltimore	-0.04	93.47	55.562	93.51
Philadelphia	0.50	92.48	55.364	91.98
New York	3.56	91.04	54.194	87.48
Portland	11.03	89.96	54.068	78.93
Seattle	12.02	86.99	52.376	74.97
Boston	1.04	92.48	51.620	91.44
Chicago	-18.04	92.48	49.622	110.52
Detroit	-12.01	89.51	49.550	101.52

다음 코드를 사용해 [그림 23-4]를 그려서 도시 간의 차이를 시각화했습니다.

```
plt.plot(city_temps.sort_values('Max-Min', ascending=False)['Min T'],
         'b^', label = 'Min T')
plt.plot(city_temps.sort_values('Max-Min', ascending=False)['Max T'],
         'kx', label = 'Max T')
plt.plot(city_temps.sort_values('Max-Min', ascending=False)['Mean T'],
         'ro', label = 'Mean T')
plt.xticks(rotation = 'vertical')
plt.legend()
plt.title('1961-2015년 사이의 최대/최저 온도')
plt.ylabel('온도 (F)')
```

세 시리즈를 Max-Min 순으로 정렬합니다. ascending=False를 사용하면 기본 정렬 순서를 바꾸어 내림차순으로 정렬합니다.

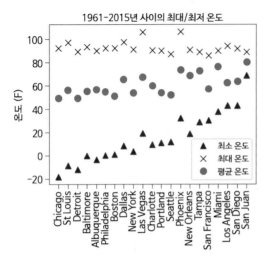

그림 23-4 도시별 온도 차이

이 그래프에서 다음과 같은 사항을 볼 수 있습니다.

- 최대 온도보다 최소 온도가 도시별로 차이가 큽니다. 이 때문에 (정렬 순서인) Max-Min은 최소 온도와 강한 양의 상관관계가 있습니다.
- 샌프란시스코(San Francisco)와 시애틀(Seattle)은 더운 날이 없습니다.
- 산후안(San Juan)의 온도는 거의 일정합니다.
- 시카고(Chicago)의 온도는 일정하지 않습니다. 바람 많은 이 도시는 매우 덥거나 엄청나게 춥습니다.
- 피닉스와 라스베이거스(Las Vegas)는 모두 몹시 덥습니다.
- 샌프란시스코와 앨버커키(Albuquerque)는 평균 온도가 거의 비슷하지만, 최소 온도와 최대 온도는 상당히 다릅니다.

23.5.2 화석 연료 소비량

global-fossil-fuel-consumption.csv 파일에는 1965년부터 2015년까지 전 세계 화석 연료의 연간 소비량에 관한 데이터가 있습니다. 먼저 다음 코드를 실행합니다.

```
emissions = pd.read_csv('global-fossil-fuel-consumption.csv')
print(emissions)
```

출력은 다음과 같습니다.

```
     Year        Coal     Crude Oil     Natural Gas
0    1965   16151.96017  18054.69004    6306.370076
1    1966   16332.01679  19442.23715    6871.686791
2    1967   16071.18119  20830.13575    7377.525476
..    ...          ...          ...            ...
50   2015   43786.84580  52053.27008   34741.883490
51   2016   43101.23216  53001.86598   35741.829870
52   2017   43397.13549  53752.27638   36703.965870
```

각 연료의 소비량을 보여 주는 열을 세 개에서 두 개로 바꾸어 보겠습니다. 하나는 세 가지 연료 소비량을 합한 것이고 다른 하나는 이 합의 5년간 이동평균입니다.

```python
emissions['Fuels'] = emissions.sum(axis = 'columns')
emissions.drop(['Coal', 'Crude Oil', 'Natural Gas'], axis = 'columns',
               inplace = True)
num_years = 5
emissions['Roll F'] = emissions['Fuels'].rolling(num_years).mean()
emissions = emissions.round()
```

이 데이터를 사용해 그래프를 그립니다.

```python
plt.plot(emissions['Year'], emissions['Fuels'],
         label = '소비량 총합')
plt.plot(emissions['Year'], emissions['Roll F'],
         label = str(num_years) + ' 년간 이동평균')
plt.legend()
plt.title('화석 연료 소비량')
plt.xlabel('연도')
plt.ylabel('소비량')
```

앞의 코드는 [그림 23-5]를 그립니다.

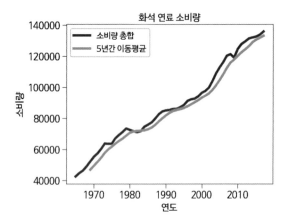

그림 23-5 전 세계 화석 연료 소비량

소비량 그래프에서 몇 군데 작은 감소(예: 2008년 금융 위기)가 보이지만, 상승 트렌드가 확실합니다.

과학 커뮤니티는 연료 소비량의 증가와 지구 평균 온도 상승 사이에 연관성이 있다는 데 동의했습니다. 23.5.1절에서 보았던 21개 미국 도시 온도와 이 데이터가 어떤 관련이 있는지 알아보죠.

yearly_temps 데이터프레임은 다음과 같습니다.[11]

```
    Year  Min T  Max T  Mean T
0   1961 -17.25  38.05   15.64
1   1962 -21.65  36.95   15.39
2   1963 -24.70  36.10   15.50
..   ...    ...    ...     ...
52  2013 -15.00  40.55   16.66
53  2014 -22.70  40.30   16.85
54  2015 -18.80  40.55   17.54
```

yearly_temps와 emissions를 합치는 간단한 방법이 있다면 좋지 않을까요? 판다스 merge 함수가 바로 그런 용도입니다.

---

11 옮긴이_ 이 데이터프레임은 [예제 23-3]을 사용해 다시 만들어야 합니다.

```
yearly_temps['Year'] = yearly_temps['Year'].astype(int)
merged_df = pd.merge(yearly_temps, emissions,
                     left_on = 'Year', right_on = 'Year')
print(merged_df)
```

출력된 데이터프레임은 다음과 같습니다.

```
    Year  Min T  ...      Fuels    Roll F
0   1965  -21.7  ...    42478.0       NaN
1   1966  -25.0  ...    44612.0       NaN
2   1967  -17.8  ...    46246.0       NaN
..   ...    ...  ...        ...       ...
48  2013  -15.0  ...   131379.0  126466.0
49  2014  -22.7  ...   132028.0  129072.0
50  2015  -18.8  ...   132597.0  130662.0
```

이 데이터프레임에는 yearly_temps와 emissions에 있는 열이 모두 있지만, yearly_temps
와 emissions에서 Year 열이 같은 값인 행만 포함합니다.

데이터프레임 하나에 소비량과 온도 정보가 모두 있으므로 서로 어떤 상관관계가 있는지 확인
하기 쉽습니다. print(merged_df.corr().round(2).to_string())를 실행하면 다음을 출
력합니다.

```
        Year  Min T  Max T  Mean T  Fuels  Roll F
Year    1.00   0.37   0.72    0.85   0.99    0.98
Min T   0.37   1.00   0.22    0.49   0.37    0.33
Max T   0.72   0.22   1.00    0.70   0.75    0.66
Mean T  0.85   0.49   0.70    1.00   0.85    0.81
Fuels   0.99   0.37   0.75    0.85   1.00    1.00
Roll F  0.98   0.33   0.66    0.81   1.00    1.00
```

전 세계 연료 소비량은 미국 도시의 평균 온도와 최대 온도에 모두 강한 상관관계가 있습니다.
이것이 연료 소비량의 증가가 온도 상승을 야기한다는 의미일까요? 그렇지 않습니다. 평균 온
도와 최대 온도 모두 연도에 강한 상관관계가 있습니다. 다른 잠복 변수도 연도와 상관관계가
있고 인과 요인causal factor이 될 수 있습니다. 통계적 관점에서 말할 수 있는 것은 화석 연료의 사
용 증가가 온실가스를 생성해 온도 상승을 일으킨다는 널리 인정되는 과학적 가설과 모순되지

않는다는 것입니다.

이것으로 판다스에 관한 간략한 설명을 마칩니다. 이 장에서는 판다스의 기본 기능만 살펴보았습니다. 나중에 판다스를 사용하면서 추가 기능을 몇 가지 더 소개하겠습니다. 더 자세히 알고 싶다면 온라인 자료나 도서를 참고하세요. https://www.dataschool.io/start에서 몇 가지 참고 자료를 볼 수 있습니다.

24장
머신러닝 간략히 살펴보기

이 장의 키워드

통계적 머신러닝 ｜ 일반화 ｜ 훈련 데이터 ｜ 특성 벡터 ｜ 지도 학습 ｜ 회귀 모델 ｜ 분류 모델
레이블 ｜ 비지도 학습 ｜ 잠재 변수 ｜ 신호 대 잡음비(SNR) ｜ 특성 공학 ｜ 민코프스키 거리
유클리드 거리 ｜ 맨해튼 거리

전 세계 디지털 데이터의 양은 사람이 이해하기 힘든 속도로 증가하고 있습니다. 전 세계 데이터 저장 용량은 1980년부터 3년마다 두 배씩 늘어났습니다. 여러분이 이 장을 읽는 동안 대략 10^{18}비트의 데이터가 전 세계 저장소에 저장됩니다. 이렇게 큰 수는 상상하기 힘듭니다. 가령 캐나다 동전이 10^{18}개 있다면 지구를 이 동전으로 두 번 덮을 수 있습니다.

물론 더 많은 데이터가 항상 더 유용한 정보로 이어지지는 않습니다. 진화는 느리게 진행되는 과정이라서 데이터를 이해하는 인간의 능력은 3년마다 두 배가 되지는 않습니다. 세상이 '빅 데이터big data'에서 더 유용한 정보를 끌어내려고 사용하는 한 가지 방법은 **통계적 머신러닝**statistical machine learning입니다.

머신러닝은 한마디로 정의하기 어렵습니다. 어떤 면에서는 모든 유용한 프로그램은 무언가를 학습합니다. 예를 들어 뉴턴 방법을 구현한 프로그램은 다항식의 근을 학습합니다. 머신러닝의 초기 정의 중 하나는 미국의 전기 공학자이자 컴퓨터 과학자인 아서 사무엘Arthur Samuel[1]이 제안한 것으로, 머신러닝을 "명시적으로 프로그래밍하지 않고 컴퓨터가 학습하는 능력을 갖추게 하는 연구 분야"라고 했습니다.

---

[1] 사무엘은 체커(checker) 게임 프로그램의 개발자로 잘 알려졌습니다. 1950년대부터 1970년대까지 계속 작업했던 이 프로그램은 그 당시 인상적이었지만 현재 기준으로 보면 특별히 뛰어난 것은 아닙니다. 하지만 이 작업을 하면서 사무엘은 지금도 여전히 사용되는 몇 가지 기술을 개발했습니다. 무엇보다도 사무엘의 체커 프로그램은 '경험'을 기반으로 향상되도록 작성된 첫 번째 프로그램일 것입니다.

사람이 배우는 방법은 기억과 일반화 두 가지입니다. 기억을 사용해 개별 사실을 축적합니다. 예를 들어, 영국에서는 초등학교 학생들이 역대 영국 군주들을 배웁니다. 사람들은 **일반화**generalization를 사용해 과거 사실에서 새로운 사실을 추론합니다. 예를 들어 정치학과 학생들은 많은 정치인의 행동을 관찰하고 이를 일반화해 모든 정치인은 선거운동을 할 때 거짓말을 한다고 결론을 내릴 수 있습니다.

컴퓨터 과학자들이 말하는 머신러닝은 데이터에 있는 암묵적인 패턴에서 유용한 추론을 만들도록 자동으로 학습하는 프로그램을 작성하는 분야를 의미합니다. 예를 들어 선형 회귀(20장 참고)는 샘플 집합을 모델링하는 하나의 곡선을 학습합니다. 이 모델을 사용해 이전에 본 적 없는 샘플에 관한 예측을 만들 수 있습니다. 기본적인 패러다임은 다음과 같습니다.

1. 흔히 훈련 데이터training data라고 부르는 샘플 집합을 관찰합니다. 훈련 데이터는 어떤 통계적 현상에 관한 불완전한 정보를 제공합니다.
2. 추론 기법을 사용해 관측된 샘플을 생성하는 모델을 만듭니다.
3. 이 모델을 사용해 이전에 본 적 없는 샘플에 관한 예측을 만듭니다.

예를 들어 [예제 24-1]의 두 이름 집합과 [예제 24-2]의 **특성 벡터**feature vector가 있다고 가정해 보죠.

예제 24-1 이름 집합 두 개

```
A: {Abraham Lincoln, George Washington, Charles de Gaulle}
B: {Benjamin Harrison, James Madison, Louis Napoleon}
```

예제 24-2 이름에 연관된 특성 벡터

```
Abraham Lincoln: [American, President, 193 cm tall]
George Washington: [American, President, 189 cm tall]
Charles de Gaulle: [French, President, 196 cm tall]
Benjamin Harrison: [American, President, 168 cm tall]
James Madison: [American, President, 163 cm tall]
Louis Napoleon: [French, President, 169 cm tall]
```

벡터의 각 원소는 이 사람의 어떤 측면(즉, 특성)에 해당합니다. 역사적 인물에 관한 정보를 바탕으로 각 샘플에 레이블 A 또는 레이블 B를 부여해서 키가 큰 대통령과 키가 작은 대통령

을 구분할 수 있습니다.

머신러닝에는 많은 방법이 있지만 모두 제공된 샘플을 일반화하는 모델을 만듭니다. 머신러닝은 다음과 같은 세 가지 요소로 구성됩니다.

- 모델
- 모델의 성과를 측정하는 목적 함수
- 모델을 훈련하기 위해 목적 함수를 최소화하거나 최대화하는 최적화 방법

일반적으로 머신러닝 알고리즘은 지도 학습과 비지도 학습으로 나눌 수 있습니다.

지도 학습supervised learning에서는 특성 벡터와 값의 쌍을 사용합니다. 쌍의 집합에서 규칙을 유도해 이전에 본 적 없는 특성 벡터에 연관된 값을 예측하는 것이 목적입니다. **회귀 모델**regression model은 특성 벡터로 하나의 실수를 예측합니다. **분류 모델**classification model은 특성 벡터로 한정된 개수의 레이블 중 하나를 예측합니다.[2]

20장에서 회귀 모델의 한 종류인 선형 회귀를 알아보았습니다. 특성 벡터는 x축의 값이었고, 이에 연관된 값은 y축의 값이었습니다. 특성 벡터/값 쌍의 집합에서 어떤 x축의 값에 연관된 y축의 값을 예측하는 모델을 훈련했습니다.

이제 간단한 분류 모델을 살펴보죠. [예제 24-1]의 A와 B로 레이블을 부여한 대통령 집합과 [예제 24-2]의 특성 벡터가 있을 때 [예제 24-3]과 같은 특성 벡터/레이블 쌍을 만들 수 있습니다.

예제 24-3 대통령에 관한 특성 벡터/레이블 쌍

```
[American, President, 193 cm tall], A
[American, President, 189 cm tall], A
[French, President, 196 cm tall], A
[American, President, 168 cm tall], B
[American, President, 163 cm tall], B
[French, President, 169 cm tall], B
```

학습 알고리즘은 이렇게 레이블을 부여한 샘플을 보고 키가 큰 대통령에게는 레이블 A를 부여

---

2   많은 머신러닝 책에서는 '레이블' 대신 '클래스'란 단어를 사용합니다. 이 책은 '클래스'를 다른 용도로 사용하므로 여기서 언급한 개념에 '레이블'을 사용하겠습니다.

하고 키가 작은 대통령에게는 레이블 B를 부여해야 한다고 추론할 수 있습니다. [American, President, 189 cm.][3]와 같은 특성 벡터의 레이블을 요청하면 모델은 학습된 규칙을 사용해 레이블 A를 선택할 것입니다.

지도 학습 머신러닝은 신용 카드 부정거래 감지나 영화 추천과 같은 작업에 광범위하게 사용합니다.

비지도 학습unsupervised learning에서는 특성 벡터 집합이 있지만 레이블은 없습니다. 비지도 학습의 목표는 특성 벡터 집합 안에 있는 잠재 구조latent structure를 찾는 것입니다. 예를 들어 대통령의 특성 벡터 집합이 있을 때 비지도 학습 알고리즘이 키가 큰 대통령과 작은 대통령으로 나누거나 미국 사람과 프랑스 사람으로 나눌 수 있습니다. 비지도 학습 머신러닝의 방법은 잠재 변수 모델 학습을 위한 방법과 군집을 위한 방법으로 구분할 수 있습니다.

잠재 변수latent variable는 직접 관측되지 않지만 관측 변숫값에서 유추할 수 있는 변수입니다. 예를 들어 대학의 입학 사정관은 중고등학교 성적과 표준화 시험standardized test 점수와 같은 관측값을 기반으로 지원자가 합격할 확률(잠재 변수)을 추론합니다. 잠재 변수 모델을 학습하는 방법은 많지만, 이 책에서는 다루지 않습니다.

군집clustering은 샘플 집합을 (클러스터cluster라 부르는) 그룹으로 분할합니다. 같은 그룹에 속한 샘플은 다른 그룹의 샘플보다 서로 더 닮았습니다. 예를 들어 유전학자들은 군집을 사용해 관련성이 많은 유전자 그룹을 찾습니다. 인기 있는 많은 군집 알고리즘은 매우 간단합니다.

25장에서 널리 사용하는 군집 알고리즘을 소개하고 26장에서 몇 가지 지도 학습 알고리즘을 살펴봅니다. 이 장의 나머지 부분에서는 특성 벡터를 만드는 방법과 두 특성 벡터 사이의 유사성을 계산하는 여러 방법을 알아보겠습니다.

24.1 특성 벡터

신호 대 잡음비signal-to-noise ratio (SNR)는 많은 공학과 과학 분야에서 사용합니다. 정확한 정의는 애플리케이션에 따라 다양하지만, 기본 아이디어는 간단합니다. 이를 관련 없는 입력 대비 유

---

3 토머스 제퍼슨(Thomas Jefferson) 대통령의 키입니다.

용한 입력의 비율로 생각할 수 있습니다. 식당에서 신호는 데이트 상대의 소리이고 잡음은 다른 사람들의 소리입니다.[4] 어떤 학생이 프로그래밍 수업을 잘 따라올지 예측할 때 과거 프로그래밍 경험과 수학 소질은 신호가 되지만, 머리카락의 색깔은 잡음일 뿐입니다. 잡음에서 신호를 분리하는 일이 언제나 쉽지만은 않습니다. 이를 잘 수행하지 못하면 잡음은 신호에 있는 진실을 가리는 방해물이 됩니다.

특성 공학feature engineering의 목적은 데이터에서 신호에 해당하는 특성을 잡음에 해당하는 특성에서 분리하는 것입니다. 이를 잘 수행하지 못하면 나쁜 모델이 만들어질 수 있습니다. 샘플의 개수에 비해 데이터의 **차원**dimensionality (특성 개수)이 클 때 특히 위험이 큽니다.

성공적인 특성 공학은 방대한 양의 정보를 줄여 일반화에 도움이 되는 정보가 되도록 합니다. 예를 들어 어떤 사람이 심장 마비가 올지 예측하는 모델을 훈련하는 목표를 세웠다고 가정해 보죠. 나이와 같은 특성은 매우 연관성이 높을 것입니다. 하지만 왼손잡이 여부와 같은 특성은 연관성이 적을 것입니다.

특성 선택feature selection 기법을 사용해 주어진 특성에서 어떤 특성이 가장 도움이 되는지 자동으로 식별할 수 있습니다. 예를 들어 지도 학습 문제에서 샘플의 레이블과 가장 강한 상관관계가 있는 특성을 선택할 수 있습니다.[5] 하지만 특성 선택 기법은 처음에 관련 있는 특성이 없을 때 거의 도움이 되지 않습니다. 심장 마비 샘플에 관한 특성이 키와 몸무게라고 가정해 보죠. 키나 몸무게가 심장 마비를 예측하는 데 크게 유용하지 않지만, 체질량 지수body mass index (BMI)는 유용한 특성입니다. BMI를 키와 몸무게로 계산할 수 있지만, 이 관계(킬로그램 단위 몸무게를 미터 단위 키의 제곱으로 나누기)를 일반적인 머신러닝 기법을 사용해 자동으로 찾기에는 매우 복잡합니다. 성공적으로 머신러닝을 수행하려면 도메인domain 전문가들의 특성 설계가 필요할 때가 많습니다.

비지도 학습에서는 문제가 더욱 어렵습니다. 일반적으로 찾으려는 구조와 관련성이 있을 만한 특성을 직관에 따라 선택합니다. 하지만 연관 가능성에 관한 직관을 따라 특성을 선택하는 것은 문제가 많습니다. 치과 기록이 심장 마비 예측에 유용하다는 직관은 얼마나 좋은 걸까요?

특성 벡터와 각 벡터에 연관된 레이블(파충류인지 아닌지)을 정리한 [표 24-1]을 살펴보죠.

---

4 데이트 상대가 극도로 지루하지 않을 경우입니다. 만약 그런 경우라면 상대의 대화가 잡음이 되고 옆 테이블의 대화가 신호가 됩니다.
5 특성은 다른 특성과 강한 상관관계가 있을 때가 많으므로 중복된 특성이 많이 생길 수 있습니다. 조금 더 복잡한 특성 선택 기법이 있지만, 이 책에서는 다루지 않습니다.

표 24-1 다양한 동물의 이름, 특성, 레이블

이름	난생	탈피	독성	변온 동물	다리 개수	파충류
코브라	True	True	True	True	0	True
방울뱀	True	True	True	True	0	True
보아뱀	False	True	False	True	0	True
앨리게이터	True	True	False	True	4	True
독개구리	True	False	True	False	4	False
연어	True	True	False	True	0	False
비단뱀	True	True	False	True	0	True

코브라 정보만 받은 지도 학습 머신러닝 알고리즘(또는 사람)은 코브라가 파충류라는 사실을 기억하는 것 외에는 별다른 일을 할 수 없습니다. 이제 방울뱀 정보를 추가해 보죠. 알을 낳고, 탈피하고, 독성이 있고, 변온 동물이고, 다리가 없는 동물은 파충류라는 규칙을 추론해 일반화할 수 있습니다.

이제 보아뱀이 파충류인지 결정해야 한다고 가정해 보죠. 답은 '아니오'입니다. 보아뱀은 독도 없고 알을 낳지도 않기 때문입니다.[6] 하지만 이는 틀린 답입니다. 물론 두 샘플만으로 일반화해 혼란에 빠진 것이 크게 놀라운 일은 아닙니다. 보아뱀을 훈련 데이터에 추가하면 탈피를 하고, 변온 동물이고, 다리가 없는 동물이 파충류라는 새로운 규칙을 만들 수 있습니다. 이렇게 하면 알을 낳고 독성이 있다는 특성은 이 분류 문제와 관련이 없으니 버릴 수 있습니다.

새로운 규칙을 사용해 앨리게이터를 분류하면 다리가 있으니 파충류가 아니라는 잘못된 결론을 내리게 됩니다. 앨리게이터를 훈련 데이터에 포함하면 파충류는 다리가 없거나 네 개라는 규칙을 만들게 됩니다. 독개구리에 적용하면 변온 동물이 아니라서[7] 파충류가 아니라는 올바른 결론에 도달합니다. 하지만 이 규칙을 사용해 연어를 분류하면 연어가 파충류라는 결론을 얻습니다. 규칙을 더 복잡하게 만들면 연어와 앨리게이터를 구분할 수 있지만, 이렇게 해서는 성공하지 못합니다. 연어와 비단뱀의 특성 벡터가 동일하므로 두 동물을 올바르게 구분하도록 규칙을 수정할 방법이 없습니다.

---

6 옮긴이_ 보아뱀은 뱀 중에 드물게 알이 아니라 새끼를 낳습니다.

7 옮긴이_ 사실 개구리는 변온 동물입니다. 이 예는 가상의 데이터라고 이해해 주세요.

이런 문제는 머신러닝에서 자주 나타납니다. 완벽한 분류에 필요한 정보가 특성 벡터에 충분히 있을 때가 드뭅니다. 이 예에서는 특성이 충분하게 없는 것이 문제입니다.

만약 파충류알에는 양막amnion[8]이 있다는 사실을 포함하면 파충류와 어류를 구분하는 규칙을 만들 수 있습니다. 하지만 안타깝게도 실용적인 머신러닝 애플리케이션 대부분에서 완벽하게 판별하도록 특성 벡터를 만드는 것이 불가능합니다.

가지고 있는 모든 특성이 단순한 잡음이므로 포기해야 한다는 의미일까요? 아닙니다. 이 예에서 탈피를 하고 변온 동물이라는 특성은 파충류로 분류하는 데 필요한 조건이지만 충분조건은 아닙니다. 탈피를 하고 변온 동물일 때 파충류라는 규칙은 거짓 음성을 만들지 않습니다. 즉 파충류가 아니라고 분류된 모든 동물은 실제로 파충류가 아닙니다. 하지만 이 규칙은 거짓 양성을 만듭니다. 즉 파충류라고 분류된 동물 중 일부는 파충류가 아닙니다.

24.2 거리 지표

[표 24-1]에서 이진 특성 네 개와 숫자 특성 하나를 사용해 동물을 표현했습니다. 이 특성을 사용해 두 동물의 유사도를 평가한다고 가정해 보죠. 예를 들어 방울뱀이 보아뱀과 더 가까운지 아니면 독개구리랑 더 가까운지 평가합니다.[9]

이런 비교를 하는 첫 번째 단계는 각 동물의 특성을 숫자의 시퀀스로 바꾸는 것입니다. True = 1이고 False = 0이라 가정하면 다음과 같은 특성 벡터를 얻게 됩니다.

방울뱀: [1,1,1,1,0]
보아뱀: [0,1,0,1,0]
독개구리: [1,0,1,0,4]

수치 벡터의 유사도를 비교하는 방법이 많습니다. 길이가 같은 벡터를 비교하는 데 가장 많이

8　양막은 알을 물이 아니라 육지에 낳을 수 있도록 해주는 보호막입니다.
9　이 질문은 보기만큼 바보 같지 않습니다. 박물학자나 독성학자(또는 바람총(blow dart)의 효과를 높이고 싶은 사람)는 이 질문에 다른 답을 할 수 있습니다.

사용하는 방법은 **민코프스키 거리**Minkowski distance입니다.[10]

$$distance(V, W, p) = (\sum_{i=1}^{len} abs(V_i - W_i)^p)^{1/p}$$

여기서 *len*은 벡터의 길이입니다.

파라미터 p의 최솟값은 1이며, 벡터 V와 W 사이를 이동하는 경로의 종류를 정의합니다.[11] 벡터의 길이가 2이면 데카르트 좌표계로 쉽게 시각화할 수 있습니다. [그림 24-1]을 살펴보죠.

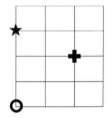

그림 24-1 거리 지표 시각화하기

왼쪽 아래 원 기호에서 덧셈 기호가 더 가까울까요? 아니면 별 기호가 더 가까울까요? 계산 방식에 따라 다릅니다. 직선으로 이동할 수 있다면 덧셈 기호가 더 가깝습니다. 피타고라스 정리를 사용하면 덧셈 기호는 8의 제곱근인 2.8 정도 떨어져 있습니다.[12] 반면 별 기호는 원 기호에서 3만큼 떨어져 있습니다. 이 거리를 **유클리드 거리**Euclidean distance라고 하며 p = 2인 민코프스키 거리에 해당합니다. 하지만 이 그림의 선이 도로에 해당한다고 상상해 보죠. 한 곳에서 다른 곳으로 이동하려면 도로를 따라가야 합니다. 별 기호는 그대로 원 기호에서 3만큼 떨어져 있지만 덧셈 기호는 이제 4만큼 떨어져 있습니다. 이 거리를 **맨해튼 거리**Manhattan distance[13]라고 부르며

---

10 인기 있는 다른 거리 측정 지표는 코사인 유사도(cosine similarity)입니다. 두 벡터의 각도 차이를 측정합니다. 고차원 벡터에 유용할 때가 많습니다.

11 p 〈 1일 때 이상한 일이 일어납니다. 예를 들어 p = 0.5이고 포인트 A = (0,0), B = (1,1), C = (0,1)이라고 가정해 보죠. 각 포인트 쌍 사이의 거리를 계산하면 A와 B 사이의 거리가 4이고, A와 C 사이의 거리는 1, C와 B 사이의 거리는 1입니다. 상식적으로 A에서 C를 거쳐 B로 가는 거리가 A에서 B로 가는 거리보다 짧을 수 없습니다. 수학자들은 이를 삼각 부등식(triangle inequality)이라고 합니다. 어떤 삼각형도 두 변의 길이의 합이 나머지 한 변의 길이보다 작을 수 없습니다.

12 옮긴이_ [그림 24-1]은 한 격자의 길이를 1로 가정합니다.

13 맨해튼섬은 뉴욕시에서 가장 인구 밀도가 높은 지역입니다. 섬에 있는 대부분 도로는 직사각형 격자 형태입니다. 따라서 p = 1인 민코프스키 거리를 맨해튼에서 보행자가 한 곳에서 다른 곳으로 이동하는 거리로 비유하기 좋습니다. 하지만 맨해튼에서 차를 운전하거나 대중교통을 탄다면 완전히 다른 이야기가 됩니다.

p = 1인 민코프스키 거리에 해당합니다. [예제 24-4]는 민코프스키 거리를 구현한 함수입니다.

예제 24-4 민코프스키 거리

```python
def minkowski_dist(v1, v2, p):
    """v1는 v2 길이가 같은 숫자 배열이라고 가정합니다.
       v1과 v3 사이의 민코프스키 거리를 반환합니다."""
    dist = 0.0
    for i in range(len(v1)):
        dist += abs(v1[i] -v2[i])**p
    return dist**(1/p)
```

[예제 24-5]에는 Animal 클래스가 있습니다. 이 클래스는 두 동물의 거리를 특성 벡터 사이의 유클리드 거리로 정의합니다.

예제 24-5 Animal 클래스

```python
import numpy as np

class Animal(object):
    def __init__(self, name, features):
        """name은 문자열이고 features는 숫자 리스트라고 가정합니다."""
        self.name = name
        self.features = np.array(features)

    def get_name(self):
        return self.name

    def get_features(self):
        return self.features

    def distance(self, other):
        """other은 Animal 클래스 객체라고 가정합니다.
           self와 other의 특성 벡터 사이의 유클리드 거리를 반환합니다."""
        return minkowski_dist(self.get_features(),
                              other.get_features(), 2)
```

[예제 24-6]에는 animals 리스트에 있는 원소를 서로 비교해 각 쌍의 거리를 담은 테이블을

출력하는 함수가 있습니다. 이 코드는 지금까지 못 보았던 맷플롯립의 기능인 table을 사용합니다.

table 함수는 (놀랍게도!) 테이블 형태의 그래프를 그립니다. 키워드 매개변수 rowLabels와 colLabels를 사용해 행과 열의 레이블(이 예에서는 동물 이름)을 지정합니다. 키워드 매개변수 cellText를 사용해 테이블의 셀에 들어갈 값을 전달합니다. 이 예에서 cellText로 문자열 리스트의 리스트인 table_vals를 전달합니다. table_vals의 각 원소는 테이블 한 행에 해당하는 값의 리스트입니다. 키워드 매개변수 cellLoc을 사용해 각 셀에서 텍스트가 나타날 위치를 지정합니다. 키워드 매개변수 loc을 사용해 테이블이 그림의 어느 부분에 위치할지 지정합니다. 이 예에서 사용한 마지막 키워드 매개변수는 colWidths입니다. 이 매개변수에는 (인치 단위로) 테이블에 있는 각 열의 너비를 담은 실수 리스트를 전달합니다. table.scale(1, 2.5)는 (보기 좋도록) 셀의 수평 너비는 그대로 두고, 셀의 높이는 2.5배 높이도록 맷플롯립에 지시합니다.

예제 24-6 동물 간의 거리를 담은 테이블 만들기

```
import matplotlib.pyplot as plt

def compare_animals(animals, precision):
    """animals는 Animal 클래스의 리스트이고 pecision은 int >= 0라고 가정합니다.
       animals가 원소 사이 거리를 담은 테이블을 만듭니다."""
    #행과 열의 레이블을 준비합니다.
    column_labels = [a.get_name() for a in animals]
    row_labels = column_labels[:]
    table_vals = []
    #동물 사이의 거리를 계산합니다.
    #행마다
    for a1 in animals:
        row = []
        #열마다
        for a2 in animals:
            distance = a1.distance(a2)
            row.append(str(round(distance, precision)))
        table_vals.append(row)
    #테이블을 만듭니다.
    table = plt.table(rowLabels=row_labels,
                      colLabels=column_labels,
```

```
                   cellText=table_vals,
                   cellLoc='center',
                   loc='center',
                   colWidths=[0.2]*len(animals))
   plt.axis('off')
   table.scale(1, 2.5)
```

다음 코드를 실행하면 [표 24-2]를 만듭니다.

```
rattlesnake = Animal('방울뱀', [1,1,1,1,0])
boa = Animal('보아뱀', [0,1,0,1,0])
dart_frog = Animal('독개구리', [1,0,1,0,4])
animals = [rattlesnake, boa, dart_frog]
compare_animals(animals, 3)
```

아마도 예상했겠지만, 방울뱀(rattlesnake)과 보아뱀(boa) 사이의 거리는 두 뱀과 독개구리(dart frog) 사이의 거리보다 가깝습니다. 그런데 독개구리는 보아뱀보다는 방울뱀에 조금 더 가깝습니다.

표 24-2 동물 사이의 거리

	방울뱀	보아뱀	독개구리
방울뱀	0.0	1.414	4.243
보아뱀	1.414	0.0	4.472
독개구리	4.243	4.472	0.0

앞 코드의 마지막 라인 전에 다음 코드를 추가하면 [표 24-3]을 만듭니다.

```
alligator = Animal('앨리게이터', [1,1,0,1,4])
animals.append(alligator)
```

표 24-3 네 동물 사이의 거리

	방울뱀	보아뱀	독개구리	앨리게이터
방울뱀	0.0	1.414	4.243	4.123
보아뱀	1.414	0.0	4.472	4.123
독개구리	4.243	4.472	0.0	1.732
앨리게이터	4.123	4.123	1.732	0.0

앨리게이터(alligator)가 방울뱀이나 보아뱀보다도 독개구리에 훨씬 더 가깝다는 사실이 놀랍습니다. 그 이유를 잠시 생각해 보세요.

앨리게이터와 방울뱀의 특성 벡터가 다른 곳은 독성과 다리 개수 두 군데입니다. 앨리게이터와 독개구리의 특성 벡터가 다른 곳은 독성, 탈피, 변온 동물 세 군데입니다. 하지만 유클리드 거리 지표에 따르면 앨리게이터가 방울뱀보다 독개구리에 더 가깝습니다. 왜 그럴까요?

이 문제의 원인은 특성값의 범위가 서로 다르기 때문입니다. 하나를 제외하고 나머지 특성은 모두 0 또는 1입니다. 하지만 다리 개수는 값이 0에서 4까지 나올 수 있습니다. 유클리드 거리를 계산할 때 다리 개수의 비중이 높아진다는 의미입니다. 다리 개수 특성을 동물에 다리가 있을 때 1, 아니면 0인 이진 특성으로 바꾸면 어떻게 되는지 살펴보죠.

표 24-4 다른 특성 표현을 사용한 거리

	방울뱀	보아뱀	독개구리	앨리게이터
방울뱀	0.0	1.414	1.732	1.414
보아뱀	1.414	0.0	2.236	1.414
독개구리	1.732	2.236	0.0	1.732
앨리게이터	1.414	1.414	1.732	0.0

훨씬 설득력이 있는 결과입니다.

물론 이진 특성만 사용하는 것이 항상 편리하지는 않습니다. 25.4절에서 특성값의 범위가 서로 다를 때 이를 처리하는 일반적인 방법을 소개하겠습니다.

25^장

군집

이 장의 키워드

유클리드 평균 | 이질성 | 센트로이드 | k 평균 군집 | 표준 정규 분포 | z 스케일링
선형 스케일링 | 최소-최대 스케일링

비지도 학습은 레이블이 없는 데이터에서 숨겨진 구조를 찾습니다. 가장 많이 사용하는 비지도 학습 머신러닝 기법은 군집clustering입니다.

군집은 비슷한 샘플을 같은 그룹으로 모으는 과정으로 정의할 수 있습니다. '비슷함'의 의미를 정의하는 것이 핵심입니다. 13명의 키, 몸무게, 셔츠 색깔을 나타낸 [그림 25-1]을 살펴보죠.

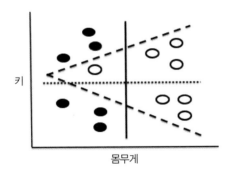

그림 25-1 키, 몸무게, 셔츠 색깔

사람을 키로 모으면 수평 점선으로 구분되는 두 클러스터가 생깁니다. 사람을 몸무게로 모으면 수직 실선으로 구분되는 다른 두 클러스터가 생깁니다. 셔츠 색깔로 사람을 모으면 파선으로 구분되어 다른 군집 결과가 나옵니다. 마지막 군집은 선형 분할이 아니라서 직선 하나로 셔츠

색깔에 따라 사람을 나눌 수 없습니다.

군집은 최적화 문제입니다. 어떤 제약 조건에서 목적 함수를 최적화하는 클러스터 집합을 찾는 것이 목표입니다. 두 샘플이 서로 얼마나 가까운지 결정하는 거리 지표를 주면 클러스터 안에 있는 샘플의 이질성dissimilarity을 최소화하는 목적 함수를 정의해야 합니다.

하나의 클러스터 c 안에 있는 샘플이 서로 얼마나 다른지 측정하는 지표인 변동성variability (흔히 관성inertia이라고도 부릅니다)은 다음과 같습니다.

$$variability(c) = \sum_{e \in c} distance(mean(c), e)^2$$

여기서 $mean(c)$는 해당 클러스터 안에 있는 샘플의 특성 벡터 평균입니다. 벡터 집합의 평균은 원소별로 계산됩니다. 원소끼리 더한 후 벡터 개수로 나눕니다. v1과 v2가 숫자 타입의 array라면 (v1+v2)/2가 두 배열의 **유클리드 평균**Euclidean mean입니다.

변동성은 17장에서 소개한 분산과 개념이 유사합니다. 하지만 분산과 달리 변동성은 클러스터 크기로 정규화하지 않으므로 지표를 사용하면 샘플이 많이 포함된 클러스터가 상대적으로 조밀해 보이지 않습니다. 크기가 다른 두 클러스터의 응집 정도를 비교하려면 클러스터의 변동성을 클러스터 크기로 나누어야 합니다.

클러스터 c 안에 있는 변동성의 정의를 확정해 클러스터 집합 C에 대한 이질성을 정의할 수 있습니다.

$$dissimilarity(C) = \sum_{c \in C} variability(c)$$

변동성을 클러스터 크기로 나누지 않았으므로 큰 클러스터가 작은 클러스터보다 $dissimilarity(C)$의 값을 더 많이 높입니다. 의도적으로 이렇게 만들었습니다.

그럼 $dissimilarity(C)$가 최소화되는 클러스터 집합 C를 찾는 최적화 문제인가요? 정확히 그렇지는 않습니다. 클러스터마다 샘플 하나씩만 넣으면 이 값을 쉽게 최소화할 수 있습니다. 따라서 제약 조건이 필요합니다. 예를 들어 클러스터 간의 최소 거리에 제약을 두거나 클러스터 최대 개수가 상수 k가 되어야 하는 조건을 넣을 수 있습니다.

일반적으로 대부분 흥미로운 문제에서 이 최적화 문제의 해를 구하는 일은 계산적으로 어렵습니다. 결국 근사해를 제공하는 탐욕적인 알고리즘을 사용합니다. 25.2절에서 알고리즘 중 하나인 k 평균 군집 알고리즘을 소개합니다. 하지만 먼저 이 알고리즘을 (그리고 다른 군집 알고리즘을) 구현하는 데 도움이 되는 추상 클래스를 만들어 보겠습니다.

25.1 Cluster 클래스

Example 클래스(예제 25-1)를 사용해 군집에 사용할 샘플을 만들겠습니다. 각 샘플에는 이름, 특성 벡터가 있고 레이블이 있는 샘플도 있습니다. distance 메서드는 두 샘플 사이의 유클리드 거리를 반환합니다.[1]

예제 25-1 Example 클래스

```python
class Example(object):

    def __init__(self, name, features, label = None):
        #features는 실수 배열이라고 가정합니다.
        self.name = name
        self.features = features
        self.label = label

    def dimensionality(self):
        return len(self.features)

    def set_label(self, label):
        self.label = label

    def get_features(self):
        return self.features[:]

    def get_label(self):
        return self.label

    def get_name(self):
        return self.name
```

---

1   옮긴이_ minkowski_dist는 [예제 24-4]에서 정의한 함수입니다.

```
    def distance(self, other):
        return minkowski_dist(self.features, other.get_features(), 2)

    def __str__(self):
        return '{}:{}:{}'.format(self.name, self.features, self.label)
```

Cluster 클래스(예제 25-2)는 조금 더 복잡합니다. 샘플의 집합이 클러스터 하나가 됩니다. Cluster에서 흥미로운 메서드는 compute_centroid와 variability입니다. 클러스터 **센트로이드**centroid를 클러스터의 무게 중심이라고 생각해도 좋습니다. compute_centroid 메서드가 반환한 샘플의 특성은 클러스터 안에 있는 샘플에 대한 특성 벡터의 유클리드 평균과 같습니다. variability 메서드는 클러스터의 변동성을 반환합니다.

예제 25-2 Cluster 클래스

```
class Cluster(object):

    def __init__(self, examples):
        """examples는 Example 클래스 객체의 리스트이며 비어 있지 않다고 가정합니다."""
        self.examples = examples
        self.centroid = self.compute_centroid()

    def update(self, examples):
        """examples는 Example 클래스 객체의 리스트이며 비어 있지 않다고 가정합니다.
           샘플을 변경하고 센트로이드가 옮겨진 거리를 반환합니다."""
        old_centroid = self.centroid
        self.examples = examples
        self.centroid = self.compute_centroid()
        return old_centroid.distance(self.centroid)

    def compute_centroid(self):
        vals = np.array([0.0]*self.examples[0].dimensionality())
        for e in self.examples: #평균을 계산합니다.
            vals += e.get_features()
        centroid = Example('centroid', vals/len(self.examples))
        return centroid

    def get_centroid(self):
        return self.centroid
```

```
def variability(self):
    tot_dist = 0.0
    for e in self.examples:
        tot_dist += (e.distance(self.centroid))**2
    return tot_dist

def members(self):
    for e in self.examples:
        yield e

def __str__(self):
    names = []
    for e in self.examples:
        names.append(e.get_name())
    names.sort()
    result = ('클러스터의 센트로이드:'
              + str(self.centroid.get_features()) + ', 클러스터에 속한 샘플:\n')
    for e in names:
        result = result + e + ', '
    return result[:-2] #마지막 쉼표와 공백을 삭제합니다.
```

 뇌풀기 문제

클러스터 센트로이드는 언제나 클러스터 샘플 중 하나인가요?

25.2 k 평균 군집

k 평균 군집K-means clustering은 아마도 가장 널리 사용하는 군집 알고리즘일 것입니다.[2] 이 알고리즘은 다음과 같은 k개의 클러스터로 샘플 집합을 나눕니다.

- 각 샘플은 가장 가까운 센트로이드의 클러스터에 속합니다.
- 클러스트 집합의 이질성을 최소화합니다.

---

2 k 평균 군집을 가장 널리 사용하지만, 모든 상황에 잘 맞는 방법은 아닙니다. 이 책에서 다루지 않지만, 계층 군집(hierarchical clustering)과 EM 군집도 널리 사용합니다.

안타깝게도 대규모 데이터셋에서 이 문제의 최적해를 계산적으로 찾기는 매우 어렵습니다. 다행히 근사해를 찾을 수 있는 탐욕적인 알고리즘[3]이 있습니다. 의사코드로 기술하면 다음과 같습니다.

초기 클러스터 센트로이드로 샘플 k개를 랜덤하게 선택합니다.
```
while true:
```
  1. 각 샘플을 가장 가까운 센트로이드에 할당해 클러스터를 k개 만듭니다.
  2. 각 클러스터의 샘플을 평균해 새로운 센트로이드를 k개 만듭니다.
  3. 모든 센트로이드가 이전 반복에서와 달라지지 않았다면 현재 클러스터 집합을 반환합니다.

단계 1의 복잡도는 $\Theta(k*n*d)$입니다. k는 클러스터 개수이고, n은 샘플 개수, d는 한 쌍의 샘플 사이 거리를 계산하는 데 필요한 시간입니다. 단계 2의 복잡도는 $\Theta(n)$이고, 단계 3의 복잡도는 $\Theta(k)$입니다. 따라서 반복 한 번의 복잡도는 $\Theta(k*n*d)$입니다. 민코프스키 거리로 샘플을 비교한다면 d는 특성 벡터의 길이에 선형적입니다.[4] 물론 전체 알고리즘의 복잡도는 반복 횟수에 따라 다릅니다. 복잡도를 특정하기는 어렵지만 일반적으로 작다고 말할 수 있습니다.

[예제 25-3]은 k 평균을 설명하는 의사 코드를 파이썬으로 변경한 것입니다. 한 가지 흠은 어떤 반복에서 샘플이 없는 클러스터를 만들면 예외를 발생시킨다는 점입니다. 빈 클러스터가 생성되는 경우는 드뭅니다. 첫 번째 반복에서는 일어날 수 없지만 이후 반복에서는 일어날 수 있습니다. 일반적으로 k를 너무 크게 선택하거나 초기 센트로이드 선택에 운이 없을 때 일어납니다. MATLAB에서는 빈 클러스터를 에러로 다루는 방법을 사용합니다. 또한 다른 클러스터의 센트로이드에서 가장 멀리 떨어진 샘플을 하나 포함하는 새로운 클러스터를 만드는 방법도 있습니다. 여기서는 간단하게 구현하려고 빈 클러스터를 에러로 간주했습니다.

k 평균의 한 가지 문제점은 랜덤하게 선택한 초기 센트로이드에 따라서 반환되는 값이 달라지는 것입니다. 초기 센트로이드 선택에 매우 운이 없다면 이 알고리즘은 전역 최적점global optimum에서 멀리 떨어진 지역 최적점local optimum에 도달합니다. 실전에서는 일반적으로 매번 랜덤하게 선택한 초기 센트로이드로 k 평균을 여러 번 실행해 이 문제를 해결합니다. 그다음 클러스터의

---

3   가장 널리 사용하는 k 평균 알고리즘은 제임스 맥퀸(James MacQueen)이 만든 것으로 1967년에 발표되었습니다. 하지만 k 평균 군집의 다른 버전은 1950년대부터 사용되었습니다.

4   불행하게도 많은 애플리케이션에서 계산 복잡도가 높은 거리 지표를 사용해야 합니다. 예를 들면 EM 거리(earth-mover's distance) 나 동적 시간 워핑(dynamic-time-warping) 거리가 있습니다.

이질성이 최소인 해를 선택합니다.

[예제 25-4]에는 k_means(예제 25-3)를 여러 번 호출하고 이질성이 가장 낮은 결과를 선택하는 try_k_means 함수가 있습니다. k_means가 빈 클러스터를 생성해 예외가 발생하면, try_k_means는 단순히 다시 시도합니다. 언젠가는 k_means가 성공적으로 수렴하는 초기 센트로이드 집합을 선택한다고 가정한 것입니다.

예제 25-3 k 평균 군집

```python
def k_means(examples, k, verbose = False):
    #초기 센트로이드를 k개 랜덤하게 선택하고 각각에 대해 클러스터를 만듭니다.
    initial_centroids = random.sample(examples, k)
    clusters = []
    for e in initial_centroids:
        clusters.append(Cluster([e]))

    #센트로이드가 변경되지 않을 때까지 반복합니다.
    converged = False
    num_iterations = 0
    while not converged:

        num_iterations += 1
        #빈 리스트 k개가 담긴 리스트를 만듭니다.
        new_clusters = []
        for i in range(k):
            new_clusters.append([])

        #샘플을 가장 가까운 센트로이드에 할당합니다.
        for e in examples:
            #e에 가장 가까운 센트로이드를 찾습니다.
            smallest_distance = e.distance(clusters[0].get_centroid())
            index = 0
            for i in range(1, k):
                distance = e.distance(clusters[i].get_centroid())
                if distance < smallest_distance:
                    smallest_distance = distance
                    index = i
            #e를 적절한 클러스터의 샘플 리스트에 추가합니다.
            new_clusters[index].append(e)

        for c in new_clusters: #빈 리스트 생성을 피합니다.
            if len(c) == 0:
```

```
            raise ValueError('Empty Cluster')

        #클러스터를 업데이트하고 센트로이드가 바뀌었는지 체크합니다.
        converged = True
        for i in range(k):
            if clusters[i].update(new_clusters[i]) > 0.0:
                converged = False
        if verbose:
            print('반복 #' + str(num_iterations))
            for c in clusters:
                print(c)
            print('') #빈 라인을 추가합니다.
    return clusters
```

예제 25-4 최상의 k 평균 군집 찾기

```
import random
import numpy as np
import matplotlib.pyplot as plt

def dissimilarity(clusters):
    tot_dist = 0.0
    for c in clusters:
        tot_dist += c.variability()
    return tot_dist

def try_k_means(examples, num_clusters, num_trials, verbose = False):
    """k_means를 num_trials번 호출하고 이질성이 가장 낮은 결과를 반환합니다."""
    best = k_means(examples, num_clusters, verbose)
    min_dissimilarity = dissimilarity(best)
    trial = 1
    while trial < num_trials:
        try:
            clusters = k_means(examples, num_clusters, verbose)
        except ValueError:
            continue #실패하면 다시 시도합니다.
        curr_dissimilarity = dissimilarity(clusters)
        if curr_dissimilarity < min_dissimilarity:
            best = clusters
            min_dissimilarity = curr_dissimilarity
        trial += 1
    return best
```

25.3 가상의 예제

[예제 25-5]에는 두 분포에서 샘플을 생성해 그래프를 그리고 클러스터를 만드는 코드가 있습니다.

gen_distributions 함수는 이차원 특성 벡터가 있는 샘플의 리스트를 n개 생성합니다. 이 특성 벡터의 값은 정규 분포에서 샘플링합니다.

plot_samples 함수는 샘플 집합의 특성 벡터를 그래프로 그립니다. plt.annotate를 사용해 그래프에 있는 포인트 옆에 텍스트를 씁니다. 첫 번째 매개 변수는 텍스트이고, 두 번째 매개 변수는 이 텍스트에 연관된 포인트입니다. 세 번째 매개 변수는 해당 포인트에 상대적인 텍스트 위치입니다.

contrived_test 함수는 gen_distributions를 사용해 10개 샘플로 이루어진 분포를 두 개 만듭니다(두 분포의 표준 편차는 같지만 평균은 다릅니다). 그다음 plot_samples를 사용해 샘플을 그래프로 그리고 try_k_means를 사용해 클러스터를 찾습니다.

예제 25-5 k 평균 테스트

```
def gen_distribution(x_mean, x_sd, y_mean, y_sd, n, name_prefix):
    samples = []
    for s in range(n):
        x = random.gauss(x_mean, x_sd)
        y = random.gauss(y_mean, y_sd)
        samples.append(Example(name_prefix+str(s), [x, y]))
    return samples

def plot_samples(samples, marker):
    x_vals, y_vals = [], []
    for s in samples:
        x = s.get_features()[0]
        y = s.get_features()[1]
        plt.annotate(s.get_name(), xy = (x, y),
                    xytext = (x+0.13, y-0.07),
                    fontsize = 'x-large')
        x_vals.append(x)
        y_vals.append(y)
    plt.plot(x_vals, y_vals, marker)
```

```
def contrived_test(num_trials, k, verbose = False):
    x_mean = 3
    x_sd = 1
    y_mean = 5
    y_sd = 1
    n = 10
    d1_samples = gen_distribution(x_mean, x_sd, y_mean, y_sd, n, 'A')
    plot_samples(d1_samples, 'k^')
    d2_samples = gen_distribution(x_mean+3, x_sd, y_mean+1,
                                  y_sd, n, 'B')
    plot_samples(d2_samples, 'ko')
    clusters = try_k_means(d1_samples+d2_samples, k, num_trials,
                           verbose)
    print('최종 결과')
    for c in clusters:
        print('', c)
```

contrived_test(1, 2, True)를 호출하면 [그림 25-2]를 그리고 [예제 25-6]을 출력합니다. (랜덤하게 선택한) 초기 센트로이드가 크게 왜곡된 클러스터를 만들어 한 클러스터에 하나의 샘플을 제외하고 모든 샘플이 들어 있습니다. 하지만 네 번 반복하면 센트로이드가 점점두 분포의 샘플을 두 클러스터로 잘 분할하는 위치로 이동합니다. A0와 A8만 잘못된 클러스터에 들어갔습니다.

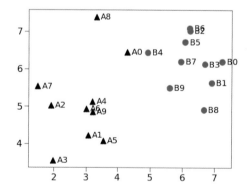

그림 25-2 두 분포에서 뽑은 샘플

예제 25-6 contrived_test(1, 2, True)를 호출해 출력된 결과

```
반복 #1
클러스터의 센트로이드:[4.71113345 5.76359152], 클러스터에 속한 샘플:
A0, A1, A2, A4, A5, A6, A7, A8, A9, B0, B1, B2, B3, B4, B5, B6, B7, B8, B9
클러스터의 센트로이드:[1.97789683 3.56317055], 클러스터에 속한 샘플:
A3

반복 #2
클러스터의 센트로이드:[5.46369488 6.12015454], 클러스터에 속한 샘플:
A0, A4, A8, A9, B0, B1, B2, B3, B4, B5, B6, B7, B8, B9
클러스터의 센트로이드:[2.49961733 4.56487432], 클러스터에 속한 샘플:
A1, A2, A3, A5, A6, A7

반복 #3
클러스터의 센트로이드:[5.84078727 6.30779094], 클러스터에 속한 샘플:
A0, A8, B0, B1, B2, B3, B4, B5, B6, B7, B8, B9
클러스터의 센트로이드:[2.67499815 4.67223977], 클러스터에 속한 샘플:
A1, A2, A3, A4, A5, A6, A7, A9

반복 #4
클러스터의 센트로이드:[5.84078727 6.30779094], 클러스터에 속한 샘플:
A0, A8, B0, B1, B2, B3, B4, B5, B6, B7, B8, B9
클러스터의 센트로이드:[2.67499815 4.67223977], 클러스터에 속한 샘플:
A1, A2, A3, A4, A5, A6, A7, A9

최종 결과
 클러스터의 센트로이드:[5.84078727 6.30779094], 클러스터에 속한 샘플:
A0, A8, B0, B1, B2, B3, B4, B5, B6, B7, B8, B9
 클러스터의 센트로이드:[2.67499815 4.67223977], 클러스터에 속한 샘플:
A1, A2, A3, A4, A5, A6, A7, A9
```

contrived_test(50, 2, False)와 같이 호출해 50번 시도하면 다음을 출력합니다.

```
최종 결과
 클러스터의 센트로이드:[2.74674403 4.97411447], 클러스터에 속한 샘플:
A1, A2, A3, A4, A5, A6, A7, A8, A9
 클러스터의 센트로이드:[6.0698851  6.20948902], 클러스터에 속한 샘플:
A0, B0, B1, B2, B3, B4, B5, B6, B7, B8, B9
```

A0는 여전히 B와 섞여 있지만 A8은 아닙니다. 1,000번을 반복해도 같은 결과를 얻습니다. 이

결과에 약간 놀랄 수 있습니다. 왜냐하면 [그림 25-2]에서 (1,000번을 반복하면 일어날 만한 일인) A0와 B4를 초기 센트로이드로 선택하면 첫 번째 반복에서 A와 B를 완벽하게 나누는 클러스터를 얻을 수 있을 것 같기 때문입니다. 하지만 두 번째 반복에서 새로운 센트로이드가 계산되고 A0는 클러스터 B에 할당될 것입니다. 이것이 문제가 될까요? 군집은 레이블이 없는 데이터에서 어떤 구조를 찾는 비지도 학습임을 기억하세요? A0와 B를 한 그룹으로 묶어도 이상하지 않습니다.

k 평균 군집을 사용할 때 핵심 이슈 중 하나는 k값을 선택하는 것입니다. [예제 25-7]에 있는 contrived_test_2 함수는 세 개의 중첩된 가우스 분포에서 샘플을 생성하고, 그래프를 그리고, 클러스터를 만듭니다. 이 함수를 사용해 다양한 k값에 대한 군집의 결과를 살펴보겠습니다. 생성된 샘플은 [그림 25-3]에서 볼 수 있습니다.

예제 25-7 세 분포에서 데이터 포인트 생성하기

```
def contrived_test2(num_trials, k, verbose = False):
    x_mean = 3
    x_sd = 1
    y_mean = 5
    y_sd = 1
    n = 8
    d1_samples = gen_distribution(x_mean,x_sd, y_mean, y_sd, n, 'A')
    plot_samples(d1_samples, 'k^')
    d2_samples = gen_distribution(x_mean+3,x_sd,y_mean, y_sd, n, 'B')
    plot_samples(d2_samples, 'ko')
    d3Samples = gen_distribution(x_mean, x_sd, y_mean+3, y_sd, n, 'C')
    plot_samples(d3Samples, 'kx')
    clusters = try_k_means(d1_samples + d2_samples + d3Samples,
                           k, num_trials, verbose)
    plt.ylim(0, 12)
    print('최종 결과의 이질성:',
          round(dissimilarity(clusters), 3))
    for c in clusters:
        print('', c)
```

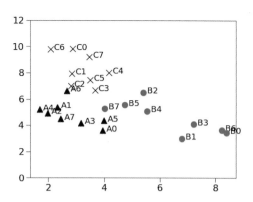

그림 25-3 세 개의 중첩된 가우스 분포에서 뽑은 데이터 포인트

contrived_test2(40, 2)를 호출하면 다음을 출력합니다.

```
최종 결과의 이질성: 90.128
 클러스터의 센트로이드:[5.5884966  4.43260236], 클러스터에 속한 샘플:
A0, A3, A5, B0, B1, B2, B3, B4, B5, B6, B7
 클러스터의 센트로이드:[2.80949911 7.11735738], 클러스터에 속한 샘플:
A1, A2, A4, A6, A7, C0, C1, C2, C3, C4, C5, C6, C7
```

contrived_test2(40, 3)를 호출하면 다음을 출력합니다.

```
최종 결과의 이질성: 42.757
 클러스터의 센트로이드:[7.66239972 3.55222681], 클러스터에 속한 샘플:
B0, B1, B3, B6
 클러스터의 센트로이드:[3.56907939 4.95707576], 클러스터에 속한 샘플:
A0, A1, A2, A3, A4, A5, A7, B2, B4, B5, B7
 클러스터의 센트로이드:[3.12083099 8.06083681], 클러스터에 속한 샘플:
A6, C0, C1, C2, C3, C4, C5, C6, C7
```

contrived_test2(40, 6)를 호출하면 다음을 출력합니다.

```
최종 결과의 이질성: 11.441
 클러스터의 센트로이드:[2.10900238 4.99452866], 클러스터에 속한 샘플:
A1, A2, A4, A7
 클러스터의 센트로이드:[4.92742554 5.60609442], 클러스터에 속한 샘플:
B2, B4, B5, B7
```

```
   클러스터의 센트로이드:[2.80974427 9.60386549], 클러스터에 속한 샘플:
C0, C6, C7
   클러스터의 센트로이드:[3.27637435 7.28932247], 클러스터에 속한 샘플:
A6, C1, C2, C3, C4, C5
   클러스터의 센트로이드:[3.70472053 4.04178035], 클러스터에 속한 샘플:
A0, A3, A5
   클러스터의 센트로이드:[7.66239972 3.55222681], 클러스터에 속한 샘플:
B0, B1, B3, B6
```

마지막 군집이 가장 잘 맞습니다. 즉, 이질성이 가장 낮은 군집입니다(11.441). 이것이 '최상'의 군집이란 의미일까요? 반드시 그렇지는 않습니다. 20.1.1절에서 선형 회귀를 보았을 때 다항식의 차수를 증가시켜 데이터에 가장 잘 맞는 복잡한 모델을 얻었습니다. 다항식의 차수를 높이면 데이터에 과대적합되어서 예측 성능이 나쁜 모델을 얻을 위험이 크다는 것도 보았습니다.

꼭 맞는 k값을 선택하는 것은 선형 회귀에서 최적의 다항식 차수를 선택하는 것과 비슷합니다. k를 높여 이질성을 감소할 수 있지만 과대적합의 위험이 있습니다(k가 샘플 개수와 같아지면 이질성이 0이 됩니다). 클러스터로 묶을 샘플이 어떻게 생성되었는지(예: 데이터를 샘플링한 분포의 개수)에 관한 정보가 있다면, 이를 사용해 k를 선택할 수 있습니다. 정보가 없다면 여러 가지 경험적인 방법으로 k를 선택합니다. 이를 자세히 알아보는 것은 이 책의 범위를 넘어섭니다.[5]

25.4 실전 예제

포유류의 식습관은 종마다 다릅니다. 어떤 종(예: 코끼리, 비버)은 풀만 먹고 어떤 종(예: 사자, 호랑이)은 고기만 먹고 어떤 종(예: 돼지, 사람)은 무엇이든 다 먹습니다. 풀을 먹는 종을 초식 동물이라 부르고, 고기를 먹는 종을 육식 동물이라 부릅니다. 풀과 고기를 모두 먹는 종을 잡식 동물이라 부릅니다.

---

5   옮긴이_ k 평균 군집에서 적절한 k를 선택하는 방법은 『혼자 공부하는 머신러닝+딥러닝』(한빛미디어, 2020)의 6장 2절을 참고하세요.

수천 년에 걸쳐 각 종의 치아는 선호하는 음식을 먹기 좋게 진화했습니다.[6] 그럼, 포유류의 치아 데이터에 군집 알고리즘을 적용하면 식습관에 관련된 클러스터가 만들어질까요?

[예제 25-8]은 일부 포유류의 치아 정보(처음 8개 숫자)와 성체의 평균 몸무게(단위 lb)를 담은 파일입니다.[7] 맨 앞의 주석은 데이터의 각 항목에 관한 설명입니다. 예를 들어, 이름 다음에 나오는 첫 번째 항목은 위 앞니의 개수입니다.

예제 25-8 dentalFormulas.csv의 포유류 치아 데이터

```
#각 열 이름에 대한 설명은 다음과 같습니다. Name(이름),ti(위 앞니),tc(위 송곳니),
#tpm(위 작은 어금니),tm(위 큰 어금니),bi(아래 앞니),bc(아래 송곳니),
#bpm(아래 작은 어금니),bm(아래 큰 어금니),weight(무게)
Name,ti,tc,tpm,tm,bi,bc,bpm,bm,weight
오소리,3,1,3,1,3,1,3,2,10
곰,3,1,4,2,3,1,4,3,278
퓨마,3,1,3,1,3,1,2,1,63
소,0,0,3,3,3,1,2,1,400
사슴,0,0,3,3,4,0,3,3,200
개,3,1,4,2,3,1,4,3,20
엘크,0,1,3,3,3,1,3,3,500
여우,3,1,4,2,3,1,4,3,5
물개,3,1,4,1,2,1,4,1,200
회색물범,3,1,3,2,2,1,3,2,268
기니피그,1,0,1,3,1,0,1,3,1
사람,2,1,2,3,2,1,2,3,150
재규어,3,1,3,1,3,1,2,1,81
캥거루,3,1,2,4,1,0,2,4,55
사자,3,1,3,1,3,1,2,1,175
밍크,3,1,3,1,3,1,3,2,1
두더지,3,1,4,3,3,1,4,3,0.75
무스,0,0,3,3,4,0,3,3,900
생쥐,1,0,0,3,1,0,0,3,0.3
돼지,3,1,4,3,3,1,4,3,50
호저,1,0,1,3,1,0,1,3,3
토끼,2,0,3,3,1,0,2,3,1
너구리,3,1,4,2,3,1,4,2,40
쥐,1,0,0,3,1,0,0,3,.75
```

---

6 또는 동물들이 치아에 따라 음식을 선택했을 수 있습니다. 22.4절에서 언급했듯이 상관관계가 인과관계를 의미하지는 않습니다.

7 무게와 식습관 사이에 인과관계가 있다는 말을 여러 번 들어서 무게 정보를 추가했습니다.

```
붉은나무박쥐,1,1,2,3,3,1,2,3,1
바다사자,3,1,4,1,2,1,4,1,415
스컹크,3,1,3,1,3,1,3,2,2
다람쥐,1,0,2,3,1,0,1,3,2
늑대,3,1,4,2,3,1,4,3,27
그라운드호그,1,0,2,3,1,0,1,3,4
```

[예제 25-9]에는 함수가 세 개 있습니다. read_mammal_data 함수는 먼저 [예제 25-8]과 같은 포맷으로 저장한 CSV 파일을 읽어 데이터프레임을 만듭니다. read_csv 함수의 comment 매개변수를 사용해 #로 시작하는 라인을 무시합니다. scale_method 매개변수가 None이 아니면 scale_method에 지정된 함수로 데이터프레임에 있는 각 열의 스케일을 조정합니다. 마지막으로 동물 이름과 특성 벡터를 매핑한 딕셔너리를 만들어 반환합니다. build_mammal_examples 함수는 read_mammal_data가 반환한 딕셔너리를 사용해 샘플 집합을 만들어 반환합니다. test_teeth 함수는 군집을 만들고 출력합니다.

예제 25-9 CSV 파일을 읽고 처리하기

```python
def read_mammal_data(fName, scale_method = None):
    """fName은 포유류의 치아 정보를 담은 CSV 파일입니다.
       동물 이름과 특성 벡터를 매핑한 딕셔너리를 반환합니다.
    """
    df = pd.read_csv('dentalFormulas.csv', comment = '#')
    df = df.set_index('Name')
    if scale_method != None:
        for c in df.columns:
            df[c] = scale_method(df[c])
    feature_vector_list = [np.array(df.loc[i].values)
                           for i in df.index]
    species_names = list(df.index)
    return {species_names[i]: feature_vector_list[i]
            for i in range(len(species_names))}

def build_mammal_examples(species_dict):
    examples = []
    for i in species_dict:
        example = Example(i, species_dict[i])
        examples.append(example)
    return examples
```

```
def test_teeth(file_name, num_clusters, num_trials,
               scale_method = None):
    def print_clustering(clustering):
        for c in clustering:
            names = ''
            for p in c.members():
                names += p.get_name() + ', '
            print('\n' + names[:-2]) #마지막 쉼표와 공백을 삭제합니다.
    species_dict = read_mammal_data(file_name, scale_method)
    examples = build_mammal_examples(species_dict)
    print_clustering(try_k_means(examples, num_clusters, num_trials))
```

test_teeth('dentalFormulas.csv', 3, 40)를 호출하면 다음을 출력합니다.

곰, 소, 사슴, 엘크, 물개, 회색물범, 사자, 바다사자

오소리, 퓨마, 개, 여우, 기니피그, 사람, 재규어, 캥거루, 밍크, 두더지, 생쥐, 돼지,
호저, 토끼, 너구리, 쥐, 붉은나무박쥐, 스컹크, 다람쥐, 늑대, 그라운드호그

무스

대략 살펴보면 동물의 무게가 군집에 큰 영향을 미친 것 같습니다. 이는 무게의 범위가 다른 특
성의 범위보다 훨씬 크기 때문입니다. 따라서 샘플 사이의 유클리드 거리를 계산할 때 무게가
유일하게 중요한 특성이 됩니다.

24.2절에서 동물 사이의 거리가 다리 개수에 좌지우지될 때 이와 비슷한 문제를 겪었습니다.
이때 다리 개수를 이진 특성(다리가 있거나 없거나)으로 바꾸어 문제를 해결했습니다. 데이
터셋에 있는 모든 동물은 다리가 없거나 네 개였으므로 이렇게 해도 괜찮았습니다. 하지만 여
기서는 많은 정보를 잃지 않으면서 무게를 하나의 이진 특성으로 바꾸는 명확한 방법이 없습
니다.

이는 흔히 일어나는 문제이며 각 특성을 평균이 0이고 표준편차를 1로 조정해 종종 해결합니
다.[8] [예제 25-10]의 z_scale 함수가 이를 수행합니다. result = result - mean으로 반환

8　평균이 0이고 표준 편차가 1인 정규 분포를 표준 정규 분포(standard normal distribution)라고 부릅니다.

된 배열의 평균이 항상 0에 가까운 이유는 쉽게 이해할 수 있습니다.[9] 표준 편차가 항상 1이 되는지는 확실하지 않습니다. 길고 재미없는 대수 연산을 사용해 이를 확인할 수 있지만, 여러분을 지루하게 만들지 않겠습니다. 표준 정규 분포를 이따금 z 분포라고 부르기 때문에 이런 스케일링scaling을 **z 스케일링**z-scaling이라고 합니다.

또 다른 스케일링 방법은 특성의 최솟값을 0, 최댓값은 1로 매핑한 후 그 사이에 있는 값에 **선형 스케일링**linear scaling을 적용합니다. [예제 25-10]에 있는 `linear_scale` 함수가 이를 수행합니다. 이 방법을 **최소-최대 스케일링**min-max scaling이라고 부릅니다.

예제 25-10 스케일링 함수

```python
def z_scale(vals):
    """vals는 실수 시퀀스라고 가정합니다."""
    result = np.array(vals) - np.array(vals).mean()
    return (result/np.std(result)).round(4)

def linear_scale(vals):
    """vals는 실수 시퀀스라고 가정합니다."""
    vals = np.array(vals)
    vals -= vals.min()
    return (vals/vals.max()).round(4)
```

`test_teeth('dentalFormulas.csv', 3, 40, z_scale)`를 호출하면 다음을 출력합니다.

오소리, 곰, 퓨마, 개, 여우, 물개, 회색물범, 사람, 재규어, 사자, 밍크, 두더지, 돼지, 너구리, 붉은나무박쥐, 바다사자, 스컹크, 늑대

기니피그, 캥거루, 생쥐, 호저, 토끼, 쥐, 다람쥐, 그라운드호그

소, 사슴, 엘크, 무스

포유류의 어떤 특성을 사용해 이런 군집이 만들어졌는지 즉각적으로 명확하지는 않습니다. 하지만 적어도 단지 무게로 포유류를 모으지는 않았습니다.

포유류의 치아와 식습관에 관계가 있다는 가설로 이 절을 시작했습니다. [예제 25-11]은 포유

---

9 부동소수점 숫자는 실수의 근삿값이기 때문에 0에 '가깝게' 됩니다.

류의 식습관 정보를 담은 CSV 파일인 **diet.csv**의 일부입니다.

예제 25-11 식습관에 따라 포유류를 분류한 CSV 파일

```
#식습관: 0=초식, 1=육식, 2=잡식
Name,Diet
오소리,1
곰,2
퓨마,1
소,0
사슴,0
개,1
엘크,0
여우,1
물개,1
회색물범,1
기니피그,0
사람,2
...
늑대,1
그라운드호그,2
```

diet.csv 파일에 있는 정보를 사용해 앞서 만든 군집이 식습관과 얼마나 관련이 있는지 알아
볼 수 있습니다. [예제 25-12]가 이 작업을 수행합니다.

예제 25-12 군집 결과에 레이블 부여하기

```
def add_labels(examples, label_file):
    df = pd.read_csv(label_file, comment = '#')
    df = df.set_index('Name')
    for e in examples:
        if e.get_name() in df.index:
            e.set_label(df.loc[e.get_name()]['Diet'])

def check_diet(cluster):
    herbivores, carnivores, omnivores = 0, 0, 0
    for m in cluster.members():
        if m.get_label() == 0:
            herbivores += 1
        elif m.get_label() == 1:
            carnivores += 1
```

```
            else:
                omnivores += 1
        print(' ', herbivores, '초식 동물,', carnivores, '육식 동물,',
              omnivores, '잡식 동물\n')

    def test_teeth_diet(features_file, labels_file, num_clusters,
                        num_trials, scale_method = None):
        def print_clustering(clustering):
            for c in clustering:
                names = ''
                for p in c.members():
                    names += p.get_name() + ', '
                print(names[:-2])
                check_diet(c)
        species_dict = read_mammal_data(features_file, scale_method)
        examples = build_mammal_examples(species_dict)
        add_labels(examples, labels_file)
        print_clustering(try_k_means(examples, num_clusters, num_trials))
```

test_teeth_diet('dentalFormulas.csv', 'diet.csv', 3, 40, z_scale)를 실행하면
다음을 출력합니다.

```
오소리, 곰, 퓨마, 개, 여우, 물개, 회색물범, 사람, 재규어, 사자, 밍크, 두더지,
돼지, 너구리, 붉은나무박쥐, 바다사자, 스컹크, 늑대
  0 초식 동물, 13 육식 동물, 5 잡식 동물

기니피그, 캥거루, 생쥐, 호저, 토끼, 쥐, 다람쥐, 그라운드호그
  3 초식 동물, 0 육식 동물, 5 잡식 동물

소, 사슴, 엘크, 무스
  4 초식 동물, 0 육식 동물, 0 잡식 동물
```

z 스케일링을 사용한 군집은 동물을 식습관에 따라 완벽하게 나누지 못합니다(선형 스케일링
도 동일한 군집을 만듭니다). 하지만 확실히 동물의 먹이와 상관관계가 있습니다. 육식 동물과
초식 동물은 잘 구분하지만, 잡식 동물은 뚜렷한 패턴이 없습니다. 이는 잡식 동물을 육식 동물
이나 초식 동물과 구분하려면 치아와 무게 외에 다른 특성이 필요하다는 점을 시사합니다.

26^장

분류

가장 일반적인 지도학습 머신러닝 애플리케이션은 분류 모델입니다. **분류 모델**classification model 또는 분류기classifier는 한정된 개수의 범주 중 하나로 샘플에 레이블을 할당합니다. 예를 들어 이메일이 스팸인지 아닌지 결정하는 것이 분류 문제입니다. 이런 범주를 일반적으로 **클래스**class[1]라고 부릅니다(그래서 이름이 분류classification입니다). 샘플이 하나의 클래스에 속하는 것이 하나의 **레이블**label을 가지는 것과 동일하다고 말할 수 있습니다.

단일 클래스 학습one-class learning에서는 훈련 세트가 오직 한 클래스에서 뽑은 샘플로 구성됩니다. 샘플이 이 클래스에 속하는지 여부를 예측하는 모델을 학습하는 것이 목표입니다. 단일 클래스 학습은 클래스 밖에 놓인 훈련 샘플을 찾기 어려울 때 유용합니다. 단일 클래스 학습은 이상치 탐지anomaly detection 모델을 만들 때 자주 사용합니다. 예를 들면 컴퓨터 네트워크에서 이전에 본적 없는 종류의 공격을 감지하는 일입니다.

이진 클래스 학습two-class learning(일반적으로 **이진 분류**binary classification라고도 함)에서 훈련 집합은 정확히 두 클래스(일반적으로 양성과 음성이라 부름)에서 추출된 샘플로 구성됩니다. 목표는 두 클래스를 분리하는 경계를 찾는 것입니다. **다중 클래스 학습**multi-calss learning은 서로 다른 세 개 이상의 클래스를 분리하는 경계를 찾는 것입니다.

---

1 옮긴이_ 파이썬 클래스와 혼동하지 마세요.

이 장에서는 분류 문제를 해결할 때 널리 사용하는 지도 학습 방법인 K 최근접 이웃$^{K-nearest}$ ^{neighbors}과 로지스틱 회귀$^{logistic\ regression}$를 살펴보겠습니다. 그전에 이런 방법으로 만든 분류기를 평가하는 방법을 알아봅니다.

이 장의 코드는 다음 import 문을 실행했다고 가정합니다.

```python
import pandas as pd
import numpy as np
import matplotlib.pyplot as plt
import random
import sklearn.linear_model as sklm
import sklearn.metrics as skm
```

26.1 분류기 평가하기

20장에서 선형 회귀의 차수를 선택하는 문제를 다루었습니다. 1) 현재 주어진 데이터에 잘 맞고 2) 본 적 없는 데이터에 좋은 예측을 만드는 차수를 선택해야 합니다. 지도학습 머신러닝을 사용해 분류기를 훈련할 때도 동일한 문제가 생깁니다.

먼저 데이터를 훈련 세트와 테스트 세트 두 개로 나눕니다. 훈련 세트를 사용해 모델을 훈련하고 테스트 세트를 사용해 모델을 평가합니다. 분류기를 훈련할 때 어떤 제약 조건에서 **훈련 에러**$^{training\ error}$, 즉 훈련 세트에 있는 샘플을 분류할 때 발생하는 에러를 최소화하려고 합니다. 제약 조건은 모델이 이전에 본 적 없는 데이터에서 잘 수행될 가능성을 높이도록 고안된 것입니다. 이를 그림으로 알아보죠.

[그림 26-1]의 왼쪽 그래프는 미국 시민 60명의 투표 패턴을 보여줍니다. x축은 보스턴에서 유권자 집까지 거리입니다. y축은 유권자의 나이입니다. 별 표시는 평소 민주당에 투표하는 유권자를 나타내고 삼각형 표시는 공화당에 투표하는 유권자를 나타냅니다. [그림 26-1]의 오른쪽 그래프는 이 유권자 중에서 랜덤하게 30명을 선택해 만든 훈련 세트를 보여줍니다. 실선과 파선은 두 집단 사이에서 나타날 수 있는 경계입니다. 실선 모델은 선 아래에 있는 포인트를 민주당 유권자로 분류합니다. 파선 모델은 선 왼쪽에 있는 포인트를 민주당 유권자로 분류합니다.

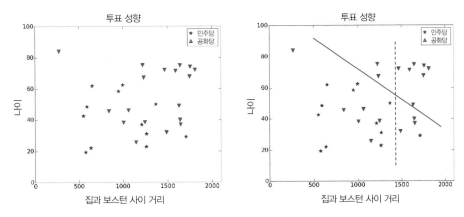

그림 26-1 유권자 선호도 그래프

두 경계 모두 훈련 데이터를 완벽하게 분류하지 못합니다. 두 모델의 훈련 에러는 [그림 26-2]의 **오차 행렬**confusion matric에 나타나 있습니다. 왼쪽 위의 숫자는 실제로 민주당 유권자를 민주당으로 분류한 샘플, 즉 진짜 양성의 개수입니다. 왼쪽 아래 숫자는 실제로 공화당 유권자를 민주당으로 분류한 샘플, 즉 거짓 양성의 개수입니다. 오른쪽 위의 숫자는 거짓 음성의 개수이며 오른쪽 아래 숫자는 진짜 음성의 개수입니다.

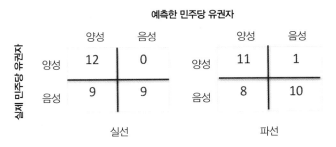

그림 26-2 오차 행렬

훈련 세트에 대한 분류기의 **정확도**accuracy는 다음과 같이 계산합니다.

$$정확도 = \frac{진짜\ 양성\ +\ 진짜\ 음성}{진짜\ 양성\ +\ 진짜\ 음성\ +\ 거짓\ 양성\ +\ 거짓\ 음성}$$

이 예에서 두 분류기의 정확도는 모두 0.7입니다. 어떤 모델이 훈련 데이터에 더 잘 맞나요? 이는 공화당 유권자를 민주당으로 잘못 분류하는 것을 중요하게 생각하는지 아니면 그 반대의 경우를 중요하게 생각하는지에 따라 다릅니다.

더 복잡한 경계를 그릴 수 있다면 훈련 데이터를 더 정확하게 분류하는 모델을 만들게 됩니다. 예를 들어 [그림 26-3]에 있는 분류기를 보면, 왼쪽 그래프에 나타난 것처럼 훈련 데이터에서 정확도가 0.8입니다. 하지만 20장의 선형 회귀에서 논의했듯이 모델이 복잡할수록 훈련 데이터에 과대적합될 확률이 커집니다. [그림 26-3]의 오른쪽 그래프는 복잡한 모델을 테스트 세트에 적용했을 때 어떤 일이 일어나는지 보여줍니다. 정확도가 0.6으로 감소합니다.

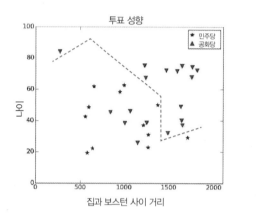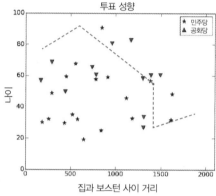

그림 26-3 더 복잡한 모델

정확도는 두 클래스의 크기가 거의 같을 때 분류기를 평가하기 적절한 방법입니다. **클래스 불균형**class imbalance이 심할 때는 정확도로 평가하면 안 됩니다. 어떤 사람이 인구의 0.1%에서만 발생하는 치명적인 질병에 걸렸는지 예측하는 분류기를 평가한다고 상상해 보세요. 모든 환자가 질병에 걸리지 않았다고 선언하기만 해도 99.9%의 정확도를 달성할 수 있으므로 정확도가 유용하지 않습니다. 이 분류기는 치료비를 내야 하는 사람에게는 좋아 보일 수 있습니다(아무도 치료받지 않았기 때문입니다!). 하지만 질병에 걸릴까 봐 우려하는 사람에게는 전혀 좋아 보이지 않을 것입니다.

다행히 클래스가 불균형할 때 분류기를 평가하는 좋은 통계량이 있습니다.

$$민감도 = \frac{진짜\ 양성}{진짜\ 양성 + 거짓\ 음성}$$

$$특이도 = \frac{진짜\ 음성}{진짜\ 음성 + 거짓\ 양성}$$

$$정밀도 = \frac{진짜\ 양성}{진짜\ 양성 + 거짓\ 양성}$$

$$음성예측도 = \frac{진짜\ 음성}{진짜\ 음성 + 거짓\ 음성}$$

민감도sensitivity (재현율recall이라고도 부릅니다)는 전체 양성 샘플 중에서 올바르게 분류된 양성 샘플(진짜 양성)의 비율입니다. 특이도specificity는 전체 음성 샘플을 중에서 올바르게 분류된 음성 샘플(진짜 음성)의 비율입니다. 정밀도precision[2]는 양성으로 분류된 샘플 중에서 진짜 양성 샘플의 확률입니다. 음성예측도negative predictive value는 음성으로 분류된 샘플 중에서 진짜 음성 샘플의 비율입니다.

[예제 26-1]은 이런 값을 계산해 통계량을 생성하는 함수입니다. 이 장에서 나중에 이 함수들을 사용하겠습니다.

예제 26-1 분류기 평가 함수

```
def accuracy(true_pos, false_pos, true_neg, false_neg):
    numerator = true_pos + true_neg
    denominator = true_pos + true_neg + false_pos + false_neg
    return numerator/denominator

def sensitivity(true_pos, false_neg):
    try:
        return true_pos/(true_pos + false_neg)
    except ZeroDivisionError:
        return float('nan')

def specificity(true_neg, false_pos):
    try:
        return true_neg/(true_neg + false_pos)
    except ZeroDivisionError:
        return float('nan')
```

---

2   옮긴이_ 원문은 양성예측도(positive predictive value)이지만 보다 널리 사용하는 용어로 바꾸었습니다.

```python
def precision(true_pos, false_pos):
    try:
        return true_pos/(true_pos + false_pos)
    except ZeroDivisionError:
        return float('nan')

def neg_pred_val(true_neg, false_neg):
    try:
        return true_neg/(true_neg + false_neg)
    except ZeroDivisionError:
        return float('nan')

def get_stats(true_pos, false_pos, true_neg, false_neg,
              toPrint = True):
    accur = accuracy(true_pos, false_pos, true_neg, false_neg)
    sens = sensitivity(true_pos, false_neg)
    spec = specificity(true_neg, false_pos)
    prec = precision(true_pos, false_pos)
    if toPrint:
        print(' 정확도 =', round(accur, 3))
        print(' 민감도 =', round(sens, 3))
        print(' 특이도 =', round(spec, 3))
        print(' 정밀도 =', round(prec, 3))
    return (accur, sens, spec, prec)
```

26.2 마라톤 선수의 성별 예측하기

책의 앞부분에서 보스턴 마라톤 데이터를 사용해 여러 가지 통계 개념을 설명했습니다. 여기서는 같은 데이터를 사용해 다양한 분류 알고리즘을 설명하겠습니다. 이 작업은 선수들의 나이와 완주 시간이 주어졌을 때 선수의 성별을 예측하는 일입니다.

[예제 26-3]의 build_marathon_examples 함수는 [예제 26-2]와 같은 CSV 파일에서 데이터를 읽은 다음 샘플 집합을 만듭니다. 각 샘플은 Runner 클래스의 객체입니다. 이 객체에는 하나의 레이블(성별)과 특성 벡터(나이와 완주 시간)가 있습니다. Runner에서 유일하게 흥미로운 메서드는 feature_dist입니다. 이 메서드는 두 선수가 가진 특성 벡터 사이의 유클리드 거리를 반환합니다.

```
Name,Gender,Age,Div,Ctry,Time
Gebremariam Gebregziabher,M,27,14,ETH,142.93
Matebo Levy,M,22,2,KEN,133.10
Cherop Sharon,F,28,1,KEN,151.83
```

다음 단계는 샘플 집합을 훈련 세트와 테스트 세트로 나누는 것입니다. 흔히 하는 대로 데이터의 80%를 훈련 세트로, 나머지 20%를 테스트 세트로 사용합니다. [예제 26-3]에 있는 divide_80_20 함수를 사용해 이를 수행합니다. 여기서 훈련 데이터를 랜덤하게 선택했습니다. 단순히 데이터에서 처음 80%를 선택하면 코드양을 줄일 수 있지만, 전체 데이터를 대표하지 못할 위험이 있습니다. 예를 들어 파일이 완주 시간순으로 정렬되었다면 훈련 세트가 좋은 기록을 낸 선수들 쪽으로 편향될 것입니다.

이제 훈련 세트를 사용해 선수의 성별을 예측하는 여러 가지 분류기를 만들 준비를 마쳤습니다. 훈련 세트에 있는 선수의 58%는 남성입니다. 따라서 무조건 남성이라 예측하면 58%의 정확도를 기대할 수 있습니다. 더 복잡한 분류 알고리즘의 성능을 살펴볼 때 이 기준점을 기억하세요.

예제 26-3 샘플 집합을 만들고 훈련 세트와 테스트 세트로 나누기

```python
class Runner(object):
    def __init__(self, name, gender, age, time):
        self._name = name
        self._feature_vec = np.array([age, time])
        self._label = gender

    def feature_dist(self, other):
        return ((self._feature_vec-other._feature_vec)**2).sum()**0.5

    def get_time(self):
        return self._feature_vec[1]

    def get_age(self):
        return self._feature_vec[0]

    def get_label(self):
        return self._label
```

```python
    def get_features(self):
        return self._feature_vec

    def __str__(self):
        return (f'{self._name}: {self.get_age()}, ' +
                f'{self.get_time()}, {self._label}')

def build_marathon_examples(file_name):
    df = pd.read_csv(file_name)
    examples = []
    for index, row in df.iterrows():
        a = Runner(row['Name'],row['Gender'],row['Age'],row['Time'])
        examples.append(a)
    return examples

def divide_80_20(examples):
    sample_indices = random.sample(range(len(examples)),
                                   len(examples)//5)
    training_set, test_set = [], []
    for i in range(len(examples)):
        if i in sample_indices:
            test_set.append(examples[i])
        else:
            training_set.append(examples[i])
    return training_set, test_set
```

26.3 K 최근접 이웃

K 최근접 이웃K-nearest neighbors (KNN)은 아마도 가장 간단한 분류 알고리즘일 것입니다. '학습'된 모델은 단순히 훈련 샘플 그 자체입니다. 새로운 샘플에는 훈련 데이터의 샘플과 얼마나 가까운지에 따라 레이블이 할당됩니다.

여러분과 친구가 공원을 산책하다가 새 한 마리를 발견했다고 상상해 보세요. 여러분은 노랑목 딱따구리yellow-throated woodpecker라고 생각하지만, 친구는 금빛 녹색 딱따구리golden-green woodpecker 라고 확신합니다. 여러분은 집으로 달려가 조류 도감을 뒤져서 레이블이 붙은 새 사진을 찾아봅니다(조류 도감이 뭔지 모른다면 검색엔진을 사용할 수도 있습니다). 레이블이 붙은 사진을 훈련 세트라고 생각하세요. 여러분이 본 새와 정확히 일치하는 사진이 없다면, 가장 비슷한 사진 다섯 개('최근접 이웃' 다섯 개)를 선택합니다. 이들 중 다수가 노랑목 딱따구리라면 여러분이 맞춘 것입니다.

K 최근접 이웃 같은 분류기의 약점은 훈련 데이터에 있는 샘플의 분포가 테스트 데이터에 있는 샘플의 분포와 다르면 성능이 나쁠 때가 많다는 점입니다. 조류 도감에 있는 새 사진 빈도가 주변에서 볼 수 있는 새의 빈도와 같다면 잘 동작할 것입니다. 하지만 여러분 주변에서 두 딱따구리를 같은 빈도로 볼 수 있음에도 책에는 노랑목 딱따구리 사진이 30개이고 금빛 녹색 딱따구리 사진은 하나만 있다고 생각해 보세요. 단순한 다수결 투표로 분류한다면 여러분이 본 새와 많이 닮지 않더라도 노랑목 딱따구리가 선택될 것입니다. 이 문제는 조금 더 복잡한 투표 방식을 사용해 부분적으로 완화할 수 있습니다. 예를 들어 분류하는 샘플에 유사도를 기반으로 가중치를 부여합니다.

[예제 26-4]의 함수는 선수의 나이와 완주 시간을 기반으로 성별을 예측하는 K 최근접 이웃 분류기를 구현합니다. 이 구현은 단순합니다. find_k_nearest 함수는 example과 example_set에 있는 모든 원소 간의 특성 거리를 계산하므로 샘플 개수에 선형적입니다. k_nearest_classify 함수는 간단한 다수결 투표를 사용해 분류를 수행합니다. k_nearest_classify는 find_k_nearest 함수를 총 len(test_set)번 호출하므로 k_nearest_classify의 복잡도는 O(len(training_set)*len(test_set))입니다.

예제 26-4 K 최근접 이웃 찾기

```
def find_k_nearest(example, example_set, k):
    k_nearest, distances = [], []
    #처음 k개의 샘플과 거리를 담은 리스트를 만듭니다.
    for i in range(k):
        k_nearest.append(example_set[i])
        distances.append(example.feature_dist(example_set[i]))
    max_dist = max(distances) #최대 거리를 구합니다.
    #나머지 샘플을 조사합니다.
    for e in example_set[k:]:
        dist = example.feature_dist(e)
        if dist < max_dist:
            #가장 먼 거리의 샘플을 바꿉니다.
```

```
            max_index = distances.index(max_dist)
            k_nearest[max_index] = e
            distances[max_index] = dist
            max_dist = max(distances)
    return k_nearest, distances

def k_nearest_classify(training_set, test_set, label, k):
    """training_set & test_set은 샘플의 리스트이고 k는 정수라고 가정합니다.
       K 최근접 이웃 분류기를 사용해 test_set에 있는 샘플의 레이블을 예측합니다.
       진짜 양성, 거짓 양성, 진짜 음성, 거짓 음성을 반환합니다."""
    true_pos, false_pos, true_neg, false_neg = 0, 0, 0, 0
    for e in test_set:
        nearest, distances = find_k_nearest(e, training_set, k)
        #투표
        num_match = 0
        for i in range(len(nearest)):
            if nearest[i].get_label() == label:
                num_match += 1
        if num_match > k//2: #label이 다수일 때
            if e.get_label() == label:
                true_pos += 1
            else:
                false_pos += 1
        else: #label이 다수가 아닐 때
            if e.get_label() != label:
                true_neg += 1
            else:
                false_neg += 1
    return true_pos, false_pos, true_neg, false_neg
```

다음 코드를 실행해 보죠.

```
examples = build_marathon_examples('bm_results2012.csv')
training, test_set = divide_80_20(examples)
true_pos, false_pos, true_neg, false_neg = \
    k_nearest_classify(training, test_set, 'M', 9)
get_stats(true_pos, false_pos, true_neg, false_neg)
```

출력은 다음과 같습니다.

```
정확도 = 0.65
민감도 = 0.715
특이도 = 0.563
정밀도 = 0.684
```

나이와 완주 시간을 사용해 65%의 정확도로 성별을 예측할 수 있으니 기뻐해야 할까요? 이 분류기를 평가하는 한 가지 방법은 나이와 완주 시간을 전혀 사용하지 않는 분류기와 비교해 보는 것입니다. [예제 26-5]의 분류기는 먼저 training_set에 있는 샘플을 사용해 test_set에서 주어진 레이블에 해당하는 샘플을 랜덤하게 선택할 확률을 추정합니다. 그다음 이 사전 확률을 사용해 test_set에 있는 각 샘플의 레이블을 랜덤하게 할당합니다.

예제 26-5 빈도 기반 분류기

```python
def prevalence_classify(training_set, test_set, label):
    """training_set & test_set은 샘플의 리스트라고 가정합니다.
       빈도 기반 분류기로 test_set에 있는 샘플의 레이블을 예측합니다.
       진짜 양성, 거짓 양성, 진짜 음성, 거짓 음성을 반환합니다."""
    num_with_label = 0
    for e in training:
        if e.get_label()== label:
            num_with_label += 1
    prob_label = num_with_label/len(training_set)
    true_pos, false_pos, true_neg, false_neg = 0, 0, 0, 0
    for e in test_set:
        if random.random() < prob_label: #label 확률보다 작을 때
            if e.get_label() == label:
                true_pos += 1
            else:
                false_pos += 1
        else: #label 확률보다 클 때
            if e.get_label() != label:
                true_neg += 1
            else:
                false_neg += 1
    return true_pos, false_pos, true_neg, false_neg
```

K 최근접 이웃에서 사용했던 동일한 보스턴 마라톤 데이터에서 prevalence_classify 함수를 테스트하면 출력은 다음과 같습니다.

```
정확도 = 0.514
민감도 = 0.593
특이도 = 0.41
정밀도 = 0.57
```

이 결과는 나이와 완주 시간을 고려하는 쪽에 상당한 이점이 있음을 알려줍니다.

이런 이점에는 대가가 따릅니다. 코드를 실행하면 완료하는 데 꽤 오랜 시간이 걸립니다. 훈련 샘플 17,233개와 테스트 샘플 4,308개가 있으니 거리를 약 7,500만 번 계산하기 때문입니다. 여기서 훈련 샘플을 모두 사용해야 하는지 의문이 듭니다. 훈련 데이터를 1/10로 **다운샘플링**downsampling하면 어떻게 되는지 알아보죠.

```
reduced_training = random.sample(training, len(training)//10)
true_pos, false_pos, true_neg, false_neg = \
    k_nearest_classify(reduced_training, test_set, 'M', 9)
get_stats(true_pos, false_pos, true_neg, false_neg)
```

이 코드는 완료하는 데 이전의 1/10정도 밖에 걸리지 않습니다. 하지만 분류 성능은 거의 차이가 없습니다.

```
정확도 = 0.638
민감도 = 0.667
특이도 = 0.599
정밀도 = 0.687
```

실제로 K 최근접 이웃을 대용량 데이터 세트에 적용하면서 훈련 데이터를 다운샘플링할 때가 많습니다. 이보다 더 일반적으로는 더 빠른 K 최근접 이웃 근사 알고리즘을 사용합니다.

이 실험에서 k를 9로 설정했습니다. 9는 과학적(예: 태양계의 행성 개수), 종교적(예: 힌두교의 신 두르가Durga의 아바타 개수), 사회학적(예: 야구 라인업의 타자 수)인 의미에서 고른 숫자가 아닙니다. 그 대신, [예제 26-6]에 있는 코드를 사용해 훈련 데이터에서 k를 학습해서 좋은 k를 찾았습니다.

바깥쪽 루프에서 k 값의 시퀀스를 테스트합니다. k_nearest_classify 점수에서 다수결 투표

의 결과가 항상 한쪽 성별이 나오도록 홀숫값만 테스트합니다.[3]

안쪽 루프는 **n겹 교차 검증**n-fold cross validation을 사용해 k값을 테스트합니다. 안쪽 루프가 num_folds번 반복하며 반복마다 원본 훈련 세트가 새로운 훈련 세트와 테스트 세트로 나누어집니다. 그다음 K 최근접 이웃과 새로운 훈련 세트를 사용해 새로운 테스트 세트 분류 정확도를 계산합니다. 안쪽 루프가 끝나면 num_folds개의 정확도를 평균합니다.

이 코드를 실행하면 [그림 26-4]를 그립니다. 여기서 보듯이, k가 17일 때 5겹 교차 검증의 평균 정확도가 가장 높습니다. 물론 21보다 큰 값이 더 낫지 말란 법은 없습니다. 하지만 k가 9를 지나면 좁은 구간 안에서 정확도가 출렁입니다. 따라서 9를 사용하기로 했습니다.

예제 26-6 좋은 k값 찾기

```
def find_k(training_set, min_k, max_k, num_folds, label):
    #홀수 k값 범위에서 평균 정확도 구하기
    accuracies = []
    for k in range(min_k, max_k + 1, 2):
        score = 0.0
        for i in range(num_folds):
            #다운샘플링해서 계산 시간 줄이기
            fold = random.sample(training_set,
                                 min(5000, len(training_set)))
            examples, test_set = divide_80_20(fold)
            true_pos, false_pos, true_neg, false_neg = \
                k_nearest_classify(examples, test_set, label, k)
            score += accuracy(true_pos, false_pos, true_neg, false_neg)
        accuracies.append(score/num_folds)
    plt.plot(range(min_k, max_k + 1, 2), accuracies)
    plt.title('평균 정확도 대 k (' + str(num_folds) \
              + ' 겹)')
    plt.xlabel('k')
    plt.ylabel('정확도')

find_k(training, 1, 21, 5, 'M')
```

---

3 옮긴이_ 싸이킷런(scikit-learn) 라이브러리는 K 최근접 이웃의 다수결 투표에서 두 클래스가 동률일 때 클래스 하나를 랜덤하게 선택합니다.

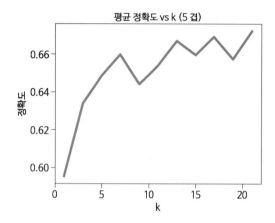

그림 26-4 k값 선택하기

26.4 회귀 기반 분류기

20장에서 선형 회귀를 사용해 모델을 만들어 보았습니다. 여기서도 같은 식으로 훈련 데이터를 사용해 남자를 위한 모델과 여자를 위한 모델을 만들 수 있습니다. [예제 26-7]은 [그림 26-5]와 같은 그래프를 만듭니다.

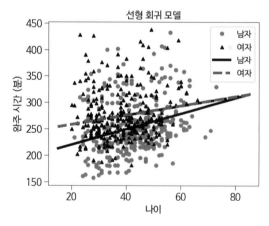

그림 26-5 남자와 여자를 위한 선형 회귀 모델

```python
#남자와 여자를 위한 훈련 세트를 만듭니다.
age_m, age_w, time_m, time_w = [], [], [], []
for e in training:
    if e.get_label() == 'M':
        age_m.append(e.get_age())
        time_m.append(e.get_time())
    else:
        age_w.append(e.get_age())
        time_w.append(e.get_time())
#보기 쉬운 그래프를 위해 다운샘플링합니다.
ages, times = [], []
for i in random.sample(range(len(age_m)), 300):
    ages.append(age_m[i])
    times.append(time_m[i])
#산점도를 그립니다.
plt.plot(ages, times, 'yo', markersize = 6, label = '남자')
ages, times = [], []
for i in random.sample(range(len(age_w)), 300):
    ages.append(age_w[i])
    times.append(time_w[i])
plt.plot(ages, times, 'k^', markersize = 6, label = '여자')
#두 개의 2차 선형 회귀 모델을 훈련합니다.
m_model = np.polyfit(age_m, time_m, 1)
f_model = np.polyfit(age_w, time_w, 1)
#모델에 상응하는 직선을 그립니다.
xmin, xmax = 15, 85
plt.plot((xmin, xmax), (np.polyval(m_model,(xmin, xmax))),
         'k', label = '남자')
plt.plot((xmin, xmax), (np.polyval(f_model,(xmin, xmax))),
         'k--', label = '여자')
plt.title('선형 회귀 모델')
plt.xlabel('나이')
plt.ylabel('완주 시간 (분)')
plt.legend()
```

[그림 26-5]를 잠깐 보더라도 선형 회귀 모델이 데이터에 있는 분산 중 작은 양만 설명함을 쉽게 알 수 있습니다.[4] 그럼에도 불구하고 이 모델을 사용해 분류기를 만들 수 있습니다. 각 모델

---

4 전체 훈련 데이터를 사용해 모델을 훈련했지만 훈련 데이터의 일부만 사용해 그래프를 그렸습니다. 전체 훈련 데이터를 그래프로 그리면 한 덩어리로 그려져 상세한 내용을 파악하기가 어렵습니다.

은 나이와 완주 시간 사이의 관계를 찾으려고 노력합니다. 이 관계는 남자와 여자 사이에서 다릅니다. 이 사실을 사용해 분류기를 만들 수 있습니다. 한 샘플이 주어지면 나이와 완주 시간 사이의 관계가 남자 모델(실선)이 예측한 관계에 가까운지, 여자 모델(파선)이 예측한 관계에 가까운지 비교합니다. 이 아이디어를 [예제 26-8]에 구현했습니다.

예제 26-8 선형 회귀를 사용해 분류기 만들기

```
true_pos, false_pos, true_neg, false_neg = 0, 0, 0, 0
for e in test_set:
    age = e.get_age()
    time = e.get_time()
    if (abs(time -np.polyval(m_model,age)) <
        abs(time -np.polyval(f_model, age))):
        if e.get_label() == 'M':
            true_pos += 1
        else:
            false_pos += 1
    else:
        if e.get_label() == 'F':
            true_neg += 1
        else:
            false_neg += 1
get_stats(true_pos, false_pos, true_neg, false_neg)
```

이 코드를 실행하면 다음과 같이 출력합니다.

```
정확도 = 0.614
민감도 = 0.684
특이도 = 0.523
정밀도 = 0.654
```

이 결과는 랜덤한 예측보다는 낮지만 K 최근접 이웃보다는 나쁩니다.

나이와 시간을 독립변수로 사용하고 실수(가령 여자는 0, 남자는 1)를 종속변수로 하는 모델을 명시적으로 만들지 않고 선형 회귀를 사용하는 간접적인 방식을 채택한 이유가 궁금할 것입니다.

polyfit을 사용해 나이와 시간을 실수에 매핑하는 모델을 쉽게 만들 수 있습니다. 하지만 어

떤 선수가 남자와 여자의 중간이라고 예측하는 것이 무슨 의미일까요? 이 경기에 참여한 사람 중에 중성이 있는 걸까요? y축의 값을 한 선수가 남자일 확률로 해석할 수 있을까요? 아니요, 그렇게 할 수 없습니다. 모델에 `polyval` 함수를 적용했을 때 0과 1 사이의 값이 반환된다는 보장이 없기 때문입니다.

다행히 어떤 사건의 확률을 예측하는 회귀의 한 종류인 **로지스틱 회귀**logistic regression[5]가 있습니다. 파이썬 라이브러리 `sklearn`[6]은 로지스틱 회귀는 물론 머신러닝에 관련된 유용한 많은 함수와 클래스를 제공합니다.

`sklearn.linear_model` 모듈에 `LogisticRegression` 클래스가 있습니다. 이 클래스의 `__init__` 메서드에는 회귀 방정식을 푸는 데 사용하는 최적화 알고리즘 등을 제어하는 많은 매개 변수가 있습니다. 모든 매개변수에는 기본값이 있으며 대부분 이 기본값을 사용해도 좋습니다.

`LogisticRegression` 클래스의 핵심 메서드는 `fit`입니다. 이 메서드는 같은 길이의 시퀀스 두 개를 인수로 받습니다. 첫 번째는 특성 벡터의 시퀀스이고, 두 번째는 이에 해당하는 레이블의 시퀀스입니다. 이런 레이블을 **출력**outcome이라고도 부릅니다.[7]

`fit` 메서드는 특성 벡터에 있는 각 특성에 대한 계수를 학습한 `LogisticRegression` 타입의 객체를 반환합니다. **특성 가중치**feature weight라고도 부르는 이 계수는 특성과 출력 사이에 있는 관계를 표현합니다. 특성 가중치가 양수이면 특성과 출력 사이에 양의 상관관계가 있음을 의미합니다. 특성 가중치가 음수이면 음의 상관관계가 있음을 의미합니다. 이 가중치의 절댓값 크기는 상관관계의 강도와 관련이 있습니다.[8] 이 가중치의 값은 `LogisticRegression` 클래스의 `coef_` 속성으로 참조할 수 있습니다. 여러 출력에 대해 `LogisticRegression` 객체를 훈련할 수 있으므로 `coef_` 배열의 한 원소는 하나의 출력에 연관된 가중치를 담습니다. 예를 들어 `model.coef_[1][0]`는 두 번째 출력의 첫 번째 특성의 계숫값입니다.

---

5   해결하려는 최적화 문제가 로그(log) 오즈비(odds ratio) 기반의 목적 함수와 관련이 있으므로 로지스틱 회귀라고 부릅니다. 이런 함수를 로짓(logit) 함수라고 부르며 이 함수의 역함수를 로지스틱 함수라고 부릅니다. 옮긴이_ 로지스틱 함수를 시그모이드(sigmoid) 함수라고도 부릅니다.

6   이 패키지는 아나콘다(Anaconda)와 같은 일부 파이썬 IDE에 사전 설치되어 있습니다. 이 라이브러리와 설치 방법을 더 자세히 알고 싶다면 http://scikit-learn.org를 참고하세요. 옮긴이_ 보통 사이킷런(scikit-learn)이라고 부릅니다.

7   옮긴이_ 타깃(target)이라고도 부릅니다.

8   특성 사이에도 상관관계가 있을 때가 많아서 이 관계는 복잡합니다. 예를 들어 나이와 완주 시간은 양의 상관관계가 있습니다. 특성 사이에 상관관계가 있을 때 가중치의 크기는 서로 독립적이지 않습니다.

계수가 학습되고 나면 LogisticRegression 클래스의 predict_proba 메서드[9]를 사용해 특성 벡터에 연관된 출력을 예측할 수 있습니다. predict_proba 메서드는 (self 외에) 인수로 특성 벡터들의 시퀀스를 받습니다. 이 메서드는 배열의 배열을 반환합니다. 반환된 배열의 각 원소에는 해당하는 특성 벡터에 대한 예측이 있습니다. 하나의 예측 결과가 배열인 이유는 모델 구축에 사용한 각 레이블에 대한 확률을 담고 있기 때문입니다.

[예제 26-9]는 이것이 어떻게 작동하는지 보여주는 간단한 예입니다. 먼저 샘플 100,000개의 리스트를 만듭니다. 각 샘플의 특성 벡터 길이는 3이고, 레이블은 'A', 'B', 'C', 'D' 중 하나입니다. 각 샘플의 처음 두 특성값은 표준 편차가 0.5인 가우스 분포에서 뽑았지만, 평균은 레이블에 따라 다릅니다. 세 번째 특성값은 랜덤하게 선택했습니다. 따라서 레이블을 예측하는 데 유용하지 않을 것입니다. 샘플을 만든 후 로지스틱 회귀 모델을 훈련하고 특성 가중치를 출력합니다. 마지막으로 네 개 샘플에 연관된 확률을 출력합니다.

예제 26-9 sklearn을 사용해 다중 클래스 로지스틱 회귀 수행하기

```
feature_vecs, labels = [], []
for i in range(25000): #반복마다 4개의 샘플을 만듭니다.
    feature_vecs.append([random.gauss(0, 0.5), random.gauss(0, 0.5),
                         random.random()])
    labels.append('A')
    feature_vecs.append([random.gauss(0, 0.5), random.gauss(2, 0.5),
                         random.random()])
    labels.append('B')
    feature_vecs.append([random.gauss(2, 0.5), random.gauss(0, 0.5),
                         random.random()])
    labels.append('C')
    feature_vecs.append([random.gauss(2, 0.5), random.gauss(2, 0.5),
                         random.random()])
    labels.append('D')

model = sklm.LogisticRegression().fit(feature_vecs, labels)
print('model.classes_ =', model.classes_)

for i in range(len(model.coef_)):
    print('레이블', model.classes_[i],
```

---

9 옮긴이_ predict_proba 메서드는 회귀 방정식의 결과(실수)를 로지스틱 함수에 통과시켜 0과 1 사이의 확률로 변환합니다.

```
                        '의 특성 가중치 =', model.coef_[i].round(4))

    print('[0, 0]의 확률 =', model.predict_proba([[0, 0, 1]])[0].round(4))
    print('[0, 2]의 확률 =', model.predict_proba([[0, 2, 2]])[0].round(4))
    print('[2, 0]의 확률 =', model.predict_proba([[2, 0, 3]])[0].round(4))
    print('[2, 2]의 확률 =', model.predict_proba([[2, 2, 4]])[0].round(4))
```

[예제 26-9]를 실행하면 다음과 같이 출력합니다.

```
model.classes_ = ['A' 'B' 'C' 'D']
레이블 A 의 특성 가중치 = [-3.961  -3.9628  0.047 ]
레이블 B 의 특성 가중치 = [-4.016   3.9425  0.0303]
레이블 C 의 특성 가중치 = [ 3.9453 -3.9741 -0.0178]
레이블 D 의 특성 가중치 = [ 4.0318  3.9944 -0.0595]
[0, 0]의 확률 = [9.993e-01 4.000e-04 4.000e-04 0.000e+00]
[0, 2]의 확률 = [4.000e-04 9.993e-01 0.000e+00 3.000e-04]
[2, 0]의 확률 = [4.000e-04 0.000e+00 9.993e-01 3.000e-04]
[2, 2]의 확률 = [0.000e+00 4.000e-04 4.000e-04 9.992e-01]
```

먼저 특성 가중치를 살펴보죠. 첫 번째 줄을 보면 처음 두 특성은 거의 크기가 같으며 샘플이 레이블 'A'일 확률과 음의 상관관계가 있습니다.[10] 즉 처음 두 특성값이 크면 샘플이 'A'일 확률이 줄어듭니다. 레이블을 예측하는 데 큰 도움이 되지 않을 것이라 예상한 세 번째 특성은 다른 두 값보다 비교적 작습니다. 이는 상대적으로 덜 중요하다는 의미입니다. 두 번째 줄을 보면 샘플이 레이블 'B'일 확률은 첫 번째 특성과 음의 상관관계가 있습니다. 하지만 두 번째 특성과는 양의 상관관계가 있습니다. 여기서도 세 번째 특성은 비교적 작은 값입니다. 세 번째 줄은 두 번째 줄의 특성과 반대이고, 네 번째 줄은 첫 번째 줄과 반대입니다.

이제 네 개의 샘플에 대한 확률을 살펴보죠. 확률의 순서는 model.classes_ 속성에 있는 출력의 순서와 같습니다. 예상대로 특성 벡터 [0, 0]에 연관된 레이블을 예측할 때 'A'에 대한 확률은 매우 높고 'D'에 대한 확률은 매우 낮습니다. 비슷하게 [2, 2]은 'D' 대한 확률이 매우 높고 'A'에 대한 확률은 매우 낮습니다. 가운데 두 샘플에 대한 확률도 기대한 대로입니다.

[예제 26-10]에는 'A'와 'D' 두 클래스의 샘플만 있고 관련 없는 세 번째 특성은 포함하지 않

---

10 가중치의 절댓값이 조금 다른 것은 샘플 크기가 유한하기 때문입니다.

는다는 점을 제외하면 [예제 26-9]와 같습니다.

예제 26-10 이진 분류를 위한 로지스틱 회귀

```
random.seed(0)

feature_vecs, labels = [], []
for i in range(20000):
    feature_vecs.append([random.gauss(0, 0.5), random.gauss(0, 0.5)])
    labels.append('A')
    feature_vecs.append([random.gauss(2, 0.5), random.gauss(2, 0.5)])
    labels.append('D')

model = sklm.LogisticRegression().fit(feature_vecs, labels)
print('model.coef =', model.coef_.round(4))
print('[0, 0]의 확률 =', model.predict_proba([[0, 0]])[0].round(4))
print('[0, 2]의 확률 =', model.predict_proba([[0, 2]])[0].round(4))
print('[2, 0]의 확률 =', model.predict_proba([[2, 0]])[0].round(4))
print('[2, 2]의 확률 =', model.predict_proba([[2, 2]])[0].round(4))
```

[예제 26-10]을 실행하면 다음과 같이 출력합니다.

```
model.coef = [[6.7081 6.5737]]
[0, 0]의 확률 = [1. 0.]
[0, 2]의 확률 = [0.5354 0.4646]
[2, 0]의 확률 = [0.4683 0.5317]
[2, 2]의 확률 = [0. 1.]
```

coef_ 에는 가중치가 한 벌만 있습니다. fit 메서드를 사용해 이진 분류 모델을 만들 때 모델
은 하나의 레이블에 대한 가중치만 생성합니다. predict_proba 메서드가 샘플이 둘 중 하나
의 클래스일 확률을 계산하면 다른 클래스가 될 확률은 자동으로 알 수 있으므로 하나의 확률
만 있어도 충분합니다. 확률의 합은 반드시 1이 되어야 하기 때문입니다. 두 레이블 중 어느 쪽
이 coef_에 있는 가중치에 상응할까요? 가중치가 양수이므로 'D'에 해당합니다. 특성 벡터에
있는 값이 크면 샘플이 클래스 'D'일 가능성이 커야 하기 때문입니다. 일반적으로 이진 분류
는 레이블 0과 1을 사용하고 분류기의 가중치 값은 레이블 1에 대한 가중치입니다. sklearn은
str 타입의 > 연산자로 레이블의 순서를 결정하며 coef_는 가장 큰 레이블에 연관된 가중치를
담고 있습니다.

보스턴 마라톤 예제로 돌아가 보죠. [예제 26-11]은 LogisticRegression 클래스를 사용해 보스턴 마라톤 데이터를 위한 모델을 만들고 테스트합니다. apply_model 함수는 인수를 네 개 받습니다.

- model: 훈련된 LogisticRegression 클래스의 객체
- test_set: 샘플의 시퀀스. 샘플에는 모델을 훈련할 때 사용했던 것과 같은 종류의 특성과 레이블이 있습니다.
- label: 양성 클래스의 레이블. apply_model에서 반환되는 오차 행렬은 이 레이블을 기준으로 합니다.
- prob: test_set에 있는 샘플에 레이블을 할당할 때 사용하는 확률 임곗값. 기본값은 0.5입니다. 이는 고정된 값이 아니므로 apply_model 함수를 사용해 거짓 양성과 거짓 음성 사이의 트레이드오프[tradeoff]를 조사할 수 있습니다.

apply_model 함수는 먼저 리스트 내포(5.3.2 참조)를 사용해 test_set에 있는 샘플의 특성 벡터가 하나의 원소인 리스트를 만듭니다. 그다음 model.predict_proba 메서드를 호출해 각 특성 벡터의 예측에 해당하는 배열을 얻습니다. 마지막으로 이 예측을 특성 벡터에 연관된 레이블과 비교하고 진짜 양성, 거짓 양성, 진짜 양성, 거짓 음성 개수를 기록해 반환합니다.

이 코드를 실행하면 다음과 같이 출력합니다.

```
레이블 M에 대한 특성 가중치: 나이 = 0.055, 시간 = -0.011
정확도 = 0.636
민감도 = 0.831
특이도 = 0.377
정밀도 = 0.638
```

이를 K 최근접 이웃으로 얻은 결과와 비교해 보죠.

```
정확도 = 0.65
민감도 = 0.715
특이도 = 0.563
정밀도 = 0.684
```

정확도와 정밀도는 비슷하지만, 로지스틱 회귀는 민감도가 훨씬 높고 특이도는 훨씬 낮습니다. 따라서 두 방법을 비교하기가 어렵습니다. apply_model 함수가 사용하는 임곗값을 조정해 K 최근접 이웃과 거의 비슷한 민감도가 되게 해서 이 문제를 해결해 보겠습니다. K 최근접 이웃을 사용해 얻은 민감도와 비슷해질 때까지 prob의 값을 반복해 바꾸면서 이 확률을 찾을 수 있

습니다.

prob = 0.5 대신 prob = 0.578로 apply_model 함수를 호출하면 다음과 같은 결과를 얻습니다.

```
정확도 = 0.659
민감도 = 0.715
특이도 = 0.586
정밀도 = 0.695
```

즉, 두 모델은 비슷한 성능을 냅니다.

예제 26-11 로지스틱 회귀를 사용해 성별 예측하기

```python
def apply_model(model, test_set, label, prob = 0.5):
    #모든 테스트 샘플의 특성 벡터를 담은 리스트를 만듭니다.
    test_feature_vecs = [e.get_features() for e in test_set]
    probs = model.predict_proba(test_feature_vecs)
    true_pos, false_pos, true_neg, false_neg = 0, 0, 0, 0
    for i in range(len(probs)):
        if probs[i][1] > prob:
            if test_set[i].get_label() == label:
                true_pos += 1
            else:
                false_pos += 1
        else:
            if test_set[i].get_label() != label:
                true_neg += 1
            else:
                false_neg += 1
    return true_pos, false_pos, true_neg, false_neg

examples = build_marathon_examples('bm_results2012.csv')
training, test = divide_80_20(examples)

feature_vecs, labels = [], []
for e in training:
    feature_vecs.append([e.get_age(), e.get_time()])
    labels.append(e.get_label())
model = sklm.LogisticRegression().fit(feature_vecs,labels)
```

```
print('레이블 M에 대한 특성 가중치:',
      '나이 =', str(round(model.coef_[0][0], 3)) + ',',
      '시간 =', round(model.coef_[0][1], 3))
true_pos, false_pos, true_neg, false_neg = \
    apply_model(model, test, 'M', 0.5)
get_stats(true_pos, false_pos, true_neg, false_neg)
```

로지스틱 회귀 모델의 결정 임곗값을 바꾸면서 결과를 탐색하면 복잡할 수 있습니다. 그래서 **ROC 곡선**receiver operating characteristic curve[11]을 사용해 민감도와 특이도 사이의 트레이드오프를 시각화하는 경우가 많습니다. 이 그래프는 다양한 결정 임곗값에서 거짓 양성 비율(1 − 특이도)에 대한 진짜 양성 비율(민감도)을 나타냅니다.

ROC 곡선은 곡선 아래 면적area under the curve(**AUROC** 또는 **AUC**)을 계산해 비교할 수 있습니다. 이 면적은 랜덤하게 하나의 샘플을 선택할 때 모델이 음성 샘플보다 양성 샘플에 더 높은 양성 확률을 부여할 확률입니다. 이를 모델의 **판별력**discrimination이라고 합니다. 판별력은 **보정**calibration이라고 부르는 확률의 정확도에 관해서는 아무것도 알려주지 않습니다. 예를 들어 판별력을 바꾸지 않고 추정한 모든 확률을 2로 나눌 수 있습니다. 하지만 이는 확실히 추정의 정확도를 바꿉니다.

[예제 26-12]는 로지스틱 회귀 분류기를 위한 ROC 곡선을 [그림 26-6]처럼 실선으로 그립니다. 점선은 랜덤하게 레이블을 선택하는 랜덤 분류기의 ROC 곡선입니다. ROC 곡선을 (그래프에 포인트 개수가 유한하기 때문에) 보간하고 적분해 곡선 아래 면적을 계산할 수 있지만 sklearn.metrics.auc 함수를 호출하는 방법이 훨씬 간단합니다.

예제 26-12 ROC 곡선과 AUROC 계산하기

```
def build_ROC(model, test_set, label, title, plot = True):
    xVals, yVals = [], []
    for p in np.arange(0, 1, 0.01):
        true_pos, false_pos, true_neg, false_neg = \
            apply_model(model, test_set, label, p)
        xVals.append(1.0 - specificity(true_neg, false_pos))
        yVals.append(sensitivity(true_pos, false_neg))
```

---

11 '수신자 조작 특성(receiver operating characteristic)'이라고 부르는 데는 역사적인 이유가 있습니다. 제2차 세계대전 중 레이더 신호를 받는 장치의 조작 특성을 평가하려고 처음 개발했기 때문입니다.

```
    auroc = skm.auc(xVals, yVals)
    if plot:
        plt.plot(xVals, yVals)
        plt.plot([0,1], [0,1,], '--')
        plt.title(title + ' (AUROC = ' +
                    str(round(auroc, 3)) + ')')
        plt.xlabel('1 - 특이도')
        plt.ylabel('민감도')
    return auroc

build_ROC(model, test, 'M', '성별 예측에 대한 ROC')
```

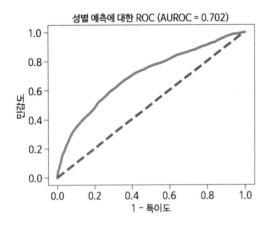

그림 26-6 ROC 곡선과 AUROC

 뇌풀기 문제

[예제 26-11]에서 만든 모델을 랜덤하게 선택한 200명의 선수에서 테스트할 때 ROC 곡선을 그리고 AUROC를 계산하는 코드를 작성하세요. 이 코드를 사용해 훈련 샘플의 개수가 AUROC에 미치는 영향을 조사하세요(10에서 1010까지 50씩 증가시키세요).

26.5 타이타닉 생존자 예측하기

1912년 4월 15일 아침, RMS 타이타닉은 북대서양에서 빙하에 부딪혀 침몰하였습니다. 승객이 대략 1,300명 타고 있었고 이 사고로 832명이 사망했습니다. 이 사고에는 많은 요인이 있었습니다. 항해 오류, 부족한 구명보트, 근처에 있는 배의 느린 대응 등입니다. 승객 개개인의 생존 여부는 랜덤한 요소에 따라 결정되었지만 완전히 랜덤은 아니었습니다. 한 가지 흥미로운 질문은 승객 명단 정보만을 사용해 생존 여부를 예측하는 모델을 만들 수 있는지입니다.

이 절에서 1,046명의 승객 정보를 담은 CSV 파일을 사용해 분류 모델을 만듭니다.[12] 파일의 각 라인에는 한 명의 승객에 관한 정보가 있습니다. 객실 등급(Class)(1등급, 2등급, 3등급), 나이(Age), 성별(Gender), 생존 여부(Survived), 승객 이름(Last Name과 Other Names)입니다. 다음은 이 CSV 파일의 처음 몇 라인입니다.

```
Class,Age,Gender,Survived,Last Name,Other Names
1,29.0,F,1,Allen, Miss. Elisabeth Walton
1,0.92,M,1,Allison, Master. Hudson Trevor
1,2.0,F,0,Allison, Miss. Helen Loraine
```

모델을 만들기 전에 판다스로 데이터를 잠깐 살펴보면 좋습니다. 이렇게 하면 각 특성이 모델에 어떤 영향을 미치는지에 관해 통찰을 얻을 수 있을 때가 많습니다. 다음 코드를 실행해 보세요.

```
manifest = pd.read_csv('TitanicPassengers.csv')
print(manifest.corr().round(2))
```

다음과 같은 상관관계 테이블을 출력합니다.

```
          Class   Age  Survived
Class      1.00 -0.41     -0.32
Age       -0.41  1.00     -0.06
Survived  -0.32 -0.06      1.00
```

---

[12] 이 데이터는 R.J. 도슨(Dawson)이 만들었으며 "The 'Unusual Episode' Data Revisited," Journal of Statistics Education, v. 3, n. 3, 1995.에서 사용되었습니다.

이 테이블에 성별이 왜 나타나지 않을까요? CSV 파일에 성별이 숫자로 인코딩되지 않았기 때문입니다. 성별을 숫자로 바꾸고 상관관계 테이블을 어떻게 출력하는지 확인해 보죠.

```python
manifest['Gender'] = (manifest['Gender'].
                      apply(lambda g: 1 if g == 'M' else 0))
print(manifest.corr().round(2))
```

출력은 다음과 같습니다.

```
          Class   Age  Gender  Survived
Class      1.00 -0.41    0.14     -0.32
Age       -0.41  1.00    0.06     -0.06
Gender     0.14  0.06    1.00     -0.54
Survived  -0.32 -0.06   -0.54      1.00
```

객실 등급과 성별은 생존 여부와 음의 상관관계가 있으므로 승객 명단 정보를 사용해 예측 능력이 있는 모델을 만들 수 있습니다. (남자를 1, 여자를 0으로 인코딩했으므로, 생존 여부와 성별에 음의 상관관계가 있다는 말은 여자가 남자보다 생존할 가능성이 높다는 뜻입니다. 비슷하게 생존 여부와 객실 등급에 음의 상관관계가 있다는 말은 1등급 객실에 있는 사람이 더 안전하다는 의미입니다.)

이제 로지스틱 회귀를 사용해 모델을 만들어 보죠. 로지스틱 회귀를 선택한 이유는 다음과 같습니다.

- 가장 널리 사용하는 분류 방법입니다.
- 로지스틱 회귀의 가중치를 조사하면 생존 가능성이 높은 승객에 관한 통찰을 얻을 수 있습니다.

[예제 26-13]은 Passenger 클래스를 정의합니다. 이 코드에서 흥미로운 점은 객실 등급의 인코딩입니다. CSV 파일에는 객실 등급이 정수로 인코딩되었지만 실제로는 어떤 범주에 해당합니다. 객실 등급은 숫자처럼 취급할 수 없습니다. 예를 들어 1등급 객실과 2등급 객실을 더하면 3등급 객실이 되지 않습니다. 객실 등급을 (등급마다 하나씩) 3개의 이진 특성으로 인코딩합니다. 승객마다 이 세 특성 중 하나만 1이고 다른 두 특성은 0입니다.

이는 머신러닝에서 자주 일어나는 문제입니다. **범주형 특성**categorical feature (이따금 명목형nominal이라고도 부릅니다)은 선수의 국적과 같이 여러 값을 설명하는 자연스러운 방법입니다. 범주형 특성을 정수로 바꾸기는 쉽습니다. 예를 들어 국가를 ISO 3166-1 숫자 코드[13]로 바꿀 수 있습니다. 브라질은 076, 영국은 826, 베네수엘라는 862입니다. 이렇게 하면 회귀 알고리즘이 이 값을 숫자 변수로 처리한다는 문제가 생깁니다. 따라서 베네수엘라가 브라질보다 영국에 더 가깝다는 식으로 국가 간에 이상한 순서가 생깁니다.

이런 문제는 객실 등급에서처럼 범주형 변수를 이진 변수로 바꿔서 해결할 수 있습니다. 이 작업의 한 가지 문제점은 매우 길고 희소한 특성 벡터가 만들어질 수 있다는 것입니다. 만약 병원에서 2,000개의 다른 약을 조제한다면 하나의 범주형 변수를 (약마다 하나씩) 2,000개의 이진 변수로 바꿔야 합니다.

[예제 26-14]는 판다스를 사용해 파일에서 데이터를 읽어 타이타닉의 샘플을 만듭니다.

이제 데이터가 준비되었으니 보스턴 마라톤 데이터로 모델을 만들었을 때와 같은 코드로 로지스틱 회귀 모델을 만들 수 있습니다. 하지만 이 데이터셋은 비교적 샘플 개수가 적으니 앞서 사용했던 평가 방법을 검토해 볼 필요가 있습니다. 데이터를 80-20으로 나누면 대표성을 띠지 못하고 잘못된 결과를 만들 가능성이 충분히 있습니다.

이런 위험을 개선하기 위해 (예제 26-3에 있는 divide_80_20 함수로) 80-20 분할을 많이 만들고 각각에 대해 분류기를 만들고 평가합니다. 그다음 [예제 26-15]와 [예제 26-16]을 사용해 평균과 95% 신뢰 구간을 계산합니다.

예제 26-13 Passenger 클래스

```
class Passenger(object):
    features = ('1st Class', '2nd Class', '3rd Class',
                'age', 'male')
    def __init__(self, pClass, age, gender, survived, name):
        self.name = name
        self.feature_vec = [0, 0, 0, age, gender]
        self.feature_vec[pClass -1] = 1
        self.label = survived
        self.cabinClass = pClass
    def distance(self, other):
        return minkowski_dist(self.veatureVec, other.feature_vec, 2)
```

---

[13] ISO 3166-1 숫자는 국제 표준화 기구(International Organization for Standardization)에서 만든 ISO 3166 표준의 일부분입니다. ISO 3166은 국가 이름과 지역(예: 주와 행정 구역)의 고유 코드를 정의합니다.

```
        def get_class(self):
            return self.cabinClass
        def get_age(self):
            return self.feature_vec[3]
        def get_gender(self):
            return self.feature_vec[4]
        def get_name(self):
            return self.name
        def get_features(self):
            return self.feature_vec[:]
        def get_label(self):
            return self.label
```

예제 26-14 타이타닉 데이터를 읽고 샘플 리스트 만들기[14]

```
def build_Titanic_examples():
    manifest = pd.read_csv('TitanicPassengers.csv')
    examples = []
    for index, row in manifest.iterrows():
        p = Passenger(row['Class'], row['Age'],
                      1 if row['Gender'] == 'M' else 0,
                      row['Survived'],
                      row['Last Name'] + row['Other Names'])
        examples.append(p)
    return examples
```

예제 26-15 타이타닉 모델 테스트하기

```
def test_models(examples, num_trials, print_stats, print_weights):
    stats, weights = [], [[], [], [], [], []]
    for i in range(num_trials):
        training, test_set = divide_80_20(examples)
        xVals, yVals = [], []
        for e in training:
            xVals.append(e.get_features())
```

---

14 PEP-8은 고유 명사에도 소문자를 사용하도록 권장합니다. 하지만 build_titanic_examples란 이름은 타이타닉 호에 관련된 샘플을 만드는 함수가 아니라 엄청나게 많은 샘플을 만드는 함수처럼 보입니다. 옮긴이_ 타이타닉 호를 표현할 때는 원래 대문자 T를 사용합니다. 그리고 'titanic'에는 '아주 거대한, 엄청난'이라는 뜻이 있습니다.

```
            yVals.append(e.get_label())
        xVals = np.array(xVals)
        yVals = np.array(yVals)
        model = sklm.LogisticRegression().fit(xVals, yVals)
        for i in range(len(Passenger.features)):
            weights[i].append(model.coef_[0][i])
        true_pos, false_pos, true_neg, false_neg = \
            apply_model(model, test_set, 1, 0.5)
        auroc = build_ROC(model, test_set, 1, None, False)
        tmp = get_stats(true_pos, false_pos, true_neg, false_neg, False)
        stats.append(tmp + (auroc,))
    print(num_trials, '시도의 평균')
    if print_weights:
        for feature in range(len(weights)):
            feature_mean = round(sum(weights[feature])/num_trials, 3)
            feature_std = np.std(weights[feature])
            print(' 평균 가중치', Passenger.features[feature],
                    '=', str(feature_mean) + ', 95% 신뢰 구간 =',
                    round(feature_mean - 1.96*feature_std, 3), 'to',
                    round(feature_mean + 1.96*feature_std, 3))
    if print_stats:
        summarize_stats(stats)
```

예제 26-16 분류 모델의 통계량 출력하기

```
def summarize_stats(stats):
    """stats는 5개의 실수(정확도, 민감도, 특이도, 정밀도, AUC)로
        구성된 리스트라고 가정합니다."""
    def print_stat(X, name):
        mean = round(sum(X)/len(X), 3)
        std = np.std(X)
        print(' 평균', name, '=', str(mean) + ',',
                '95% 신뢰 구간 =',
                round(mean - 1.96*std, 3), 'to',
                round(mean + 1.96*std, 3))
    accs, sens, specs, precs, aurocs = [], [], [], [], []
    for stat in stats:
        accs.append(stat[0])
        sens.append(stat[1])
        specs.append(stat[2])
        precs.append(stat[3])
```

```
        aurocs.append(stat[4])
    print_stat(accs, '정확도')
    print_stat(sens, '민감도')
    print_stat(accs, '특이도')
    print_stat(precs, '정밀도')
    print_stat(aurocs, 'AUC')
```

test_models(build_Titanic_examples(), 100, True, False)를 호출하면 다음과 같이 출력합니다.

```
100 시도의 평균
 평균 정확도 = 0.783, 95% 신뢰 구간 = 0.736 to 0.83
 평균 민감도 = 0.702, 95% 신뢰 구간 = 0.603 to 0.801
 평균 특이도 = 0.783, 95% 신뢰 구간 = 0.736 to 0.83
 평균 정밀도 = 0.752, 95% 신뢰 구간 = 0.664 to 0.84
 평균 AUC = 0.839, 95% 신뢰 구간 = 0.789 to 0.889
```

샘플 개수가 적지만 생존 여부를 예측하기에는 충분한 것 같습니다. 특성의 가중치를 확인해서 그 이유를 알아보죠. test_models(build_Titanic_examples(), 100, False, True)를 호출하면 다음과 같이 출력합니다.

```
100 시도의 평균
 평균 가중치 1st Class = 1.145, 95% 신뢰 구간 = 1.02 to 1.27
 평균 가중치 2nd Class = -0.083, 95% 신뢰 구간 = -0.185 to 0.019
 평균 가중치 3rd Class = -1.062, 95% 신뢰 구간 = -1.179 to -0.945
 평균 가중치 age = -0.034, 95% 신뢰 구간 = -0.04 to -0.028
 평균 가중치 male = -2.404, 95% 신뢰 구간 = -2.542 to -2.266
```

난파 사고에서 살아남으려면 부유하고(타이타닉의 1등급 객실 비용을 현재 현재 가치로 환산하면 7만 달러가 넘습니다), 젊고, 여성이어야 할 것 같습니다.

26.6 마무리

마지막 세 장에서 머신러닝을 아주 살짝 맛보았습니다.

이 책의 후반부에 담긴 다른 주제에 관해서도 같은 말을 할 수 있습니다. 계산을 사용해 세상을 더 잘 이해하도록 사고하는 방법을 맛볼 수 있었다면 다행입니다. 이 주제에 관해 더 깊이 공부할 방법을 직접 찾아보세요.[15]

---

15 옮긴이_ 데이터 분석과 머신러닝에 대한 입문서로 제가 쓴 『혼자 공부하는 데이터 분석 with 파이썬』(한빛미디어, 2023)과 『혼자 공부하는 머신러닝+딥러닝』(한빛미디어, 2020)을 추천합니다.

INDEX

INDEX

INDEX

INDEX

INDEX

INDEX

INDEX

INDEX

INDEX